Die Nationalitätenfrage und die Sozialdemokratie

Otto Bauer:

Die Nationalitätenfrage und die Sozialdemokratie.

Die

Nationalitätenfrage

und

die Sozialdemokratie

Von

Otto Bauer

WIEN 1907

VERLAG DER WIENER VOLKSBUCHHANDLUNG IGNAZ BRAND
VI., GUMPENDORFERSTRASSE 18

Sonderausgabe aus dem II. Bande der

Marx-Studien

Blatter zur Theorie und Politik des wissenschaftlichen Sozialismus.

Herausgegeben von

Dr. Max Adler und Dr. Rudolf Hilferding.

Vorwort.

In allen Staaten des europäischen Kulturkreises steht die Stellung der sozialdemokratischen Arbeiterpartei zu den nationalen Fragen im Mittelpunkte der politischen Diskussion. In Oesterreich und Russland ist die nationale Frage das schwierigste Problem der inneren Politik. Aber auch die Sozialdemokratie der west- und mitteleuropäischen Nationalstaaten kann sich der Erörterung des Verhältnisses der nationalen Gemeinschaft zum Staate nicht entziehen; sind doch die nationalen Fragen mit den Problemen der auswärtigen Politik untrennbar verknüpft, die für die Arbeiterklasse aller Nationen von Jahr zu Jahr wachsende Bedeutung gewinnen.

Wollen wir die Entwicklungsrichtung der sozialdemokratischen Nationalitätenpolitik erforschen, so müssen wir den Kräften nachspüren, die, auf Millionen Arbeiter, auf Tausende Vertrauensmänner wirkend, das Bewusstsein der Arbeitermassen formen, ihre Entschliessungen in allen Fragen des nationalen Lebens bestimmen. So lernen wir es, die Nationalitätenpolitik der Sozialdemokratie aus der Stellung der Arbeiterklasse innerhalb der bürgerlichen Gesellschaft, die nationale Frage als soziales Problem zu begreifen. Es gilt hier, Marx' Methode der sozialen Forschung auf neuem Arbeitsfelde zu erproben. In diesem Sinne will meine Schrift eine „Marx-Studie“ sein.

Die nationale Gemeinschaft ist eines der kompliziertesten sozialen Phänomene, ein Komplex der verschiedenartigsten sozialen Erscheinungen. Wer erforschen will, wie das Band der Zugehörigkeit zu einer nationalen Gemeinschaft den Willen der kämpfenden Arbeiterklasse bestimmt, muss daher auch von verschiedenen Seiten aus sein Problem in Angriff nehmen. Wollen wir dieser Aufgabe nicht völlig entsagen, so müssen wir es wagen, die Grenzen unseres engeren Arbeitsfeldes zu überschreiten, bald da, bald dort einen uns minder vertrauten Weg zu betreten. Auch ich hätte lieber auf meinem engeren Arbeitsgebiete meine gewohnte Arbeit fortgesetzt, statt mich hier, auf fremde und nicht selten unvollkommene Forschungen gestützt, um ein Problem zu bemühen, dessen Vielfältigkeit und Verworrenheit der Arbeitskraft und dem Wissen eines einzelnen eine niemals vollkommen lösbare Aufgabe setzt. Aber die kämpfende Arbeiterklasse kann nicht das Argument des Tages entbehren, weil spätere Jahre es als unvollkommen erweisen mögen. Und so manchem, der noch ratlos den Kämpfen der Klassen und Parteien gegenübersteht, wird unsere Sammlung des Materials, unsere Ordnung der Argumente, wie mangelhaft sie auch sein mag, willkommen sein als Grundlage zu weiterer Forschung.

Für meine Folgerungen und Forderungen trage ich allein die Verantwortung. Ich weiss, dass viele meiner Parteigenossen über so manches Problem der sozialdemokratischen Nationalitätenpolitik anders denken als ich. Kein billig denkender Gegner wird die Gesamtpartei für die Ansichten eines einzelnen Parteigenossen verantwortlich machen.

Der grösste Teil des Buches, das ich heute der Oeffentlichkeit übergebe, war bereits im Jahre 1906 geschrieben und gedruckt. Aeussere Umstände haben sein Erscheinen verzögert.

Wien, den 24. Mai 1907

Otto Bauer.

Inhaltsverzeichnis.

Seite

V. Die Entwicklungstendenzen der nationalen Kämpfe in Oesterreich.

VI. Wandlungen des Nationalitätsprinzips.

VII. Programm und Taktik der österreichischen Sozialdemokratie.

I. Die Nation.

§ 1.

Der Nationalcharakter.

Die Wissenschaft hat bisher die Nation den Lyrikern, den Feuilletonisten, den Rednern in der Volksversammlung, im Parlament, am Biertisch fast ausschliesslich überlassen. In einer Zeit grosser nationaler Kämpfe haben wir kaum erst die ersten Ansätze zu einer befriedigenden Theorie des Wesens der Nation. Und doch bedürfen wir einer solchen Theorie. Wirkt doch auf uns alle die nationale Ideologie, die nationale Romantik ein, sind doch unter uns wenige, die auch nur das Wort deutsch auszusprechen vermöchten, ohne dass dabei ein merkwürdiger Gefühlston mitschwingen würde. Wer die nationale Ideologie verstehen und wer sie kritisieren will, kann der Frage nach dem Wesen der Nation nicht ausweichen.

Bagehot sagt, die Nation sei eine jener vielen Erscheinungen, von denen wir wissen, was sie sind, so lange wir nicht gefragt werden, die wir aber nicht kurz und bündig erklären können.[1]) Aber damit kann sich die Wissenschaft nicht begnügen; sie kann auf die Frage nach dem Begriff der Nation nicht verzichten, wenn sie von der Nation sprechen will. Und diese Frage ist nicht so leicht zu beantworten, wie es flüchtigem Blicke vielleicht scheint. Ist die Nation eine Gemeinschaft von Menschen gleicher Abstammung? Aber die Italiener stammen von Etruskern, Römern, Kelten, Germanen, Griechen und Sarazenen, die heutigen Franzosen von Galliern, Römern, Briten und Germanen, die heutigen Deutschen von Germanen, Kelten und Slaven ab. Ist es die Gemeinschaft der Sprache, die die Menschen zu einer Nation vereint? Aber Engländer und Iren, Dänen und Norweger, Serben und Kroaten sprechen dieselbe Sprache und sind darum doch nicht ein Volk; die Juden haben keine gemeinsame Sprache und sind darum doch

[1]) Bagehot, Der Ursprung der Nation. Leipzig 1874, Seite 25.

eine Nation. Ist es das Bewusstsein der Zusammengehörigkeit, das die Nation zusammenschliesst? Aber soll der Tiroler Bauer darum kein Deutscher sein, weil er sich der Zusammengehörigkeit mit Ostpreussen und Pommern, Thüringern und Elsässern nie bewusst geworden? Und dann: Was ist es, dessen sich der Deutsche bewusst wird, wenn er sich seines Deutschtums erinnert? Was macht ihn zur deutschen Nation zugehörig, mit den anderen Deutschen zusammengehörig? Erst muss doch wohl ein objektives Merkmal der Zusammengehörigkeit da sein, ehe man sich dieser Zusammengehörigkeit bewusst werden kann.

Die Frage der Nation kann nur aufgerollt werden aus dem Begriff des Nationalcharakters. Bringen wir den erstbesten Deutschen in ein fremdes Land, etwa mitten unter Engländer, und er wird sich sofort dessen bewusst: das sind andere Menschen, Menschen mit einer anderen Art zu denken, zu fühlen, Menschen, die auf gleichen äusseren Reiz anders reagieren als die gewohnte deutsche Umgebung. Den Komplex der körperlichen und geistigen Merkmale, der eine Nation von der anderen scheidet, nennen wir vorläufig ihren Nationalcharakter; darüber hinaus haben alle Völker gemeinsame Merkmale, die sie alle uns als Menschen erkennen lassen, und haben andererseits die einzelnen Klassen, Berufe, Individuen jeder Nation individuelle Eigenschaften, Sondermerkmale, die sie voneinander scheiden. Aber dass der Durchschnittsdeutsche vom Durchschnittsengländer verschieden ist, mögen sie auch als Menschen, als Zugehörige derselben Klasse oder desselben Berufes vieles miteinander gemein haben, und dass ein Engländer mit dem anderen in einer Reihe von Merkmalen übereinstimmt, wie sehr sie auch individuelle oder soziale Verschiedenheiten trennen mögen, ist gewiss. Die Nation wird nichts für den, der das leugnen wollte; wird der Engländer, der in Berlin lebt und deutsch sprechen kann, darum ein Deutscher?

Es ist kein Einwand gegen den Begriff des Nationalcharakters, wenn man die Verschiedenheiten der Nationen aus den Verschiedenheiten ihrer Schicksale, ihres Daseinskampfes, ihres gesellschaftlichen Aufbaues erklärt, wenn beispielsweise Kautsky die Hartnäckigkeit und Zähigkeit der Russen daraus zu erklären sucht, dass die Masse des russischen Volkes aus Bauern besteht und der Ackerbau überall schwerfällige, aber zähe und hartnäckige Naturen erzeugt.[1]) Denn damit wird das Bestehen eines eigentümlichen russischen Nationalcharakters nicht geleugnet, es werden vielmehr die nationalen Eigentümlichkeiten der Russen zu erklären gesucht.

Dass aber sich viele immer beeilen, die Entstehung des Nationalcharakters zu erklären und sich bei ihm selbst keinen Augenblick

[1]) Neue Zeit, XXIII., 2., Seite 464.

beruhigen wollen, dankt der Begriff dem Missbrauche, der mit ihm getrieben worden ist.

Vor allem hat man dem Nationalcharakter mit Unrecht eine Dauerhaftigkeit zugeschrieben, die sich geschichtlich widerlegen lässt; es kann nicht geleugnet werden, dass die Germanen zur Zeit des Tacitus eine Reihe übereinstimmender Charaktermerkmale besassen, die sie von anderen Völkern, etwa von den Römern derselben Zeit, unterschieden und es kann ebensowenig geleugnet werden, dass die Deutschen unserer Zeit gewisse gemeinsame, von anderen Völkern verschiedene Charakterzüge zeigen, wie immer diese Charakterzüge entstanden sein mögen. Aber darum wird doch kein Unterrichteter leugnen, dass der Deutsche von heute viel mehr mit den anderen Kulturnationen seiner Zeit gemein hat als mit den Germanen des Tacitus.

Der Nationalcharakter ist veränderlich. Charaktergemeinschaft verknüpft die Zugehörigen einer Nation während eines bestimmten Zeitalters, keineswegs aber die Nation unserer Zeit mit ihren Ahnen vor zwei oder drei Jahrtausenden. Wo wir von einem deutschen Nationalcharakter sprechen, meinen wir die gemeinsamen Charaktermerkmale der Deutschen eines bestimmten Jahrhunderts oder Jahrzehnts.

Mit Unrecht hat man oft auch übersehen, dass es neben der nationalen Charaktergemeinschaft eine ganze Reihe anderer Charaktergemeinschaften gibt, von denen die der Klasse und des Berufes die weitaus wichtigsten sind. Der deutsche Arbeiter stimmt in gewissen Merkmalen mit jedem anderen Deutschen überein; das verknüpft die Deutschen zu einer nationalen Charaktergemeinschaft. Aber der deutsche Arbeiter hat mit seinen Klassengenossen aller anderen Nationen gemeinsame Merkmale: das macht ihn zum Gliede der internationalen Charaktergemeinschaft der Klasse. Der deutsche Schriftsetzer hat zweifellos mit den Schriftsetzern aller anderen Völker gewisse gemeinsame Charakterzüge, gehört zu einer internationalen Berufsgemeinschaft.

Es wäre eine müssige Frage, ob etwa die Charaktergemeinschaft der Klasse intensiver ist als die nationale Charaktergemeinschaft oder umgekehrt. Fehlt es doch für die Messung der Intensität solcher Gemeinschaften an jedem objektiven Massstab.[1])

[1]) Diese Frage, ob der deutsche Arbeiter mit dem deutschen Bourgeois oder mit dem französischen Arbeiter mehr Charaktermerkmale gemein hat, fällt nicht etwa mit der Frage zusammen, ob der deutsche Arbeiter Klassenpolitik oder nationale Politik treiben soll, ob er sich mit den Proletariern aller Länder gegen das internationale Kapital oder mit dem deutschen Bourgeois gegen die anderen Völker vereinigen soll. Denn die Entscheidung dieser Frage hängt von ganz anderen Erwägungen ab als von der Erörterung der Intensität der verschiedenen Charaktergemeinschaften.

Aber noch mehr ist der Begriff des Nationalcharakters dadurch kompromittiert worden, dass unkritisches Denken gemeint hat, aus dem Nationalcharakter selbst eine bestimmte Handlungsweise einer Nation *erklären* zu können, wie man etwa glaubte, den schnellen Wechsel der Verfassung in Frankreich damit erklärt zu haben, dass die Franzosen wie ihre gallischen Ahnen nach der Behauptung des Cäsar stets „nach Neuerungen streben“.

Cäsar beobachtete eine Unzahl von Handlungen gallischer Völkerschaften und einzelner Gallier: wie sie ihren Wohnsitz wechseln, ihre Verfassungen ändern, Freundschaften und Bündnisse eingehen und auflösen, in jeder dieser zu bestimmter Zeit an bestimmtem Orte beobachteten konkreten Handlungen erkennt nun der Beobachter etwas, was er schon an früheren Handlungen gesehen, wieder und hebt das all ihrem Handeln Gemeinsame heraus, wenn er sagt „Sie streben stets nach Neuerungen.“ Es handelt sich also bei diesem Urteil gar nicht um ursächliche Erklärung, sondern um blosse Generalisation, Heraushebung des gemeinsamen Merkmals aus verschiedenen konkreten Einzelhandlungen. Wenn wir den Nationalcharakter beschreiben, so erklären wir damit nicht die Ursachen irgend welcher Handlungen, sondern wir beschreiben nur das, was einer grossen Zahl von Handlungen der Nation und der Nationsgenossen gemeinsames Merkmal ist. Nun sieht 19 Jahrhunderte später ein Historiker den schnellen Wechsel der Verfassungsformen in Frankreich und erinnert sich hierbei des Urteils Cäsars, dass die Gallier „stets nach Neuerungen streben“. Hat er damit etwa die Geschichte der französischen Revolution aus dem angeblich von den Galliern ererbten Nationalcharakter der Franzosen erklärt? Keineswegs. Er hat nur festgestellt, dass auch die Handlungen der heutigen Franzosen ein gemeinsames Merkmal zeigen und dass dieses Merkmal dasselbe ist, das Cäsar schon als gemeinsames Merkmal der Handlungen der Gallier seiner Zeit beobachtet hat. Es handelt sich also gar *nicht um ursächliche Erklärung, sondern um blosses Wiedererkennen eines schon früher beobachteten gemeinsamen Merkmals verschiedener Einzelhandlungen*. Warum die Gallier nach Neuerungen strebten und warum die Franzosen ihre Verfassungen schnell veränderten, ist damit natürlich nicht erklärt. Der Versuch, eine Handlung aus dem Nationalcharakter zu erklären, beruht auf einem Denkfehler. Er verwandelt ohne jedes Recht die Beobachtung eines gemeinsamen Merkmals an verschiedenen Einzelhandlungen in ein ursächliches Verhältnis.

Desselben Denkfehlers macht sich auch schuldig, wer die Handlungen des einzelnen Individuums aus dem Nationalcharakter seines Volkes „erklären“ zu können glaubt, zum Beispiel also der, der die Denkweise und das Wollen des einzelnen Juden aus dem jüdischen Nationalcharakter „erklärt“. Wenn Werner Sombart meint, die Juden zeichne die besondere Veranlagung für abstraktes Denken, die Gleichgültigkeit gegenüber aller qualitativen Bestimmtheit aus, die sich in der jüdischen Religion ebenso äussere wie in der Denkarbeit des jüdischen Gelehrten, wie in der Schätzung des Geldes als des von aller qualitativen Bestimmtheit entledigten Wertes,[1]) so könnte nun jemand glauben, er könne die Handlungsweise des Juden Kohn oder des Juden Mayer aus dem so erkannten Nationalcharakter des Juden „erklären“. In Wirklichkeit liegt ganz anderes vor! Sombart hat unzählige Einzelhandlungen einzelner ihm aus der Geschichte oder persönlich bekannter Juden beobachtet und aus ihren Handlungen ein gemeinsames Merkmal hervorgehoben. Wenn wir nun den einzelnen Juden beobachten und auch bei ihm jene besondere Veranlagung für abstraktes Denken wiederfinden, so erklären wir damit nicht die Handlungsweise des einzelnen Juden, sondern wir erkennen in ihr nur jenes Merkmal wieder, das Sombart früher bei den Handlungen anderer Juden beobachtet hat. Woher aber jene Uebereinstimmung kommt, darüber ist damit natürlich gar nichts gesagt

Die Nation ist eine *relative Charaktergemeinschaft*, sie ist eine Charaktergemeinschaft, da bei der grossen Masse der Nationsgenossen eines bestimmten Zeitalters eine Reihe übereinstimmender Merkmale beobachtet werden kann, und da, trotzdem alle Nationen eine Anzahl von Merkmalen als Menschen gemeinsam haben, doch eine Reihe von Merkmalen der einzelnen Nation eigentümlich ist, sie von anderen Nationen unterscheidet; sie ist keine absolute, sondern nur eine relative Charaktergemeinschaft, da die einzelnen Nationsgenossen, bei aller Uebereinstimmung in den der ganzen Nation gemeinsamen Merkmalen doch überdies individuelle Merkmale (und örtliche, Klassen-, Berufsmerkmale) haben, die sie voneinander unterscheiden Die Nation hat einen Nationalcharakter Aber dieser Nationalcharakter bedeutet nur eine relative Gemeinsamkeit der Merkmale der Handlungsweise einzelner Individuen, nicht etwa eine Erklärung dieser individuellen Handlungsweisen *Der Nationalcharakter ist keine Erklärung, sondern er ist zu erklären.* Mit der Feststellung der Verschiedenheit der Nationalcharaktere hat die Wissenschaft das Problem der Nation nicht *gelöst*, sondern erst *gestellt* Wie jene relative Charaktergemeinschaft entsteht, woher es kommt, dass alle Nationsgenossen bei aller individuellen Verschiedenheit untereinander doch in einer Reihe von Merkmalen übereinstimmen und bei aller körperlichen und geistigen Gleichartigkeit mit anderen Menschen sich doch von

---

[1]) Werner Sombart, Die deutsche Volkswirtschaft im 19 Jahrhundert Berlin 1903, Seite 128 ff

den Zugehörigen anderer Nationen unterscheiden, das eben wird die Wissenschaft zu begreifen haben.

Diese Aufgabe der ursächlichen Erklärung jener relativen Gemeinschaft des Charakters der Nationsgenossen wird nun nicht gelöst, sondern umgangen, wenn man die Handlungen einer Nation und ihrer Nationsgenossen aus einem geheimnisvollen Volksgeiste, einer „Volksseele" erklären will. Der Volksgeist ist eine alte Liebe der Romantiker. In die Wissenschaft hat ihn die historische Rechtsschule eingeführt. Sie lehrt, dass der Volksgeist in den Individuen eine Gemeinschaft der Rechtsüberzeugung erzeugt, welche entweder schon an sich das Recht ist oder doch die Kraft, die das Recht setzt.[1]) Später hat man dann nicht nur das Recht, sondern alle Handlungen, alle Schicksale der Nation als die Manifestation, die Verkörperung des Volksgeistes begreifen zu können geglaubt. Ein eigener Volksgeist, eine Volksseele, ist das Substrat, ist die Substanz der Nation, das Beharrende in allem Wechsel, die Einheit in aller individuellen Verschiedenheit, die Individuen sind blosse modi, blosse Erscheinungsweisen dieser geistigen Substanz.[2])

Es ist klar, dass auch dieser nationale Spiritualismus auf einem Denkfehler beruht.

Meine psychischen Erscheinungen, mein Vorstellen, Fühlen, Wollen, sind Gegenstand meiner unmittelbaren Erfahrung. Die rationale Psychologie früherer Zeiten hat sie nun zu Erscheinungen an einem Beharrenden, zu Tätigkeiten eines besonderen Gegenstandes, meiner Seele, gemacht. Die zersetzende Kritik Kants hat

[1]) Ueber die Mängel dieser Anschauung, insbesondere für die Frage der Entstehung des Rechtes, vergleiche Stammler, Wirtschaft und Recht. Leipzig 1896, Seite 315 ff.

[2]) Noch tiefer fasst Fichte diesen metaphysischen Begriff der Nation, indem er sagt: „Das Ganze der in der Gesellschaft miteinander fortlebenden und sich aus sich selbst immerfort natürlich und geistig erzeugenden Menschen, das insgesamt unter einem gewissen besonderen Gesetze der Entwicklung des Göttlichen aus ihm steht, ist ein Volk. Die Gemeinsamkeit dieses besonderen Gesetzes ist es, was in der ewigen Welt und darum auch in der zeitlichen diese Menge zu einem natürlichen und von sich selbst durchdrungenen Ganzen verbindet." Fichte, Reden an die deutsche Nation. Leipzig, Reclam, Seite 116. Jeder Mensch ist darnach nichts als eine der unzähligen Erscheinungsweisen des Göttlichen, aber das Göttliche steht unter verschiedenen Gesetzen und nur die Erscheinungsformen des unter demselben Gesetze stehenden Göttlichen bilden die Nationen. Der Volksgeist ist eine der Erscheinungsweisen des Göttlichen, das Individuum eine der Erscheinungsweisen des Volksgeistes. Zu dieser Metaphysik der Nation gelangte Fichte, obwohl er früher (Seite 52 der Reclamschen Ausgabe) dem richtigen empirischen Begriffe der Nation sehr nahe gekommen ist. Es ist für den nachkantischen dogmatischen Idealismus charakteristisch, dass er selbst dort, wo er eine Erscheinung empirisch-historisch richtig zu begreifen vermag, sich damit nicht begnügt, sondern die wissenschaftlich richtig bestimmte empirische Erscheinung zur Erscheinungsform einer von ihr unterschiedenen metaphysischen Wesenheit machen will.

aber alles, was die rationale Psychologie von diesem Gegenstande aussagen zu können glaubte, als das Ergebnis eines Trugschlusses erwiesen. Seither haben wir keine rationale Psychologie mehr, die die psychischen Erscheinungen als Erscheinungen der seelischen Substanz begreifen will, sondern nur eine empirische Psychologie, die die durch Erfahrung unmittelbar gegebenen psychischen Erscheinungen des Vorstellens, Fühlens, Wollens beschreibt und in ihrer wechselseitigen Abhängigkeit voneinander zu begreifen sucht.

Sind mir meine eigenen psychischen Erscheinungen durch Erfahrung unmittelbar gegeben, so sind dagegen die psychischen Erscheinungen der anderen erschlossen. Denn ich sehe den anderen nicht vorstellen, fühlen, wollen, sondern nur handeln: reden, gehen und stehen, kämpfen und schlafen. Aber da ich aus meiner eigenen Erfahrung weiss, dass die körperlichen Bewegungen von psychischen Erscheinungen begleitet sind, so schliesse ich, dass es bei den anderen Menschen ebenso ist. Die körperlichen Bewegungen der anderen erscheinen mir unvermeidlich als die Tat ihres durch ihr Vorstellen und Fühlen bestimmten Wollens.

Die rationale Psychologie hat nun diese psychischen Erscheinungen der anderen gerade so zum Erzeugnis eines besonderen Gegenstandes gemacht, wie meine eigenen psychischen Erscheinungen zur Tat meiner Seele. Für sie ward es daher zum Problem, wie der Seelengegenstand des einen zum Seelengegenstand des anderen in Beziehung tritt. So hat man entweder individualistisch die empirischen Verhältnisse der Menschen untereinander zu Erscheinungsformen der Wechselbeziehungen der Seele zu anderen gleichartigen einfachen und beharrenden Wesen gemacht, oder man hat universalistisch eine Gesamtseele konstruiert, eine geistige Totalität, die in der Einzelseele nur in Erscheinung tritt. Ein Nachkomme dieses, in der Einzelseele nur in Erscheinung tretenden Gesamtgeistes ist auch der Volksgeist, die Volksseele des nationalen Spiritualismus.

Wir aber kennen seit Kants Vernunftkritik keine seelische Substanz mehr, als deren Tätigkeit das psychische Geschehen begriffen werden könnte, sondern nur die empirischen psychischen Erscheinungen, die wir in ihrer Abhängigkeit voneinander begreifen. Daher verstehen wir die Beziehungen der Menschen untereinander nicht mehr als die Beziehungen jener einfachen Seelensubstanzen zueinander und ebensowenig als die Erscheinungen der einen Substanz des Weltgeistes, der in den Einzelseelen sich offenbart, sondern unsere Psychologie kennt keine andere Aufgabe mehr als das uns durch unmittelbare Erfahrung gegebene eigene Vorstellen, Fühlen und Wollen und das durch mittelbare Erfahrung gegebene Vorstellen, Fühlen und Wollen der anderen empirisch gegebenen Individuen in ihrer wechselseitigen Abhängigkeit voneinander zu verstehen. Nach Kants Kritik des Seelenbegriffes ist uns der „Volksgeist“ nichts anderes mehr als ein romantisches Gespenst.

An den Handlungsweisen einer grösseren Anzahl von Juden fällt mir die Uebereinstimmung in irgend einem Merkmale auf. Der nationale Spiritualismus sucht nun diese Uebereinstimmung zu erklären, indem er eine eigene einheitliche und beharrende Substanz, den jüdischen Volksgeist, konstruiert und die Gleichartigkeit jüdischer Handlungen daraus begreift, dass jeder einzelne Jude Verkörperung eben dieses Volksgeistes ist. Aber was ist dieser Volksgeist? Entweder ein leeres Wort ohne jeden Inhalt, das nichts zu erklären vermag, am allerwenigsten so konkrete Dinge wie die Handlungen irgend eines Herrn Kohn; oder aber, wenn ich ihm einen Inhalt geben will, so muss ich in ihn jenes Gemeinsame an allen jüdischen Handlungen mitübernehmen. Ist aber der jüdische Volksgeist die abstrakte Veranlagung des Kohn und Mayer und Löwy und wie die Herren alle heissen, deren Handlungen er erklären will, dann löst er seine Aufgabe erst recht nicht: denn der Kohn und der Mayer denken dann abstrakt, weil sich der jüdische Volksgeist in ihnen verkörpert, und der jüdische Volksgeist ist Veranlagung für abstraktes Denken, weil der Kohn und der Mayer abstrakt denken. Die Erklärung aus dem Volksgeiste wird so zur Tautologie, zum analytischen Urteil: wir wollen etwas erklären, indem das, was erklärt werden soll, doch schon in dem angeblich Erklärenden selbst enthalten, *die angebliche Ursache nichts anderes als eine Abstraktion aus den zu erklärenden Wirkungen* ist.

Der Volksgeist kann die nationale Charaktergemeinschaft nicht erklären, weil er selbst nichts anderes ist, als der in eine metaphysische Wesenheit, in ein Gespenst verwandelte Nationalcharakter. Der Nationalcharakter selbst ist aber, wie wir bereits wissen, keine Erklärung der Handlungsweise irgend eines Individuums, sondern nur die Erkenntnis relativer Gleichartigkeit der Handlungsweisen der Nationsgenossen eines bestimmten Zeitalters. Er ist keine Erklärung, sondern er ist zu erklären. Dies nun, die Erklärung der nationalen Gemeinschaft des Charakters, ist die Aufgabe der Wissenschaft.

§ 2.

Die Nation als Naturgemeinschaft.

Dass Kinder den Eltern körperlich und geistig ähnlich sind, dass Geschwister einander ähneln, ist eine uralte Beobachtung. Die moderne Naturwissenschaft sucht diese Tatsache durch Beziehung auf unsere Kenntnis des Zeugungsprozesses verständlich zu machen Die Befruchtung besteht in der Vereinigung zweier Zellen, die von einem männlichen und einem weiblichen Individuum abstammen Das Kind gleicht Vater und Mutter, weil es aus der Vereinigung einer väterlichen und mütterlichen Zelle entsteht. Geschwister ähneln einander, weil sie aus der Vereinigung von Zellen derselben Organismen erzeugt wurden.

Seit es Hertwig gelungen ist, den Entwicklungsvorgang im Ei des Seeigels zu beobachten, kennen wir den Vorgang, aus dem das neue Lebewesen entsteht, genauer Ein Samenfaden dringt in das Ei ein, wirft den Endfaden ab und bildet seinen Kopf im Ei zu einem kleinen Bläschen, dem Samenkern, um. Der neue Samenkern und der Kern des Eies wandern einander entgegen Sie begegnen einander in der Mitte des Eies, legen sich dicht aneinander, platten sich an der Berührungsfläche gegenseitig ab, verlieren ihre Abgrenzung gegeneinander und bilden schliesslich einen gemeinsamen Kern: so verschmelzen Samenkern und Eikern zu einem einfachen Keimkern.

Uralte, auf unzählige Einzelbeobachtungen gestützte Erfahrung lehrt uns, dass das Kind den Eltern gleicht Die Beobachtung des Befruchtungsprozesses bei verschiedenen Lebewesen hat ergeben dass das Kind aus der Verschmelzung einer vom väterlichen und einer vom mütterlichen Körper abgespaltenen Zelle entsteht Die Wissenschaft schliesst daher, dass die Eigenart jedes Lebewesens durch die Qualität der Samen- und Eikerne bestimmt ist, aus deren Verschmelzung es entsteht

Woher kommt es nun, dass Samenkern und Eikern Träger der Eigenschaften des Individuums sind, von dem sie sich abspalten, dass sie die Fähigkeit haben, die Eigenschaften eines Organismus auf einen anderen aus ihrer Verschmelzung neu entstehenden Organismus zu übertragen? Die Wissenschaft ist bisher noch keineswegs dahin gelangt, diese Frage auf Grund exakter Beobachtungen beantworten zu können. Wir sind daher auf Hypothesen angewiesen

Darwin nahm an, dass alle Gewebe des Körpers kleinste Keimchen abstossen und diese sich in den Geschlechtszellen anhäufen und verbinden. So ist es mittelbar der ganze Körper des Vaters und der Mutter, der das Kind erzeugt, denn jeder Teil sowohl des väterlichen als des mütterlichen Körpers bildet einen jener kleinen Keime Diese Keime verbinden sich in den Geschlechtszellen, aus ihnen entsteht einerseits der Samenfaden, andererseits das Ei. Und aus der Verschmelzung von Samenkern und Eikern entsteht dann durch Wachstum und Zellteilung das Kind. So erzeugt der väterliche und mütterliche Körper den Keim und aus den Keimen entsteht das Kind. Das ist Darwins „provisorische Hypothese der Pangenesis“.

Die moderne Naturforschung hält diese Vermutung Darwins nicht mehr fest.

Sie ersetzt Darwins Hypothese der Pangenesis, nach der die Geschlechtszellen aus den von den Geweben des Körpers gebildeten und ausgesandten Keimen gebildet werden durch Weismanns Hypothese von der Dauerhaftigkeit des Keimplasmas.

Das Kind entsteht aus dem Keimkern, zu dem Samenkern und Eikern verschmolzen sind. Das Keimplasma, die Substanz dieses Keimkerns, zerfällt nun in zwei Teile: der eine Teil, das aktive Keimplasma, unterliegt einer Reihe von uns nur teilweise bekannten Veränderungen, bis aus ihm der Körper des Kindes entsteht. Der andere Teil dagegen, das inaktive Keimplasma, bleibt qualitativ unverändert; es bildet die Geschlechtszellen des Kindes. Die Geschlechtszellen des Kindes werden also nach dieser Hypothese nicht von seinem Körper gebildet, sondern entstehen unmittelbar aus den elterlichen Geschlechtszellen. Das aktive Keimplasma baut den Körper des Kindes auf, wird allmählich verbraucht und stirbt. Das inaktive Keimplasma dagegen geht von den Eltern auf die Kinder über, erhält sich im Samen oder im Ei des Kindes, ist unsterblich. Dass in der Aufeinanderfolge der Zeiten ein Geschlecht dem anderen gleicht, beruht also nach dieser Hypothese darauf, dass alle diese Geschlechter Erzeugnisse derselben Substanz sind, Erzeugnisse des von den Eltern auf das Kind übertragenen, in den Geschlechtszellen unverändert und unvergänglich weiter lebenden Keimplasmas.

Was ergibt sich nun aus der Lehre von der Vererbung für die Bestimmung des Wesens der Nation? Nehmen wir zunächst den einfachsten Fall. Eine Nation, die von einem Menschenpaar abstammt, wie es die Abstammungssagen der meisten Völker berichten, oder wenigstens von einer Sippschaft oder einer Horde. Die Charaktergemeinschaft ist hier kein anderes Problem als die Aehnlichkeit der Geschwister: sie beruht auf der Vererbung derselben Eigenschaften von gemeinsamen Ahnen. Die Nation erhält so ein materielles Substrat: das Keimplasma wird zu ihrem Träger. Vom Standpunkt der Hypothese Darwins aus gesehen, verknüpft die Zugehörigen einer Nation mit ihren ältesten gemeinsamen Stammeltern und durch diese auch miteinander jener fortwährende Prozess der Bildung der Keime aus den Geweben des Körpers und der Körpergewebe aus den Keimen. Noch einfacher stellt sich vom Standpunkt Weismanns aus der Körper als Träger des Nationalcharakters dar. Es ist das von Geschlecht auf Geschlecht in den Geschlechtszellen unverändert überlieferte Keimplasma, welches Träger der nationalen Eigentümlichkeiten ist. Könnten wir uns mit dieser Anschauung begnügen, so würden wir dem uns schon bekannten nationalen Spiritualismus einen *nationalen Materialismus* gegenuberstellen.

Die Tatsache des Nationalcharakters, der Gemeinsamkeit des Charakters der Zugehörigen einer Nation, ist durch die Erfahrung gegeben, die Wissenschaft will sie erklaren. Der nationale *Spiritualismus* macht die Nation zur Verkorperung eines geheimnisvollen „Volksgeistes“; der nationale *Materialismus* dagegen sieht das Substrat der Nation in einer bestimmt organisierten Materie, in dem von Geschlecht auf Geschlecht ubergehenden Keimplasma. Dem nationalen Spiritualismus ist die Geschichte der Nation nichts anderes als eine Erscheinungsform der nach eigenen, ihm innewohnenden Gesetzen fortschreitenden Entwicklung des Volksgeistes. Dem nationalen Materialismus dagegen ist die Geschichte der Nation die Erscheinungsform der Veranderungen des Keimplasmas. Die ganze Weltgeschichte erscheint nun als blosses Spiegelbild der Schicksale des Keimplasmas Die Gebar- und Zeugungskraft der Rasse entscheidet uber die Geschichte des Volkes; die Erhaltung der Reinheit des Blutes, die Vermischung der Keime verschiedener Abstammungsgemeinschaften — das sind die wahren grossen Ereignisse der Weltgeschichte, die in den Lebensschicksalen der einzelnen Menschen und ganzer Nationen in Erscheinung treten.

Es kann nicht geleugnet werden, dass der nationale Materialismus eine hohere Stufe der Erkenntnis des Wesens der Nation erreicht hat als der nationale Spiritualismus Denn wie wir bereits gesehen haben, ist der „Volksgeist“ nicht eine Erklarung der nationalen Charaktergemeinschaft, sondern eine metaphysische Umdeutung derselben, der die Ersetzung eines ursachlichen Verhaltnisses durch eine Tautologie zugrunde liegt Der nationale Materialismus knüpft dagegen an eine empirische Tatsache, an die Tatsache der korperlich bedingten Vererbung der Eigenschaften der Eltern auf die Kinder an Die Ueberlegenheit des nationalen Materialismus uber den nationalen Spiritualismus hat ihren letzten Grund darin, dass die Naturwissenschaft den Begriff der Materie, eines beharrenden Substrates der Naturobjekte als Bedingung ursachlicher Beziehungen des Geschehens, nicht entbehren kann, wahrend die Psychologie seit Kants Vernunftkritik den Begriff der Seelensubstanz vollstandig ausscheiden konnte. Der nationale Materialismus fusst auf dem auch unserer Naturwissenschaft noch unentbehrlichen Begriffe der Materie, der nationale Spiritualismus auf dem von der Psychologie aufgegebenen Begriffe der Seelensubstanz. Trotzdem konnen wir uns auch bei dem nationalen Materialismus nicht beruhigen.

Der nationale Materialismus beruht namlich auf einem durch die Entwicklung der modernen Naturwissenschaft uberwundenen

Kausalbegriff. Der Begriff von Ursache und Wirkung hat geschichtlich-psychologisch seine Wurzeln in der unmittelbaren Erfahrung des handelnden Menschen. Wenn ich einen Stein werfe, so ist diese Handlung von mir hervorgebracht. Ich bin Ursache, die Handlung Wirkung. Ich, die Ursache, lebe weiter, die Handlung ist im Augenblicke vollbracht. Nach dem Muster dieser unmittelbaren Erfahrung malt sich ältestes Denken jedes Verhältnis von Ursache und Wirkung aus. Wo immer etwas geschehen, ist ein lebendes Wesen — ein Gott, eine Nymphe, ein Satyr verborgen, der das Geschehene hervorbringt. Allmählich überwindet der Mensch den Kausalbegriff der Mythologie. Aber wenn auch nicht mehr immer ein lebendes Wesen, so ist doch noch immer irgend ein Objekt, ein beharrendes Sein Ursache der einmaligen vergänglichen Handlung. Dies ist der substantielle Kausalbegriff: die äusseren Gegenstände sind Träger von Kräften, welche alles bewirken, was geschieht Die Sonne hat eine Licht- und Wärmekraft, der Stein eine Fallkraft, später die Erde eine Anziehungskraft — Kräfte, die dauernd an ein bestimmtes beharrendes Sein, an eine bestimmte Substanz gebunden sind.[1])

Es leuchtet nun ein, dass auch der nationale Materialismus auf diesem Kausalbegriffe beruht. Er ist zufrieden, hat er nur ein materielles Substrat, eine Ur-Sache für die Nation gefunden in dem von Geschlecht auf Geschlecht übergehenden Keimplasma. Diese merkwürdige Substanz ist das Beharrende in aller Veränderung, das Gemeinsame in aller Verschiedenheit; sie hat in sich die geheimnisvolle Kraft, Individuen mit bestimmter Eigenart aus sich zu erzeugen. Hat der Materialismus nur eine Ur-Sache gefunden und sie mit einer dauernd wirkenden Kraft begabt, als deren Erzeugnis alles Werdende und Seiende erscheint, so ist er zufrieden. Aber die moderne Wissenschaft hat diesen Kausalbegriff längst überwunden. Zuerst gab die Mechanik dem Begriff der Kraft neue Bedeutung. Er ist uns nun nicht mehr ein geheimnisvolles Wesen, dass in einer bestimmten Substanz verborgen ist, wie nach kindlichem Volksglauben die Dryade im Baum und die Najade in der Quelle, sondern Wechselbegriff der Masse. Beide aber verlieren ihren mythologischen Charakter, indem sie als blosse Grössen betrachtet werden. Kraft ist die Beschleunigung, die an einer Masse von bestimmter Grösse hervorgebracht wird. Masse ist der Widerstand, den ein Körper einer Kraft von bestimmter Grösse entgegensetzt. Die Kraft ist messbar, indem sie mit einer anderen Kraft, die auf dieselbe Masse wirkt, verglichen wird. Die Masse ist messbar, indem sie mit einer anderen Masse, auf die dieselbe Kraft wirkt, verglichen wird. So werden zunächst Bewegungs-

[1]) Wundt, System der Philosophie. Leipzig 1897, Seite 280 ff.

erscheinungen quantitativ vergleichbar. Die so begrundete Mechanik wird nun zur Grundlage der gesamten Naturwissenschaft. Nun suchen wir nicht mehr, wie auf der Stufe des substantiellen Kausalbegriffes besonders geartete Substanzen, die als Trager geheimnisvoller Krafte die Erscheinungen der Warme, des Schalles, des Lichtes, der Elektrizitat hervorbringen wurden, sondern wir suchen Warme, Schall, Licht, Elektrizitat auf Bewegungsvorgange desselben materiellen Substrats zuruckzufuhren, die qualitativen Verschiedenheiten durch Beziehung auf quantitative Veranderungen zu begreifen So fragen wir nicht mehr nach den Substanzen als den Tragern der Krafte, nicht mehr nach Ur-Sachen, sondern wir begreifen alles Geschehene als Umwandlung der Energie [1])

Wir haben nicht eine beharrende, starr wirkende Substanz auf der einen, ihre sich wandelnden Wirkungen auf der anderen Seite, sondern die eben erst bewirkte Erscheinung wird sofort selbst zur wirkenden Ursache, die selbst neue Erscheinungen hervorbringt, die erstere sofort wieder als Ursache erscheinen lassen — und so weiter in endloser Kette Unsere Psychologie kennt keine wirkenden Seelenvermogen mehr, sondern sie studiert die aufeinanderfolgenden psychischen Erscheinungen in ihrer Abhangigkeit voneinander Die Naturwissenschaft fragt nicht mehr nach Substanzen, die als Trager mystischer Kräfte dauernde Bedingungen veranderlichen Werdens sind, sondern sie forscht, welchen Gesetzen zufolge eine Naturerscheinung auf die andere folgt. (Wobei freilich der Unterschied bestehen bleibt, dass die Psychologie den Seelensubstanzbegriff vollig eliminiert hat, wahrend fur die Naturwissenschaft doch alle Bewegung schliesslich Bewegung einer letzten einheitlichen Materie bleibt, auf die sich der Substanzbegriff zuruckgezogen hat.)

Die Ersetzung des substantiellen durch den *aktuellen Kausalbegriff* stellt nun auch uns unsere Aufgabe Wir werden uns nicht damit begnugen, im Keimplasma den stofflichen Trager nationaler Eigenart, in seiner geheimnisvollen Kraft der Bestimmung der aus ihm werdenden Individuen die Kraft, die die Nation erzeugt, zu entdecken, sondern wir werden auch diese Substanz hineinstellen in das System des Geschehens, in dem *alles, was Ursache ist, zugleich selbst als Wirkung verstanden werden will.* Das qualitativ bestimmte Keimplasma darf uns nicht blosse Ursache bleiben, wir mussen es selbst als Wirkung begreifen Ist eine bestimmte Materie das stoffliche Substrat der nationalen Charaktergemeinschaft, so fragen wir nun weiter nach den Ursachen, welche ihrerseits die Qualitat dieser die aufeinanderfolgenden Geschlechter verknupfenden Materie bestimmen Wie konnen wir die Eigenart des die Nationsgenossen materiell verknupfenden

[1]) Wundt, a a O, Seite 285 ff

Keimplasmas im Zusammenhange alles Naturgeschehens ursächlich begreifen? Hier weist uns zunächst die von Darwin begründete Lehre von der natürlichen Auslese einen Weg.

Die Tatsache, von der die Lehre Darwins ausgeht, ist die individuelle Variation. Kinder desselben Elternpaares sind einander ähnlich, aber niemals einander völlig gleich. Je grösser der Kreis stammesverwandter Personen ist, die wir ins Auge fassen, je weiter sich der Stammbaum einer Familie verästelt, desto auffallender werden die individuellen Verschiedenheiten der blutsverwandten Personen. Die körperlichen und geistigen Merkmale, durch die sich blutsverwandte Personen voneinander unterscheiden, sind teilweise erworbene Eigenschaften; die Individuen sind verschieden, weil ihre Umgebung, ihre Erziehung, ihre Lebensweise, ihre Schicksale verschieden waren. Zu diesen Variationen gehören nicht nur jene, die die Menschen nach der Geburt erworben haben; vielmehr sind die Individuen schon darum verschieden, weil die Lebensbedingungen, die Schicksale der Kinder im Mutterleibe niemals völlig gleich sind. Indessen ist es gewiss, dass die individuellen Verschiedenheiten blutsverwandter Personen nicht restlos aus der Verschiedenheit ihres Schicksals im Mutterleibe und nach der Geburt erklärt werden können. Neben den erworbenen gibt es auch ererbte individuelle Verschiedenheiten. Wenn blutsverwandte Menschen einander ähnlich, aber niemals einander gleich sind, so beruht dies auch darauf, dass die Keimzellen, aus denen sie entstanden sind, nicht völlig gleich waren. Die moderne Naturwissenschaft sucht diese Erscheinung durch die Erforschung des Wesens und der Wirkungen der Amphimixis, durch die Beobachtung des Reduktionsprozesses, im letzten Grunde durch die Annahme zu erklären, dass das Keimplasma stets aus zahlreichen wesensverschiedenen Elementen mit verschiedener gestaltbildender Kraft besteht. Es ist unnötig, hier auf diese Hypothesen einzugehen; ist doch die individuelle Variation eine Erfahrungstatsache, die, wie immer sie zu erklären sein mag, doch gewiss nicht geleugnet werden kann. Diese individuelle Variation ist nun die Voraussetzung der Auslese durch natürliche Zuchtwahl.

Betrachten wir beispielsweise ein Nomadenvolk, das von der Jagd und Viehzucht lebt: Solange Weideplätze überreich vorhanden sind, ist sein Nahrungsspielraum unbeschränkt; vermehren aber das Hirtenvolk und ebenso die benachbarten Hirtenvölker ringsum ihre Zahl, so wird jedem dieser Völker der Boden zu eng und zwischen ihnen entsteht ein erbitterter und dauernder Kampf um die Futterplätze und Jagdgründe. In diesen Kämpfen haben nun offenbar diejenigen Individuen, welche zufällig, durch individuelle Variation, für den Kampf besonders geeignet sind, am meisten Aussicht, zu überleben und sich fortzupflanzen. Die Feigen und Trägen, diejenigen, deren Faust zu schwach und deren Auge nicht scharf genug ist, werden am ehesten in den fortwährenden Kämpfen mit den Nachbarvölkern zugrunde gehen, sie werden am wenigsten Aussicht haben, Kinder zu zeugen. Ueberleben und ihre Art fortpflanzen werden die wehrhaftesten Individuen; die für den Kampf minder geeigneten werden untergehen. Nun vererbt sich aber die Art des Vaters auf den Sohn. Haben an der Fortpflanzung des Volkes die wehrhaften Individuen grösseren Anteil als die für ein kampfreiches Leben weniger geeigneten, so wird die kommende Generation zum grösseren Teil aus wehrhaften Individuen bestehen. Bleiben die Lebensbedingungen des Volkes unverändert, so wird schliesslich das ganze Volk sich aus wehrhaften Individuen zusammensetzen, die minder wehrhaften werden durch ihre fortwährende Ausscheidung in den Kämpfen fast völlig verschwinden.

Darwin hat die Wirkung des Kampfes ums Dasein, die wir an diesem Beispiel dargestellt haben, mit dem bewussten Vorgehen des Tierzüchters verglichen. Wenn zum Beispiel ein Tierzüchter immer nur Hähne mit langen Schwanzfedern zur Züchtung verwendet, Hähne mit kurzen Schwanzfedern von der Fortpflanzung ausschliesst, so werden schliesslich ganze Generationen mit fortschreitend länger werdenden Schwanzfedern herangezüchtet. Auf diese Weise ist eine Spielart des japanisch-koreanischen Haushahnes mit sechs Fuss langen Schwanzfedern gezüchtet worden. Was nun bei künstlicher Zuchtwahl durch das bewusste Verfahren des die Fortpflanzung der Haustiere leitenden Züchters geschieht, das geschieht in der Natur ähnlich durch die Wirkungen des Daseinskampfes ohne das Hinzutreten eines bewussten Willens — durch natürliche Zuchtwahl. Bei jenen Jäger- und Hirtenvölkern haben die Bedingungen, unter denen sie ihren Lebensunterhalt suchen mussten, im Laufe der Zeiten die wehrhafte Spielart herangezüchtet, die für den Kampf minder geeignete ausgeschieden, ganz so, als ob irgend ein Züchter ihre Fortpflanzung überwacht und geleitet und immer nur die kampftauglichen zur Fortpflanzung der Art zugelassen hätte. Die Wirkungen der *natürlichen Zuchtwahl* werden durch die *geschlechtliche Zuchtwahl* gesteigert. Unter jenen Nomadenvölkern zum Beispiel werden diejenigen Männer das meiste Ansehen geniessen, die sich im Kampfe besonders ausgezeichnet. Es werden nun die Frauen demjenigen am liebsten ihre Gunst schenken, der im Ansehen des ganzen Volkes am höchsten steht, also wieder dem wehrhaften Manne. Auch aus diesem Grunde werden also die Kampftauglichen besonders günstige Aussicht haben, ihre Art fortzupflanzen.

Wissen wir also den fruchtbringenden Gedanken Darwins von der natürlichen Zuchtwahl zu verwerten, so gewinnt für uns die Lehre von der Vererbung ganz neue Bedeutung. Der nationale Materialismus hat sich damit begnügt, festzustellen, dass die oder jene Nation diesen oder jenen Charakterzug zeige, das beruhe auf der Vererbung — letztlich darauf, dass die Zugehörigen der Nation alle aus jenem bildenden Plasma geworden sind, das der Träger dieser oder jener Eigenschaften sei Wissen wir aber Darwins Gedanken von der natürlichen Auslese zu nutzen, so wird uns nun *mehr* klar Dass dieses oder jenes Volk besonders wehrhaft sei, das mag in der Tat auf der physiologisch bedingten Vererbung beruhen Aber warum vererbt sich hier die Wehrhaftigkeit? Vielleicht darum, weil vor Jahrhunderten die Ahnen dieser Völker ein kriegerisches Nomadenleben führen mussten, weil immer mehr und mehr die minder Wehrhaften von der Fortpflanzung ausgeschieden wurden und daher nur die Kampftauglichen ihre Art fortpflanzen konnten

Die ererbte Wehrhaftigkeit eines Volkes ist also der *Niederschlag seiner Geschichte* in vergangenen Jahrhunderten, das Ergebnis der Bedingungen unter denen es seinen Lebensunterhalt suchte Die Vererbung der Charaktereigenschaften der Eltern auf die Kinder ist nur *ein Mittel, durch das die Lebensbedingungen, die Bedingungen, unter denen ein Volk seinen Lebensunterhalt sucht*, erarbeitet, *erkämpft, auch noch für spätere Generationen wirksam werden.* Die Lehre von der Vererbung solcher Eigenschaften steht mit der sogenannten *materialistischen Geschichtsauffassung* Karl Marx' nicht im Widerspruch, sondern gibt ihr neue Bedeutung Die Bedingungen, unter denen ein Volk seinen Lebensunterhalt produziert, regeln seine Auslese. Die diesen Bedingungen Bestangepassten überleben und pflanzen ihre Art fort, vererben daher ihre Eigenschaften auf die späteren Geschlechter, die Minderangepassten werden bei längerer Dauer gleicher Produktionsbedingungen allmählich ausgeschieden; *in den ererbten Charaktermerkmalen späterer Generationen spiegeln sich daher die Produktionsbedingungen früherer Geschlechter wieder*

Diese Produktionsbedingungen sind aber nicht eine bestimmt geartete Materie, sondern der Inbegriff verschiedenartiger *sozialer* Erscheinungen Diese Erscheinungen werden von der *Geschichte* beschrieben, von den *Sozialwissenschaften* als Einzelfälle von Gesetzen begriffen, in ihrer Abhängigkeit voneinander erklärt Der nationale Materialismus begnügt sich damit, die Geschichte der Nation zur Wirksamkeit einer qualitativ bestimmten, mit geheimnisvoller Kraft begabten Materie, des Keimplasmas, zu machen, er glaubt, wechselndes Geschehen zu erklären, wenn er in ihm die beharrende Substanz entdeckt. Uns aber ist die natürliche Vererbung nur ein *Mittel*, durch das die wechselnden Geschicke der Ahnen den Charakter aller ihrer Nachkommen bestimmen und diese Nachkommen dadurch zu einer Charaktergemeinschaft, zu einer Nation, zusammenschliessen. Uns ist daher die nationale Charaktergemeinschaft nicht mehr blosse Aeusserung der geheimnisvollen Kraft der Substanz, aus der alle Nationsgenossen entstanden sind und die in allen Nationsgenossen lebt, sondern sie ist mitten hineingestellt in das Weltgeschehen, in dem alles, was Ursache ist, selbst als Wirkung verstanden werden will, und alles, was eben erst Wirkung war, selbst zur Ursache wird [1])

Wir haben bisher angenommen, dass durch natürliche und geschlechtliche Zuchtwahl die Auslese unter den verschiedenen ererbten individuellen Variationen eines Volkes geübt wird. Dass die natürliche Auslese in der beschriebenen Weise darüber entscheidet, welche Eigenschaften weiter vererbt werden, ist gewiss, strittig ist dagegen noch immer, ob auch die nicht angeborenen, ererbten, sondern durch eine bestimmte Lebensweise erworbenen Eigenschaften auf die Nachkommen übertragen werden

Zur Zeit, da unser Nomadenvolk infolge der Vermehrung seiner Bevölkerungszahl in fortwährende Kämpfe mit den Nachbarvölkern verwickelt wurde, bestand es aus wehrhaften und minderwehrhaften Individuen. Diese Verschiedenheiten waren angeboren, durch das Spiel des Reduktionsvorganges und der Amphimixis entstanden. Dass nun die so ererbte Wehrhaftigkeit mancher Individuen für diese unter bestimmten Lebensbedingungen zum Vorteil im Daseinskampfe wird und daher durch diesen Daseinskampf selbst infolge der Auslese der den Lebensbedingungen des Volkes Bestangepassten ein wehrhaftes Volk herangezüchtet wird, ist gewiss. Lamarck und Darwin nahmen aber an, dass auch die Steigerung der Wehrhaftigkeit, welche durch die Lebensweise selbst herbeigeführt wird, auf die Nachkommen vererbt werde, dass also die späteren Geschlechter nicht nur darum wehrhafter sein werden als die früheren, weil die minder wehrhaften Individuen allmählich ausgerottet und von der Fortpflanzung ausgeschieden werden, sondern auch darum, weil die Väter die in den zahlreichen Kämpfen geübte, erworbene, verstärkte Kriegslist und Kühnheit, die geschärften Augen und gestärkten Arme — also nicht kraft der individuellen Variation des Keimes ererbte, sondern durch ihre Lebensweise erworbene Eigenschaften — auf ihre Nachkommen übertragen. Wäre das richtig, so würde die Wirkung bestimmter Lebensbedingungen auf die ererbten Eigenschaften der Nachkommen natürlich noch viel bedeut-

[1]) Die materialistische Geschichtsauffassung steht nicht im Widerspruche zu der Lehre von der Vererbung, wohl aber im Widerstreit mit dem nationalen Materialismus, der, statt die „Erbsubstanz“, das Keimplasma, selbst in seiner materialen Bestimmtheit durch die Geschichte der Ahnen zu begreifen, mit der Feststellung eines stofflichen Substrates der Nation alle Rätsel gelöst glaubt Hier zeigt sich wieder, wie wenig materialistisch — im Sinne des Sprachgebrauches der heutigen Wissenschaft — die Geschichtsauffassung Karl Marx' ist.

samer und schneller sein, als wenn nur die ererbten Eigenschaften vererbt werden und die Regelung, welche Eigenschaften vererbt werden, nur der Ausscheidung der bestimmten Lebensbedingungen minder Angepassten von der Fortpflanzung überlassen bleibt.

Dass gewisse erworbene Eigenschaften nicht vererbt werden, ist gewiss. Die tägliche Erfahrung lehrt, dass etwa die Narben, die dem Vater oder der Mutter von irgend einer Verwundung geblieben, sich keineswegs auf das Kind vererben. Ebenso gewiss ist es aber auch, dass gewisse, nicht ererbte, sondern im Leben erworbene Eigenschaften auf die Nachkommen vererbt werden, diejenigen nämlich, durch welche ein unmittelbarer Einfluss auf den Keim ausgeübt wird. So wird zum Beispiel eine durch Alkoholgenuss erworbene Krankheitserscheinung zweifellos auf die Kinder übertragen, da durch den Alkohol die Flüssigkeiten, welche die Keimzellen ernähren, und dadurch auch das Keimplasma selbst vergiftet werden. Dagegen ist der Streit darüber noch unentschieden, ob auch körperliche Veränderungen, die nicht durch ein einmaliges zufälliges Ereignis, sondern durch dauernden Einfluss erworben werden, aber nicht unmittelbar auf die Ernährung des Keimplasmas einwirken können, vererbt werden oder nicht.

Wie immer aber schliesslich die Entscheidung über diese Streitfrage fallen mag, prinzipiell ändert sie nichts an unserer Anschauung von der Bedeutung der natürlichen Vererbung für das Wesen der Nation.

Die ererbten Eigenschaften einer Nation sind nichts anderes als der Niederschlag ihrer Vergangenheit, gleichsam ihre *erstarrte Geschichte*. Die Einwirkung der Lebensbedingungen der Ahnen auf die Charaktere der Kinder geschieht *jedenfalls* dadurch, dass durch die Lebensbedingungen der Ahnen auf dem Wege der natürlichen Auslese darüber entschieden wird, welche Eigenschaften sich vererben und welche allmählich ausgeschieden werden. Die Wirkung der natürlichen Auslese wird *vielleicht* dadurch gesteigert, dass auch die durch die bestimmten Lebensbedingungen der Ahnen erworbenen Eigenschaften auf die Nachkommen übertragen werden. Wie immer dies sein mag, ist der ererbte Charakter durch nichts anderes bestimmt als durch die Geschichte, die Vergangenheit der Ahnen. Die Zugehörigen einer Nation sind also körperlich und geistig einander ähnlich, weil sie von denselben Ahnen abstammen und daher alle jene Eigenschaften ererbt haben, die den Ahnen durch den Kampf ums Dasein im Wege der natürlichen und der geschlechtlichen Zuchtwahl angezüchtet, vielleicht auch jene, welche von diesen Ahnen in ihrem Streben nach dem Lebensunterhalt erworben worden sind. So begreifen wir die *Nation als ein Erzeugnis der Geschichte*. Wer die Nation als Naturgemeinschaft studieren will, der wird sich nicht damit begnugen durfen, eine bestimmte Materie — etwa ein von den Eltern auf die Kinder ubertragenes Keimplasma — zum Substrat der Nation zu machen, sondern er wird die Geschichte der Produktions- und Austauschbestimmungen der Ahnen studieren und aus dem Daseinskampf der Ahnen die ererbten Eigenschaften der Nachkommen zu begreifen suchen

Wir wissen heute freilich noch sehr wenig daruber. welche Eigenschaften vererbt werden konnen und wie schnell die Wirkungen veranderter Lebensbedingungen auf die ererbten Eigenschaften sich äussern. Darum werden wir die Handlungen einer Nation immer zuerst aus ihren jetzigen Lebensgewohnheiten zu erklaren suchen, deren Wirksamkeit ja zweifellos ist, und erst, so weit uns dies zu keinem Ergebnis fuhrt, nach den Wirkungen der Lebensbedingungen der Ahnen, die auf dem Wege der Vererbung auch fur die Nachkommen wirksam werden, fragen. Dass es aber solche Wirkungen gibt, dass die Geschichte der Ahnen in der ererbten Beschaffenheit der Nachkommen lebendig ist, unterliegt keinem Zweifel

Was nun von den Nationen gilt, die von einem Elternpaare oder einer Sippschaft oder einer Horde abstammen, das gilt auch von den Volkern, in deren Adern das Blut verschiedener Volker vermengt ist So haben die Franzosen gewisse Eigenschaften der Gallier, der Romer und der Germanen ererbt Das bedeutet aber nichts anderes, als dass die diesen drei Volkern durch die Art ihres Daseinskampfes angezuchteten Eigenschaften im Charakter der Franzosen wieder erscheinen, dass also die Geschichte dieser drei Völker im Charakter jedes einzelnen Franzosen heute noch wirksam, lebendig ist Die Bedingungen, unter denen die Ahnen ihren Lebensunterhalt erarbeitet und erkampft haben, bestimmen die ererbten Eigenschaften der Nachkommen.

§ 3

Naturgemeinschaft und Kulturgemeinschaft.

Gesetzt, eine gewaltige Katastrophe raffe alle Deutschen hinweg, so dass von dem deutschen Volke nur einige Kinder im zartesten Alter ubrig bleiben. Mit den Deutschen seien auch alle deutschen Kulturschatze — alle Werkstatten, Schulen, Bibliotheken und Museen — vernichtet worden Gluckliche Umstande aber machen es den Kindern des unglucklichen Volkes moglich, heranzuwachsen und ein neues Volk zu begrunden Wird dieses Volk ein deutsches Volk sein? Gewiss, diese Kinder haben die ererbten Naturanlagen des deutschen Volkes auf die Welt mitgebracht und sie werden ihnen nicht verloren gehen Aber die Sprache, die sie langsam werden entwickeln mussen, wird keine deutsche Sprache sein, Sitte und Recht, Religion und

Wissenschaft, Kunst und Dichtung wird das neue Volk im langsamen Entwicklungsgang sich neu erarbeiten müssen und die unter so gänzlich veränderten Verhältnissen lebenden Menschen werden ganz andere Charakterzüge tragen als heute die Deutschen.

Dieses Beispiel, das ich einem Vortrage Hatscheks entnehme, zeigt klar, dass wir das Wesen der Nation noch nicht völlig begriffen haben, wenn wir sie bloss als Naturgemeinschaft, als Gemeinschaft der durch die Abstammung verbundenen Menschen erfassen. Denn die Eigenart des einzelnen ist niemals nur durch seine ererbten Anlagen bestimmt, sondern immer auch durch die Verhältnisse, unter denen er selbst lebt: Durch die Art, wie er seinen Lebensunterhalt suchen muss; durch die Gütermenge und Güterart, die ihm seine Arbeit einbringt; durch die Sitten der Menschen, unter denen er lebt; durch das Recht, dem er unterworfen ist; durch die Einflüsse der Weltanschauung, der Dichtung und Kunst, die auf ihn wirken. Menschen mit denselben ererbten Anlagen, von frühester Kindheit an anderen Kulturbedingungen unterworfen, würden ein anderes Volk werden. Die Nation ist niemals nur Naturgemeinschaft, sondern immer auch Kulturgemeinschaft.

Aber noch mehr! Die scharfe Abgrenzung der nationalen Individualitäten könnte aus der Naturgemeinschaft allein niemals begriffen werden. Denn alle Naturgemeinschaft ist von der Tendenz zu fortwährender Differenzierung beherrscht. Moritz Wagner hat darauf hingewiesen, wie die örtliche Absonderung zur Entstehung neuer Arten führt. So stammen beispielsweise die deutschen Stämme gewiss von einem gemeinsamen Stammvolk ab. Die Nachkommen dieses Stammvolkes aber haben sich durch Wanderungen auf weite Gebiete verteilt. Die Lebensbedingungen, unter denen die einzelnen Stämme leben, sind nun ganz verschieden geworden — andere für die Alpenbewohner als für die Bewohner der Tiefebene, andere für die Bewohner der böhmischen Randgebirge als für die an der „Waterkant“. Die verschiedenen Lebensbedingungen züchten nun den Stämmen auch verschiedene Eigenart, verschiedenen Charakter an. Diese Verschiedenheiten werden nicht ausgeglichen, da die örtliche Absonderung Wechselheiraten zwischen den verschiedenen Stämmen verhindert. Auf diese Weise müssten aus den Stämmen verschiedene Völker entstehen, deren ererbte Eigenart schliesslich ganz verschieden würde. Wie in uralten Zeiten aus einem gemeinsamen Stammvolk die Kelten, Germanen und Slaven hervorgegangen sind, so müsste schliesslich auch das deutsche Volk in eine Anzahl selbständiger Völker zerfallen, und auch diese würden sofort dem Differenzierungsprozess unterworfen werden, sich wiederum im Laufe von Jahrhunderten in voneinander völlig verschiedene Teilvölker scheiden.

Die Geschichte lehrt uns nun aber, dass diesem Differenzierungsprozess ein entgegengesetzter Prozess der Vereinigung entgegenarbeitet. So sind die Deutschen heute ganz zweifellos in ganz anderem Sinn eine Nation als etwa im Mittelalter Die Deutschen der Ostseeküste verbindet heute viel mehr mit den Deutschen der Alpenlander, als dies etwa im 14. Jahrhundert der Fall war. Diese Vereinigung der Stamme zum Volke kann nicht aus den naturlichen Tatsachen der Vererbung begriffen werden, die vielmehr immer nur die Absonderung der Teilvolker aus einem Volke, niemals die Entstehung der Nation aus verschiedenen Stammen erklaren, sondern sie kann nur begriffen werden aus den wirkenden Einflussen *gemeinsamer Kultur* Wir werden diese *Entstehung der einheitlichen Nation aus Stammen*, die unter verschiedenen Lebensbedingungen leben und durch keine Wechselheiraten verknupft sind, im folgenden noch ausfuhrlich zu besprechen haben

Wenn wir so die Nation *einerseits als Naturgemeinschaft, andererseits als Kulturgemeinschaft* betrachten, so fassen wir damit aber *nicht etwa verschiedene Ursachen ins Auge, die den Nationalcharakter bestimmen.* Der Charakter der Menschen wird vielmehr niemals durch etwas anderes bestimmt als durch ihr Schicksal; der Nationalcharakter ist niemals etwas anderes als der Niederschlag der Geschichte einer Nation. Die Bedingungen, unter denen die Menschen ihren Lebensunterhalt produzieren und den Ertrag ihrer Arbeit verteilen, bestimmen das Schicksal jedes Volkes, auf der Grundlage einer bestimmten Art der Produktion und Verteilung des Lebensunterhaltes entsteht auch eine bestimmte geistige Kultur. Die so bestimmte Geschichte eines Volkes wird aber fur die Nachkommen auf doppelte Weise wirksam: Einerseits durch die Zuchtung bestimmter korperlicher Eigenschaften durch den Daseinskampf und die Uebertragung dieser Eigenschaften auf die Nachkommen im Wege der natürlichen Vererbung, andererseits durch die Erzeugung bestimmter Kulturguter und ihre Ueberlieferung auf die Nachkommen durch Erziehung, durch Sitte und Recht, durch die Wirksamkeit des Verkehres der Menschen untereinander. *Die Nation ist nie etwas anderes als Schicksalsgemeinschaft Aber die Schicksalsgemeinschaft wird wirksam einerseits durch die naturliche Vererbung der durch das gemeinsame Schicksal der Nation angezuchteten Eigenschaften, andererseits durch die Ueberlieferung der durch das Schicksal der Nation in ihrer Eigenart bestimmten Kulturgüter* Wenn wir also die Nation einmal als Naturgemeinschaft und dann wieder als Kulturgemeinschaft betrachten, so fassen wir nicht etwa verschiedene, den Charakter der Menschen bestimmende Ursachen ins Auge, sondern *verschiedene Mittel*, durch welche die einheitlich wirkenden Ursachen — die Bedingungen des Daseinskampfes der Ahnen — fur den Charakter der Nachkommen wirksam werden. Einerseits durch die naturliche Vererbung bestimmter Eigenschaften, andererseits durch die Ueberlieferung bestimmter Kulturguter bestimmen die Geschicke der Ahnen den Charakter der Nachkommen

Wollen wir nun die *Nation als Kulturgemeinschaft* betrachten, das heisst zeigen, wie der Nationalcharakter durch die gemeinsame Ueberlieferung der von den fruheren Generationen uberkommenen Kulturguter bestimmt wird, so stehen wir auf einem viel sichereren Boden, als wenn wir die Entstehung der nationalen Charaktergemeinschaft aus der naturlichen Vererbung korperlicher Eigenschaften zu erklaren suchten. Denn wenn wir hier nur auf verhaltnismassig wenige sichere Beobachtungen beschrankt, im ubrigen auf Hypothesen angewiesen waren, so stehen wir dort auf dem sicheren Boden menschlicher Geschichte Wir werden das Wesen der Nation als Kulturgemeinschaft so ausfuhrlich, als es der Rahmen unserer Arbeit gestattet, an einem Beispiel zu zeigen suchen, namlich an der Entstehung der nationalen Kulturgemeinschaft der Deutschen

Hier handelt es sich aber nicht etwa darum, zu bestimmen, wie der inhaltlich bestimmte deutsche Nationalcharakter entstanden ist, also etwa zu untersuchen, welche Eigenschaften den deutschen Nationalcharakter zusammensetzen und nun zu forschen, wie jede einzelne dieser Eigenschaften in der Geschichte der deutschen Nation entstanden ist; sondern es handelt sich uns nur darum, an dem Beispiel der deutschen Nation zu zeigen, wie uberhaupt der Nationalcharakter — wie immer er beschaffen sein mag — durch die Ueberlieferung der geschichtlich entstandenen Kulturguter bestimmt werden kann, wie wir ja auch bei Besprechung der Nation als Naturgemeinschaft nicht die Entstehung irgend eines *bestimmten* Nationalcharakters auf dem Wege der Auslese und Vererbung, sondern nur die Entstehung des Nationalcharakters uberhaupt durch die naturliche Vererbung der im Daseinskampf angezuchteten Eigenschaften verstandlich zu machen suchten *Nicht die Entstehung eines bestimmten Nationalcharakters, sondern der Nachweis der Mittel, wie uberhaupt die Ueberlieferung der Kulturguter eine nationale Charaktergemeinschaft erzeugen kann*, ist unsere Aufgabe. Mit dem *formalen* Vorgang der Entstehung des Nationalcharakters aus einer Kulturgemeinschaft, nicht mit der Ableitung irgend eines inhaltlich bestimmten Nationalcharakters haben wir es zu tun

§ 4

Die nationale Kulturgemeinschaft der Germanen im Zeitalter des Sippschaftskommunismus.

Die Grundlage der Gesellschaftsverfassung der Germanen war die *Sippschaft* oder Magschaft. In der Zeit, in der die römischen Schriftsteller, denen wir die ältesten ausführlichen Nachrichten über die Germanen verdanken, das Leben der Germanen gesehen, bestand die Sippschaft aus einer grösseren Zahl blutsverwandter Personen, die von einem Manne durch Männer abstammten.

Die Sippschaft war vor allem die Grundlage der Organisation der germanischen *Wirtschaft*. Um die Zeit, als Cäsar mit den Germanen kämpfte, hatten sie die Wirtschaftsstufe des *nomadisierenden Ackerbaues* erreicht. Noch bebauten sie nicht jahraus, jahrein denselben Boden, sondern alljährlich nahmen sie neues Wildland in Anbau, denn herrenloses, unbebautes Land war im Ueberflusse vorhanden. Alljährlich teilten die Häuptlinge, die an der Spitze der Völkerschaften standen, den einzelnen Sippschaften Land zu, die es dann gemeinsam bebauten. Die Sippschaft also ist es, die alljährlich neues Land zu eigen erhält, die Sippschaftsgenossen bebauen in der ersten Zeit des Ackerbaues gemeinsam das Land.

Auf der Sippschaft beruhte auch die *Heeresverfassung* der Germanen. Die Männer einer Sippschaft kämpften in der Schlachtreihe nebeneinander.

Die Sippschaft war es auch, die dem einzelnen den *Frieden* wahrte. Hatte ein Germane den anderen verletzt oder getötet, so verfolgte die ganze Sippschaft des Verletzten den Täter. Die Sippschaft des Täters aber gewährte dem Verfolgten Schutz. So war die Folge jedes Friedensbruches die Fehde der beiden Sippschaften. Mit einem Sühnvertrag der beiden Sippschaften endete die Fehde. Die Sippe des Täters zahlte den Magen des Verletzten die Busse. Und als später an Stelle des freien Sühnevertrages der Sippschaften der Sühnevertrag vor Gericht trat, erschienen doch mit dem Kläger und Beklagten noch seine Magen als Eideshelfer vor Gericht.

Aus solchen Sippschaften bestanden die kleinen Gemeinwesen, in die die Germanen zerfielen, die *Völkerschaften*. Die Völkerschaft hat keinerlei feste Beziehung zum Grund und Boden, sie ist nicht eine territoriale Körperschaft, das heisst ein Verband aller, die auf einem bestimmten Stück Boden sesshaft sind — wie hätten sie das auch sein können in einer Zeit, in der die Germanen die Kulturstufe des Nomadentums noch nicht völlig überwunden hatten? — sondern ein Verband zusammengehöriger Sippschaften. Auch die Verbände, die wir innerhalb der Völkerschaft finden, die Hundertschaften und Tausendschaften, in die sich das Heer gliederte und die zur Grundlage der allmählich aus den Fehden der Sippschaften erwachsenden Gerichtsverfassung wurden, sind nicht territorial begrenzt, nicht Gerichtsbezirke oder Heeresergänzungsbezirke, sondern sie sind Personenverbände, engere Verbände von Sippschaften innerhalb der Völkerschaft.

Die Völkerschaften hatten untereinander keinen Verband. Sie sind selbständige politische Gemeinwesen, die selbständig Kriege führen, sich miteinander verbünden oder einander befehden wie selbständige Staaten.

Wo besteht nun in jener Zeit die Nation? Nach einem Nationalstaat dürfen wir natürlich nicht suchen; denn die Völkerschaften eint keine gemeinsame politische Gewalt. Wo finden wir die Nation?

Die gemeinsame Abstammung ist es vor allem, die die Germanen jener Zeit zu einer Nation macht. Noch beruht ja aller soziale Verband auf gemeinsamer Abkunft: die Sippschaft ist die feste Grundlage jedes gesellschaftlichen Verbandes. Eine Reihe von stammesverwandten Sippschaften bildet die Völkerschaft und alle Völkerschaften bilden die Nation, die Nation erscheint gleichsam als die Sippschaft der Völkerschaften, der Verband aller Völkerschaften gemeinsamer Abstammung von einem germanischen Urvolk. Das war auch die Vorstellung der alten Germanen. „In altehrwürdigen Liedern,“ erzählt uns Tacitus, „der einzigen Form ihrer geschichtlichen Ueberlieferung, feiern sie den Gott Tuisto, den Sohn der Erde, und seinen Sohn Mannus als die Begründer ihres Volkes.“

Freilich verknüpft die Germanen auch mit anderen indogermanischen Völkern gemeinsame Abstammung. Ihre nächsten Verwandten sind wohl die Kelten und Slaven. Aber tief in geschichtliches Dunkel uralter Zeit gehüllt ist die Lostrennung zunächst der Kelten von dem gemeinsamen Stammvolke. Viel später scheinen sich die Germanen von den Slaven geschieden und zunächst in dem Lande zwischen Oder und Weichsel, an den Gestaden der Ostsee, ein gemeinsames Leben geführt zu haben. Viele, viele Jahrhunderte müssen vergangen sein, ehe aus dem gemeinsamen germanischen Urvolke jene Völkerschaften entstanden sind, die Cäsar und Tacitus beschrieben haben.

Gemeinsame Abstammung aber erzeugte gemeinsame Kultur. All den verschiedenen germanischen Völkerschaften, die allmählich aus dem ursprünglichen Stammvolke entstanden sein dürften, ist gemeinsam die von den Ahnen überlieferte Sprache, gemeinsam sind ihnen die Vorstellungen vom Sittlichen und Unsittlichen, gemeinsam ist ihnen das Recht, gemeinsam sind ihnen die religiösen

Vorstellungen, gemeinsam die überlieferten Formen der Produktion. Das Schicksal des Stammvolkes an der Ostseeküste hat eine bestimmte Kultur erzeugt, die zum Erbe aller dieser Völkerschaften geworden ist. Denn das Leben aller dieser Völkerschaften ist eng eingeschlossen in die Ueberlieferung. Nur langsam wandelt sich das Recht bei Völkern, die keine Gesetzgebung kennen, sondern denen das überlieferte Recht als ein Geschenk der Götter erscheint, das nicht von Menschen zu schaffen, sondern nur von den Volksgenossen in der Versammlung der wehrhaften Männer zu finden ist; nur langsam verändert sich die Kunst des Landbaues und der Güterverarbeitung bei Völkern, welche keine planmässig forschende Wissenschaft kennen, die nach zweckmässiger Beherrschung der Naturkräfte für die Zwecke des Menschen sucht, sondern wo der Sohn vom Vater oder Mutterbruder die einfache Technik lernt. So wird die ganze Kultur jener Menschen fortgepflanzt von Geschlecht zu Geschlecht und in den überlieferten Kulturelementen all dieser Völkerschaften, die schon völlig getrennt voneinander, in verschiedenen Gebieten verschiedenes Schicksal erleben, überwiegen noch immer jene allen gemeinsamen Kulturbestandteile, die ererbt, überliefert sind aus den Zeiten des gemeinsamen Stammvolkes.

So tragen alle Germanen gleichartigen Charakter. Wie sie nach Tacitus alle körperlich einander gleichen mit den starken Körpern und dem rotblonden Haar und den blauen Augen, so waren sie auch in ihrer Art vorzustellen und zu denken, zu fühlen und zu wollen einander ähnlich. Wir dürfen wohl von einem germanischen Nationalcharakter in jener Zeit sprechen: er war erzeugt durch das gemeinsame Schicksal derer, die ihrer aller Ahnen waren. Das gemeinsame Schicksal des Stammvolkes hatte gemeinsamen Charakter erzeugt und dieser Charakter war vererbt worden auf alle germanischen Magschaften und Völkerschaften: vererbt einmal auf dem natürlichen Wege, wie die Kinder immer Vater und Mutter gleichen; vererbt aber auch auf dem Wege der Ueberlieferung der Kultur des Stammvolkes, auf der die Kultur aller seiner Nachkommen beruhte. Wie die Germanen jener Zeit eine Naturgemeinschaft sind, in deren Charakter sich das Schicksal des Stammvolkes in allen Völkerschaften spiegelt kraft der erhaltenen Macht des Keimes, der von Vater und Mutter übergeht auf die Kinder, so sind sie auch eine Kulturgemeinschaft, da in der Kultur aller dieser Völkerschaften die Kultur des Stammvolkes noch lebendig war und darum alle diese Völker eingeschlossen waren in gleichartige Arbeit, gleichartige soziale Verhältnisse, gleichartiges Recht, gleichartige religiöse Vorstellungen, gleichartige Sprache, gleichartige Lebenssitten. Gemeinsame Abstammung und von gleichem Stamm überlieferte und darum gemeinsame Kultur erzeugte in ihnen alle jene Gemeinschaft des Charakters, die sie zu einer Nation machte So ruht hier die Charaktergemeinschaft der Germanen fest auf der gemeinsamen Abstammung, die auf jeden einzelnen von ihnen einwirkt, in jedem von ihnen gleichartige Naturanlage hervorbringt, jedes einzelnen Charakter durch gleichartige Kulturüberlieferung formt.

Und diese Kulturüberlieferung ist in der Tat allen Germanen gemeinsam Gemeinsam zunächst in dem Sinne, dass innerhalb der Völkerschaft keiner von ihr ausgeschlossen ist, alle an ihr gleichen Teil haben. Denn die auf dem Gemeineigentum der Sippschaft beruhende Völkerschaft kennt keine sozialen Unterschiede, die zu Kulturunterschieden wurden: jeder Germane hat teil am Thing, an der Volksversammlung, die über Krieg und Frieden, über Wanderung und Besiedlung entscheidet; jeder hat teil an der Gerichtsversammlung, die nach uralten überkommenen Grundsätzen, deren Ursprung sich im Dunkel längstvergangener Zeiten verliert und die darum als göttlich gelten können, die Fehden der Sippschaften schlichtet, jeder Germane hat gleichen Teil an der Kunst des Feldbaues, lernt in gleicher Weise von den Eltern die Regeln der Viehzucht, der Stoffverarbeitung, der Jagd. Mag von altersher eine und dieselbe Sippschaft der Völkerschaft den König schenken, mag bald aus der, bald aus jener Sippschaft der Kühnste zum Herzog gewählt werden, an der primitiven Kultur der Nation haben alle ihren Anteil, auf jeden wirken die überlieferten Bestandteile der Kultur mit gleicher Macht, in jedem sind sie gleich stark wirksam, jedem erzeugen sie mit gleicher Kraft sein ganzes bleibendes Sein, seinen Charakter

Und noch in einem anderen Sinne gibt es damals eine nationale germanische Kultur Denn noch trennt keine feste Grenze die Stämme, die später zu Ahnen des deutschen Volkes wurden, von den anderen germanischen Stämmen. Es hiesse die Ergebnisse weit späterer Entwicklung in das Zeitalter des Sippschaftskommunismus hineintragen, wollten wir in jener Zeit von einem deutschen Volke sprechen Die auf gemeinsamer Abstammung festruhende Kulturgemeinschaft macht noch alle Germanen zu einer Nation.

Aber freilich, jede solche Nation, deren einigendes Band gemeinsame Abstammung und die auf der gemeinsamen Ueberlieferung von einem Stammvolke beruhende Kultur ist, trägt in sich den Keim des Zerfalles, die Neigung zur Absonderung verschiedener Nationen aus dem einen, ursprünglich gemeinsamen Volke. Das ist ein allgemeines Gesetz. Jede Nation, deren Kulturgemeinschaft auf nichts anderem als auf gemeinsamer Abstammung beruht, wird durch die Gefahr der nationalen Differenzierung bedroht.

Machen wir uns dies an dem uns geläufigen Beispiel der *Familie* klar. Die Kinder desselben Vaters, derselben Mutter kennen einander als Geschwister. Sie ähneln körperlich einander. Ihr Charakter ward bestimmt durch dieselben Erlebnisse im Elternhause, denselben Einfluss der Eltern, durch ähnliche Schicksale. In der nächsten Generation mag die Gemeinschaft noch erhalten bleiben: auch zwischen den Geschwisterkindern mag durch Blutsgemeinschaft und gleichartigen Einfluss noch manche Aehnlichkeit bestehen. Mit jeder Generation verschwindet mehr und mehr die Aehnlichkeit. Die lebende deutsche Sprache hat für die Enkel der Geschwister nicht einmal einen Namen mehr, mit dem sie ihre Zusammengehörigkeit bezeichnen würde, und wer von uns erkennt noch in dem oder jenem, dem er im Leben begegnet, die Blutsgemeinschaft, die ihn darum mit dem Fremden verbindet, weil in der 6. oder 8. oder 10. Generation die Stammbäume beider auf einen gemeinsamen Ahnen zurückführen?

Ganz ähnlich ist es nun bei den Nationen auch, sofern sie wirklich nichts anderes eint als die gemeinsame Abstammung, mag diese auch nicht nur durch die Gemeinsamkeit des Keimes, sondern auch durch die Gemeinsamkeit der überlieferten Kulturelemente wirksam sein.

Zunächst wird allmählich selbst die *Naturgemeinschaft* locker! Gewiss, in dem gemeinsamen Stammvolke der Germanen hatte gleiches Schicksal gleiche Charaktere erzeugt: im Kampfe um das Dasein waren die untergegangen, die den Lebensbedingungen jenes Volkes nicht angepasst waren, und so hatten die gleichartigen Lebensbedingungen das Ueberleben gleichartiger Individuen begünstigt, Gleichartigkeit der Nachkommen erzeugt. Und der gleichartige Typus, der da entstanden war, vererbte sich weiter: in dem Germanen an der Nordseeküste lebte er so gut wie in dem am Oberrhein. Aber nun begannen verschiedene Kräfte auf die örtlich geschiedenen Völkerschaften einzuwirken. Die äusseren Daseinsbedingungen der Völkerschaften waren ganz verschieden geworden, der Kampf ums Dasein blieb weiter wirksam, aber er wirkte ganz anders bei den Friesen, die an der Meeresküste wohnten, als bei den Chatten oder Cheruskern, anders im Westen als im Osten, anders bei den Germanen, die Kampf um Kampf mit den Römern zu bestehen hatten, als bei den Völkerschaften, die unermesslicher Urwald vor den römischen Legionen schützte. So differenziert sich selbst die *Naturanlage* der Völkerschaften: von Jahrhundert zu Jahrhundert werden schon ihre Kinder voneinander verschiedener. Und diese Verschiedenheit wurde durch keine Wechselheiraten mehr überwunden, denn weite Ländergebiete trennten schon die germanischen Stämme und kein Verkehr konnte sie alle fürderhin verbinden.

Was aber selbst von der Vererbung natürlicher Anlagen gilt, das gilt von der Kulturüberlieferung noch ungleich mehr. Wie unendlich verschiedenartig waren im Laufe der Jahrhunderte die Einflüsse geworden, die die Kultur der Völkerschaften bestimmten! Diese Tatsachen mussten im Laufe der Jahrhunderte auch die Kultur der Völkerschaften differenzieren. Ein gemeinsamer Kern, durch Jahrhunderte überliefert, musste ja bleiben; aber immer mehr und mehr mussten die Jahrhunderte ihr Zerstörungswerk an ihm verrichten und den einzelnen Völkerschaften, fast unbemerkt, im Wege einer unaufhörlichen Entwicklung Stück für Stück neue Kulturelemente schenken, die nicht mehr gleichartig, sondern differenziert, verschieden waren. Zwischen Chatten und Friesen gab es keinen Verkehr; die Erlebnisse beider, die Schicksale beider waren völlig verschieden. Musste nicht allmählich die Sprache des Chatten von der des Friesen immer verschiedener werden? Mussten nicht die Arbeitsweise beider, ihre Rechtsverfassung, ihre Anschauungen, Sitten, ihre religiösen Vorstellungen mehr und mehr verschieden werden? So droht wirklicher Zerfall der einheitlichen Nation der Germanen: Je weiter sie ihr Gebiet ausdehnen und je mehr sie zu sesshaftem Ackerbau übergehen, mit dem Boden verwachsen, desto mehr hört Gemeinschaft, Verkehr, Wechselheirat zwischen ihnen auf; je mehr ihre Schicksale sich verschieden gestalten, desto mehr ändert sich ihr Charakter. Je grösser die Verschiedenheiten der auf sie wirkenden äusseren Einflüsse, je grösser die Landstrecken sind, die sie trennen, desto mehr differenziert wird auch ihre Sprache, so dass sie selbst das Werkzeug gemeinsamen Verkehres allmählich verlieren. So droht der germanischen Nation Zerfall in eine Reihe selbständiger Nationen.

Diese Nationen, in die die germanische Nation zu zerfallen beginnt, sind aber nicht etwa die zahllosen Gemeinwesen der Germanen, die Völkerschaften, sondern die Stämme. Völkerschaften — überwiegend von gemeinsamer Abkunft, die nebeneinander wohnen, nicht durch grosse Ströme oder Gebirgszüge voneinander getrennt sind, unter gleichen Kultureinflüssen stehen, manches Schicksal gemeinsam erleiden, vielfach im Verkehr miteinander bleiben, insbesondere auch durch Wechselheiraten verbunden sind, werden einander immer gleichartiger, bilden einen gleichartigen Stammescharakter aus. Im fortwährenden Verkehr erhält sich die gemeinsame Sprache; fortwährende Wechselheiraten schaffen Gemeinschaft des Blutes; die Besiedlung desselben Landes, der Kampf mit denselben Feinden, das gleiche Schicksal schafft gleichartige Charaktere; der fortwährende Verkehr überträgt die Erfahrungen der verwandten und nahe beieinander wohnenden Völkerschaften aufeinander und prägt so immer mehr eine einheitliche Stammeskultur aus. Während das Band, das alle Germanen verbindet, immer lockerer wird, ersteht der Stamm, immer deutlicher von den Nachbarstammen geschieden, als die Gemeinschaft der Volkerschaften gleicher Abstammung und Gesittung. Der Germane wird zum Alemannen und Franken, zum Sachsen und Bayern, zum Goten und Vandalen

Die Differenzierung der Stamme war zunachst eine Wirkung der durch den *Uebergang zum sesshaften Ackerbau*, durch die territoriale Isolierung der Volkerschaften geforderten, von Geschlecht zu Geschlecht wachsenden Verschiedenheit innerhalb des germanischen Gesamtvolkes Sie wird gefordert durch eine bedeutsame Veranderung in der *politischen Organisation*, die gleichfalls in wirtschaftlichen Umwalzungen ihre letzte Ursache hatte. Zwei grosse historische Erscheinungen sind es, die die alte politische Organisation der Germanen veranderten: einerseits wiederum der Uebergang zum sesshaften Ackerbau, andererseits der Landhunger der Germanen unter dem drangenden Druck der Volker des Ostens wie unter dem Druck der eigenen wachsenden Volkszahl.

Noch Tacitus' Zeit hatte keinen Mangel an Boden gesehen „et superest ager“, sagt Tacitus, Land ist im Ueberfluss vorhanden! Aber mit der wachsenden Volkszahl versiegte allmahlich das Ackerland, die extensive Kultur erlaubte es noch nicht, auf dem alten Boden der Germanen die wachsende Menschenmenge zu ernahren Kein Wunder, dass der Landhunger in den kriegsgewohnten Stammen erwachte. Wo aber ware es leichter gewesen, Land zu erobern, als in den weiten, von alter Kultur getrankten Gebieten des altersschwachen Romerreiches, dessen morsche Grenzmauern dem Ansturm der Barbaren nicht zu widerstehen vermochten? Aber zum Kampfe mit den Romern waren die einzelnen Volkerschaften zu schwach. So einten sich die durch Blutsgemeinschaft und gleichartige Kultur einander nahestehenden Volkerschaften zunachst zu militarischem Bundnis, aus dem immer mehr und mehr ein dauerndes Gemeinwesen wurde. Es entsteht der Stamm unter einem Stammeskonig als germanisches Gemeinwesen. Auch bei jenen Germanen, die nicht der Kampf mit den Romern zur politischen Einigung des Stammes trieb, machte die Sesshaftigkeit die Verbindung der Volkerschaften zum Stamme notwendig Denn nun konnte nicht mehr die Gesamtheit der wehrhaften Manner in den Krieg ziehen wie in den Zeiten des Nomadentums. So war die Volkerschaft militarisch zu schwach, da einen Teil ihrer wehrhaften Mannschaft immer die Feldarbeit in der Heimat zuruckhielt, wollte sie im Kampfe gegen ihre Feinde sich behaupten, so bedurfte sie des Zusammenschlusses mit den Nachbarvolkerschaften zum politisch geeinten Stamme. Die durch die Sesshaftigkeit militarisch geschwachten Volkerschaften schlossen sich zusammen zum Volkerschaftsbunde, aus dem der Stamm als politisches Gemeinwesen erwuchs. Um das Jahr 350 standen die Alemannen unter mindestens zehn Königen, ein Jahrhundert später bilden sie ein geeinigtes Gemeinwesen. Wenig später beseitigt der Franke Chlodwig mit List und Gewalt die kleinen Teilkönige der Völkerschaften und begründet das Stammeskönigtum seines Hauses.[1])

Die Stürme der Völkerwanderung haben diese Stämme immer fester gefügt. Das gleiche Geschick in jenen kriegerischen Zeiten verwischte allmählich die Völkerschaftsgrenzen innerhalb des Stammes, machte den Stamm zu einer einheitlichen Nation. Gleichzeitig aber ging auch sehr schnell die alte kulturelle Gemeinsamkeit der Germanen verloren. Die Stämme, denen die Eroberung der auseinanderfallenden Teile des alten Römerreiches geglückt, mitten hineingestellt in die alte überlegene Kultur, entfremden sich bald völlig den in der Heimat zurückgebliebenen Stämmen. Aber auch diese trennt, seit sie sesshaft geworden, eine immer breiter werdende Kluft. Es ist die Zeit, da die *Lautverschiebung* Ober- und Niederdeutsche zu trennen begann und eine sprachliche Kluft zwischen den beiden Teilen der in der alten Heimat zurückgebliebenen Nation aufriss, die heute noch nicht überbrückt ist. Was konnte die wachsende Entfremdung der Stämme, das völlige Fehlen jeder Gemeinschaft des Verkehrs deutlicher kennzeichnen als die sprachliche Zerrissenheit? In den Zeiten, da die Sesshaftigkeit die Germanen voneinander immer mehr und mehr getrennt und noch nicht auf der Grundlage der Grundherrschaft die gemeinsame Kultur einer herrschenden Klasse erwachsen war, *gibt es keine germanische Nation mehr und noch keine deutsche*. Die alte Nation war zerrissen in eine Anzahl einander immer fremder gewordenen Stämme, Stämme, deren Kinder bald als Niederschlag verschiedenen Schicksals ihrer Väter verschiedene Anlagen mit auf die Welt brachten, deren Jünglingen eine verschiedenartige Kultur von den Eltern überliefert wurde, die nur noch selten Wechselheiraten miteinander schlossen, die keine Gemeinschaft des Verkehrs mehr verknüpfte und von denen darum bald jeder seine eigene, vom Nachbarstamme verschiedene Sprache sich schuf. Sollten die Stämme, die uns heute als Vorfahren der deutschen Nation gelten, wieder zu einer *nationalen Einheit* gelangen, so *genügte die alte, auf der gemeinsamen Abstammung vom germanischen Stammvolk beruhende Kulturgemeinschaft nicht mehr*, so musste sie erst wieder eine neue Kulturgemeinschaft verknüpfen. Diese neue Kulturgemeinschaft ist zunächst auf dem Boden der *Grundherrschaft* entstanden.

[1]) Lamprecht, Deutsche Geschichte I. Band. Seite 276 f.

§ 5.

Die ritterliche Kulturgemeinschaft im Zeitalter der Grundherrschaft.

Auf dem Hügel eine Burg und rings um sie das Land des Burgherrn. Abseits ein Bauerndorf. Die Bauern verpflichtet, auf dem Herrenlande ohne Entgelt Arbeit zu verrichten, die Fron oder Robot, und dem Grundherrn in regelmässigen Zeiträumen, bei Todesfällen und Heiraten Abgaben zu leisten; der Grundherr richtet über die Bauern im Hofgericht; er selbst oder sein Vertreter, der Meier, regelt die Nutzung der gemeinen Mark, des Waldes und der Weide; er bietet die Landgemeinde auf, wenn der Feind in das Land einfällt. Das etwa ist das Bild der Grundherrschaft, auf der die Gesellschaftsverfassung der Deutschen während des Mittelalters ruhte.

Die Grundherrschaft ruht auf der ungezahlten Arbeit, auf der Ausbeutung der Bauern. Freilich auf einer Ausbeutung, der enge Grenzen gesetzt sind. Denn das Getreide, das der Bauer für den Grundherrn auf dem Herrnlande erntet, das Vieh, das der Bauer als Abgabe leisten muss, wird in der Regel nicht verkauft: noch gibt es keinen Markt für landwirtschaftliche Produkte, noch baut sich jedermann sein Getreide selbst. So brauchen auch die Bauern dem Grundherrn nicht mehr erarbeiten, als dieser mit seiner Familie und seinem Gesinde verzehren kann. „Die Magenwände des Grundherrn waren die Grenzen der Ausbeutung des Bauern."

Die Grundherrenklasse aber nimmt als Gegenleistung für die Arbeit der Bauern auch eine gesellschaftliche Aufgabe auf sich, nämlich die Verteidigung des Landes nach aussen. Dies ist eng verknüpft mit jener Umwälzung im Heerwesen, die die wachsende engere Verknüpfung des Bauern mit dem Boden, auf dem er sitzt, seit dem Uebergange zum sesshaften Ackerbau bewirkte. Schon in dem Zusammenschluss der Völkerschaften zum Stamme fanden wir diese Umwälzung als eine treibende Kraft. Je intensiver die Kultur wurde, desto unmöglicher ward es, die Bauern aufzubieten zu weiter Heerfahrt. So zieht der Bauer nicht mehr in den Krieg, sondern ernährt statt dessen durch seine Arbeit den Grundherrn und dessen Gesinde; sie ziehen dann statt seiner ins Feld. Die alte Heeresverfassung ward durch die neue Wirtschaftsverfassung gesprengt. Nur wenn der Feind in das Land einbricht, ergreift noch der Bauer selbst die Waffen. Das Angriffsheer aber ist kein Fussvolk mehr, wie es das germanische Heer im Zeitalter des Tacitus überwiegend gewesen. Wie wäre es auch möglich gewesen, dass etwa in dem weiten, über Frankreich, Deutschland, Italien sich ausdehnenden Reiche der Karolinger in jener verkehrsarmen

Zeit die Grundherren und ihr Gesinde zu Fuss zusammenstossen, um gegen die gemeinsamen Feinde zu kämpfen! Wie diese Feinde zu Pferde kamen — Araber, Avaren, Magyaren — so wurde auch das aus den Grundherren und ihren Gefolgschaften sich zusammensetzende Heer ein Reiterheer. So scheidet das Merkmal der Lebensweise das Volk in zwei Teile: auf der einen Seite die Bauern, längst sesshaft geworden auf ihrer Scholle; auf der anderen die ritterlich lebenden Grundherren und ihre Gefolgschaften, deren einzige gesellschaftliche Bestimmung die Verteidigung des Landes gegen den Feind ist. Die ritterliche Klasse aber ist natürlich die herrschende: der Bauer, der ihr die Führung der Waffen anvertraut, hat ihr damit auch das Werkzeug der Macht in die Hand gegeben, hat sich ihrer Herrschaft unterworfen.

Uns interessiert hier der lange historische Prozess nicht, in dem aus der alten Gesellschaftsverfassung der Germanen die Grundherrschaft und mit ihr die Differenzierung der Ritter und der Bauern entstanden ist. Uns kümmern auch die Veränderungen nicht, die die Grundherrschaft selbst während des Mittelalters erfahren. Die Frage, die uns hier beschäftigt, ist nur die: Wo ist im Zeitalter der Grundherrschaft die Nation?

Da müssen wir uns nun zunächst hüten, noch immer in der gemeinsamen Abstammung das zu suchen, was die Nation allerwärts zusammenhielt. Denn längst hat einerseits die territoriale Sonderung der Stämme, andererseits die Aufsaugung fremder Elemente die alte Naturgemeinschaft, auf der auch die germanische Kulturgemeinschaft noch ruhte, zerstört.

Zunächst die territoriale Isolierung! Sie wirkt am stärksten auf den Bauern ein. Kein Band des Verkehrs verknüpft mehr die Bauern verschiedener Gebiete, verschiedener Stämme. Keine Wechselheiraten vermengen mehr ihr Blut. Die natürliche Auslese wirkt anders in jedem Land, in dem die Lage, das Schicksal, der Daseinskampf der Bauern ein verschiedenartiger ist; und keine Vermischung gleicht die so entstandenen Unterschiede aus. So werden die Bauern fast jeden Tales eine eigene Rasse, in der der Daseinskampf einen eigenen Typus hervorgebracht hat, den keine Vermischung mit dem Nachbarvolk vermengt. Viel stärker als die gemeinsame Abstammung von einem Urvolk her wirkt seit Jahrhunderten die Verschiedenheit der Abstammung von verschiedenen Stämmen, von verschiedenen Stammesteilen, die längst, abgesondert von den Bauern anderer Landesteile, ihr selbständiges Leben führen. Was hat der Oberfranke etwa, nicht nur mit dem Sachsen, sondern auch nur mit dem Niederfranken gemein?

Aber zur territorialen Isolierung, die die Volksstämme immer mehr und mehr differenziert, aus dem einheitlichen Volke eine Unzahl auch der Abstammung, der Naturanlage nach verschiedener

Völklein entstehen lässt, kommt noch die Vermischung mit fremden Völkern, die den Charakter der alten Naturgemeinschaft um so mehr verwischen musste, als die Vermischung in den verschiedenen Teilen Deutschlands ganz verschiedenartig gewesen ist.

Das erste Volk, das ausser dem germanischen, dem heutigen deutschen Volke Blut zugeführt hat, sind, so weit unsere geschichtliche Ueberlieferung reicht, die Kelten. Im Dunkel der Geschichte verlieren sich die Nachforschungen über die ältesten Verkehrsbeziehungen zwischen Kelten und Germanen; Gräberfunde beweisen, dass die Germanen von den Kelten Waffen und Hausgerät aller Art eingetauscht und von ihnen mancherlei in der Kunst der Stoffverarbeitung, besonders der Metallverarbeitung, gelernt haben. Selbst weit im Norden standen die Germanen unter dem Einflusse jener keltischen Kulturkreise, die wir aus den Funden von Hallstatt und La Tène kennen. Auch die Sprachvergleichung lehrt, dass manches keltische Wort frühzeitig in den germanischen Sprachschatz eingegangen sein muss. Viel enger wurden aber die Beziehungen der beiden Völker, als die Germanen in keltisches Gebiet einzudringen begannen. Zwischen Oder und Weichsel waren höchstwahrscheinlich die ältesten Sitze der Germanen. Von hier aus drängen sie langsam in das Land zwischen Rhein und Oder vor und bald selbst über den Rhein. Dieses Land aber war kein herrenloses Land; dort sassen lange vor ihnen die Kelten. Wie sich das Verhältnis der beiden Nationen zueinander ursprünglich gestaltete, wissen wir nicht. Wir wissen nur, dass schliesslich die Germanen der Kelten Herren geworden. Vielleicht hängt dies mit den grossen Wanderungen der Kelten zusammen, die im 4. Jahrhundert v. Chr. in Italien, im 3. Jahrhundert in Thrakien, Makedonien, Griechenland und Kleinasien einfallen. Durch den Auszug eines grossen Teiles des Volkes auf dem Boden des heutigen Westdeutschland geschwächt, sind die zurückgebliebenen keltischen Völkerschaften wahrscheinlich von den Germanen unterworfen worden. Auch Cäsar weiss davon zu berichten, dass der germanischen Herrschaft in Deutschland eine Zeit vorausgegangen war, wo die Kelten militärisch und politisch stärker waren als die Germanen.[1])

Wie geschah nun das Einrücken der Germanen in keltisches Land? Kein Zweifel, häufig rückten die Germanen in Gebiete ein, die die keltischen Völkerschaften vorher verlassen hatten. So fanden die Germanen im heutigen Württemberg und Baden das Land leer, das einst den Helvetiern gehört hatte; ebenso wanderten die Belger aus, als die Germanen das Land besetzten. Aber gewiss ist auch,

[1]) Bremer, Ethnographie der germanischen Stämme, Pauls Grundriss der germanischen Philologie. III., Seite 787 f.

dass die Germanen auch keltische Gebiete erobert haben, in denen wenigstens Teile des keltischen Volkes zurückgeblieben waren, und dass sie diese Kelten in verschiedenartige Abhängigkeitsverhältnisse gebracht haben. Keltische Orts- und Flussnamen lassen uns heute noch erraten, dass das Land nicht leer und wüst, sondern von Kelten bewohnt war, das die Germanen besetzten. Auch in der Art der Siedelung und Flurteilung hat man keltischen Ursprung erkannt.

Was war nun das Schicksal der Kelten, wenn die Germanen in ihr Land einrückten? Darf man annehmen, dass die germanischen Sippschaften sich mit den Kelten vermengt haben? In den späteren Zeiten, insbesondere in den Zeiten der grossen Wanderung ist dies gewiss oft geschehen. Im Heere der Zimbern fanden sich auch zahlreiche keltische Heerhaufen. Die ostgermanischen Völkerschaften, die das Römerreich vernichteten, führten durchwegs fremde, sehr häufig auch keltische Elemente mit sich. Wo die Kelten in den germanischen Sippschaften nicht aufgegangen sind, dort lebten sie zunächst abgesondert als Unfreie und Halbfreie. Angesiedelt auf dem Lande, zahlten sie den Germanen Tribut und standen unter der Gewalt der germanischen Gemeinwesen. Kein Zweifel, dass sich unter den Halbfreien und Unfreien, von denen uns Tacitus berichtet, sehr zahlreiche keltische Elemente befunden haben. Für die Erkenntnis der Abstammung der Germanen ist dies darum wichtig, weil diese Halb- und Unfreien später durchaus aufgegangen sind im deutschen Volke. Wo die vollständige Aufsaugung der keltischen Elemente in der germanischen Periode oder im Zeitalter der grossen Wanderung noch nicht erfolgt ist, dort hat der grosse Prozess der Klassenbildung im Mittelalter mit seinem Aufgehen der Unfreien in den beiden Gesellschaftsklassen — in den Rittern und Bauern — die vollständige Assimilierung der keltischen Elemente vollendet. Und zwar ist das unfreie und mit diesem das keltische Element eingedrungen in beiden Klassen: sowohl in die der B a u e r n, als auch in die der R i t t e r.

Die Klassenbildung des Mittelalters hat den Prozess vollendet, der schon mit der Ansiedlung der Germanen im Keltenlande und mit der Vermischung mit fremden Völkerschaften auf den grossen Wanderungen begonnen hatte: die v o l l s t ä n d i g e A s s i m i l i e r u n g d e s k e l t i s c h e n E l e m e n t s. Uebrigens gab es unter den Unfreien neben germanischen und keltischen zweifellos noch andere Elemente, wenn auch deren Zahl gewiss viel geringer war. Auch die römischen Kriegsgefangenen waren von den Germanen verknechtet worden; auch über die in den Grenzgebieten Germaniens angesiedelten römischen Veteranen erhob sich allmählich germanische Herrschaft. Was für verschiedenartige Elemente mögen da, von den Germanen geknechtet, allmählich ihr Blut mit dem germanischen vermischt haben; denn die Legionen Roms setzten sich ja in der Kaiserzeit aus allen Völkern des Mittelmeerbeckens zusammen! Alle diese Elemente wurden, wenn nicht schon früher, so gewiss durch den Prozess der Klassenbildung im Mittelalter dem deutschen Volke einverleibt.

Aber zu diesen fremden Elementen kam im Mittelalter noch ein weiterer fremder Bestandteil, der gleichfalls im Blute der Deutschen aufgegangen ist, nämlich der slavische. Es hängt dies zusammen mit der Besiedlung Ostdeutschlands durch deutsche Ritter und Bauern. Es ist der grosse Prozess der Kolonisation des Ostens und Südens, durch den das deutsche Volk grosse Menschenmassen slavischer Abstammung seinem Körper einverleibt hat.

Die ganze Geschichte des deutschen Volkes von der Zeit an, da, wie Tacitus uns berichtet, Land noch im Ueberfluss vorhanden war, bis in die letzten Jahrhunderte des Mittelalters ist erfüllt von dem langsamen, zähen Ausbau zunächst des eigenen Landes. Der langsame Fortschritt landwirtschaftlicher Technik erlaubt nur innerhalb enger Grenzen die Teilung der Hufe, wenn der Bauer mit seiner Familie auf seinem Stückchen Land sein Auskommen finden soll. Der erblose Bauernsohn aber schafft sich selbst einen neuen Bauernhof, indem er zunächst in der waldreichen Heimat herrenloses oder grundherrliches Wildland urbar macht. Aber allmählich versiegt in der alten Heimat das Land: seither beginnt jener unermessliche Zug der Bauernsöhne nach dem Nordosten und Südosten, der nicht weniger als drei Fünftel des heute deutschen Landes dem deutschen Volke erobert hat. Die Führung dieser Kolonisation hatte zumeist der ritterliche Adel. Er unterwarf zunächst militärisch die slavischen Völkerschaften, machte die Slaven zinspflichtig und unterwarf sie der deutschen Grafschaftsverfassung. Unter seinem Schutze rückten dann allmählich die deutschen Bauernsöhne (später auch die deutschen Bürger) in das Land ein. Die ausgedehnten Gemeindewälder wurden den Slaven abgenommen und urbar gemacht. Allmählich überfluteten die deutschen Kolonisten die slavischen Bewohner. Und nun begann jener Prozess der Vermischung, in dem das slavische Wesen in dem deutschen schliesslich aufgegangen ist. Das wichtigste Werkzeug der Uebertragung germanischer Kultur auf die Slaven war hierbei die Kirche. Die Bekehrung der Slaven zum Christentum bedeutete damals ihre Eroberung für die deutsche Gesittung; die Pfarrhöfe wurden zu den Angriffspunkten allmählicher Germanisation. Die Bekehrung der heidnischen Slaven zum Christentum, ihre Unterwerfung unter den deutsch-christlichen Einfluss passte sie allmählich den deutschen Kolonisten an. Wechselheiraten verbanden die beiden Völker. So ging allmählich in den Thüringer Marken, in der Markgrafschaft Meissen, im ganzen heutigen Königreiche Sachsen, in den einst windischen Gebieten am Main das Slaventum im Deutschtum auf. Nicht viel anders war der Weg der Kolonisation in Mecklenburg, in Pommern, in Schlesien, in den Randgebieten Böhmens gewesen, nur dass dort schon die einheimischen Slavenfürsten den deutschen Kolonisten gerufen hatten. Und selbst dort, wo der Deutsche nicht unbebautes Land in Besitz genommen, sondern die Slaven von ihren Ackerfluren verjagt und das erbeutete Ackerland sich angeeignet hat, wie in Brandenburg, wo der Deutsche den Wenden, kaum dass sie neues Ackerland in Besitz genommen, auch dieses wieder abnahm und die harte Unterdrückung gewiss einen beträchtlichen Teil der slavischen Landbewohner ausgerottet hat, selbst dort ist keineswegs das slavische Element völlig vernichtet worden, selbst dort ist es, wenn auch in geringerer Zahl, allmählich von den deutschen Eroberern des Landes aufgesaugt worden. So ist im Nordosten wie im Südosten Deutschlands das deutsche Element überall mit slavischem Blut vermischt. So hat die deutsche Kolonisation des Mittelalters noch einmal das Bild wiederholt, das die Eroberung des keltischen Landes durch die Germanen schon einmal gezeigt hatte: Die alten Besiedler des Landes, von den germanischen Eroberern nur teilweise vertrieben, werden erst unterworfen, dann von den neuen Nachkömmlingen allmählich an Zahl übertroffen und gehen schliesslich in ihnen auf, vermengen sich mit ihnen, so dass heute kein Besonnener mehr den Versuch wagen wird, den germanischen und den fremden Bluteinschlag zu unterscheiden. Alle späteren Mischungen, die noch die bürgerliche Epoche dem deutschen Volke gebracht, sind geringfügig im Vergleich mit jenen beiden grossen historischen Prozessen, die den keltischen und slavischen Einschlag in das Gewebe des deutschen Organismus verflochten haben. Der heutige Deutsche aber trägt deutlich die Spuren dieser Ereignisse. Nach einer Statistik, die an vier Millionen preussischen und bayrischen Volksschulkindern erhoben wurde, hatten den rein germanischen Typus — weisse Haut, blonde Haare, blaue Augen — in Preussen 35·47 Prozent, in Bayern 20·36 Prozent der Schulkinder! Was aber uns hier vor allem interessiert, ist dies, dass dieser grosse Prozess der Aufsaugung fremder Elemente notwendig differenzierend wirken musste, die alte, einheitliche Abstammungsgemeinschaft der Deutschen zerstören musste: denn der fremde Einschlag war in den verschiedenen Teilen Deutschlands ein verschiedener, und wo es der gleiche war, trat er in verschiedener Stärke auf.

Und wie die Abstammung der Deutschen in den verschiedenen Teilen Deutschlands immer verschiedener wurde, so musste auch ihre Gesittung immer verschiedenartiger werden. Freilich entdeckt der Kulturhistoriker auch noch in der mittelalterlichen Kultur der Deutschen allerwärts jene Elemente, die den gemeinsamen Ursprung ihrer Kultur von einem Stammvolk bezeugen. Aber wie viele Generationen trennten die deutschen Bauern der Hohenstaufenzeit von jener gemeinsamen Wurzel! Immer mehr und mehr wurden die gemeinsam uberlieferten von den allmahlich entstandenen neueren, in den verschiedenen Landesteilen verschiedenen Kulturelementen uberwuchert. Ein radikaler Zug der Differenzierung, des kulturellen Partikularismus charakterisiert das Mittelalter Unsere Rechtsquellen zeigen uns, wie aus dem einheitlichen germanischen Recht immer mehr und mehr eine Fulle lokal verschiedenartiger Rechte erwuchs, die Sprache hatte langst sich in eine Unzahl von verschiedenen Mundarten geschieden, die Lebensgewohnheiten und Sitten waren beinahe von Grundherrschaft zu Grundherrschaft, von Tal zu Tal verschieden Und doch, gerade in jener Zeit der Differenzierung ist die einheitliche deutsche Nation entstanden! Das einigende Moment, das sie zusammenschloss, war aber nicht mehr die von dem gemeinsamen Stammvolk uberlieferte gemeinsame Kultur, sondern es war eine neuentstandene Kulturgemeinschaft; aber freilich eine Kulturgemeinschaft, die zunachst nicht alle Deutschen einte, wohl aber die herrschende Klasse aller Deutschen. Eine Kulturgemeinschaft aller ritterlich Lebenden war es, die zunachst die herrschenden Klassen aller Deutschen verband, sie ist es, die zuerst die Deutschen zur Nation zusammengeschweisst hat.

Wahrend der Bauer seit dem Uebergang zum sesshaften Ackerbau fest an die Scholle gebunden war und, so enges Band ihn auch mit den Nachbarn im Dorfe, mit den Mark- oder Hofgenossen verknupfte, durch keine Gemeinschaft mehr mit dem weiteren Kreis der Volksgenossen verbunden war, entstand zwischen der gesamten Ritterschaft der Stamme, die das deutsche Volk zusammensetzen, eine enge Verkehrsgemeinschaft.

Die Ritterschaft war zunachst das Heer des Reiches Kaiser und Reich boten die Reichsfursten, die Reichs-Lehensmannen und Reichs-Dienstmannen zum Kriege auf. Reichsfursten und Reichs-Lehensmannen geboten dann ihrerseits ihre Vasallen und Ministerialen zur Heerfahrt. So sammelte sich im Heere die Ritterschaft aus allen Teilen des Reichs Ebenso versammelt in alter Zeit die Heeresversammlung auf dem Maifeld, in spaterer Zeit der Reichstag einen grosseren Teil der Ritterschaft Aber auch abgesehen von den Gelegenheiten, die das staatliche Leben des Feudalstaates dem Verkehre der Ritterschaft bot, vereinigte auch freiwilliger Verkehr die ritterlich Lebenden. Die Fehden und Parteiungen schlossen bald da, bald dort die Ritterschaft zu einer Einung, zu einem Ritterbunde zusammen. Die Lehenstage grosser Lehensherren vereinigten die ritterlich Lebenden grosser Gebiete meist zur Zeit der hohen Kirchenfeste an einem Hof. Geselliger Verkehr verband Burg mit Burg, Nachbar mit Nachbar, etwa wie heute noch der auf dem Lande lebende Hochadel von Schloss zu Schloss durch geselligen Verkehr verbunden ist, während der Bauer nur seinen Nachbar im Dorfe kennt. So bot das Leben der Ritterschaft unvergleichlich mehr Gelegenheit zu verschiedenartigem Verkehr über enge Gebietsgrenzen hinweg: neue Vorstellungen und Sitten pflanzten sich schnell fort von Burg zu Burg, während die in die engen Grenzen einer kleinen örtlichen Gemeinschaft eingeschlossenen Bauern völlig im Banne der Ueberlieferung standen.

Aber nicht nur der Verkehr von Mann zu Mann, die körperliche Berührung bei verschiedenartigen Anlässen stellten innerhalb der gesamten Ritterschaft der zum deutschen Volke werdenden Stämme eine enge Gemeinschaft her; auch die höhere geistige Kultur erwies sich bereits als ein einigendes Band.

Die Geschichte der höheren geistigen Kultur, der Wissenschaft, der Kunst, der Dichtung ist eine Geschichte der Musse. Der Bauer, eng gefesselt an die schwere Arbeit des Landbaues, konnte keine höhere geistige Kultur haben. Daher ist die gesamte geistige Kultur zu jener Zeit, da das Volk bereits zum sesshaften Ackerbau übergegangen war, aber die Entwicklung der Grundherrschaft noch nicht eine zahlreiche Klasse Müssiger erzeugt hatte, die des Sängers sich hätten freuen können, ganz in den Händen einer fremden Macht, der Kirche. Die Klöster und Bistümer waren frühzeitig reiche Grundherrschaften, denen Hunderte von Bauern zins- und fronpflichtig waren. So waren sie denn von schwerer körperlicher Arbeit befreit. Das Studium der lateinischen Sprache übermittelte ihnen das Werkzeug zum — wenn auch rohen — Verständnis der überlieferten Geistesschätze des Altertums. So bewahrte die Kirche diese Schätze und rettete sie hinüber in eine bessere Zeit, in der dann das Volk selbst — oder vielmehr die herrschenden Klassen des deutschen Volkes — diese Schätze in Besitz nehmen konnten. In den Klöstern und an den Höfen der Bischöfe haben wir die Anfänge deutscher Dichtung zu suchen. Klosterschulen sind die ältesten Schulen auf deutschem Boden. In einem Benediktinerkloster ist das Wessobrunner Gebet entstanden. Ein Mönch des Klosters Weissenburg war der Verfasser des ältesten deutschen Evangelienbuches. Der Mönch eines flandrischen Klosters sang das Ludwigslied. St. Gallen brachte Ekkehards Waltharilied hervor; in St. Gallen verdeutschte Notker Labeo die Psalmen. Eine Nonne von Gandersheim scheint die erste deutsche Dichterin gewesen zu sein. Aber das alles waren doch nur spärliche Anfänge einer höheren deutschen Geistesentwicklung.

Sollte eine deutsche Dichtung, eine deutsche Kunst entstehen, so musste erst eine zahlreiche Klasse da sein, die sich ihrer erfreuen, die aus sich heraus die Dichter erzeugen konnte, eine Klasse, die ihr eigenes geistiges Leben führen konnte, die nicht wie die Kirche allzustark unter fremdem, insbesondere italienischem Einfluss stand. An die Entwicklung der Grundherrschaft, an die Entwicklung einer zahlreichen Klasse ritterlich Lebender auf der Grundlage der Grundherrschaft war darum die Entwicklung deutschen Geisteslebens gebunden. Die erste deutsche Dichtung war *ritterliche Dichtung*. Die Heldenlieder, in die die Zeit der grossen Wanderungen die uralten germanischen Göttersagen umgegossen hatte, waren auch vorher schon von den „varnden liuten“, die von Dorf zu Dorf zogen, aufbewahrt worden, aber zum *Epos*, wie es uns überliefert ist, wurden sie erst, als der ritterliche Sänger von Burg zu Burg zog, überall von der „milte“ des Herrn gehegt, Rittern und Frauen mit seinem Liede müssige Stunden verschönte. Und bald schuf der ritterliche Sänger seinen Zuhörern eine neue Kunst, die nicht mehr anknüpft an die Zeit, da noch das gesamte Volk ohne Unterschied des Standes eine Kulturgemeinschaft gebildet hatte, sondern die völlig herausgewachsen war aus der Sondersitte, den Sonderfreuden und Sonderleiden der Ritterschaft: das *ritterliche Lied* und das *höfische Epos*. Die neue Kunst aber war nicht irgendwie örtlich gebunden: von Burg zu Burg pflanzte sie sich fort durch alle deutschen Lande.

So verknüpfte enger Verkehr die gesamte Ritterschaft. Heerfahrt und Reichstag, Lehenshof und Einung, geselliger Verkehr brachte die Ritterschaft ganz unmittelbar, körperlich einander näher; die gleiche Freude an desselben Sängers Liedern, der von Burg zu Burg, von Hof zu Hof zog, knüpfte zwischen ihr ein unsichtbares Band. Aber kein enger Verkehr ist möglich ohne *gemeinsame Sprache*. So beginnt — freilich zunächst für die herrschende Ritterklasse allein — eine starke Gegentendenz gegen die seit Jahrhunderten wirkende Tendenz immer schärferer Differenzierung örtlicher Mundarten. Wohl hat es die deutsche Ritterschaft nie zu einer wirklich völlig einheitlichen Hofsprache, einem Kuriale, gebracht, das an allen Ritterburgen aller deutschen Länder gesprochen worden wäre, aber der enge Verkehr musste die Sprachen der Ritter allerwärts einander doch viel näher bringen als die Mundarten der Bauern, die in völliger örtlicher Abgeschiedenheit, durch keine Verkehrsgemeinschaft mehr verknüpft, überall völlig mit dem Boden verwachsen, ihr abgesondertes Leben führten. So unterscheiden sich die Sprachen der höfischen Dichtungen viel weniger voneinander als die der überlieferten Volkslieder. Und da ritterliches Wesen im Zeitalter der Hohenstaufen, als die Führung der deutschen Stämme an die Schwaben gefallen war, seine vollste Blüte sah, so erwuchs auf oberdeutschem Boden aus schwäbischer Wurzel — wenn auch mit fränkischem Einschlag — jene höfische Sprache, in der die Dichter der ritterlichen Zeit sagen und singen, in der die ältesten deutschen Urkunden abgefasst sind, die zu sprechen bald selbst niederdeutsche Sänger versucht haben und deren Ueberwiegen sich deutlich darin zeigt, dass die niederdeutschen Mundarten ihr manches Wort entnommen und ihrem Sprachschatz einverleibt haben. Die Sprache spiegelt hier deutlich die Geschicke des Volkes wieder. Während seit der Zeit, da der germanische Urstamm in Völkerschaften zerfallen war, von Jahrhundert zu Jahrhundert mehr und mehr die einst gemeinsame Sprache in eine Unzahl voneinander völlig abweichender, immer deutlicher sich scheidender Mundarten sich gespalten hatte, war nun die Verkehrs- und Kulturgemeinschaft der ritterlich Lebenden zum erstenmal daran, dieser Differenzierung entgegenzuarbeiten und allen deutschen Stämmen eine gemeinsame Sprache zu schenken.

Und wie die Entstehung einer ritterlichen Kulturgemeinschaft die Tendenz zur Bildung einer gemeindeutschen Sprache geschaffen hatte, so bahnte sie auch die Entwicklung eines g e m e i n e n d e u t s c h e n R e c h t e s an. Das Mittelalter ist im allgemeinen eine Zeit durchaus partikularistischer Rechtsentwicklung. Das Recht der einzelnen Landschaften wurde immer verschiedener und nicht ohne Mühe erkennt der Forscher in der Mannigfaltigkeit der einzelnen Landrechte noch das gemeinsame germanische Recht. Insbesondere aber zeigt das spezifische Sonderrecht der Bauernklasse eine partikularistische Entwicklung. Von Landschaft zu Landschaft, von Tal zu Tal, ja von Grundherrschaft zu Grundherrschaft zeigen uns die überlieferten Weistümer immer zunehmende Abweichungen des Rechtes. Um so bedeutsamer ist es nun, dass über alle örtliche Scheidung hinweg die Ritterschaft sich allmählich ein Sonderrecht schafft, das, wenn auch mit gewissen Abweichungen in den einzelnen Gebieten, doch im ganzen und grossen nationales deutsches Recht geworden ist; während das Mittelalter ein gemeines germanisches Recht nicht mehr und ein deutsches einheitliches Recht noch nicht kennt auf dem Gebiete des Landrechtes, des Stadtrechtes, des Dienstrechtes, des Hofrechtes, so kennt es eine wirklich einheitliche Entwicklung auf dem eigensten Gebiete ritterschaftlicher Rechtsbildung, im Lehensrecht: es gibt ein einheitliches deutsches Lehensrecht.

Aber viel bedeutsamer noch als diese zentralistische Tendenz des ritterlichen Rechtswesens ist die Entstehung einer einheitlichen deutschen r i t t e r l i c h e n S i t t e. Freilich, gerade hier könnte uns oberflächliche Betrachtung widersprechen. Es ist ja gewiss richtig, dass im Mittelalter feste Lebensgewohnheiten, Lebenssitten, eine konventionelle Etikette, der sich niemand entziehen konnte, geherrscht haben, so weit es deutsches ritterliches Leben gab. Aber der nationale Charakter dieser ritterlichen „zuht“ liesse sich wohl bestreiten. Denn das deutsche Rittertum hat diese Sitte vielfach übernommen von den fremden Ritterschaften, ganz besonders von der französischen, die im Zeitalter der Kreuzzüge zweifellos das deutsche ritterliche Leben sehr wirksam beeinflusst hat. Aber dieser fremde Ursprung der deutschen ritterlichen Sitten ändert nichts an ihrer Bedeutung für die Entstehung einer einheitlichen deutschen Nation.

Vielleicht können wir uns dies am besten am Beispiel des einzelnen Individuums klar machen. Nehmen wir zwei völlig verschiedene Individuen, verschieden nach Abstammung, nach Erziehung, nach Gefühlsweise und Wissen, und lassen wir sie nun gemeinsam eine Reise unternehmen, gleiche Einflüsse auf sie wirken. Kein Zweifel, auf der gemeinsamen Reise werden sie dieselben Dinge, dieselben Landschaften und Kulturdenkmäler sehen. Der Inhalt ihres Bewusstseins, die Vorstellungen, die sie aufnehmen werden, werden dieselben sein. Aber sind sie darum dieselben Menschen geworden? Keineswegs. Denn so wie der menschliche Organismus körperliche Nahrung nicht einfach aufnimmt, sondern verarbeitet, verdaut, so geht auch keine neue Vorstellung in menschliches Bewusstsein unverändert von aussen ein, sondern sie wird von ihm einverleibt, verarbeitet, verdaut, sie wird a p p e r z i p i e r t. So werden die beiden, die gemeinsam reisen, zwar dieselben Dinge sehen, dieselben Vorstellungen in sich aufnehmen. Aber da das aufnehmende, verarbeitende Bewusstsein jedes der beiden ein ganz verschiedenartiges ist, so werden sie die aufgenommenen Vorstellungen ganz verschieden verarbeiten: Jeder wird auf dieser Reise etwas anderes lernen, jeder von den gesehenen Dingen sich anderes merken, auf jeden werden dieselben Vorstellungen anders wirken. Rein seinem Inhalt nach betrachtet, mag ja das Wachstum des Vorstellungsreichtums der beiden fast identisch sein. Aber in seiner Wirkung auf das Gesamtbewusstsein, auf Denken und Fühlen und Wollen, wird es ganz verschieden sein.

Ganz Aehnliches gilt nun, wenn derselbe Kulturinhalt von verschiedenen Nationen aufgenommen wird. Der Inhalt ritterlicher Sitte mochte bei Deutschen und Franzosen nicht allzu verschieden sein: aber der deutsche Ritter, der vom französischen dessen Lebensgewohnheiten, dessen Konvention übernahm, war seiner Abstammung und seiner Kulturüberlieferung nach ein anderer Mensch als der Franzose. Er hat nun die französische Sitte nicht einfach übernommen, sondern er hat sie seinem Wesen einverleibt, sie musste sich in seinem Bewusstsein mit dessen bisherigem Inhalt vermählen. So ist aus der französischen Sitte in Deutschland doch etwas anderes, von der französischen Sitte Verschiedenes geworden. Die kulturelle Einwirkung derselben Etikette musste bei den deutschen Rittern eine andere sein als bei den französischen. Aus der Vermählung deutschen Wesens mit französischer Sitte musste ein neues ritterliches Wesen entstehen, das sich sehr bald deutlich von dem französischen schied. Dieses neue deutsch-ritterliche Wesen war aber allen Deutschen annähernd gemein: in allen deutschen Burgen herrschend, überall in gleicher Weise auf die ganze Daseinsweise, den ganzen Charakter der Männer und Frauen einwirkend. So ist gerade die Uebernahme dieses fremden Elements in den deutschen Nationalcharakter und seine Verarbeitung durch das deutsche Wesen zu einem starken Bindemittel der Nation geworden, zu einer einheitlichen deutschen Lebenssitte, die einheitliche Wirkung auf den Charakter der damals herrschenden Klasse des deutschen Volkes übte und diese einte über alle bisherige Differenzierung hinweg.

Dieser nationalen Zusammengehörigkeit musste sich die deutsche Ritterschaft auch bewusst werden, sobald sie Gelegenheit hatte, ihre Kulturgemeinschaft mit fremder zu vergleichen. Deutlich spricht dies aus Walters von der Vogelweide berühmtem Gedicht:

> Lande habe ich viel gesehen,
> Nach den besten blickt ich allerwärts,
> Uebel möge mir geschehen,
> Wenn sich je bereden liess mein Herz,
> Dass ihm wohlgefalle fremder Länder Brauch.
> Wenn ich lügen wollte, lohnte mir es auch?
> Deutsche Zucht geht über alles.

Lamprecht hat mit Recht darauf aufmerksam gemacht, dass es „nicht ein allgemeines, sondern ein ritterlich konventionelles, berufsmässig gebundenes Nationalbewusstsein ist, dass durch Walters Mund im Liede spricht“ — ein Bewusstsein der Verschiedenheit deutscher *höfischer* Zucht vor „fremeden siten“.[1])

Aber bei Lamprecht konnte es scheinen, als wäre die Nation sich ihres nationalen Sonderseins zu jener Zeit eben nur in beschränktem Masse bewusst geworden. Die falsche Fragestellung lässt Lamprecht nicht immer die volle Folgerung aus dem reichen Material ziehen, das gerade er für die Geschichte des Werdens der deutschen Nation gesammelt hat. Nicht wie die Nation allmählich sich ihres Sonderseins bewusst geworden ist, sondern wie die Nation überhaupt erst als solche enstanden ist, ist die Frage. *Das nationale Bewusstsein kann nur aus dem nationalen Sein verstanden werden und nicht umgekehrt.* Wenn Lamprecht darauf verweist, dass das Nationalbewusstsein der Zeit der Hohenstaufen ein ritterlich-konventionelles gewesen ist, so hat er gewiss recht; aber der Fortschritt des Nationalbewusstseins über diese Stufe hinaus kann nicht begriffen werden aus einer

[1]) Lamprecht, a. a. O., I., Seite 16.

immanenten Entwicklung des Nationalbewusstseins, das nach dem allem Volksbewusstsein innewohnenden Gesetze von niedrigen zu höheren Stufen notwendig und überall fortschreitet, sondern er kann nur begriffen werden als die Widerspiegelung geänderten nationalen Seins. *Im Zeitalter der Staufen bestand die Nation in gar keiner anderen Weise als in der Kulturgemeinschaft der Ritter*, die die — freie und unfreie — Ritterschaft aller deutschen Stämme einte und sie zugleich von allen fremden Völkern unterschied. Sollte eine andere Form deutschen Nationalbewusstseins entstehen, so konnte dies nur geschehen, wenn die deutsche Nation als Nation in einem anderen Sinne entstand. Nicht in irgend einem allgemeinen Entwicklungsgesetze alles psychischen Seins, sondern in der Entwicklung der *Warenproduktion* liegt die Erklärung für die spätere Entwicklung des Nationalbewusstseins des deutschen Volkes über die von Walter von der Vogelweide erreichte Stufe hinaus.

Jetzt also glauben wir zu verstehen, wie die deutsche Nation entstanden ist. Nicht in der gemeinsamen Abstammung vom germanischen Urvolk und nicht in der gemeinsamen Ueberlieferung der von diesem Urvolk ererbten Kultur liegt ihre Wurzel. Denn Vermengung mit anderen Völkern und territoriale Isolierung hatten längst die alte Gemeinschaft zerstört; das ganz verschiedenartige Schicksal der einzelnen Volksteile hatte körperlich und geistig verändernd auf die ererbten Eigenschaften gewirkt. Ebenso hatte die überlieferte Kultur in Technik und Sprache, Sitte und Recht sich immer mehr differenziert. Ueber der gemeinsamen germanischen Ueberlieferung lag längst eine dichte Schichte späterer Neubildung, die bei jedem Teile des germanischen Volkes verschieden geartet war. Nicht die gemeinsame Abstammung, sondern eine ganz neu entstandene gemeinsame Kultur setzte der Differenzierungstendenz der deutschen Stämme, die diese schliesslich notwendig zu ganz verschiedenen Völkern gemacht hätte, eine Schranke und einte die Deutschen zu einer Nation. Diese Kultur war aber zunächst nur *die Kultur einer herrschenden Klasse*, die Kultur des Rittertums. *Der einheitliche Nationalcharakter, den die Gleichartigkeit dieses Kultureinflusses erzeugte, war nur der Charakter einer nationalen Klasse.*

Diese Kultur der Ritterklasse ruhte freilich auf der Ausbeutung der Bauern. Die Bauern hatten aber keinen Anteil an der ritterlichen Kultur. Längst schied man höfisches und dörfisches Wesen, der Bauer, der an der ritterlichen Sitte keinen Teil hatte, erschien der herrschenden Klasse roh, unwissend, ward ihr zum Gegenstand des Spottes. Höfische Dichter verspotteten die Bauern und machten sich über die „Dorper" lustig, die sich dessen nicht freuen wollen, dass der Junker den Dorfschönen nachstellt. So trennt eine breite kulturelle Kluft schon Ritter und Bauern. *An all dem aber, was die Nation einte, hatte der Bauer keinen Teil.* Während die höfische Sprache die Ritter eint, differenzieren sich immer mehr die bäuerlichen Mundarten; während die höfische Sitte ein einigendes Band um die deutsche Ritterschaft schlingt, ist die bäuerische Landessitte von Landschaft zu Landschaft verschieden; während die Ritterschaft sich ein einheitliches Lehensrecht erzeugt, wird das bäuerliche Hofrecht immer mehr und mehr partikularistisch entwickelt. *So bilden die deutschen Bauern damals gar nicht die Nation, sondern sie sind nur die Hintersassen der Nation.* Die Nation besteht nur kraft der Gemeinschaft der Kultur; diese ist aber auf die herrschende Klasse beschränkt; die breiten Massen, deren Arbeit diese herrschende Klasse ernährt, sind von ihr ausgeschlossen. Es ist ein Begriff der nationalen Kulturgemeinschaft, den es festzuhalten gilt. Denn wenn auch der Kreis, der an der national einheitlichen, die Stämme und Landschaften untereinander einigenden, von den anderen Völkern trennenden nationalen Kultur Anteil hat, seither viel breiter geworden ist, als er im Zeitalter der Staufer war: im Grunde ist es auch heute noch so, dass *die nationale Kultur die Kultur der herrschenden Klassen* ist, dass die grossen Massen zur Nation, die nur noch als Kulturgemeinschaft begriffen werden kann, nicht gehören, sondern nur die *Hintersassen der Nation* sind, auf deren Ausbeutung freilich das stolze Gebäude nationaler Kultur beruht, von der sie selbst noch immer ausgeschlossen sind.

§ 6.

Die Warenproduktion und die Anfänge der bürgerlichen Kulturgemeinschaft.

Weder der Grundherr noch der Bauer des Mittelalters ist Warenproduzent, erzeugt Güter, die bestimmt sind, Ware zu werden, das heisst, zum Austausch, zum Verkauf zu dienen. Das Getreide, das der Bauer dem Boden abgewinnt, will er selbst mit Frau und Kind verzehren; den Flachs, den er zu Linnen braucht, baut er sich selbst, es verspinnen und verweben ihn Frau und Mägde an den langen Winterabenden. Das Korn, das der fronende Bauer auf dem Herrenlande geerntet und in des Herrn Speicher gebracht, soll nicht verkauft werden, sondern dem Herrn und seinem Gesinde zum Unterhalt dienen. Nur die kleinen Ueberschüsse landwirtschaftlicher Produktion werden gelegentlich verkauft und mit dem erlosten Gelde kaufen Bauern und Grundherren die wenigen Guter, die sie nicht in eigener Wirtschaft erzeugen konnen. So spielt Warenproduktion und Warenaustausch in der ersten Halfte des Mittelalters eine geringe Rolle. Und dem entspricht die geringe Bedeutung der Warenproduzenten — der Handwerker — und der Vermittler des Warenaustausches — der Kaufleute — im gesamten Leben des Volkes Die wenigen volksarmen Stadte verschwinden fast in dem Meer der Grundherrschaften und Markgenossenschaften Noch sieht die mittelalterliche Welt nicht in den kleinen Stadten die Macht wirksam, die dereinst die auf der Grundherrschaft aufgebaute Gesellschaft sturzen sollte, noch ordnet sie den Burger in die Stande ein, fuhrt ihn neben Geistlichen, Rittern und Bauern als einen ihrer Stande an; noch hat das stadtische Burgertum keine eigene Kultur ausgebildet, sondern hat nur, soweit es zu hoherer Gesittung gelangt, Anteil an der ritterlichen Kulturgemeinschaft Die Patrizier der Stadte, die alten erbgesessenen Geschlechter, finden wir haufig mit den Rittergeschlechtern des Landes verschwagert In süddeutschen Stadten bilden manche Patriziergeschlechter Bruderschaften, die die ritterliche Gesittung ubernehmen und nachahmen Unter den grosen Dichtern des hofischen Epos finden wir auch einen fur ritterliches Wesen begeisterten Burger, Meister Gottfried von Strassburg.

Die allmahlich wachsende Bedeutung der Warenproduktion und mit ihr der Stadt ist geknupft an die *Steigerung der Ergiebigkeit der landwirtschaftlichen Arbeit* Immer reicheren Ertrag vermochte der Bauer dem Boden der Heimat, vor allem aber den grosseren Hufen des neu eroberten Koloniallandes abzugewinnen So war er denn geneigt, einen Teil seines Arbeitsertrages gegen andere Guter einzutauschen. Aber nicht nur der Arbeitsertrag stieg, sondern auch seine Verteilung war der Entwicklung der Warenproduktion gunstig Die Zeit der Kolonisation, in der jedem Bauern die weiten Gefilde im Osten offen standen, milderte den Druck der Grundherrschaft in der alten Heimat. Der Grundherr blieb auf die uberlieferten Abgaben beschrankt, das Wachstum des landwirtschaftlichen Ertrages fiel vor allem dem Bauer zu Hatte die altere Zeit den Bauer in so geringem, nur den Grundherrn in betrachtlichem Masse als Warenkaufer gekannt, so sieht das 13 Jahrhundert eine Klasse uppig lebender Bauern, die einen nicht unbetrachtlichen Ueberschuss ihres Arbeitsertrages gegen gewerbliche Erzeugnisse einzutauschen bereit sind. Diese Entwicklung nützt unmittelbar dem deutschen *Kaufmann*. Und die Zahl der deutschen Kaufleute, ihr Geschaftsumfang, wachst um so mehr, als zum Wachstum der heimischen Nachfrage auch noch ein bedeutsamer Zwischenhandel kommt. Die nordischen Stadte vermitteln den Austausch zwischen Ost und West, zwischen den hoch entwickelten Niederlanden und England einerseits, den skandinavischen Ländern und den Slavenländern im Osten andererseits. Die Städte Süddeutschlands vermitteln den Handel der nordischen Länder mit den frühzeitig kapitalistisch entwickelten Städten Italiens, welche die Schätze des Ostens nach Europa bringen. So gewinnt der deutsche Kaufmann auch durch die frühe kapitalistische Entwicklung der italienischen Städte an Bedeutung. Aber nicht nur der Kaufmann, auch der *Handwerker* wird durch diese Entwicklung gehoben. Während noch die grosse Masse der deutschen Bauernsöhne nach dem Nordosten Deutschlands zieht, um das slavische Land zu besiedeln, beginnt doch schon auch der Zug in die Stadt. Die einwandernden Bauernsöhne aber werden Handwerker. Wer Lehrling war, wird Geselle, wer Geselle war, wird Meister. Noch kennt die Zeit keine Klasse, die zu lebenslänglicher Lohnarbeit verurteilt wäre. Die hohen Gesellenlöhne ermöglichen es jedermann, das geringe Kapital zu ersparen, das der selbständige Meister braucht. Und dieser langsam anwachsenden Klasse von Handwerkern ist der Absatz ihrer Ware gewiss: die reicher werdenden Kaufleute in der Stadt, die behäbigen Bauern auf dem Lande sind ihre Kundschaft.

So weit ist die Entwicklung der Stadt eine ziemlich einheitliche. Wohl war gerade die Zeit, von der wir bisher gesprochen, die Zeit der grossen Kämpfe zwischen den Handwerkerzünften und den alten erbgesessenen Geschlechtern um die politische Macht in der Stadt. Aber wir dürfen uns darum die kulturelle Scheidung der beiden Schichten der städtischen Bevölkerung nicht allzu tief vorstellen. Handwerksmässiges Wesen beherrschte die ganze Stadt, kulturell war der Abstand zwischen Geschlechtern und Handwerksmeistern zunächst nicht allzu gross. Es ist eine Periode geringer Differenzierung der städtischen Kultur, die auf dem Boden der *einfachen Warenproduktion* — in der dem Produzenten auch die Arbeitsmittel gehören — ruht.

Aber allmählich beginnt eine weitere Entwicklung. Die „grosse Vorratskammer des deutschen Volkes“, das noch ungerodete Land, versiegt allmählich und dichter und dichter drängt sich auf den alten Fluren die Bevölkerung. Die Hufe, das alte Einheitsgut der Bauernfamilie, wurde mehr und mehr geteilt. In vielen Gegenden war im 15. Jahrhundert schon die Viertelhufe die Regel. Und daneben bildete sich aus den zahlreichen Schichten der nachgeborenen Bauernsöhne eine Klasse der Häusler oder Kossäten. Der kleine Grundbesitz sicherte der Bauernfamilie vielfach nicht mehr die gewohnte Nahrung. Ein doppelter Weg weist sich zur Ergänzung der allzu dürftigen Nahrung, die dem Bauer sein Besitz spendet.

Zunächst kann der Bauer daran denken, seine und seiner Familie Arbeitskraft während der vielen Stunden zu nutzen, die sie bisher brach gelegen war. Der Bauer ist ja in mancher gewerblicher Arbeit geschickt; ist er doch seit vielen Jahrhunderten gewohnt, sich „in allem selbst fertig zu machen“, im eigenen Hause sein Garn spinnen, sein Linnen weben, seine Kleider und Wäsche nähen zu lassen. Was liegt nun näher, als diese bisher nur im altehrwürdigen Hauswerk zu eigenem Gebrauch genutzte Geschicklichkeit in den Dienst eines Kapitalisten zu stellen, um Geld zu verdienen und so den dürftigen Ertrag der kleinen Wirtschaft zu ergänzen? So entsteht die kapitalistische Hausindustrie auf dem Lande, vor allem die alte, von Bauern und Häuslern im Dienste eines kapitalistischen Verlegers betriebene Spinnerei und Weberei.

Aber auch wenn der Bauer seine und seiner Familie Arbeitskraft im Dienste des Verlegers ausnutzt, vermag er auf dem klein gewordenen Hofe nicht seine zahlreichen Söhne zu ernähren. Dem erblosen Bauernsohn aber steht kein herrenloses Land im Osten mehr offen. Er zieht in die Stadt. Von Jahr zu Jahr schwillt der Zug der Bauernsöhne, die sich in die Stadt wenden. Das Anschwellen der Zuwanderer seit dem Aufhören der Kolonisation im Osten schreckt die erbgesessenen Handwerker in der Stadt, die im Zuziehenden den Konkurrenten fürchten. Bald klagen die Handwerker:

> Wo yez die pawrn sune (Söhne) gewinnen
> machens all zu handwercksleuten —
> wer will hacken oder reuten?

So beginnen denn ihre Organisationen, die Zünfte, immer mehr und mehr den Zugang zum Gewerbe, zur Meisterschaft, zu erschweren, nicht jeder von den Bauernsöhnen mehr, die stadtwärts ziehen, darf jetzt hoffen, dereinst selbständiger Meister zu werden. Dies hat zweierlei Wirkungen. Einmal hören die Handwerksgesellen vielfach auf, sich als zukünftige Meister zu fühlen, sie werden sich des Gegensatzes zu den Meistern bewusst und es entsteht eine kampflustige Gesellenbewegung. Andererseits wächst aber in den Vorstädten der Stadt die Zahl der Proletarier, denen das Handwerk verschlossen ist, die ihre Arbeitskraft um einen Lohn verkaufen müssen, der ihnen nur das nackte Leben sichert. In Hamburg gelten in der zweiten Hälfte des 15. Jahrhunderts 20 Prozent, in Augsburg 12 bis 15 Prozent der Bevölkerung als Proletarier. Bald nimmt der Kapitalist — der Kaufmann, der Geldverleiher, der durch die Steigerung der städtischen Grundrente reich gewordene städtische Grundbesitzer — dies wahr; er dingt sie als seine Arbeiter. Die kapitalistische Werkstätte entsteht. In den süddeutschen Städten entsteht zuerst die kapitalistische Manufaktur.

Aber das Wachstum der Städte beginnt nun langsam auch auf die alte ländliche Verfassung einzuwirken. Denn nun ist ein grosser Markt für landwirtschaftliche Produkte entstanden: die Stadt muss ihren Getreidebedarf und Fleischbedarf bald vom Lande her decken; die kapitalistische Manufaktur muss Flachs und Wolle auf dem Lande kaufen. Reicher Gewinn winkt den Grundherren, wenn sie imstande sind, den Ertrag ihrer Wirtschaft so zu steigern, dass sie grössere Mengen Getreide, Vieh, Flachs, Wolle verkaufen können. Wollen sie das, so brauchen sie aber zweierlei: einmal mehr Land und zweitens mehr Leute, mehr Arbeitskräfte. So beginnen denn die Grundherren das Land der Bauern anzugreifen. Erst legen sie die uralten Gemeindeländereien ein.

> Die Fursten twingent mit Gewalt
> Feld, Steine, Wasser unde wald.

Später aber beginnen sie mit Schlimmerem: sie „legen" den Bauern, vertreiben ihn mit Weib und Kind von dem ererbten Haus und Hof, wo seit Jahrhunderten seine Ahnen gesessen. So dehnen sie ihr Land aus; bleiben aber weniger Bauern übrig, so müssen sie dann auf dem ausgedehnten Herrenland desto mehr Fronarbeit verrichten. So verwandelt sich die alte *Grundherrschaft*, die nur der Bedürfnisbefriedigung des Herrn dient, in die moderne *Gutsherrschaft*, die Waren produziert, landwirtschaftliche Erzeugnisse, die verkauft werden sollen, und die so in die alte feudale Form neuen kapitalistischen Inhalt giesst. Die verjagten und vertriebenen Bauern aber finden wir zunächst auf der Landstrasse als Bettler, Räuber, Diebe, gegen die sich vergebens die blutige Strafgesetzgebung des Zeitalters der Carolina wehrt. Allmählich aber zwingt sie die Gesellschaft hinein in die Stadt — dem Verbrechen, der Prostitution, im besten Falle neuer Ausbeutung in die Arme. Denn in der Stadt harrt ihrer der Kapitalist: der Sohn des „gelegten" Bauers wird dort sein Arbeiter.

Welche Veränderung bedeutet diese ganze Entwicklung, deren Bild wir hier flüchtig skizzierten? An die Stelle der kleinen, volksarmen Städte, die von Handwerkern und handwerksmässig ihren Handel betreibenden Kaufleuten bewohnt gewesen waren, stellt die *frühkapitalistische Entwicklung* die Stadt mit schroffen sozialen Unterschieden: an ihrer Spitze die Kapitalisten — Kaufleute, Geldverleiher, aber auch schon die Kapitalisten, die in der Manufaktur den städtischen Arbeiter, in der Hausindustrie den ländlichen Häusler ausbeuten; dann die Zünfte, fest sich absperrend gegen allen Zuzug von aussen; die Handwerksgesellen in stetem Kampfe gegen die Meister; die Arbeiterschaft der städtischen Manufaktur und endlich ein zahlreiches arbeitsloses Lumpenproletariat, das zwischen Arbeit und Verbrechen hin und her schwankt. Aber nicht minder gewaltig ist die Veränderung auf dem Lande. Die Hausindustrie bringt das Land der Stadt näher, der Bergmann und der

Weber bringt den seit so vielen Jahrhunderten in seiner ländlichen Abgeschiedenheit von allen äusseren Kultureinflüssen unberührten Bauer in nahen Zusammenhang mit jener Welt neuen Denkens und neuen Wollens, die die neue Zeit in der Stadt gebiert, und um so gieriger nimmt der Bauer die neuen Werte auf, als die ersten Anfänge gutherrschaftlicher Entwicklung ihn, dessen Ahnen noch im 13. Jahrhundert und in der ersten Hälfte des 14. so glückliche Zeiten gesehen, den Druck des bisherigen Grundherrn stärker empfinden lassen, als der Grundherr da und dort schon an sein Gemeindeland greift, seine Abgaben und Fronen zu vermehren trachtet. Welche ungeheure Revolution ist es, die die frühkapitalistische Entwicklung in Stadt und Land hervorruft!

Aber diese ganze Umwälzung wird noch bedeutsamer dadurch, dass sie nicht nur unmittelbar die sozialen Verhältnisse in Stadt und Land ändert, sondern auch mittelbar, indem sie den neuen modernen Staat erzeugt. Das Gemeinwesen des Mittelalters beruht auf dem Lehensverband. Der mit dem Grafenamte Belehnte vererbt es auf seinen Sohn. Die Einkünfte des Grafen aber — der Grafenschatz vor allem, den die Bauern entrichten — kommen dem Grafen selbst zugute, nicht etwa dem Reiche. Der Graf ist verpflichtet, auf dem Reichstag zu erscheinen und an der Reichsheerfahrt teilzunehmen; weiter reicht seine Pflicht nicht. Nicht ein Verwaltungsbeamter ist er, sondern als unverantwortlicher Vizekönig haust er in seinem Sprengel. Wie hätte es auch anders sein können in einer Zeit, die keine Verkehrsmittel, keinen Nachrichtendienst kannte, kein anderes Heer als das Lehensheer, kein anderes Entgelt für Reichsdienste als Belehnung mit Reichsgut? Dass das öffentliche Amt zum Lehen geworden, hat die Einheit des alten Reiches gesprengt. Die Fürsten sorgten zunächst dafür, dass sie in ihrem Gebiet die wichtigsten Gewalten vereinigten: keiner sollte in des Fürsten Land die gräfliche Gewalt haben als er; keiner Lehensherr sein über die im Lande sitzenden Ritter, keiner Dienstherr über die Ministerialen im Lande, keiner Grundherr über die Bauern als er. So vereinigen sich die so verschiedenartigen Rechte in einer Person zur Landesherrschaft. Und allmählich wird der verschiedene Ursprung aller der verschiedenen Befugnisse des Landesherrn vergessen: es ersteht aus ihnen allen ein einheitliches Recht über alle im Lande sesshaften Ritter, Bürger, Bauern, die Landesherrschaft wird zur Landeshoheit, das Reich zerfällt in eine grosse Anzahl von Territorien. Diese Territorien nun sind es, die die neue Entwicklung der Warenproduktion zu nutzen beginnen; denn sie gibt dem Staat ganz andere Machtmittel, als sie das Zeitalter der Grundherrschaft gekannt. Die Warenproduktion erst macht eine Verwaltung und ein Heerwesen möglich, das nicht mehr auf dem Lehensband beruht. Der Reichtum des Mittelalters hatte in Gebrauchswerten — in Korn, Wolle, Flachs und Vieh — bestanden. Die Entwicklung der Warenproduktion bringt in jedermanns Hände *Geld*. Geld vor allem in die Hände des städtischen Warenproduzenten, Geld aber auch schon in die Hände des Gutsherrn und Bauern. Der Landesherr kann an diesem neuen Reichtum Anteil haben durch die *Steuer*, die einen beträchtlichen Teil des Geldeinkommens aller Klassen in seine Kasse zusammenfliessen lässt. Und diese Steuer wird ihm nun zum vorzüglichsten Machtmittel: Mit Geld besoldet er einen *Beamten*, dessen Auftrag allzeit widerrufen werden kann und der dem neuen Landesherrn darum ganz anders zu Willen ist als der Graf einst dem Reich, das ihm das Grafenamt zu erblichem Lehen gegeben, das Geld macht es ihm möglich, um Sold Proletarier und Bauernsöhne für sein *Heer* anzuwerben und, an der Spitze eines Söldnerheeres stehend, sich von der Lehensfolge des alten ritterlichen Heeres völlig unabhängig zu machen. Für die Entwicklung der nationalen Kulturgemeinschaft wurde aber auch der moderne Staat von grösster Bedeutung. Er hat zunächst eine Klasse geschaffen, die eine geistige Arbeitskraft um Geldlohn verkaufte: die *Bureaukratie*, das neue Beamtentum; er hat durch Errichtung des *Söldnerheeres* gleichzeitig die alte herrschende Klasse der Nation, das Rittertum, in der Wurzel ihres Seins getroffen. All dies konnte er auf der Grundlage seines Steuerwesens, das sich auf der *Geldwirtschaft* aufgebaut, die ihrerseits wieder eine Erscheinung der sich verbreitenden *Warenproduktion* ist, die, nach einem Worte von Marx, als *kapitalistische* Warenproduktion immer mehr und mehr *allgemeine* Form gesellschaftlicher Produktion wird [1]).

Für das Rittertum aber bedeutet die Entwicklung der Söldnerheere natürlich eine ungeheure Katastrophe. Das Sinken der Rente in der Zeit der Kolonisation hatte das Rittertum *wirtschaftlich* geschädigt; die Entwicklung der Landeshoheit hatte es *politisch* unter die Fürsten gebeugt, die Entwicklung des Söldnerheeres nahm ihm nun auch seine *militärische* Macht; mit all dem sinkt auch die Bedeutung der Ritterschaft für die nationale Kulturgemeinschaft. Im selben Masse aber, wie die Bedeutung des Rittertums sinkt, steigt die Zahl und die Wohlhabenheit des *städtischen Bürgertums*. *In seine Hände fällt nun die kulturelle Führung Deutschlands.*

Die Wurzel der ritterlichen Kultur war die *Musse* der durch die Ausbeutung der Bauern von der Not der Arbeit befreiten Ritterschaft. Die Kultur des Bürgertums dagegen hat gerade in der *Arbeit* des Bürgertums ihre Wurzel. So trägt sie denn von Anfang an auch einen wesentlich anderen Charakter. Nicht höfische Sitte

[1]) Marx, Kapital, I., Seite 132, II., Seite 13; II., Seite 87.

ist ihr Element, sondern zunächst jenes Wissen und Können, das der Kaufmann, der Handwerker für seinen Erwerb braucht. So wird es zunächst jetzt zum ersten Erfordernis höherer Bildung, lesen, schreiben, rechnen zu können. Dem Rittertum waren diese Künste fremd gewesen. Selbst Wolfram von Eschenbach gesteht:

Swaz an den buochen stêt geschriben
Des bin ich kunstelôs beliben.

Es ist schon ungewöhnlich, wenn einem Ritter nachgerühmt werden kann:

ein Ritter so geleret was
daz er an den buchen las.

Die Bürger aber konnten diese Künste nicht entbehren. So setzt mit der bürgerlichen Entwicklung zugleich die Entwicklung des *Schulwesens* ein. Höhere Schulen werden gegründet, in denen die Schüler der städtischen Kaufleute nicht nur lesen und schreiben, sondern auch Latein lernen, das ja noch überall die Verkehrssprache war, wo über die örtliche Mundart hinaus ein Verkehr vermittelt werden sollte, die Sprache der Urkunden wie der Handelskorrespondenz; sie machten die Söhne der städtischen Geschlechter fähig, den weit ausgedehnten Handel zu treiben, aber auch fähig, die Stadt zu verwalten und mit den Kanzleien der Fürsten allerwärts in Verkehr zu treten. Gleichzeitig aber entstehen deutsche Schreibschulen, wo die Kinder der Handwerker deutsch lesen und schreiben lernen.

Die Kunst des Lesens wird nun zur Grundlage der höheren geistigen Kultur. Schon vor Erfindung der Buchdruckerkunst entstehen kapitalistische *Schreibstuben*, in denen Lohnschreiber die alten Handschriften vervielfältigen. Im 15. Jahrhundert gab es schon Schreibstuben, wo die Handschriften massenhaft gewerbsmässig abgeschrieben wurden. Sie waren teils genossenschaftlich organisiert wie die Schreibstuben der „Brüder vom gemeinsamen Leben“, teils kapitalistisch wie die Schreibstuben in Hagenau, die für den Verleger Diepold Lauber arbeiteten, der bereits seine Verlagskataloge in einem grossen Teil Deutschlands verbreitete [1]). Die *Buchdruckerkunst* ermöglichte dann billige Herstellung des Buches, das jetzt seinen Weg in breitere Massen finden kann. Luthers Bibelübersetzung hat nur anderthalb Gulden gekostet. Der billige Buchdruck macht es aber auch möglich, durch das Plakat und durch die billige, vielfach mit dem Holzschnitt verzierte Flugschrift auf weite Massen zu wirken.

Die Zeit, da das Bürgertum noch wenig differenziert war, Handwerker und Kaufleute noch eine geringe kulturelle Kluft

[1]) Steinhausen, Geschichte der deutschen Kultur. Leipzig 1903, Seite 461.

schied, sieht auch die Anfänge bürgerlicher Kunst und Literatur. Die Dichtung steigt von den Ritterburgen hinab und wird im Meistersang unter Handwerkern heimisch. Die Kämpfe der kleinen bürgerlichen Welt spiegelt die Satire wieder, die mit den Anfängen des bürgerlichen Dramas eng zusammenhängt. Das Handwerk vermag sich bald zum Kunsthandwerk, schliesslich zu wirklicher Kunst auszuweiten. Diese ganze geistige Kultur ist ja dürftiger, schlichter als die ritterliche gewesen; aber dafür ist sie nicht auf die herrschende Klasse der Ritter beschränkt, sondern Eigentum der breiteren Schichten städtischer Bevölkerung geworden.

Aber wie die kapitalistische Entwicklung das sozial einheitliche Bürgertum des Zeitalters der einfachen Warenproduktion sehr bald scharf schied in die Klassen der Kapitalisten, der Handwerksmeister, der Handwerksgesellen, der kapitalistischen Lohnarbeiter und des Lumpenproletariats, so differenziert sich auch die bürgerliche Kultur immer mehr. Das höhere Bürgertum schafft sich eine höhere Kultur. Die Kultur der damals höchst entwickelten Nation, der Italiener, beginnt auf die oberen Schichten des deutschen Bürgertums einzuwirken; Renaissance und Humanismus dringen in Deutschland ein. Das kapitalistisch entwickelte Italien hatte in den Kapitalisten und in den dort vom bereits hochentwickelten modernen Staate geschaffenen höfischen und bureaukratischen Schichten die hohe Kultur des klassischen Altertums wiedererstehen lassen. Diese Kultur beginnt nun auf die obere Schichte der bürgerlichen Welt auch in Deutschland einzuwirken. Die Lateinschule, die Schule des wohlhabenden Bürgertums, wurde zur Mittlerin der höheren Kultur. Die neue Kunst Italiens beginnt die Kunst dieser bürgerlichen Schichte zu beeinflussen. Die humanistische Wissenschaft, losgelöst von aller Ueberlieferung des Mittelalters, wird auch in Deutschland zum Eigentum der wohlhabenden bürgerlichen Kreise. Neben dieser höheren Kultur, die die obere Schichte des Bürgertums aufnimmt, verschwindet die dürftige Kultur des Handwerks. Der Unterschied zwischen „Gebildeten“ und „Ungebildeten“, zwischen denen, die an der neuen, von italienischem Boden nach Deutschland verpflanzten Kultur Anteil haben, und jenen, die die harte körperliche Arbeit und die wirtschaftliche Dürftigkeit von dieser Kultur ausschliesst, entsteht innerhalb der Stadt.

Es ist nicht unsere Aufgabe, diese neue Kultur des deutschen Bürgertums zu schildern. Was uns hier interessiert, ist allein, wie diese Kultur zu einer Klammer wurde, die die deutsche Nation zusammenschloss. Die Warenproduktion brachte die Menschen einander näher. Der Kaufmann zog von Stadt zu Stadt, um seine Waren feilzubieten. Aber auch den Handwerker finden wir bald auf fremden Messen; der Kölner

Weber verkauft auf der Frankfurter Messe sein Gewebe. Der Handwerksgeselle durchwandert grosse Teile Deutschlands. Den Söldner wirft wechselndes Kriegsschicksal bald dahin, bald dorthin. Auch beginnt schon der Kapitalismus zu zeigen, wie gewaltig und schnell er die Menschen örtlich umzuschichten weiss: Das Aufblühen kapitalistischen Bergbaues bevölkert in wenigen Jahren die neu erschlossenen Bergreviere mit einer zusammengewürfelten Bevölkerung aus vieler Herren Länder. Aber auch der Bauer kommt in engeren Verkehr mit den Bürgern der Stadt: Er besucht den städtischen Markt, er verkauft dem Bürger einen Teil seines Arbeitsertrages, er kennt den städtischen Kapitalisten auch schon als Geldverleiher, er ist als Hausindustrieller im Dienste städtischer Verleger beschäftigt. So wirkt alles, was in der Stadt sich ereignet, in ganz anderer Weise als früher auf ihn ein.

Aber wirksamer noch als diese gleichsam unmittelbar körperlichen Beziehungen werden die unsichtbaren geistigen Bande, die die Deutschen, und vor allem das deutsche Bürgertum, allerwärts verknüpfen. Die neu entstehende deutsche Literatur wirkt auf die grossen Massen ein, die in den „deutschen Schulen" das Lesen erlernt haben. Wie wäre die grosse und schnelle Wandlung der Geister in der Reformation möglich gewesen ohne die ungeheure Macht, die das Buch, das billige Pamphlet auf die breiten städtischen Massen und mittelbar selbst auf einen Teil des Landvolkes geübt! Dazu kommt aber noch, dass der neue Staat zunächst für seine Zwecke einen regelmässigen Postverkehr entwickelt, den er bald auch dem Publikum zur Verfügung stellt: Nun erst wird ein ausgedehnter und regelmässiger Briefverkehr möglich, nun entstehen die ersten Anfänge des deutschen Zeitungswesens. Im 16. Jahrhundert finden wir in den grösseren deutschen Städten schon Agenten, die Nachrichten aus aller Welt empfangen und brieflich weiter vertreiben; nach Erfindung der Buchdruckerkunst werden diese Nachrichten durch den Druck vervielfältigt, werden dadurch billiger und können daher in weitere Volksschichten dringen. Aus der zweiten Hälfte des 16. Jahrhunderts hören wir, dass solche gedruckte Nachrichtensammlungen schon regelmässig halbjährig, bald auch monatlich erscheinen. So werden grosse Teile des Volkes aus der engen örtlichen Abgeschiedenheit herausgerissen und durch Buch und Flugschrift, durch Brief und Zeitung in engeren Verkehr mit den anderen Landesteilen gebracht. [1])

Wie der enge Verkehr der Ritterschaft in früheren Jahrhunderten die Tendenz zu einer Vereinheitlichung der deutschen Sprache erzeugt hatte, so musste der noch unvergleichlich engere Verkehr im Zeitalter der Warenproduktion und des modernen

[1]) Lamprecht, a. a. O., VI., Seite 8 ff.

Staates neuerlich und mit unvergleichlich grösserer Kraft diese Tendenz hervorbringen. Es ist die Ueberwindung der örtlichen Schranken, welche die neuhochdeutsche Einheitssprache geboren hat. Sie schliesst nicht an die mittelhochdeutsche Hofsprache an, die mit dem wirtschaftlichen, politischen und militärischen Verfall des Rittertums vergessen worden war. Hatte die Blütezeit der ritterlichen Literatur die Tendenz zu einer einheitlichen deutschen Hofsprache deutlich sehen lassen, so sahen die Jahrhunderte des Verfalls des Rittertums wieder schärfere Differenzierung der deutschen Mundarten. Erst die Entwicklung der Warenproduktion hat eine ganz neue Tendenz zur Vereinheitlichung der Sprache erzeugt. Für die Kanzleien der Staaten und Städte, die miteinander in Verkehr traten, für die Kaufleute, deren Handelskorrespondenz die weitesten Teile deutschen Landes verknüpfte, für die Schriftsteller, die durch ihr Schriftwerk auf die Deutschen über alle örtlichen und Stammesgrenzen hinweg wirken wollten, war die mundartliche Zersplitterung der Deutschen ein schweres Hindernis. Darauf nicht zum geringsten beruhte die Lebendigkeit der lateinischen Sprache, die als ein Ersatz für die deutsche Einheitssprache erschien.

Aber je bürgerlicher die deutsche Kultur wurde, je breitere Massen an ihr teilnehmen wollten, desto misslicher war es, die fremde lateinische Sprache als einziges Verbindungsmittel der deutschen Städte und Territorien zu haben. Mit dem stärkeren Hervortreten des Bürgertums tritt auch die deutsche Sprache immer stärker hervor: so erobert sie sich im 13. Jahrhundert das Rechtsleben. Von den städtischen Kanzleien übernehmen die Fürsten die deutsche Kanzleisprache und deutsche Urkunden. Der politische Agitator brauchte die deutsche Sprache, wenn er auf breitere Massen wirken wollte. So sagt Ulrich von Hutten:

„Latein ich vor geschrieben hab,
Das war eim Jeden nit bekannt;
Jetzt schrei ich an das Vaterland,
Teutsch Nation in ihrer Sprach,
Zu bringen diesen Dingen Rach."

Der deutsche kaufmännische Brief und die Sprache der deutschen Kanzleien sind zunächst die Träger der Einheitsbewegung in der Sprache. Insbesondere musste das Streben, die mundartlichen Verschiedenheiten abzuschleifen, stark werden in den Kanzleien der grösseren Staaten, die Gebiete mit verschiedenen, einander kaum noch verständlichen Mundarten vereinigten und die mit deutschen Städten und Staaten in ganz verschiedenen Stammesgebieten in Verkehr treten mussten. So haben die Luxemburger, die ja gleichzeitig Nieder-, Mittel- und Oberdeutsche beherrschten, eine von jeder besonderen Mundart abweichende Kanzleisprache entwickelt.

1330 verlasst die Trierer erzbischofliche Kanzlei die reine heimische Mundart. Mitte des Jahrhunderts tut die Kanzlei des Magdeburger Erzbischofs dasselbe. Der Habsburger Friedrich III sucht seiner Kanzlei die mundartlichen Eigentümlichkeiten abzustreifen. Seit Maximilian I. sprechen die kaiserlichen Kanzleiurkunden dieselbe Sprache, in welchen Teilen Deutschlands immer sie entstanden sein mogen. Im 15 Jahrhundert nahert die kursachsische Kanzlei ihre Sprache der kaiserlichen.[1]) Die Kanzleien der grosseren Territorien entwickeln zuerst eine kunstliche Schriftsprache, die dann bereitwillig von den deutschen Schriftstellern ubernommen wird, die die Deutschen aller Lander beeinflussen wollen. So schreibt Martin L u t h e r. „Ich habe keine gewisse, sonderlich eigene Sprache im Deutschen, sondern gebrauche der gemeinen deutschen Sprache, dass mich beide, Ober- und Niederlander, verstehen mogen; ich rede nach der sachsischen Kanzlei, welcher nachfolgen alle Fursten und Konige in Deutschland. Alle Reichsstadte, Fursten, Hofe schreiben nach der sachsischen und unseres Fursten Kanzlei; darum ist es auch die gemeinste deutsche Sprache." Die Sprache Luthers wird nun zunächst zur Sprache der S c h r i f t s t e l l e r An der Hand der Lutherschen Bibelubersetzung entwickeln die ersten deutschen G r a m m a t i k e r die Gesetze der deutschen Sprache So fuhrt eine der ersten deutschen Sprachlehren den Titel. „Grammatica Germanicae linguae M Johannis Claji Hirtzbergensis Ex Biblus L u t h e r i Germanicis et alus eius libris collecta." (Leipzig 1578.) Diese Grammatik wurde in den Schulen verwendet und wurde zur Grundlage der spateren Lehrbucher der deutschen Sprache [2]) Die Sprache Luthers wurde zur Sprache der Kanzleien bald auch in den anderen deutschen Landern, zum Beispiel 1560 in Schleswig-Holstein. Sie wurde zur Sprache der Schulen, zur Sprache der Schriftsteller, zur Sprache der kirchlichen Predigt Seit 1600 etwa wird in ganz Niederdeutschland neuhochdeutsch gepredigt. Seit etwa derselben Zeit ist der Sieg des Neuhochdeutschen im gesamten deutschen Schrifttum entschieden[3]) und diese Sprache der Schule, der Kanzlei, der Literatur, des kaufmannischen Briefes musste notwendig schliesslich zur Einheitssprache zunachst der „Gebildeten" der deutschen Nation werden

Schon die Tatsache, dass die deutsche Einheitssprache ausserlich anknupft an die Sprache der Lutherschen Bibelubersetzung, deutet darauf hin, wie alle die durch die Warenproduktion und den modernen Staat geschaffenen Krafte, die zum Zusammenschluss

---

[1]) Behaghel, Geschichte der deutschen Sprache in Pauls „Grundriss". Seite 682

[2]) Herm Paul, Geschichte der germanischen Philologie Im „Grundriss", Seite 23

[3]) Behaghel, a. a O, Seite 673

der Deutschen zu einer Nation hindrängten, zum Entstehen einer Gemeinschaft, in deren jedem einzelnen Glied gleichartige und in stetem gegenseitigen Verkehr miteinander erlebte Kultureinwirkung einen gemeinsamen Nationalcharakter erzeugte — wie alle diese Kräfte zum erstenmal sich in vollster Entfaltung zeigten in dem grossen Ereignis der Reformation.

Das Land, das zuerst eine reiche kapitalistische Entwicklung erlebt, das zuerst den modernen Staat geschaffen und in dem Kapitalismus und Staat die moderne Oberschichte der humanistisch Gebildeten erzeugt hatten, war Italien. Italien erlebt darum auch zuerst den ersten grossen Abfall vom Christentum — nicht etwa nur vom Katholizismus, sondern vom Christentum überhaupt. Das Christentum, wie es das Mittelalter von Generation zu Generation allmählich ausgebildet hatte, war so recht der Glaube des an seinen Boden gefesselten, von aller Beziehung zur weiten Welt ausgeschlossenen Bauern gewesen. Dem in die Ueberlieferung verstrickten Bauer konnte auch zunächst ein Zweifel an seiner Wahrheit nicht entstehen. Anders den neuen Menschen der kapitalistischen Gesellschaft Italiens. Zu ihnen drang lebendig die Kunde von anderen Religionen — von Byzantinern und Mohammedanern. Sie durchforschten wieder die Schriften der klassischen Philosophen des Altertums. So erstand bei ihnen zuerst der Zweifel am Altüberlieferten, so wurde das Christentum zu einer Lehre, die es sich gefallen lassen musste, mit anderen Religionen und philosophischen Systemen verglichen, auf ihren Wahrheitswert geprüft zu werden. Diesen neuen Menschen, vor deren Augen sich in unglaublich kurzer Zeit wirtschaftliche und politische Revolutionen vollzogen, die von Tag zu Tag alles niederrissen, was gewesen, und eine neue Welt erstehen liessen, war das Alte, Ueberlieferte kein Heiliges mehr, die konnten es wagen, an alles das Mass der Vernunft, ihrer Vernunft zu legen. Was konnte ihnen, die mit jugendlichem Ungestüm erforschen, erraten, erdenken wollten, „was die Welt im Innersten zusammenhält", das überlieferte Weltbild der christlichen Glaubenslehre, was ihnen, die, vom Ertrage ungeheuerlicher Ausbeutung zehrend, in ungezügeltem Genuss aller Kulturgüter schwelgten, die überlieferte Sittlichkeit des Christentums bedeuten? So hat es, seit das Christentum das Abendland erobert, niemals eine im Denken und in der Lebensweise weniger christliche Gesellschaft gegeben als die Fürsten und Höfe, die reichen Kapitalisten, die Gelehrten, Künstler, Dichter des Italien der Renaissance. Und trotzdem hat Italien den Katholizismus als Organisation nicht angegriffen. Aus begreiflichen Gründen! Ihm war der katholische Glaube eines jener Ausbeutungsinstrumente, die allein seine hohe wirtschaftliche und geistige Kultur möglich machten. Wie wäre die Pracht am Hofe eines Leo X. möglich gewesen, wenn nicht die christlichen Völker des Abendlandes ihre Millionen nach

Rom geschickt hätten um ihres Seelenheiles willen? Wie hätte man die masslose Ausbeutung der geknechteten Völker in den italienischen Kolonien am Mittelmeere gerechtfertigt, wenn nicht mit der Notwendigkeit der Herrschaft der Christen über Mohammedaner und Heiden? Ja womit hätte man das eigene politisch unterdrückte, wirtschaftlich ausgebeutete Volk in Italien selbst verhindert, gegen seine Unterdrücker sich zu empören, wenn nicht mit der frommen Lehre christlicher Demut?

Ganz anders in Deutschland. Die wirtschaftliche und politische Entwicklung Deutschlands war hinter der Italiens weit zurückgeblieben. So war auch die geistige Revolution in Deutschland unvergleichlich weniger stark als in Italien. Was konnten auch die glänzendsten deutschen Höfe der Pracht des Medicäer-Papstes, den Herrlichkeiten des medicäischen Florenz, dem Glanz Venedigs gegenüberstellen? Und wie das Deutschland des 15. und 16. Jahrhunderts nicht jene reiche, von aller überkommenen Ueberlieferung losgelöste kapitalistisch-höfische Oberschichte geschaffen hat, die die Trägerin der Kultur der italienischen Renaissance gewesen ist, so hat Deutschland auch nie einen vollen Bruch mit den überlieferten christlichen Lehren erlebt. Aber freilich, wenn Deutschland keinen heidnischen Humanismus erzeugen konnte, so hatte doch auch hier die frühkapitalistische Entwicklung hinreichend stark alle überkommenen Verhältnisse umgewälzt, um zu einer Revolution zu treiben: der städtische Warenproduzent hatte auch hier es lernen müssen, durch eigenes Wollen sein Schicksal zu zimmern; auch sein Gesichtskreis hatte sich weit ausgedehnt, auch er die örtliche Beschränktheit überwunden: er hatte Umwälzungen des gesamten gesellschaftlichen Seins erlebt, die ihn aus den Ketten der Ueberlieferung rissen. So war ihm die überlieferte christliche Lehre kein Unantastbares mehr, an dem sich seine Vernunft nicht hätte versuchen dürfen. Und wie musste beim engen Zusammenhang, in den die neuen Mittel geistigen Verkehrs doch schon weite Volksschichten gebracht, jede Kritik des Bestehenden Widerhall finden in den gesellschaftlichen Schichten, die die Opfer des neuen Umwälzungsprozesses waren: unter den Zunfthandwerkern, die der Kapitalist bedrückte; unter den Handwerksgesellen und Arbeitern, die schon im sozialen Kampfe standen; unter den breiten Massen des städtischen Proletariats; unter der Ritterschaft auf dem Lande, der die neue Ordnung der Dinge in derselben Zeit ihren alten Glanz nahm, in der der humanistische Einfluss sie für neue Gedanken empfänglich machte, und selbst in breiten bäuerlichen Schichten, die der engere Verkehr mit der Stadt allem Neuen empfänglicher gemacht und die den Druck des zum Warenproduzenten werdenden Grundherrn härter empfanden als ihre Ahnen seit Jahrhunderten. Und wie mussten alle diese Schichten die Nachrichten aufnehmen, die die Literatur, die Pilger, die Kaufleute, die Söldner aus Italien brachten von dem unchristlichen, prunkvollen und lasterhaften Treiben am Hofe der Päpste! Und die Deutschen wussten es sehr wohl, woher jene Reichtümer kamen, die die Pracht und den Glanz Roms möglich machten. „Seht da," schreibt Ulrich von Hutten, „seht da die grosse Scheune des Erdkreises, darin zusammengeschleppt wird, was in allen Ländern geraubt und geplündert worden ist, und in der Mitte jener unersättliche Kornwurm, der ungeheure Haufen Frucht verschlingt, umgeben von seinen zahlreichen Mitfressern, die uns zuerst das Blut aussaugen, dann das Fleisch abgenagt haben, jetzt aber an das Mark gekommen sind, uns das innerste Gebein zermalmen und zerbrechen, was noch übrig ist." Hier in Deutschland konnte die Erschütterung aller überlieferten Glaubenslehre nicht verenden in einer heidnischen Gleichgültigkeit gegenüber der Religion, hier musste sie zum offenen Abfall vom Papsttum treiben; denn wenn das heidnische Italien katholisch bleiben musste, weil es den Katholizismus nicht als ein Werkzeug der Ausbeutung der Völker entbehren konnte, so musste in Deutschland die revolutionäre Stimmung zum offenen Abfall vom Papsttum treiben, da Deutschland es nicht zum geringen Teile war, das die Kosten des italienischen Reichtums trug. Das wirtschaftliche Interesse Deutschlands hat die soziale Umwälzung im Abfall vom Katholizismus enden lassen, wie das entgegengesetzte wirtschaftliche Interesse Italiens die dort viel stärkere Revolution der Geister verhindert hat, diese Konsequenz zu ziehen.

So sah sich Deutschland plötzlich vor *eine einzige grosse Frage* gestellt, die das ganze Volk, soweit es an der Kultur der Nation einen Anteil hatte, tief erschüttern musste. Und nun mussten alle die Kräfte lebendig werden, die ein Band der Gemeinschaft, des Verkehres, der Wechselwirkung um ganz Deutschland schlangen! Jetzt nimmt die deutsche *Bücherproduktion* riesig schnell vergrösserten Umfang an; jetzt dringt das gedruckte *Flugblatt* in weite Kreise; jetzt zieht der religiöse, politische, soziale *Agitator* von Land zu Land. Jetzt wird die höhere *Schule* zum Werkzeug des religiösen Kampfes und wird organisiert und verbreitert auf der einen Seite von den Reformatoren, auf der anderen von den Jesuiten. Wie oft hat man beklagt, die Reformation habe die Nation gespalten in Katholiken und Evangelische, habe ihre politische Zerrissenheit gefördert! Und doch, *in den Stürmen der Reformation sind die Deutschen erst recht zu einer Kulturgemeinschaft geworden!* Zum erstenmal zeigte sich damals auf deutschem Boden die ungeheure kulturelle Bedeutung der *Parteibildung*, die die Parteien zwingt, um jeden Mann zu kämpfen, auf jeden Mann mit allen Mittel einzuwirken, und die so, indem von beiden Seiten auf jeden Mann gleichartiger

Kultureinfluss wirkt, die nationale Gemeinschaft erst erzeugt! Die kapitalistische Warenproduktion und die Entwicklung des modernen Staates hat die Mittel geschaffen, weite Schichten durch unmittelbaren und durch mittelbaren geistigen Verkehr zu einer Kulturgemeinschaft zusammenzuschliessen; aber damit diese Mittel auch wirklich voll ausgenützt werden, damit die Kultur der Nation auf jeden deutschen Mann einzuwirken, jeden deutschen Mann zu beeinflussen, um jeden deutschen Mann zu kämpfen gezwungen werde, dazu bedurfte es eines grossen Kampfes, der die ganze Nation aufrüttelte. Nicht in dem Abfall vom italienischen Papsttum, nicht in der Verselbständigung der deutschen Kirche, auch nicht darin, dass unter den deutschen Protestanten die Reformation das Bewusstsein von dem Gegensatz deutschen und fremden Wesens gesteigert hat, liegt die Bedeutung der Reformation für das Werden der Nation, sondern darin, dass der grosse Kampf — gerade weil es ein Kampf war, der die Deutschen in Parteien zerriss! — jede der Parteien zwang, alle durch die neuen Verhältnisse geschaffenen Kulturmittel auszunutzen und so in ganz anderem Sinne eine deutsche Kulturgemeinschaft zu schaffen, als sie jemals vorher bestanden hat Was konnte diese Tatsache deutlicher illustrieren, als dass die Reformation es war, die der Tendenz zur Schaffung einer deutschen Einheitssprache zum Siege verhalf! Dass die Reformation es war, die zuerst Katholiken und Protestanten gezwungen hat, das Schulwesen — freilich zunächst nur das höhere Schulwesen — auszubauen! Dass die Reformation es war, die beide Parteien gezwungen hat, durch den Redner auf breite Massen zu wirken! Dass die Reformation es war, die beide Parteien zwang, des Buches und der Flugschrift als neuer Kampfmittel sich zu bedienen!

Aber freilich, gerade die Reformation zeigt auch, dass es *keineswegs das gesamte Volk war, das so zur nationalen Kulturgemeinschaft wurde.* Die soziale Kritik. zunächst in der Form der Kritik der überlieferten Religion, drang freilich in weite Schichten. Aber die breiten Massen konnten das Wort der humanistisch gebildeten Reformatoren nicht verstehen. So musste die Reformation in den Händen der Bauern, in den Händen der städtischen Proletarier und kleinen Handwerker und der Hausindustriellen auf dem Lande ein anderes werden, als die Reformatoren gedacht Als aber diese Klassen nun in dieser grossen Umwälzung *ihre* Revolution machen wollten, da mussten sich die Wortführer der Reformation gegen sie wenden Niemand hat gegen die aufständischen Bauern grausamer gewütet als Martin Luther. „Steche, schlage, würge hier, wer da kann!" schrieb er. als die Bauern sich gegen ihre Peiniger erhoben. „Bleibst du drunter tot, wohl dir, seligeren Todes kannst du nimmermehr überkommen. Denn du stirbst im Gehorsam göttlichen Wortes und im

Dienste der Liebe, den Nächsten zu retten." Und noch später rühmte er sich: „Ich, Martin Luther, habe im Aufruhr alle Bauern erschlagen, denn ich habe sie totschlagen heissen: all ihr Blut ist auf meinem Hals. Aber ich weise es auf unseren Herrn Gott; der hat mir das zu reden befohlen." Und nicht minder grausam und verständnislos ist Luther den sozialrevolutionären und kommunistischen Sekten entgegengetreten, in denen das städtische Proletariat und die kleinen Handwerker, wie die Bergleute und Weber auf dem Lande ihre Revolution machen wollten! Er war der Mann der Fürsten, die die Reformation benutzten, das reiche Kirchengut ihren Zwecken dienstbar zu machen und der bürgerlichen Oberschichte, zu der er durch seine Bildung gehörte. Welch weiter Kulturabstand schied ihn von den Bauern und Proletariern! Diese Oberschichte war es auch, deren Kultur die Reformation verbreitete und vereinte. Für sie schrieben Reformatoren und Jesuiten ihre Bücher, für sie gründeten beide ihre Schulen, ihr Kulturleben spiegelte sich im Geistesleben der neuen evangelischen Kirche wie des Katholizismus des Tridentinums und des Jesuitenordens. Diese enge Begrenztheit allein, die nur eine verhältnismässig doch noch immer schmale Schichte zur Trägerin der nationalen Kultur machte, hat die Gegenreformation möglich gemacht. Wie hätte es jemals möglich werden können, dass der Fürst das Bekenntnis seiner Untertanen bestimmte, wäre der Streit um das Bekenntnis wirklich Sache des gesamten Volkes, Sache vor allem der breiten Masse der Bauern gewesen!

Deutlich zeigt dies die Grenze der bürgerlichen Kulturgemeinschaft. Sie umfasst die Höflinge am Fürstenhof und den höfischen Adel, die Beamtenschaft der Kanzleien, das wohlhabende Bürgertum und die neuerstandenen freien Berufe in der Stadt. Ausgeschlossen von ihr bleibt nicht nur der Proletarier, sondern auch der Bauer, der grobe, unwissende, in harter Arbeit aufgehende Bauer; der Bauer, von dem der bürgerliche Schwank spottet:

> Der Bauer ist an Ochsen statt,
> Nur dass er keine Hörner hat.

Die bürgerliche Entwicklung hat gewiss einen weiteren Kreis in die Kulturgemeinschaft einbezogen als die ritterliche; aber noch immer spaltet sie das Volk in zwei grosse Teile, von denen nur der eine im Besitz der nationalen Kultur ist, durch gleichartigen Kultureinfluss zu einer nationalen Gemeinschaft zusammengeschlossen wird, während die arbeitenden Klassen, auf deren Ausbeutung jene höhere Kultur beruht, von ihr selbst ausgeschlossen sind, von der schaffenden Kraft der Kultur nicht erreicht und daher auch nicht von ihr beeinflusst werden. Sie sprechen die sich immer weiter differenzierenden Mundarten und verstehen einander nicht mehr, während die Gebildeten schon die deutsche Einheitssprache haben; sie eint nicht das Buch und die Flugschrift, denn sie können nicht lesen; sie haben keinen Teil an der Schule und Erziehung der Nation. Sie bilden nicht die Nation, sondern sind noch immer, wie die Bauern der Grundherrschaft, nicht mehr als die Hintersassen der Nation. Ihre Arbeit ist es freilich, die die nationale Kultur allein möglich macht, aber möglich macht nicht für sie, sondern für die Klassen, die sie ausbeuten und unterdrücken.

§ 7.

Die Kulturgemeinschaft der Gebildeten im frühkapitalistischen Zeitalter.

Es ist eine Eigentümlichkeit der Entwicklungsgeschichte der deutschen Nation, dass ihre frühkapitalistische Epoche nicht das Bild einheitlicher Aufwärtsentwicklung zeigt, sondern durch eine merkwürdige rückläufige Bewegung aufgehalten wurde. In Deutschland hat verhältnismässig frühzeitig die von uns schon beschriebene frühkapitalistische Entwicklung eingesetzt, aber sehr bald war infolge einer grossen wirtschaftlichen Umwälzung eine Reaktion eingetreten, die das Bild der nationalen Kulturgemeinschaft etwa von der zweiten Hälfte des 16. Jahrhunderts an bis zur Mitte des 18. Jahrhunderts charakterisiert. Diese Reaktion setzt mit der grossen Verschiebung der Handelswege ein.

Das Volk, das zuerst eine schnelle kapitalistische Entwicklung erlebt, die Italiener, hat auch zuerst den allem Kapitalismus innewohnenden Drang nach fortwährender Ausdehnung seines Ausbeutungsgebietes empfunden. Die Italiener sind es, die das grosse Zeitalter der Entdeckungen einleiten. Schon im 15. Jahrhundert entdeckten die Genuesen die Kanarischen Inseln; sie sind es auch, die es zuerst versucht haben, den Seeweg nach Ostindien zu finden. Und als schon die Völker am Atlantischen Ozean die Entdeckerfahrten unternahmen, bedienten sie sich noch immer der Italiener hierzu: der Entdecker Amerikas „Christoph Columbus ist nur der grösste einer ganzen Reihe von Italienern, welche im Dienste der Westvölker in fremde Meere fuhren“.[1]) Von den Völkern an der Westküste Europas haben zuerst die Portugiesen mit Erfolg kühne Entdeckungsfahrten unternommen. Sie entdeckten 1484 die Congoküste und fanden schliesslich im Jahre 1498 den lange gesuchten Seeweg nach Ostindien. Damit beginnt die Verschiebung des Welthandels von den Küsten des Mittelmeeres nach den Gestaden des Atlantischen Ozeans: Die Führung der kapitalistischen Nationen

[1]) Burckhardt, Kultur der Renaissance. Leipzig 1904, 2. Bd., Seite 4.

wird den Italienern entwunden und geht der Reihe nach an die Portugiesen und Spanier, an die Holländer, an die Franzosen und Briten über.

Wir wissen, dass die kapitalistische Entwicklung Süddeutschlands zum nicht geringen Teile darauf beruhte, dass es den Zwischenhandel mit den kostbaren Schätzen des fernen Ostens zwischen Italien und den Ländern des Nordens beherrschte. Nun zerstörten aber die Portugiesen in einer Reihe von Kriegen die Handelswege, die von Indien über Arabien nach Italien führten. Nicht mehr auf dem Landwege durch Vorderasien, sondern auf dem Seewege sollten die fremden Waren nach Europa gelangen. An die Stelle der grossen Städte Oberitaliens tritt jetzt Lissabon als Zentrum des Handels mit Indien.

Die grossen süddeutschen Handelshäuser wussten sich nun freilich zunächst den neuen Verhältnissen anzupassen. Bald finden wir ihre Niederlassungen in Spanien und Portugal und auch der indische Handel blieb trotz der Verlegung der Handelswege zunächst in ihren Händen. So haben die Fugger von Lissabon aus den Molukkenhandel betrieben und auch die Reichtümer des von den Spaniern erschlossenen Amerika wurden zunächst deutschem Kapital dienstbar. So beuteten die Welser Venezuela aus; Welser und Ellinger pachteten die Kupferbergwerke von San Domingo. 1576 bis 1580 war der indische Gewürzhandel in deutschen Händen und auch den Negersklavenhandel hatten die frommen Deutschen zeitweilig monopolisiert. Aber der reiche Anteil des deutschen Kapitals an der spanischen Herrschaft und Ausbeutung hat den Niedergang des deutschen Kapitalismus nur aufgehalten, nicht verhindert. Im Jahre 1575 machte Spanien einen Staatsbankerott durch: Die Forderungen der fremden Gläubiger an den spanischen König wurden für null und nichtig erklärt. Dadurch wurden neben italienischen vor allem deutsche Kapitalisten getroffen, riesige deutsche Kapitalien sind so verloren gegangen.

So stürzt das stolze Gebäude des oberdeutschen Kapitalismus zusammen. Das Jahr 1611 sieht den Bankerott des stolzen Handelshauses der Welser, 1653 lösen die Fugger ihr spanisches Geschäft auf. Sehr anschaulich schildert im Jahre 1581 ein Prediger den wirtschaftlichen Niedergang Oberdeutschlands: „Unglück über Unglück in Kaufmannschaft und Geldumschlag hört man schier allenthalben klagen, wohin man kommt, und hat es unter Kaufleuten, Handwerkern, Ratsherren, vornehmen Geschlechtern, Grafen und Edelleuten täglich vor Augen, da man sieht, dass unzählige viel, so im guten Stand, Reichtum, Wohlhabenheit und grossem Ansehen gewesen sind, verarmet und verdorben sind.“[1])

[1]) Zitiert bei Steinhausen, a. a. O., Seite 540.

Fast gleichzeitig mit dem Ruckgang des süddeutschen Handels setzt aber auch die Zuruckdrangung der Niederdeutschen ein, die so lange den Handel Englands und der Niederlande mit den skandinavischen und nordslavischen Landern vermittelt hatten Schon Heinrich VII. griff zugunsten der englischen Kaufleute die Sonderrechte der Hansa in England an Wohl gelang es im Jahre 1491 der Hansa noch, ihre englischen Privilegien zu behaupten, aber sie konnte dies nur, indem sie den Engländern den Zugang zur Ostsee, vor allem freien Handel mit Danzig, gewahrte. Was Heinrich VII begonnen, wurde unter Elisabeth vollendet. Noch um 1550 hatte die Hansa bei der Tuchausfuhr aus England hohe Begunstigungen, exportierte jahrlich etwa 43 000 Stuck rohes Tuch, ausserdem Wolle, Blei, Zinn, und brachte dafur Wachs, Tuch, Leinwand, Teer und die Produkte des Sudens nach England 1567 gelang es dann schon den merchant adventurers, den „wagenden Kaufleuten", die damals die Vorkampfer des englischen Aussenhandels waren, sich in Hamburg anzusiedeln Es wurde ihnen zwar bald gekundigt und sie mussten Hamburg wieder verlassen, aber England beantwortete dies mit der Aufhebung der Privilegien der Hansischen Kaufleute in England. Gleichzeitig griff England die Flotte der Hansa an: 60 Hansische Schiffe wurden in kurzer Zeit von den Englandern gekapert, unter dem Vorwand, dass sie Spanien Kriegskontrebande geliefert hatten. Als dann im Jahre 1598 das Reich die Aufnahme der merchant adventurers auf deutschem Boden verbietet, antworten die Englander mit der Vertreibung der Hansischen Kaufleute aus ihrer uralten Gildhalle in London, und diese Vertreibung der Deutschen bleibt dauernd, wahrend die englischen Kaufleute schon 1611 nach Hamburg zuruckkehren konnten und Hamburg zum Einfallstor der englischen Waren in Deutschland wurde.

Gleichzeitig mit den Englandern emporten sich auch die Skandinavier gegen die Ausbeutung durch die Hansischen Kaufleute. Der gewinnbringende Handel mit den skandinavischen Landern ging aus den Handen der deutschen Kaufleute in die der Niederlander uber. Die Niederlande aber waren nicht mehr deutsch Die gewaltige Verschiebung der Handelswege, die ganz Deutschland geschadet, hat sie zeitweilig zum kapitalistisch hochst entwickelten Lande Europas gemacht Eine enge Kulturgemeinschaft verknüpfte die aus drei verschiedenen deutschen Stammen entsprossenen Bewohner der heutigen Niederlande; auf der Grundlage ihrer reichen wirtschaftlichen Kultur ruhte ihre abweichende politische und religiose Entwicklung, ruhte ihre nationale Wissenschaft und Kunst, entstand als Werkzeug der engeren Kulturgemeinschaft ihre eigene, von der gemeindeutschen verschiedene Einheitssprache. So schieden sie aus dem Gesamtkorper der deutschen

Nation aus, sie wurden nicht etwa nur ein eigener Staat, sondern wahrhaft eine eigene Nation. So konnte auch der wirtschaftliche Gewinn, den ihnen die neue Entwicklung des Welthandels brachte, der deutschen Nation nicht zugute kommen.

Der Ruin des deutschen Grosshandels, die Zerstörung grosser Kapitalien, der Wegfall der Handelsprofite machten sich sehr bald allen in die Warenproduktion einbezogenen Schichten der deutschen Bevölkerung fühlbar. Die Entwicklung des Bergbaues und der ländlichen Hausindustrien wurde gehemmt, die Handwerker sahen sich ihrer zahlungskräftigsten Kundschaft beraubt. Dazu kamen noch andere Ereignisse. Die Entwicklung der neuen, auf der Geldwirtschaft beruhenden Staaten in ganz Europa führte zunächst zu einer grossen Anzahl verheerender Kriege. Das Opfer dieser Kriege wurden vor allem jene Völker, die in territorialer Zersplitterung verharrten, während die Völker des Westens bereits grosse Nationalstaaten gebildet hatten. Wie Italien damals unter fremde Herrschaft fiel, so wurde Deutschland zum Kriegsschauplatz, auf dem sich die Heere aller grossen Staaten Europas massen. Vor allem haben die Verwüstungen durch den dreissigjährigen Krieg die Entwicklung Deutschlands gehemmt. Dazu kam in manchen Ländern noch die gewaltsame Durchführung der Gegenreformation, die gerade die kapitalskräftigsten und gewerbfleissigsten Schichten aus dem Lande trieb.

Alle diese Ereignisse, die die kapitalistische Entwicklung Deutschlands hemmten, ja zeitweilig zu naturalwirtschaftlicher Rückbildung führten, verengerten die nationale Kulturgemeinschaft und veränderten ihr Wesen.

An der Spitze der nationalen Kulturgemeinschaft finden wir zunächst die deutschen Fürstenhöfe und den Adel. Dem Adel war die Entwicklung wirtschaftlich keineswegs ungünstig. Boten doch gerade die Umwälzungen der Gegenreformation und die Greuel des dreissigjährigen Krieges die Möglichkeit, die Ausbeutung der Bauern unerhört zu steigern, die wüsten Bauernländereien zum Herrenlande zu schlagen und die Fronen der wehrlosen Bauern ins Ungemessene auszudehnen. Aber trotzdem war die politische Entwicklung des Staates dem Adel ungünstig. Seine militärische Bedeutung war unwiederbringlich dahin und auf ihre starken Söldnerheere, später auf die auf dem Konskriptionssystem beruhenden stehenden Heere gestützt, haben die Fürsten die in den Ständen nochmals zusammengefasste politische Macht des Adels dauernd niedergeworfen. Nicht mehr als selbständiger Feudalherr kann der Adelige bestehen; er muss zufrieden sein, dass ihm der neue Staat neue Mittel der Herrschaft eröffnet, indem er dem Adel die obersten Würden in der Bureaukratie und im Heere vorbehält. Nicht mehr selbständig, auf seine eigene wirtschaftliche und politische Macht —

wie im Mittelalter — gestützt, *gegen* den Staat, sondern nur *durch* den Staat vermag der Adel zu herrschen. Kulturell aber bedeutet dies eine gewaltige Verschiedenheit. Denn die neue Kultur des Adels wird jetzt höfisch; der Adel im ganzen Lande ahmt die Sitte des Fürstenhofes nach und jede Laune des Fürsten wird als Mode zum Gesetz auf allen Schlössern im Lande. Diese höfische Sitte der kleinen deutschen Staaten musste aber notwendig ihr Vorbild finden in dem Adel des damals höchstentwickelten absolutistischen Staates, im prächtigen Hofe der Könige von Frankreich. So zieht französische Sitte und französische Mode, französische Frivolität und französische Kunst in Deutschland ein und vertilgt alles alte deutsche Wesen. Ein Aufenthalt in Frankreich wird zum unentbehrlichsten Bestandteil der Erziehung des jungen Edelmannes Die französische Sprache verdrängt in den höfischen und Adelskreisen völlig die deutsche. Noch Friedrich II. gestand Gottsched gegenüber einmal. „Ich habe von Jugend auf kein deutsches Buch gelesen und rede deutsch wie ein Kutscher; jetzo aber bin ich ein alter Kerl von 46 Jahren und habe keine Zeit mehr, deutsch zu lernen.“ Die wechselnden Moden des französischen Adels finden in Deutschland schnell Eingang. Der homme du monde wird das Erziehungsideal der adeligen Kreise. Und wie auch innerlich, in seinem ganzen geistigen Wesen der Adel hierdurch verändert wurde, blieb schon den Zeitgenossen nicht verborgen.

„A-la-mode-Kleider, à-la-mode-Sinnen —
Wie sich's wandelt aussen, wandelt sich's auch innen.“

Neben dem höfischen Adel bildet den zweiten Bestandteil der „Gebildeten“ jener Zeit die Schichte der freien Berufe, der *humanistisch Gebildeten* Ihren Mittelpunkt bildet die vom modernen Staate ausgebildete Bureaukratie; zu ihr gesellen sich die Geistlichkeit, die Lehrer der höheren Schulen, die Aerzte. Auf sie wirkt nicht minder als auf den höfischen Adel fremde Bildung, nur ist hier der französische Einfluss weniger stark als der Einfluss der humanistischen Bildung. Die höhere Schule pflegte die deutsche Sprache nicht. Die kursächsische Schulordnung verbot in den höheren Schulen geradezu den Gebrauch der Muttersprache Besondere Aufpasser mussten darauf achten, dass die Schüler selbst untereinander nur lateinisch sprachen, deutsche Gespräche wurden bestraft. Geläufigkeit im Gebrauche der lateinischen Sprache und Kenntnis der Schriftsteller des klassischen Altertums, wobei freilich hinter dem philologischen Interesse das historische weit zurückstehen musste, waren die Ideale dieser „humanistischen“ Erziehung Die gesamte wissenschaftliche Literatur und auch die schulmässige schöne Literatur bedienten sich der lateinischen Sprache

Neben dem Adel und den humanistisch gebildeten freien Berufen war der Anteil des in der Produktion und im Handel beschäftigten Bürgertums an der nationalen Kulturgemeinschaft viel zu gering, als dass es zunächst eine eigene nationale Bildung hätte erzeugen können. Wer zu den „Gebildeten“, zur „Gesellschaft“ gehören wollte, musste darum suchen, französisch-höfische und gelehrt-lateinische Bildungselemente in sich aufzunehmen. Das war in der Tat das Streben der verhältnismässig wenigen Patrizier der deutschen grossen Städte, Hamburgs, das im Handel mit England sich bereicherte, Leipzigs, das der Handel mit den slavischen Ländern gross erhielt, der Schweizer Städte, für die von der reichen Entwicklung Frankreichs mancher Brocken abfiel.

Unter diesen Schichten der „gebildeten Gesellschaft“ stehen aber die breiten Massen der Handwerker, der Bauern und der Arbeiter. Sie eint kein Band einer gemeinsamen nationalen Kultur. Fast ohne jede Schulbildung wachsen sie auf. Am öffentlichen Leben haben sie keinen Anteil. Dichtung und Kunst dringt nicht zu ihnen — es sei denn in der pöbelhaften Form der „Haupt- und Staatsaktionen“ und der Hanswurstiaden des damaligen deutschen Theaters. Von den Ereignissen der grossen Welt, von den wirtschaftlichen und politischen Revolutionen des Westens, von den grossen Fortschritten der Naturwissenschaften und der Staatslehre dringt zu ihnen keine Kunde.

Nur langsam hat sich der deutsche Kapitalismus von den schweren Schlägen erholt, die ihm die weltwirtschaftliche Umwälzung und die Greuel der Gegenreformation und des dreissigjährigen Krieges versetzt hatten. Es geschah dies durch bewusste Unterstützung des Staates. Der moderne Staat ist erwachsen auf Grundlage der Warenproduktion. Er kann nicht entstehen und kann nicht bestehen, wenn nicht ein Teil des Arbeitsertrages des Volkes in der Geldgestalt als Steuer zu seinem Werkzeug wird, mit dem er seine beiden grossen Machtmittel, die Bureaukratie und das Heer, sich schafft und erhält. Notwendig musste der Staat für die Weiterentwicklung der Warenproduktion sorgen. Die Warenproduktion kann aber nur als kapitalistische Warenproduktion allgemeine Form der gesellschaftlichen Produktion sein. So wurde es notwendig zur Aufgabe des Staates, die Entwicklung des Kapitalismus zu fördern. Diesem Zwecke diente die merkantilistische Politik. Freilich, jene Grosszügigkeit der merkantilistischen Politik, die die grossen Staaten des Westens gekannt, war den kleinen Territorien Deutschlands versagt. Aber immerhin haben auch sie es verstanden, die kapitalistische Entwicklung zu fördern. Durch Einfuhrzölle auf Fabrikate und Ausfuhrzölle auf Rohstoffe förderten sie die Entwicklung der Industrie. Ihre Gewerbegesetzgebung suchte zu verhindern, dass die Zünfte die Entwicklung des Kapitalismus hemmten. Ihre Agrargesetzgebung suchte es den Gutsherren unmöglich zu machen, den Zuzug der Arbeiter vom Lande in die Industrie zu hemmen. Mit manchmal kleinlich-brutalen Mitteln schufen sie künstlich eine Nachfrage nach industriellen Produkten. Durch Berufung fremder Kapitalisten und Werkmeister suchten sie die Entwicklung zu beschleunigen. Damit die Begehrlichkeit des Arbeiters dem Kapitalisten nicht unangenehm werde, setzten sie Höchstlöhne und Mindestarbeitszeit fest und bestraften grausam jeden Versuch der Arbeiter, sich eine menschenwürdige Lage zu erkämpfen. So förderten sie mit allen Mitteln die kapitalistische Entwicklung. Mit dieser Unterstützung erholte sich der deutsche Kapitalismus allmählich; es wuchs die Zahl und der Reichtum der deutschen Kaufleute; es verbreiteten sich wieder Manufakturen und Hausindustrien, der Bergbau begann wieder emporzublühen. Und mit dem Anwachsen der bürgerlichen Schichte wächst auch wieder die Zahl und die Wohlhabenheit derer, die immer die kapitalistische Entwicklung begleiten, der höheren Angestellten und der freien Berufe. Eine *deutsche bürgerliche Gesellschaft* war wieder im Entstehen. Das Selbstbewusstsein des Bürgers wuchs. Während noch ein paar Jahrzehnte früher Ludwig von Baden an den Kaiser schrieb „forchtsamb und kleinmütig zu seyn, ist unter den Bürgern eine durchgehende Krankheit“, heisst es in Gottscheds Wochenschrift „Der Biedermann“ bereits: „Ein Handelsmann von Kredit und Ansehen hat zweifelsohne weit grössere Ehre und besitzt viel mehr vom wahren Adel als ein wilder, verschwenderischer Junker.“ [1])

Diese bürgerliche Gesellschaft schuf sich allmählich auch ihre Kultur. Die *deutsche Sprache* begann wieder an Boden zu gewinnen gegenüber dem Französischen des Adels und dem Latein der Juristen und Theologen. Im Jahre 1730 bilden die in Deutschland gedruckten lateinischen Bücher nur 30 Prozent der gesamten deutschen Bücherproduktion, während 1570 70 Prozent der in Deutschland gedruckten Bücher in lateinischer Sprache geschrieben waren. Etwa seit 1680 schon überwiegt in der Dichtung die deutsche Sprache, 1687 hält Thomasius die erste Universitätsvorlesung in deutscher Sprache; unter dem Einfluss Christian Friedrich Wolffs beginnt auch die Philosophie sich der deutschen Sprache zu bedienen, beiläufig gleichzeitig auch die Medizin. Am längsten wahrten sich die Juristen ihr geliebtes Latein. Erst 1752 ist die Zahl der in deutscher Sprache gedruckten juristischen Werke grösser als die der lateinischen. Dieser neue Gebrauch der deutschen Sprache bedeutet im Grunde eine Eroberung der deutschen Sprache, die Ausbildung einer deutschen Einheitssprache für Wissensgebiete, für

[1]) Zitiert bei Steinhausen, a. a. O., Seite 643.

die sie erst geschaffen werden musste. Aber die wachsende Zahl breiter bürgerlicher Schichten, die an der Kulturgemeinschaft der Nation ihren Anteil haben wollten, musste nicht nur dazu führen, dass die volkstümliche Sprache die fremden Sprachen verdrängte, sie musste ebenso sicher dazu führen, dass der Inhalt der Geisteskultur verändert wurde. Weder die Kultur des höfischen Adels noch die einer kleinen akademischen Schichte konnte die Kultur der emporstrebenden Oberschichte des deutschen Bürgertums sein. Deutlich spiegelt sich dies in unserer Literatur.

Gänzlich verfallen war das deutsche Schrifttum auch in den schlimmsten Zeiten des fremden Einflusses nicht. Aber auch diese deutsche Literatur vereinigte in sich das höfisch-adelige mit dem gelehrt-philologischen Element. Die äussere Nachahmung der französischen und der klassischen Poesie, die Lehrhaftigkeit dieser „Dichtung" reiht etwa die Dichtungen eines Opitz ganz den französisch oder lateinisch geschriebenen Schriften seiner Zeit an, mögen sie sich auch der deutschen Sprache bedienen. Welches das Publikum war, an das auch diese deutschen Schriftsteller sich wandten, das sagt ebenso klar als naiv Weckherlin (1584 bis 1650):

„Ich schreibe weder für noch von allen
Und meine Verse, kunstreich und wert,
Sollen nur denen, die gelehrt,
Und (wie sie tun) weisen Fürsten gefallen."

Aber aufblühen konnte eine deutsche Literatur erst, als das Bürgertum sich langsam wieder von seinem Niedergang erholte. Da musste denn zunächst der Geschmack breiter bürgerlicher Schichten von jener Verrohung geheilt werden, in die ihn die schwülstigen Romane jener Zeit und die pöbelhaften Theaterstücke der deutschen Bühne gebracht. So zwang man denn das deutsche Schrifttum zunächst in die Formen der klassischen Dichtung der Franzosen und weckte dadurch höheren Anspruch an die künstlerische Form. Sobald aber das Bürgertum stark genug war, selbst seine Kunst sich zu schaffen, warf es die Krücke weg, die es gebraucht, um die ersten Stufen zu erklimmen, und schuf sich nun frei seine eigene Kunst. Die neue Kunst war sich ihres bürgerlichen Ursprungs bewusst. Dass sie nur erstehen konnte im Kampfe gegen die höfische und gelehrte Kultur, die ihr vorausgegangen, das empfindet heute noch der Historiker der deutschen Literatur stark genug, dem es nicht leicht wird, trotz des harten Urteils unserer Klassiker über ihre unmittelbaren Vorgänger doch auch diesen gerecht zu werden und ihnen die historische Stelle anzuweisen, die ihnen trotz allem gebührt. Wie das erstarkende Bürgertum sich seines Gegensatzes gegen die fürstlich-adelige Kultur bewusst wurde, so warf unsere Dichtung in „Emilia Galotti", im „Götz", in Schillers Jugenddramen den Fürsten ihren Fehdehandschuh hin. Dass die deutsche Kunst ihres bürgerlichen Ursprungs sich bewusst war, spricht sie deutlich genug in Schillers berühmtem Gedicht aus.

„Kein Augustisch Alter blühte,
Keines Medicäers Güte
Lächelte der deutschen Kunst,
Sie ward nicht gepflegt vom Ruhme,
Sie entfaltete die Blume
Nicht am Strahl der Fürstengunst
Von dem grössten deutschen Sohne,
Von des grossen Friedrichs Throne
Ging sie schutzlos, ungeehrt
Rühmend darf's der Deutsche sagen,
Höher darf das Herz ihm schlagen
Selbst erschuf er sich den Wert“

Es ist das stolze Selbstbewusstsein des deutschen Bürgertums, das sich hier der Kultur rühmt, die es selbst sich geschaffen

Und welche geistige Wandlung bedeutet dieser Aufstieg des Bürgertums! Zur Zeit, als die adelige Kultur mit ihren von Frankreich kommenden, alljährlich wechselnden Moden in Deutschland die Führung hatte, da war das deutsche Bürgertum stark gebunden an die Ueberlieferung Der Sohn lebte, dachte, fühlte, wie der Vater gelebt, gedacht und gefühlt Finden wir in jener Zeit einmal einen Dichter, aus dem nicht höfisches, nicht gelehrtes, sondern schlicht bürgerliches Denken spricht, so finden wir ihn gewiss auch eingesponnen in die Allmacht der Ueberlieferung — wie etwa den schlichten Niederdeutschen Hans Laurenberg (gest. 1658):

„by den Olden will ick blyven,
höger schall myn Styll nich gahn,
als myns Vaders hefft gedan.“

Ganz anders, als das Bürgertum wieder erstarkt Nun wird der Adel, dem die bürgerliche Entwicklung entgegentritt, konservativ · Das Bürgertum aber beginnt an alles wieder das Messer seiner Vernunft zu legen, es beginnt — in Gedanken freilich nur — die überlieferte Welt umzuschaffen, die überkommene Kultur nach seinem Sinn zu modeln. Es ist die Zeit der Aufklärung, deren Kritik die überlieferten Sitten und Lebensbräuche, die überlieferte Religion, der überlieferte Staat sich unterwerfen müssen Eine Unzahl von Monats- und Wochenschriften, verbreitet die Gedanken von der „natürlichen Religion“, der „natürlichen Sittlichkeit“, dem „natürlichen Staat“ unter den Gebildeten ganz Deutschlands Die aufklärerischen geheimen Gesellschaften vereinigen einflussreiche Schichten der deutschen Gebildeten Und wie beschränkt und kleinlich uns diese Aufklärung auch erscheinen mag neben der grosszügigen Entwicklung Frankreichs und Englands, deren grosse Werke nur in verdünnter Gestalt ein breiteres deutsches Publikum zu beinflussen vermochten, gerade in ihrer, der langsameren und kurzatmigen Entwicklung des deutschen Bürgertums entspringenden Beschränktheit wurde die Aufklärung geradeso zum einigenden Band einer nationalen Kulturgemeinschaft wie unsere mit ihr eng verknüpfte klassische Dichtung. Der Sieg der deutschen Einheitssprache wurde durch diese Entwicklung unserer Literatur vollendet. Noch kurz vor dem Wiederaufblühen der deutschen Literatur konnte in der Schweiz davon die Rede sein, man solle sich doch von der „diktatorischen Dreistigkeit“ der Ober-Sachsen emanzipieren, die ganz Deutschland ihre Sprache diktieren wollten, und eine eigene schweizerische Schriftsprache ausbilden. Davon war nun keine Rede mehr. Denn sich aus der Gemeinschaft der neuhochdeutschen Einheitssprache loslösen, das hiesse jetzt sich selbst des Zugangs zu den grossen Schätzen unserer Kunst und Philosophie berauben.

Versuche es einmal der erstbeste Gebildete von heute, aus dem Werden seiner Persönlichkeit die Wirkungen unserer klassischen Dichtung wegzudenken! Wegzudenken die Stunde, in der der Knabe zum erstenmal mit glühenden Wangen Schillers „Räuber“ las! Wegzudenken den Tag, da der Jüngling mit Faust zum erstenmal nach der Welten Rätseln sann! Da er im ersten Liebesweh mit Werther eins sich fühlte! Was unsere Klassiker geschaffen, das ward jedem von uns zum eigensten, persönlichsten Erlebnis, zu eigenstem Besitz, und was an seinem Sein mitgeschaffen, das schuf auch mit am Sein jedes anderen Deutschen. So verknüpft uns alle ein unsichtbares Band. Was mein wurde, das ward jedem anderen das seine; so wirkte es auf uns alle gleichartig ein und schuf uns alle zu einer Gemeinschaft um. Das ist es, was uns alle zu Deutschen macht. Wohl verstanden: Nicht davon ist hier die Rede, was die klassische Dichtung der Deutschen für unser Nationalbewusstsein bedeutet; nicht davon, dass wir an Lessing und Schiller, an Kant und Goethe denken, wenn wir uns des Stolzes des deutschen Namens bewusst werden wollen, sondern davon, dass unsere klassische Dichtung mitgeschmiedet hat am einheitlichen Charakter der deutschen Nation, indem sie jedem Deutschen zum Erlebnis, zum bestimmenden Schicksal wurde.

Und was von unserer klassischen Dichtung gilt, das gilt nicht minder von der deutschen Aufklärung. Vielleicht ist hier die Wirkung gerade darum noch viel stärker, weil wir sie meist nicht so klar sehen wie den Einfluss der deutschen Dichtung. Und doch! Wer auch heute noch das erstbeste deutsche Zeitungsblatt in die Hand nimmt; wer der ersten besten deutschen Predigt lauscht, dem ersten besten deutschen Landschulmeister zuhört — und mag selbst die Zeitung eine sozialistische, der Prediger ein orthodoxer Katholik und der Schulmeister ein preussischer Konservativer sein — dem klingt aus all dem unendlich vieles wieder, was seit der Periode der Aufklärung sich von Geschlecht zu Geschlecht fortpflanzt und stärker, als wir ahnen, heute noch auf uns alle einwirkt. Was das deutsche Bürgertum damals selbst erdacht und mit Fremdem zu Eigenem verschmolzen, das ist so auch heute noch unser Besitz Die wirtschaftliche Entwicklung des 18 Jahrhunderts hat jene Kultur erzeugt; aber einmal entstanden, ist diese Kultur zum lebendig wirkenden Faktor geworden, der in seinem Fortwirken noch späte Generationen gleichartig bestimmt und indem er auf jedes Individuum vereinzelt wirkt, die Nation als Kulturgemeinschaft zusammenschliesst.

Aber freilich! Mit ihrer vollen Kraft wirkt die deutsche bürgerliche Kultur auch heute noch nicht auf das ganze Volk, auch heute noch nur auf die besitzenden und herrschenden Klassen unseres Volkes. Wie viel mehr war das erst im 18. Jahrhundert der Fall! Was konnte die bürgerliche Aufklärung und bürgerliche Kunst den deutschen Bauern sein, die in massloser Ueberarbeit für die Gutsherren ihr Leben hinbrachten? Was den deutschen Handwerkern, die bereits über die Konkurrenz des emporkommenden Kapitalismus zu klagen begonnen? Was den deutschen Arbeitern, die der kapitalistischen Ausbeutung wehrloser als jemals vorher und nachher preisgegeben waren? Wir brauchen bloss einen Blick auf das Schulwesen jener Zeit zu richten, um zu erkennen, wie eng noch immer der Kreis war, den die neue bürgerliche Kultur zu einer Nation zusammenschloss.

Die höhere Schule, wie sie unter der Einwirkung der Reformation in protestantischen Ländern überwiegend unter staatlichem, in katholischen Ländern unter dem Einfluss der Jesuiten entstanden ist, ist niemals völlig verfallen Mit den Fortschritten der bürgerlichen Kulturgemeinschaft erlebte sie eine neue Blüte. Ganz anders die Volksschule Der Kapitalismus der Manufakturperiode und der Hausindustrie brauchte die Volksschule nicht. Der Teilarbeiter der Manufaktur, der jahraus, jahrein dieselbe einfache Hantierung verrichtete, brauchte Uebung und Handfertigkeit für seine Teilarbeit, aber keinerlei Wissen.[1]) Und ebensowenig verlangte die Arbeit des Häuslers, der für einen kapitalistischen Verleger fronte. irgendwelche Vorbildung Höhere Bildung des Bauern aber schien der Gutsherrenklasse schon damals gefährlich; darum ist es nach Friedrich II. „auf dem platten Lande genug, wenn sie bisgen lesen und schreiben lernen; wissen sie aber zu viel, so laufen sie in die Städte und wollen Sekretairs und so was werden · Deswegen muss

---

[1]) Schulz, Die Volksschule in der Manufakturperiode Neue Zeit, XX. 2. Seite 172 f

man auf dem platten Lande den Unterricht der jungen Leute so einrichten, dass sie das Notwendige, was zu ihrem Wissen nötig ist, lernen, aber auch in der Arth, dass die Leute nicht aus den Dörfern lauffen, söndern hübsch da bleiben". Auch der Staat konnte sich in jener Zeit mit einem sehr geringen Mass allgemeiner Volksbildung begnügen: „Der Schulmeister muss sich Mühe geben, dass die Leute attachement zur religion behalten und sie so weit bringen, dass sie nicht stehlen und morden." Mehr brauchte der Staat nicht in der Zeit, in der im Kriege die Heeresabteilungen geschlossen auftraten und der Krieg daher an den eigenen Willen des gemeinen Mannes keine Ansprüche stellte; in der die Verwaltung von gelehrten Bureaukraten oder von den Gutsherren besorgt wurde und daher der Teilnahme breiter Massen nicht bedurfte. So war es denn um das Volksschulwesen jener Zeit kläglich bestellt. Die Kirchendiener, die die Kirche zu fegen hatten, besorgten auch den Schulunterricht. In den Dörfern fehlte es an Schulgebäuden, daher wurde der Unterricht meist in wöchentlichem Wechsel in den Häusern der einzelnen Gemeindemitglieder erteilt und ebenso erhielt auch der Lehrer der Reihe nach bei diesen Kost und Wohnung, wozu ein Geldlohn von 3 bis 20 Talern jährlich kam.[1]) „Ist der Schulmeister," bestimmen die Principia regulativa Friedrich Wilhelms I. von Preussen, „ein Handwerker" — häufig waren es Schneider, die im Nebengewerbe das Amt des Dorfschulmeisters ausübten — „kann er sich schon ernähren; ist er keiner, wird ihm erlaubt, in der Ernte sechs Wochen auf Taglohn zu gehen." Friedrich II. wollte die Invaliden seiner Feldzüge zu Dorfschulmeistern machen, um sie zu versorgen. „Wenn unter den Invaliden sich welche finden, die lesen, rechnen und schreiben könnten und sich zu Schulmeistern auf dem Lande eigneten und sonst gut schickten, sie dazu besonders an den Orten, wo der König die Schulmeister salarirte, employret werden sollten." Aber für den Umfang der damaligen Volksbildung ist es bezeichnend genug, dass sich bei der Durchführung dieser Kabinettsordre von 4000 Invaliden nur 79 des Lesens und Schreibens hinreichend Kundige fanden. Und dabei war es in protestantischen Ländern um das Schulwesen noch immer besser bestellt als in den katholischen!

So zeigt uns auch die anscheinend so glänzende Entwicklung der deutschen Kulturgemeinschaft noch immer das traurige Bild, das wir schon kennen. Die nationale Kulturgemeinschaft ist noch immer die Kulturgemeinschaft einer Klasse, des gebildeten Bürgertums, die überwiegende Mehrheit der Bevölkerung hat an ihr keinen Teil. Bauern, Handwerker und Arbeiter sind immer noch, wie im

---

[1]) Jolly, Unterrichtswesen. In Schönbergs „Handbuch der politischen Oekonomie", III., Seite 1063.

Zeitalter der Hohenstaufen, nicht Glieder der Nation, sondern ihre Hintersassen. Die weitere Verbreiterung der nationalen Kulturgemeinschaft konnte nur geschehen durch jene ungeheure Entfaltung der Produktivkräfte, die das Werk des modernen Kapitalismus gewesen ist.

§ 8.

Der moderne Kapitalismus und die nationale Kulturgemeinschaft.

Die frühkapitalistische Entwicklung hatte die alte Grundherrschaft in die feudal-kapitalistische Gutsherrschaft verwandelt, in ein Mischgebilde, das, in der Rechtsform der Grundherrschaft wirkend, kapitalistischem Profitstreben diente. Der moderne Kapitalismus hat aber dem landwirtschaftlichen Grossbetrieb die feudale Form völlig abgestreift und so die Grundherrschaft seit mehr als einem Jahrtausend die Verfassung der deutschen Landwirtschaft, erst völlig beseitigt. Was unzähligen Aufständen der Bauern nicht gelungen war, die Ausbeutung durch den Grundherrn zu beseitigen, das hat die kapitalistische Entwicklung vollbracht. Der absolutistische Staat schon hat der Gutsherrschaft Grenzen gewiesen, die bürgerliche Revolution hat sie beseitigt. Der kapitalistischen Entwicklung leistet die Gutsherrschaft in ihren Anfängen unentbehrlichen Dienst. Sorgte sie doch durch das Bauernlegen für die Entstehung einer Armee von Proletariern. Aber das Bauernlegen setzt sich selbst seine Grenze. Hat einmal der Herr sein Land über die alten Bauernländereien weit genug ausgedehnt, so wird er die verschonten Bauern nicht weiter legen dürfen, will er nicht die notwendigen Arbeitskräfte entbehren, er wird vielmehr sich wieder dessen erinnern, dass der Bauer an die Scholle gefesselt ist und dass es seine Bestimmung ist, nur ihm, dem angestammten Herrn, und nicht etwa dem fremden Kapitalisten in der Stadt zu dienen. Von diesem Augenblicke an hören wir nicht mehr vom Bauernlegen, sondern von grausamer Verfolgung der Bauern, die sich durch die Flucht vom Lande der unerträglich gewordenen Ausbeutung entziehen wollen. Die Gutsherrschaft wird aber nun zum Hemmnis kapitalistischer Entwicklung. Indem sie den Bauern an die Scholle fesselt, die Berufswahl der Bauernsöhne an die Genehmigung der Herrschaft knüpft, die Bauernkinder zu Zwangsgesindediensten verpflichtet, erschwert sie die Heranziehung industrieller Arbeitskräfte; indem sie den Bauern zur Fron zwingt und ihn an intensiver Bewirtschaftung des Landes hindert, erschwert sie die Einbeziehung der Bauern in den Kreis der Warenkäufer, engt den Markt der Industrie ein, beschränkt das Kapital im wesentlichen auf die Luxusindustrien, die für den Bedarf der Gutsherren produzieren. Aber die Gutsherrschaft widerspricht nicht nur dem Interesse des Bürgertums, sie widerstreitet ebenso seiner Ideologie. Neu erstehend in einer alten Welt, im Kampfe mit allen geschichtlich überkommenen Mächten, hat das junge Bürgertum keinen Sinn für geschichtliche Rechtstitel; das Altehrwürdige, das Ueberkommene, flösst ihm keine Achtung ein, an jede Einrichtung legt es das Mass seiner Klassenvernunft. Vor ihr findet die Gutsherrschaft keine Gnade. Ist doch ihr Rechtsgrund nur ihr geschichtliches Werden, dient sie doch keinem lebendigen Bedürfnis mehr. Das Bürgertum verwirft sie daher und fordert die Befreiung der Bauern. In diesem Verlangen findet es den ersten Bundesgenossen im Staate, der in dem Bauer seinen Steuerträger und Soldaten, in dem Gutsherrn dagegen den Gegner der zentralisierten Staatsgewalt sieht, der in der Ständeversammlung dem Fürsten Widerstand leistet, dessen Land keine Steuer trägt, dessen Gerichtsbarkeit über seine Hintersassen die Entwicklung einer zentralisierten bureaukratischen Verwaltung unmöglich macht. So tritt schon der absolutistische Staat der Gutsherrschaft entgegen; er hat die Ausbeutung und Unfreiheit der Bauern gemildert, beseitigt hat er sie nicht. Erst die bürgerliche Revolution zerschmettert völlig die alte feudale Rechtsform: Sie macht den Bauer zum freien Staatsbürger, befreit ihn von aller persönlichen Bindung an den Gutsherrn, unterwirft ihn unmittelbar staatlichen Gerichten und staatlichen Verwaltungsbehörden, macht ihn zum freien Eigentümer seines Landes und befreit ihn von der Fronarbeit.

Die Beseitigung der feudalen Rechtsform räumt alle Hindernisse hinweg, die bisher der Einwirkung der kapitalistischen Kräfte auf die ländliche Bevölkerung entgegenstanden. Diese Mächte haben aber indessen ihr Wesen geändert, ihre Angriffskraft gestärkt durch die Veränderung der ihnen dienstbaren Produktivkräfte. Von der Kooperation, der blossen Vereinigung gleichartige Arbeit verrichtender Arbeiter, von der Manufaktur, der auf Arbeitsteilung unter Handarbeitern beruhenden Werkstätte, ist der kapitalistische Betrieb vorgeschritten zur Fabrik, die die Maschine in ihren Dienst stellt. Die Spinnmaschine, der mechanische Webstuhl, die Dampfmaschine werden zu Werkzeugen des industriellen Kapitals. Mit diesen neuen Waffen ausgerüstet, geht nun das Kapital zunächst an eine Umwälzung aller sozialen Verhältnisse auf dem platten Lande.

Die moderne Fabrik zerstört zunächst die alte bäuerliche Hausindustrie. Die Spinnmaschine macht der Hausspinnerei in wenigen Jahrzehnten ein Ende, der mechanische Webstuhl schränkt die Hausweberei ein. Die Nebenbeschäftigung der Bauernfamilie während der Wintertage, mit ihr aber auch ihr Nebenverdienst, wird ihr weggenommen. Der Bauer wird immer mehr zum reinen Landwirt, dem die kapitalistische Industrie keine gewerbliche Nebenbeschäftigung mehr übrig lässt. Die alten Reste geschlossener Hauswirtschaft verschwinden; das alte Wort, ein Narr sei, wer dem Schmied gibt, was er selbst verdienen kann, wird vergessen; die bäuerliche Produktion wird reine Warenproduktion, der Bauer muss seine Erzeugnisse verkaufen, um für das Entgelt die Erzeugnisse kapitalistischer Industrie zu erstehen.

Wenige Jahrzehnte später bekommt die mit der Entstehung der modernen Fabrik beginnende Entwicklung einen neuen Anstoss. Der Kapitalismus stellt in seinen Dienst als die gewaltigsten seiner Werkzeuge die modernen Verkehrsmittel: die Eisenbahn und das Dampfschiff. Der billige Transport macht es möglich, landwirtschaftliche und Viehzuchtprodukte fremder Erdteile zur Ernährung der europäischen Völker zu verwenden. Der fruchtbare jungfräuliche Boden Amerikas, Russlands, Sibiriens, die ausgedehnten Weideländereien Australiens, Neuseelands, Südafrikas werden Europa dienstbar. Statt das Getreide und Vieh, dessen sie bedürfen, selbst zu produzieren, verlegen die europäischen Völker einen Teil ihrer landwirtschaftlichen Produktion in fremde Erdteile und tauschen gegen die landwirtschaftlichen Erzeugnisse junger Kolonialländer ihre Industrieprodukte ein.

Die europäische Landwirtschaft muss ihre Betriebsweise verbessern, will sie von den neuen überseeischen Konkurrenten nicht unterboten werden. Die Maschine findet, wenn auch in geringerem Umfang als in der Industrie, doch auch in der Landwirtschaft Eingang. Die Dampfdreschmaschinen verrichten in Deutschland bereits jährlich eine Arbeitsleistung, durch die 20 Millionen Arbeitstage menschlicher Arbeit ersetzt werden.[1]) Die Notwendigkeit künstlicher Düngung, der Uebergang zu intensiver Kultur, die engere Verbindung mit landwirtschaftlichen Industrien steigern den Bedarf der Landwirtschaft an Kapital. Der Grossbetrieb gliedert sich landwirtschaftlichen Industrien — Spiritusbrennerei, Zuckerproduktion — an; die Bauern suchen durch landwirtschaftliche Genossenschaften Aehnliches zu erreichen. All dies bewirkt immer engere Einbeziehung der ländlichen Bevölkerung in die Warenproduktion. Selbst der Tiroler Bauer gibt heute die Milch nicht mehr seinen Knechten zur „Marend", sondern schickt sie in die genossenschaftliche Molkerei zur Verarbeitung und zum Verkauf und nährt dafür seine Knechte mit gekauftem Schnaps.

Alle diese ungeheuren Veränderungen bewirken einerseits eine vollständige örtliche und berufliche Umschichtung

[1]) Verkauf, Archiv für soziale Gesetzgebung und Statistik. 1903, Seite 259.

der Bevölkerung, andererseits eine gründliche Veränderung der wirtschaftlichen Stellung und daher auch der Psychologie des Bauern. Der Bauernsohn hat auf dem Lande keinen Platz mehr: Der Vater kann ihn nicht mehr im Herbst zum Ausdreschen des Korns verwenden, denn das Korn wird noch auf dem Erntefeld von der Dampfdreschmaschine ausgedroschen; er kann ihn nicht mehr im Winter am Webstuhl verwenden, denn der mechanische Webstuhl hat der alten Hausindustrie ein Ende gemacht; so verlässt der Bauernsohn das Land und zieht in die grossen Industriegebiete. Die landwirtschaftliche Bevölkerung vermehrt sich nicht, desto schneller wächst die Zahl der in der Industrie und im Handel beschäftigten Köpfe. Ungeheure Menschenmengen sammeln sich in den Grossstädten, in den grossen Industriegebieten an. Die Bauern aber, die auf dem Lande geblieben sind, sind reine Landwirte geworden. Sie verwenden ihr Arbeitserzeugnis nicht mehr für sich, sondern für den Markt und kaufen für den erzielten Geldertrag die Industrieprodukte, deren sie bedürfen.

Müssen wir erst ausführen, was all das für die nationale Kulturgemeinschaft bedeutet? Die ländliche Bevölkerung ist durch den Kapitalismus entwurzelt worden, herausgerissen aus dem Boden, an den sie seit dem Sesshaftwerden des Volkes gefesselt war, herausgerissen aus den engen Grenzen der Dorfgemarkung. Ihre Söhne sind hineingezogen in die Stadt, wo sich die Bevölkerung aus weit entlegenen Landesteilen trifft, beeinflusst, ihr Blut vermengt, wo an die Stelle des Althergebrachten, des im Wechsel der Jahreszeiten ewig wiederkommenden Einerlei des alten bäuerlichen Lebens das lebhaft pulsierende Leben der Grossstadt tritt, welches alle überkommenen Anschauungen vernichtet — eine neue, ewig sich wandelnde Welt. Sie werden im Wechsel der industriellen Konjunktur bald dahin, bald dorthin geworfen. Welcher Unterschied zwischen dem modernen Metallarbeiter etwa, der heute am Rhein den grossen Eisenmagnaten dient und den morgen eine Welle industrieller Wandlungen nach Schlesien verschlägt, der in Sachsen sein Weib freit und in Berlin seine Kinder erzieht, und seinem Grossvater, der sein Leben von der Geburt bis zum Tode in einem entlegenen Alpendorf verbracht, vielleicht nur zweimal im Jahre gelegentlich eines Jahrmarktes oder eines der grossen Kirchenfeste die Kleinstadt gesehen und nicht einmal die Bauern im Nachbardorfe gekannt, da irgend ein Gebirgszug den Verkehr zwischen Dorf und Dorf erschwerte! Aber welch anderer Mann ist auch der Bruder unseres Metallarbeiters, der das väterliche Bauerngut in unserem Gebirgsdorf ererbt! An die Stelle der alten überkommenen landwirtschaftlichen Betriebsweise sind fortwährender Wechsel, fortwährende Versuche getreten, unter dem Einfluss der landwirtschaftlichen Genossenschaften, der Wanderkurse, der landwirtschaftlichen Ausstellungen und dergleichen; er ist ein Geschäftsmann geworden, der den Preis seiner Ware wohl zu berechnen, mit den städtischen Händlern über ihren Preis zu verhandeln, die Konkurrenz der Händler untereinander wohl zu nutzen weiss; ein Warenerzeuger und Warenverkäufer, so gut wie Händler und Produzenten in der Stadt, durch alle die Bande geschäftlichen Verkehrs mit der städtischen Bevölkerung verbunden, ihrem kulturellen Einfluss längst nicht mehr unerreichbar. Er fährt vielleicht schon auf dem Zweirad in die Stadt, um dort mit den Abnehmern zu feilschen, und an die Stelle der alten ererbten Tracht ist schon ein städtisches Gewand getreten, das er in der Stadt erstanden und dessen Schnitt deutlich, wenn auch nicht die letzte, so doch die vorletzte Mode von Paris oder Wien verrät.

Diese psychologischen Wandlungen, die die kapitalistische Entwicklung erzeugt hat, haben unser gesamtes Schulwesen verändert, wie sie ihrerseits wieder ohne die Entwicklung unseres Schulwesens nicht möglich gewesen wären. Die Schule ist zum notwendigen Werkzeug moderner Entwicklung geworden; höherer Volksbildung bedurfte der moderne Kapitalismus, weil ohne sie der komplizierte Apparat der Verwaltung des Grossbetriebes nicht möglich war; bedurfte der moderne Bauer, weil er sonst nie zum modernen Landwirt sich hätte entwickeln können; bedurfte der moderne Staat, der ohne sie nie die lokale Verwaltung, nie das moderne Heer hätte schaffen können. So sieht denn das 19. Jahrhundert eine imposante Entwicklung des Volksschulwesens. Wir brauchen nicht auszuführen, was es für die nationale Kulturgemeinschaft bedeutet, wenn dem Arbeiterkind Ostpreussens wie dem Bauernkind Tirols das Lesebuch dieselben Bildungselemente, dasselbe Stückchen unserer geistigen Kultur in derselben deutschen Einheitssprache vermittelt!

Was die Schule beginnt, setzt unser Heerwesen fort. Das Konskriptionssystem musste in der allgemeinen Wehrpflicht sein logisches Ende finden. Auf den Schlachtfeldern, auf denen die französische Revolution die absolutistischen Mächte des alten Europa schlug, wurde das moderne Heer geboren — ein Volksheer, noch nicht seinem Zwecke nach, seiner Organisation nach, wohl aber schon seiner Zusammensetzung nach. Die Erfüllung der Wehrpflicht reisst den Bauernsohn aus dem engen Bereich des Dorfes hinaus, bringt ihn zusammen mit Kameraden aus der Stadt und Kameraden aus anderen Landesteilen, bringt ihn unter den Einfluss der Bevölkerung des Garnisonsortes. So revolutioniert unser Heersystem ganz wider Willen die Köpfe! Nicht umsonst ist der Mann, der in Gerhart Hauptmanns „Webern" den glimmenden Funken der Rebellion zum Brand entfacht, ein eben erst aus der Stadt heimgekehrter Soldat!

Und die Wirkung, die die Schule am Kind, die Wehrpflicht am Jüngling beginnt, vollendet am Mann die Demokratie. Die Vereinsfreiheit, die Versammlungsfreiheit, die Pressfreiheit wird zum Mittel, in jedes Bauerndorf, in jede Werkstätte die grossen Fragen der Zeit zu tragen, die grossen Weltbegebnisse zum bestimmenden Schicksal, zum wirkenden Kultureinfluss in jedem einzelnen Manne zu machen; das allgemeine Wahlrecht, das jeden zur Mitentscheidung beruft, zwingt die Parteien zum Kampfe um den letzten Mann, und im Schlagwort der politischen Parteien ringen alle grossen Errungenschaften unserer ganzen Geschichte, unserer ganzen Kultur um jeden Bauer, um jeden Arbeiter; jede Versammlungsrede, jedes Zeitungsblatt bringt ein Stück unserer geistigen Kultur zum letzten Wähler. Und sie alle, nach Abstammung, nach Reichtum, nach Beruf, nach politischer Gesinnung so verschieden — sie alle umschlingt doch eine Kulturgemeinschaft, weil sie alle — das Kampfobjekt aller Parteien — gleichartigem Kultureinfluss unterliegen, in der Individualität jedes einzelnen gleichartiger Kultureinfluss wirksam geworden, zum Charakter erstarrt ist.

Von all den geschichtlichen Bewegungen aber, die so die moderne Nation des kapitalistischen Zeitalters erzeugen, ist die Arbeiterbewegung die weitaus bedeutsamste. Schon ihre unmittelbare Wirkung ist ungeheuer gross. Sie ist es, die den Arbeitern wenigstens eine solche Verkürzung des Arbeitstages erkämpft hat, dass ein Stück unserer nationalen Kultur doch auch zu ihnen dringen kann; die den Lohn der Arbeiter so weit gehoben hat, dass nicht völlige körperliche und geistige Verelendung sie gänzlich von der Kulturgemeinschaft der Nation ausschliesst. Aber sie hat mehr getan! Indem sie die Angst der durch den Sozialismus bedrohten besitzenden Klassen erweckt hat, hat sie diese zum Kampfe gezwungen: Nun muss auch der Bürgerliche, ja selbst der Junker auf die Massen zu wirken suchen. Auch er sucht Arbeiter zu organisieren für seine Zwecke: er sucht Handwerker und Bauern zu vereinen zum Kampfe gegen die Arbeiterklasse. So tobt der Kampf um die grosse Frage des Eigentums in der ganzen Gesellschaft, tobt um jeden einzelnen Mann. Auf jeden einzelnen Volksgenossen wirken durch Presse, Vereine, Zeitungen, die Argumente aller Parteien: So dringt — wie verdünnt er auch werden mag — durch den Kampf der Parteien doch ein Teilchen des Stromes unserer Kultur zu jedem Mann, wird wirksam in seinem Charakter, eint uns alle zu einer durch gleichartigen Kultureinfluss zusammengeschlossenen Kulturgemeinschaft.

Die Germanen im Zeitalter des Cäsar sind eine Kulturgemeinschaft gewesen: aber diese alte Kulturgemeinschaft ist zerfallen mit dem Sesshaftwerden der Nation beim Uebergang zum Ackerbau. An die Stelle der nationalen sind örtlich gebundene Gemeinschaften getreten: voneinander scharf geschieden von Ort zu Ort, von Tal zu Tal. Zur Nation einte höhere Kultur immer nur die herrschenden und besitzenden Klassen. Erst der moderne Kapitalismus hat wieder eine wahrhaft nationale, die engen Grenzen der Dorfgemarkung überspringende Kultur des ganzen Volkes erzeugt. Er hat dies vollbracht, indem er die Bevölkerung entwurzelt, aus der örtlichen Bindung herausgerissen, in dem Prozess der modernen Klassen- und Berufsbildung örtlich und beruflich umgeschichtet hat Er hat sein Werk vollbracht durch das Mittel der Demokratie, die sein Erzeugnis ist, durch die Volksschule, die allgemeine Wehrpflicht und das gleiche Wahlrecht.

Darf sich der Kapitalismus seines Werkes nicht rühmen? Hat er, der Vielverlästerte, indem er die Nation als Kulturgemeinschaft aller, nicht nur der besitzenden Klassen, wiedererschuf, nicht Ungeheures vollbracht? Gewiss. Aber der Kapitalismus wird sein Werk nicht allzu laut preisen dürfen. Die Entstehung der modernen nationalen Kulturgemeinschaft ist möglich geworden durch den Fortschritt der Produktivkräfte. Dass die Dampfmaschine für uns arbeitet, dass sie in unserem Dienste Spinnmaschine und Webstuhl bewegt, dass unsere Riesenhochöfen und unsere Bessemer-Birnen für uns schaffen, dass die Entwicklung der Dampfschifffahrt und der Eisenbahnen die fruchtbaren Ländereien ferner Erdteile für uns erst erschlossen hat: das hat der Gesamtheit des Volkes jenen Anteil an den Kulturgütern erschlossen, der die Nation zur Kulturgemeinschaft macht. Der Entfaltung der Produktivkräfte, der Maschine, danken wir jene Umschichtung der Bevölkerung, aus der unser grosser Reichtum fliesst: der grössere Reichtum ist zum Kulturgut geworden, das das Volk zur Kulturgemeinschaft zusammenschliesst. Diese Entfaltung der Produktivkräfte ist nun gewiss geschehen durch den Kapitalismus; aber dass sie nur so geschehen ist, das setzt zugleich dem Werden der nationalen Kulturgemeinschaft seine Grenze. Dass unsere Produktivkräfte und durch sie unser Reichtum gewachsen sind, ward die Bedingung des Werdens der modernen Nation; aber dass diese Produktivkräfte bisher nur durch den Kapitalismus, nur im Dienste des Kapitals sich entfalten konnten, das begrenzt den Anteil der Massen an der Kultur der Nation, das setzt der Entwicklung der nationalen Kulturgemeinschaft ihre Grenze.

Die Entfaltung der Produktivkräfte bedeutet eine gewaltige Steigerung der Ergiebigkeit der Arbeit des Volkes. Aber der wachsende Reichtum, der unserer Arbeit entstammt, wird nur zum geringen Teil zum Besitztum der Massen, die ihn erzeugen. Das Eigentum an Arbeitsmitteln ist zum Werkzeug geworden, einen gewaltigen Teil des stetig steigenden Reichtums an sich zu ziehen. Nur einen Teil des Arbeitstages erzeugt der Arbeiter die Güter, die sein Eigen werden; den Rest des Arbeitstages schafft er jenen Reichtum, der zum Besitz der Eigner der Arbeitsmittel wird. Materielle Güter aber wandeln sich immer in geistige Kultur. So ist es das Gesetz unseres Zeitalters, dass die Arbeit der einen zur Kultur der anderen wird. Die Tatsache der Ausbeutung, der Mehrarbeit, die in der langen Arbeitszeit, dem niedrigen Arbeitslohn, der schlechten Nahrung und überfüllten Wohnung des Arbeiters in Erscheinung tritt, setzt aller Erziehung der breiten Massen des arbeitenden Volkes zur Teilnahme an der geistigen Kultur der Nation eine Schranke. Die Tatsache der Ausbeutung hemmt daher auch das Werden der Nation als Kulturgemeinschaft; sie verhindert die Eingliederung des Arbeiters in die nationale Kulturgemeinschaft; und was vom Arbeiter gilt, das gilt für den vom Abnehmerkapital und Hypothekenkapital ausgebeuteten Bauer; das gilt für den vom kapitalistischen Händler unterjochten Handwerker. Von früher Kindheit an bis zum späten Alter stehen sie bei der Arbeit; am späten Abend suchen sie vergebens in der engen Wohnung, die allzuviele teilen müssen, Ruhe; die Sorge um des Lebens täglichen Unterhalt lässt sie in keinem Augenblicke frei. Was können diese Menschen von dem wissen, was in uns Glücklicheren wirksam ist, uns zur Nation zusammenschliesst? Was wissen unsere Arbeiter von Kant? Unsere Bauern von Goethe? Unsere Handwerker von Marx?

Aber der Kapitalismus hemmt nicht nur durch die Tatsache der Ausbeutung unmittelbar, sondern durch die Notwendigkeit der Verteidigung der Ausbeutung auch noch mittelbar die Entwicklung des gesamten Volkes zu einer nationalen Kulturgemeinschaft. Gewiss, er hat die Volksschule ausgebaut, so weit er sie brauchte; aber er wird sich hüten, eine wirklich nationale Erziehung zu schaffen, die die Massen in den Vollbesitz geistiger Kultur setzen könnte. Nicht nur weil er, um sich die Möglichkeit, Kinder auszubeuten, nicht zu schmälern, die Schulzeit allzu eng bemisst, nicht nur weil er an den Kosten für die Schule kargt und seinen Reichtum lieber den Werkzeugen seiner Macht opfert, sondern vor allem darum, weil die zur vollen Teilnahme an der Kultur der Nation erzogenen Massen keinen Tag länger seine Herrschaft ertragen könnten; er fürchtet die Volksschule, weil sie seine Gegner erzieht, darum sucht er sie zu seinem Herrschaftsmittel herabzuwürdigen. Der Kapitalismus hat die allgemeine Wehrpflicht notwendig hervorgebracht; aber er hat darum kein Volksheer geschaffen. Er sperrt seine Soldaten in die Kasernen, sucht sie dem Einfluss der Bevölkerung möglichst zu entziehen, sucht in ihnen durch äussere Auszeichnung und räumliche Fernhaltung, durch die Suggestion seiner Ideologie ein besonderes Standesgefuhl zu erzeugen, das sie fernhalt von dem Leben der Massen. Der Kapitalismus hat die *Demokratie* erzeugt Aber die Demokratie war die Jugendliebe des Burgertums, sie ist die Furcht seines Alters, da sie nun zum Machtwerkzeug der Arbeiterklasse geworden ist. Das gleiche Wahlrecht war im wirtschaftlich ruckstandigen Oesterreich zu erobern, im Deutschen Reich kann man es den Arbeitern fur die Landtage verweigern, kann man daran denken, es ihnen fur den Reichstag zu nehmen Die Freiheit der Presse, der Versammlungen, der Vereine, furchtet der altgewordene Kapitalismus als ebensoviele Machtmittel seiner Feinde So tut er, was er tun kann, zur Hemmung der Entwicklung der Nation Der Kapitalismus kann die Nation als Kulturgemeinschaft nicht voll erstehen lassen, weil jedes Stuckchen geistiger Kultur zur Macht in den Handen der Arbeiterklasse, zur Waffe wird, die ihn dereinst niederstreckt.

Wir durfen uns jedes Versuches, ein Stuck unserer Wissenschaft, unserer Kunst Arbeitern zu vermitteln, gewiss freuen Aber nur Schwarmer werden vergessen, dass der einzelne, ungewohnlich begabte Arbeiter wohl heute schon zum Kulturmenschen werden kann, dass der Vollbesitz unserer Kulturguter der Masse aber heute notwendig versagt bleiben muss. Wer jemals unsere Arbeiter gesehen, wie sie nach neun- oder zehnstundiger korperlicher Arbeit sich muhen, ein Stuck der ungeheuren Reichtumer unserer geistigen Kultur sich anzueignen, wie sie mit der Mudigkeit kampfen, die ihnen die Augen schliessen will, wie sie mit dem furchtbaren Hemmnis der schlechten Vorbildung ringen, die jedes Fremdwort ihnen zur Schwierigkeit macht, wie sie soziale Gesetze begreifen wollen, die nie von Naturgesetzen gehort, nie Mechanik gelernt, wie sie exakte okonomische Gesetze verstehen wollen, obwohl sie nie Mathematik gelernt haben — der wird nicht zu hoffen wagen, jemals unsere Kultur zum Besitztum dieser ausgebeuteten Menschen machen zu konnen Nur Hoflinge des Proletariats konnen den Arbeitern einreden, dass sie heute, als Proletarier, alle Wissenschaft begreifen, alle Schonheit geniessen konnen Das ist ja der grosse Schmerz der Arbeiterklasse, dass sie dies nicht vermag, dass sie ausgeschlossen ist von dem kostlichsten Schatz, an dessen Werden doch der letzte Handlanger mitwirkt, von unserer nationalen geistigen Kultur Noch immer ist es so, dass die Herren allein gleichartige Kultur zu einer nationalen Gemeinschaft zusammenschliesst, wahrend die arbeitenden, ausgebeuteten und unterdruckten Massen, ohne deren Hande Werk diese Kultur keinen Tag bestehen konnte, nie hatte entstehen konnen, mit einem elenden Stuckchen dieses Reichtums abgespeist werden Aber freilich, naher als jemals vorher ist der Tag, an dem diese Massen imstande sein werden, auf die grossen Reichtümer Hand zu legen, um die geistige Kultur, das Erzeugnis der Arbeit des ganzen Volkes, auch zum Besitztum des ganzen Volkes zu machen. Dieser Tag ist aber erst der Entstehungstag voller nationaler Kulturgemeinschaft.

§ 9.

Die Verwirklichung der nationalen Kulturgemeinschaft durch den Sozialismus.

Wie das Bürgertum, einst nicht mehr als der an Zahl ärmste, bedeutungsloseste unter den Ständen der feudalen Gesellschaft, in dieser Gesellschaft emporgewachsen ist, sie schliesslich gesprengt und sich seine eigene Gesellschaft aufgebaut hat, so regt sich auch in der heutigen Gesellschaft eine Klasse, mit deren Interessen unsere gesellschaftlichen Einrichtungen unvereinbar sind, die Arbeiterklasse; Schritt für Schritt gewinnt sie Boden im Klassenkampfe und wird schliesslich eine neue Gesellschaft an Stelle der heutigen setzen. Wie wird aber diese Gesellschaft aussehen? Dass wieder, wie in kleinbürgerlich-zünftlerischen Tagen, jeder Arbeiter Eigentümer seiner Arbeitsmittel werde, das macht die technische Entwicklung unmöglich; im Zeitalter der Maschinen, der riesenhaften Verkehrsmittel, der sich immer gewaltiger ausdehnenden Grossbetriebe können die Produktionsmittel nicht dem einzelnen Arbeiter gehören; wohl aber kann die ganze Gesellschaft, die Gesamtheit der Arbeitenden, Eigentümerin der Produktionsmittel sein. Die Gesellschaft, die das Proletariat aufbauen wird, wird daher eine sozialistische Gesellschaft sein. Es wird sie aufbauen *wollen*, denn die heutige Gesellschaft widerspricht seinen Interessen, beruht auf der Ausbeutung der Arbeiterklasse; es wird sie aufbauen *können*, denn durch die Konzentration des Kapitals, die Zusammenballung der Arbeitsmittel unter dem Kommando verhältnismässig weniger Unternehmungen wird die Möglichkeit der Ueberführung der Produktionsmittel in gesellschaftliches Eigentum vom Kapitalismus selbst geschaffen; es *wird* sie aufbauen, denn die Arbeiterklasse bildet die von Tag zu Tag wachsende Mehrheit der Bevölkerung, ihr Wille wird daher schliesslich über das Geschick der Völker entscheiden.

Wenn die Gesellschaft sich der Herrschaft über die Arbeitsmittel bemächtigt und die Gütererzeugung planmässig leitet, so bedeutet dies zunächst eine gewaltige *Steigerung der Ergiebigkeit der Arbeit.* Wohl hat der Kapitalismus zuerst die modernen Produktivkräfte zur Entwicklung gebracht; aber die kapitalistische Produktionsweise ist doch eine Schranke ihrer vollen Nutzung.

Zunächst vermindert die kapitalistische Produktionsweise die Menge der in der Gesellschaft geleisteten produktiven Arbeit, oder vielmehr sie vermindert die Zahl der Arbeitenden, die produktive Arbeit leisten, und indem sie ein Heer von Nichtarbeitenden und von nicht produktive Arbeit Leistenden unterhält, wälzt sie auf die Schultern der produktiven Arbeiter desto schwerere Last.[1])

Zunächst schaltet der Kapitalismus eine beträchtliche Menge von Menschen aus der gesellschaftlichen Arbeit überhaupt aus, indem ihr Eigentum es ihnen möglich macht, zu leben, ohne Arbeit zu leisten. Die grossen und kleinen Kapitalisten, die wachsende Zahl der Rentner, sind aus der gesellschaftlichen Arbeit völlig ausgeschaltet, zehren von ihrem Ertrag, ohne ihn zu vermehren. Dazu kommt der grosse Anhang aller jener, die ihr Gefolge darstellen: ihre Frauen, ihre Dienstboten, das stehende Heer, dessen der kapitalistische Staat bedarf. Sie alle vermindern die Zahl der produktiven Arbeiter. Aber wenn in der kapitalistischen Gesellschaft die einen am gesellschaftlichen Arbeitsprozess nicht teilnehmen, weil ihr Eigentum es für sie überflüssig macht, zu arbeiten, so sind die anderen aus dem gesellschaftlichen Arbeitsprozess ausgeschaltet, weil das Eigentum der anderen sie von der Arbeit ausschliesst. Der Kapitalismus erhält fortwährend eine industrielle Reservearmee, eine Armee von Arbeitslosen. In den Zeiten günstiger Konjunktur zieht er wohl einen Teil der Arbeitslosen an sich, gibt ihm Beschäftigung; völlig verschwindet aber die Arbeitslosigkeit selbst in den Zeiten günstigsten Geschäftsganges niemals; sobald die Krise hereinbricht oder auch nur eine schwere Depression die Volkswirtschaft niederdrückt, wächst sofort die Zahl der Arbeitslosen, vermindert sich die Menge der geleisteten Arbeit. Aber noch mehr! Ganzen grossen Arbeiterschichten gibt der Kapitalismus überhaupt nur während bestimmter Jahreszeiten Beschäftigung oder doch volle Beschäftigung (Landwirtschaft! Saisongewerbe!), er vermag die Aufgabe nicht zu lösen, die Arbeiter, die eine Arbeit verrichten, die aus technischen oder wirtschaftlichen Gründen nur während bestimmter Jahreszeiten möglich ist, während des Restes des Jahres anderen Produktionszweigen zuzuführen.

---

[1]) Produktive Arbeit hier im technischen Sinn, dass heisst Güter, Gebrauchswerte schaffende Arbeit. Dazu gehört natürlich nicht nur jene Arbeit, die Sachgüter erzeugt, sondern auch jene, die immaterielle Güter erzeugt, Dienste leistet, die für einen Konsumenten einen Gebrauchswert haben. Der ökonomische Begriff der produktiven Arbeit ist ein anderer. Vergl. Marx, Theorien über den Mehrwert. Stuttgart 1905, I., Seite 253 ff.

Der Kapitalismus vermindert aber nicht nur die Zahl der Menschen, die am gesellschaftlichen Arbeitsprozess werktätigen Anteil nehmen, er vermindert insbesondere auch die Zahl jener, die Gebrauchswerte erzeugen. Denn er bedarf einer Riesenarmee fleissiger Arbeiter, die er zu schwerer Mühe vom frühen Morgen bis zum späten Abend zwingt, und deren Werk doch trotz alledem den Reichtum der Gesellschaft an Gütern um nichts vermehrt. Welcher Armee bedarf der Kapitalismus, um die Kämpfe der Konkurrenz zu führen! Die Arbeit aber, die dem Zwecke dient, die Kundschaft dem Konkurrenten abzutreiben, vermehrt den Reichtum der Gesellschaft um keinen Deut. Die Arbeit des Kaufmannes und seines Gehilfen trägt zwiespältigen Charakter: in ihr ist die Arbeit der Verteilung des gesellschaftlichen Gütererträges auf die Gesellschaftsmitglieder enthalten, deren jede Gesellschaft bedarf; in ihr liegt aber auch die Arbeit des Konkurrenzkampfes, die Arbeit der Anlockung, der Ueberredung, die nur die auf der Konkurrenz der privaten Produzenten beruhende Gesellschaft braucht. Welche Unmenge von Arbeit verschlingt die Reklame, von der Zeitungsannonce bis zur Weltausstellung!

Die sozialistische Gesellschaft wird die Zahl der produktiven Arbeiter ungeheuer vermehren. Kein erwachsener, gesunder Mensch kann in ihr leben, ohne zu arbeiten, denn das Eigentum gibt kein Recht auf den Ertrag fremder Arbeit mehr; und für jeden, der arbeiten will, hat sie eine Arbeitsstelle, denn jeder Arbeiter ist ihr willkommen als Mehrer des gesellschaftlichen Reichtums. Keine Arbeit aber dient mehr anderem Zwecke als der Gütererzeugung und Güterverteilung, der Vermehrung des Güterreichtums der Gesellschaft.

Die kapitalistische Produktionsweise vermindert aber nicht nur die volle Ausnützung der verfügbaren menschlichen Arbeitskräfte, sie verhindert auch die Anwendung der möglichst ergiebigen Betriebsweise. Die Errungenschaften der modernen Technik vermag die kapitalistische Produktionsweise niemals voll auszunützen. Die sozialistische Gesellschaft wird eine Maschine anwenden können, wenn sie mehr Arbeit erspart, als zu ihrer Herstellung notwendig ist; die kapitalistische Produktionsweise dagegen vermag eine Maschine nur zu nutzen, wenn sie mehr Arbeitslohn erspart, als sie kostet. Je niedriger die Arbeitslöhne sind, desto schwerer ist die Einführung neuer Maschinen, die Nutzung des technischen Fortschrittes. Da der Arbeitslohn immer nur Erscheinungsform des Wertes der Arbeitskraft, niemals Erscheinungsform des Wertes des Arbeitsproduktes sein kann, so kann die kapitalistische Gesellschaft niemals alle jene Maschinen anwenden, die eine sozialistische Gesellschaft bereits in ihren Dienst stellen könnte. Aber noch mehr! Der gesellschaftliche Mehrwert wird in der kapitalistischen Produktionsweise auf die einzelnen Produzenten im Verhältnis zur Menge des aufgewendeten Kapitals verteilt, der individuelle Profit steht nicht zur Menge der geleisteten Arbeit, sondern zur Menge des aufgewendeten Kapitals in unmittelbarem Verhältnis Kapital ist aber nicht nur variables Kapital, das zur Entlohnung der Arbeiter verwendet wird, sondern auch konstantes Kapital, Sachkapital. Die Erzeugung des Eisens, der Maschinen, sind nun Produktionszweige mit hoher organischer Zusammensetzung des Kapitals: auf eine bestimmte Menge Lohnkapital entfällt hier mehr als in anderen Produktionszweigen an Sachkapital Die Produzenten des Eisens und der Maschinen empfangen daher mehr an Profit, als dem Mehrwert entspricht, der in ihren Werkstätten erzeugt wurde, sie eignen sich einen Teil des Mehrwertes der anderen Produktionszweige an Die Erscheinungsform dafür ist der Preis des Eisens, der Maschine Der Produktionspreis der Maschine steht dauernd über ihrem Wert, er ist zu hoch, um ein getreuer Ausdruck der in ihr verkörperten Menge gesellschaftlicher Arbeit zu sein, weil in ihm ein Stück des in anderen Produktionszweigen erzeugten, von den Eisen- und Maschinenproduzenten kraft der Grösse ihres Sachkapitals angeeigneten Mehrwertes enthalten ist. Nun kann die kapitalistische Gesellschaft Maschinen nur verwenden, wenn sie an Lohn mehr ersparen, als sie kosten; wir wissen schon, dass darum der niedrige Arbeitslohn ein Hemmnis des Fortschrittes maschineller Produktion ist Wir können jetzt hinzufügen, dass der höhere Produktionspreis der Maschine, der immer höher ist als ihr Wert (der durch die zu ihrer Herstellung gesellschaftlich erforderliche Arbeitszeit bestimmt ist), ein weiteres Hemmnis der Ersetzung der Handarbeit durch produktivere Maschinenarbeit ist. Dazu kommt schliesslich noch ein Grund! Die Kartelle und Trusts im Kohlen- und Eisengewerbe steigern den Preis der Kohle, des Eisens, der Maschine noch über den in freier Konkurrenz sich bildenden Produktionspreis, verteuern also noch weiter die maschinelle Produktion, sind ein weiteres Hemmnis des technischen Fortschrittes. Die sozialistische Produktionsweise beseitigt alle diese Schranken mit einem Schlag für sie ist jede Maschine verwendbar, die mehr an Arbeit erspart, als sie selbst an Arbeit kostet.

Hemmen die Gesetze der Lohn- und Preisbildung den technischen Fortschritt in der Industrie, so hemmt die kapitalistische Produktionsweise aber noch mehr den Fortschritt der Landwirtschaft zu rationeller Technik Der Kapitalismus ist unverträglich mit rationeller Landwirtschaft.[1]) Der bäuerliche Betrieb ist zu klein, der Bauer technisch zu wenig geschult, als dass er die Errungenschaften der Wissenschaft in seinem Betriebe voll ausnutzen könnte, dem Grossbetrieb aber raubt die industrielle Entwicklung durch die

[1]) Marx, Kapital, II., Seite 217, III, 1, Seite 98, III, 2, Seite 156 f. 347.

Erscheinung der Landflucht seine Arbeiter und ist die Arbeitsunlust und geringe Arbeitsintensität der Lohnarbeiter ein Hemmnis rationeller Kultur. Erst die sozialistische Produktionsweise wird darangehen können, die grossen Errungenschaften der Wissenschaft dem Landbau voll nutzbar zu machen.

Schliesslich verringert die kapitalistische Produktionsweise die Ergiebigkeit der Arbeit, indem sie rationellen Güteraustausch zwischen den verschiedenen Wirtschaftsgebieten verhindert. Der Reichtum jedes einzelnen Landes wird gewaltig steigen, wenn es seine Arbeitskraft jenen Produktionszweigen zuwendet, in denen die natürlichen und sozialen Bedingungen seine Arbeit möglichst ergiebig machen und die anderen Güter durch Austausch seiner Produkte von jenen Ländern erwirbt, die ihrerseits für die Erzeugung der einzutauschenden Güter besonders geeignet sind. Wollen wir die Ergiebigkeit unserer Arbeit steigern, so müssen wir die landwirtschaftlichen Erzeugnisse von den Ländern mit dem besten Boden, das Eisen von den Ländern mit den reichsten Erzen beziehen und als Gegengabe diesen Ländern jene Güter geben, die wir mit geringerem Arbeitsaufwand herstellen können, als sie selbst es imstande wären. Aber in der kapitalistischen Produktionsweise entscheidet darüber, ob wir Güter selbst produzieren oder durch Austausch mit anderen Ländern uns erwerben wollen, nicht die Erwägung, wie unser Volksreichtum am meisten gesteigert werden kann, sondern das Sonderinteresse der herrschenden Klassen. Darum ist freier Warenaustausch — das beweist die Geschichte eines Jahrhunderts! — in der kapitalistischen Gesellschaft nur ein Zufall: Nur dort, wo zufällig das Gesamtinteresse mit dem Interesse der herrschenden Klassen zusammenfällt, beteiligt sich ein Land am freien Warenaustausch und steigert dadurch seinen Volkswohlstand. Erst in der sozialistischen Produktionsweise wird für die Frage, in welchen Produktionszweigen unsere Arbeit aufzuwenden, welche Güter vom Ausland einzutauschen sind, kein anderer Gesichtspunkt mehr entscheidend sein als die möglichste Steigerung des Reichtums des Landes, die möglichste Steigerung der Ergiebigkeit der Arbeit des Volkes.

Aber nicht nur durch die Schranken, die sie der Steigerung menschlicher Arbeitsproduktivität setzt, verringert die kapitalistische Produktionsweise den Reichtum der Gesellschaft, sondern auch dadurch, dass sie fortwährend menschliche Arbeit an die Erzeugung von Sachen wendet, von denen sie zu spät erfährt, dass sie kein wirksames gesellschaftliches Bedürfnis befriedigen, dass sie keine Waren sind. In einem einsamen Bauernhof in der Wildnis verteilt der Hausvater die gesellschaftliche Arbeit: er schickt einen Sohn auf das Feld, den anderen auf die Jagd, den dritten setzt er an den

Webstuhl. In einer sozialistischen Gesellschaft würde die die Produktion leitende Zentrale die Arbeit auf die verschiedenen Produktionszweige verteilen. In der kapitalistischen Gesellschaft aber bleibt die Wahl der Arbeit dem einzelnen überlassen und nur durch Krisen und Katastrophen setzt sich die notwendige Anpassung der Arbeitsverteilung an die Mannigfaltigkeit der Bedürfnisse durch. So erzeugen wir Produktionsmittel und setzen sie dann still, weil wir für sie keine Verwendung haben, so erziehen wir qualifizierte Arbeitskräfte und können ihnen dann keine Beschäftigung geben; so erzeugen wir Güter und können sie dann an keinen Käufer absetzen. Welche ungeheuerliche Verschwendung menschlicher Mühe!

Aber selbst dort, wo das Arbeitsprodukt zum Gut wird und als Ware Absatz findet, selbst dort noch zeigt sich der Wahnsinn unserer Produktionsweise! Welch ungeheure Arbeitsopfer weiht sie Zwecken, die die Gesellschaft nicht reicher, sondern ärmer machen! Was kostet uns alljährlich die Geburt und die Ernährung jener armen Kinder, die dank unserem Wohnungselend, dank der Fabriksarbeit schwangerer Frauen, dank der elenden Kinderernährung noch im ersten oder zweiten Lebensjahre sterben![1] Dieses ganze wirtschaftliche Opfer vermehrt unsere Kultur um nichts, bringt niemandem Freude, wohl aber Tausenden von Vätern bitterste Not, Tausenden von Müttern furchtbare körperliche und seelische Leiden!

So bedeutet die Ueberführung der Arbeitsmittel aus dem Sondereigentum in das Eigentum der Gesellschaft zunächst eine ungeheure Steigerung gesellschaftlichen Reichtums. Freilich, man behauptet gewöhnlich das Gegenteil. Der bürgerliche Oekonom, der sieht, dass der Lohnarbeiter nur unter der Peitsche des Kapitalisten arbeitet, meint, alle fleissige Arbeit würde aufhören, wenn der Kapitalist aus der Werkstätte verschwindet. Aber der bürgerliche Oekonom vermengt da die Funktion der Leitung der gesellschaftlichen Produktion mit dem Rechte auf Ausbeutung des Arbeiters. Der Leiter der Produktion, der für Ordnung und Fleiss in der Werkstätte sorgt, wird auch in der künftigen Gesellschaft nicht fehlen, nur wird er nicht ein Kapitalist sein, der zu seinem Nutzen die Arbeitssklaven antreibt, sondern der Vertreter der Arbeiter selbst, freilich nicht etwa nur der Arbeiter der Werkstätte, deren Aufsicht ihm zugewiesen, sondern der Vertreter der ganzen Gesellschaft, der Gesamtheit der Arbeitenden.[2]

[1] Nach Seiffert opfert die Bevölkerung des Deutschen Reiches jährlich 38 Millionen Mark der Geburt und Erhaltung des Nachwuchses, der nicht das erste Lebensjahr zu überleben vermag. Vergl. Seiffert, Säuglingssterblichkeit, Volkskonstitution und Nationalvermögen. Jena 1905.

[2] Die Frage der Wirkung der Gesellschaftsverfassung auf die Produktivität der Arbeit konnte hier natürlich nur kurz skizziert werden; eine erschöpfende Behandlung würde den Rahmen dieser Arbeit sprengen. Bemerken möchten wir

Die Steigerung der Ergiebigkeit der Arbeit durch die Vergesellschaftung der Produktionsmittel und die planmässige Beherrschung der Arbeitsmittel seitens der Gesellschaft selbst bedeutet nun für die Gesamtheit einmal *Herabsetzung der notwendigen Arbeitszeit*, also *mehr Musse*, und andererseits *Vermehrung des Güterreichtums*, vollere Befriedigung menschlicher Bedürfnisse. Und da mit dem Eigentum an Produktionsmitteln die Tatsache der Ausbeutung, der *Mehrarbeit verschwindet*, so wird die Verkürzung der Arbeitszeit wie die Vermehrung des Güterreichtums zum Vorteil aller. Die arbeitenden Menschen der kommenden Gesellschaft werden weniger lang arbeiten müssen als die heutigen Lohnarbeiter, weil ihre Arbeit keine Klasse von Kapitalisten ernähren muss, und sie werden ihre Bedürfnisse reicher befriedigen als heute, weil die planmässige Leitung der gesellschaftlichen Produktion die Ergiebigkeit der Arbeit erhöht, jede Arbeitsstunde mit reicherem Gütereitrag lohnt. Musse und sichere Befriedigung der unmittelbaren Lebensbedürfnisse ist aber die erste Voraussetzung aller geistigen Kultur. *Erst durch den demokratischen Sozialismus kann darum die ganze Bevölkerung in die nationale Kulturgemeinschaft einbezogen werden.*

Die Teilnahme des gesamten Volkes an der Kultur der Nation ist aber in der sozialistischen Gesellschaft nicht nur möglich, sondern wird in ihr notwendig. Die Demokratie fordert die Erziehung jedes einzelnen, da sie jeden einzelnen zur Mitentscheidung beruft. Die erste Aufgabe sozialistischer Kulturarbeit wird also der Aufbau eines *nationalen Erziehungswesens* sein. Die Schule ist entstanden in der Stadt als *Bürgerschule*; der moderne Kapitalismus hat sie zur *Volksschule* erweitert. Aber noch trägt sie deutlich die Spuren ihres Ursprunges. Sie, die die Schule der arbeitenden Massen geworden ist, lehrt das Volk noch immer nichts von seiner Arbeit, sondern erzieht es, „als ob alle Deutschen für die Kanzlei bestimmt wären".[1])

Die Schule der Zukunft wird zunächst eine Schule arbeitender

---

nur noch, dass diese Frage nicht zu vermengen ist mit der Frage nach den Tendenzen der Produktivität der Arbeit überhaupt, ob also etwa mit der steigenden Menschenzahl auf dem Erdball die Ergiebigkeit der Arbeit steigt oder fällt. Denn hier handelt es sich gar nicht darum, ob die Produktivität der Arbeit mit der Volkszahl steigt oder fällt, sondern darum, ob *bei gleicher Bevölkerungszahl* die Produktivität der Arbeit bei kapitalistischer oder bei sozialistischer Produktionsweise grösser ist. Die alte Frage der Wirkung der veränderten Produktionsweise auf die *Bevölkerungszahl* selbst kann aber heute wohl mit weit mehr Ruhe betrachtet werden als früher. Grösserer Volksreichtum, der zugleich höhere Kultur bedeutet, erweckt uns heute am allerwenigsten Furcht vor Uebervölkerung!

[1]) Gurlitt, Der Deutsche und seine Schule. Berlin 1905.

Menschen sein, darum wird die Erziehung zur Arbeit im Mittelpunkt des Unterrichtes stehen. Aber sie wird nicht nur eine Schule von Arbeitenden sein, sondern auch eine Schule der Geniessenden, denn Arbeit und Genuss trennt künftig keine Schranke mehr. Darum wird sie den ganzen grossen Reichtum unserer geistigen Kultur zum Besitztum ihrer Schüler machen. Erst die sozialistische Gesellschaft kann vollbringen, was die mit den Schulmitteln kargende, die Schulung der Massen fürchtende kapitalistische Gesellschaft nie vermag, eine wahrhaft nationale Erziehung zu schaffen, wie sie *Johann Gottlieb Fichte* geträumt, eine Erziehung, die ihre Bildung „keineswegs wie bisher zu einem Besitztum, sondern vielmehr zu einem persönlichen Bestandteil des Zöglings macht" und so in ihrem Zögling, und das heisst nun: *in jedem Kinde der Nation durch die Vermittlung der nationalen Kultur wahrhaft den Nationalcharakter hervorbringt*, „ein beharrliches Sein, das nun nicht mehr wird, sondern ist, und nicht anders sein kann denn so, wie es ist". [1])

Auf der Grundlage der nationalen Erziehung erwächst nun die nationale Kultur. Gewiss, die Kultur der Glieder der künftigen Gesellschaft wird eine *neuartige Kultur* sein. Ist es doch zum erstenmal, dass *die Arbeitenden und die Geniessenden identisch* sind! Dass die Schöpfer der Kultur gleichzeitig ihre Nutzniesser sind! So werden ganz neue Persönlichkeiten entstehen, Menschen, gleich verschieden von den müssig Geniessenden wie von den kulturlosen Arbeitenden des letzten Jahrtausends. Sie tragen in sich die Wurzeln ihres Ursprunges, das Volkstümliche, das Naive, sie bringen mit sich die Erinnerungen an die grossen Kämpfe, in denen sie ihre Gesellschaft erkämpft. So setzen sie an die Stelle der überlieferten neue Kulturformen, neue Symbole. Und diese neuen Menschen werden die Kultur nicht isoliert geniessen wie die Feudalherren des Mittelalters, wie die Fürsten der Renaissance, wie die Bourgeois von heute, sondern gesellschaftlich wie die Bürger Athens. Kein Künstler schmückt mehr das Heim eines reichen Bankiers, sondern er schafft sein Werk für ihre Sitzungs- und Versammlungssäle, ihre Theater und Konzertsäle, ihre Schulen und ihre Arbeitsstätten. Aber so neuartig diese Kultur sein wird, sie wird doch die Erbin aller früheren Kulturen sein. Was je Menschen erdacht und ersonnen, gedichtet und gesungen haben, wird nun zum Erbe der Massen. Ihr Besitztum wird, was vor Jahrhunderten der Minnesänger einer stolzen Fürstin gesungen, was der Künstler der Renaissance dem reichen Kaufherrn gemalt, was die Denker der frühkapitalistischen Zeit für eine enge Schicht Gebildeter erdacht. So schaffen die Menschen der Zukunft aus dem

---

[1]) Fichte, Reden an die deutsche Nation. Reclam, Seite 15 und 20.

Erbe der Alten und dem neuen Werk der Zeitgenossen ihre eigene Kultur. Und diese Kultur wird zum Besitztum aller, zum Bestimmungsgrund des Charakters eines jeden und eint so die Nation zur Gemeinschaft des Charakters. Und wie in dieser Kultur das Neue an das Alte anschliesst, mit ihm verknüpft und vermengt, in seiner Wesenheit durch das Alte mitbestimmt ist, so wird jetzt erst die überlieferte Kultur der Nation, der Niederschlag der Geschichte der Nation zum Besitztum der Nation, zum Bestimmungsgrund ihres Charakters. Die Kulturgeschichte der Nation war bis heute immer die Geschichte der besitzenden Klassen; nun erst, da ihr Erzeugnis von den Massen erobert wird, wird die Geschichte der Nation zum Besitztum der Massen, nun erst baut sie mit an ihrer geistigen Eigenart.

Der Sozialismus gliedert erst die breiten Schichten des arbeitenden Volkes der nationalen Kulturgemeinschaft ein. Aber er ändert auch das Wesen dieser Kulturgemeinschaft, indem er der Nation die Autonomie, die Selbstbestimmung über die Weiterentwicklung ihrer Kultur gibt. Sie fehlt im Zeitalter der Warenproduktion der Nation. Nicht etwa nur darum, weil der Willen der Massen nicht über die Geschicke der Nation entscheidet; die kulturelle Selbstbestimmung fehlt vielmehr heute auch den herrschenden Klassen. Denn der Wille keines Mannes entscheidet heute über die weiteren Geschicke der Völker, sondern unzählige einzelne Handlungen von einzelnen Personen, hinter denen Gesetze stehen, die ohne das Bewusstsein der Beteiligten wirken. Ein Beispiel soll dies zeigen.

Wie gewaltig hat zweifellos die örtliche Umschichtung der Bevölkerung den Charakter der deutschen Nation gewandelt! Sind wir nicht andere Menschen geworden, weil wir aus dem Boden, den wir bebaut, aus den Wäldern und Fluren, die wir durchstreift haben, entwurzelt worden sind und hineingesetzt in die Grossstädte mit ihren Zinskasernen, in die Industriegebiete mit ihrem Russ und ihrem Kohlenrauch, in denen die letzte Blume und der letzte Baum in der kohlengeschwängerten Luft erstickt! Welch andere Menschen wachsen in unseren Industriestädten als in den Dörfern früherer Zeit! Hat aber die Nation diese Wandlung ihres ganzen Seins, die eine Wandlung ihres Charakters bedeutet, beraten und beschlossen? Keineswegs. Gewiss, der Prozess der Umschichtung der Bevölkerung ist hindurchgegangen durch menschliches Bewusstsein, beschlossen worden von menschlichem Willen, aber nicht von dem Willen der Nation, sondern von unzähligen, voneinander unabhängigen Einzelwillen; beschlossen durch unzählige Kapitalisten, die auf dem Papier berechneten, wo die Produktionskosten am geringsten, die Profite am höchsten sein mögen; beschlossen von unzähligen Arbeitern, die erkundet, wo eine Arbeitsstelle frei ist, wo der Arbeitslohn am ehesten ihnen gestatten könnte, mit den Ihren ihr Leben zu fristen. Und das Ergebnis dieser von ganz anderen Erwägungen geleiteten Einzelentschliessungen ist eine Wandlung im Dasein der ganzen Nation, eine Wandlung im Wesen ihrer Kultur, eine Wandlung in ihrem Charakter. Wer hat den einzelnen die Macht gegeben, aus der ganzen Nation ein anderes zu machen, als sie je gewesen? Das Recht hat es getan; das Sondereigentum an Arbeitsmitteln bedeutet nichts anderes, als dass die Nation ihr Schicksal aus der Hand gegeben, dem Willen der einzelnen anvertraut hat. Diese einzelnen beschliessen aber nicht über das Schicksal der Nation, sondern nur über ihr Einzelschicksal und sie wissen nichts von den Wirkungen, die ihr Beschluss auf das Gesamtdasein der Nation übt. Und doch! Durch nichts anderes als durch Millionen solcher Einzelentschliessungen, die sich um die Nation nicht kümmern und von ihr nichts wissen, wird das Schicksal der Nation bestimmt. Und wenn der Mann der Wissenschaft hinter jener scheinbaren Zufälligkeit von voneinander unabhängigen Einzelwillen doch Gesetze entdeckt, die schliesslich diese Umschichtung der Bevölkerung bewirkt und so den Charakter der Nation umgewandelt haben, so sind das Gesetze, von denen doch diejenigen, die die Entschliessungen gefasst haben, nichts wussten, Gesetze, die sich nach dem genialen Worte des jungen Engels „ohne das Bewusstsein der Beteiligten" vollziehen.

Ganz anders in einer sozialistischen Gesellschaft. Die Schaffung neuer Betriebsstätten, die örtliche Verteilung der Bevölkerung wird in ihr zur bewussten Tat der organisierten Gesellschaft. Sie muss von den Gesellschaftsorganen beschlossen, von den einzelnen, die diese Organe bilden, beraten, nach ihren Wirkungen untersucht werden. So wird die örtliche Schichtung der Bevölkerung zur bewussten Tat. Die Gesellschaft der Zukunft wird darüber beraten und beschliessen, ob sie eine neue Schuhfabrik im Kohlengebiet bauen will, wo die Produktionskosten niedrig sind, oder in einer schönen Waldlandschaft, wo die in der Schuhproduktion beschäftigten Arbeiter ein möglichst gesundes und angenehmes Leben führen können. Die Einwirkung auf den Charakter der Nation, die Bestimmung der Wandlungen dieses Charakters nimmt die Gesellschaft wieder an sich, die künftige Geschichte des Volkes wird zum Erzeugnis seines bewussten Willens. So wird die Nation der Zukunft vermögen, was die Nation in der warenproduzierenden Gesellschaft niemals vermag: sich selbst erziehen, ihr Schicksal selbst zimmern, die künftigen Wandlungen ihres Charakters bewusst selbst bestimmen. Der Sozialismus erst gibt der Nation die volle Autonomie, die wahre Selbstbestimmung, entzieht sie der Wirksamkeit der ihr unbewussten, ihrer Einwirkung entzogenen Kräfte.

Die Tatsache, dass der Sozialismus die Nation autonom, ihr Geschick zum Erzeugnis ihres bewussten Willens macht, bewirkt nun aber steigende Differenzierung der Nationen in der sozialistischen Gesellschaft, schärfere Ausprägung ihrer Eigenart, schärfere Scheidung ihrer Charaktere voneinander. Dieses Urteil wird vielleicht manchen überraschen, gilt es doch bei Freunden und Gegnern des Sozialismus als gewiss, dass der Sozialismus die Verschiedenheit der Nationen ausgleichen, die Unterschiede zwischen den Nationen verringern oder gar aufheben wird.

Dass der materielle Kulturinhalt der verschiedenen nationalen Kulturen in der sozialistischen Gesellschaft ausgeglichen werden wird, ist gewiss. Diese Arbeit hat schon der moderne Kapitalismus begonnen. Der vorkapitalistische Bauer hat Jahrhunderte lang in der von den Ahnen ererbten Weise produziert und gelebt, ohne von den Fortschritten der Nachbarn etwas zu übernehmen; er hat den alten schlechten Pflug verwendet, obwohl er ein paar Meilen weiter Gelegenheit gehabt hätte, einen besseren Pflug kennen zu lernen, der ihm viel reicheren Bodenertrag gesichert hätte! Der moderne Kapitalismus dagegen hat die Nationen gelehrt, voneinander zu lernen, jeder technische Fortschritt wird in wenigen Jahren Eigentum der ganzen Welt, jede Veränderung des Rechtes wird von den Nachbarvölkern studiert und nachgeahmt, jede Strömung der Wissenschaft, der Kunst beeinflusst die Kulturvölker der ganzen Welt. Es unterliegt gar keinem Zweifel, dass der Sozialismus diese kosmopolitische Tendenz unserer Kultur ungeheuer steigern, die materiellen Kulturinhalte noch ungleich schneller ausgleichen wird, dass die Nationen noch viel mehr voneinander lernen werden, eine der anderen das ihren Zwecken Entsprechende ablernen wird. Aber es wäre übereilt, daraus zu schliessen, dass die Ausgleichung der materiellen Kulturinhalte die Nationen nun auch völlig einander gleich machen werde.

Beobachter des englischen Lebens haben oft über den merkwürdig konservativen Charakter der Engländer gestaunt, sich oft darüber verwundert, wie ausserordentlich langsam die Engländer neue Gedanken aufnehmen, Neues von anderen Völkern lernen. Diese Merkwürdigkeit des englischen Nationalcharakters hat die Briten vor mancher Modetorheit bewahrt, hat die Macht mancher wertvollen Gedankensysteme bei ihnen gestärkt, hat alle Demagogie in England erschwert, sie hat freilich auch dem Eindringen manchen Fortschrittes, auch dem Eindringen des Sozialismus in England gewaltige Schwierigkeiten bereitet. Hier aber gilt es gar nicht, diese Erscheinung zu beurteilen, sondern sie zu verstehen. Eine der Ursachen dieser merkwürdigen Erscheinung sehe ich in der alten englischen

Demokratie. Ein Despot vermag in kurzer Frist neuen Gedanken in seinem Lande Raum zu schaffen, seine Laune von heute ist morgen Mode in allen Schlossern des Landes, sein Wille von heute morgen im ganzen Lande Gesetz. Ganz anders die Demokratie. Das Neue vermag ein demokratisches Land nur zu erobern, indem es jeden einzelnen Staatsburger gewinnt, von jedem angeeignet, von jedem erworben wird; nur durch den Willen von Millionen einzelner wird es zum Gesamtwillen des Landes — gewiss, ein viel langsamerer Weg des Fortschrittes, aber auch ein unvergleichlich sicherer. Denn einmal gewonnen, sitzt es nun fest in Millionen Kopfen und es bedarf eines langen Weges, es diesen Millionen wieder zu entwinden, in ihnen zu uberwinden. Was nun selbst von der Demokratie eines kapitalistischen Landes gilt, gilt ungleich mehr von der sozialistischen Demokratie. Denn erst der Sozialismus bedeutet wahre Demokratie, wahre Volksherrschaft, weil er dem Volke die Herrschaft uber die wichtigsten Machtmittel, die Arbeitsmittel, gibt; erst er macht wirkliche Volksherrschaft uberhaupt moglich, weil er das ganze Volk zur Kulturgemeinschaft eint, jedem der von der ganzen Kultur der Nation beeinflussten Volksgenossen die Moglichkeit selbstandiger Mitentscheidung gibt. Neue Gedanken werden in keiner anderen Weise sich eine sozialistische Gesellschaft erobern konnen, als indem sie jeden einzelnen der durch die sozialistische Nationalerziehung zu hochentwickelten, im Vollbesitz der nationalen Kultur stehenden Personlichkeiten erzogenen Volksgenossen sich zu erobern suchen. Das bedeutet nun aber, dass *kein neuer Gedanke einfach angenommen werden kann, sondern dass er aufgenommen, dem ganzen geistigen Sein von Millionen Individuen einverleibt, angepasst werden muss.* Wie kein Individuum das Neue einfach mechanisch seinem geistigen Sein angliedert, sondern sich einverleibt, seiner Personlichkeit eingliedert, es geistig verdaut, apperzipiert, so wird auch die ganze Nation kein Neues einfach ubernehmen, sondern es, indem sie es aufnimmt, verarbeiten, ihrem Sein anpassen, in dem Prozess der Aufnahme durch Millionen Kopfe verandern. Durch diese grosse Tatsache der *nationalen Apperzeption* wird jeder Gedanke, den eine Nation von einer anderen ubernimmt, dem ganzen Sein der Nation immer erst angepasst, von ihr erst verandert werden mussen, ehe er aufgenommen wird. So werden die Nationen keine neue Dichtung und keine neue Kunst, keine neue Philosophie und kein neues System gesellschaftlichen Wollens einfach voneinander ubernehmen, sondern immer nur verarbeitet aufnehmen. Anpassung an die bestehende geistige Kultur der Nation bedeutet aber Verknupfung, *Ineinssetzung mit der ganzen Geschichte der Nation.* Wie heute schon das englische oder franzosische oder deutsche Volk viel schwerer eine neue Welt geistiger Werte von einem anderen Volk unverändert übernimmt als etwa das japanische oder kroatische Volk, so wird in der sozialistischen Gesellschaft kein neues Stück geistiger Kultur in einer Nation Eingang finden können, ohne an ihre nationale Kultur anzuknüpfen, sich mit ihr in Verbindung zu setzen, von ihr mitbestimmt zu werden. Darum bedeutet die Autonomie der nationalen Kulturgemeinschaft im Sozialismus notwendig, trotz der Ausgleichung der materiellen Kulturinhalte, doch steigende Differenzierung der geistigen Kultur der Nationen.

Heranziehung des gesamten Volkes zur nationalen Kulturgemeinschaft, Eroberung voller Selbstbestimmung durch die Nation, steigende geistige Differenzierung der Nationen — das bedeutet der Sozialismus. Die volle Kulturgemeinschaft aller Volksgenossen, wie sie in den Zeiten des Kommunismus der Sippschaften bestanden hat, wird der Kommunismus der grossen Nationen nach der jahrtausendelangen Periode der Klassenscheidung, der Scheidung zwischen Genossen und Hintersassen der Nation, wiedererstehen lassen. Aber die Grundlage der Nation hat sich seither geändert. Die Kulturgemeinschaft der Germanen beruhte auf der Abstammung von einem gemeinsamen Stammvolk: dass ihnen allen von gemeinsamen Ahnen gleiche Kulturelemente überliefert worden waren, das einte sie zur Nation. Anders die Kulturgemeinschaft der modernen sozialistischen Gesellschaft: sie ist ein Produkt gesellschaftlichen Schaffens, ein Erzeugnis der Erziehung, an der die Kinder des ganzen Volkes Anteil haben, ein Erzeugnis des Zusammenwirkens der Nation in der gesellschaftlichen Arbeit. Dies bedeutet aber einen gewaltigen Unterschied. Denn die auf der Abstammungsgemeinschaft beruhende Nation trug in sich den Keim des Zerfalles: je mehr die Nachkommen gemeinsamer Ahnen voneinander örtlich geschieden und verschiedenen Bedingungen des Daseinskampfes unterworfen wurden, desto mehr wurden sie verschieden voneinander, wurden sie zu verschiedenen Völkern mit verschiedenen Mundarten, so dass sie einander nicht mehr verstanden; mit verschiedenem körperlichen Typus, da keine Wechselheirat mehr sie verband; mit verschiedenen Sitten, verschiedenem Rechte, verschiedenen Lebensgewohnheiten, verschiedenem Temperament, verschiedener Art, auf gleichen Reiz zu reagieren. Aber während die auf der Abstammungsgemeinschaft beruhende Nation den Keim des Zerfalles in sich trägt, trägt die auf Erziehungsgemeinschaft beruhende Nation in sich die Tendenz der Einheit: alle ihre Kinder unterwirft sie gemeinsamer Erziehung, alle ihre Genossen arbeiten zusammen in den

Werkstätten der Nation, wirken miteinander zusammen an der Bildung des Gesamtwillens der Nation, geniessen miteinander die Kulturgüter der Nation. So trägt der Sozialismus in sich auch die Gewähr der *Einheit der Nation*. Er wird die deutsche Einheitssprache, das grosse Zugangstor zu unseren Kulturgütern, die noch immer den Massen eine fremde Sprache ist, zu ihrer Muttersprache machen, er wird die Schicksale der Nation zum Bestimmungsgrunde des Charakters jedes einzelnen der zur Mitbestimmung des Willens der Nation berufenen Volksgenossen machen; *er wird die Kulturgüter der Nation zum Eigentum jedes Deutschen und daher jeden Deutschen zum Erzeugnis unserer Kulturgüter machen*. Blosse Abstammungsgemeinschaft bedeutet Zerfall, Erziehungs- und Arbeitsgemeinschaft bedeutet sichere Einheit der Nation. *Erst muss die Nation Arbeitsgemeinschaft werden, ehe sie volle und wahre, sich selbst bestimmende Kulturgemeinschaft werden kann.*

§ 10.

Der Begriff der Nation.

Wir können nun darangehen, aus den gesammelten Erfahrungstatsachen die allgemeinen Schlüsse zu ziehen und so den gesuchten Begriff der Nation bestimmen. Wir haben im Anfang unserer Untersuchung die Nation zunächst als relative Charaktergemeinschaft begriffen Wir können nun das Wesen dieser Charaktergemeinschaft näher bestimmen.

Wir haben eingangs unserer Arbeit den Nationalcharakter vorläufig als die Gesamtheit der einer Nation eigentümlichen, die Volksgenossen untereinander vereinigenden, sie von anderen Nationen scheidenden körperlichen und geistigen Merkmale bezeichnet. Indessen sind diese verschiedenen Merkmale einander keineswegs gleichwertig.

Gewiss gehört zum Nationalcharakter die verschiedenartige Bestimmtheit des *Willens*. Der Wille äussert sich in jedem Vorgang des Erkennens als *Aufmerksamkeit*, die von der Masse der erfahrenen Erscheinungen nur bestimmte auswählt, nur diese apperzipiert wenn ein Deutscher und ein Engländer dieselbe Reise machen, so werden sie mit sehr verschiedenartigem Gewinn in die Heimat zurückkehren; wenn ein deutscher und ein englischer Gelehrter denselben Gegenstand erforschen wollen, so werden die Forschungsmethoden, die Forschungsergebnisse beider sehr verschieden sein. Der Wille äussert sich noch unmittelbarer aber in jeder *Entschliessung* dass ein Deutscher und ein

Engländer in gleicher Lage verschieden handeln werden, dass sie dieselbe Arbeit verschieden anfassen, dass sie, wenn sie sich erfreuen wollen, verschiedenartige Vergnügungen wählen; dass sie, wenn sie gleich wohlhabend sind, doch verschiedene Lebensweise vorziehen, verschiedene Bedürfnisse befriedigen, das macht gewiss das Wesen des Nationalcharakters aus.

Es ist gewiss, dass die verschiedenen Nationen auch verschiedene *Vorstellungsmassen* besitzen: Verschiedene Begriffe von Recht und Unrecht, verschiedene Anschauungen vom Sittlichen und Unsittlichen, vom Anständigen und Unanständigen, vom Schönen und Unschönen, verschiedene Religion und verschiedene Wissenschaft. Aber diese Verschiedenheiten des Wissens sind den Verschiedenheiten des Willens nicht einfach beigeordnet, sondern sie bestimmen die Verschiedenheiten des Willens, sie erklären uns die Verschiedenheiten des Willens. Weil jeder Engländer anders erzogen ist, anderes gelernt hat, unter anderen Kultureinflüssen steht, deswegen löst gleicher Reiz bei ihm andere Bewegung aus als bei dem Deutschen. Der Besitz verschiedener Vorstellungen steht also zur Verschiedenheit der Willensrichtung nicht im Verhältnis der Nebenordnung, sondern im Verhältnis von Ursache und Wirkung.

Aehnliches gilt aber nun auch von den *körperlichen Merkmalen*. Der verschiedene Schädelbau mag den Anthropologen interessieren, dem Geschichtsforscher, dem Sozialtheoretiker, dem Politiker ist er so lange gleichgültig, so lange er nicht annehmen darf, dass verschiedener körperlicher Typus auch von einer Verschiedenheit psychischer Merkmale begleitet ist. Erfahrungsgemäss ist Verschiedenheit des körperlichen Baues begleitet entweder unmittelbar von einer Verschiedenheit der Entschliessung unter gleichen Umständen oder von einer Verschiedenheit der Erkenntnisfähigkeit und der Erkenntnisart, die dann ihrerseits wieder eine Verschiedenheit der Entschliessung, des Wollens erzeugt. Selbst dem Antisemiten wäre die Judennase sehr gleichgültig, wäre er nicht der Meinung, dass mit dem körperlichen Typus der Juden stets bestimmte psychische Merkmale verbunden sind. Nur dies, dass die Verschiedenheit anthropologischer Merkmale von einer Verschiedenheit psychischer Merkmale, schliesslich mittelbar oder unmittelbar von der Verschiedenheit der Willensrichtung begleitet ist — mögen wir auch nicht imstande sein, das ursächliche Verhältnis zwischen Körperbau und Willensrichtung zu finden — macht uns die körperlichen Merkmale irgend eines anthropologischen Typus interessant. Also ist auch die Gesamtheit der körperlichen Merkmale der Verschiedenheit der Willensrichtung nicht beigeordnet, sondern steht mit ihr in einem funktionalen Zusammenhang, hinter dem sich wohl ein ursächliches Verhältnis verbirgt.

So gelangen wir zu einem *engeren Begriff des Nationalcharakters*. Er bedeutet uns also zunächst nicht Gesamtheit aller körperlichen und geistigen Merkmale, die der Nation eigentümlich sind, sondern bloss die *Verschiedenheit der Willensrichtungen*, die Tatsache, dass derselbe Reiz verschiedene Bewegung auslöst, dieselbe äussere Lage verschiedene Entschliessung hervorruft. Diese Verschiedenheit der Willensrichtung ist aber durch die Verschiedenheit der von einer Nation erworbenen Vorstellungen oder der einer Nation im Daseinskampfe angezüchteten körperlichen Eigenart ursächlich bestimmt[1])

Wir haben dann gefragt, wie eine solche Charaktergemeinschaft entsteht und haben die Frage dahin beantwortet, dass gleiche wirkende Ursachen die Gleichheit des Charakters erzeugt haben So haben wir die Nation bestimmt als *Schicksalsgemeinschaft*.

Es gilt nun aber, den Begriff der Schicksalsgemeinschaft schärfer zu fassen. *Gemeinschaft bedeutet nämlich nicht blosse Gleichartigkeit*. So hat zum Beispiel Deutschland im 19 Jahrhundert die kapitalistische Entwicklung durchgemacht, geradeso wie England. Die von dieser Seite her wirkenden, den Charakter der Menschen wesentlich beeinflussenden Kräfte sind in beiden Ländern dieselben gewesen. Darum sind aber die Deutschen doch nicht Engländer geworden Denn *Schicksalsgemeinschaft bedeutet nicht Unterwerfung unter gleiches Schicksal, sondern gemeinsames Erleben desselben Schicksals* in stetem Verkehr, fortwährender Wechselwirkung miteinander Engländer und Deutsche haben die kapitalistische Entwicklung erlebt aber zu verschiedener Zeit, an verschiedenen Orten, nur in lockerer Beziehung zueinander. So mögen die gleichen treibenden Kräfte sie einander ähnlicher gemacht haben als sie früher waren, aber nie wurden sie sie zu einem Volke machen Nicht Gleichartigkeit des Schicksals, sondern nur das gemeinsame Erleben und Erleiden des Schicksals, die Schicksalsgemeinschaft, erzeugt die Nation. Gemeinschaft bedeutet nach *Kant*

[1]) Noch enger will Harry Graf *Kessler* den Begriff des Nationalcharakters fassen Auch er scheidet die Fähigkeit zu verschiedener Stellungnahme zu denselben äusseren Erscheinungen von dem Besitz verschiedener Vorstellungen. Aber er sieht das Merkmal, das die Nationen unterscheidet, nur in der verschiedenen Schnelligkeit der Reaktion auf irgend einen äusseren Reiz, der Nationalcharakter wird ihm zum eigenartigen „*Tempo der Seele*" („Zukunft" vom 7 April 1906) Nun ist die verschiedene Beweglichkeit des Willens gewiss eines jener Merkmale, die wir unter dem Begriff der Willensrichtungen zusammenfassen und als den Nationalcharakter im engeren Sinn verstanden haben wollen; die leichte Beweglichkeit des Franzosen, die Schwerfälligkeit des Holländers sind bekannt genug Aber es kommt natürlich nicht nur darauf an, wie schnell irgend ein äusserer Reiz in uns eine Bewegung auslöst, sondern auch, welche Richtung diese Bewegung einschlägt und welche Kraft sie hat. Kessler fasst also den Begriff des Nationalcharakters zu eng

„durchgängige Wechselwirkung untereinander“. (Dritte Analogie der Erfahrung: Grundsatz der Gemeinschaft.) Nur das in durchgängiger Wechselwirkung untereinander, in steter Beziehung aufeinander erlebte Schicksal bringt die Nation hervor.

Dass nun die Nation Erzeugnis nicht blosser Gleichartigkeit des Schicksals ist, sondern dass sie nur in der Schicksalsgemeinschaft, in der steten Wechselwirkung der Schicksalsgenossen entsteht und besteht, unterscheidet sie von allen anderen Charaktergemeinschaften. Eine solche Charaktergemeinschaft ist, beispielsweise die der Klasse. Die Proletarier aller Länder tragen gleichartige Charakterzüge. Bei aller Verschiedenheit hat doch gleiche Klassenlage dem Charakter des deutschen und des englischen, des französischen und des russischen, des amerikanischen und des australischen Arbeiters gleiche Züge eingegraben: gleiche Kampfesfreude, gleiche revolutionäre Gesinnung, gleiche Klassenmoral, gleiches politisches Wollen. Aber hier ist es nicht die Schicksalsgemeinschaft, sondern die Gleichartigkeit des Schicksals, die die Charaktergemeinschaft erzeugt hat. Denn mögen auch Beziehungen des Verkehrs zwischen deutschen und englischen Arbeitern bestehen: sie sind doch viel lockerer als die Beziehungen, die den englischen Arbeiter mit den englischen Bourgeois dadurch verknüpfen, dass sie beide in derselben Stadt leben, dieselben Plakate an den Mauern, dieselben Zeitungen lesen, an denselben politischen oder Sportereignissen Anteil nehmen, dass sie selbst gelegentlich miteinander oder doch beide mit denselben Personen — den verschiedenen Mittelspersonen zwischen Kapitalisten und Arbeitern — sprechen. Die Sprache ist das Werkzeug des Verkehrs. Bestünden mehr Verkehrsbande zwischen englischen und deutschen Arbeitern als zwischen englischen Bourgeois und englischen Arbeitern, so würden die deutschen Arbeiter und die englischen Arbeiter eine gemeinsame Sprache haben, nicht die englischen Arbeiter und die englischen Bourgeois. Dies also, dass zwischen den Gliedern einer Nation eine Verkehrsgemeinschaft besteht, eine stete Wechselwirkung im mittelbaren und unmittelbaren Verkehr miteinander, das scheidet die Nation von der Charaktergemeinschaft der Klasse. Man darf vielleicht sagen, dass die wirkenden Einflüsse der Lebensweise, des Schicksals die Arbeiter verschiedener Nationen gleichartiger bestimmen als die verschiedenen Klassen einer und derselben Nation, dass daher auch dem Charakter nach die Arbeiter verschiedener Länder einander viel ähnlicher sind als Bourgeois und Arbeiter desselben Landes. Aber das scheidet trotz alldem die Charaktergemeinschaft der Nation von der der Klasse, dass jene aus Schicksalsgemeinschaft, diese bloss aus Gleichartigkeit des Schicksals entsteht.

Die Nation kann also definiert werden als die nicht aus Gleichartigkeit des Schicksals, sondern aus Schicksalsgemeinschafterwachsende Charaktergemeinschaft. Das ist auch die Bedeutung der Sprache für die Nation. Mit den Menschen, mit denen ich im engsten Verkehr stehe, mit denen schaffe ich mir eine gemeinsame Sprache; und mit den Menschen, mit denen ich eine gemeinsame Sprache habe, mit denen stehe ich im engsten Verkehr.

Wir haben zwei Mittel kennen gelernt, durch welche die wirkenden Ursachen, die Bedingungen menschlichen Daseinskampfes, die Menschen zur nationalen Schicksalsgemeinschaft zusammenschmieden.

Der eine Weg ist der der natürlichen Vererbung. Die Lebensbedingungen der Ahnen geben dem die Geschlechter untereinander verbindenden Keimplasma seine qualitative Bestimmtheit: auf dem Wege der natürlichen Auslese wird darüber entschieden, welche Eigenschaften vererbt, welche ausgeschieden werden. Die Lebensbedingungen der Ahnen bestimmen daher die ererbten Eigenschaften der leiblichen Nachkommen. Die Nation ist hier also Abstammungsgemeinschaft: sie wird zusammengehalten durch das gemeinsame Blut, wie das Volk sagt, durch die Gemeinschaft des Keimplasmas, wie die Wissenschaft lehrt. Aber die durch gemeinsame Abstammung verbundenen Volksgenossen bleiben nur so lange eine Nation, so lange sie in Verkehrsgemeinschaft miteinander bleiben, so lange sie durch Wechselheirat ihre Blutsgemeinschaft erhalten. Hört die geschlechtliche Verbindung unter den Volksgenossen auf, so entsteht sofort die Tendenz zur Entstehung neuer, untereinander verschiedener Charaktergemeinschaften aus dem bisher einheitlichen Volke. Nicht nur der Gemeinschaft des Blutes durch gemeinsame Abstammung, sondern auch der Erhaltung dieser Gemeinschaft durch fortwährende Blutvermischung bedarf es zum Bestande der Nation als Naturgemeinschaft.

Aber der Charakter des Individuums ist niemals bloss die Gesamtheit der ererbten Eigenschaften, er ist immer auch bestimmt durch die ihm überlieferte, auf ihn wirkende Kultur: durch die Erziehung, die er geniesst, das Recht, dem er unterworfen ist, die Sitten, nach denen er lebt, die Anschauungen von Gott und Welt, vom Sittlichen und Unsittlichen, Schönen und Unschönen, die ihm überliefert werden, durch die Religion, die Philosophie, die Wissenschaft, die Kunst, die Politik, die auf ihn einwirkt — vor allem aber dadurch, was alle diese Erscheinungen bestimmt, durch die Art, wie er inmitten seiner Volksgenossen seinen Daseinskampf führt, seinen Lebensunterhalt erwirbt. So gelangen wir zum zweiten grossen Mittel, durch das der Daseinskampf das Individuum bestimmt: zu der Ueberlieferung der Kulturgüter von Mund zu Mund. Die Nation ist niemals nur Natur-, immer auch Kulturgemeinschaft. Auch hier ist es zunächst das Geschick vergangener Geschlechter, das das Individuum bestimmt: das Kind unterliegt den wirkenden Einflüssen der bestehenden Gesellschaft, in deren Wirtschaftsleben, in deren Recht, in deren Geisteskultur es hineingeboren wird. Auch hier aber erhält nur die fortwährende Verkehrsgemeinschaft die Gemeinschaft des Charakters. Das grosse Werkzeug dieses Verkehres ist die Sprache: sie ist das Werkzeug der Erziehung, das Werkzeug alles wirtschaftlichen und alles geistigen Verkehrs. So weit die Verständigungsmöglichkeit durch die Sprache reicht, reicht der Wirkungsbereich der Kultur. Nur so weit die Gemeinschaft der Sprache reicht, ist diese Verkehrsgemeinschaft eine enge. Verkehrsgemeinschaft und Sprache bedingen einander wechselseitig: Die Sprache ist Bedingung alles engen Verkehrs und gerade darum erzeugt die Notwendigkeit des Verkehrs sich gemeinsame Sprachen, wie andererseits mit der Zerreissung der Verkehrsgemeinschaft auch die Sprache sich allmählich differenziert. Ich kann freilich auch eine fremde Sprache lernen und werde darum doch nicht Mitglied des fremden Volkes, weil die fremde Sprache mich niemals in gleicher Weise dem Kultureinfluss unterwirft wie die Muttersprache: Die durch die Muttersprache vermittelte Kultur hat meine Kindheit, die Jahre stärkster Aufnahmsfähigkeit beeinflusst, meinen Charakter zuerst gebildet; alle späteren Eindrücke werden, indem sie aufgenommen werden, der schon bestehenden Individualität angepasst, unterliegen in dem Prozess der Aufnahme selbst einer Veränderung. Dazu kommt noch, dass die fremde Sprache nur selten in gleich vollkommener Weise zum Besitztum des Individuums wird wie die Muttersprache, dass die feinsten, innigsten Wirkungen in ihr meist verloren gehen: auch auf den gebildeten Deutschen wirkt das englische und französische Kunstwerk nur selten mit gleicher Kraft wie das deutsche. Dass eine Nation sich dauernd ohne die Gemeinschaft der Sprache, dieses wichtigsten Werkzeuges menschlichen Verkehrs, als Kulturgemeinschaft erhält, ist nicht denkbar. Dagegen ist die Gemeinschaft der Sprache noch keine Bürgschaft nationaler Einheit: auf Dänen und Norweger wirkt trotz der Sprachgemeinschaft verschiedene Kultur, die katholischen Kroaten und die griechischen Serben unterliegen trotz der Sprachgemeinschaft verschiedenem Kultureinfluss. Aber in dem Masse, in dem die kulturell trennende Wirkung der Religion verschwindet, wird aus Serben und Kroaten kraft der durch die Gleichheit der Sprache vermittelten Verkehrsgemeinschaft, kraft der gleichartigen kulturellen Einflüsse, unter denen sie stehen, eine Nation. Daraus ergibt sich auch die nationale Bedeutung des Sieges der Einheitssprache über die Mundarten: die Notwendigkeit engeren Verkehrs hat die Einheitssprache erzeugt und das Bestehen der Einheitssprache unterwirft nun alle, die sie beherrschen, gleichartigem Kultureinfluss. Gegenseitige Einwirkung aufeinander eint sie zur Kulturgemeinschaft. Deutlich zeigt sich das Verhältnis kultureller Differenzierung und

Sprachgemeinschaft am Beispiele der Holländer. Sie, aus drei Splittern deutscher Stämme entstanden, gehören doch nicht mehr zum deutschen Volke, die von den Schicksalen der deutschen gänzlich verschiedenen Geschicke der niederländischen Volkswirtschaft haben dort eine anders geartete Kultur erzeugt, wirtschaftlich und kulturell von den Deutschen geschieden, haben sie die Verkehrsgemeinschaft mit den deutschen Stämmen zerrissen das Band, das sie miteinander verband, war zu eng, das Band, das sie mit den anderen deutschen Stämmen verknüpfte, zu locker, so schufen sie sich ihre eigene Sprache als Werkzeug ihrer Kultur und hatten an dem Prozess der kulturellen Einigung der deutschen Nation durch die deutsche Einheitssprache keinen Anteil mehr

Naturgemeinschaft und Kulturgemeinschaft können zusammenfallen die Schicksale der Ahnen können zum Charakter der Enkel werden einerseits durch Vererbung der Eigenschaften der Ahnen, andererseits durch die Ueberlieferung der von den Ahnen entwickelten Kultur. Aber Natur- und Kulturgemeinschaft müssen nicht zusammenfallen die *Naturenkel* und die *Kulturenkel* sind nicht immer dieselben. Denn zur Naturgemeinschaft sind nur die Personen gemeinsamer Abstammung vereint, während die Kulturgemeinschaft alle verbindet, die in steter Wechselwirkung aufeinander gemeinsamem Kultureinfluss unterliegen Je stärker dieser Kultureinfluss ist, je mehr der einzelne den ganzen Reichtum der Kultur eines Volkes in sich aufnimmt und in seiner Eigenart durch ihn bestimmt wird, desto eher kann er zum Glied der Nation werden, am Nationalcharakter Anteil gewinnen, obwohl er nicht kraft der Naturgemeinschaft zu ihr gehört So ist selbst bewusste Wahl der Zugehörigkeit zu einer anderen Nation als der Nation unserer Geburt möglich. So sagt *Chamisso* von sich selbst „Durch Sprache, Kunst, Wissenschaft und Religion ward ich ein Deutscher"

Ist nun die Menschheit wirklich so in Nationen geteilt, dass jedes Individuum zu einer Nation, keines gleichzeitig zu mehreren gehört? Die blosse natürliche Verknüpfung des Menschen mit *zwei* Nationen durch Abstammung ändert an der strengen Differenzierung der Nationen nichts. In Grenzländern, wo zwei Nationen aneinander stossen, werden die Menschen vielfach untereinander vermischt, so dass das Blut beider Nationen in ganz verschiedenartiger Mischung in den Adern eines jeden fliesst Trotzdem bewirkt dies in der Regel keine Verschmelzung der Nationen Hier ist es eben *die Verschiedenheit der Kulturgemeinschaft, die die Nationen trotz der Blutvermengung scharf scheidet* Ein Beispiel bieten uns die nationalen Kämpfe in Oesterreich. Wer in dem Kampfe zwischen Deutschen und Tschechen einen Rassenkampf sieht, beweist nur seine historische Unwissenheit Die Bauern mögen bei Deutschen und Tschechen vielleicht ihr Blut sich noch einigermassen rein bewahrt haben, aber die Schichten, die den nationalen Kampf führen und die das Streitobjekt des nationalen Kampfes sind — die Intelligenz, das Kleinbürgertum, die Arbeiterschaft — haben seit Jahrhunderten durch Wechselheiraten ihr Blut derartig vermengt, dass weder von einer deutschen noch von einer tschechischen Nation als Naturgemeinschaft die Rede sein kann. Trotzdem sind die Nationen keineswegs miteinander verschmolzen. Die Verschiedenheit der durch die Sprache vermittelten Kultur lässt sie als selbständige, voneinander scharf geschiedene Nationen weiterbestehen. Ganz anders, wenn ein Individuum auch an der Kultur zweier oder mehrerer Nationen gleichmässig oder fast gleichmässig Anteil gewinnt. Auch solche Individuen gibt es in Grenzgebieten und Gebieten, wo mehrere Nationen nebeneinander wohnen, in nicht geringer Zahl. Sie sprechen von Kindheit an die Sprache zweier Nationen: sie sind durch die Schicksale zweier Nationen, durch die Kultureigentümlichkeiten zweier Nationen fast gleichartig beeinflusst, und so werden sie ihrem Charakter nach zu Mitgliedern beider Nationen, oder wenn man will, zu Individuen, die voll und ganz zu keiner Nation gehören. Denn das Individuum, auf das die Kultur zweier oder mehrerer Nationen einwirkt, dessen Charakter durch verschiedene nationale Kulturen gleich stark beeinflusst wird, vereinigt nicht einfach die Charaktermerkmale zweier Nationen, sondern besitzt ganz neuartigen Charakter, wie die chemische Verbindung andere Merkmale aufweist als jedes der Elemente, die sie zusammensetzen. Dies ist auch der tiefste Grund, warum das Individuum, das kulturell das Kind mehrerer Nationen ist, meist wenig beliebt, beargwohnt, in Zeiten nationalen Kampfes selbst als Verräter, als Ueberläufer verachtet wird: die Mischung der Kulturelemente erzeugt einen neuen Charakter, der den kulturellen Mischling beiden Nationen als einen Fremden erscheinen lässt, ihn ebenso volksfremd erscheinen lässt wie den Zugehörigen einer anderen Nation. Aber wenn die Abneigung gegen die kulturellen Mischlinge begreiflich ist, so darf man sich doch durch sie nicht irreführen lassen. Es sind sehr oft die Allergrössten, in denen kulturell zwei oder mehr Nationen wirksam geworden sind. Auf die Männer unserer Wissenschaft, auf unsere grossen Künstler wirken sehr häufig mehrere nationale Kulturkreise mit fast gleicher Stärke ein. In einem Manne wie Karl Marx ist die Geschichte von vier grossen Nationen — der Juden, der Deutschen, der Franzosen und der Engländer — zu individueller Eigenart erstarrt und gerade darum konnte sein persönliches Werk in die Geschichte aller grossen Nationen unserer Zeit eingehen, ist die Geschichte keiner Kulturnation während der letzten Jahrzehnte ohne sein Werk verständlich.

Die kulturelle Einwirkung mehrerer nationaler Kulturen auf dasselbe Individuum kommt aber nicht nur als individuelle, sondern auch als Massenerscheinung vor. So hat zweifellos die deutsche Kultur die ganze tschechische Nation sehr wesentlich bestimmt. Es ist gewiss nicht ganz unrichtig, wenn man sagt, die Tschechen seien tschechisch sprechende Deutsche, was natürlich — vom Standpunkt nationaler Wertungsweise — im Munde eines Deutschen nicht Tadel, sondern höchstes Lob ist. Indessen bewirkt die massenhafte Annahme fremder Kulturelemente durch eine ganze Nation doch niemals völlige Ausgleichung der Nationalcharaktere, sondern höchstens Verminderung ihrer Unterschiede. Denn die fremden Elemente wirken niemals mit gleicher Kraft auf die Individuen ein, wie die ursprüngliche nationale Kultur: sie werden nie unverändert aufgenommen, sondern unterliegen in dem Prozess der Aufnahme selbst einer Veränderung, einer Anpassung an die schon bestehende nationale Kultur. Das ist die uns schon bekannte Erscheinung der nationalen Apperzeption

Dass dieselbe wirkende Ursache, die Bedingungen menschlichen Kampfes ums Dasein, durch zwei verschiedene Mittel, nämlich einerseits durch die Vererbung der durch den Daseinskampf angezüchteten Eigenschaften auf die leiblichen Nachkommen, andererseits aber durch die Ueberlieferung der menschlichen Kulturgüter auf die durch Sprach- und Verkehrsgemeinschaft verbundenen Personen, die Menschen zur Nation zusammenschliesst, gibt den Erscheinungen der Nation jene verwirrende Mannigfaltigkeit, die so schwer die Einheit der wirkenden Ursachen erkennen lässt: Da haben wir Nationen, wo Natur- und Kulturgemeinschaft zusammenfallen, die leiblichen Nachkommen es sind, denen zugleich die geschichtlich entstandene Kultur überliefert wird; da haben wir natürliche Mischlinge, die doch nur einem Kulturkreise angehören; dann wieder Personen national-einheitlicher Abstammung, deren Charakter aber durch zwei oder mehrere nationale Kulturen geformt wird; endlich Nationen, die keine Gemeinschaft der Abstammung haben und nur durch die Gemeinschaft der Kultur zu einer starken Einheit zusammengeschmolzen werden. Dagegen bilden Personen gleicher Abstammung, die keine Kulturgemeinschaft zusammenschliesst, keine Nation: es gibt keine Nation ohne gegenseitige Einwirkung der Volksgenossen aufeinander, die nur durch das Werkzeug gemeinsamer Sprache, durch Ueberlieferung derselben Kulturgüter möglich ist. Blosse Naturgemeinschaft ohne Kulturgemeinschaft mag die Anthropologen als Rasse interessieren, bildet aber keine Nation. Die Bedingungen menschlichen Daseinskampfes können auch durch das Mittel der Naturgemeinschaft, müssen aber immer und jedenfalls durch das Mittel der Kulturgemeinschaft die Nation erzeugen.

Unsere Untersuchung hat uns gezeigt, dass die die Nation konstituierende Wirksamkeit gemeinsamer Kultur unter verschiedenen sozialen Verfassungen ganz verschieden ist. Es sind wesentlich drei Typen der nationalen Kulturgemeinschaft, die wir bisher kennen gelernt haben.

Der erste Typus, in unserer geschichtlichen Darstellung durch die Germanen im Zeitalter des Sippschaftskommunismus vertreten, zeigt uns eine Nation, wo alle Volksgenossen, wie sie durch die Gemeinschaft des Blutes verbunden sind, so auch durch die gemeinsame, von den Ahnen ererbte Kultur verknüpft sind. Wir haben wiederholt erwähnt, wie diese nationale Einheit mit dem Uebergang zur Sesshaftigkeit zerfällt: die ererbten Eigenschaften differenzieren sich mit dem Aufhören der Wechselheiraten zwischen den örtlich geschiedenen, verschiedenen Bedingungen des Daseinskampfes unterworfenen Stämmen; aber auch die ererbte gemeinsame Kultur wird von den verschiedenen Stämmen verschieden weiter entwickelt. So trägt die Nation in sich den Keim des Zerfalles.

Den zweiten Typus stellt die Nation der auf der Verschiedenheit sozialer Klassen beruhenden Gesellschaft dar. Die Massen des Volkes unterliegen weiter dem uns bekannten Differenzierungsprozess: Ohne Geschlechtsverkehr miteinander werden sie schon körperlich immer verschiedener; durch kein Band des Verkehrs verbunden, entwickeln sie die ursprünglich gemeinsame Sprache zu verschiedenen Mundarten; verschiedenen Bedingungen des Daseinskampfes unterworfen, entwickeln sie verschiedenartige Kultur, die ihrerseits wieder Verschiedenheit des Charakters erzeugt. Die Massen des Volkes verlieren so immer mehr die nationale Einheit, je mehr die ursprüngliche Gemeinschaft der ererbten Eigenschaften im Laufe der Jahrhunderte verloren geht, je mehr die ursprünglich gemeinsame Kultur von den später entstandenen verschiedenen Kulturelementen überdeckt und zersetzt wird. Was die Nation zusammenhält, ist nicht mehr Bluteinheit und Kultureinheit der Massen, sondern die Kultureinheit der herrschenden Klassen, die über diesen Massen sitzen und von ihrer Arbeit zehren. Sie und ihr Anhang sind durch Geschlechtsverkehr und kulturellen Verkehr aller Art miteinander verbunden: so bilden die Ritter des Mittelalters, die Gebildeten der Neuzeit die Nation. Die breiten Massen aber, deren Hände Werk die Nation erhält — Bauern, Handwerker, Arbeiter — sind nichts als die Hintersassen der Nation.

Einen dritten Typus endlich stellt die sozialistische Gesellschaft der Zukunft dar, die wieder alle Volksgenossen zu einer autonomen nationalen Einheit vereint. Hier ist es nun aber nicht mehr die gemeinsame Abstammung, sondern die Gemeinschaft der Erziehung, der Arbeit, des Kulturgenusses, die die Nation zusammenschliesst. Darum ist diese Nation nicht mehr von der Gefahr des Zerfalles bedroht, sondern die Gemeinschaft der Erziehung, die Teilnahme am Kulturgenuss, die enge Verbindung im Gemeinwesen und in der gesellschaftlichen Arbeit gibt der Nation die sichere Gewähr nationaler Einheit

So ist uns die Nation kein starres Ding mehr, sondern ein Prozess des Werdens, in ihrem Wesen bestimmt durch die Bedingungen, unter denen die Menschen um ihren Lebensunterhalt und um die Erhaltung der Art kämpfen. Und da die Nation noch nicht in einem Zustande entsteht, wo die Menschen ihre Nahrung nur suchen, nicht erarbeiten, wo sie ihren Lebensunterhalt durch blosse Inbesitznahme, Okkupation gefundenen herrenlosen Gutes gewinnen, sondern erst auf der Stufe, wo der Mensch die Güter, deren er bedarf, der Natur durch Arbeit abgewinnt, so ist das Entstehen der Nation, so ist die besondere Eigenart jeder Nation bedingt durch die Arbeitsweise der Menschen, durch die Arbeitsmittel, deren sie sich bedienen, durch die Produktivkräfte, die sie beherrschen, durch die Verhältnisse, die sie in der Produktion untereinander eingehen Die Entstehung der Nation, jeder einzelnen Nation, als ein Stück des Kampfes der Menschheit mit der Natur zu begreifen — das ist die grosse Aufgabe, zu deren Lösung uns die historische Methode Karl Marx' befähigt hat.

Dem nationalen Materialismus ist die Nation ein Stück eigenartiger materieller Substanz, die die geheimnisvolle Kraft hat, aus sich die nationale Charaktergemeinschaft zu erzeugen Darum wird ihm die Geschichte der Menschheit zu einer Geschichte der Kämpfe und der Vermischungen der beharrenden, unveränderlichen Rassensubstanzen, Vererbungssubstanzen untereinander. Hat diese unwissenschaftliche Betrachtungsweise auch in den letzten Jahren — insbesondere unter dem Einflusse Gobineaus — eine merkwürdige Wiedergeburt erlebt, so hat doch der Darwinismus ihr wirksam entgegengearbeitet Auch unter jenen, die auf die Bedeutung ererbter Rassencharaktere besonderes Gewicht legen, dringt die Ansicht durch, „dass es nicht genügt, eine Verschiedenheit der Rassen bloss zu konstatieren, man muss sie auch zu erklären suchen." [1]) Macht man mit diesem Gedanken aber nur Ernst, so wird die Rasse nichts anderes mehr als eines jener Mittel, durch die die Bedingungen des Kampfes ums Dasein ihre Wirksamkeit entfalten, durch die die Produktivkräfte, deren sich die Menschen im Kampfe mit der Natur bedienen, die nationale Charaktergemeinschaft bilden.

Der nationale Spiritualismus hat die Nation zu einem geheimnisvollen Volksgeist, die Geschichte der Nation zur Selbst-

[1]) Schallmayer, Vererbung und Auslese im Lebenslaufe der Völker Jena 1903 Seite 174.

entwicklung des Volksgeistes, die Weltgeschichte zu einem Kampfe der durch ihre Eigenart zu Freundschaft miteinander, Feindschaft gegeneinander bestimmten Volksgeister gemacht. Aber wenn beispielsweise auch Lamprecht noch die Entwicklung des Nationalbewusstseins in den Mittelpunkt seiner Geschichte der Nation stellt und ein allgemeines Gesetz der Entwicklung des Volksgeistes finden zu können glaubt, so erklärt er doch schon die Wandlungen des Nationalbewusstseins, die Entwicklungen der Volksseele vom symbolistischen Zeitalter bis zu dem der Reizsamkeit aus den Veränderungen der Wirtschaft des Volkes; die Entwicklung der Volksseele ist ihm nicht mehr die treibende Kraft der Entwicklung, sondern das Ergebnis der Veränderungen der Arbeitsweise des Volkes. Wenn er trotzdem sich damit nicht begnügt, die Nation in ihrem Werden aus der Entwicklung menschlicher Produktivkräfte, aus den Wandlungen menschlicher Produktionsverhältnisse unter Gesetzen zu verstehen, wenn er überdies auch noch die Entwicklung des Nationalbewusstseins, der Volksseele unter allgemeine Gesetze bringen will, die keine einzelne historische Tatsache mehr erklären, sondern nur noch das Allgemeine der Entwicklung beschreiben können, so handelt es sich da gar nicht um Gesetze mehr, sondern, wie Simmel meint, um „Vorbereitungen auf Gesetze", um „vorläufige Zusammenfassungen der typischen Erscheinungen der Geschichte, erste Orientierungen über die Masse der einzelnen Tatsachen".[1])

So vorbereitet einerseits durch den Darwinismus, der den nationalen Materialismus überwunden hat, andererseits durch die historische Forschung, die an die Stelle der Erklärung geschichtlichen Werdens aus dem mystischen Volksgeist die Aufzeigung der wirtschaftlichen Prozesse gesetzt hat, die das Werden der Nation bestimmen, kann die materialistische Geschichtsauffassung die Nation als das nie vollendete Produkt eines stetig vor sich gehenden Prozesses begreifen, dessen letzte Triebkraft die Bedingungen des Kampfes des Menschen mit der Natur, die Wandlungen menschlicher Produktivkräfte, die Veränderungen menschlicher Arbeitsverhältnisse sind. Diese Auffassung macht die Nation zu dem Historischen in uns. Der Darwinismus hat uns die Zeichen deuten gelehrt, die die Geschichte des organischen Lebens unserem lebendigen Körper eingegraben: In Bölsches reizvollen Plaudereien mag man nachlesen, wie unsere eigenen Organe die Geschichte unserer tierischen Ahnen erzählen. Aehnlich lernen wir nun auch den Nationalcharakter deuten. In der individuellen Eigenart, die jedes Individuum mit den anderen Individuen seines Volkes gemein hat, durch die es also mit diesen anderen

[1]) Simmel, Die Probleme der Geschichtsphilosophie. Leipzig 1905. Seite 84 ff.

Individuen zu einer Gemeinschaft zusammengeschweisst wird, ist die Geschichte seiner (leiblichen und kulturellen) Ahnen niedergeschlagen, **sein Charakter ist erstarrte Geschichte**. Dass die persönliche Eigenart jedes einzelnen von uns geworden ist im Daseinskampfe vergangener Gemeinschaften, das bildet aus uns eine nationale Charaktergemeinschaft.

Begreifen wir aber den Nationalcharakter als ein Stück geronnener Geschichte, so verstehen wir auch, warum uns die Geschichtswissenschaft die Meinung jener zu widerlegen vermag, die den Nationalcharakter für unveränderlich, für konstant halten. Die Geschichte einer Nation ist in keinem Augenblick vollendet. Das sich wandelnde Schicksal unterwirft ihren Charakter, der ja nichts anderes als ein Niederschlag vergangenen Schicksals ist, fortwährenden Wandlungen. Was die Nationsgenossen desselben Zeitalters verknüpft, ist die Gemeinschaft des Charakters; was die Nationsgenossen verschiedener Zeitalter verknüpft, ist nicht Gleichartigkeit des Charakters, sondern die Tatsache, dass sie aufeinander folgen, aufeinander wirken, dass die Schicksale der früheren den Charakter der späteren **bestimmen**, nicht etwa dass die früheren mit den folgenden Geschlechtern im Charakter **übereinstimmen**. Dieses Verhältnis malt sich auch in der Geschichte der **Sprache** [1]). Die Zeitgenossen, die die Verkehrsgemeinschaft verknüpft, stehen in Sprachgemeinschaft, nicht die aufeinander folgenden Geschlechter. Die Nachkommen sind durch die Schicksale der früheren in ihrer Eigenart bestimmt, aber sie sind nicht ein Ebenbild der früheren.

Indem wir aber die Charaktergemeinschaft aus der Schicksalsgemeinschaft erstehen lassen, wird uns erst die Bedeutung der Charaktergemeinschaft ganz verständlich. Wir sind in unserer Untersuchung ausgegangen von ihrer **unmittelbaren** empirischen Erscheinungsweise, von der Gleichartigkeit des Charakters der Volksgenossen, davon also, dass der Durchschnitts-Deutsche vom Durchschnitts-Engländer verschieden, jedem anderen Durchschnitts-Deutschen ähnlich ist. Aber das ist ein Satz von nur relativer Allgemeinheit. Kennt nicht jeder von uns Deutsche, die doch nichts von dem zu eigen haben, was sonst als deutscher Nationalcharakter gilt? Sind wir aber von der empirischen Gleichartigkeit zur Schicksalsgemeinschaft aufgestiegen, die die Charaktergemeinschaft erzeugt,

---

[1]) Richtig sagt **Fichte**: „Lasset immer nach einigen Jahrhunderten die Nachkommen die damalige Sprache ihrer Vorfahren nicht verstehen, weil für sie die Uebergänge verloren gegangen sind; dennoch gibt es vom Anbeginn einen stetigen Uebergang, ohne Sprung, immer unmerklich in der Gegenwart und nur durch Hinzufügung neuer Uebergänge bemerklich gemacht und als Sprung erscheinend. Niemals ist ein Zeitpunkt eingetreten, da die Zeitgenossen aufgehört hätten, sich zu verstehen.“ Fichte, Reden an die deutsche Nation. Reclam, Seite 53.

so gelangen wir zu einem anderen, *tieferen Begriff der Charaktergemeinschaft* im Gegensatz zur blossen Gleichartigkeit des Charakters.

Der individuelle Charakter ist eine Resultante verschiedener Kräfte. Unter ihnen finden wir den auf jedes Individuum wirkenden Einfluss der nationalen Schicksalsgemeinschaft, daneben aber eine Reihe von anderen, individuell verschiedenen charakterbildenden Kräften. Nur sofern die Stärke dieser letzteren Kräfte nicht allzu gross ist, wird die Einwirkung der nationalen Schicksalsgemeinschaft ähnliche individuelle Charaktere erzeugen können; wirken dagegen auf den Charakter des einzelnen besonders starke Kräfte ein, die von den die Charaktere seiner Volksgenossen bestimmenden Kräften wesentlich verschieden sind, so wird ein individueller Charakter entstehen, der, obwohl auch ihn die nationale Schicksalsgemeinschaft gestaltet hat, den anderen Individuen seiner Nation nicht mehr ähnlich ist. Trotzdem ist aber auch er ein Glied der nationalen Charaktergemeinschaft: denn, mag er auch seinen Nationsgenossen noch so unähnlich sein, er ist doch dadurch mit ihnen verbunden, dass eine der Kräfte, die ihn gebildet haben, identisch ist mit einer jener Kräfte, die alle andern Individuen derselben Nation geschaffen haben; er ist ein Kind seiner Nation, weil er ein anderer geworden wäre, wenn ihn zwar dieselben individuellen Kräfte, aber das Blut und die Tradition einer anderen Nation geformt hätten. So gelangen wir zu einem anderen, tieferen Begriff der *Charaktergemeinschaft*. *Sie bedeutet uns nun nicht mehr dies, dass die Individuen derselben Nation einander ähnlich sind, sondern dass auf den Charakter jedes Individuums dieselbe Kraft eingewirkt hat* — mögen die anderen, neben ihr wirkenden Kräfte noch so verschieden sein. Jetzt erst rechtfertigt sich der Begriff der *Charaktergemeinschaft*, während die blosse Erfahrung uns nur eine relative Charakterähnlichkeit erkennen lässt. Während aber diese Charakterähnlichkeit nur bei der Mehrzahl der Nationsgenossen beobachtet werden kann, ist die Charaktergemeinschaft, die Tatsache, dass sie alle Erzeugnis einer und derselben wirkenden Kraft sind, ihnen allen ausnahmslos gemein. *Diese wirkende Kraft, das Historische in uns, ist das Nationale in uns, ist es, was uns zur Nation zusammenschmiedet.*

Verstehen wir aber das Nationale in unserem Charakter als das Historische in uns, so können wir die Nation noch tiefer als eine soziale Erscheinung, als *eine Erscheinung des vergesellschafteten Menschen* begreifen. Dem Individualisten ist der Mensch ein Atom, und die Atome sind ihm nur äusserlich zusammengehalten durch die Satzung. Uns aber ist der Mensch kein Atom, sondern das Erzeugnis der Gesellschaft, der Robinson selbst, der einsam auf seiner Insel den Daseinskampf führt, kann ihn nur führen, weil er schon als Erbe seiner Ahnen, als Produkt seiner Erziehung die durch die Gesellschaft entwickelten Fähigkeiten, wie Marx sagt, „die Gesellschaftskräfte“ besitzt [1]. So ist uns auch die Nation nicht etwa eine Anzahl von Individuen, irgendwie äusserlich zusammengehalten, sondern die Nation besteht in jedem Individuum als ein Stück seiner individuellen Eigenart, als seine Nationalität. Das nationale Charaktermerkmal tritt nur als Charaktermerkmal von Individuen in Erscheinung, ist aber gesellschaftlich erzeugt: es ist das Produkt ererbter Eigenschaften und überlieferter Kulturgüter, die die Ahnen jedes Volksgenossen in steter Wechselwirkung mit anderen Gesellschaftsgenossen erzeugt haben, es ist selbst gesellschaftliches Produkt. Und was die Individuen, die zu einer Nation gehören, zusammenschliesst, ist das, dass sie alle Erzeugnis derselben wirkenden Kräfte, derselben Gesellschaft sind, dass in ihren individuellen, ererbten Eigenschaften die auslesenden Wirkungen des Daseinskampfes gemeinsam lebender Menschen auf sie übertragen sind, dass ihren individuellen Charakter dieselbe, im Daseinskampfe derselben Menschengemeinschaft gewordene Kultur geformt hat. Darum, nicht durch irgend eine äussere Satzung, ist die Nation eine soziale Erscheinung. Die Nation ist nicht eine Summe von Individuen, sondern jedes Individuum ist das Produkt der Nation, dass sie alle das Produkt derselben Gesellschaft sind, macht sie zu einer Gemeinschaft. Dass die Eigenschaften, die nur als Merkmal des Individuums in Erscheinung treten, gesellschaftliches Erzeugnis sind, und zwar bei allen Gliedern der Nation Erzeugnis einer und derselben Gesellschaft — das eint die Individuen zur Nation. So besteht die Nation nicht kraft äusserer Satzung, sondern ist — logisch, nicht historisch — vor aller Satzung da [2].

Aber freilich, wenn die eine Gemeinschaft bildenden Menschen nun zueinander in Beziehung treten, miteinander zusammenwirken wollen, so bedürfen sie dazu der Sprache. Die Sprache ist das wichtigste Werkzeug menschlichen Verkehrs. Die Arbeiter der Bibel konnten den Turm von Babel nicht weiter bauen, als Gott ihre Sprache verwirrte. Darum bilden noch nicht alle, die eine Sprache sprechen, eine Nation, aber keine Nation ist möglich ohne gemeinsame Sprache. Die Sprache ist aber nichts anderes als eine „primitive Konvention“,[3] besteht kraft „äusserer Regelung“ — wenn wir diesen

---

[1]) Marx, Einleitung zu einer Kritik der politischen Oekonomie. Neue Zeit XXI, 1, Seite 711.

[2]) Vergl. Dr. Max Adler, Kausalität und Teleologie im Streit um die Wissenschaft, Marx-Studien, I. Bd., Seite 369 ff.

[3]) Stammler, Wirtschaft und Recht. Leipzig 1896. Seite 103.

Begriff in jenem weiten Sinne nehmen, in dem ihn Rudolf Stammler in die Wissenschaft eingeführt hat. Nicht so, natürlich, als ob sie θέσει, durch Satzung entstanden wäre, als ob etwa ein weiser Gesetzgeber oder ein Gesellschaftsvertrag sie geschaffen hätte, aber ihrer Geltung nach beruht sie doch nur auf äusserer Regelung. Denn dass wir mit einem Begriff ein bestimmtes Wort verbinden, mit der Vorstellung eines Dinges die Vorstellung einer bestimmten Lautverbindung verknüpfen, beruht nur auf Konvention. Es ist diese wichtigste Satzung, die das Kind von den Lippen der Mutter lernt. Stammler irrt also zwar, wenn er in der äusseren Regelung das konstituierende Merkmal sozialer Erscheinungen zu finden glaubt; die Nation zeigt uns klar, wie das Substrat aller sozialen Erscheinungen die Gemeinschaft ist, das heisst die Tatsache, dass die Eigenart des Individuums zugleich Eigenart aller anderen zur Gemeinschaft zusammengeschlossenen Individuen ist, weil der Charakter jedes Individuums in steter Wechselwirkung mit allen anderen Individuen gebildet, der individuelle Charakter eines jeden das Erzeugnis derselben gesellschaftlichen Kräfte ist, aber durch äussere Regelung können die so zu einer Gemeinschaft verbundenen Individuen erst miteinander zusammenwirken, eine Gesellschaft bilden, ihre Gemeinschaft erhalten, neue Gemeinschaft erzeugen. Aeussere Regelung ist die Form gesellschaftlichen Zusammenwirkens der durch die Gemeinschaft verbundenen Individuen.[1])

Die Verschiedenheit der Nationalcharaktere ist eine empirische Tatsache, die nur jener Doktrinarismus zu leugnen vermag, der nur sieht, was er sehen will, und darum nicht sieht, was alle sehen. Trotzdem hat man immer wieder die Verschiedenheit des Nationalcharakters zu leugnen gesucht und behauptet, dass sich die Nationen durch nichts anderes unterscheiden als durch ihre Sprache. Diese Meinung finden wir bei vielen Theoretikern, die auf dem Boden der katholischen Glaubenslehre stehen. Sie wurde übernommen

---

[1]) Ich gebrauche die Begriffe der Gemeinschaft und Gesellschaft in einem anderen Sinne als Tönnies in seinem vortrefflichen Werke „Gemeinschaft und Gesellschaft", Leipzig 1887. Das Wesen der Gesellschaft sehe ich in dem Zusammenwirken der Menschen unter einer äusseren Satzung; das Wesen der Gemeinschaft darin, dass das Individuum seinem geistigen und körperlichen Sein nach Erzeugnis unzähliger Wechselwirkungen zwischen ihm und den anderen zu einer Gemeinschaft verbundenen Individuen und daher in seinem individuellen Charakter Erscheinungsform des Gemeinschaftscharakters ist. Gemeinschaft kann freilich nur entstehen unter der Bedingung, dass äussere Satzung — wenigstens, wie Stammler uns lehrt, die Sprache — also Gesellschaft gegeben ist; andererseits setzt aber die Gesellschaft wieder Gemeinschaft, zum mindesten, wie Max Adler gezeigt hat, die Gemeinschaft des „Bewusstseins überhaupt", voraus. Der Staat endlich ist nur eine der Formen der Gesellschaft, wie das auf äussere Macht gestützte Recht nur eine der Arten der Satzung ist. Noch enger ist der Begriff des modernen Staates, der mit der Warenproduktion entstanden ist und mit ihr verschwinden wird.

von der Humanitätsphilosophie der bürgerlichen Aufklärung. Sie ward auch das Erbe mancher Sozialisten, die sie verwenden wollten, um auf sie den proletarischen Kosmopolitismus zu stützen, der, wie wir noch sehen werden, die erste und primitivste Stellungnahme der Arbeiterklasse zu den nationalen Kämpfen der bürgerlichen Welt darstellt. Diese vermeintliche Einsicht in die Wesenlosigkeit der Nation lebt in Oesterreich heute noch fort im Sprachgebrauch der sozialdemokratischen Presse, die es liebt, von Genossen deutscher und tschechischer „Zunge“, statt von deutschen und tschechischen Genossen zu reden. Die Ansicht, die nationalen Verschiedenheiten seien nichts als die Verschiedenheiten der Sprache, beruht auf der atomistisch-individualistischen Gesellschaftsauffassung, der die Gesellschaft als blosse Summe äusserlich verbundener Individuen, daher auch die Nation als die blosse Summe äusserlich, nämlich durch die Sprache, verbundener Menschen erscheint. Wer sich zu dieser Ansicht bekennt, der wiederholt den Irrtum Stammlers, der in äusserer Regelung, in Rechtssatzungen und Konventionen, das konstitutive Merkmal sozialer Erscheinungen zu finden glaubt. Uns aber ist die Gesellschaft nicht blosse Summe von Individuen, sondern jedes Individuum Erzeugnis der Gesellschaft. So ist uns auch die Nation keine Summe von einzelnen, die zueinander durch eine gemeinsame Sprache in Beziehung treten, sondern der einzelne ist selbst ein Erzeugnis der Nation; sein individueller Charakter ist gar nicht anders entstanden als in fortwährender Wechselwirkung mit anderen Individuen, wie der Charakter dieser Individuen in Wechselwirkung mit jenem. Dieser Verkehr hat den Charakter jedes dieser Individuen bestimmt und dadurch diese Individuen zu einer Charaktergemeinschaft verknüpft. Die Nation tritt in Erscheinung in der Nationalität des einzelnen Volksgenossen, das heisst in der Tatsache, dass der Charakter jedes Volksgenossen durch das in Gemeinschaft, in steter Wechselwirkung erlebte Schicksal aller Volksgenossen bestimmt ist. Die Sprache aber ist nicht mehr als ein Mittel dieser Wechselwirkung, freilich immer und überall ein unentbehrliches Mittel, wie die äussere Regelung überhaupt die Form des Zusammenwirkens der zu einer Gemeinschaft verknüpften Individuen ist. Wer seinen Augen nicht traut, die ihn doch die Verschiedenheit der Nationalcharaktere tagtäglich sehen lassen, der muss doch wohl der theoretischen Erwägung glauben, die ihn ursächlich verstehen lehrt, dass aus der Verschiedenheit der in steter Verkehrsgemeinschaft erlebten Schicksale notwendig verschiedene Charaktergemeinschaften hervorgehen müssen.

Aber unsere Einsicht in das Wesen der Nation macht nicht nur die individualistische Leugnung der Realität des Nationalcharakters fürderhin unmöglich, sondern auch den viel gefährlicheren Missbrauch dieses Begriffes. Der Nationalcharakter ist ja nichts anderes als die Bestimmtheit der Willensrichtung des einzelnen Volksgenossen durch seine Schicksalsgemeinschaft mit allen Volksgenossen. Einmal entstanden, erscheint der Nationalcharakter als selbständige geschichtliche Macht. Verschiedenheit der Nationalcharaktere bedeutet Verschiedenheit der Willensrichtungen. Jede Nation wird sich also unter denselben äusseren Bedingungen anders verhalten als andere Nationen. So hat beispielsweise die Entwicklung des Kapitalismus bei Engländern, Franzosen, Deutschen zwar sehr ähnliche, aber im einzelnen doch verschiedene Bewegungen ausgelöst. Der Nationalcharakter erscheint also als historische Potenz. Wenn ihn die Theorie als Erzeugnis der Geschichte begreift, so sieht ihn die Erfahrung des Alltags vielmehr als schöpferische Kraft die Geschichte bestimmen. Wenn die Theorie ihn als den Niederschlag der Beziehungen der Menschen zueinander verstehen lehrt, so sieht ihn die unmittelbare Erfahrung vielmehr diese Beziehungen bestimmen, regeln. Das ist der Fetischismus des Nationalcharakters. Unsere Theorie verscheucht diesen Spuk mit einem Schlage. Dass der Nationalcharakter scheinbar das Wollen und Handeln jedes Volksgenossen bestimmt, ist nichts Geheimnisvolles mehr, wenn wir erkennen, dass jeder Volksgenosse ein Erzeugnis seiner Nation und der Nationalcharakter nichts anderes ist als jene bestimmte Willensrichtung, die die Gemeinschaft des Schicksals in jedem Volksgenossen als dessen individuelle Eigenart hervorbringt. Und der Nationalcharakter erscheint auch nicht mehr als selbständige Kraft, sobald wir ihn als den Niederschlag der Geschichte der Nation begreifen. Nun verstehen wir, dass in der scheinbar selbständigen geschichtlichen Wirksamkeit des Nationalcharakters nichts anderes verborgen ist als die Tatsache, dass die Geschichte der Ahnen, die Bedingungen ihres Daseinskampfes, die Produktivkräfte, die sie beherrschten, die Produktionsverhältnisse, die sie eingingen, auch noch das Verhalten ihrer natürlichen und kulturellen Nachkommen bestimmen. Wenn wir früher die natürliche Vererbung und die Ueberlieferung der Kulturgüter als blosse Mittel kennen gelernt haben, durch die das Schicksal früherer Geschlechter den Charakter der Nachkommen bestimmt, so erscheint uns nun weiter der Nationalcharakter selbst als blosses Mittel, durch das die Geschichte der Ahnen auch noch auf das Leben der Nachkommen, auf ihr Denken, Fühlen, Wollen, Handeln einwirkt. Gerade indem wir die Realität des Nationalcharakters anerkannt haben, haben wir ihm seine scheinbare Selbständigkeit genommen, ihn als blosses Mittel der Wirksamkeit anderer Kräfte begreifen gelernt. Dadurch aber verliert der Nationalcharakter auch seinen scheinbar substantiellen Charakter, das heisst den Schein, als sei er das Dauernde, Beharrende in der Erscheinungen Flucht. Nichts als ein Niederschlag der Geschichte, andert er sich mit jeder Stunde, mit jedem neuen Ereignis, das die Nation erlebt, ist veränderlich wie das Geschehen selbst, das er widerspiegelt Mitten hineingestellt in das Weltgeschehen, ist er kein beharrendes Sein mehr, sondern stetes Werden und Vergehen

* * *

Wir wollen schliesslich unseren Versuch, das Wesen der Nation zu bestimmen, noch dadurch stutzen, dass wir ihn den bisherigen Theorien uber das Wesen der Nation gegenuberstellen. [1]) Von den metaphysischen Theorien der Nation — dem nationalen Spiritualismus und nationalen Materialismus — war bereits die Rede, von den psychologischen Theorien der Nation, die das Wesen der Nation entweder in dem Bewusstsein der Zusammengehorigkeit oder in dem Willen zur Zusammengehorigkeit finden wollen, wird noch in einem späteren Zusammenhange die Rede sein Hier erubrigt es uns also nur noch, unserer Theorie der Nation die Versuche jener gegenuberzustellen, die eine Anzahl von Elementen aufgestellt haben, die durch ihr Zusammentreffen die Nation konstituieren sollen Als solche Elemente fuhren die italienischen Soziologen die folgenden an:

1. Gemeinsames Wohngebiet.
2. Gemeinsame Abstammung
3. Gemeinsame Sprache
4. Gemeinsame Sitten und Gebrauche
5. Gemeinsame Erlebnisse, gemeinsame geschichtliche Vergangenheit.
6. Gemeinsame Gesetze und gemeinsame Religion. [2])

Es ist nun klar, dass diese Theorie eine Anzahl von Merkmalen zusammenstellt, die einander keineswegs beigeordnet werden durfen, sondern nur im Abhangigkeitsverhaltnis voneinander verstanden werden konnen. Wenn wir zunächst von dem ersten angeblichen Element der Nation, dem gemeinsamen Wohngebiet, absehen, so tritt uns aus den ubrigen Elementen das funfte heraus die gemeinsame Geschichte Sie ist es, welche die anderen bestimmt, die anderen erzeugt Die gemeinsame Geschichte gibt der gemeinsamen Abstammung erst ihre inhaltliche Bestimmtheit, indem sie daruber entscheidet, welche Eigenschaften vererbt, welche ausgeschieden werden. Die gemeinsame Geschichte erzeugt die gemeinsamen Sitten und Gebrauche, die gemeinsamen Gesetze und die gemeinsame Religion, also — um bei unserem Sprachgebrauch zu

[1]) Eine Sammlung verschiedener Definitionen der Nation gibt Fr. J. Neumann, Volk und Nation. Leipzig 1888.

[2]) Neumann, a. a. O., Seite 54.

bleiben — die Gemeinschaft der Kulturüberlieferung. Die gemeinsame Abstammung wie die gemeinsame Kultur sind bloss die Werkzeuge, deren sich die gemeinsame Geschichte zu ihrer Wirksamkeit, ihrer Arbeit am Bau des Nationalcharakters bedient. Das dritte Element, die gemeinsame Sprache, kann aber wieder nicht den anderen beigeordnet werden; es stellt vielmehr ein Mittel zweiter Ordnung dar. Denn wenn die gemeinsame Kultur eines der Mittel ist, durch die die gemeinsame Geschichte für die Formung des Nationalcharakters wirksam wird, so ist die gemeinsame Sprache wieder ein Mittel der Wirksamkeit der gemeinsamen Kultur, das Werkzeug, durch das die Kulturgemeinschaft geschaffen und erhalten wird, als äussere Regelung die Form des gesellschaftlichen Zusammenwirkens der eine Gemeinschaft bildenden und aus sich immer wieder eine Gemeinschaft erzeugenden Individuen.[1]) So setzen wir zunächst an die Stelle der blossen A u f z ä h l u n g der Elemente der Nation ein S y s t e m: die gemeinsame Geschichte als die wirkende Ursache, gemeinsame Kultur und gemeinsame Abstammung die Mittel ihrer Wirksamkeit, die gemeinsame Sprache wieder Vermittlerin der gemeinsamen Kultur, gleichzeitig ihr Erzeugnis und sie erzeugend. Nun verstehen wir aber auch das Verhältnis dieser Elemente zueinander. Denn was den Theoretikern der Nation bisher so grosse Schwierigkeiten gemacht hat, dass diese Elemente in sehr verschiedenartiger Verbindung miteinander auftreten können, dass bald dieses, bald jenes fehlt, wird nun verständlich. Wenn gemeinsame Abstammung und gemeinsame Kultur Mittel desselben wirkenden Faktors sind, so kommt es für den Begriff der Nation offenbar nicht darauf an, dass beide Mittel wirksam sind: daher kann die Nation zwar auf Abstammungsgemeinschaft beruhen, muss es aber nicht, während blosse Abstammungsgemeinschaft immer nur eine Rasse, niemals eine Nation bildet. Daraus ergibt sich ferner auch das Verhältnis der verschiedenen Elemente der Kulturgemeinschaft zueinander: gemeinsame Gesetze sind sicher ein wichtiges Mittel zur Bildung der Charaktergemeinschaft, aber die Charaktergemeinschaft kann auch bestehen und entstehen ohne sie, wenn nur die Wirksamkeit der anderen Elemente stark genug ist, die Individuen zu einer Kulturgemeinschaft zusammenzuschliessen. Die Verschiedenheit der Konfession kann aus gleichsprachigen Völkern zwei Nationen machen,

[1]) Die Sprache ist allerdings nicht nur ein Mittel der Ueberlieferung der Kulturgüter, sondern selbst ein Kulturgut. Der Franzose ist nicht nur darum vom Deutschen verschieden, weil ihm seine Sprache andere Kulturgüter überliefert, sondern auch darum, weil die Sprache selbst ein ihm überliefertes Kulturgut ist, das durch seine Eigenart sein Reden, sein Denken, seinen Charakter bestimmt. Wenn die französische Rhetorik von der deutschen Redekunst verschieden ist, so hat daran gewiss auch die Verschiedenheit der Sprache selbst ihren Teil.

wo die Verschiedenheit der Religion Kulturgemeinschaft verhindert, die gemeinsame Religion Grundlage gemeinsamer Kultur ist, wie bisher bei Serben und Kroaten; aber die Deutschen blieben ein Volk trotz ihrer religiösen Zerrissenheit, weil die konfessionelle Spaltung das Entstehen und den Bestand einer allgemeinen deutschen Kulturgemeinschaft nicht verhindern konnte. Endlich begreifen wir so auch das Verhältnis der Sprache zu den anderen Elementen der Nation: ohne Gemeinschaft der Sprache keine Kulturgemeinschaft, also auch keine Nation.[1]) Aber die Gemeinschaft der Sprache erzeugt noch keine Nation, wo die Verschiedenheit in anderer Hinsicht — zum Beispiel die Verschiedenheit der Religion, wie bei Kroaten und Serben, oder die Verschiedenheit der Abstammung, der sozialen und politischen Verhältnisse, wie bei den Spaniern und den spanisch sprechenden Südamerikanern — verhindert, dass die Sprachgemeinschaft zur Kulturgemeinschaft werde.

Es erübrigt uns jetzt noch, des zuerst angeführten „Elementes" der Nation zu gedenken, des gemeinsamen Wohnsitzes. Wir haben wiederholt davon gesprochen, wie territoriale Absonderung die einheitliche Nation zerreisst. Die Nation als Naturgemeinschaft wird durch die nationale Absonderung allmählich vernichtet, weil die verschiedenen Bedingungen des Daseinskampfes den örtlich geschiedenen Teilen der Nation verschiedene Merkmale anzüchten und diese Verschiedenheit durch keine Blutvermengung ausgeglichen wird. Die Nation als Kulturgemeinschaft wird gleichfalls durch die örtliche Absonderung vernichtet, weil die örtlich geschiedenen Teile der Nation, die abgesondert voneinander ihren Daseinskampf führen, auch die ursprünglich einheitliche Kultur differenzieren und mangels des Verkehres unter ihnen die ursprünglich einheitliche nationale Kultur in eine Anzahl verschiedenartiger Kulturen zerfällt, was in der Differenzierung der einheitlichen Sprache in verschiedene Sprachen infolge des allzu lockeren Verkehrsbandes zwischen den örtlich geschiedenen Teilen der ursprünglich einheitlichen Nation recht augenfällig in Erscheinung tritt. Zerreisst also örtliche Verschiedenheit die Nationen, so bedeutet die Gemeinsamkeit des Wohnsitzes gewiss eine der Daseinsbedingungen der Nation, aber nur insofern, als sie Bedingung einer Schicksalsgemeinschaft ist. So weit trotz örtlicher Scheidung Kulturgemeinschaft, denkbarerweise selbst Naturgemeinschaft erhalten werden kann, ist die örtliche Trennung kein Hindernis nationaler Charakter-

[1]) Wenn man von einer schweizerischen Nation redet, so beruht das entweder — wenn man bloss die Zugehörigkeit der Schweizer zu einem Staat im Auge hat — auf einer Verwechslung von Staatsvolk und Nation oder aber, wenn eine Charaktergemeinschaft zwischen den deutschen, französischen, italienischen und rhätoromanischen Schweizern behauptet werden soll, auf der irrigen Meinung, dass jede Charaktergemeinschaft schon Nation ist.

gemeinschaft. Der Deutsche, der in Amerika durch die deutsche Kultur beeinflusst bleibt — mag dies selbst auch nur durch das deutsche Buch und die deutsche Zeitung geschehen — der seinen Kindern eine deutsche Erziehung gibt, bleibt trotz aller örtlichen Scheidung ein Deutscher. Nur so weit die Gemeinsamkeit des Bodens Bedingung der Gemeinschaft der Kultur ist, ist sie Daseinsbedingung der Nation. Im Zeitalter des Buchdruckes, der Post und des Telegraphen, der Eisenbahnen und Dampfschiffe ist dies aber in viel geringerem Umfang der Fall als früher. Begreift man also die Gemeinsamkeit des Wohnsitzes nicht als eines der „Elemente" der Nation neben den anderen, sondern als eine Bedingung der Wirksamkeit der anderen Elemente, so wird man dem oft gehörten Satz notwendig seine Grenzen weisen, dass Gemeinschaft des Wohnsitzes Bedingung des Bestehens einer Nation ist. Uns dünkt diese Erkenntnis kein geringer Gewinn: beruht doch auf unserer Vorstellung von dem Verhältnis der Nation zum Boden unsere Erkenntnis des Verhältnisses der Nation zur wichtigsten Gebietskörperschaft, dem Staat. Wir werden daher gerade auf diese Frage noch zurückkommen müssen und unsere Antwort dann auch an einzelnen Beispielen veranschaulichen können. Hier aber handelte es sich uns nur darum, zu zeigen, wie unsere Theorie der Nation jene Faktoren, die die ältere Theorie als „Elemente" der Nation unvermittelt nebeneinander gestellt hat, als die wirkenden Kräfte eines Systems zu begreifen, in ihrer Abhängigkeit voneinander, in ihrem Zusammenwirken miteinander zu verstehen vermag.

Aber unsere Theorie hat sich noch an einer Aufgabe zu bewähren, an der die bisherigen Versuche, das Wesen der Nation zu bestimmen, gleichfalls gescheitert sind. Es handelt sich um die Abgrenzung des Begriffes der Nation von den engeren örtlichen und Stammesgemeinschaften innerhalb der Nation. Gewiss, Schicksalsgemeinschaft hat die Deutschen zu einer Charaktergemeinschaft verknüpft. Aber gilt dies nicht auch von den Sachsen oder den Bayern? Von den Tirolern und Steirern? Ja, von den Bewohnern jedes einzelnen Alpentales? Haben nicht die verschiedenen Schicksale der Ahnen, die Verschiedenheiten der Siedlung und Bodenverteilung, der Fruchtbarkeit des Bodens und des Klimas aus Zillertalern und Passeirern, aus „Vintschgern" und „Pusterern" scharf ausgeprägte Charaktergemeinschaften gebildet? Wo liegt die Grenze zwischen jenen Charaktergemeinschaften, die als selbständige Nationen betrachtet werden, und jenen, die wir als engere Verbände innerhalb der Nation ansehen?

Hier müssen wir uns nun daran erinnern, dass wir diese engeren Charaktergemeinschaften bereits kennen gelernt haben als die Zersetzungsprodukte der auf der Abstammungsgemeinschaft beruhenden Nation. Seitdem die Nachkommen des germanischen Stammvolkes voneinander örtlich geschieden, durch den Ackerbau an die Scholle gefesselt sind, ohne Verkehr, ohne Wechselheiraten miteinander abgesondert ihr Leben führen, werden sie voneinander immer verschiedener. Sie sind wohl ausgegangen von einer gemeinsamen Natur- und Kulturgemeinschaft, aber sie sind auf dem Wege, selbständige, voneinander scharf geschiedene Natur- und Kulturgemeinschaften zu bilden. Es besteht die Tendenz, dass aus jedem dieser engeren, aus einer Nation hervorgegangenen Verbände eine besondere Nation wird. Die Schwierigkeit, den Begriff dieser engeren Charaktergemeinschaften von dem der Nation abzugrenzen, rührt also daher, dass sie selbst Entwicklungsstufen zur Nation darstellen.

Dieser Tendenz zur nationalen Zersplitterung arbeitet nun, wie wir bereits wissen, eine Gegentendenz entgegen, die die Nation enger zu verknüpfen strebt. Aber diese Gegentendenz wird zunächst nur für die herrschenden Klassen wirksam. Sie verknüpft die ritterlich Lebenden des Mittelalters, die Gebildeten der frühkapitalistischen Periode zu einer engen, von allen anderen Kulturgemeinschaften scharf geschiedenen Nation, bringt sie in engen wirtschaftlichen, politischen, geselligen Verkehr miteinander, schafft für sie eine Einheitssprache, lässt dieselbe Geisteskultur, dieselbe Gesittung auf sie wirken. Dieses enge Band der Kulturgemeinschaft verknüpft zunächst die herrschenden Klassen zu einer Nation. Niemand kann darüber im Zweifel sein, ob irgend ein Gebildeter Deutscher oder Holländer, Slovene oder Kroate ist: die nationale Erziehung, die nationale Einheitssprache grenzt auch die nächstverwandten Nationen voneinander scharf ab. Ob dagegen die Bauern irgend eines Dorfes noch als Niederdeutsche oder schon als Niederländer, noch als Slovenen oder schon als Kroaten gelten sollen, lässt sich nicht ohne Willkür entscheiden. Scharf umgrenzt ist nur der Kreis der Nationsgenossen, nicht der Kreis der Hintersassen jeder Nation.

Der moderne Kapitalismus grenzt allmählich auch die unteren Volksklassen der Nationen schärfer gegeneinander ab, denn auch sie gewinnen teil an der nationalen Erziehung, am Kulturleben ihrer Nation, an der nationalen Einheitssprache. Die Einheitstendenz ergreift auch die arbeitenden Massen. Aber erst die sozialistische Gesellschaft wird ihr zum Siege verhelfen. Sie wird die gesamten Völker durch die Verschiedenheit nationaler Erziehung und Gesittung so scharf gegeneinander abgrenzen, wie heute nur die Gebildeten der verschiedenen Nationen gegeneinander abgegrenzt sind. Wohl wird es auch innerhalb der sozialistischen Nation engere Charaktergemeinschaften geben, aber es wird in ihrer Mitte keine selbständigen Kulturgemeinschaften geben können, da selbst jede örtliche Gemeinschaft unter dem Einflusse der Kultur der Gesamtnation, im kulturellen Verkehr, im Austausch der Vorstellungen mit der Gesamtnation stehen wird.

So gelangen wir erst zur vollständigen Begriffsbestimmung der Nation. Die Nation ist die Gesamtheit der durch Schicksalsgemeinschaft zu einer Charaktergemeinschaft verknüpften Menschen. Durch Schicksalsgemeinschaft: dieses Merkmal scheidet sie von den internationalen Charaktergesamtheiten des Berufes, der Klasse, des Staatsvolkes, die auf Gleichartigkeit des Schicksals, nicht auf Schicksalsgemeinschaft beruhen. Die Gesamtheit der Charaktergenossen: das scheidet sie von den engeren Charaktergemeinschaften innerhalb der Nation, die niemals eine sich selbst bestimmende, durch eigenes Schicksal bestimmte Natur- und Kulturgemeinschaft bilden, sondern in engem Verkehr mit der Gesamtnation stehen und daher auch durch ihr Schicksal bestimmt werden. So war die Nation scharf abgegrenzt im Zeitalter des Sippschaftskommunismus: die Gesamtheit aller derer, die von dem Stammvolk an der Ostsee abstammten und deren geistiges Wesen kraft natürlicher Vererbung und kultureller Ueberlieferung durch die Schicksale jenes Stammvolkes bestimmt war, bildete damals die Nation. So wird die Nation wiederum scharf abgegrenzt sein in der sozialistischen Gesellschaft: die Gesamtheit aller derer, die die nationale Erziehung, die nationalen Kulturgüter geniessen und deren Charakter daher durch das diese Kulturgüter inhaltlich bestimmende Schicksal der Nation gestaltet wird, wird die Nation bilden. In der auf dem Sondereigentum an Arbeitsmitteln beruhenden Gesellschaft bilden die herrschenden Klassen — einst die ritterlich Lebenden, heute die Gebildeten — die Nation als die Gesamtheit derer, in denen gleiche, durch die Geschichte der Nation geformte Bildung, vermittelt durch die Einheitssprache und die nationale Erziehung, Verwandtschaft der Charaktere hervorbringt. Die breiten Volksmassen aber bilden nicht die Nation — nicht mehr, weil die uralte Abstammungsgemeinschaft sie nicht mehr eng genug aneinander schliesst, noch nicht, weil die werdende Erziehungsgemeinschaft sie noch nicht voll erfasst. Die Schwierigkeit, eine befriedigende Begriffsbestimmung der Nation zu finden, an der alle bisherigen Versuche gescheitert sind, ist also historisch bedingt. Man hat die Nation entdecken wollen in unserer Klassengesellschaft, in der die alte scharf umgrenzte Abstammungsgemeinschaft in eine Unzahl örtlicher und Stammesgruppen zersetzt ist und die werdende neue Erziehungsgemeinschaft diese kleinen Gruppen noch nicht zu einem nationalen Ganzen vereinigen konnte.

So enthüllt unser Suchen nach dem Wesen der Nation uns ein grandioses geschichtliches Bild. Am Anfang — im Zeitalter des Sippschaftskommunismus und des nomadisierenden Ackerbaues — die einheitliche Nation als Abstammungsgemeinschaft. Dann seit dem Uebergang zum sesshaften Ackerbau und der Entwicklung des Sondereigentums die Spaltung der alten Nation in die Kulturgemeinschaft der herrschenden Klassen auf der einen, die Hintersassen der Nation auf der anderen Seite — diese eingeschlossen in enge örtliche Kreise, die Zersetzungsprodukte der alten Nation. Weiter, seit der Entwicklung der gesellschaftlichen Produktion in kapitalistischer Form die Verbreiterung der nationalen Kulturgemeinschaft — die arbeitenden und ausgebeuteten Klassen bleiben noch die Hintersassen der Nation, aber die Tendenz zur nationalen Einheit auf Grund der nationalen Erziehung wird allmählich stärker als die partikularistische Tendenz der Zersetzung der alten auf Abstammungsgemeinschaft beruhenden Nation in immer schroffer geschiedene örtliche Gruppen. Endlich, sobald die Gesellschaft die gesellschaftliche Produktion ihrer kapitalistischen Hülle entkleidet, das Wiedererstehen der einheitlichen Nation als Erziehungs-, Arbeits-, Kulturgemeinschaft. Die Entwicklung der Nation spiegelt die Geschichte der Produktionsweise und des Eigentums wieder. Wie aus der Gesellschaftsverfassung des Sippschaftskommunismus das Privateigentum an Produktionsmitteln und die individuelle Produktion, und aus dieser wieder die genossenschaftliche Produktion auf Grund des gesellschaftlichen Eigentums entsteht, so spaltet sich die einheitliche Nation in Nationsgenossen und Hintersassen und zerteilt sich in kleine örtliche Kreise, die sich seit der Entwicklung der gesellschaftlichen Produktion wieder einander nähern, um schliesslich in der einheitlichen sozialistischen Nation der Zukunft aufzugehen. Die in Nationsgenossen und Hintersassen der Nation geschiedene, in zahlreiche engere örtliche Gruppen gespaltene Nation des Zeitalters des Privateigentums und der individuellen Produktion ist das Zersetzungsprodukt der kommunistischen Nation der Vergangenheit und das Material der sozialistischen Nation der Zukunft.

In doppelter Hinsicht erweist sich also die Nation als eine historische Erscheinung. Sie ist ihrer materialen Bestimmtheit nach eine historische Erscheinung, da der in jedem Volksgenossen lebendig wirksame Nationalcharakter der Niederschlag einer geschichtlichen Entwicklung ist, in der Nationalität des einzelnen Volksgenossen die Geschichte der Gesellschaft sich widerspiegelt, deren Erzeugnis das Individuum ist. Und sie ist ihrer formalen Bindung nach eine historische Erscheinung, da auf den verschiedenen Stufen geschichtlicher Entwicklung verschieden weite Kreise durch verschiedene Mittel in verschiedener Weise zu einer Nation verknüpft werden. Die Geschichte der Gesellschaft entscheidet nicht nur darüber, welche konkreten Merkmale der Nationsgenossen den Nationalcharakter bilden; vielmehr ist auch die Form, in der die geschichtlich wirksamen Kräfte eine Charaktergemeinschaft hervorbringen, historisch bedingt.

Die nationale Geschichtsauffassung, die in den Kämpfen der Nationen die treibende Kraft des Geschehens sieht, strebt nach einer Mechanik der Nationen. Die Nationen erscheinen ihr als nicht weiter auflösbare Elemente, als starre Körper, die im Raume aufeinander stossen, durch Druck und Stoss aufeinander wirken. Wir aber lösen die Nation selbst auf in einen Prozess. Uns spiegelt nicht mehr die Geschichte die Kämpfe der Nationen wieder, vielmehr erscheint uns die Nation selbst als Spiegelbild der geschichtlichen Kämpfe. Denn die Nation tritt nicht anders in Erscheinung als im Nationalcharakter, in der Nationalität des Individuums; und die Nationalität des Individuums ist nichts anderes als eine Seite seiner Bestimmtheit durch die Geschichte der Gesellschaft, seiner Bestimmung durch die Entwicklung der Arbeitsverfahren und Arbeitsverhältnisse.

§ 11.

Nationalbewusstsein und Nationalgefühl.

Solange der Mensch nur Nationsgenossen kennt, wird er sich der Uebereinstimmung mit ihnen nicht bewusst, sondern nur der Verschiedenheit von ihnen. Wenn ich immer nur mit Deutschen verkehre, immer nur von Deutschen höre, so habe ich überhaupt keine Gelegenheit, mir dessen bewusst zu werden, dass die Menschen, die ich kenne, mir doch in einem gleich sind, nämlich in ihrem Deutschtum, sondern ich sehe immer nur die Verschiedenheiten: er ist ein Schwabe, ich bin ein Bayer; er ist Bourgeois, ich bin Arbeiter; er ist blond, ich bin schwarz; er ist griesgrämig, ich bin heiter. Erst wenn ich fremde Völker kennen lerne, werde ich mir dessen bewusst: diese Menschen sind mir fremd, während ich mit all denen, mit denen ich bisher verkehrt, und mit Millionen anderer durch das Band der Zugehörigkeit zu einer Nation verknüpft bin. Kenntnis fremden Wesens ist Voraussetzung alles Nationalbewusstseins. Es ist kein Zufall, dass unsere älteste berühmte Verherrlichung des deutschen Volkes mit den Worten anhebt:

Lande hab' ich viel gesehen.

Das Nationalbewusstsein entsteht daher am ehesten bei dem Kaufmann, dem Krieger, dem Arbeiter, der in fremde Länder verschlagen wird; es ist am meisten verbreitet in Grenzgegenden, wo mehrere Nationen aneinanderstossen.

Isoliert betrachtet, ist das Nationalbewusstsein nichts als die Erkenntnis, dass ich mit meinen Nationsgenossen in gewissen

Charaktermerkmalen — in körperlichen Eigenschaften, im Besitze gewisser Kulturgüter, in der Eigenart des Wollens — übereinstimme und mich dadurch von den Menschen, die zu anderen Nationen gehören, unterscheide — theoretisch vertieft, die Erkenntnis, dass ich das Erzeugnis derselben Geschichte bin wie sie. Das Nationalbewusstsein bedeutet also keineswegs etwa die Liebe zur eigenen Nation oder den Willen zur politischen Einheit der Nation. Wer sich in gesellschaftlichen Erscheinungen zurechtfinden will, wird auf reinlicher Scheidung so verschiedenartiger psychischer Gebilde und auf der Festhaltung solcher Unterscheidung durch eine zweckmässige Terminologie bestehen müssen. Er wird daher auch dem Nationalbewusstsein keinen anderen Sinn geben dürfen als den der blossen Erkenntnis der Zugehörigkeit zur Nation, der Eigenart der Nation und der Verschiedenheit von anderen Nationen.

Die Nation als Charaktergemeinschaft bestimmt das Handeln des einzelnen Volksgenossen auch dann, wenn er sich seiner Nationalität nicht bewusst wird. Die Nationalität des Individuums ist ja eines der Mittel, durch die die historisch-sozialen Kräfte die Entschliessungen des einzelnen bestimmen. Aber dieser seiner Bestimmtheit durch seine Nationalität wird sich das Individuum erst bewusst, wenn es sich als Zugehörigen einer Nation erkannt hat. Erst das Nationalbewusstsein macht also die Nationalität zur *bewussten* Triebkraft menschlichen, insbesondere auch politischen Handelns.

Darauf beruht es wohl, dass man dem Nationalbewusstsein eine so grosse Bedeutung für den Bestand, für das Wesen der Nation zugeschrieben hat. Man hat in dem Nationalbewusstsein geradezu das *konstitutive* Merkmal der Nation finden wollen: eine Nation sei die Gesamtheit derjenigen Menschen, die sich ihrer Zusammengehörigkeit und ihrer Verschiedenheit von anderen Nationen bewusst sind. So sagt beispielsweise *Rümelin*: „Mein Volk sind diejenigen, die ich als mein Volk ansehe, die ich die Meinen nenne, denen ich mich verbunden weiss durch unlösbare Bande." Diese *psychologische* Theorie der Nation schien desto annehmbarer, als man nicht imstande war, ein objektives Merkmal der Nation zu finden, als alle Versuche, das Band, das die Nation zu einer Gemeinschaft verknüpft, in der Sprache oder in der Gleichheit der Abstammung oder in der staatlichen Zusammengehörigkeit zu entdecken, an der Mannigfaltigkeit der nationalen Erscheinungen zu scheitern schienen. Indessen ist diese psychologische Theorie der Nation nicht nur nicht befriedigend, sondern geradezu unrichtig. Sie ist *nicht befriedigend*, denn angenommen selbst, es wäre richtig, dass jene Menschen die Nation bilden, die sich ihrer Zusammengehörigkeit bewusst sind, so wäre doch die Frage nicht zu umgehen: warum fühle ich mich gerade mit diesen und nicht mit jenen Menschen zusammengehörig? Welches sind denn die „unlösbaren Bande“, durch die ich mich mit den Nationsgenossen verknüpft weiss? Wenn ich mir meiner Nationalität bewusst werde, wessen werde ich mir da eigentlich bewusst? Was ist es, was mich zwingt, mich gerade mit den Deutschen allerwärts und nicht mit Engländern oder Franzosen eins zu wissen? Aber die psychologische Theorie der Nation ist nicht nur nicht befriedigend, sie ist auch unrichtig. Ist es denn wirklich wahr, dass alle Nationsgenossen sich ihrer Zusammengehörigkeit immer auch bewusst sind? Ist nur der ein Deutscher, der einmal die Vorstellung seiner Zugehörigkeit zu anderen Deutschen gefasst? Ist der Schweizer Schullehrer, der an die Zusammengehörigkeit mit dem Berliner Arbeiter zeitlebens nie gedacht, darum kein Deutscher? Keine Vorstellung entsteht in meinem Bewusstsein anders, als hervorgerufen durch irgend eine Erfahrung. Der Deutsche, der nur Deutsche kennt und nur von Deutschen hört, kann seiner Verschiedenheit von anderen Nationen, daher auch seiner Uebereinstimmung mit seinen Nationsgenossen, seiner Zugehörigkeit zu seiner Nation sich nicht bewusst werden, er hat kein Nationalbewusstsein. Aber gerade sein Charakter ist darum doch vielleicht reiner als der irgend eines anderen durch die deutsche Kultur bestimmt, gerade er kann voll und ganz ein Deutscher sein.

Heute kann allerdings wohl gesagt werden, dass jeder, der überhaupt zur Kulturgemeinschaft einer Nation gehört, auch dieser Zugehörigkeit sich bewusst ist. Aber diese Verbreitung des Nationalbewusstseins ist wesentlich ein Erzeugnis unserer kapitalistischen Zeit, die mit ihrem unerhörten Verkehrsreichtum die Nationen in so enge Verbindung untereinander gebracht hat, dass niemandem mehr, der an der Kultur seiner Nation Anteil hat, die anderen Nationen völlig fremd bleiben. Selbst der, der niemals einen Menschen von Angesicht zu Angesicht gesehen, der zu einer fremden Nation gehört, lernt doch die fremden Nationen aus der Literatur, aus der Zeitung — sei es auch in Zerrbildern — kennen, selbst ihm erwächst aus der Kenntnis der fremden Nationen das Bewusstsein seiner Nationalität. Nur in einer solchen Zeit konnte die unrichtige Ansicht entstehen, dass das Nationalbewusstsein es ist, das die Menschen zu Nationen zusammenschliesst.

Das Nationalbewusstsein wird nun dadurch zum Bestimmungsgrund menschlichen Handelns, dass es mit einem eigenartigen Gefühl, dem Nationalgefühl, verknüpft ist. Die Psychologie lehrt uns, dass selbst die einfachsten Bewusstseinserscheinungen, die Empfindungen, regelmässig einen bestimmten Gefühlston haben, die Empfindung der roten Farbe ist von anderen Gefühlen begleitet als die Empfindung der schwarzen oder der blauen Farbe. Ebenso lösen auch die komplizierteren psychischen Gebilde in uns Gefühle

— Lustgefühle und Unlustgefühle, Gefühle der Spannung und der Lösung — aus. Jenes eigenartige Gefühl, von dem das Nationalbewusstsein — die Erkenntnis der Eigenart der eigenen, der Verschiedenheit der anderen Nationen — regelmässig begleitet ist, nennen wir das Nationalgefühl.

Wenn ich eine fremde Nation kennen lerne, so erscheint mir, was ich sehe, zunächst als etwas Neues, etwas Ungewohntes. Schon der körperliche Typus der fremden Menschen ist häufig ein anderer als der meiner Nationsgenossen; ihre Sitten, ihre Lebensgewohnheiten, ihre geistige Kultur sind mir fremd und ich muss mich oft sehr langsam an sie gewöhnen; verkehre ich mit den Fremden näher, so sehe ich, dass sie unter gleichen Umständen anders wählen, sich anders entscheiden als die Menschen, die ich kenne, dass sie ihre Arbeit anders beginnen, ihr Vergnügen anders wählen.

Das menschliche Bewusstsein wird vom *Gesetz der Trägheit* beherrscht. In dem Prozess unseres geistigen Werdens haben wir ein System von Vorstellungen gewonnen. Will nun neue Erkenntnis dieses Gebäude umstürzen, so wehrt sich die Trägheit unseres Bewusstseins dagegen — nur mit grösster Unlust sieht der Gelehrte, der irgend einen Satz seiner Wissenschaft seit Jahren für wahr gehalten, wie irgend eine neue Tatsache diesen Satz als falsch erweist. Geradeso verknüpft sich sehr häufig auch mit der Beobachtung der Eigenart einer fremden Nation ein Gefühl der Unlust. Vorerst mögen die schönen Frauen Italiens mit ungewohnten Reizen mich anziehen, aber bald sehne ich mich wieder nach den blonden Schönen der Heimat. Die Kultur Italiens mag zuerst meine Freude erwecken, aber dauernd gewöhne ich mich nur schwer an das fremde Volk mit seinen fremden Anschauungen und Sitten; die Eigenart fremden Wollens mag mich zuerst belustigen oder erfreuen, aber bald erweckt es Unlust in mir, dass ich denselben äusseren Reiz auf die fremden Menschen andere Wirkung üben sehe, als wie ich sie nach hundertfältiger Beobachtung der Volksgenossen in meiner Heimat erwarten zu können glaubte. Wenn die Erkenntnis der fremden nationalen Eigenart mich plötzlich, unvorbereitet trifft — *passive Apperzeption* — so ist sie fast stets von Gefühlen der Unlust begleitet. Aber selbst wenn die Erkenntnis fremder Art vorbereitet ist und mich darum zuerst erfreut — *aktive Apperzeption* — so weckt doch bald jenes Gesetz der Trägheit ein Unlustgefühl in mir, das darin wurzelt, dass menschliches Bewusstsein sich nur schwer, sich selten ohne Unlustgefühle fremder Eigenart anpasst, neue Vorstellungen, die den alten, Jahrzehnte hindurch anerzogenen, widerstreiten, in sich aufnimmt. So ist sehr häufig die Erkenntnis fremden nationalen Wesens von einem Gefühl der Unlust begleitet. Ist dies der Fall, dann gesellt sich der Vorstellung der eigenen nationalen Art ein Gefühl der Lust. So erweckt die Kenntnis fremder Nationen häufig die Liebe zur eigenen Nation. So quillt das Nationalgefühl aus jener „gefährlich furchtbaren“ Macht des Altgewohnten, aus dem Unwillen, mit dem die Trägheit des menschlichen Geistes allem Neuen und darum allem Fremden gegenübertritt:

Das ganz
Gemeine ist's, das ewig Gestrige,
Was immer war und immer wiederkehrt
Und morgen gilt, weil's heute hat gegolten.
Denn aus Gemeinen ist der Mensch gemacht
Und die Gewohnheit nennt er seine Amme.
Weh dem, der an den würdig alten Hausrat
Ihm rührt, das teure Erbstück seiner Ahnen!
Das Jahr übt eine heiligende Kraft,
Was grau vor Alter ist, das ist ihm göttlich.

Diese Triebkraft der Liebe zur eigenen Nation ist bei verschiedenen Klassen, bei verschiedenen Individuen verschieden stark. Der Bauer, der keine anderen Menschen kennt als seine wenigen Dorfgenossen, keine anderen Sitten als die von altersher überlieferten seines engen Kreises, keine anderen Anschauungen als die, die er, wie jeder seiner Nachbarn, von der Mutter, vom Schullehrer, vom Pfarrer gelernt, der keine andere Abwechslung kennt als die, die in ewiger Wiederkehr der Wechsel der Jahreszeiten ihm auferlegt, ist am wenigsten gewohnt, Neues aufzunehmen, Neues zu lernen, die erlernten Vorstellungen neuen anzupassen, bei ihm ist daher die Trägheit der Apperzeption besonders stark, die Beobachtung aller fremden Art mit einem besonders lebhaften Unlustgefühl verbunden; jede fremde Kleidung, jede fremde Sitte erregt sein Misstrauen, sehr leicht seinen grimmigen Hass. Bäuerliches Nationalgefühl hat keine stärkere Wurzel als die des Hasses des an das Ererbte, an die Ueberlieferung eng gebundenen Menschen gegen alles Fremde. Ganz anders ist es etwa bei dem modernen Bourgeois und bei dem modernen Industriearbeiter. Das ewig Neue, das die Grossstadt, die wechselnde Mode, die Zeitung vor seine Augen führt, hat ihn längst gewöhnt, ohne stärkere Unlustgefühle Fremdartiges zu sehen. Die Liebe zur eigenen Nation hat bei ihm andere Quellen als den Hass gegen fremde Eigenart.

Eine dieser Quellen ist die Tatsache, dass die Vorstellung der eigenen Nation räumlich und zeitlich mit anderen Vorstellungen verknüpft ist, deren Gefühlston auf die Vorstellung der Nation übergeht. Gedenke ich meiner Nation, so erinnere ich mich der trauten Heimat, des Elternhauses, der ersten Kinderspiele, meines alten Schulmeisters, des Mädchens, dessen Kuss mich einst beglückt, und von allen diesen Vorstellungen strömt ein Gefühl der Lust auf die mit ihnen eng verknupfte Vorstellung der Nation, zu der ich gehore, über.

Aber noch mehr! Mein Nationalbewusstsein bedeutet nicht die Erkenntnis eines Fremden, sondern die Erkenntnis meiner eigenen Nationalität, meiner eigenen Art Werde ich mir bewusst, dass ich einer Nation angehore, so erkenne ich, dass mich enge Charaktergemeinschaft mit ihr verknupft, dass ihr Schicksal mich geformt, ihre Kultur mich bestimmt, dass sie selbst in meinem Charakter wirkende Kraft ist. Nicht ein Fremdes ist mir die Nation, sondern ein Stuck meiner selbst, das in dem Wesen der anderen wiederkehrt So verknupft sich die Vorstellung der Nation mit der Vorstellung meines Ich. Wer die Nation schmaht, schmaht damit mich selbst, wird die Nation geruhmt, so habe ich an dem Ruhm meinen Teil Denn die Nation ist nicht ausser in mir und meinesgleichen. Das starkste Lustgefuhl wird so mit der Vorstellung der Nation verbunden Nicht, wie man zuweilen geglaubt hat, wirkliche oder angebliche *Interessengemeinschaft* mit den Nationsgenossen, vielmehr die Erkenntnis des Bandes der *Charaktergemeinschaft*, die Erkenntnis, dass die Nationalitat nichts als meine eigene Art ist, gesellt der Vorstellung der Nation ein Gefuhl der Lust, erweckt in mir die Liebe zur Nation Mich selbst liebe ich, weil der tierische Trieb der Selbsterhaltung mich beherrscht; die Nation erscheint mir aber als nichts anderes als ein Stuck meiner selbst, die nationale Eigenart als ein Stuck meines Charakters; darum liebe ich die Nation So ist die Liebe zur Nation keine sittliche Errungenschaft, kein Ergebnis sittlichen Kampfes, dessen ich mich ruhmen dürfte, sondern nichts als ein Erzeugnis des Triebes zur Selbsterhaltung, der Liebe zu mir selbst, wie immer ich bin, die sich auf alle erweitert, die mit mir ubereinstimmen, mit mir durch Gemeinschaft verknupft sind.

Zu all diesen Triebkraften des Nationalgefuhls kommt aber noch eine sie entstammt dem Enthusiasmus, den, wie Goethe sagt, die *Geschichte* erregt. Dem Geschichtskundigen verknupft sich die Vorstellung der Nation mit der Vorstellung ihrer Schicksale, mit der Erinnerung an heldenmutige Kampfe, an unablassiges Ringen um Wissen und Kunst, an Triumphe und an Niederlagen Die ganze Teilnahme, die der Mensch den kampfenden Menschen der Vergangenheit zu schenken vermag, wandelt sich nun in Liebe zu der Tragerin dieses vielfaltigen Schicksals, der Nation. Im Grunde ist es kein neues Moment, das wir hier anfuhren, sondern nur eine Erweiterung der beiden zuletzt genannten, wie die Vorstellung der Nation einen guten Teil ihres Gefuhlsreichtums ihrer engen Verbindung mit der Vorstellung meiner eigenen Jugend verdankt, so entfacht auch ihre Verbindung mit der Vorstellung jener Menschen, die uns die Geschichte lieben, bewundern gelehrt neue Liebe zu ihr. Und wie ich die Nation lieben lerne, wenn ich in ihrer Eigenart mein eigenes Wesen erkenne, so wird mir ihre Geschichte teuer, wenn ich in ihren Schicksalen bis in graue Urzeit zurück die Kräfte zu finden glaube, die dem Wesen der Nachkommen jener fernen Geschlechter, die meinem eigenen Wesen ihre Züge eingegraben haben. Alle jene romantische Lust am längst Vergangenen wird so zu einem Quell der Liebe zur Nation. Dadurch wirkt ein nationales Kunstwerk — Wagners Meistersinger etwa — national: weil es mich ein Stück der Geschichte der Nation und dadurch die Nation selbst lieben lehrt.

Die Kunde der Geschichte der Nation erzeugt vor allem das lebhafte Nationalgefühl der Intelligenz. Aber je weiter die Volksschule, die Zeitung, der Vortrag, das Buch die Kunde von den Geschicken der Nation tragen, desto mehr entfacht sich auch das Nationalgefühl breiter Massen an der Geschichte der Nation.

Das so entstandene Nationalgefühl führt nun zu einer eigentümlichen nationalen Wertung der Dinge. Denn da die Vorstellung des deutschen Volkes mit einem Lustgefühl verbunden ist, so glaube ich bald deutsch nennen zu dürfen, was immer mir mit einem Lustgefühl verknüpft ist. Nenne ich nun einen Mann, einen „echten deutschen Mann“, so will ich damit nicht mehr bloss die Nationalität des Mannes angeben, sondern ich will ihn preisen, ihn rühmen. „Gut deutsch“ wird zu einem Wort des Lobes, „undeutsch“ zum Tadel. Der Namen des Volkes wird zu einer Wertung; ich glaube eine Tat zu rühmen, wenn ich sie gut deutsch, zu tadeln, wenn ich sie undeutsch nenne. Das bedeutet der merkwürdige romantische Ton, der nach Bismarcks Wort mitschwingt, wenn wir vom deutschen Volke sprechen!

Die Wissenschaft vermag uns die Entstehung des Nationalgefühls aus dem Nationalbewusstsein, die Entstehung dieser merkwürdigen nationalen Wertung aus dem Nationalgefühl zu erklären. Aber sie vermag mehr: sie vermag die nationale Wertung auch zu kritisieren. Und dies ist eine Aufgabe von nicht geringer Bedeutung. Denn nur die Kritik der nationalen Ideologie vermag jene Atmosphäre der Nüchternheit zu erzeugen, in der allein eine gedeihliche Untersuchung nationaler Politik möglich ist.

§ 12.

Kritik der nationalen Werte.

Die eigentümliche Erscheinung der nationalen Wertung, die Tatsache, dass wir, was deutsch ist, für gut halten, wie immer es sein mag, und was gut ist, deutsch nennen, um es zu rühmen, entspringt der ursächlichen Verknüpfung des einzelnen Volksgenossen mit seiner Nation. Weil der einzelne das Kind seiner Nation ist, ihr Erzeugnis, deswegen erscheint ihm alle Eigenart seiner Mutternation als gut, ist sie doch seine eigene Art, deswegen vermag er nur mit Ueberwindung starker Unlustgefühle in sich aufzunehmen, was dieser Eigenart widerstreitet, muss er doch sich selbst umschaffen, umwandeln, wenn er seine nationale Art überwinden will.

Aber der Mensch ist nicht nur ein erkennendes Wesen, das seiner ursächlichen Verknüpfung mit seiner Nation sich bewusst wird, er ist vor allem ein wollendes, handelndes Wesen, das sich Zwecke setzt und zu diesen Zwecken Mittel wählt. Dieser Tatsache entspringt nun eine andere Wertung, die mit jener nationalen Wertung in Widerstreit tritt.

Die Mittel wertet unser Verstand nach ihrer Zweckdienlichkeit: ist zum Beispiel dem Hygieniker die Gesundheit des einzelnen oder der Massen sein Zweck, so gilt ihm alles als wertvoll, was diesen Zweck fördert, strebt der Wirtschaftspolitiker nach möglichster Steigerung der Ergiebigkeit menschlicher Arbeit, so ist ihm alles wertvoll, was die menschliche Arbeit produktiver macht, alles schädlich, was ihre Produktivität mindert. Aber mit der Wertung der Mittel begnügen wir uns nicht, die nächsten Zwecke — die Gesundheit, die Ergiebigkeit der Arbeit — werden selbst einer Wertung unterworfen, ob sie wiederum als Mittel einem obersten Zwecke zu dienen vermögen: diesen Zweck mögen wir verschieden bestimmen — der eine mag in dem höchsten Glück der grösstmöglichen Zahl, der andere in der Gemeinschaft freiwollender Menschen das oberste Ideal finden, das ihm zum Massstabe der Werte wird, ist aber dieses Ideal einmal bestimmt, so wird alles menschliche Wollen darnach als wertvoll oder wertlos beurteilt, als sittlich oder unsittlich gewertet, ob es diesem höchsten Zwecke, dem sittlichen Ideal, als Mittel zu dienen vermag oder nicht.

So gelangen wir zu einer anderen Art der Werte: wertvoll, gut, recht ist uns nun, was zweckdienliches Mittel für einen bestimmten Zweck ist; und der bestimmte Zweck erscheint uns dann wieder als wertvoll, als gut und recht, wenn er seinerseits sich als Mittel einem obersten Zwecke, einem Ideal unterzuordnen vermag. Das ist jene Weise der Wertung, die verstandesgemässer Wahl der Mittel für einen bestimmten Zweck, vernunftgemässer Wahl der Zwecke als Mittel des obersten Zweckes, des sittlichen Ideales, entspringt — die Wertungsweise des *Rationalismus*.

In welchem Verhältnis steht nun diese rationalistische Wertungsweise zu der dem Nationalgefühl entspringenden nationalen Wertung?

Rationalistische Wertung und nationale Wertung *können* zusammenfallen. Als beispielsweise Lessing seinen Kampf gegen den Einfluss der französischen Kultur auf die deutsche Bildung kämpfte, entsprang dieser Kampf gegen das Franzosentum nationaler Wertung, erschien als ein Kampf um die Erhaltung oder Wiederherstellung nationaler Eigenart. Aber dieser Kampf entsprach auch der rationalistischen Wertung; der Klasse des neuerstandenen deutschen Bürgertums konnte die höfische Kultur der Franzosen nicht entsprechen; sie widersprach in gleicher Weise seinem Ideal des Schönen, wie seinem Ideal des Sittlichen. Wenn die grossen Wortführer des deutschen Bürgertums damals deutsche Art gegen fremde Einflüsse verteidigten, so geschah es, weil die deutsche Art ihnen als wertvoller, als höherstehend erschien, weil die deutsche Kultur ihnen ein besseres Mittel für ihren obersten Zweck, für ihr ethisches und ästhetisches Ideal war. So fielen damals rationalistische und nationale Wertung zusammen.

Aber es ist ein historischer Zufall, wenn diese beiden Wertungsweisen zusammenfallen, notwendig ist dies keineswegs. Denn die nationale Eigenart ist ein Erzeugnis des Schicksals der Nation; in dem Schicksal der Nation waltet aber kein vernünftiger Weltgeist, der das Vernünftige zu Seiendem, das Seiende vernünftig macht, sondern die blinde Notwendigkeit des Daseinskampfes. Darum ist es blosser Zufall, wenn die Eigenschaften, die der Daseinskampf einer Nation angezüchtet und anerzogen, späteren Geschlechtern als wertvoll, als geeignete Mittel für ihre Zwecke erscheinen. So hat beispielsweise eine Reihe schwerer Schicksalsschläge — der Untergang des deutschen Frühkapitalismus und Rückgang des deutschen Bürgertums infolge der Verlegung der Welthandelswege, die Entstehung des absolutistischen Staates, die Unterwerfung der Bauern unter den harten Druck der Gutsherrschaft, die Not des dreissigjährigen Krieges — knechtische Demut zu einer nationalen Eigenart der Deutschen des 17. Jahrhunderts gemacht. Aber späteren Geschlechtern konnte diese Eigenart der deutschen Nation keineswegs als wertvoll, als ein Mittel für ihre Zwecke, das dieser Eigenart entspringende Handeln keineswegs als der Weg zu ihrem Ideal erscheinen.

So brauchen also nationale Wertung und rationalistische Wertung nicht zusammenfallen. Dem Rationalisten, dem als wertvoll nur erscheint, was seinem Zweck, was schliesslich seinem obersten Zweck, seinem Ideal, dient, erscheint es einfach als albern, eine Eigenart nicht darnach zu werten, ob sie zweckdienlich, sondern darnach, ob sie national, ob sie Eigenart unserer Nation ist. Darum höhnt er den nationalen Romantiker, der von sich nichts anderes zu rühmen weiss, als dass er ein „guter Deutscher" ist. So sagt Herder: „Wir klagen über den engen Kreis der Ideen, die im Mittelalter Nation von Nation trennten; bei uns sind gottlob alle Nationalcharaktere ausgelöscht." So erscheint Lessing die nationale Wertungsweise als „eine heroische Schwachheit".

So spottet Heine nationaler Wertung:

Ich bin kein Römling, ich bin kein Slav',
Ein deutscher Esel bin ich
Gleich meinen Vätern, sie waren so brav,
So pflanzenwüchsig, so sinnig.

O welche Wonne, ein Esel zu sein,
Ein Enkel von solchen Langohren,
Ich möcht' es von allen Dächern schrei'n:
Ich bin als ein Esel geboren.

Ich bin ein Esel und will getreu
Wie meine Väter, die alten,
An der alten lieben Eselei,
Am Eseltume halten.

Nationale und rationalistische Wertung wurzeln beide im Wesen des Menschen. Jene hat ihren letzten Grund darin, dass der Mensch, mit seiner Nation ursächlich verknüpft, ein Erzeugnis seiner Nation ist. Diese beruht darauf, dass der Mensch ein Zwecke setzendes, ein Mittel wählendes Wesen ist, das in der Form bewussten Handelns sich dem ursächlichen Naturzusammenhang einordnet. Beide Wertungen entspringen dem Wesen des Menschen, beide sind gleich unausrottbar, beide finden sich in jedem Menschen, kämpfen miteinander in jedem Individuum. Ihre Stärke freilich ist in verschiedenen Individuen verschieden. Menschen, die den Wirkungen der Ueberlieferung stark unterworfen sind, in denen die überlieferten Vorstellungen starke Gefühle auslösen, bei denen der wählende Verstand der Wirkung des Gefühles nur schwach entgegenzuarbeiten vermag, neigen zu nationaler Wertung. Nüchterne Menschen dagegen, mit starkem Verstand und geringerem Gefühlsreichtum, freie Geister mit starkem Willen, von der Macht der Ueberlieferung sich zu befreien und selbständig den Weg sich zu wählen, haben für die nationale Wertung kein Verständnis.[1])

[1]) Die nationale Wertung entspringt dem Nationalgefühl, sie lässt sich psychologisch erklären, aber nicht philosophisch rechtfertigen. Trotzdem ist in jüngster Zeit der Versuch einer philosophischen Begründung der nationalen Wertung gemacht worden, und zwar von Heinrich Rickert in seiner bekannten Schrift über die „Grenzen der naturwissenschaftlichen Begriffsbildung" Tübingen 1902. Rickert sucht in dieser Schrift zunächst eine individualistische Ethik zu begründen. Er ersetzt die bekannte Formel des Kantschen kategorischen Imperativs durch den Satz: „Du sollst, wenn du gut handeln willst, durch deine Individualität an der individuellen Stelle der Wirklichkeit, an der du stehst, das ausführen, was nur du ausführen kannst, da kein anderer in der überall individuellen Welt genau dieselbe Aufgabe hat wie du, und du sollst dein ganzes Leben ferner so gestalten, dass es sich zu einer teleologischen Entwicklung zusammenschliesst, die in ihrer Totalität als die Erfüllung deiner selbst sich niemals wiederholenden Lebensaufgabe angesehen werden kann." (Seite 716 f.) Dieser individualistischen Ethik gibt nun Rickert selbst

Dieser in jedem Menschen wirkende Gegensatz nationaler und rationalistischer Wertung gewinnt nun grosse soziale Bedeutung dadurch, dass Klassengegensätze und politische Gegensätze sich dieses Widerstreites der Wertungen bemächtigen.

Die nationale Eigenart ist jederzeit das Erzeugnis der überlieferten Gesellschaftsverfassung. Entstehen nun revolutionäre Bewegungen, welche die bestehende Gesellschaftsordnung umstürzen, durch eine neue ersetzen wollen, so verweisen bald die an der Erhaltung des Bestehenden Interessierten, also die herrschenden und besitzenden Klassen, darauf, dass die nationale Eigenart durch die bestehende Ordnung der Gesellschaft geschaffen und bedingt ist, dass jeder Umsturz ihrer Rechte und ihres Besitzes die überlieferte nationale Eigenart vernichten oder verändern würde. So

---

auch eine nationale Deutung. Denn unter Individuum versteht er nicht nur den konkreten einzelnen Menschen, sondern auch die konkrete Individuengemeinschaft, die Nation. Jede Nation hat eine individuelle Aufgabe und die Erfüllung dieser Aufgabe, die Herausarbeitung der nationalen Eigenart, ist sittliche Pflicht (722.) Dieser Versuch der Begründung einer individualistischen und zugleich nationalen Ethik ist sehr interessant, weil er uns die geschichtlichen Wurzeln der heutigen Bewegung in der Philosophie deutlich erkennen lässt. Eine eingehende Kritik dieser Ethik ist hier nicht möglich, nach der Kritik ihrer erkenntnistheoretischen Grundlagen durch Münsterberg und M. Adler vielleicht auch nicht mehr notwendig. Ich möchte nur kurz darauf verweisen, dass sich Rickerts Gedankengang ganz offenbar im Kreise bewegt. Rickert gelangt nämlich zu seiner individualistischen Ethik durch die Erkenntnis, dass der handelnde Mensch niemals bloss als Exemplar des Gattungsmenschen, sondern immer als Individuum unter individuellen Bedingungen handelt, und glaubt daraus den Schluss ziehen zu dürfen, dass das Gesetz des sittlichen Handelns nicht von dem Gattungsbegriff des Menschen, sondern von dem geschichtlichen Begriff des Individuums auszugehen hat. Nun hat aber das Wort Individuum bei Rickert nicht denselben Sinn, in dem wir es gewöhnlich gebrauchen. Unter dem historischen Individuum versteht nämlich Rickert das, was uns nicht als Gattungsexemplar wichtig ist — wie zum Beispiel irgend ein beliebiges Stück zum Heizen verwendbarer Kohle — sondern in seiner Einzigartigkeit wertvoll ist — wie zum Beispiel der Diamant Cohi-noor. Nicht das ist ihm ein In—dividuum, was nicht geteilt werden kann, sondern das, was wegen seines Wertes nicht geteilt werden soll. Darnach hat also die Nation nicht darum schon eine historische Individualität, weil sie überhaupt eine Eigenart hat, die sie von anderen scheidet, sondern erst dadurch, dass sie eine wertvolle Eigenart hat. Der Satz: Jeder soll seine Individualität erhalten und entwickeln, bedeutet also nicht: Jeder soll seine Sonderart, wie immer sie sein mag, entwickeln, sondern nur das an seiner Eigenart, was wertvoll ist. Was aber ist wertvoll? Macht erst das Wertvolle die Eigenart zur historischen Individualität, so kann der Massstab des Wertvollen nicht in der Individualität selbst, sondern nur im Ueberindividuellen, im Allgemein-Menschlichen liegen. Die Nation soll ihre Eigenart erhalten. Aber Eigenart ist nur das, was die Nation erhalten soll, was wertvoll ist. Was aber ist wertvoll? So fordert auch Rickerts Gesetz schliesslich einen objektiven Massstab der Werte, der die Sonderart erst zur Individualität macht und darum aller Individualität vorausgeht. So widerlegt Rickert sich selbst. Nimmt man in dem Satz: Jede Nation soll ihre Individualität erhalten und entwickeln, das Wort Individualität im Sinne Rickerts, so ist der Satz eine leere Tautologie: Jeder soll das erhalten, was erhaltenswert ist. Was aber ist wert, erhalten zu werden?

machen sie die nationale Wertung zu einem Werkzeug ihres Klassenkampfes. Als der Kapitalismus die feudale Gesellschaftsordnung bedrohte, lehrte die Gutsherrenklasse, die feudalen Einrichtungen wurzelten im nationalen „Volksgeiste“; der Kapitalismus sei ein fremdes Gewächs, das die nationale Eigenart vernichten werde, darum sei jeder gute Deutsche verpflichtet, die nationale Rechtseinrichtung der Hörigkeit der Bauern gegen die fremde Einrichtung bürgerlicher Rechtsgleichheit zu schützen. Als die Demokratie ihren Einzug in Mitteleuropa hielt, höhnten sie die Machthaber als ein fremdes — englisches oder französisches — Erzeugnis, das dem Nationalcharakter der Deutschen nicht entspreche und ihn vernichten würde; jeder gute Deutsche sollte daher Absolutismus und Feudalherrschaft stützen. Aehnlich wird heute noch die Freiteilbarkeit der Bauerngüter mit dem Argument bekämpft, sie entstamme dem fremden „heidnisch-römischen Recht“ und wird das Anerbenrecht als deutsche Rechtseinrichtung gefordert.

Die grösste Bedeutung hat aber die nationale Wertungsweise als reaktionäres Kampfmittel in Russland gewonnen. Jede Reform nach westeuropäischem Muster wird dort seit Jahrzehnten von einer Richtung bekämpft, die aus dem Elend und der Unwissenheit des Muschik, aus der Willkür der Beamten, aus der Macht des Zaren und dem Aberglauben der griechischen Kirche ein Gebräu slavisch-nationalen Wesens zusammengebraut hat, das gegen jeden westlichen Einfluss um jeden Preis behütet werden müsse. Seit Jahrzehnten kämpft dort die Slavjanophilie in verschiedenen Gestalten gegen die Zapadniki; sie lebt heute noch in manchem Zweige der russischen Literatur, in manchem politischen Gedanken und hat zeitweilig selbst auf die reformistischen und revolutionären Parteien eingewirkt.

Wenn aber alle um ihre Herrschaft und um ihren Besitz fürchtenden Klassen die nationale Eigenart erhalten wollen, die nationalen Werte zu schätzen vorgeben, so sind dagegen alle aufstrebenden Klassen, die die Macht in der Gesellschaft sich erst erkämpfen müssen, rationalistisch. Denn alles historisch Ueberkommene schätzen sie nicht, ist es doch der Angriffspunkt ihres Kampfes. So ist auch die nationale Eigenart für sie nichts als die Eigenart der Klassen, die die Nation beherrschen und ausbeuten; so sind die nationalen Einrichtungen, die angeblich allein dem Nationalcharakter entsprechen und seine Erhaltung ermöglichen, für sie die Bollwerke der Herrschaft und Ausbeutung der ihnen feindlichen Klassen. Welche Verachtung hatten die deutschen Demokraten vor 1848 für das Gerede jener, die die unerträglichen politischen und gesellschaftlichen Zustände Deutschlands als Ausfluss des „christlich-germanischen Volksgeistes“ rechtfertigen wollten, für die national-historische Schule, „eine Schule, welche die

Niedertrachtigkeit von heute durch die Niedertrachtigkeit von gestern legitimiert, eine Schule, die jeden Schrei des Leibeigenen gegen die Knute fur rebellisch erklart, sobald die Knute eine bejahrte, eine angestammte, eine historische Knute ist" [1]) Ist die nationale Wertung allen konservativen Klassen lieb und teuer, so ist dagegen die Wertung aller revolutionaren Klassen rationalistisch.

Das gilt auch von der heutigen Arbeiterklasse. Sie ist ja nach dem Worte des jungen Marx „eine Klasse mit radikalen Ketten, eine Klasse der bürgerlichen Gesellschaft, welche keine Klasse der burgerlichen Gesellschaft ist, ein Stand, welcher die Auflosung aller Stande ist, eine Sphare, welche einen universellen Charakter durch ihre universellen Leiden besitzt und kein besonderes Recht in Anspruch nimmt, weil kein besonderes Unrecht, sondern das Unrecht schlechthin an ihr verubt wird, welche nicht mehr auf einen historischen, sondern nur noch auf den menschlichen Titel provozieren kann, welche in keinem einseitigen Gegensatze zu den Konsequenzen, sondern in einem allseitigen Gegensatz zu den Voraussetzungen des deutschen Staatswesens steht, eine Sphare endlich, welche sich nicht emanzipieren kann, ohne sich von allen ubrigen Sphären der Gesellschaft zu emanzipieren, welche mit einem Worte der vollige Verlust des Menschen ist, also nur durch die vollige Wiedergewinnung des Menschen sich selbst gewinnen kann. Diese Auflosung der Gesellschaft als ein besonderer Stand ist das Proletariat." [2]) Weil die Arbeiterklasse noch keine Klasse der Nation ist, so ist sie auch keine nationale Klasse mehr. Ausgeschlossen vom Genuss der Kulturguter, sind ihr diese Kulturgüter fremder Besitz Wo andere die glanzende Geschichte der nationalen Kultur sehen, sieht sie das Elend und die Knechtschaft derer auf deren breiten Schultern seit dem Untergange des alten Sippschaftskommunismus alle nationale Kultur geruht. Nicht in der Erhaltung der nationalen Eigenart, sondern in dem Umsturz aller bisherigen Gesellschaftsverfassung, der sie erst zum Gliede der Nation machen kann, sieht sie ihr Ideal. Darum legt sie an alles, was nur historisch uberliefert ist, das Messer ihrer Kritik. Darum ist ihr nichts wertvoll, weil es uberkommen ist, sondern es muss erst seinen Wert erweisen daran, dass es ihrem Klassenkampfe dient Darum lacht sie aller derer, die ihren Klassenkampf damit bekämpfen wollen, dass er der Eigenart der Nation widerstreite, da doch erst ihr Klassenkampf sie zum Gliede dieser Nation machen kann Da die nationalen Kulturguter nicht Kulturguter des Proletariats sind, so ist auch die nationale Wertung nicht proletarische

[1]) Marx, „Zur Kritik der Hegelschen Rechtsphilosophie" In Mehrings „Aus dem literarischen Nachlass von Karl Marx, Friedrich Engels und Ferdinand Lassalle" Stuttgart 1902. I, Seite 386

[2]) Marx, ebenda, Seite 397.

Wertung. Dass die Arbeiterklasse ausgeschlossen ist von der nationalen Kultur, das ist ihre Qual, aber darin wurzelt auch ihre Wurde Ihre Grossvater hat einst der Gutsherr von Haus und Hof verjagt, um sein Herrenland zu erweitern; ihre Vater mussten das Bauerndorf verlassen, in dem ihre Ahnen seit Jahrhunderten, vielleicht seitdem die Nation sesshaft geworden, gelebt, und wurden so entwurzelt, herausgerissen aus aller Ueberlieferung, sie selbst sind preisgegeben den wechselnden Einflussen der Grossstadt, hineingezogen in alle Stromungen des Tages, hin und her geworfen durch alle Landesteile, durch das Spiel der Konjunktur So ist die Arbeiterklasse wurzellos geworden, freier von der lahmenden Macht alles Ueberlieferten als jemals eine Klasse vor ihr So ist sie gleichsam zur Verkorperung des Rationalismus geworden, der nichts mehr heilig ist, weil es alt, weil es uberliefert, weil es gewohnt ist, sondern die, alles bloss Ueberlieferte von sich weisend, keinen anderen Massstab kennt als den Zweck, fur den sie kämpft, die Mittel, die sie fur diesen Zweck wahlen muss Alles Neue ist ihr willkommen, aus allem Neuen und Fremden wahlt sie, was ihr geeignet erscheint, die uberlieferte nationale Eigenart erscheint ihr als nichts, als eine uberwundene Beschranktheit. Aus Deutschland holt sich der russische Arbeiter seine Ideale, von Belgiern und Russen lernt der Deutsche neue Kampfmethoden, den Englander ahmt er in der Gewerkschaft, den Franzosen im politischen Kampfe nach, jede neue Stromung weckt sofort seine Aufmerksamkeit — ja oft ist er geneigt, sie zu uberschatzen, gerade weil sie neu, unerhort, ungewohnt ist, gerade weil sie dem widerstreitet, was den anderen nationaler Kulturbesitz und nationale Eigenart bedeutet. Es gibt keine Klasse, die innerlich von aller nationalen Wertung voller befreit ware als das von aller Tradition durch die zerruttende, zerstorende Macht des Kapitalismus befreite, vom Genuss der nationalen Kulturguter ausgeschlossene, im Kampfe gegen alle geschichtlich uberlieferten Machte emporkommende Proletariat [1])

Je mehr aber das Proletariat rationalistisch wird, desto mehr wird die nationale Wertung bei seinem unmittelbaren Gegner, bei der Bourgeoisie, beliebt, freilich klingt gerade im Munde der Kapi-

[1]) Vielleicht uberrascht es manchen, dass ich das Proletariat die Verkorperung des Rationalismus nenne, da doch die Theorie des Proletariats, der Marxismus, gerade dem Rationalismus in der Gesellschaftswissenschaft entgegengetreten ist, uns erst recht alles, was da ist, in seiner geschichtlichen Bedingtheit verstehen gelehrt hat. Indessen gilt es hier genau zu unterscheiden Marx hat die Wissenschaft gelehrt, das Bestehende und das Werdende in seiner geschichtlichen Abhangigkeit, Bedingtheit zu begreifen Aber er hat nicht das Ueberlieferte darum der rationalistischen Kritik entzogen, es zu rechtfertigen geglaubt, weil er es als geschichtlich entstanden erwiesen. Diesen Unfug der „historischen Rechtsschule“ hat niemand scharfer bekampft als er! Gerade Marx hat uns vielmehr den proletarischen Rationalismus historisch, in seinem Entstehen verstehen gelehrt!

talisten diese Wertung sonderbar. Ist es doch das Kapital, dessen Wirksamkeit die überlieferte nationale Eigenart aller Nationen vernichtet, jede Nation in ihrem ganzen Wesen verändert hat. Solange die Bourgeoisie jung war, war auch ihr die nationale Wertung fremd; damals verachtete sie die überlieferten Trümmer der Geschichte und träumte von dem Gesellschaftsgebäude, das sie aufbauen würde nach dem Plane ihrer eigenen Klassenvernunft. Aber je mehr das Proletariat an Macht gegenüber der Bourgeoisie gewinnt, desto sympathischer wird ihr, wie aller Historismus, auch die nationale Wertungsweise.

Der Kampf des Proletariats gegen die Bourgeoisie ist ein Kampf um das Eigentum. Das Sondereigentum diente einst in längst vergangener Zeit der Forderung: jedem das, was er selbst sich erarbeitet hat. In der kapitalistischen Werkstätte hat es sein Wesen gewandelt und bedeutet jetzt: dem Herrn das Erzeugnis der Arbeit der anderen. Aber selbst hier verlor es noch nicht allen Sinn. War doch mit dem Eigentum an Arbeitsmitteln nicht nur der Anspruch auf den Mehrwert, sondern eine gesellschaftliche Funktion, die der Leitung der Produktion, verbunden. Immer mehr aber spaltet sich auch diese Funktion vom Eigentum ab: in der Aktiengesellschaft, im Kartell, im Trust, in der Organisation unseres Bankwesens verliert der Eigentümer alle gesellschaftliche Funktion, hat er keinen Teil mehr an der Arbeitsleitung und übrig bleibt ihm nichts anderes als der Anspruch auf den Ertrag fremder Arbeit. So hat das Eigentum sein Wesen völlig verkehrt: Einst bedeutete es, dass der Arbeiter im Besitz des Arbeitsproduktes geschützt wird; heute bedeutet es nichts als einen Anspruch auf fremde Arbeit, ist zum reinen Ausbeutungstitel geworden. Nicht mehr auf eine gesellschaftliche Funktion, auf einen Dienst, den er der Gesellschaft leistet, kann sich der Eigentümer berufen, sondern nur noch auf die blosse Tatsache, dass er sein Eigentum ererbt hat, dass sein Eigentum ein Erzeugnis geschichtlicher Entwicklung ist. Er hat keinen anderen Rechtstitel mehr als den historischen.

Die junge Bourgeoisie bekämpfte die überlieferten Staatseinrichtungen; die alte Bourgeoisie fürchtet die Demokratie und klammert sich an die Monarchie und Bureaukratie als an ihre Bundesgenossen im Kampfe gegen das Proletariat. Die junge Bourgeoisie konstruierte den „Vernunftstaat“; die altgewordene Bourgeoisie verteidigt das historische Recht der Monarchie.

So schätzt die Bougeoisie heute alles historisch Ueberlieferte, weil sie ihre eigene Herrschaft nur noch historischer Ueberlieferung dankt; und weil sie alles Historische schätzt, so schätzt sie auch das Historische in uns selbst, die Nationalität. So wird sie immer mehr zur Verteidigerin der nationalen Eigenart, passt sich immer mehr nationaler Wertung an, glaubt sie doch die überlieferte Verfassung der Gesellschaft damit verteidigen zu können, dass sie nationaler Eigenart entsprungen ist und die nationale Eigenart ihrer zu ihrer Erhaltung bedarf. Es ist kein Zufall, dass heute bürgerliche Theoretiker sich wieder bemühen, die Erhaltung nationaler Eigenart zur sittlichen Pflicht zu machen; dass der nationale Spiritualismus wieder seine Auferstehung feiert; dass in der Rechtswissenschaft und in der Nationalökonomie die historische Schule an unseren Universitäten herrscht; dass unsere Romanliteratur und unsere Kunst die nationale Sonderart entdeckt.

Nationale Wertung und rationalistische Wertung entspringen verschiedenen Seiten des menschlichen Wesens, entstehen notwendig in jedem Menschen, liegen in jedem einzelnen von uns miteinander im Streit. Aber dieser innere Gegensatz in uns wird durch den Klassenkampf zu einem äusseren Gegensatz in der Gesellschaft. Immer mehr und mehr wird die nationale Wertung die Wertungsweise der herrschenden und besitzenden Klassen, die rationalistische Wertung die Wertungsweise der Arbeiterklasse. Verschiedenen Werten entspringt auch verschiedene Politik.

§ 13.

Nationale Politik.

Es ist eine der wichtigsten unserer Aufgaben, die verschiedenen Willensrichtungen, die unter dem Schlagwort der nationalen Politik zusammengefasst und miteinander vermengt werden, streng zu sondern. Diese Arbeit muss schon hier, noch ehe von dem Verhältnis der Nation zum Staat die Rede ist, beginnen.

Der Wertung entspringt ein Wille. Halte ich die nationale Eigenart, wie immer sie beschaffen sein mag, für wertvoll, so entspringt daraus der Wille, die nationale Eigenart zu erhalten. Nationale Wertung gebiert also nationale Politik, das heisst hier planmässiges Zusammenwirken zu dem Zwecke, die nationale Eigenart zu erhalten. Wir können diese nationale Politik, um sie von anderen Willensrichtungen, die gleichfalls als nationale Politik bezeichnet werden, zu unterscheiden, als *konservativ-nationale Politik* bezeichnen. Es ist eine konservative Politik, weil sie die nationale Eigenart, wie sie ist, erhalten will. Es ist eine konservative Politik aber auch in dem Sinne, dass sie fast immer die Politik der herrschenden und besitzenden Klassen, der an der Erhaltung der bestehenden Gesellschaftsordnung interessierten, also konservativen Klassen ist.

Zwischen nationaler Eigenart und Gesellschaftsverfassung besteht ein enger Zusammenhang. Einerseits nämlich schafft sich jede Gesellschaftsverfassung eine bestimmte psychische Verfassung der Nation: die nationale Eigenart einer kapitalistischen Nation ist wesentlich anders als die einer feudalen. Andererseits aber ist die Erhaltung einer bestimmten nationalen Eigenart auch Voraussetzung einer bestimmten Gesellschaftsverfassung: so ist eine bestimmte geistige Verfassung der Massen Voraussetzung der absolutistisch-bureaukratischen Herrschaft, die unmöglich weiter bestehen kann, wenn diese Seelenverfassung der Nation sich verändert (wodurch immer diese Veränderung herbeigeführt sein mag). Die Klassen, die an der bestehenden Gesellschaftsverfassung interessiert sind, müssen also die nationale Eigenart zu erhalten suchen, weil sie Voraussetzung ihrer Macht in der Gesellschaft ist; sie erklären, dass sie ihre Macht, die bestehenden gesellschaftlichen Einrichtungen erhalten wollen, weil dadurch allein die für wertvoll gehaltene nationale Eigenart erhalten werden kann. Die Bourgeoisie will den Knechtessinn, die „verdammte Bedürfnislosigkeit", die demütige fatalistische Ergebung der Arbeiter in ihr Elend erhalten, weil dadurch die Möglichkeit der Ausbeutung gesichert wird; sie gibt aber vor, ihre Herrschaft über den Arbeiter erhalten zu wollen, weil dadurch die angeblichen Tugenden der Bedürfnislosigkeit, der Frömmigkeit, das „patriarchalische Verhältnis" zwischen „Arbeitgebern und Arbeitnehmern" erhalten werden. Das ist die innere Lüge konservativ-nationaler Politik: sie gibt vor, die gesellschaftlichen Einrichtungen erhalten zu wollen um der nationalen Eigenart willen; in Wirklichkeit will sie die nationale Eigenart erhalten, um sich im Genusse der gesellschaftlichen Einrichtungen, im Genusse ihrer Macht, im Genusse der Ausbeutung zu sichern.

Kann aber die Nation dieses Streben nach Erhaltung ihrer Eigenart überhaupt entbehren? Ist es nicht für sie, was der Selbsterhaltungstrieb für jedes Lebewesen ist? Bedroht nicht der kulturelle Kosmopolitismus, der, statt die nationale Eigenart zu erhalten, von allen Nationen das Wertvolle lernen und für die eigene Nation erwerben will, das nationale Sonderdasein mit dem Untergang? Will er die Menschheit nicht in einem eintönigen Brei zugrunde gehen lassen, in dem alle nationale Mannigfaltigkeit verschwindet?

Gegen diese Meinung haben wir uns schon wiederholt auf unsere Beobachtung der nationalen Apperzeption berufen. Wir wissen, dass die Nation im Laufe der Jahrhunderte Kulturelemente von den verschiedensten Nationen aufgenommen hat. Die alten Germanen standen zuerst unter dem starken Einflusse der höher entwickelten keltischen, später unter der Einwirkung der römischen Kultur. Das Christentum führte ihnen orientalische, griechische und römische Kulturelemente zu. Im Zeitalter der Grundherrschaft war insbesondere der südfranzösische Kultureinfluss ausserordentlich stark; dazu gesellten sich im Zeitalter der Kreuzzüge italienische und orientalische Einwirkungen. Mit der kapitalistischen Warenproduktion wirkt der italienische Humanismus und die italienische Renaissance auf Deutschland ein. Die folgenden Jahrhunderte sehen wieder starken französischen Einfluss. Das wiedererwachende Bürgertum steht unter dem Einflusse der antiken Kultur, französischer, englischer, niederländischer Wissenschaft und Kunst. Das 19. Jahrhundert gar lässt die verschiedensten Nationen, selbst Nationen fremder Erdteile, unseren Kulturreichtum vermehren. Und trotz alldem ist von dem Verschwinden nationaler Eigenart gar keine Rede! Dies erklärt die nationale Apperzeption: keine Nation nimmt fremde Elemente unverändert auf, jede passt sie ihrem ganzen Sein an, unterwirft sie im Prozesse der Aufnahme, der geistigen Verdauung, einer Veränderung. Französische Kulturelemente wurden von den Deutschen wie von den Engländern aufgenommen. Aber die französischen Kulturelemente wurden etwas ganz anderes in den Köpfen der Engländer als in den Köpfen der Deutschen. *Ausgleichung der materiellen Kulturinhalte bedeutet durchaus nicht Beseitigung der nationalen Sonderart.* Niemals war das Bewusstsein der Eigenart der Nation deutlicher als gerade in unseren Tagen, obwohl zweifellos heute jede Nation viel mehr und viel schneller von den anderen Nationen lernt als jemals vorher.

Aber auch ganz abgesehen von fremden Einflüssen unterliegt die nationale Eigenart fortwährenden Veränderungen, ohne dass die Nation darum jemals aufhören würde, eine von allen anderen Nationen verschiedene Charaktergemeinschaft zu sein. Welche ungeheure Umwälzung hat beispielsweise das 19. Jahrhundert in der nationalen Eigenart des deutschen Volkes hervorgerufen! Wir wollen hier nur *eine* Seite dieser vielfachen Veränderungen hervorheben.

Als in den Ländern des Westens die grossen Schlachten im Klassenkampfe des Bürgertums gegen den absolutistischen Staat und die Gutsherrenklasse geschlagen wurden, während in Deutschland noch die Rückständigkeit der wirtschaftlichen Entwicklung und politischer Druck das Bürgertum niederhielt, sagte Frau v. Staël einmal, wer sich in Deutschland nicht um den ganzen Erdkreis bekümmere, der habe dort nichts zu tun. Die deutsche Intelligenz nahm damals das ganze Wissen ihrer Zeit in sich auf: die in Holland, England und Frankreich ausgebildete moderne Naturwissenschaft, die französische und englische Staatslehre, die auf dem Boden beider Zweige der Wissenschaft erwachsene Philosophie wurden in Deutschland aufgenommen. Aber die von den Nationen des Westens übernommenen Begriffe wurden damals in deutschen Landen ganz anders verarbeitet als in Frankreich oder England. Denn hier lenkte nicht der unmittelbare Klassenkampf, der in Deuschland noch nicht möglich war, die Augen von den Prinzipien ab; hier zwang nicht, wie frühzeitig in England, nach der Revolution auch in Frankreich, die Notwendigkeit praktischer Verwertung zu Kompromissen der Idee mit der Wirklichkeit. So wurde Deutschland das klassische Land, in dem die Prinzipien durchdacht, die Deduktionen aus ihnen zu Ende gedacht werden. Auf solcher Grundlage erwuchs unsere Philosophie, erwuchs jener folgerichtige Rationalismus, der auch die geringste Handlung nicht anders rechtfertigen zu können meinte, als wenn er sie einem grossen System der Zwecke einzuordnen vermochte. Nur in Deutschland konnte ein Vischer sagen, er könne sich nicht denken, wie ein Mann Politik treiben könnte, ohne Hegels Logik studiert und durchdacht zu haben. Und diese Denkweise blieb nicht auf die schmale Schicht der Intelligenz beschränkt; in verdünnter Form drang sie in breite Massen hinein, der Schullehrer, der Pfarrer, die Zeitung, die Anfänge politischer Agitation machten diese Gesinnung allmählich auch zur Denkweise der Massen. „Sichtbar und, wie ich glaube, allgemein zugestanden," sagt Fichte, „ging ja alles Regen und Streben der Zeit darauf, die dunklen Gefühle zu verbannen und allein der Klarheit und der Erkenntnis die Herrschaft zu verschaffen." Man kann die Revolution von 1848 nicht verstehen, wenn man diese nationale Eigenart der Deutschen jener Zeit nicht beachtet. Heute noch lebt ein Stück jener Denkweise in den deutschen Arbeitern, sie rechtfertigt Engels' bekanntes Wort, die deutschen Arbeiter seien die Erben der deutschen klassischen Philosophie, die deutschen Sozialisten die Nachkommen von Kant, Fichte und Hegel.

Aber der Kapitalismus und die von Junkern und Bourgeois beherrschte konstitutionelle Monarchie hat diese ganze Eigenart des deutschen Volkes völlig verändert. Ein öder Empirismus und Historismus, die Lust an wertloser Einzelforschung, die Anbetung des Erfolges, jene Realpolitik, die nach einem Worte von Marx für Realität hält, was ihr zunächst vor der Nase liegt, kennzeichnet die geistige Kultur des heutigen Deutschland. Bourgeoiser Rationalismus ist nicht mehr möglich, proletarischen Rationalismus verbietet die Bourgeoisie durch das Mittel des von ihr beherrschten Staates, der jeden Mann von „verdächtiger Gesinnung" von aller praktischen Wirksamkeit auszuschliessen sucht. Geistesverwandt mit der akademischen Jugend unserer Dreissiger- und Vierzigerjahre ist heute nicht die deutsche, sondern die russische Intelligenz. Und auch diese Wandlung der nationalen Eigenart blieb keineswegs auf die akademisch gebildete Oberschichte beschränkt; auch der neue Geist sickert durch viele Kanäle in die breiten Massen hinein. Der Revisionismus in der deutschen Sozialdemokratie ist sein Kind; er entspringt jener Abkehr von allen „unpraktischen" Prinzipien, jener Opportunitätspolitik, die den alten Rationalismus verdrängt hat, jener Gesinnung, die ihr Handeln nicht mehr als Mittel zu einem theoretisch als richtig erkannten obersten Zweck, sondern nur noch durch den unmittelbar sichtbaren, wenn auch noch so kleinen Erfolg rechtfertigen zu können glaubt.

So gewaltig wälzen wenige Jahrzehnte kapitalistischer Entwicklung die nationale Eigenart des Volkes um. Aber hat darum das deutsche Volk keine nationale Eigenart mehr? Sind die Deutschen darum Engländer oder Amerikaner geworden? *Veränderung der nationalen Eigenart bedeutet keineswegs Preisgabe nationaler Eigenart.*

Aus dieser Erkenntnis ergibt sich nun die Idee einer anderen nationalen Politik. Wir müssen nicht dafür sorgen, dass die künftigen Generationen den lebenden gleichen, sondern dafür, dass auch unsere Nachkommen, durch die Charaktergemeinschaft verknüpft, eine Nation bilden. Wie gross wird aber künftig der Kreis sein, der die Nation bildet? Planmässiges Zusammenwirken zu dem Zwecke, dass das ganze Volk an der nationalen Kulturgemeinschaft Anteil habe, durch die nationale Kultur bestimmt und so zu einer nationalen Charaktergemeinschaft verknüpft werde, darf wohl auch nationale Politik heissen. Um sie von der uns schon bekannten konservativ-nationalen Politik zu unterscheiden, nenne ich sie die *evolutionistisch-nationale Politik*. Sie darf evolutionistisch heissen, denn sie bricht mit der Vorstellung, unveränderte Erhaltung der geschichtlich entstandenen Eigenart der Nation sei unsere Aufgabe; sie stellt dieser unrichtigen Vorstellung die der Entwicklung, der Evolution des Nationalcharakters gegenüber. Aber sie darf in noch tieferem Sinn evolutionistische Politik heissen, weil sie nicht nur die Weiterentwicklung des Nationalcharakters nicht hindern, sondern weil sie erst das gesamte Volk zur Nation machen, zur Nation sich entwickeln lassen will. Ihr handelt es sich *nicht nur um Entwicklung der Nation, sondern um Entwicklung des gesamten Volkes zur Nation*[1].

Diese evolutionistisch-nationale Politik ist nun die Politik der modernen Arbeiterklasse. Die Arbeiterklasse verfolgt freilich ihre Politik nicht um der Nation willen, sondern um ihrer selbst willen. Aber da das Proletariat notwendig um den Besitz der Kulturgüter kämpft, die seine Arbeit schafft und möglich macht, so ist die Wirkung dieser Politik notwendig die, das gesamte Volk zur Teilnahme an der nationalen Kulturgemeinschaft zu berufen und dadurch die Gesamtheit des Volkes erst zur Nation zu machen.

Diesem Zweck dient schon die *demokratische* Politik des Proletariats. Das gleiche Wahlrecht wird zu einem gewaltigen

[1]) Selbstverständlich steht das Wort evolutionistisch hier durchaus nicht im Gegensatz zu revolutionär. Revolution, plötzliche Umwälzung, ist nur eine bestimmte Methode, ein Mittel der Entwicklung, eine Phase der Evolution.

Hebel nationaler Entwicklung, indem es die Parteien zwingt, um den letzten Taglöhner zu kämpfen und in der Werbearbeit für ihr Programm ein Stück nationaler Kultur zum Besitz der Massen zu machen. Pressfreiheit, Versammlungsfreiheit, Vereinsfreiheit ermöglichen erst kulturelle Einwirkung auf die breiten Massen. Die zweckbewusste Zusammenarbeit in den Arbeiterorganisationen entreisst den Arbeiter der Tiefe eines bloss vegetativen Daseins, das sich in Arbeit, Schlaf und im rohesten Sinnesgenusse verzehrt, führt ihm, wenn auch noch so spärlich, Elemente der nationalen Kultur zu.

Dieselbe Wirkung hat auch die Schulpolitik des Proletariats. Die Volksschule ist immer und überall die Sorge der Arbeiterklasse, während sie der Bourgeoisie immer mehr und mehr gleichgültig, ja verdächtig wird. Jede neue Schulklasse ist aber eine neue Eroberung der Nation!

Aber viel stärker noch als die unmittelbaren Wirkungen der demokratischen und der Schulpolitik des Proletariats sind die mittelbaren Wirkungen seiner Wirtschaftspolitik.

Die konservativ-nationale Politik unterstützt die wirtschaftspolitische Reaktion. Der Kleinbürger, insbesondere aber der Bauer, sichert ihr die Erhaltung nationaler Eigenart. Gerade der Verteidigung agrarischer Politik muss die nationale Wertungsweise häufig als Mittel dienen.

Der Bauer ist fest eingesponnen in die Tradition des engen Kreises, seines Stammes, seines Dorfes; von dieser Art lässt er nicht, er ist allem Neuen, allem Fremdartigen feind. Wenn man beobachtet hat, dass gerade den Bauer keine Fremdherrschaft seiner Nationalität zu berauben vermag, dass der Elsässer Bauer nicht Franzose, der Siebenbürger Sachse nicht Magyar geworden ist, so beruht das darauf, dass der Bauer seine örtliche und Stammesart starr erhält: nicht ihr Deutschtum haben sie erhalten, sondern der eine ist eben Elsässer, der andere Sachse geblieben. Wohl trägt auch die Kultur des elsässischen und siebenbürgisch-sächsischen Bauern gemeinsamen Zug: aber über ihrer von den Ahnen ererbten gemeinsamen Kultur ist seit Jahrhunderten neue Kultur gelagert, die die alte Gemeinsamkeit längst verdeckt hat. Noch vor wenigen Jahrzehnten hätten wir es ruhig sagen dürfen: der deutsche Bauer gehört im Grunde nicht zur Nation, weil er an der deutschen Kulturgemeinschaft keinen Teil hat, weil ihn mit der Nation nicht mehr verbindet als jene, von der späteren Entwicklung längst überdeckte Gemeinsamkeit des Blutes und der Ueberlieferung, die er den gemeinsamen germanischen Ahnen dankt. Wer den Bauer in diesem Zustande erhalten will, der verhindert das Entstehen einer nationalen Kulturgemeinschaft, die das ganze Volk umfasst.

Ganz anders, sobald der Kapitalismus die Landwirtschaft umzuwälzen beginnt. Er zieht einen Teil der ländlichen Bevölkerung in die Industrie, verwandelt Bauernsöhne in Industriearbeiter, die, von der lokalen Gebundenheit befreit, viel stärker dem einheitlichen Kultureinfluss der Nation unterworfen sind. Er wandelt aber nicht weniger stark auch das Wesen der in der Landwirtschaft auch weiter tätigen Bevölkerung; er zwingt den Bauer zum Uebergang zu intensiver Kultur, macht aus ihm einen reinen Landwirt, einen Warenproduzenten so gut wie irgend einen anderen; der moderne Landwirt, der seine Genossenschaft mit verwaltet, seine Technik nach den Bedürfnissen des Marktes ändert, seine Zeitung liest, Mitglied des „Bundes der Landwirte" ist, ist in ganz anderem Sinne ein Glied der nationalen Kulturgemeinschaft als der Bauer früherer Zeiten.

Wer den alten Bauernstand erhalten, den kapitalistischen Umwälzungsprozess hemmen will, der verhindert also den Zusammenschluss der Nation zu engerer Kulturgemeinschaft. Die Getreidezölle im Deutschen Reiche mögen als ein Mittel konservativ-nationaler Politik gelten können; evolutionistisch-nationale Politik muss sie verwerfen.

Ganz ähnlich steht es auch mit der sogenannten Mittelstandspolitik. Es hat eine Zeit gegeben, in der der Handwerker und Kleinhändler Träger der nationalen Kulturgemeinschaft waren: die Zeit der entstehenden Warenproduktion. Aber wir wissen bereits, wie die Warenproduktion nur als kapitalistische Warenproduktion sich verbreiten, die alte feudale Gesellschaft sprengen konnte. Wir wissen, wie mit der Entstehung des Kapitalismus das Bürgertum sich kulturell differenziert in die Schichten der „Gebildeten" und „Ungebildeten", wie auf diese Weise das Kleinbürgertum von der nationalen Kulturgemeinschaft ausgeschlossen wird. Die Zeiten Hans Sachs' sind unwiderbringlich dahin. Heute steht das Kleinbürgertum fast ebensowenig unter dem kulturellen Einfluss der Nation wie das Bauerntum. Vom Kapitalismus bedroht und geknechtet, hat es längere Arbeitszeit und selten grösseren Verdienst als die Lohnarbeiter, dagegen aber entbehrt es die kulturellen Wirkungen, die dem Proletariat aus seiner Klassenlage und aus seinem Klassenkampfe fliessen: der Kleinbürger arbeitet vereinzelt, nicht mit den Arbeitsgenossen in der Fabrik; er geniesst nicht oder nur in geringem Masse die Erziehung der Organisation; die Befreiung von aller örtlichen Beschränktheit, die dem Lohnarbeiter aus seiner Freizügigkeit fliesst, kennt er nicht; er unterliegt nicht den starken kulturellen Wirkungen des proletarischen Klassenkampfes. An dem grossen Prozesse der Entwicklung des gesamten Volkes zur Nation hat das Kleinbürgertum nur geringen Teil; der Weg zur nationalen Kulturgemeinschaft führt über die Trümmer des vom Kapitalismus zerstörten Handwerks.

Wenn das Proletariat um seiner eigenen Interessen willen künstliche Erhaltung des alten Bauerntums und des Kleinbürgertums bekämpft, so dient es der Entwicklung der Gesamtheit zu nationaler Kulturgemeinschaft, ist seine Klassenpolitik evolutionistisch-nationale Politik.

Aber damit, dass das Proletariat die Entwicklung des Kapitalismus nicht hemmen will, ist noch nicht alles getan, es muss nun auch dafür sorgen, dass die Wirkungen der kapitalistischen Entwicklung auch den breiten Massen nutzbar werden. Diesem Zwecke dient die Sozialpolitik der Arbeiterklasse: die Arbeiterschutzgesetzgebung und der Kampf der Gewerkschaften. Lohnerhöhung und Verkürzung der Arbeitszeit sind die notwendigen Voraussetzungen, sollen die breiten Volksmassen zu Gliedern der nationalen Kulturgemeinschaft werden. Darum kennt das 19. Jahrhundert keine grössere nationale Tat als den grossen heldenmütigen Kampf um die Verkürzung der Arbeitszeit, die grosse Bewegung des 1. Mai.

Aber die Arbeiterklasse weiss, dass sie, so gross die Erfolge ihres Kampfes auch sein mögen, in der kapitalistischen Gesellschaft doch nie in den vollen Besitz nationaler Kultur gelangen kann Erst die sozialistische Gesellschaft wird die nationale Kultur zum Besitz des ganzen Volkes und dadurch das ganze Volk zur Nation machen. Darum ist alle evolutionistisch-nationale Politik notwendig sozialistische Politik.

Der Gegensatz konservativ- und evolutionistisch-nationaler Politik zeigt sich auch deutlich an der Stellung zu den örtlichen und Stammesgruppen innerhalb der Nation. Vom Standpunkte nationaler Wertungsweise ist es nur folgerichtig, wenn man auch solche Sonderarten erhalten will, wenn man die Mundarten im Kampfe gegen die Einheitssprachen fördern, die überlieferten Trachten erhalten möchte. Uns dagegen erscheint solche Sonderart innerhalb der Nation als ein Hemmnis der Kulturgemeinschaft: wem die deutsche Einheitssprache eine fremde Sprache ist, der kann an unserer nationalen Literatur, Wissenschaft, Philosophie keinen Teil haben, den formt unsere überlieferte Kultur gar nicht, gliedert ihn der deutschen Charaktergemeinschaft nicht ein. Gewiss verdient das Studium der Mundarten alle Sorgfalt und ist das ästhetische Vergnügen an örtlicher Sonderart wohl verständlich: aber wir dürfen nicht vergessen, dass alle solche, der örtlichen Gebundenheit des Bauern entsprungene und durch den Kapitalismus, die Freizügigkeit des Lohnarbeiters, die Demokratie und die moderne Schule wirksam bekämpfte Sonderart ein Hemmnis nationaler Kulturgemeinschaft und so geradezu ein Hemmnis der Einheit der Nation ist. Wenn die konservativ-nationale Politik auch diese Sonderarten innerhalb der Nation erhalten und fördern möchte, so ist sie geradezu antinational: die romantische Freude an aller überlieferten Sonderart zerreisst die kulturelle Einheit der Nation. Nicht indem wir unkritisch alle überlieferte Art bewundern und zu erhalten streben, sondern indem wir darum kämpfen, dass jeder einzelne Volksgenosse die Kultur der Nation in sich aufnehme und dadurch zum Erzeugnis, zum Kinde der Nation werde, treiben wir nationale Politik.

II. Der Nationalstaat.

§ 14.

Der moderne Staat und die Nation.

Der Staat des Mittelalters beruht auf dem Lehenswesen. Der Vasall ist dem Herrn zur Heeresfolge und zur Hoffahrt verpflichtet; dafür erhält er ein Grundstück zu Lehen. Auf diesem gewohnheitsrechtlich beiderseits erblichen Verhältnis ruht der mittelalterliche Staat. Der deutsche König ist Lehensherr der Fürsten, die Fürsten sind Lehensherren der übrigen freien Herren. Darum bietet der König die Fürsten, der Fürst die Freiherren zum Heeresdienst und zur Hoffahrt auf; im Lehensgericht sitzt der König über die Fürsten, der Fürst über seine Vasallen zu Gericht. Heeres- und Gerichtsverfassung beruhen so auf dem Lehenswesen; Heeres- und Gerichtswesen erschöpfen aber im Mittelalter die staatlichen Funktionen, denn andere Aufgaben als die Wahrung des Friedens nach aussen und nach innen kennt der mittelalterliche Staat nicht.

Der moderne Staat ist entstanden als ein Kind der Warenproduktion. Erst wenn das Arbeitsprodukt zur Ware wird und sich in Geld verwandelt, kann ein Teil des Arbeitsproduktes der Gesellschaft in Geldesform als Steuer wirtschaftlich den Staat erhalten und es dem Staat möglich machen, sich ein Söldnerheer und einen geldentlohnten Beamtenkörper zu schaffen, die ihn vom Lehensbande unabhängig machen.

Dieser moderne Staat ist aber nicht etwa als Nationalstaat entstanden. Die Geburtsstätte des modernen Staates ist das Land mit der ältesten kapitalistischen Warenproduktion — Italien. Die ersten modernen Staaten sind jene reichen italienischen Stadtrepubliken, in denen zuerst die herrschende Kapitalistenklasse den Staat als Werkzeug kapitalistischer Interessenpolitik zu handhaben wusste. Aber das mit dem modernen Staate entstehende Söldnerwesen hat es bald möglich gemacht, auf ein Söldnerheer gestützt, auf Grund blosser Gewalt sich eine Tyrannie, einen militärischen Kleinstaat zu gründen. Wer nur die Mittel hatte, ein Söldnerheer auszurüsten, der konnte es versuchen, sich zum Fürsten eines Kleinstaates zu machen; das aufgewendete Kapital lohnte sich wohl, denn der Tyrann machte mit Waffengewalt die unterworfene

Bürgerschaft zu einer steuerfähigen Masse, die sein Heer nicht nur weiter erhalten, sondern ihn auch für die Gründungskosten des Kleinstaates schadlos halten musste. Nicht mehr auf den feudalen Rechtstitel, sondern unverhüllt und nackt auf die brutale Gewalt der Waffen gestützt, entstehen die unzähligen Kleinstaaten Italiens. Aber diese Militärtyrannien waren doch so gut moderne Staaten wie die Stadtrepubliken. Da die Steuerkraft der unterworfenen Bürger die Quelle ihrer Macht war, mussten die Tyrannen die wirtschaftlichen Bedürfnisse der Bürgerschaft befriedigen, mussten sie mit staatlichen Mitteln die kapitalistische Ausbeutung fördern; es sind wahrhaft moderne Staaten, charakterisiert nicht nur durch die Unterwerfung aller Bürger unmittelbar unter den Staat, sondern auch durch die Universalität der Staatszwecke, die den Staat nicht mehr auf die blosse Wahrung des Friedens beschränkt, durch die planmässige Verfolgung einer die wirtschaftliche Entwicklung des Bürgertums fördernden Politik nach aussen und innen.

Es ist ein merkwürdiges Ding, die Entstehung dieses modernen Staates. Wer Geld hat, kann, auf ein Heer geworbener Söldner gestützt, sich einen Staat schaffen; und wer einen Staat durch die Waffengewalt beherrscht, der beherrscht damit die Steuerkraft der Untertanen und kann sich so in der Herrschaft behaupten. So hat der moderne Staat zunächst auch keine natürlichen Grenzen. Er ist nicht notwendig auf eine Stadt beschränkt, aber er wird auch kein nationaler Grossstaat. So zerreisst er Italien in eine Unzahl kleinerer und grösserer Staaten, die später das Opfer spanischer, französischer und österreichischer Fremdherrschaft geworden sind.

Denn bei den grossen Nationen des Westens ging die Entwicklung des modernen Staates einen anderen Weg. Hier knüpfte sie an die Organisation des feudalen Staates an: die oberste Spitze des feudalen Staates, das Königtum, verstand es hier, der alten Rechtseinrichtung des nationalen Königtums neuen Inhalt zu geben. Das Königtum, das die Spitze des Lehensstaates gewesen war, wusste sich die neuen Mittel der Warenproduktion dienstbar zu machen, auf besoldete Beamte und Söldnerheere gestützt, die Feudalherren niederzuwerfen, dem Staat als Untertanen zu unterwerfen, und so im grossen das zu schaffen, was die italienischen Staaten im kleinen waren. In F r a n k r e i c h beginnt diese Entwicklung schon mit der „grossen provenzalischen Mitgift" (Dante), mit der Unterwerfung Südfrankreichs unter die Macht der französischen Könige in den Albigenser-Kriegen. Unter Philipp VI. (1328 bis 1350) waren von den grossen Pairschaften nur noch Flandern, Burgund, Guyenne und Bretagne übrig geblieben; die neuen Pairs glichen nicht mehr selbständigen Fürsten, sondern waren bereits der Macht des Königtums unterworfen. Dieses Königtum beginnt nun das mit der sich verbreitenden Geldwirtschaft wirtschaftlich moglich gewordene Steuer-, Beamten- und Soldnerwesen zu seinem Machtwerkzeug zu machen. Es schafft sich ein stehendes Heer, das ausschliesslich unter dem Kommando des Konigs steht, dessen Kapitane vom Konig ernannt werden, die Stande werden gezwungen, dem Konig zu diesem Zwecke eine taille perpetuelle zu bewilligen, das heisst eine Steuer, die nicht mehr bloss auf kurze Frist, etwa in Kriegszeiten bewilligt wird, sondern dauernd bezahlt werden soll, damit der Konig sich standig sein Heer erhalten konne; gleichzeitig setzt es der Konig durch, dass den Baronen und Herren im Lande verboten wird, von ihren Untertanen Geld zur Bezahlung von Soldnern zu erpressen, und unter harten Strafen jedermann im Lande untersagt wird, Kriegsscharen zu sammeln. Die Emporung des Adels gegen die Beschlusse ausserte sich freilich in einer Reihe von Aufstanden, die aber binnen kurzem niedergeworfen werden. Bald erhalt der Konig aus den aus der taille perpetuelle fliessenden Einkunfte ein stehendes Heer von 7000 bis 9000 Mann. Und so gering dieser Anfang ist — was er bedeutete, zeigte sich unter L u d w i g XI., der die machtigen Pairschaften, die etwa den grosseren deutschen Furstentumern entsprachen, niedergeworfen und dauernd den zentralisierten nationalen Einheitsstaat in Frankreich geschaffen hat

Der franzosischen Entwicklung vollig entgegengesetzt war die Entwicklung des modernen Staates in D e u t s c h l a n d.

Das Deutsche Reich ist aus dem Karolingischen Reich entstanden Bei den Teilungen des riesigen, romanische und deutsche Länder umfassenden Reiches Karls des Grossen war zwar die Grenze der Nationen keineswegs fur die Abgrenzung der Teilreiche massgebend Trotzdem fiel schliesslich, wenigstens im Westen, gegen Nordfrankreich, die Grenze der Nation mit der Grenze des Reiches annahernd zusammen Das bewirkte der grosse kulturelle Unterschied jener Gebiete, wo die Franken auf dem Boden romischer Kultur sich angesiedelt hatten, und jener, wo die Germanen auf ursprunglich eigenem Boden sassen — ein Kulturunterschied, der in Landwirtschaft und Grundbesitzverteilung, in Verfassung und Recht wirksam wurde Dieser Kulturunterschied wurde notwendig bestimmend fur die Grenze der Teilreiche; da aber die auf romischem Boden angesiedelten Germanen in den Romern und romanisierten Kelten Galliens national aufgingen, während die Germanen auf ihrem eigenen Boden ihre volkische Eigenart bewahrten, musste notwendig das westfrankische Reich zum franzosischen, das ostfrankische zum deutschen werden

Aber damit ist noch keineswegs ein deutscher Nationalstaat entstanden Denn das von den Karolingern niedergeworfene Stammeskonigtum entsteht sehr bald unter dem Namen des S t a m m e s h e r z o g t u m s wieder Der mächtigste Stammesherzog ist es, der die anderen durch Gewalt oder Vertrag bestimmt, ihn als deutschen König anzuerkennen, und so werden der Reihe nach fränkische, sächsische, schwäbische Herzoge zu Königen der Deutschen. Die herrschende Grundherrenklasse war der königlichen Macht im allgemeinen wohlgewogen; denn der Selbständigkeit des Grundherrn in seiner Grundherrschaft war der ferne König weit weniger gefährlich als der nahe Herzog. Und dass die Zusammenfassung der Reiterheere des ganzen Reiches unter einem König nicht ohne Nutzen war, konnte das Reich zeigen, so oft gefährliche Feinde von aussen die deutschen Stämme bedrohten. So festigte Ottos I. Sieg über die Magyaren am Lechfeld seine Herrschaft über ganz Ostfranken; so konnte Konrad II. die Sachsen erst gewinnen, als es ihm gelungen war, von den Slaven längst vergessene Tribute einzutreiben.

Das deutsche Königtum ist nun der alten Stammesherzogtümer Herr geworden. Es stützte sich hierbei hauptsächlich auf die Kirche. Die Kirchenfürsten konnten ja nicht erbliche Herrschaft begründen wie die Stammesherzoge; bei der Besetzung der Bistümer und Abteien sprach der deutsche König das entscheidende Wort. So förderten die deutschen Könige die Macht der Kirche, um sich in ihr ein Werkzeug ihrer eigenen Macht zu schaffen. Auf die reichen und mächtigen Reichskirchen mit ihrem unermesslichen Grundbesitz und ihren zahlreichen Dienstmannen gestützt, haben die deutschen Könige schliesslich das Stammesherzogtum zertrümmert, indem sie neue Fürstentümer ohne Rücksicht auf die alten Stammesgrenzen schufen. Es ist dies eine Entwicklung, die etwa mit der Begründung des Herzogtums der Billunger auf sächsischem Boden beginnt und mit der grossen Umwälzung nach dem Sturze Heinrichs des Löwen endet: Die alten Stammesherzogtümer werden zertrümmert und an ihre Stelle treten eine Reihe von Fürstentümern, von Territorien, die selbst dann, wenn ihre Fürsten den alten Herzogstitel tragen, doch mit den alten, dem Reiche gegenüber fast völlig selbständigen Herzogtümern kaum mehr als den Namen gemein haben. Es ist dies eine Entwicklung, die, als die reichgewordene Kirche es sich nicht mehr gefallen lassen konnte, als blosses Machtwerkzeug der Könige behandelt zu werden, Deutschland in die Wirren des grossen Streites zwischen Papsttum und Kaisertum stürzte, aber auch eine Entwicklung, die es verhindert hat, dass das Reich in eine Anzahl völlig unabhängiger Stammesherzogtümer zerfiel.

Als nun die Warenproduktion auch in Deutschland einsetzte, schien es zunächst, als würde dies auch dem Reiche zugute kommen. Die Städte wurden auch in Deutschland die Träger einer Einheitsbewegung und es schien denkbar, dass ein König, auf die Macht der Städte gestützt, die alten Fürstentümer niedergeschlagen und einen einheitlichen deutschen Nationalstaat geschaffen hätte

Aber wenn das Emporkommen der Warenproduktion in Deutschland auch hier eine Tendenz zur Schaffung eines einheitlichen zentralisierten Grossstaates geschaffen hat, so ist dies doch schliesslich nicht mehr dem Reiche zugute gekommen, sondern den Territorien.

Die Hohenstaufen waren die ersten deutschen Könige, welche den Vorteil begriffen, den die sich entwickelnde Warenproduktion für die Macht des Königtums bedeuten konnte. Aber sie dachten nicht daran, das zu ihrer Zeit nur langsam sich entwickelnde deutsche Bürgertum ihren Zwecken dienstbar zu machen, sondern sie wollten die viel vorgeschrittenere Geldwirtschaft Italiens zur Stütze ihrer Macht machen. Friedrich I. und Friedrich II. suchten die Macht des alten Kaisertums über Italien dazu zu benutzen, die Steuerkraft des italienischen Bürgertums sich dienstbar zu machen. Auf dieses Ziel allein waren ihre Augen gerichtet, und um sich für diesen Plan die Heerfolge der deutschen Fürsten zu sichern, machten sie den deutschen Fürsten im Reiche selbst ein Zugeständnis nach dem andern. So lieferten sie in Deutschland die Städte den Fürsten wehrlos aus und verzichteten auf die einträglichsten königlichen Rechte zugunsten der Fürsten. Die italienische Politik der Hohenstaufen endete aber schliesslich nach langem, wechselvollem Ringen mit einer furchtbaren Niederlage. In Deutschland aber war es jetzt zu spät, sich der den Fürsten ausgelieferten Städte, der preisgegebenen königlichen Rechte zu erinnern. Das Wachstum des Bürgertums, der Warenproduktion, der Geldwirtschaft in Deutschland selbst hat nicht mehr die Macht der Könige, sondern die Macht der deutschen Fürsten erhöht. Wir haben schon in anderem Zusammenhange davon gesprochen, wie die deutschen Fürsten mit der öffentlichen Gewalt des Grafen die lehensrechtliche, dienst- und grundrechtliche Macht schliesslich zu einer einheitlichen Landeshoheit über ihre Untertanen verschmolzen. So tritt das Deutsche Reich in das kapitalistische Zeitalter als eine lose Zusammenfassung selbständiger Staaten ein. Wohl hatte das Reich schon gegen die Hussiten ein Reichssöldnerheer aufgestellt und haben die Reichsstände dem Kaiser zu diesem Zwecke auch eine Reichsgeldsteuer, den „Gemeinen Pfennig", bewilligt, aber vergebens strebten die Kaiser darnach, dass ihnen die Stände — wie dies in Frankreich geschehen ist — ein stehendes Heer, den „miles perpetuus" und zu seiner Erhaltung eine dauernde, regelmässige Reichssteuer bewilligten. Seit der Zeit Karls V. bestand vielmehr das Reichsheer aus den Kontingenten, welche die einzelnen Reichsstände zu stellen hatten, und zu einer regelmässigen Reichssteuer hat es das „Heilige Römische Reich deutscher Nation" — abgesehen von den lächerlich geringen „Kammerzielern", die zur Erhaltung des Reichskammergerichtes dienten — nicht gebracht. So ist es dem

Reiche nicht gelungen, die neuen, mit der Warenproduktion entstandenen Machtmittel sich nutzbar zu machen, der grosse Vorteil der neuen Entwicklung fiel den Territorien zu. In derselben Zeit, in der durch die bürgerliche Entwicklung die deutsche Nation als Einheit in einem ganz anderen Sinne als vorher entstanden ist, ist das Deutsche Reich zerfallen in eine Unzahl selbständiger Staaten, die sich um einander nicht kümmerten, wenn es nicht galt, mit der Waffe in der Hand einander gegenüberzutreten. Dieselbe Entwicklung, die bei den grossen Nationen des Westens den nationalen Einheitsstaat erzeugt hat, hat in Deutschland gerade die staatliche Zersplitterung der Nation entschieden.

Es ist, wie die Gegenüberstellung der deutschen und der französischen Entwicklung deutlich zeigt, hauptsächlich die *verschiedene Machtverteilung innerhalb des Feudalstaates*, welche schliesslich darüber entschieden hat, ob der moderne Staat die Nation in einem einzigen politischen Gemeinwesen vereinigt, oder ob er sie in eine Unzahl selbständiger Territorien gespalten hat, denn der moderne Staat ist bei den grossen europäischen Nationen auf dem Wege entstanden, dass die Warenproduktion, die als kapitalistische Warenproduktion immer mehr und mehr allgemeine Form gesellschaftlicher Produktion wird, es den Mächten des Feudalstaates möglich gemacht hat, der alten Rechtsform der Rechtsinstitute des Feudalstaates neue Wirksamkeit zu geben. Die Machtverteilung innerhalb des Feudalstaates hat daher darüber entschieden, ob der König oder ob die Fürsten, die Pairs, imstande waren, den modernen, auf Geldsteuer, Beamtentum und Söldnerheer gestützten Staat zu schaffen. Die Verschiedenheiten dieser Machtverteilung hatten nun freilich zu ihrer Zeit gute Gründe. Heute aber erscheinen sie uns als etwas Zufälliges. Die modernen, lebendigen Nationen kümmern sich wenig darum, dass politische Gebilde, die ihren Bedürfnissen nicht entsprechen, vor Jahrhunderten aus guten Gründen nicht anders entstehen konnten, als sie entstanden sind. So ist es denn kein Wunder, dass das 19. Jahrhundert in der grossen Periode der Bildung der Nationalstaaten eine gewaltige Umwälzung des überkommenen Staatensystems erlebt hat.

§ 15.

Das Nationalitätsprinzip.

Die Umwälzung des überlieferten Staatensystems vollzog sich im 19. Jahrhundert im Zeichen des *Nationalitätsprinzips*. Jede Nation soll einen Staat bilden! Jeder Staat soll nur eine Nation umfassen! Die Kämpfe um Deutschlands Einheit und Italiens

Freiheit, die Befreiung Griechenlands, Rumäniens, Serbiens und Bulgariens von der türkischen Herrschaft, der Kampf der Iren um Home-rule, der Polen um Wiederherstellung des polnischen Staates, der Abfall der südamerikanischen Staaten von Spanien sind Erscheinungsformen des grossen Kampfes um die Verwirklichung des Nationalitätsprinzips.

Diese Erscheinung ist so auffallend, dass viele Theoretiker den Willen zum Zusammenleben in einem selbständigen politischen Gemeinwesen zum konstitutiven Merkmal der Nation machen. So ist zum Beispiel für Renan,[1]) für Kirchhoff[2]) die Nation eine Gesamtheit von Menschen, die in einem selbständigen Gemeinwesen zusammenleben und dieses Gemeinwesen verteidigen, für dieses Gemeinwesen Opfer bringen wollen. Wir haben es hier mit einer psychologischen Theorie der Nation zu tun. Aber während die uns schon bekannte Theorie, die zum Merkmal der Nation das Nationalbewusstsein, die Erkenntnis der Zusammengehörigkeit machen will, intellektualistisch ist, ist diejenige Lehre, die das Wesen der Nation in dem Willen zur politischen Einheit und Freiheit findet, voluntaristisch.[3])

Unsere Einwände gegen diese Lehre sind dieselben, die wir schon der psychologisch-intellektualistischen Richtung entgegengesetzt haben. Auch diese Theorie ist nicht befriedigend, da sie der Frage ausweicht, warum wir gerade mit diesen und nicht mit anderen Menschen zu einem Gemeinwesen vereinigt sein wollen. Sie ist aber auch nicht richtig, weil es keineswegs richtig ist, dass alle Menschen, die zu einem Gemeinwesen gehören wollen, darum eine Nation bilden — es gibt Tschechen, die den Bestand Oesterreichs für eine Notwendigkeit für ihre Nation halten, die mit Palacký meinen, Oesterreich müsste erfunden werden, wenn es nicht bestünde; darum gehören sie aber noch nicht zu einer österreichischen Nation — und weil es ebenso unrichtig ist, dass alle, die zu einer Nation gehören, den Willen zur politischen Einheit ihrer Nation haben — die Deutschen der Schweiz, viele Deutsche in

[1]) Renan, Qu'est ce qu'une nation? Paris 1882.

[2]) Kirchhoff, Zur Verständigung über die Begriffe „Nation“ und „Nationalität“. Halle a. S. 1905.

[3]) Wir können jetzt die Theorien der Nation, die wir besprochen haben, folgendermassen gruppieren: 1. Metaphysische Theorien der Nation: nationaler Spiritualismus und nationaler Materialismus; 2. psychologische Theorien der Nation: psychologisch-intellektualistische und psychologisch-voluntaristische; 3. die empirische Theorie der Nation, die sich mit der Aufzählung der „Elemente“ begnügt, welche der Nation wesentlich sind. Diesen Theorien setzen wir unsere, auf dem Boden der materialistischen Geschichtsauffassung entstandene Lehre von der Nation als der aus Schicksalsgemeinschaft erwachsenen Charaktergemeinschaft gegenüber.

Oesterreich haben durchaus nicht den Wunsch nach Verwirklichung des deutschen Einheitstraumes.

Dass der Nationalstaat als Regel, der Nationalitätenstaat als blosse Ausnahme, als ein Ueberbleibsel aus vergangenen Zeiten betrachtet wird, hat zu einer bedenklichen Verwirrung der staatswissenschaftlichen und politischen Terminologie geführt. So versteht man unter Nation häufig nichts anderes als die Gesamtheit der Staatsbürger oder die Gesamtheit der Bewohner eines Wirtschaftsgebietes. In Deutschland nennt sich jene Politik national, die dem bestehenden Klassenstaate die erforderlichen Machtmittel — Soldaten, Geschütze, Kriegsschiffe — bewilligen will, in Frankreich die Politik der „Revanche“ und der kolonialen Expansion. Wenn man von Nationalökonomie spricht, so denkt man nicht an die Oekonomie der Nation — zum Beispiel der Deutschen in allen Ländern — sondern an die Oekonomie des deutschen Wirtschaftsgebietes, das ja keineswegs alle Deutschen, dafür aber neben Deutschen auch Franzosen, Dänen, Polen, Juden und in geringerer Zahl Angehörige der verschiedensten Nationen umfasst. Ist vom „Schutz der nationalen Arbeit“ die Rede, so denkt man nicht an den Schutz etwa der deutschen Arbeit in Oesterreich oder in den Vereinigten Staaten von Nordamerika, sondern an den Schutz der im deutschen Wirtschaftsgebiet geleisteten Arbeit u. s. w. Mit der Nation in diesem Sinne haben wir es hier nicht zu tun. Dieser Sprachgebrauch beruht auf einer Verwechslung der Nation mit der Bevölkerung des Staats- und Wirtschaftsgebietes.[1]

Die Theorie begnügt sich, so oft das Verhältnis von Nation und Staat besprochen wird, gewöhnlich mit der Behauptung, es sei „natürlich“, dass jede Nation zum Staate werden will. Indessen ist damit die Aufgabe der Wissenschaft wiederum nicht gelöst, sondern gestellt. Wir haben zu fragen, warum es den Menschen als „natürlich“, als vernünftig erscheint, dass jede Nation und immer nur eine Nation ein politisches Gemeinwesen bildet. Das Nationalitätsprinzip schliesst nun offenbar zwei Forderungen ein: erstens den Willen zu nationaler Freiheit, die Abwehr der Fremdherrschaft, die Forderung „jede Nation ein Staat!“, zweitens den Willen zu nationaler Einheit, die Abwehr des Partikularismus, die Forderung „die ganze Nation ein Staat!“ Es gilt nun, zu erklären, wie diese Forderungen im 19. Jahrhundert entstehen und mächtig genug werden konnten, um das überlieferte Staatensystem umzustürzen.

Den Anstoss zur national-staatlichen Bewegung gab gewiss das Verlangen nach Abwehr der Fremdherrschaft. Wo nationale Fremdherrschaft zugleich Unterdrückung und Ausbeutung

[1]) Ueber den Unterschied von Volk und Nation siehe die oben angeführte Schrift Fr. J. Neumanns.

der ganzen Nation bedeutet, bedarf das Verlangen, die Fremdherrschaft abzuwehren, keiner Erklärung. So war es beispielsweise bei der Revolution der Serben. Die Serben, von den herrschenden Türken durch Nationalität und Religion scharf geschieden, seufzten, schwer ausgebeutet und unterdrückt, unter der kriegerisch-feudalen türkischen Herrschaft. Die türkischen Herren eigneten sich einen beträchtlichen Teil des Arbeitsertrages der Bauernnation an; sie musste von ihren Herren das Recht auf das Dasein durch eine Kopfsteuer erkaufen; verhasste Einrichtungen, wie das Verbot, Waffen zu tragen oder ein gesatteltes Pferd zu besteigen, liessen die verachtete „Rajah" (Herde) die Tatsache ihrer Unterdrückung täglich empfinden. So musste sich das unterdrückte Volk gegen die Fremdherrschaft erheben, sobald nur die Möglichkeit eines Erfolges gegeben war. Als durch die innere Zerrüttung des türkischen Reiches und durch die Balkanpolitik Russlands diese Bedingung gegeben schien, erhob sich das geknechtete Volk, um sich seine Freiheit, seinen Nationalstaat zu erkämpfen. Nicht anders war es auch dort, wo — wie in Griechenland — die Masse des Volkes geknechtet war, während daneben eine Beamtenaristokratie und eine reiche Bourgeoisie bestand, die an der Ausbeutung durch den herrschenden Staat reichen Anteil hatte. Hier ist die nationale Revolution eine Revolution der geknechteten Masse; aber auch die Bourgeoisie hatte daran ihren Teil. Gerade eine reiche Bourgeoisie trägt die Verachtung der herrschenden Nation schwer; die Söhne des griechischen Geld- und Beamtenadels studierten an den Universitäten des Westens und brachten von dort die Freiheitssehnsucht von 1789 in die Heimat; hat doch ein Mann wie Schiller die griechischen Studenten unter seinen Hörern aufgefordert, für die Befreiung ihres Volkes zu wirken! So erwachen in der Bourgeoisie der geknechteten Nation Selbständigkeitsgelüste, sie wird zur Führerin des nationalen Kampfes, weil ihr ja notwendig die Herrschaft in dem zu erkämpfenden Nationalstaate zufallen muss.

Anders ist es dort, wo die Fremdherrschaft für die Massen des Volkes keine Verschlechterung, vielleicht sogar eine Verbesserung ihrer wirtschaftlichen Lage bedeutet. So waren die polnischen Aufstände zunächst Rebellionen des Adels, der Schlachta; sie scheiterten an der Gleichgültigkeit, teilweise sogar an dem Widerstande der Bauern, die von der Wiederherstellung des polnischen Staates die Erneuerung grenzenloser Ausbeutung durch die Gutsherren befürchteten. Hier bedeutet die national-staatliche Revolution zunächst also eine Rebellion der Herrenklasse der unterdrückten Nation, für die der Verlust des Nationalstaates den Verlust ihrer Herrschaft einschliesst, nicht aber eine Bewegung der breiten, arbeitenden Massen, deren Lage im Nationalstaate nicht besser, vielleicht sogar schlechter gewesen wäre als unter der Fremdherrschaft. Trotzdem zeigt sich auch hier eine Verbreitung national-staatlicher Gesinnung unter den breiten Massen. Dieselbe Erscheinung sehen wir in Deutschland unter Napolen I. Als grosse Teile Deutschlands unter französische Herrschaft kamen, bedeutete das freilich eine Entthronung der schmalen herrschenden Schichten der Nation; den breiten Massen aber brachte diese Fremdherrschaft nicht Nachteil, sondern Vorteile Anteil an den grossen Errungenschaften der französischen Revolution, Beseitigung der feudalen Fesseln, Einführung der neuen bürgerlichen Rechtsordnung Trotzdem war die Bewegung der Befreiungskriege keineswegs bloss eine Bewegung der durch die französische Herrschaft entthronten Höfe und Bureaukratien, sondern eine Bewegung breiter Volksschichten Woher diese Erscheinung? Woher die merkwürdige Erscheinung, dass die breiten Volksmassen sich gegen die nationale Fremdherrschaft auch dort erheben, wo sie durch die fremde Herrschaft nichts verloren haben, wo sie höchstens den Druck eines Herrn gegen den eines anderen Herrn eingetauscht haben, ja selbst dort, wo die Fremdherrschaft die Lage der unteren Volksschichten verbessert hat?

Kleinbürger, Bauern, Arbeiter stehen in jedem Staate, auch im Nationalstaate unter Fremdherrschaft, werden ausgebeutet und unterdrückt von Gutsherren, Kapitalisten, Bureaukraten Aber diese Fremdherrschaft lässt sich verhüllen, sie ist nicht anschaulich, sondern muss begriffen werden. Die nationale Fremdherrschaft dagegen ist anschaulich, unmittelbar sichtbar. Wenn der Arbeiter in ein Amt kommt, wenn er vor einem Gerichte steht, so begreift er nicht, dass es eine fremde Macht ist, die ihn durch den Beamten, durch den Richter beherrscht denn der Beamte und Richter gibt sich ja als Organ seiner Nation. Gehört aber der Beamte oder Richter einer anderen Nation an, spricht er eine fremde Sprache, so wird die Tatsache der Unterwerfung der Volksmasse unter fremde Mächte unverhüllt sichtbar und dadurch unerträglich Der Bauernsohn dient auch im Heere des Nationalstaates als Werkzeug einer fremden Macht Aber diese fremde Macht, die herrschenden Klassen, deren Zwecken das Heer dient, weiss dies wohl zu verhüllen, sie versteht es, das Volk glauben zu lassen, dass das Heer ein Machtwerkzeug der ganzen Nation ist Wenn aber die Offiziere einer fremden Nation angehören, das Kommando in einer fremden Sprache ertönt, dann empfindet auch der Bauernsohn sofort, dass er einer fremden Macht untertan ist, wenn er dem Kommando gehorchen muss Der Kapitalist, der Feudalherr erscheint in der national einheitlichen Gesellschaft als Organ, als Vertrauensmann der Nation, die ihn mit der Aufgabe betraut hat, die Produktion und Verteilung zu leiten, gehört er einer fremden Nation an, so empfindet der fronpflichtige Bauer, der Lohnarbeiter sofort, dass er im Dienste eines

Fremden, zu fremden Mannes Nutzen arbeiten muss. Das ist die grosse Bedeutung der Fremdherrschaft: dass sie alle Ausbeutung und Unterdruckung, die sonst begriffen werden will, unmittelbar anschaulich, sichtbar und dadurch unertraglich macht.

Dazu kommt aber noch ein anderer Grund, der insbesondere eine neue, nicht von altersher bestehende Fremdherrschaft den Massen verhasst macht. Kindlichem Denken erscheint der Bringer eines Unheils immer als seine Ursache. Wie nach der kindlichen Rechtsanschauung wenig entwickelter Volker, wer einen Schaden tut, des Schadens schuldig ist, und der Richter nicht nach Absicht, nach Anstiftung, nach Beihilfe fragt, so kummerte sich der deutsche Bauer des Zeitalters der Befreiungskriege nicht darum, dass das Unheil der Franzosenkriege die deutschen Fursten über ihn gebracht, die aus Hass gegen die politische und wirtschaftliche Freiheit der Bürger und Bauern sich gegen die französische Revolution verschworen, er sieht nur den französischen Soldaten, der den Krieg in das Land bringt, die französischen Heere, die seine Sohne töten und seinen Reichtum vernichten, und so erwacht ihn ihm der Hass gegen den Franzosen Wie sollte er dann die Herrschaft des Franzosen uber sein Land ertragen konnen? Aller Grimm, alle Rachsucht, die der Krieg entfesselt, richtet sich so nicht gegen die Herrschenden der eigenen Nation, die den Krieg angezettelt, sondern gegen die Fremden, die unmittelbar, anschaulich die Sohne des Volkes toten, an seinen Tochtern sich vergreifen, seine Felder verheeren So wird der durch den Krieg entfesselte Hass zur Triebfeder des Willens zu nationaler Freiheit

Das Verlangen nach Abwehr der Fremdherrschaft lasst sich als Triebkraft aller national-staatlichen Bewegungen des 19. Jahrhunderts erweisen die Verschworung der absoluten Fursten Europas gegen die französische Revolution bedrohte das französische Volk mit der Gefahr, sich fremdem Willen beugen, die erkampfte Freiheit fremder Macht opfern zu mussen, so wurde der revolutionäre Kampf der Franzosen zu einer nationalen Sache. Als dann die Heere Napoleons I Deutschland unterwarfen, entbrannte hier das Verlangen nach nationaler Freiheit: Arndt, der Franzosenhasser, geht Schenkendorf, dem Kaiserherold, voraus. Kampf gegen Fremdherrschaft bedeuten auch die Freiheitskampfe der Italiener, der Iren, der Polen, der Griechen und Slaven der Balkanhalbinsel. Dem Hasse gegen die Fremdherrschaft erwuchs die nationale Freiheitssehnsucht des „Jungen Europa“.

Auch das Verlangen nach politischer Einheit der Nation ist diesem Hasse entsprungen. Nur ein starkes Gemeinwesen, das die ganze Nation in sich vereinigt, schien ja Fortdauer oder Wiederkehr der Fremdherrschaft verhindern zu können. Weil

— nach einem Worte Treitschkes — die Vielherrschaft zur Allknechtschaft geworden, verlangten die Deutschen nach einem starken, einheitlichen deutschen Reiche.

Nach derselben Richtung wirkten aber auch jene Kräfte, die die Entwicklung des modernen Kapitalismus entfesselt hat. Der Kapitalismus bedarf eines grossen, volkreichen Wirtschaftsgebietes; die Notwendigkeit kapitalistischer Entwicklung streitet darum gegen die politische Zersplitterung der Nation. Wären die kapitalistischen Staaten durch freien Warenaustausch untereinander verbunden, zu einem Wirtschaftsgebiet verschmolzen, so könnte der Kapitalismus die Zersplitterung der Nation in eine Anzahl selbständiger Staaten wohl vertragen. In Wirklichkeit aber wird der Staat in der kapitalistischen Welt fast immer auch zu einem mehr oder weniger selbständigen Wirtschaftsgebiet: durch Schutzzölle, durch die Steuerpolitik, das Eisenbahntarifwesen, durch die Verschiedenheit des Rechtes wird der zwischenstaatliche Warenaustausch eingeschränkt. Die grosse Masse der in einem Staate erzeugten Waren dient auch den Bedürfnissen der in dem Staate lebenden Konsumenten. Das Verlangen des Kapitalismus nach einem grossen Wirtschaftsgebiete wird darum zum Verlangen nach einem Grossstaate. Versuchen wir es, die Gründe zu skizzieren, die die grossstaatliche Entwicklung im 19. Jahrhundert nötig gemacht haben.

Je volkreicher ein Wirtschaftsgebiet ist, desto zahlreicher und desto grösser können die Betriebe sein, in denen irgend eine Ware hergestellt wird. Die Grösse des Betriebes bedeutet nun bekanntlich Verringerung der Produktionskosten, Steigerung der Ergiebigkeit der Arbeit. Aber die grössere Zahl gleichartiger Betriebe hat dieselbe Wirkung: einmal darum, weil innerhalb der Betriebe Arbeitsteilung, Spezialisation, Platz greifen kann, die die Produktivität der Arbeit wesentlich erhöht; es unterliegt zum Beispiel keinem Zweifel, dass die ausserordentlich schnelle industrielle Entwicklung der Vereinigten Staaten von Nordamerika sehr wesentlich dadurch gefördert wurde, dass die Grösse des Wirtschaftsgebietes dort eine viel weitergehende Arbeitsteilung möglich macht als in den europäischen Staaten. Ferner verringert der Bestand einer grösseren Zahl gleichartiger Betriebe nebeneinander die Kosten der Erneuerung und Reparatur des Produktionsapparates: in Lancashire, wo eine Spinnerei neben der anderen steht und allen Betrieben gemeinsame Reparaturwerkstätten dienstbar sind, sind die erforderlichen Reparaturkosten viel geringer als dort, wo eine einzelne Spinnerei sich ihre eigenen Reparaturwerkstätten erhalten muss. Ebenso sind die Kosten der Vorbereitungs- und Fertigstellungsarbeiten — Färberei, Appretur und dergleichen — geringer, wenn sie gleichzeitig vielen gleichartigen Betrieben dienen können. Endlich macht die grössere Zahl gleichartiger Betriebe Verbesserungen der Verkehrsmittel möglich, wodurch neuerlich die Produktionskosten verringert werden: wo eine grosse Zahl Fabriken nebeneinander besteht, werden Kanale und Eisenbahnen gebaut, wahrend diese Verkehrsmittel fur nur wenige Fabriken entweder nicht gebaut werden konnen oder doch wegen der weniger intensiven Benutzung die Transportkosten fur jedes Frachtstuck höher sind. Ebenso sind die Kosten der Heranziehung qualifizierter Arbeitskrafte — vom Fabriksdirektor bis zum letzten qualifizierten Lohnarbeiter — viel geringer dort, wo die gewerblichen Lehranstalten einer grossen Industrie dienen, als wo nur die verhaltnismassig wenigen Arbeitsstellen einiger weniger Betriebe zu besetzen sind. Die wirtschaftliche Verwertung der Abfalle der Produktion ist gleichfalls nur dort moglich, wo eine grosse Industrie diese Abfalle in hinreichender Menge liefert

Aber noch mehr! Ist Lancashire ein Teil eines grossen Wirtschaftsgebietes, so wird es sein Kapital und seine Arbeitskräfte nur denjenigen Arbeitszweigen zuwenden, fur die es besonders gunstige Bedingungen bietet der Baumwollspinnerei und -Weberei, dem Maschinenbau und Kohlenbergbau Diese Waren wird es in grosser Menge herstellen und durch den Umfang der Produktion die Ergiebigkeit seiner Arbeit steigern, alle anderen Bedurfnisse wird die Grafschaft dadurch decken, dass sie die Guter, deren sie bedarf, gegen die Erzeugnisse ihrer Arbeit eintauscht. Wäre dagegen die Grafschaft ein selbstandiges Wirtschaftsgebiet mit nur geringem Handelsverkehr mit den anderen Gebieten des Vereinigten Konigreiches, dann konnte sie nicht nur Baumwollwaren, Maschinen und Kohle nur in viel geringerer Menge herstellen, wodurch die Produktivitat der Arbeit in diesen Arbeitszweigen verringert wurde, sondern sie musste auch ihre anderen Bedurfnisse durch eigene Erzeugung decken, musste ihre Arbeit also auch Produktionszweigen zuwenden, wo die naturlichen Bedingungen ungunstig sind Gleicher Arbeitsaufwand wurde ihr dann viel geringeren Gutererertrag bringen Fur jedes Wirtschaftsgebiet ist es vorteilhafter, seine Arbeit nur denjenigen Arbeitszweigen zuzuwenden, wo die naturlichen Bedingungen gunstiger sind, und die anderen Guter durch Tausch zu gewinnen, als alle Guter, deren es zur Befriedigung der Bedurfnisse seiner Konsumenten bedarf, selbst zu produzieren

In der unmittelbaren Guterproduktion finden wir also eine doppelte Ursache der Ueberlegenheit grosser Wirtschaftsgebiete erstens die Tatsache, dass die Ergiebigkeit der Arbeit in der Regel mit dem Umfang der Produktion steigt; zweitens die Tatsache, dass jedes Gebiet seine Bedurfnisse durch freien Warentausch reichlicher zu befriedigen vermag als durch eigene Produktion in allen Arbeitszweigen [1]) Indes beruht die Ueberlegenheit des grossen Wirtschaftsgebietes nicht nur auf Vorteilen der Produktion, sondern auch auf dem regelmässigen Ablauf der Zirkulation des Kapitals

Wieviel Briefe an einem Tage in einen einzelnen bestimmten Postkasten geworfen werden, hängt vom Zufall ab es sind heute mehr, morgen weniger. Zählen wir dagegen die Briefe, die in einer ganzen Grossstadt in allen Postkasten aufgefunden werden, so wird die Zahl ziemlich regelmässig sein, da das zufällige Mehr der einen Sammelstelle durch das zufällige Weniger einer anderen Sammelstelle aufgehoben wird Die Zahl der Selbstmorde in irgend einem Dorfe oder in einer kleinen Stadt scheint kein Gesetz zu beherrschen in dem einen Jahre ereignet sich kein Selbstmord, im nächsten Jahre machen zehn Menschen ihrem Leben freiwillig ein Ende. Zählen wir dagegen die Selbstmorde eines ganzen grossen Landes, so überrascht uns die Regelmässigkeit der Zahl. die zufälligen Abweichungen der einzelnen Orte gleichen sich im ganzen Lande schliesslich aus Dieses Gesetz der grossen Zahlen ist nun für die Zirkulation des Kapitals von grosser Bedeutung. In einem kleinen Lande kann ein Hagelschlag, eine Feuersbrunst den regelmässigen Ablauf der Kapitalszirkulation stören in einem grossen Wirtschaftsgebiete dagegen wird der zufällige Mangel eines Landesteiles durch den Reichtum der anderen Landesteile leicht ausgeglichen Tritt in einem kleinen Wirtschaftsgebiete plötzlich irgendwo grosser Bedarf ein, so empfindet dies jedes Unternehmen im ganzen Lande sofort: es steigt die Nachfrage nach Geldkapital, es steigen der Zinsfuss und die Preise In einem grossen Wirtschaftsgebiete dagegen sind grosse Mengen von Geldkapital aufgestapelt, so dass gesteigerter lokaler Bedarf noch lange nicht Steigerung des Zinsfusses bewirken kann. Umgekehrt tritt ein einzelner Ort in einem grossen Wirtschaftsgebiete mit geringerer Nachfrage auf dem Markt auf, so ist das für den Markt des grossen Landes noch kaum fühlbar, in einem kleinen Wirtschaftsgebiete stockt dagegen infolge solcher örtlicher Störungen sofort der Kreislauf der Ware im ganzen Lande In einem kleinen Wirtschaftsgebiete wird jede partielle Krise sofort zu einer allgemeinen die Wirtschaftslage des grossen Wirtschaftsgebietes dagegen ist gegen bloss örtliche Störungen fast unempfindlich und wird nur durch die grossen Gesetze beherrscht, die die Konjunktur aller kapitalistischen Wirtschaft beherrschen

[1]) Wohlgemerkt Wir fragen nicht, ob die Ergiebigkeit der Arbeit dadurch wächst, dass auf demselben Boden mehr produziert wird, sondern darnach, ob durch Vereinigung mehrerer Landesteile zu einem Wirtschaftsgebiet die Produktivität der Arbeit gesteigert wird Daher kommt zum Beispiel das Gesetz des sinkenden Bodenertrages, die Untersuchung der Wirkungen steigender Grundrente, für uns nicht in Frage

Alle diese Gründe sind so stark, dass kleine Staaten sich nie begnügen können, ganz selbständige Wirtschaftsgebiete zu sein, dass sie selbst bei ausgedehntesten Schutzzollbestrebungen Warenaustausch mit anderen Ländern anstreben müssen. Aber der Warenaustausch des kleinen Wirtschaftsgebietes mit anderen Ländern stösst auf grosse Schwierigkeiten.

Zunächst sind die Verschiedenheiten der Währung, der Steuergesetzgebung, des bürgerlichen und Prozessrechtes Hindernisse des zwischenstaatlichen Handels. Jeder Staat bildet sein eigenes Nachrichtenwesen aus und es ist daher die Kenntnis des Marktes des fremden Staates selten so genau wie die des eigenen Marktes. Zur staatlichen Regelung des Verkehrswesens, zur Ausübung der Tarifhoheit über die Eisenbahnen ist nur der Grossstaat befähigt; der Kleinstaat, der mit einer Reihe anderer Kleinstaaten an einer Eisenbahnlinie Anteil hat, vermag den Verkehr nur zu erschweren, nicht aber durch planmässige Tarifpolitik die wirtschaftliche Entwicklung zu fördern.

Die Staaten suchen durch Verträge aller Art alle diese Schwierigkeiten zu überwinden: Münzunionen, Handelsverträge, Zollvereine, Verträge über Rechtshilfe, über Marken-, Muster- und Patentrecht, zwischenstaatliche Regelung des Eisenbahntarifwesens dienen diesem Zwecke. Aber auch in der Vertragsverhandlung mit den Nachbarstaaten ist das kleine Wirtschaftsgebiet übel daran. „Der Aussenhandel eines wenig umfangreichen Gebietes ist im Verhältnis zu seiner Produktion gross und daher für dieses Land wichtig, für die ausländischen Grossstaaten aber, aus denen es Waren importiert und nach denen es exportieren will, ist dieser Handelsverkehr im Vergleich mit ihrer Erzeugung von geringerer Bedeutung. Es gelingt dem kleinen Staate daher weniger, seine Interessen in Verträgen entsprechend zu wahren und die anderen zur Anpassung ihrer Handelspolitik an seine Bedürfnisse zu bewegen“.[1])

Der kleinere Staat ist aber natürlich nicht nur wirtschaftspolitisch, sondern auch politisch schwächer. Nun bedarf aber der Kapitalismus stets des starken Armes des Staates, um seine Expansionsbestrebungen verwirklichen zu können. Wie könnte deutsches Kapital in fremden Ländern gewinnbringende Anlage suchen, der deutsche Kaufmann fremde Märkte bereisen, wüsste er sich nicht des Schutzes der Kriegsmacht seines Staates gewiss? Der kleine Staat, der seinen Bürgern im Auslande nicht hinreichenden Schutz zu sichern vermag, erscheint darum den Kapitalisten als ungenügendes, unvollkommenes Werkzeug ihrer Herrschaft. Dies um so mehr, als der kleine Staat in der Regel auch ein sehr teures

[1]) Schüller, Schutzzoll und Freihandel. Wien 1905. Seite 247.

Werkzeug ist. Denn unter sonst gleichen Bedingungen ist die Verwaltung des Grossstaates billiger, der Steuerdruck daher geringer als in kleinen Staaten.

Alle diese Vorteile des Grossstaates sahen die Nationen des 19. Jahrhunderts unmittelbar vor sich: wie Frankreich aufgeblüht war, seit die Zwischenzolllinien, die die Provinzen voneinander getrennt hatten, gefallen waren, war allgemein bekannt. Kein Wunder, dass bei Deutschen und Italienern das Verlangen erstarkte, aus Deutschland, aus Italien ein grosses, einheitliches Wirtschaftsgebiet zu bilden.

So sehen wir denn die deutsche Bourgeoisie die Führung im Kampfe für die Herstellung eines grossen deutschen Wirtschaftsgebietes übernehmen: unter Friedrich List kämpft sie für den Zollverein, für ein deutsches Eisenbahnwesen. 1833 schliessen sich Preussen, beide Hessen, Bayern, Württemberg und Sachsen zu einem Zollgebiet zusammen. 1847 entsteht zum erstenmal wieder nach langer Unterbrechung einheitliches deutsches Recht, und zwar, was auf die Triebkräfte der Einheitsbewegung so helles Licht wirft, die deutsche — Wechselordnung, auf die dann das deutsche Handelsgesetzbuch für alle deutschen Staaten folgte.

Indessen erklärt die Ueberlegenheit grosser Wirtschaftsgebiete doch nur, dass die Deutschen nach einem Grossstaat verlangten; warum aber nach einem Nationalstaat? Warum sollten gerade die Grenzen der Nation zur Grenze des Staates werden? Hier verknüpft sich die Wirksamkeit des wirtschaftlichen Bedürfnisses mit den Wirkungen politischer Umwälzungen.

Wir haben bereits wiederholt davon gesprochen, dass das Bürgertum, so lange es im Kampfe mit der überlieferten Staatsverfassung steht, rationalistisch ist: der Rechtstitel geschichtlicher Ueberlieferung gilt ihm nichts, was bestehen will, muss seine Zweckmässigkeit vor dem Gerichtshof der bürgerlichen Klassenvernunft erweisen. Das Bürgertum, das gegen den absolutistischen Staat im Kampfe steht, dessen führende Männer dieser Staat in ihrer Freiheit beschränkt, dessen Söhne er in seine Kerker geworfen, dessen Presse er geknebelt, dessen Schriftwerke er verfolgt, dessen Vereine er aufgelöst hat — das Bürgertum missachtet den geschichtlich überkommenen Staat und fragt nach dem natürlichen Staat, nach dem Vernunftstaat. Diese Missachtung alles geschichtlich Gewordenen wird weiter genährt durch die Umwälzungen der Napoleonischen Zeit. Wenn der Friede von Luneville einer Unzahl deutscher Kleinstaaten ein ruhmloses Ende bereitet hatte, warum sollten die übrig gebliebenen Staaten weiter bestehen? Und als nach den Befreiungskriegen der Wiener Kongress daranging, die Landkarte Europas zu revidieren, das Staatensystem neu zu ordnen, erschien es da nicht widersinnig, sich den Weg zur Aufwartsentwicklung mit dem alten Gerät und Gerümpel längst vergangener Zeit zu verstellen? So erstarkt der Gedanke des natürlichen, des Vernunftstaates Welches sind aber die natürlichen Grenzen des Staates?

Hier weist nun das durch die bürgerliche Entwicklung verbreitete, durch die Kriege der Napoleonischen Zeit erstarkte Nationalbewusstsein und Nationalgefühl auf die Nation als die „natürliche" Grundlage des Staates hin und formuliert diesen Gedanken zum Nationalitätsprinzip jede Nation ein Staat! Jeder Staat nur eine Nation! Für den Grundherrn und Bauern ist das Territorium die Grundlage, die natürliche Grenze des Territoriums die natürliche Grenze des Staates, für den Bürger und Arbeiter der kapitalistischen Epoche dagegen ist der Staat vor allem eine Organisation der Menschen für ihre Zwecke was die Menschen scheidet, muss daher die Staaten abgrenzen Der Staat gebietet mir von aussen, die Nation lebt in mir selbst, ist in meinem durch ihr Schicksal bestimmten Charakter lebendig wirkende Kraft So erscheint die Nation als ein natürliches Gebilde, der Staat als ein Kunstprodukt. Wenn die überlieferten Staaten den Bedürfnissen der Zeit — der Sicherung gegen die Gefahr der Fremdherrschaft, dem Verlangen nach grösseren Wirtschaftsgebieten — nicht mehr entsprechen, was ist selbstverständlicher als das Kunstprodukt, den Staat, dem natürlichen Erzeugnisse menschlicher Geschichte, der Nation, anzupassen, die Nation selbst zum Substrat des Staates zu machen? Zeigt die Schwierigkeit, die die Verschiedenheit der Sprachen im Nationalitätenstaat bereitet, der nationale Hass, der die Nationen eines Staates trennt, nicht unmittelbar, dass der Nationalitätenstaat ein künstliches Gebilde ist? Ist es nicht natürlich, vernünftig, im Staate die nationale Charaktergemeinschaft zu vereinen, sie von anderen Nationen durch die Staatsgrenzen zu trennen?

Sehr klar drückt Herder diesen Gedanken aus Die Nation ist ein natürliches Gewächs: „Ein Volk ist sowohl eine Pflanze der Natur als eine Familie, nur jenes mit mehreren Zweigen. Nichts scheint also dem Zweck der Regierungen so offenbar entgegen als die unnatürliche Vergrösserung der Staaten, die wilde Vermischung der Menschengattungen unter einem Szepter"[1])

Versuchen wir es, die einzelnen Gedanken, die in diesem Satz zusammengefasst sind, zu sondern Seine Grundlage ist offenbar die Forderung, der Staat als Erzeugnis menschlichen Wollens müsse sich der Natur anpassen, der Natur folgen. Es ist die Zeit Rousseaus, die die alte Forderung der Stoiker, das naturam sequi, erneuert Die Natur ist das Unveränderliche, das Gegebene, der Staat ist das Veränderliche, das Bewegliche; darum muss sich

[1]) Herder, Ideen zur Geschichte der Menschheit 9. Buch, IV

der Staat den Forderungen der Natur anpassen. Die Nation ist aber ein Natürliches, ein Erzeugnis der Natur.[1] Darum muss der Staat der Nation folgen, der Staat die Nation, die ganze Nation, aber nur die eine Nation politisch zusammenfassen.

Ist es richtig, dass die Nation ein Erzeugnis der Natur, der Staat aber ein Kunstprodukt ist? Für uns hat diese Unterscheidung nicht mehr den alten Sinn. Der alte, seit den Tagen Platos und Aristoteles' lebendige Gegensatz zwischen dem *politischen Rationalismus*, der den Staat als ein Kunstprodukt betrachtet, das nach den Forderungen der Vernunft vom menschlichen Willen aufzubauen ist, und dem *politischen Naturalismus*, der den Staat als ein Erzeugnis der Natur, von „ewigen ehernen, grossen Gesetzen" beherrscht, begreifen will, ist durch die moderne Erkenntnistheorie überwunden worden. Wir wissen heute, dass es sich hier nur um eine Verschiedenheit des *Gesichtspunktes*, nicht um eine ausschliessliche Alternative handelt. Wenn wir *Wissenschaft* treiben, so ist uns der *Staat* so gut wie jede andere Erscheinung ein Naturprodukt, von Gesetzen beherrscht, unsere Aufgabe ist es, die Gesetze zu erforschen, die das Werden, die Wandlungen, das Vergehen der Staaten beherrschen. Treiben wir dagegen *Politik*, wollen wir den Staat umschaffen, so ist er uns freilich ein Erzeugnis menschlichen Willens, das Objekt unserer Tätigkeit. Daran ändert die Tatsache nichts, dass die Wissenschaft dieses Wollen selbst, das den Staat schafft, nachträglich in seiner ursächlichen Bestimmtheit zu verstehen oder auch, in die Zukunft schauend, den Prozess der Willensbildung ursächlich zu erfassen und dadurch die Richtung des künftigen politischen Wollens zu erkennen vermag. Die *Nation* aber ist ebenso wie der Staat Naturprodukt für die Wissenschaft; wir können verstehen, wie die Gemeinschaft des Schicksals die Nation durch die Mittel der Vererbung der angezüchteten Eigenschaften wie durch die Ueberlieferung der gemeinsamen Kulturgüter erzeugt. Für den Politiker ist aber auch die Nation ein Erzeugnis seines Willens, ein Kunstprodukt: denn es kann Ziel seines Handelns sein, den Nationalcharakter zu erhalten oder zu verändern, den Kreis der Nationsgenossen zu erweitern oder zu verengern. Wenn also der Staat so gut wie die Nation einmal als Naturprodukt betrachtet, das heist als Gegenstand der Wissenschaft unter Gesetzen begriffen, dann wieder als Kunstprodukt betrachtet, das heist Gegenstand unseres Willens werden kann, hat dann der Herdersche Gedanke, dass der Staat

[1] Nach Herders Auffassung offenbar der Natur in engerem Sinne. Die Nation ist ihm Abstammungsgemeinschaft. Aber prinzipiell ändert sich doch nichts an diesem Gedankengang, wenn wir auch die Nation aus dem Daseinskampfe der Menschen nicht nur durch die natürliche Vererbung, sondern auch durch die Ueberlieferung der Kulturgüter ursächlich hervorgehen lassen.

als das Kunstprodukt der Nation als dem natürlichen Gewachse folgen, sich anpassen musse, noch einen Sinn?

Wir mussen diesen Gedanken, der jeder Begrundung des Nationalitatsprinzips zugrunde liegt, *historisch* verstehen. Das Burgertum des Zeitalters der Revolution lag im Kampfe mit dem Staate, mit dem ganzen uberlieferten Rechtssystem: der absolutistische Staat hatte die feudalen und zunftlerischen Rechtsformen erhalten oder doch nicht vollig beseitigt und hemmte dadurch die Entwicklung des Kapitalismus; die Kleinheit der Wirtschaftsgebiete war zum Hemmnis der Entwicklung der Produktivkrafte geworden; die wirtschaftliche und politische Bevormundung durch den absolutistischen Staat war der reif gewordenen Bourgeoisie, die sich selbst regieren wollte, unertraglich geworden, der uberlieferte Kleinstaat konnte sie nicht gegen die Fremdherrschaft schutzen. So will denn uberall die Bourgeoisie die geltende Rechtsordnung umsturzen, den bestehenden Staat vernichten. Aber damit will sie doch nicht den Staat uberhaupt vernichten, sondern durch einen anderen ersetzen, bedarf sie doch des Staates zur Sicherung des Eigentums: der Staat soll nun zu ihrem Herrschaftsmittel werden, nachdem er sie lange genug beherrscht. Wie sollen aber die Grenzen des neuen Staates bestimmt werden? Da stellt denn die Bourgeoisie die Frage: Wenn wir alles geltende positive Recht vernichten, alle bestehende Staatsverfassung zerstoren, sind damit wirklich alle sozialen Erscheinungen vernichtet? Und sie entdeckt so, dass es soziale Erscheinungen gibt, die, mogen sie auch nur unter irgend einer bestimmten Rechtsordnung entstanden sein und nur unter einer Rechtsordnung sich erhalten konnen, doch unabhangig von dem ihr feindlichen geltenden Recht, von der ihr feindlichen Macht bestehen, diese Macht uberdauern konnen, weil sie nicht in irgend einer ausseren Macht, sondern in den einzelnen Individuen selbst lebendig sind. So entdeckt sie die Nation als Gemeinschaft. Wenn Palacký in einem Augenblick des Grimmes gegen den osterreichischen Staat sagt, die Tschechen seien dagewesen, ehe der osterreichische Staat bestand, und sie wurden da sein, wenn der osterreichische Staat zerfalle, so druckt er den Gedanken aus, der dem Nationalitatsprinzip zugrunde liegt: die Gemeinschaft, die in jedem einzelnen Individuum unzerstorlich wirkende Kraft ist, ist, einmal entstanden, unabhangig von allem geltenden positiven Recht, unabhangig von aller bestehenden Macht. Die nationale Gemeinschaft besteht, mag der Staat auch fallen, weil sie in jedem einzelnen Individuum selbst lebendig ist. Dessen erinnert sich nun der revolutionare Rationalismus des Burgertums. Wenn es den bestehenden Staat zerstort, so zerstort es doch nicht die in den Individuen selbst lebendigen Gemeinschaften und hat so das Substrat für die Bildung des neuen Staates: die unzerstorliche Gemeinschaft soll zur

Grundlage der neuen Gesellschaft, des neuen Staates werden. *Das Bürgertum behandelt den Staat als Kunstprodukt, weil es ihn umschaffen will, die Nation als Naturgewächs, weil sie gegeben bleibt, auch wenn der bestehende Staat zerfällt.* Es ist also gar nicht, wie es zuerst schien, der Gegensatz *kausaler* und *teleologischer*, ursächlicher und zweckstrebiger Betrachtungsweise, der aus der Gegenüberstellung des Staates als Kunstprodukt und der Nation als Naturgewächs spricht, sondern der *Gegensatz äusserer Macht und innerer Gemeinschaft*. Indem das revolutionäre Bürgertum den ihm feindlichen, seinen Bedürfnissen nicht entsprechenden überlieferten Staat vernichten und durch einen neuen ersetzen will, stellt es der feindlichen äusseren Macht die dauernde innere Gemeinschaft der Nation gegenüber: *dass die innere Gemeinschaft selbst zur Trägerin äusserer Macht werde, die äussere Macht die innere Gemeinschaft beschütze*, wird so zu seiner Forderung. Das ist die Wurzel des Nationalitätsprinzips.

So gewaltig die Wirkungen dieser Forderung in der Geschichte des 19. Jahrhunderts aber auch waren, es ist ihr nicht gelungen, sich restlos durchzusetzen. Wir werden also die Kräfte zu untersuchen haben, die diesem Prinzip entgegenwirken, die die bestehenden *Nationalitätenstaaten* erhalten haben. Und wir werden weiter fragen müssen, ob diese Kräfte dauernd stark genug sein werden, den völligen Sieg des Nationalitätsprinzips zu verhindern, oder ob die bestehenden Nationalitätenstaaten blosse Reste vergangener Zeit sind, die die künftige Entwicklung beseitigen und durch reine Nationalstaaten wird ersetzen können. Dazu bedarf es aber einer Analyse des Nationalitätenstaates. So wenden wir uns denn jetzt der Betrachtung Oesterreichs, des höchstentwickelten unter den grossen Nationalitätenstaaten Europas, zu. Der Kenner ausländischer Verhältnisse wird leicht unterscheiden, welche von den hier zu untersuchenden sozialen Erscheinungen Oesterreich eigentümlich, welche allen Nationalitätenstaaten gemein sind.

III. Der Nationalitätenstaat.

§ 16.

Oesterreich als deutscher Staat.

Der österreichische Staat ist ein Erzeugnis jener grossen Bewegung, die Deutschlands Bauernsöhne von der heimatlichen Scholle, wo immer enger Bauernhaus an Bauernhaus sich drängte, hinwegführte nach dem Nordosten und Südosten. Der österreichische Staat ist die spät gereifte Frucht der südöstlichen, wie der preussische Staat ein Erzeugnis der nordöstlichen Kolonisation.

Die deutsche Kolonisation auf dem Boden des heutigen Oesterreich trägt verschiedenartigen Charakter: die Besiedlung der heute deutschen Alpenländer bietet ein anderes Bild als die Unterwerfung windischer Bauern im Süden unter deutsche Grundherren und wiederum ein anderes als das Eindringen deutschen Wesens in Böhmen, Polen und Ungarn.

Auch die bajuvarischen Kolonisten, die die Alpenländer besiedelten, fanden kein völlig menschenleeres Land. Von den Bewohnern der römischen Provinzen Rhätien, Noricum und Pannonien, überwiegend wohl romanisierten Kelten, hatten gewiss nicht wenige die Stürme der Völkerwanderung überdauert, überdies aber waren nach dem Abzuge der Langobarden aus Pannonien slavische Völkerschaften eingewandert, denen allein schliesslich der ursprünglich allslavische Name der Wenden oder Slovenen geblieben ist. Einen grossen Teil der heute deutschen Alpenländer hatten sie besiedelt: in Tirol sassen sie im Pustertale bis in die Gegend zwischen Sillian und Lienz, im Salzburgischen im Gasteiner Tale und südlich von Radstadt, in den Tälern der Krems und Steyr erhielten sie sich bis in das 11. Jahrhundert.[1])

Aber die dünngesäte keltoromanische und slavische Bevölkerung konnte die reichen Länder nicht behaupten. Ohne Wider-

[1]) Strakosch-Grassmann, Geschichte der Deutschen in Oesterreich-Ungarn. I. Band. Wien 1895. Seite 312ff.

stand zu finden, beginnen die deutschen Bauern das Land zu besiedeln: Bajuvarier in grosser Zahl, neben ihnen aber auch Franken, Schwaben, Sachsen. Allmählich überfluten die Kolonisten die keltischen und slavischen Bewohner; die älteren Ansiedler nehmen die höhere germanische Kultur an, gehen in den Deutschen auf. Das Christentum, von den deutschen Bistümern Passau und Salzburg aus gepredigt, wird auch hier zum Mittel, die fremde Bevölkerung deutschem Wesen zu gewinnen. In wenigen Jahrhunderten ist hier die keltoromanische wie die slavische Nationalität völlig verschwunden.

Aber nur dort, wo das Land nur sehr dünn von den Wenden besiedelt worden war, sind die Slaven völlig im deutschen Volke aufgegangen; anders dort, wo sie eng aneinandergesiedelt waren. Die Slovenen waren in die Alpenländern von Pannonien aus durch die Flusstäler eingedrungen; je weiter sie die Täler hinaufstiegen, desto dünner wurde ihre Siedlung. Umgekehrt drangen die Deutschen von Nordwesten her ein, ihre Stosskraft war am Oberlauf der zur Donau fliessenden Ströme am stärksten, wurde gegen Süden immer schwächer. So erhielten sich die Slaven im Südosten am besten. Je weiter wir nach Nordwesten sehen, desto vollständiger wird der Sieg deutschen Wesens. Noch heute sprechen die Zahlen der Volkszählung eine deutliche Sprache: aus Tirol, Salzburg, Oberösterreich sind die Slovenen gänzlich verschwunden, in Kärnten bilden sie 25·08%, in Steiermark schon 31·18%, endlich in Krain 94·24% der Bevölkerung.

Aber auch dort, wo die Slaven in grösseren Massen nahe aneinandersassen, drang die deutsche Kolonisation ein: wo der Bauer nicht deutsch wurde, kam doch der windische Bauer unter die Botmässigkeit deutscher Grundherren. Mit den Avarenkriegen Karls des Grossen beginnt diese Entwicklung. 795 wird zuletzt ein slavischer Herzog von Karantanien genannt, fortan herrschen bayerische Herzoge über das Land. Gewaltige Ländereien fallen jetzt in die Hand der Krone: sie verleiht und verschenkt sie an Klöster und Stifter, an weltliche Grosse, an königliche und geistliche Ministerialen; die neuen Herren ziehen deutsche Kolonisten in das Land und begründen deutsche Grundherrschaften. Um 811 scheidet Karl der Grosse die Grenzen der Erzdiözesen Passau und Aquileja, die Drau wird zur Grenze der deutschen Kirche und damit zur Grenze germanisierender Wirkung der christlichen Mission und der Kolonisationstätigkeit deutscher Stifter. 820 erheben sich die Slaven gegen den deutschen Druck; aber sie werden niedergeschlagen, der einheimische Adel wird seines Landes beraubt und durch deutsche Edle ersetzt. Fortan ist auch der slavische Bauer deutschen Grundherren unterworfen. Im slavischen Lande wird die grundherrliche Kultur deutsch: so nehmen auch die Reste des einheimischen Adels deutsche Sprache und Gesittung an und gehen allmählich in der deutschen Grundherrenklasse auf. Heute noch ist in Krain der Grossgrundbesitzer deutsch, der Bauer slavisch; vor wenigen Jahrzehnten noch bedeutete die Herrschaft des Adels im Lande Herrschaft von Deutschen über Slaven.

Wir wissen aus unserer Geschichte der deutschen Nation, dass im Zeitalter der Grundherrschaft die einigende nationale Kultur eine Kultur der Grundherren war. Hier stossen wir nun auf ein Volk, das die Klasse entbehrte, die in jener Zeit allein nationale Kultur schaffen und weiterentwickeln konnte. An den Wenden können wir, was wir damals behauptet, gleichsam experimentell beweisen. Hier haben wir ein Volk, dem jene Klasse nicht angehört, die in jener Zeit allein Trägerin der nationalen Kultur sein konnte. Und in der Tat! An der ganzen Kultur der feudalen Epoche hatten die Slovenen keinen Teil. Die slovenischen Bauern bildeten gar keine nationale Kulturgemeinschaft, sondern nur enge örtliche Gemeinschaften; was die windischen Dörfer einte, war nicht das Entstehen und die fortwährende Weiterentwicklung einer nationalen Kultur, sondern nur die Tatsache, dass in der dürftigen Kulturgemeinschaft der Bauern jedes Dorfes sich jene Elemente träge von Geschlecht zu Geschlecht weiter vererbten, die ihnen allen vom slavischen Stammvolke überliefert waren. Wie verschieden ist aber diese, von örtlich verschiedener Sonderbildung mehr und mehr überdeckte Gemeinsamkeit von der starken Kraft nationaler Einheitsentwicklung, von dem lebhaft pulsierenden nationalen Kulturleben der grossen Nationen, denen die Grundherrenklasse angehörte! Man hat solche Nationen als geschichtslose Nationen bezeichnet und wir wollen diesen Ausdruck beibehalten; aber er bedeutet nicht, dass solche Nationen niemals eine Geschichte gehabt hätten — denn die Wenden hatten eine Geschichte bis 820 — auch nicht, dass solche Nationen, wie noch Friedrich Engels im Jahre 1848 geglaubt hat, zu geschichtlichem Leben überhaupt nicht fähig wären, geschichtliches Leben nie mehr erlangen könnten — denn diese Meinung ist durch die Geschichte des 19. Jahrhunderts endgültig widerlegt. Geschichtslos nennen wir diese Nationen vielmehr nur darum, weil ihre nationale Kultur in jenem Zeitalter, in dem bloss die herrschenden Klassen die Träger einer solchen Kultur waren, keine Geschichte, keine Weiterentwicklung kennt.

Ein volles Jahrtausend lang tragen die Wenden den Charakter einer geschichtslosen Nation. Wohl hat auch auf sie jene Verbreiterung der Kulturgemeinschaft, die der Frühkapitalismus und die in seinem Gefolge auftretende politische, religiöse und moralische Umwälzung dem deutschen Volke gebracht, eingewirkt. Im Zeitalter der Reformation sehen wir Anfänge einer slovenischen

Literatur, die Bibel und viele Erbauungsschriften werden in das Wendische übersetzt. Die slovenischen Bauern erheben sich zum grossen Bauernkriege um die stara pravda, um das alte Recht. Aber dieselben Ursachen, die in Deutschland den Kreis der Kulturgenossen bald verengerten — die Verschiebung der Welthandelswege, kriegerische Umwälzungen, die Gegenreformation — machen auch hier dem kurzen nationalen Aufschwung bald ein Ende. Der windische Bauer sinkt wieder zurück zu kulturlosem Dasein und erst das 19. Jahrhundert, erst der Kapitalismus, der moderne Staat mit der Befreiung der Bauern vom grundherrlichen Joch, mit Selbstverwaltung, Schule und allgemeiner Wehrpflicht hat die slovenische Nation aus ihrem Schlafe erweckt, hat sie auf die Bühne der Geschichte geführt, hat auch für sie die Möglichkeit geschaffen, die Massen durch eine eigene lebendige Kultur zur Nation zusammenzuschliessen. Im Zeitalter der Grundherrschaft aber bestand diese Möglichkeit nicht: der Slovene war Bauer und der Bauer interessiert den Grundherrn nur, sofern er durch seine Fronarbeit und durch seine Abgaben die Kultur der Grundherrenklasse möglich macht, die Nationalität des Bauern ist ihr gleichgültig. So konnte die deutsche Grundherrenklasse im Süden geradeso aus der Arbeit slavischer Bauern ihre Nahrung ziehen, wie sie anderwärts aus der Arbeit deutscher, wie sie in Livland beispielsweise aus der Arbeit lettischer Bauern ihre Nahrung gezogen hat. Für das geschichtliche Leben des Mittelalters waren Kärnten, Steiermark, Krain reindeutsche Länder.

Ganz anders als im Südosten hat die grosse deutsche Kolonisationsbewegung in den nationalen Staaten an der Grenze des Deutschen Reiches, in Böhmen, Polen und Ungarn, gewirkt. Hier hat das Deutschtum die einheimische Nationalität nicht aufgesaugt und nicht geknechtet, wohl aber ist es in den Körper des nationalen Staates eingedrungen und hat in ihm mannigfache Veränderungen hervorgerufen.

In Böhmen dringen die Deutschen als Bürger, als Bauern und als Bergknappen ein. Die städtische Kolonisation wurde von den böhmischen Königen bewusst gefördert: auch sie erkannten, welche neue Macht dem Königtum aus der Warenproduktion erwachsen konnte, und da die Entwicklung der Warenproduktion und Warenzirkulation in Deutschland der böhmischen Entwicklung vorausgeeilt war, verpflanzten sie deutsche Kaufleute und Handwerker nach Böhmen. Die deutschen Bürger traten entweder in schon bestehende Gemeinden ein oder sie gründeten neue Städte. Schon im 11. Jahrhundert bestand in Prag eine deutsche Gemeinde. Im 13. Jahrhundert erlangen viele deutsche Städte königliche Freiheitsbriefe. Neuen Aufschwung nahm das deutsche Städtewesen in Böhmen mit dem Aufblühen des Bergbaues, deutsche Bergknappen wurden herbeigerufen und gründeten eine Anzahl rein deutscher Städte. Im 14. Jahrhundert waren die reicheren Bürger, Kaufleute und die vornehmeren Handwerker fast durchwegs deutsch, während die anderen Handwerker, die Bauern, das städtische Proletariat überwiegend tschechisch waren. Den Rat der Städte hatten fast durchwegs Deutsche in der Hand. Ihr Reichtum und ihre Privilegien gaben ihnen gewaltige Macht: sie beherrschten die Universität; die Pfründen in den Kapiteln, die Bistümer und Klöster waren in der Hand von Deutschen, während nur armselige Pfarrstellen den Tschechen überlassen blieben. Anschaulich, wenn auch vielleicht nicht ohne Uebertreibung schildert eine hussitische Streitschrift aus dem Jahre 1437 die soziale Stellung, die das deutsche Bürgertum in Böhmen seinem Reichtum dankte: „Wer waren in allen königlichen Städten Böhmens die Bürgermeister und Ratsherren? Deutsche. Wer die Richter? Deutsche. Wo predigte man den Deutschen? In den Hauptkirchen. Wo den Böhmen? Auf den Kirchhöfen und in den Häusern.“ [1])

Neben der bürgerlichen steht die bäuerliche Kolonisation der Deutschen in Böhmen. Seit dem 12. Jahrhundert siedeln sich deutsche Bauern in den Randgebieten Böhmens an, roden die Wildnis und gründen deutsche Freidörfer und Märkte oder aber es weisen ihnen die böhmischen Könige inmitten der slavischen Bevölkerung Land an, so zum Beispiel Ottokar II. in den Gegenden von Saaz und Elbogen.

Aber auch der böhmische Königshof und der böhmische Adel unterliegt deutschem Einfluss. Die hochentwickelte Kultur der deutschen Grundherrenklasse war den Böhmen geradeso Vorbild wie etwa den deutschen Höfen des 17. Jahrhunderts der Hof der französischen Könige. Die Přemysliden hatten deutsche Fürstentöchter zu Frauen und Müttern, sprachen deutsch, deutsche Dichter, wie Reimar der Zweter, der Tannhuser, Ulrich von Türlin, weilten an ihrem Hofe; das böhmische Rittertum ahmte deutsche ritterliche Sitten nach, bediente sich deutscher Namen, liebte die deutsche ritterliche Kunst.

Weit weniger stark war der deutsche Kultureinfluss in Ungarn und Polen. Immerhin haben wir auch in Ungarn alle Formen der deutschen Kolonisation: seit dem 12. Jahrhundert siedeln sich sächsische Bauern in Siebenbürgen an; ihnen folgen, insbesondere nach dem grossen Mongoleneinfall, deutsche Bürger und deutsche Bergknappen. In Polen überwiegt die bürgerliche Kolonisation. Alle grossen, die Mehrzahl der kleinen Städte hatten deutsche Bevölkerung und deutsches Recht.

Das Eindringen deutscher Kultur in alle diese Länder hat sie kulturell einander und dem Deutschen Reiche genähert. So war

[1]) Zitiert bei Palacký, Geschichte Böhmens. Prag 1854. III., 3., Seite 293.

die *Möglichkeit* ihrer Vereinigung zu einem grossen Staatswesen erst gegeben. Dass diese Möglichkeit zur *Wirklichkeit* wurde, ist aus der inneren Entwicklung des Deutschen Reiches zu erklären.

Wir haben bereits, als wir die Entwicklung des modernen, auf der Warenproduktion beruhenden Staates in Deutschland zu erklären suchten, davon gesprochen, wie es zur Aufgabe des deutschen Königtums wurde, sich eine Hausmacht zu schaffen, auf deren militärische Gewalt gestützt, es das Reich zum Staate hätte entwickeln können. Wir sahen, wie die Hohenstaufen in dem hochentwickelten Italien sich einen modernen Staat zu schaffen suchten, der zur Grundlage ihrer Macht im Reiche hätte werden können. Aber dieses kühne Streben endete bekanntlich mit einer furchtbaren Niederlage. Umsonst hatten die Hohenstaufen die alten königlichen Rechte in Deutschland schmälern wollen, um die Bundesgenossenschaft deutscher Fürsten für ihre italienische Politik zu gewinnen: mit Friedrich II endete der letzte Versuch, die alte römische Kaiseridee zur Stütze deutscher Königsmacht zu machen. Der kühne Plan der Hohenstaufen war misslungen, aber der Zweck, dem er gedient, musste notwendig von jedem deutschen König erstrebt werden. Auf dem alten, in eine Unzahl Fürstentümer zerrissenen Reichsboden konnte die Gründung eines mächtigen Staates nicht gelingen, der die Grundlage der königlichen Gewalt hätte sein können. So wies denn alles die deutschen Könige auf das *Kolonialgebiet*. Vom Sturze der hohenstaufischen Politik an lag das Schwergewicht des Deutschen Reiches auf Kolonialboden und liegt dort noch heute.

Diese Verlegung des Schwerpunktes des Reiches war keineswegs überraschend. Kulturell hatte sich das Kolonialland dem Mutterlande längst angepasst, ja hatte es vielleicht überflügelt. Die erste Blütezeit unserer Literatur zieht bereits köstliche Ernte aus dem Boden, den Jahrhunderte zuvor deutsche Kolonisten besiedelten. Aber viel bedeutsamer noch wurde die politische Ueberlegenheit des Koloniallandes. Von Anfang an erstreckt sich die Macht der Fürsten auf kolonialem Boden über weitere Gebiete als im Mutterlande. Zunächst wohl aus demselben Grunde, warum auch die Bauernhufe im Koloniallande grösser ist, dann auch deshalb, weil die Fürsten des Koloniallandes als Hüter der Reichsmark grösserer Macht nicht entraten konnten. Und diese Macht wird nicht wie im Mutterlande durch zahlreiche Immunitäten durchbrochen. Mächtig gebieten die Herzoge von Oesterreich über die Kirche ihres Landes, reich sind ihre Finanzen, zahlreiche Ministerialen und unter diesen noch eine unfreie Ritterschaft sind ihnen untertan. Schon zu Friedrich Barbarossas Zeiten erscheinen sie unter den mächtigsten Fürsten des Reiches. Dieser starken Macht sich zu versichern, erscheint bald als ein verlockendes Ziel. Während des Zwischenreiches vereinigt zum erstenmal Přemysl Ottokar II. die österreichischen Lande mit Böhmen und wird dadurch der mächtigste Fürst des Reiches. Von diesen Tagen an ist es klar, dass in der Schaffung des grossen Kolonialreiches durch Vereinigung Oesterreichs mit Böhmen, vielleicht auch mit Ungarn, die Zukunft Deutschlands liegt. Wer diese starken Gewalten zu vereinigen weiss, dem winkt die deutsche Königskrone, der darf vielleicht hoffen, die fast selbständig gewordenen Fürsten des Reiches niederzuwerfen und der deutschen Königswürde neuen Inhalt zu geben. Nach der Niederwerfung des Přemysliden fassen die Habsburger dieses Ziel ins Auge: sie setzen sich in Oesterreich fest und mit zäher Beharrlichkeit streben sie nach Vermehrung ihres Länderbesitzes, um das grosse Kolonialreich zu schaffen, das ihre Herrschaft über Deutschland sichern soll. Wenig später stellt sich ein anderes Fürstenhaus dieselbe Aufgabe: auch die Luxemburger versuchen sich an demselben Ziel. Deutschlands Geschichte wird nun zu einem Kampfe der beiden Häuser. Das Glück ist zuerst den Luxemburgern hold; da sichern sich die Habsburger durch Heirat das Erbe des glücklichen Nebenbuhlers. Das grosse Kolonialreich ersteht zum erstenmal, als der fünfte Albrecht den Kaiser Sigismund beerbt und hierdurch habsburgischen und luxemburgischen Besitz in einer Hand vereinigt. Die Macht der Habsburger ist hierdurch sicher begründet; von jener Zeit an bleibt die Kaiserkrone in ihren Händen, bis das Heilige Römische Reich in den Wirren der bürgerlichen Revolution ruhmlos stirbt. Wohl geht ihnen Böhmen und Ungarn nochmals verloren; aber unablässig erneuern sie ihre Bemühungen, das Ziel, dem sie einmal schon so nahe waren, zu erreichen. Als der Jagellone Ludwig auf dem Schlachtfelde von Mohács fällt, werden Böhmen und Ungarn wieder ihr Erbe und bleiben nun dauernd mit Oesterreich vereint. Der Bestand des grossen Reiches, das den süddeutschen Kolonialboden mit den durch den starken Einfluss deutscher Kultur dem Deutschen Reiche angegliederten Königreichen Böhmen und Ungarn vereinigt, ist für Jahrhunderte gesichert.

Aus der deutschen Entwicklung allein ist die Entstehung des österreichischen Staates zu verstehen, der Sinn seines Werdens war das Verlangen, die Kräfte des kolonialen Bodens zur Stütze deutscher Königsmacht zu machen. War dies erst gelungen, so mochte die Hoffnung vielleicht gar nicht allzu kühn erscheinen, es könne, auf so grosse Macht gestützt, den deutschen Königen gelingen, aus dem alten Reiche einen Staat zu schaffen, wie dies in Spanien, in Frankreich, in England gelungen war. Aber es war das merkwürdige Geschick des österreichischen Staates, dass er, kaum entstanden, sich vor einer anderen Riesenaufgabe sah, die seine Kräfte völlig in Anspruch nahm und ihm die Erfüllung der ersten Aufgabe, der er ursprünglich sein Entstehen dankte, dauernd unmöglich machen sollte. Diese neue Aufgabe war der Schutz des christlichen Europa gegen die Türken. Wenige Jahre, nachdem der Habsburger Albrecht die Luxemburger beerbt, fiel Konstantinopel in türkische Hände. Im Kampfe gegen die Türken fiel der Jagellone Ludwig, dessen Erbe der Habsburger Ferdinand antrat. Drei Jahre später stehen die Türken vor Wien; die Mitte Ungarns bleibt in türkischen Händen, im Osten Ungarns herrscht der Woiwode von Siebenbürgen als Vasall des Sultans. Kroatien, die innerösterreichischen Länder, ja selbst Böhmen, Bayern und Sachsen zittern vor der türkischen Gefahr. In jenen jahrhundertelangen Kämpfen ward, wie Engels einmal sagte: „der Sieg Karl Martells unter den Mauern Wiens und in der ungarischen Tiefebene aber und abermals erfochten". Durch diese Kämpfe gewinnt Oesterreich neue Aufgaben und neue Bedeutung. War sein Entstehen erst nur ein Bedürfnis des deutschen Königtums, so wird sein Bestehen nun ein Bedürfnis der in ihm vereinigten Länder selbst, die sich nur in ihrer Vereinigung stark genug fühlen, den Türken zu widerstehen. In Kroatien empfand man schon vor der Schlacht bei Mohacs die Notwendigkeit des Anschlusses an die habsburgische Macht als Stütze gegen die Türken. Schon Maximilian I. wird bei seiner Bewerbung um die ungarische Krone von kroatischen Grafen unterstützt. Zu derselben Zeit wird der kroatische Graf Nikolaus Frangepan vom Kaiser und vom deutschen Reichstag mit Geld unterstützt, damit er dem Reiche gegen die Türken „dester bass dienen möge". 1509 erklären sich die Stände der fünf niederösterreichischen Länder bereit, den Kroaten gegen die Türken beizustehen.[1]) 1524, also noch vor Mohacs, tragen die „domini Croacie" die Herrschaft über ihr Land dem Erzherzog Ferdinand an. In demselben Jahre bewilligt Ferdinand „etlichen krabatischen Graven" eine namhafte Geldunterstützung, „damit sy sich diesen Winter enthalten und den Türkhen desster stattlicher widersteen mugen". 1526 stellt Ferdinand den Kroaten eine Hilfstruppe von Reiterei und Fussvolk für den Kampf gegen die Türken zur Verfügung. Auch die innerösterreichischen Stände leisten ihnen wiederholt Beistand gegen die Türken.[2])

---

[1]) Der alte österreichische Kanzleistil versteht unter Innerösterreich die Herzogtümer Steiermark, Kärnten und Krain, unter Niederösterreich die Erzherzogtümer Oesterreich ob und unter der Enns und die drei innerösterreichischen Lande.

[2]) Ausführliche Nachweisungen darüber, wie die Türkennot die Kroaten zum engen Anschluss an das Reich trieb, bei Bidermann, Geschichte der österreichischen Gesamtstaatsidee. Innsbruck 1867—1884. II. Bd., Seite 198 ff.

Wie durch die Türkengefahr die Vereinigung der österreichischen Länder, einst nur ein politisches Mittel der deutschen Könige und der Habsburger im Kampfe um die deutsche Königswürde, zu einer Notwendigkeit für die Länder selbst wurde, zeigt deutlich das fortwährende Verlangen der Stände der von den Türken bedrohten Länder nach Vereinigung der Ständeausschüsse aller habsburgischen Länder zu gemeinsamer Vorbereitung des Türkenkrieges. Im Jahre 1502 tagen zum erstenmal die Ausschüsse der Stände der fünf niederösterreichischen Länder gemeinsam. Im Jahre 1509 sind bereits auch die Stände von Tirol und Vorderösterreich vertreten und verabreden mit den niederösterreichischen Ständen ein Schutz- und Trutzbündnis. Für das Jahr 1529 beruft Ferdinand eine Versammlung der ständischen Ausschüsse aller habsburgischen Länder nach Linz; wohl scheitert die geplante Tagung an dem Widerstande der Böhmen, aber die Stände der durch die Türken bedrohten Länder verlangen immer wieder die Erneuerung des Versuches und tadeln wohl auch den Kaiser, weil er nicht tatkräftig genug sich um sein Gelingen bemühe. Für sich allein seien sie, wenn die Türken einfallen, einem „stattlichen" Widerstand nicht gewachsen; daher müssten auch die Böhmen herangezogen werden. 1537 verlangen die ungarischen, 1540 die Tiroler und vorderösterreichischen Stände die Einberufung der Ausschüsse aller Stände zu gemeinsamer Tagung. 1541 finden in der Tat schon gemeinsame Beratungen aller Stände statt, die Ungarns Befreiung vom Türkenjoch bezwecken.[1]) Die Geschichte dieser ganzen ständischen Vereinigungsbewegung zeigt deutlich die erste Wandlung des österreichischen Reichsgedankens: nicht mehr in dem Streben, ein grosses Kolonialreich zu schaffen, das zur Grundlage der deutschen Königsmacht werden könnte, sondern in dem Verlangen der Länder selbst nach ihrer Vereinigung zur Abwehr der Türken liegt nun der Daseinsgrund Oesterreichs. So hat Oesterreich von seinem Entstehen an eine doppelte Aufgabe: die Herstellung eines starken, einheitlichen deutschen Staates einerseits, die Verteidigung des christlichen Europa gegen die Türken andererseits. Aber die zweite Aufgabe hat jahrhundertelang seine Kräfte gebunden und so blieb seine erste und ursprüngliche Aufgabe ungelöst. Nicht durch Oesterreich, sondern erst Jahrhunderte später gegen Oesterreich ist das Deutsche Reich zu einem Staat geworden. Oesterreichs Ausscheiden aus dem Deutschen Bunde im Jahre 1866 war der logische Abschluss dieser Entwicklung.

Während Oesterreich seinen jahrhundertelangen Kampf gegen die Türken führte, sah es sich im Innern vor eine gewaltige Auf-

[1]) Bidermann, a. a. O., I. Bd., Seite 5 ff.; II. Bd., Seite 93 ff.

gabe gestellt: vor den Kampf zwischen der fürstlichen Gewalt und den Ständen. Es ist sehr wichtig, diesen Kampf in seinen Triebkräften zu verstehen: denn sein Ausgang hat über die Geschicke der österreichischen Nationen für zwei Jahrhunderte entschieden und hat jenes Verhältnis der Nationen zueinander begründet, das erst die schnelle Entwicklung des 19. Jahrhunderts umgestürzt hat, das aber auch heute noch für die Höhe der Kulturentwicklung der einzelnen Nationen und für ihre Machtverhältnisse zueinander von bestimmender Bedeutung ist.

Die Stufe der Staatsbildung, die die habsburgischen Länder in der Zeit ihrer Vereinigung erreicht hatten, war die des Ständestaates. Der Ständestaat ist ein merkwürdiges Zwischengebilde zwischen dem feudalen und dem modernen Staat, entstanden durch langsame Anpassung der Einrichtungen des auf dem Lehensbande und der Grundherrschaft ruhenden Feudalstaates an den auf der Warenproduktion beruhenden modernen Staat. Im feudalen Staate war es Pflicht der Lehensmannen, auf Geheiss des Lehensherrn an seinem Hofe zu erscheinen und ihm den erheischten Rat zu bieten. Aus dieser Pflicht ward allmählich ein Recht; kein Lehensherr sollte die Rechtsverhältnisse seiner Lehensmannen verändern, ohne ihren Rat zu hören und sich ihrer Zustimmung zu versichern. Als die Landeshoheit entstand, wurde es Verfassungsgrundsatz im Reiche, dass kein Landesherr ohne Zustimmung seiner Lehens- und Dienstmannen, der Grossen in seinem Lande, neues Recht schaffen sollte. [1]) Nun wuchsen mit der Entwicklung des modernen Staates die Ansprüche des Landesherrn an die Stände: aber nicht ohne Gegenleistung willigte die Ritterschaft in die Vermehrung ihrer militärischen Leistungen, willigten die Städte in erhöhte Steuern. Der Fürst muss den Ständen ausgedehnte Rechte verleihen, will er von ihnen die Mittel erlangen, die Landeshoheit über ein geschlossenes Territorium auszubauen, sie auf die neuen Mittel der sich verbreitenden Warenproduktion, Söldnerheer und Bureaukratie, zu stützen. So wächst die Macht der Stände und es entsteht allmählich eine merkwürdige Doppelherrschaft und Doppelverwaltung. Neben dem landesherrlichen Gebot steht das ständische Gesetz; neben dem landesfürstlichen Heer das Heer der Stände; neben der landesfürstlichen Verwaltung die ständische Verwaltung, neben der landesherrlichen Einnahmewirtschaft die ständische Steuerverwaltung. Wenn die Stände dem Landesherrn Steuern bewilligen, so ist das eine ausserordentliche Beihilfe für einen bestimmten Zweck; der Landesherr erklärt in den Steuerreversen, dass er den Ständen für die Bewilligung höchsten Dank schulde und sie nicht wieder belästigen

[1]) Im Jahre 1231 bestimmte ein Rechtsspruch des Reichshofgerichtes: Die Landesherren dürfen nur mit Zustimmung der meliorum et maiorum terrae constitutiones vel nova iura facere.

wolle. Auch die Einhebung der Steuern ist Sache der standischen Verwaltung „In die Hande des Landesherrn oder seiner Amtsleute kommt nichts von dem Geld.“ heisst es im bergischen Rechtsbuch. So sind Landesherr und Stande nicht etwa Organe eines und desselben Staates wie heute Monarch und Parlament, sondern es bestehen im Grunde zwei voneinander unabhangige souveraне Gewalten auf demselben Boden Die Bewohner des Territoriums sind einerseits Untertanen des Fürsten, andererseits aber Glieder des von den Standen vertretenen und beherrschten Landes.[1])

Dieser Zustand staatlich-standischer Doppelherrschaft und Doppelverwaltung ist eine Uebergangsform in dem Entstehungsprozess des modernen Staates, die nirgends dauernd bestehen konnte Notwendig musste uberall der Kampf zwischen dem Landesherrn und den Standen ausgekämpft werden. Der Ausgang dieses Kampfes war freilich sehr verschieden. Entweder ist es dem Fürsten gelungen, die Stande vollstandig niederzuwerfen wie in Frankreich, oder die Stande sind dem Staate als ein Staatsorgan eingegliedert worden, haben sich zu einem Parlament entwickelt wie in England, oder aber die Stande blieben siegreich und haben aus dem Lande eine aristokratische Republik gemacht mit einem Scheinmonarchen an der Spitze wie in Polen und im römisch-deutschen Reich.[2])

Auch die habsburgischen Lander trugen den eigentumlichen Charakter des furstlich-standischen Doppelstaates Als Maximilian I den Grundstein zur osterreichischen Bureaukratie, zur Verwaltung durch bezahlte Beamte, legte, begann sofort der Widerstand der Stande Aber mit Klagen uber „Doctores und Procuratores“ war nichts getan Bald entschliessen sich die Stande, der bureaukratischen Verwaltung des Fursten eine eigene Verwaltung gegenuberzustellen. hatten fruher der Landmarschall und Untermarschall genugt, die Geschafte der Stande zu versehen, so werden jetzt zunachst Landesausschusse eingesetzt, bald auch ein Stand landschaftlicher Berufsbeamter geschaffen. Es ist wohl ein sicheres Zeichen fur den Beginn standischer Verwaltung, wenn die steierischen Stande im Jahre 1494, die Krainer 1511, die Karntner 1514 eigene Gebaude als Landhaus, als Sitz der standischen Verwaltungsorganisation erwerben [3]) Im Jahre 1495 beginnt in Steiermark und Krain der Ausbau eines standischen Steuerwesens Die Landstande werben auf ihre Kosten Truppen an, stellen sie unter landschaftliche Offiziere, besolden sie und der Landesherr muss damit zufrieden sein, wenn ihm die Stande ihre Truppen fur einige Monate zur Verfugung stellen. Naturlich bleibt es dem Landesfursten un-

[1]) Below, Territorium und Stadt. Munchen 1900. Seite 248

[2]) Jellinek, Allgemeine Staatslehre Berlin 1905 Seite 317

[3]) Luschin, Oesterreichische Reichsgeschichte. Bamberg 1896. Seite 277

benommen, aus eigenen Mitteln ein eigenes Heer aufzustellen, über das er dann unbeschränkt verfügt. Noch zu Beginn des dreissigjährigen Krieges kämpfen die ständischen Heere von Oesterreich ob und unter der Enns gegen die kaiserlichen Truppen.[1])

Naturgemäss war auch in Oesterreich dieser Zustand einer Doppelherrschaft zweier gleich souveräner Mächte unerträglich. Die Fürsten klagten über ihre Ohnmacht gegenüber den Ständen. Im Jahre 1613 schreibt Kaiser Matthias an Erzherzog Ferdinand, nur durch äusserste Nachgiebigkeit habe er bisher die Stände von Oesterreich von offener Empörung zurückgehalten, in Ungarn tue der Palatin, was er wolle, in Böhmen könne er keinen Landtag berufen, wenn er nicht die Konföderation der Stände zugeben wolle, daher aber auch keine Steuern erheben, und Mähren gleiche mehr einer Republik als einem Fürstentum.[2]) In Böhmen kennzeichnet unter den Jagellonen das Verhältnis des Königs und der Herren das Wortspiel: „Du bist unser König, wir sind deine Herren.“

Alle grossen Kämpfe jener Zeit sind durch den Gegensatz des Staates und der Stände bestimmt. Ihr Kampf gibt zunächst dem Gegensatze zwischen Zentralismus und Föderalismus in jener Zeit Inhalt. Man hat oft darüber gestritten, ob das Verhältnis der habsburgischen Länder jener Zeit zueinander als Personal- oder als Realunion betrachtet werden kann. Wer diese Frage stellt, verkennt aber das Wesen des ständischen Doppelstaates. Soweit die Macht ständischer Herrschaft reicht, besteht zwischen den Ländern damals überhaupt keine Union: jede Landschaft ist ein selbständiger Staat, der sich mit den anderen zu bestimmten Zwecken für bestimmte Zeit vereinigen, diese Vereinigung aber stets auch wieder lösen kann. Soweit aber die Macht des Landesfürsten reicht, ist wiederum von keiner Union die Rede: denn für ihn bilden alle Länder einen Staat, den er — soweit er überhaupt zu herrschen vermag, soweit im ständischen Doppelstaat seine Macht überhaupt reicht — einheitlich beherrscht, mag er sich auch für die verschiedenen Länder oder Länderkomplexe besonderer Organe bedienen und für sie je nach Zweckmässigkeit verschiedene Anordnungen treffen. Was als Kampf der Reichseinheit und des Länderpartikularismus erscheint, ist ein Kampf zwischen der über alle Länder gebietenden, alle Länder einigenden landesfürstlichen Macht und den auf eine Landschaft beschränkten Ständen. In diesem Kampfe nun war der Landesfürst ohne Zweifel der stärkere Teil: alle jene Tendenzen, die zur Bildung eines starken, grossen Oesterreich trieben, förderten seine Macht. Am

[1]) Luschin, a. a. O., Seite 464 ff.
[2]) Luschin, a. a. O., Seite 336.

allteranschaulichsten zeigte es sich im Heerwesen, dass nur die landesfürstliche Gewalt jene Aufgaben zu erfüllen vermochte, die die Länder von dem Zusammenschluss zu einem Reiche erwarteten. Wohl stellten auch die Stände einander Truppen zur Verfügung. Als im Jahre 1525 der grosse Bauernkrieg einzelne Länder bedrohte, als 1528 Krain den Einfall der Türken fürchtete, und häufig noch später leisteten die Stände einander „nachbarlichen Sukkurs“. Aber diese militärische Hilfe wurde immer nur von Fall zu Fall, immer unwillig, nie in genügender Stärke gewährt. Nur von der Gewalt des Landesfürsten, nicht von dem unwilligen Beistand der Stände der Nachbarländer konnte jedes einzelne Land hinreichenden Schutz gegen die äusseren Feinde, vor allem gegen die Türken erwarten. Kein Wunder, dass schon 1667 die Steiermark, von Krain zu nachbarlicher Hilfe berufen, erklärte, es sei Sache Seiner Majestät, seine Länder zu verteidigen.[1]) Der „nachbarliche Sukkurs“ wurde zum letztenmal im Jahre 1706 gewährt, als die Stände des Herzogtums Krain zum Schutze von Görz und Gradiska ein Aufgebot ergehen liessen. Im folgenden Jahre verweigerten Kärnten und Krain die von Steiermark begehrte Unterstützung und der nachbarliche Sukkurs wurde fortan nicht mehr verlangt.

So beruhte die Ueberlegenheit des Staates gegenüber den Ständen gerade auf der Vereinigung der Kräfte durch den Zentralismus. Dies haben die Stände wohl erkannt und sie suchten den Absolutismus durch sein eigenes Mittel zu schlagen: die Versammlungen der Ständeausschüsse, deren Aufgabe die Vereinigung der Länder zum Kampfe gegen die Türken sein sollte, wurden zum Sitz der ständischen Rebellion, im Kampfe gegen die landesfürstliche Gewalt schlossen sich nun auch die Stände aller habsburgischen Länder zusammen. Die „Konföderation der Stände“, einst eine Forderung des Kaisers, wird nun zur Verschwörung gegen den Kaiser. So stark waren die Kräfte, die zur Einigung der habsburgischen Länder trieben, den Grossstaat dem vereinzelten Lande gegenüber überlegen machten, dass selbst die ständische Bewegung ganz gegen ihren Willen dem Zentralismus, der engeren Verknüpfung der Länder untereinander, dienen musste.

Der Kampf zwischen dem Staat und den Ständen bemächtigt sich auch der *religiösen* Wirren des Zeitalters der Reformation. Die Habsburger hatten sich, nicht ohne Schwanken, für den Katholizismus entschieden; wollten sie doch die Macht und Würde nicht missen, die dem römischen Kaisertum aus der Vogtei über die römische Kirche floss. So bemächtigten sich denn die Stände jener Umwertung aller überlieferten Werte, die die sich verbreitende Warenproduktion allerwärts hervorgerufen hatte: das Evangelium

[1]) Bidermann, a. a. O., II., 25, 101, 167.

wurde zum Kampfmittel der Stände gegen den Staat. Noch wichtiger aber wurde es, dass der ständische Kampf in dem reichsten und höchstentwickelten Lande der Habsburger, das zugleich auch das Land der mächtigsten Stände war, in Böhmen, die Gestalt eines *nationalen* Kampfes annahm.

Wir haben schon von der machtvollen sozialen Stellung gesprochen, die die Deutschen in Böhmen vor den Hussitenkriegen eingenommen hatten. Beruhte die Macht deutschen Wesens in Böhmen auf dem Reichtum des deutschen Bürgertums im Lande und auf dem Einfluss, den die deutsche ritterliche Kultur auf den böhmischen Königshof und den böhmischen Adel übte, so fand es überdies unter den Luxemburgern an dem deutschen Fürstenhaus, das die böhmische Königskrone mit der römischen Kaiserwürde vereinigte und Prag zur Hauptstadt des Deutschen Reiches machte, wertvolle Unterstützung. Aber die deutsche Herrschaft in Böhmen schuf sich selbst ihre Totengräber. Jeder Fortschritt des deutschen Bürgertums, das Aufblühen seines Handels und Bergbaues bedeutete eine Verbreiterung der Warenproduktion. Auch in Böhmen hat aber der Uebergang von der reinen Naturalwirtschaft zur Warenproduktion dieselbe gewaltige Revolutionierung der Geister hervorgerufen wie in allen anderen Ländern. Diese Revolution trat frühzeitig ein, weil Böhmen zeitweilig zu den wirtschaftlich höchst entwickelten Ländern Europas zählte, die Erhebung der unteren Klassen war hier besonders stark, weil der Kampf gegen die feindlichen sozialen Mächte zugleich ein Kampf gegen nationale Fremdherrschaft war. So erlebt Böhmen in den Hussitenkriegen seine Reformationsperiode. Die Deutschen im Lande werden zurückgedrängt und Böhmen erlebt nun eine Epoche rein nationaler Kultur. Aber für die Ideologie der Nation blieb es von bestimmendem Einfluss, dass ihre Revolution die Gestalt eines nationalen Kampfes gegen das Deutschtum hatte annehmen müssen.

Dieser Ideologie bemächtigten sich nun die Stände in ihrem Kampfe gegen die staatlich-fürstliche Gewalt. Die habsburgischen Könige sind deutsch, sind von deutschen Räten umgeben, bedienen sich in ihrer zentralistischen Verwaltung deutscher Beamten und der deutschen Sprache. Dagegen sind die Stände Tschechen, die Organe und die Sprache der ständischen Verwaltung sind tschechisch. Der Gegensatz zwischen staatlicher und ständischer Macht erscheint so als ein nationaler Gegensatz. Im Kampfe zwischen Staat und Ständen betont der tschechische Adel naturgemäss seine Nationalität: immer schroffer besteht er auf den Rechten der tschechischen Sprache, immer mehr sucht er durch gesetzgeberische Massnahmen aller Art die deutsche Sprache zurückzudrängen, um so den ständischen Kampf als nationalen Kampf erscheinen zu lassen, in dem Hass des

Volkes gegen die Fremdherrschaft einen Bundesgenossen für die ständischen Bestrebungen zu finden. Als 1611 Graf Dohna den böhmischen Ständen eine Botschaft des Kaisers in deutscher Sprache überbringen wollte, schrien ihn die Herren an, in Deutschland könne er deutsch, in Böhmen müsse er tschechisch reden. Durch eine ganze Reihe von Gesetzen führten die Stände den ausschliesslichen Gebrauch der tschechischen Sprache als Amtssprache der Stände, als Sprache der Landtafeln und öffentlichen Urkunden, als Sprache der ständischen Gerichte ein, während sich gleichzeitig die landesfürstlichen Aemter der deutschen Sprache bedienten.[1]) Die Kenntnis der tschechischen Sprache musste nachweisen, wer das adelige Incolat oder das städtische Bürgerrecht erwerben wollte. Schliesslich ging man, auf dem Höhepunkt des Ständekampfes, wenige Jahre vor der grossen Katastrophe, so weit, jene, die der tschechischen Sprache mächtig waren und sich trotzdem der deutschen bedienten, mit Strafen zu bedrohen, von allen Seelsorgern und Lehrern die Kenntnis der tschechischen Sprache zu verlangen, gewissen Pfarreien und Schulen, die deutsch geworden waren, den Gebrauch der tschechischen Sprache unter Strafandrohung vorzuschreiben, ja sogar die Unkenntnis der tschechischen Sprache durch Nachteile auf dem Gebiete des Erbrechtes zu bestrafen.

Wie anderwärts, so hat auch in Böhmen — und damit in Oesterreich überhaupt — der Staat über die Stände gesiegt. In der Schlacht am Weissen Berge errang er die militärische Ueberlegenheit und in den Kämpfen des dreissigjährigen Krieges hat die kaiserliche Armee dem Staate die Früchte jenes leichten Sieges dauernd gesichert. Für die tschechische Nation aber endet der Ständekampf mit einer furchtbaren Katastrophe.

Die erste Tat der Gegenreformation war die Vernichtung des tschechischen Adels. Die Führer der Adelsrebellion werden hingerichtet, die übrigen werden ihres Landes beraubt und wandern in die Verbannung. Ihr Land vergibt der Kaiser an Abenteurer aus aller Herren Länder, die ihm in den Wirren des Krieges nützliche Dienste geleistet — oft genug an Heerführer an Stelle des schuldigen Solds — an Deutsche, Franzosen, Spanier, Vlämen, Italiener u. s. w. Wohl scheint es ein unerhörtes Wagnis für die Herren, das Land des stolzen böhmischen Adels zu erwerben, und noch 1652 schreibt Johann Adolf von Schwarzenberg:

---

[1]) Die tschechische Sprache siegt nicht nur über die deutsche, sondern auch über die lateinische. Dies ist eine Parallelerscheinung mit dem fast gleichzeitigen Vordringen der deutschen Sprache gegen die lateinische in Deutschland infolge der Entwicklung des Bürgertums. In Böhmen wie in Deutschland wurde diese Entwicklung durch den Sieg der Reformation über die katholische Kirche gefördert.

„In denen kaiserlichen Erblanden, absunderlich aber in Böhmen, wollte ich mich gern stabilieren, ich furchte mich aber für den St Wencislav, welcher, dem gemeinen Rufe nach, keine Ausländer alldar leiden tut"[1]) Aber den kaiserlichen Waffen vertrauend, haben die fremden Herren die Furcht vor dem St Wencislav bald überwunden. Sie alle, ohne Unterschied der Abstammung, passen sich dem Staate an, der die reichen Ländereien Böhmens ihnen zugewiesen, und werden deutsch. Fortan trägt, bis in das 19 Jahrhundert, der gesamte Adel Böhmens deutschen Charakter — freilich soweit der Hochadel, der sich mit den adeligen Familien aller Länder verschwägert und sich in jener Zeit fast ausschliesslich der französischen Sprache bedient, überhaupt irgend einen nationalen Charakter hat Auch die Reste des tschechischen Adels haben sich ihren Standesgenossen angepasst und sind in dem deutschen oder doch germanisierten fremden Adel aufgegangen

Mit dem Adel verliert die tschechische Nation auch die oberen Schichten ihres *Bürgertums* Die tschechischen Kaufleute, die vornehmeren Handwerker waren evangelisch. Sie unterwerfen sich nicht dem katholischen Glaubenszwang, sondern wandern aus Auch hier, wie fast überall, waren es die reichsten und die tatkräftigsten Bürger, die die Auswanderung dem Abfall von dem verfolgten Glauben vorzogen.

Eine Reihe weiterer Ereignisse trägt zum Verfall des tschechischen Bürgertums bei Zunächst die furchtbare Verwüstung durch den *dreissigjährigen Krieg* Böhmen, das zu Ende des 16 Jahrhunderts noch 2½ Millionen Einwohner hatte, zählte nach dem dreissigjährigen Krieg nur noch 700 000 Seelen! Auch die *Verschiebungen der Welthandelswege* haben den unaufhaltsamen Rückgang des tschechischen Bürgertums beschleunigt Für die habsburgischen Länder bedeuteten insbesondere der Fall von Konstantinopel und der Rückgang Venedigs, der Verlust seiner Besitzungen in der Levante furchtbare Katastrophen, hatte doch ihre wirtschaftliche Bedeutung zu nicht geringem Teile darauf beruht, dass sie den Handel des Nordens und Westens mit diesen beiden Handelszentren vermittelten[2]) Die Wirkungen jener unglücklichen Ereignisse verpflanzen sich von einem Lande auf das andere In Böhmen gaben sie dem Bürgertum den letzten

[1]) Zitiert bei Andree, Tschechische Gänge Leipzig 1872 Seite 190

[2]) Welche Bedeutung der Handel mit Venedig hatte, zeigt für Wien sehr anschaulich die Bestimmung aus dem Jahre 1432, die den Kaufmann vom Kramer dadurch unterscheidet, dass jener nach Venedig fährt. „Item welcher Kramer gen Venedig varen wolt umb Kaufmanschaft, der sei ain Kaufman und nicht ein Kramer, zu gleicher weis, welcher Kaufman umb Kaufmanschaft nicht gen Venedig fahren, Kremerei arbeiten wolte, der sei ain Kramer und nicht ein Kaufman" Helene Landau, Die Entwicklung des Warenhandels in Oesterreich Wien 1906. Seite 12.

Stoss. Um die Mitte des 17 Jahrhunderts hatte Prag nach Angaben Bechers und Hornigks 1245, im Jahre 1674 nur noch 355 Handwerker. In Iglau, wo vor dem dreissigjahrigen Kriege im Tuchmachergewerbe allein 7000 bis 8000 Personen beschaftigt waren, gab es wenige Jahrzehnte spater im ganzen nur noch 300 Burger [1])

Hatte die tschechische Nation so ihren Adel und die oberen Schichten ihres Burgertums ganzlich verloren, so blieb sie auf ein verarmtes, darniedergedrucktes Handwerk und auf die Bauern beschrankt. Auf den Bauern lastet aber gerade in jener Zeit schwerer Druck. Mit den Guterkonfiskationen nach der Schlacht am Weissen Berge verschwinden die Ritterguter, die die Eigentumer noch selbst bewirtschaftet hatten, und an ihre Stelle treten die grossen Latifundien der Herren, der Fursten und Grafen, welche durch Wirtschaftsbeamte verwaltet werden; wie aber diese Verwaltung beschaffen war, zeigt die Tatsache, dass das Landvolk noch bis 1848 diese Wirtschaftsbeamten nicht anders nennt als Karabáčníci, was von karabáč, die Peitsche, abgeleitet ist Die neuen Herren stehen dem Landvolk ganz anders gegenuber als die alten hatten diese doch nur in uberlieferter Weise ihre Wirtschaft weitergefuhrt, so sind die neuen Herren Emporkommlinge, die durch die harte Schule des Krieges gegangen sind, Landesfremde, die keine andere Grenze der Ausbeutung kennen als ihre Macht und ihr Interesse Die nach den Verwustungen des Krieges leerstehenden Bauernhofe werden nicht neu besetzt, sondern zum Herrenland geschlagen; hat der Herr so sein Land auf Kosten der Bauern vermehrt, so zwingt er die verschonten Bauern zu desto langerer Fronarbeit. Vergebens mahnt eine Verordnung die Herren, Gottes Segen werde es der Herrschaft lohnen, wenn sie den Bauern Zeit zur Besorgung ihrer eigenen Wirtschaft lasse! Und als die gedruckten Bauern sich 1679 bis 1680 gegen ihre Peiniger erheben, werfen die kaiserlichen Truppen den Bauernaufstand nieder und die Gutsherren verstehen es, das neue Robotpatent durch eine tuckische Auslegung zu noch massloserer Vermehrung der Fronen zu missbrauchen [2])

Diese schwergedruckten Bauern bilden nun aber neben den paar tausend Handwerkern der verarmten Stadte, neben Hauslern, Taglohnern und Dienstboten die Masse des tschechischen Volkes. Diese Klassen konnen die nationale Kultur nicht weiter entwickeln ohne Adel und ohne Burgertum verliert die tschechische Nation ihre Kultur, verschwindet sie von der Buhne der Geschichte. Fur

[1]) Max Adler, Die Anfange der merkantilistischen Gewerbepolitik in Oesterreich. Wien 1903. Seite 16

[2]) Grunberg, Die Bauernbefreiung und die Auflosung des gutsherrlich-bauerlichen Verhaltnisses in Bohmen, Mahren und Schlesien Leipzig 1894.

die Tschechen bedeutet das Jahr 1620, was für die Wenden das Jahr 820 bedeutet hatte: volle acht Jahrhunderte später als die Slovenen werden auch die Tschechen zur geschichtslosen Nation.

Vor allem scheidet die Nation aus der Politik, der bewussten Arbeit an der Gestaltung des Staates aus. Wohl vergessen die fremden Geschlechter, die die Erben des verjagten tschechischen Adels geworden waren, sehr bald ihren Ursprung und erweisen sich den Habsburgern, denen sie Land und Macht verdanken, wenig dankbar: aber die Intriguen und Parteiungen des Adels haben mit nationalen Kämpfen nichts gemein. In den ständischen Landtagen erhalten sich wohl manche Formen, die an den tschechischen Charakter der alten böhmischen Stände erinnern, auch der Gebrauch der tschechischen Sprache erhält sich hier in bescheidenem Umfang.[1]) Aber diese ständischen Beratungen sind zum inhaltsleeren Possenspiel geworden; nicht auf ihnen, sondern auf seiner Stellung in der staatlichen Verwaltung und im Heere, nicht mehr auf dem Kampfe gegen den Staat, sondern auf seiner Stellung als Staatsorgan beruht die Macht des neuen böhmischen Adels. Mit der Masse des tschechischen Volkes aber, mit den Bauern, hat der Staat überhaupt nichts zu tun: sie unterstehen ja gutsherrlicher Gerichtsbarkeit und Verwaltung. So existiert rechtlich die tschechische Nation gar nicht für den Staat und er kennt daher kaum die tschechische Sprache: der Herrschaftsbeamte muss freilich mit den Bauern tschechisch sprechen, aber vor staatliche Verwaltungsorgane und staatliche Gerichte kann die Masse der tschechischen Bevölkerung gar nicht kommen. Daher verschwindet bald nach der Vernichtung des tschechischen Adels und der oberen Schichten des tschechischen Bürgertums die tschechische Sprache auch fast vollständig aus den staatlichen Aemtern: hat die „vernewerte Landesordnung" von 1627 an die Stelle der ausschliesslichen Herrschaft der tschechischen Sprache gleiches Recht der deutschen und der tschechischen Sprache in der gesamten Verwaltung gesetzt, so verkehren doch schon wenige Jahrzehnte später die staatlichen Behörden untereinander nur deutsch und auch mit den Parteien nur selten tschechisch.

Wie die tschechische Nation aus dem staatlichen Leben, die tschechische Sprache aus der staatlichen Verwaltung verschwindet, so geht auch die geistige Kultur der Tschechen zugrunde. Nach der Schlacht am Weissen Berge werden zunächst noch im

---

[1]) So beantwortet der Oberstburggraf die Steuerpostulate der k. k. Landtagskommissäre in tschechischer Sprache und der oberste Landrichter fordert die Beisitzer des Landrechtes mit den Worten „Račte sestoupiti" auf, zur Beratung in den Kreis zu treten. Die wirklichen Verhandlungen und die Protokolle werden dagegen natürlich in deutscher Sprache geführt. Fischel, Das österreichische Sprachenrecht. Brünn 1901. Seite XXVIII.

Ausland, in Pirna und Dresden, Berlin und Halle, tschechische Bücher für die tschechischen Auswanderer gedruckt. Aber mit dem Aussterben der tschechischen Emigranten verschwindet die tschechische Literatur vollständig. Bauern und Taglöhner kaufen keine Bücher und die höheren Klassen hatte die Nation verloren. In Böhmen wurden die im Lande verbreiteten Bücher gesammelt und vernichtet, weil die ganze tschechische Literatur seit den Hussitenkriegen als ketzerisch galt. Diese Bücherverfolgung dauerte bis in das 18. Jahrhundert: noch der im Jahre 1760 verstorbene Jesuit Anton Konias konnte sich rühmen, 60.000 tschechische Bücher verbrannt zu haben.[1]) Während die protestantischen Slovaken in Ungarn die Literatur noch eine Zeitlang fortpflanzen, verschwindet sie in Böhmen und Mähren vollständig, höchstens wird von Zeit zu Zeit ein Gebetbuch in tschechischer Sprache gedruckt.

Die tschechische Sprache ist zur Sprache der verachteten ausgebeuteten Klassen geworden. 1710 klagt der mährische Geschichtsforscher Středovsky darüber, dass die höheren Stände die slavische Sprache verachten, „als ob dieselbe nur dem gemeinen Pöbel gebühre“ [2]) Kein Wunder, dass jeder, der in die oberen Gesellschaftsschichten aufstieg, der Reichtum, höhere Bildung oder eine höhere Würde in der Verwaltung oder im Heere erstieg, sich schämte, die Bauern- und Dienstbotensprache zu sprechen.

Die nationale tschechische Kultur war tot. Als das tschechische Volk im 19. Jahrhundert zu neuem kulturellen Leben wieder erwachte, mochte man die Erinnerungen an die alte Blüte der tschechischen Kultur wieder erneuern, manches längst vergessene Wort dem Sprachschatze wieder einverleiben und an den stolzen Erinnerungen der Nation das erstorbene Nationalgefühl entzünden, aber die heutige geistige Kultur der tschechischen Nation stammt nicht von der tschechischen Kultur der Jahre 1526 bis 1620 ab, mag sie auch an sie mit Vorliebe äusserlich anknüpfen.[3]) Zwischen

[1]) d'Elvert, Zur Geschichte des Deutschtums in Oesterreich-Ungarn. Brünn 1884. Seite 474.

[2]) d'Elvert, a. a. O., Seite 445.

[3]) Auch die besonneneren tschechischen Schriftsteller täuschen sich häufig über diese Tatsache. So erklärt zum Beispiel Masaryk die Humanität für eine spezifisch tschechische Idee, weil er sie sowohl in der tschechischen Reformation (Brüdergemeinden!) als auch bei den ersten Wiedererweckern der tschechischen Nation im 19. Jahrhundert — bei Kollár, Jungmann, Šafařík, Palacký — als leitenden Gedanken wiederfindet. Indessen zeugt das nur von einer bedenklichen Verkennung geschichtlicher Zusammenhänge. Im erwachenden tschechischen Bürgertum der ersten Hälfte des 19. Jahrhunderts wurde der Gedanke der Humanität ebenso notwendig durch seine Lage in der Gesellschaft erzeugt, wie in der Intelligenz und im Kleinbürgertum aller anderen europäischen Nationen auf derselben Entwicklungsstufe. Sofern man hierbei an die jahrhundertelang fast vergessenen Gedanken der tschechischen Reformation anknüpfte, geschah dies nur so weit, als man in der Geschichte der Nation Gedanken wiederfand, die den

beiden liegen zwei Jahrhunderte der Geschichtslosigkeit, wahrend deren nicht das Band einer lebendigen nationalen Kultur, sondern nur die gleichmassige Ueberlieferung der von den Ahnen geerbten Kulturguter in den vielen engen ortlichen Kreisen, in die die Bauernnation zerfiel, sie als Nation zusammenhielt Aber auch die tschechische Geschichte hat die Erfahrung bestatigt, dass die in ortlicher Abgeschiedenheit lebenden Bauern die Einheit der Nation nicht zu erhalten vermogen ohne jeden Verkehr mit der Nation ausserhalb ihres engen Kreises im Dorfe, werden die einzelnen Teile des Volkes voneinander immer verschiedener, differenzieren ihre Kultur, ja, was fur das Fehlen der Verkehrs- und Kulturgemeinschaft immer ein deutliches Zeichen ist, selbst ihre Sprache. Im 18 Jahrhundert sprach man bereits von einer eigenen mahrischen Nationalitat und Sprache Als im 19 Jahrhundert die Nation wieder erwachte, war es zweifelhaft, wo ihre Grenzen lagen, ob die Moraver und mahrischen Slovaken zur tschechischen Nation gehoren.[1] Und ist es auch der wieder lebendig gewordenen Nation gelungen, diese Stamme ihrem Korper wieder einzuverleiben, so ist es dagegen auch heute noch nicht gewiss, ob sie nicht die zwei Jahrhunderte geschichtslosen Lebens mit dauernder nationaler, nicht etwa nur staatlicher Entfremdung der oberungarischen Slovaken wird bezahlen mussen.

National bedeutete die Niederwerfung der bohmischen Stande, dass die tschechische Nation zum tragen Dasein einer geschichtslosen Nation hinabgedruckt wurde *Politisch* bedeutete sie, dass die Bahn frei war fur die Entwicklung zum modernen *zentralistischen Einheitsstaat* Sehr bald gehen die Habsburger an die Aufgabe heran, ihren Sieg auszunutzen und Bohmen mit den Erblandern zu einem einheitlichen Staat zu vereinigen. Diesem Zweck dient ihre *merkantilistische Politik* Zunachst bildet jedes der habsburgischen Kronlander ja ein eigenes Wirtschaftsgebiet. Aber schon unter Karl VI. wird der sogenannte Transitoverkehr eingefuhrt, das heisst es werden Massregeln getroffen, damit fur die in die habsburgischen Lander eingefuhrten Waren, wenn sie auch mehrere Kronlandsgrenzen

Gedanken der eigenen Zeit verwandt waren. Es war der Herren eigener Geist, den man im Geiste langst vergessener Zeiten fand — Wenn ubrigens Masaryk den Gedanken der Humanitat, statt ihn in seinem Werden zu begreifen oder als Zweck zu rechtfertigen, mit seinem angeblich tschechischen Charakter schon hinreichend gerechtfertigt glaubt und nun an ihm das Programm und die Kampfmittel der tschechischen Parteien misst, so ist das ein gutes Beispiel der uns schon bekannten nationalen Wertungsweise

[1]) Die osterreichische Statistik muss, um jeden Zweifel auszuschliessen, auch heute noch von einer bohmisch-mahrisch-slovakischen Umgangssprache sprechen Niemandem wird es dagegen einfallen, von einer bayrisch-frankisch-schwabischen Umgangssprache statt von einer deutschen zu reden

überschreiten, der Zoll doch in der Regel nur einmal entrichtet werden muss. 1775 gelingt es in der Tat, die böhmischen Länder mit den Alpenländern ausser Tirol zu einem Zollgebiet zu vereinigen. Allmählich werden diese Länder zu einem Wirtschaftsgebiet. An die Stelle der ausschliesslichen Handelsbefugnisse der städtischen Kaufleute, die einen örtlich engbegrenzten Markt mit ihren Waren versorgen, treten die Privilegien industrieller und landwirtschaftlicher Produzenten, die für das ganze Wirtschaftsgebiet gelten. Bald zeigen sich schon in groben Umrissen Anfänge der Arbeitsteilung innerhalb des Wirtschaftsgebietes. Wolle und Glas werden in Böhmen, Tuch in Mähren, Eisen in Steiermark, Galanteriewaren in Wien für das ganze Wirtschaftsgebiet erzeugt.

Während durch die merkantilistische Politik die Entwicklung eines einheitlichen Wirtschaftsgebietes angebahnt wird, wird zugleich auch auf anderem Wege die Entwicklung zum Einheitsstaat bewusst gefördert. Vor allem handelte es sich um die Herstellung eines einheitlichen Rechtes für die Erbländer und Böhmen. Wohl hat Leopold I. den Rat Leibnitz', er möge als ein zweiter Justinian ein neues System des bürgerlichen Rechtes sammeln lassen und als Gesetz in allen seinen Ländern publizieren, nicht befolgt, aber schon im Jahre 1720 wurde das gesetzliche Erbrecht einheitlich, zunächst für die fünf niederösterreichischen Länder geregelt und unter Maria Theresia beginnen dann jene umfassenden Kodifikationsarbeiten, die schliesslich zur Schaffung eines formell und materiell einheitlichen Rechtes für die Erbländer und Böhmen (teilweise auch für Ungarn und das neuerworbene Galizien) geführt haben.

Endlich ging man daran, auch eine einheitliche Verwaltung für Böhmen und die Erbländer zu schaffen. Der entscheidende Schritt auf diesem Wege war die Aufhebung der böhmischen Hofkanzlei im Jahre 1749. Fortan werden die böhmischen Länder ebenso wie die Alpenländer von Wien aus einheitlich regiert.

Nach der Schlacht am Weissen Berge hat der Absolutismus die volle Konsequenz seines Sieges nicht gezogen, wenige Jahre nach der grössten Machtentfaltung der Stände nicht ziehen können. Er hat sie verfassungsrechtlich nicht gezogen, indem er die Macht der Stände nur beschränkt, nicht beseitigt, das Band, das die einzelnen Länder der Krone verknüpfte, wohl enger gezogen, sie aber nicht zu einem einheitlichen Staate zusammengeschmiedet hat; er hat seinen Sieg national nicht vollständig ausgenützt, indem er der deutschen Sprache rechtlich nur gleiches Recht wie der tschechischen, nicht aber ausschliessliche Geltung gewährt hat. Aber schon nach wenigen Jahrzehnten kann der Staat ein Stück weiter gehen: Seine Macht wächst von Jahrzehnt zu Jahrzehnt; er wird militärisch stärker mit dem Uebergange vom Söldnerheer zum stehenden Heer auf der Grundlage des Konskriptionssystems; er wird wirtschaftlich stärker, da das langsame Wiederaufblühen des Handels und der Industrie in der merkantilistischen Epoche ihm neue Steuerquellen eröffnet, er wird politisch stärker durch den Ausbau der bureaukratischen Verwaltung. Während so der Staat erstarkt, erlahmen die Kräfte, die seiner Einheit im Wege stehen: die Beratungen der Stände werden immer mehr zu leeren Spielen ohne wirkliche Macht;[1] das Verschwinden des tschechischen Adels und Bürgertums beseitigt die tschechische Nation aus dem öffentlichen Leben, trotz aller formalen Gleichberechtigung, die die verneuerte Landesordnung der tschechischen Sprache zugesichert. So haben sich die Machtverhältnisse verändert und der siegende Staat kann jetzt die volle Konsequenz aus der Niederwerfung der Stände ziehen: durch die Theresianischen Reformen wird, was in den gesellschaftlichen Machtverhältnissen seit Jahrzehnten tatsächlich schon begründet war, nun auch zu gesatztem Recht. Böhmen und die Erbländer werden ein einheitlicher Staat, durch ein mehr oder weniger lockeres Band mit den anderen habsburgischen Staaten (Ungarn, den Niederlanden, Galizien, den italienischen Besitzungen) verbunden. Der Prozess, in dem der österreichische Staat entstanden, ist derselbe, der sich in allen deutschen Territorien vollzogen hat, er ist ähnlich dem Entwicklungsgange, dem die anderen Staaten des europäischen Kontinents ihr Dasein verdanken. Der Vorgang war fast überall derselbe wie bei uns: der Absolutismus hat die Stände beseitigt und dadurch den ständischen Doppelstaat abgelöst; er hat dann die Grenzen der alten ständischen Sondergebilde innerhalb seines Ländergebietes niedergerissen, seine Länder durch die merkantilistische Politik zu einem einheitlichen Wirtschaftsgebiete, durch einheitliche Gesetzgebung und bureaukratische Verwaltung zu einem Rechtsgebiete gemacht und so aus einem Bündel von Landschaften einen Staat geschaffen. Wenn die Freunde des böhmischen Staatsrechtes diesen Entwicklungsgang als einen Rechtsbruch beklagen, so mögen sie vor dem Gerichtshof formalen Rechts nun recht oder unrecht haben, gewiss ist, dass kaum irgend ein Staat anf dem Kontinent anders als auf diesem revolutionären Wege entstanden ist.

Durch den Sieg des Staates über die Stände ist Oesterreich ein Staat geworden. Die Niederwerfung der Stände hat aber zugleich die tschechische Nation zur Rolle einer geschichtslosen Nation ver-

---

[1] Als die Stände von Krain sich 1749 weigerten, einen erhöhten Militärbeitrag auf Jahre hinaus zuzugestehen, erklärte ihnen Graf Chotek, „dass der Hof expresse befielt, die Stände sollten es freiwillig bewilligen", worauf die Stände sich fügten. In Kärnten wurden, als die Stände ein Jahr vorher die Erhöhung des Militärbeitrages verweigerten, die Landeseinnahmen sequestriert und die Abgaben durch landesfürstliche Beamte eingehoben. Luschin, a. a. O., Seite 532.

urteilt, so ward Oesterreich ein deutscher Staat. Die Masse der nicht deutschen Bevölkerung in Böhmen und den Erbländern waren Bauern. Die Bauern aber sind dem Staat nicht unmittelbar unterworfen, sondern sie sind mediatisiert. Kein staatlicher Richter fällt „im Namen Seiner Majestät des Kaisers" über sie ein Urteil, sondern sie haben ihren Gerichtsstand vor dem Gutsherrn! Nicht unmittelbar, sondern nur durch den Gutsherrn herrscht der Staat über sie. Die Klassen, die dem Staat unmittelbar unterworfen sind, sind ihrer Masse nach deutsch oder doch germanisiert.

Wir wissen, welch langer Entwicklungsgang notwendig war, um aus Oesterreich einen deutschen Staat zu machen: die Kolonisation des Südostens durch die Deutschen, die Entstehung des modernen Staates, sein Kampf und nach dem langen Kampf sein schliesslicher Sieg über die Stände. Und doch: aus weltgeschichtlicher Distanz gesehen, ist es nichts als eine Augenblickssituation, die Böhmen und die Erbländer zu einem deutschen Staat geeinigt: die Situation des entstehenden, aber noch nicht vollendeten modernen Staates. Oesterreich war ein deutscher Staat, als der moderne Staat den ständischen Doppelstaat völlig niedergeworfen hatte; aber Oesterreich war nur so lange ein deutscher Staat, solange die Klasse der adeligen Gutsherren zwar ihre gemeinsame, in den Ständen vereinigte Macht dem Staat gegenüber verloren, aber der Staat jedem einzelnen Gutsherrn doch seine Macht über die Bauern gelassen hatte, solange die Masse der Bevölkerung kulturell von der Möglichkeit der Fortentwicklung einer nationalen Kultur ausgeschlossen, politisch dem Staat nicht unmittelbar, sondern nur mittelbar durch den Gutsherrn unterworfen, mediatisiert war, solange der Staat den allgemeinen Untertanenverband, der jeden Bürger unmittelbar dem Staat unterwirft, nicht verwirklicht hatte. Oesterreich war ein deutscher Staat auf einer bestimmten Stelle des Weges von dem auf dem Lehensband und der Grundherrschaft beruhenden Feudalstaat zu dem auf der kapitalistischen Warenproduktion beruhenden modernen Staat. Oesterreich war ein deutscher Staat, als es den Weg zum modernen Staat zwar angetreten hatte, aber noch nicht ans Ziel gelangt war. Wenn die deutschnationalen Schriftsteller darüber klagen, dass Oesterreich heute kein deutscher Staat mehr ist, so beweisen sie, dass ihr geschichtliches Verständnis nicht grösser ist als das der tschechischen Staatsrechtsfreunde, so beklagen sie, dass heute auch die Massen Anteil gewinnen am Fortschritt der Kultur; so jammern sie darüber, dass heute auch die Massen der Bevölkerung aus Untertanen eines Gutsherrn zu Bürgern eines Staates geworden sind. So treibt unsere ganze Darstellung dem entscheidenden Punkt entgegen: wir werden zu zeigen haben, wie die Entwicklung des Kapitalismus und die durch ihn bedingte Entwicklung des modernen Staates die geschichtslosen Nationen zu geschichtlichem Leben erweckt und dadurch den Staat vor die grosse nationale Frage gestellt hat, die ihn so lebhaft bewegt.

Die treibenden Kräfte nationaler Entwicklung aber hat schon unsere geschichtliche Einleitung enthüllt. Werfen wir einen Blick auf das Verhältnis der Tschechen zu den Deutschen! Der Uebergang von der Naturalwirtschaft zu Warenproduktion und Warenaustausch gibt den Deutschen, den ersten Trägern der Warenproduktion in Böhmen, unter den Luxenburgern gewaltige soziale Macht. Die geistige Revolution, die die Verbreitung der Warenproduktion überall hervorruft, weckt in Böhmen die tschechische Reaktion gegen die deutsche Herrschaft: die Hussitenkriege leiten eine Periode nationalen Aufschwunges in Böhmen ein. Dem auf der Grundlage der Warenproduktion entstandenen Staat passt sich die herrschende Klasse der feudalen Gesellschaft an, indem sie den ständischen Doppelstaat bildet. Es kommt zum Kampfe der Stände gegen den Staat. Auf seine überlegenen Machtmittel gestützt, siegt der Staat und vernichtet die herrschenden Klassen der Nation. Die tschechische Nation wird ein Volk von Bauern und Dienstboten und scheidet aus dem politischen wie aus dem kulturellen Leben aus. Erst im 19. Jahrhundert erweckt sie die vom Kapitalismus eingeleitete Revolution, die auch die unteren Klassen zum Anteil an der kulturellen Entwicklung und zur politischen Mitentscheidung beruft, zu neuem Leben. Alle die treibenden Kräfte, die wir hier wirksam sehen, sind Böhmen nicht eigentümlich, sind dieselben, die auch in anderen Ländern wirksam gewesen. Aber die sozialen Kämpfe, in denen die moderne Gesellschaft und der moderne Staat überall entstanden, gewinnen in dem vielsprachigen Oesterreich die Gestalt nationaler Kämpfe und nationale Bedeutung. Nationale und soziale Entwicklung sind nicht zwei verschiedene, reinlich zu scheidende Gebiete der menschlichen Entwicklung überhaupt, sondern es sind die überall wirksamen Kämpfe der wirtschaftlichen Klassen, es sind die Veränderungen der Arbeitsmittel und Arbeitsverhältnisse, die über Macht und Ohnmacht, über Tod und Wiedergeburt der Nationen entscheiden.

§ 17.

Das Erwachen der geschichtslosen Nationen.

Der deutsche Charakter des österreichischen Staates wurde schon durch die politischen Umwälzungen, die in der zweiten Hälfte des 18. Jahrhunderts begannen, sehr wesentlich beeinträchtigt. Die Zahl der deutschen Untertanen wurde durch den Verlus

Schlesiens und Vorderösterreichs verringert, andererseits wurde die Zahl der Slaven und Romanen durch die Erwerbung Galiziens und der Bukowina, der Lombardei und Venedigs, Trients, des südlichen Istrien und Dalmatiens vermehrt. Zu Beginn des 19. Jahrhunderts zählte Oesterreich, wenn wir zunächst von Ungarn absehen, drei historische Nationen: die Deutschen und Italiener, die einen Adel und ein Bürgertum hatten, und die Polen, die durch ihren Adel den Charakter einer historischen Nation trugen; Tschechen, Ruthenen, Slovenen und Serben konnten noch als geschichtslose Nationen in dem uns bekannten Sinne gelten. In Ungarn waren nur die Magyaren und Kroaten wegen ihres Adels, die Deutschen wegen ihres Bürgertums historische Nationen; dagegen hatten Slovaken, Serben, Rumänen und Ruthenen keinen Anteil an den herrschenden Klassen, waren kulturell geschichtslose Nationen, politisch ohne alle verfassungsmässigen Rechte. Der slovakische Adel war längst magyarisch, wie der tschechische deutsch, der ruthenische polnisch geworden.

Dieses Bild hat nun die Entwicklung der letzten 120 Jahre vollständig verändert. Der Kapitalismus und in seinem Gefolge der moderne Staat bewirken überall Verbreiterung der Kulturgemeinschaft, indem sie die Massen aus den Banden einer allmächtigen Ueberlieferung lösen und sie zur Mitarbeit an der Umschaffung nationaler Kultur berufen. Bei uns bedeutet dies das Erwachen der geschichtslosen Nation. Wir werden diesen Prozess, den tiefsten Grund unserer nationalen Kämpfe, an dem Beispiel derjenigen Nation darzustellen suchen, die ihn am schnellsten und erfolgreichsten zurückgelegt hat, am Beispiel der Tschechen. Dass die Tschechen den Weg von einer geschichtslosen zu einer historischen Nation schneller als die anderen Völker zurückgelegt haben, danken sie nicht etwa der Tatsache, dass sie zwei Jahrhunderte früher schon eine historische Nation gewesen sind, während beispielsweise die Slovenen schon seit einem Jahrtausend den herrschenden Klassen deutscher Nationalität unterworfen waren, sondern sie verdanken dies der günstigen geographischen Lage ihrer Siedlungen, der Tatsache, dass gerade die von ihnen bewohnten Länder die wirtschaftlich höchst entwickelten Länder Oesterreichs sind und sie daher schneller als die anderen geschichtslosen Nationen in den Prozess kapitalistischer Kulturentwicklung hineingerissen wurden.

Wir wissen bereits, dass in der Zeit von 1620 bis 1740 die tschechische Nation für den Staat kaum existierte: Adel und Bürgertum waren deutsch; die Masse des tschechischen Volkes bestand aus Bauern, Häuslern, Taglöhnern, Dienstboten; sie hatten weder als Staatsbürger irgend einen rechtlichen Einfluss auf die Gesetzgebung, noch waren sie als Untertanen Gegenstand staatlicher

Verwaltung, vielmehr hatte der Staat sie als Untertanen den Gutsherrschaften überlassen, die — bezeichnend genug — noch immer ihre „Obrigkeiten" hiessen. Allmählich beginnt nun der Staat an diesem Zustande der Dinge zu rütteln. Der Staat des 18. Jahrhunderts stellt eine merkwürdige geschichtliche Zwischenstufe dar. Er ist noch ein gutsherrlich-adeliger Staat, denn dem Adel sind alle einflussreichen Stellungen in der Verwaltung und im Heerwesen vorbehalten und über die grossen Massen der Bevölkerung gebietet noch fast unbeschränkt der adelige Gutsherr; er ist aber doch schon ein bürgerlicher Staat, denn um seines eigenen Interesses willen muss er die Interessen des Bürgertums — und zwar die seiner kapitalistischen Oberschichte, der Bourgeoisie — fördern, wenn er bestehen will. In ganz Europa schreitet der Kapitalismus schnell vorwärts. Jeder Staat bedarf seiner, bedarf einer reichen Kapitalistenklasse als Steuerträgerin, wenn er die straffe bureaukratische Verwaltungsorganisation und das zahlreiche Heer erhalten will, deren er in jener kampfereichen Zeit nicht entraten kann. Keine Sorge wird in den Beratungen der obersten staatlichen Gesetzgebungs- und Verwaltungskollegien häufiger besprochen als die für die Steuerträger, die „k. k. Kontribuenten". Mag der Staat noch immer fast ausschliesslich adeliger Gutsherren sich als seiner Organe bedienen, um seiner selbst willen muss er doch schon bürgerliche Interessen fördern, die Geschäfte der Bourgeoisie besorgen. So ist dieser *gutsherrlich-bürgerliche Klassenstaat* eine jener interessanten Mischbildungen, die grosse weltgeschichtliche Uebergangsepochen häufig erzeugen.

Dass der „aufgeklärte Absolutismus" die Klasseninteressen der Bourgeoisie förderte, zeigt sich zunächst in seiner gewerblichen und industriellen Politik, der Politik des *Merkantilismus*. Der Staat schuf ein grosses Wirtschaftsgebiet, um die kapitalistische Entwicklung zu beschleunigen, er gewährte den Fabrikanten hohe Schutzzölle und „ausschliessliche Privilegien", häufig auch Geldunterstützungen, er veranlasste den Adel zur Errichtung von Fabriken und zog fremde Unternehmer und Arbeiter in das Land, er beseitigte die Zunftgesetze, soweit sie die kapitalistische Entwicklung hemmten, er suchte durch Koalitionsverbote, durch Festsetzung von Maximallöhnen und Minimalarbeitszeit die Unternehmer gegen die schon damals gefürchtete „Begehrlichkeit" der Arbeiter zu schützen, er wollte den Unternehmern die qualifizierte Arbeitskraft bereitstellen, deren sie bedurften, indem er die Kenntnis gewerblicher Tätigkeit selbst mit polizeilichem Zwang verbreitete. So suchte der Staat mit allen Mitteln die kapitalistische Manufaktur und die kapitalistische Hausindustrie in Oesterreich einzubürgern. Die Staatsverwaltung gewinnt dadurch eine Fülle neuer Aufgaben, sie kann sich nun nicht mehr vornehm auf den Verkehr mit dem Adel und allenfalls mit einer schmalen bürgerlichen Oberschichte beschränken, sondern sie will und muss in das tägliche Leben breiter Massen, der Kaufleute, Handwerker und Arbeiter eingreifen, sie erziehen, lenken, reglementieren. So wurden zunächst breite Massen der Gewerbe und Handel treibenden Bevölkerung Objekt staatlicher Verwaltungstätigkeit.

Aber darauf kann sich der Staat nicht beschränken. Weit folgenschwerer als seine Regelung der gewerblichen Verhältnisse wird es, dass er nun auch an die überlieferte Verfassung der Landwirtschaft zu rühren beginnt. Eine Fülle von Gründen treibt ihn dazu. Zunächst lenken die Bauern durch eine Unzahl nur mühsam blutig niedergeworfener Aufstände die Aufmerksamkeit der Machthaber auf ihre drückende Lage. Das „Bauernlegen" erscheint dem Staate als eine arge Gefahr: mit jedem „gelegten" Bauern verliert er einen Steuerträger. Der harte Druck, der auf den Bauern lastet, verlangsamt die Vermehrung der Bevölkerung, die der Regierung aus militärischen und steuerpolitischen Gründen am Herzen liegt. Die gutsherrschaftliche Verfassung ist ein Hemmnis der industriellen Entwicklung; denn einerseits verweigern die Gutsherren, indem sie die Bauern an die Scholle binden und die Zuwendung zu einem Gewerbe von ihrer Erlaubnis und von der Erlegung zuweilen nicht geringer Taxen abhängig machen, der Industrie den Zufluss der notwendigen Arbeiter, andererseits kann kein breiter Markt für die Industrieerzeugnisse entstehen, solange die Masse der Bevölkerung, die Bauern, durch Robot und Abgaben verarmt ist, zu intensiver Bewirtschaftung ihres Landes unfähig bleibt, regelmässig kaum wesentlich mehr ihrem Boden abgewinnen kann als sie selbst verbraucht und, da sie nicht dem Kreise der Warenverkäufer angehört, auch nicht auf dem Markt als Warenkäufer auftreten kann. Endlich erscheint die Reform der Gutsherrschaft als ein Bedürfnis der staatlichen Verwaltung selbst: Nur wenn der Bauer unmittelbar dem staatlichen Beamten unterworfen wird, der Staat nicht mehr des nicht immer willigen Armes des Gutsherren bedarf, ist eine straffe und einheitliche Verwaltung des ganzen Staatsgebietes möglich.[1]) Sehr bald spielt man mit dem Gedanken, ob es nicht das beste wäre, die gutsherrschaftliche Verfassung ganz zu beseitigen, das Herrenland den Bauerngütern zuzuschlagen und die Fronarbeit abzuschaffen. Bezeichnenderweise taucht dieser Gedanke zuerst in einem Vortrage des Hofkriegsrats über die Reform des Rekrutierungswesens auf.[2]) Indessen konnte sich der Staat zu einem so radikalen Schritt begreiflicherweise nicht entschliessen. So gipfelt denn der Bauernschutz in der

[1]) Ueber die Gründe des Bauernschutzes vgl. Grünberg, a. a. O., 1. Kapitel, § 3.

[2]) Grünberg, a. a. O., 3. Kapitel, § 4.

Theresianischen Robotregulierung und in dem berühmten Patent Josefs II. vom 1. November 1781. Diese ganze Reformtätigkeit des Staates ist aber von grösster Bedeutung für sein Verhältnis zu den breiten Massen der Bevölkerung. Er überlässt die Bauern jetzt nicht mehr der ausschliesslichen Entscheidung der einzelnen Gutsherren; er greift selbst in ihre Lage ein, regelt sie durch seine Gesetze, wacht über deren Befolgung durch seine Beamten, in den Kreisämtern schafft er sich ein Organ, das unmittelbar, ohne Vermittlung des Gutsherrn, dem Bauern gegenübertritt. So wird durch die Agrarreformen die Masse der landwirtschaftlichen Bevölkerung, wie durch die merkantilistische Gewerbe- und Industriepolitik die Masse der städtischen Bevölkerung, zum Objekt staatlicher Verwaltungstätigkeit.

Diese Entwicklung der Staatsaufgaben ist nichts, was Oesterreich eigentümlich wäre. Aber sie gewinnt bei uns sofort nationale Bedeutung. Denn die Massen, mit denen der Staat jetzt erst recht eigentlich zusammentrifft, gehören teilweise nichtdeutschen Nationen an; die Handwerker und Arbeiter, die Bauern und Häusler sind in Böhmen teilweise Tschechen. So tritt zunächst die Sprachenfrage an den Staat heran: er muss für Beamte sorgen, die der Sprache der unteren Klassen mächtig sind. Es wurde daher nicht nur bestimmt, dass die herrschaftlichen Justiziäre bei den Patrimonialgerichten und die städtischen Magistrate der Volkssprache kundig sein mussten,[1]) sondern man verlangt auch von den staatlichen Beamten in tschechischen Bezirken Kenntnis der tschechischen Sprache. Maria Theresia befahl, dass „ohne besondere Ursache und ceteris paribus keine anderen als solche subjecta, welche böhmisch reden und schreiben, in Vorschlag zu bringen seien“. Allerdings war dies bei dem tiefen Verfall der tschechischen Sprache nicht leicht durchzuführen. So wurde bei der Neuordnung des königlichen Tribunals in Brünn der Kaiserin berichtet, dass ausser einem einzigen Beamten „kein subjectum subalternum vorhanden, welches der böhmischen Sprache so mächtig wäre, um aus böhmischen actis ein Argumentum auszuziehen“. Man musste daher daran denken, bei der Ausbildung der Beamten auch für die Pflege der tschechischen Sprache zu sorgen. 1747 wurde dem Piaristenorden aufgetragen, dem Unterricht in der tschechischen Sprache an seinen Gymnasien grössere Aufmerksamkeit zu schenken. Der Unterricht in der tschechischen Sprache wurde 1752 in der Militärakademie in Wiener-Neustadt, 1754 in der Wiener Ingenieur-Akademie, 1765 an den Prager Gymnasien eingeführt. 1775 wird an der Wiener Universität ein Lehrstuhl der tschechischen Sprache errichtet. 1778

[1]) § 18 des Untertanspatentes von 1781, § 97 des Patentes vom 17. Juni 1788, Hofdekret vom 30. November 1787. Vgl. Fischel, a. a. O., Seite XXXVI.

wird der Unterricht in dieser Sprache bei den adeligen Stiften in Wien und Brünn eingeführt. Dass es sich bei dieser Pflege des tschechischen Unterrichtes der Regierung nur darum handelte, eine genügende Zahl von Beamten zu erziehen, die der tschechischen Sprache mächtig wären, zeigt am besten ein Gutachten der Studienhofkommission gelegentlich der Errichtung eines Lehrstuhles der tschechischen Sprache an der Prager Universität im Jahre 1791. Die Studienhofkommission hielt diese Lehrkanzel für entbehrlich, weil die Studenten in Prag auch ausserhalb der Universität Gelegenheit hätten, die tschechische Sprache zu erlernen: „In Wien hat die böhmische Sprache einen Lehrstuhl gebraucht, weil sonst kein Mittel da wäre, selbe zu erlernen; in Prag wäre diese Anstalt wirklich überflüssig."[1]) Die Regierung pflegt die tschechische Sprache eben nur, soweit sie ihrer als eines Verwaltungsmittels bedarf; die erhöhte Aufmerksamkeit, die der tschechischen Sprache geschenkt wird, dankt sie bloss der Erweiterung der Verwaltungsaufgaben des Staates.

Gleichzeitig wird aber noch von anderer Seite her das Interesse für die tschechische Nation geweckt. Das Bürgertum der höher entwickelten Länder des Westens — Englands und Frankreichs vor allem — hatte in seinem Kampfe gegen die Gutsherrenklasse und den absolutistischen Staat die Ideen der Humanität und des Naturrechtes, wenn nicht neu geschaffen, so doch neu belebt. Aber eine Ideologie, den Klassenkämpfen eines bestimmten Landes zu bestimmter Zeit erwachsen, wirkt zeitlich und örtlich immer über den Kreis hinaus, in dem sie geboren wurde. So sind auch die Gedanken des revolutionären französischen Bürgertums des 18. Jahrhunderts in Oesterreich eingedrungen. Sie waren zweifellos in der Industrie- und Sozialpolitik des österreichischen Staates eine der treibenden Kräfte. Geistig ist ein Mann wie Josef II. ein Kind des revolutionär-rationalistischen französischen und englischen Bürgertums.

In seinem Klassenkampfe gegen den Adel kann sich der Bürger nicht auf seine vornehme Abstammung, nicht auf die Verdienste seiner Ahnen berufen wie der Adel; er erfreut sich nicht jener verfeinerten Kultur, wie die vornehmen Damen und Herren in den Palästen; er kann sein Verlangen nicht darauf stützen, dass er weite Ländereien sein eigen nennt und Hunderte von Bauern ihm fronpflichtig sind: Und doch hält er seine Ansprüche für berechtigt und verlangt, dass die staatliche Verwaltung sich seiner annehme. Wenn der Adel sich seiner vornehmen Abstammung, seines Reichtums, seiner feinen Gesittung rühmt, so kann das junge Bürgertum ihm nicht anders erwidern, als dass der Bürger doch auch Mensch ist. Der Bürger erneuert so den alten

[1]) Fischel, a. a. O., Seite XXVIII f. und XXXIX.

Gedanken von der naturlichen Gleichheit aller Menschen, mogen sie nun von vornehmer oder geringer Abstammung sein, in prachtvollen Schlossern oder in schlichten Burgerhausern wohnen, den alten Gedanken, dass alle Menschen gleich und alles Menschliche als solches wertvoll ist Die Idee der Menschlichkeit, der Humanitat, ist die Ideologie des jungen Burgertums.

Schon in Deutschland war dem Gedanken der Humanitat Teilnahme fur das Schicksal der minder entwickelten Nationen entsprossen Man begann, die geschichtslosen Nationen liebevoll zu studieren, ihre Kulturdenkmaler, ihre Volkslieder und Sagen zu sammeln Und man sammelte diese Erzeugnisse einer primitiven Kultur nicht mehr bloss als Kuriositaten, sondern in dem das Zeitalter Rousseaus erfullenden Glauben an die Gluckseligkeit und Vollkommenheit des Naturzustandes, in dem Glauben an den Wert alles Menschlichen, mogen die Menschen welcher Abstammung immer sein, welche Kulturstufe immer erreicht haben, in dem Gedanken an die Gleichheit und Verwandtschaft aller Menschen Von solchem Geiste ist beispielsweise Herders Teilnahme fur die geschichtslosen Nationen getragen.[1] Diese Gedankengange mussten in dem an geschichtslosen Nationen so reichen Oesterreich naturgemass fruchtbar werden. Hier entsteht eine ganze Literatur, die die Aufmerksamkeit der Gebildeten der tschechischen Nation zuwenden will und zur Pflege der tschechischen Sprache auffordert. Wie der verachtete Bauer, Arbeiter, Dienstbote vor dem Humanitatsgedanken der Aufklarung als Mensch Wert bekommt, so auch seine verachtete Nationalitat, seine Sprache Diese ganze Literatur gipfelt in den Schriften Dobrovskys Er hat die tschechische Nation gleichsam fur die Wissenschaft entdeckt, indem er die Gesetze der tschechischen Sprache erforschte, tschechischer Literatur und Geschichte nachging. Er selbst ist deutsch erzogen — wie alle Gebildeten seiner Zeit in Bohmen — und verfasst seine Schriften in deutscher Sprache, auch glaubt er noch nicht an die Moglichkeit, die tschechische Nation zu neuem Leben wiederzuerwecken Aber er pflanzt in die Herzen seiner Horer liebevolles Interesse fur die tschechische Nationalitat, fur ihre Kultur, ihre Sprache, ihre Geschichte — eine Saat, die spater reiche Ernte getragen hat

In der Geschichtsepoche der Manufaktur, der merkantilistischen Politik und der Reform der Gutsherrschaft hat das Burgertum noch keinen Klassenkampf um die Herrschaft uber den Staat gefuhrt, aber seine Interessen bestimmten die staatliche Verwaltung und seine Ideologie wurde zur herrschenden Ideologie der Zeit So sind auch die geschichtslosen Nationen auf jener Entwicklungsstufe nicht

[1]) Ueber den Einfluss Herders auf die „Erwecker“ der tschechischen Nation siehe Masaryk, Česká otázka Prag 1895, Kaizl, České myšlénky Prag 1896. Seite 21 ff

erwacht, aber sie fanden doch schon als geschichtslose Nationen, als Nationen, die nur aus den ausgebeuteten und unterdrückten Klassen bestanden, das Interesse des Staates und die Teilnahme der Gebildeten.

Diese Stufe nationaler Entwicklung drückt auch den grossen Schulreformen der Theresianischen und Josefinischen Zeit ihren Charakter auf. In diese Zeit fällt zunächst die Reform der höheren Schulen. Es galt, aus der uns schon aus unserer Geschichte der deutschen Nation bekannten Tatsache, dass infolge des Aufsteigens des deutschen Bürgertums die lateinische Sprache in der Wissenschaft von der deutschen Sprache verdrängt wurde, auch für den Lehrplan der österreichischen mittleren und höheren Schulen die Konsequenzen zu ziehen. Schon im Jahre 1735 wurde den niederösterreichischen Gymnasien vorgeschrieben, sie sollten am Anfang des Unterrichtes im Lateinischen sich der deutschen Sprache bedienen. Seit 1764 ist die deutsche Dichtkunst in den Lehrbüchern vertreten; in demselben Jahre wird an den Jesuitengymnasien der deutsche Aufsatz eingeführt. Nach der Aufhebung des Jesuitenordens (1773) werden zahlreiche Lateinschulen aufgelassen und durch deutsche Hauptschulen ersetzt; so sank die Zahl der Gymnasien in Böhmen von 44 auf 13, in Mähren von 15 auf 8.[1]) An den übriggebliebenen Gymnasien aber wird die deutsche Sprache als Unterrichtssprache eingeführt. „Uebrigens ist," schreibt Josef II. im Jahre 1782 in einem Reskript an die Studienhofkommission, „die deutsche Sprache die wahre Landes- und Muttersprache, in welcher man so gut Rezepte schreibt in der Medizin als Syllogismos und Moralsätze anführen kann in der Philosophie und in Jure machen die Advokaten ja ohnedies alle Schriften in deutscher Sprache und wird auch also von den Richtern gesprochen."[2]) Als das Lateinische aufhörte, Unterrichtssprache zu sein und zu einem blossen Lehrgegenstand wurde, konnte es nur durch die deutsche Sprache ersetzt werden; denn nur das deutsche Volk hatte ein Bürgertum, eine Intelligenz, eine Bureaukratie; wer von den geschichtslosen Nationen höhere Bildung erwarb, wurde dadurch gerade so germanisiert, wie der, der hohen Besitz oder sonst eine angesehene Stellung in der Gesellschaft erlangte. Durch diese Schulreform werden aber tatsächlich die Sprachen der geschichtslosen Nationen aus den höheren Schulen verdrängt. Denn solange das Lateinische die Unterrichtssprache war und man sich einer anderen Sprache nur bediente, um die Schüler der untersten Jahrgänge im Lateinischen so weit zu unterweisen, bis sie dem lateinischen Vortrage folgen konnten, war es eine blosse Zweck-

[1]) Strakosch-Grassmann. Geschichte des österreichischen Unterrichtswesens. Wien 1905. Seite 110 ff.

[2]) Fischel, a. a. O., Seite XXXVI.

mässigkeitsfrage, in welcher Sprache diese erste Unterweisung im Lateinischen geschehen sollte, sie geschah daher nicht selten auch in slavischen Sprachen. Sobald aber die deutsche Sprache Unterrichtssprache der höheren Lehranstalten wird, ergeht für Mähren ein Gubernialzirkular, dass die lateinische Sprache nicht mehr in der „mährischen", sondern in der deutschen Sprache gelehrt werden solle[1]) und Josef II. bestimmt, dass nur der deutschen Sprache mächtige Kinder in die höheren Schulen aufgenommen werden dürfen. Gleichzeitig aber werden, wie wir bereits wissen, die slavischen Sprachen als Unterrichtsgegenstand in den höheren Schulen eingeführt, da der Staat Beamte, die diese Sprachen beherrschen, braucht. So entspricht diese ganze Reform des höheren Schulwesens dem uns schon bekannten Bilde: die tschechische Nation ist noch eine geschichtslose Nation, hat keinen Teil an den Klassen, die die Träger der geistigen Kultur sind, ihre Sprache kann daher Unterrichtssprache an den höheren Schulen nicht sein, dagegen haben die neuen Verwaltungsaufgaben die Augen des Staates doch schon der Masse der tschechischen Bevölkerung zugewendet, die staatlichen Beamten mit ihr in Berührung gebracht und die tschechische Sprache muss daher als Unterrichtsgegenstand im Lehrplan der höheren Schulen erscheinen.

Während die Reform des höheren Schulwesens nur den erreichten Stand nationaler Entwicklung widerspiegelt, weist die Reform des Volksschulwesens in die Zukunft. Die allgemeine Schulordnung von 1774 führt in den Hauptstädten der Kronländer die Normalschulen, in den anderen Städten die Hauptschulen, auf dem Lande die Trivialschulen ein. Jetzt erst erhalten überhaupt breitere Massen einen Schulunterricht. Von 1775 bis 1789 stieg die Zahl der Schulen in Böhmen von 1000 auf 2294, die Zahl der Schüler von 30 000 auf 162.000.[2]) Natürlich wurde in den Volksschulen der Unterricht in der Volkssprache erteilt und es wurden in tschechischen Orten tschechische Schulbücher benutzt. 1783 befiehlt Josef II. darauf zu sehen, dass in tschechischen Ortschaften die Lehramtskandidaten beider Landessprachen mächtig seien und dass auch die Schulkommissäre die tschechische Sprache beherrschen.[3]) Freilich wurde in diesen Volksschulen der Unterricht nur in sehr beschränktem Umfange erteilt und niemand konnte von ihnen das Aufblühen einer tschechischen geistigen Kultur erwarten, aber

[1]) d'Elvert, a. a. O., Seite 510.

[2]) Strakosch-Grassmann, a. a. O., Seite 130. Das schnelle Wachstum ist damit keineswegs beendigt. Im Jahre 1837 wurden in Böhmen bereits 493 229 schulbesuchende Kinder gezählt. Vgl. Johann Springer, Statistik des österreichischen Kaiserstaates. Wien 1840.

[3]) Fischel, a. a. O., Seite XXX.

indem sie die Kinder der Handwerker und Bauern lesen und schreiben lehrten, schufen sie doch die Möglichkeit, dass, als die neue Kultur der tschechischen Nation anderer Wurzel entsprossen war, ihre Denker und Dichter breitere Massen bestimmen, ihre Werke zum Eigentum breiter Massen werden und diese zur Nation in einem neuen Sinne, zu einer historischen Nation zusammenschliessen konnten.

Für die nationale Entwicklung bedeutet das Zeitalter der Manufaktur eine Uebergangsepoche. Die geschichtslosen Nationen bleiben als solche bestehen, haben noch immer keinen Teil an den herrschenden und besitzenden Klassen, die allein Träger und Schöpfer höherer Kultur sein konnten; aber die geschichtslosen Nationen lenken die Augen des Staates und der Gesellschaft auf sich, ihre Sprache dringt in die Schulen und Aemter, ihre Sprache und ihre Kultur werden Gegenstand wissenschaftlicher Betrachtung, ihr Geschick erringt die Teilnahme der durch die Aufklärungsideen beeinflussten Schichte der Gebildeten. Ein weiterer, gewaltiger wirtschaftlicher Fortschritt musste vorausgehen, ehe die bisher geschichtslosen Nationen selbst auf die Bühne der Geschichte treten konnten.

Die erste Hälfte des 19. Jahrhunderts sieht auch in Oesterreich den schnellen Fortschritt der kapitalistischen Betriebsformen. Kennt das 18. Jahrhundert nur die ländliche kapitalistische Hausindustrie und die auf Arbeitsteilung innerhalb der Werkstätte beruhende Manufaktur, so sieht die erste Hälfte des 19. Jahrhunderts die Verbreitung der auf der kapitalistischen Verwendung der Maschine beruhenden Fabriken. Auch in Oesterreich bemächtigt sich der Kapitalismus der neuen Produktivkräfte. Zu Anfang des 19. Jahrhunderts stand in Oesterreich erst eine Dampfmaschine in Benützung, 1841 bereits 231 Maschinen mit 2939 Pferdekräften, 1852: 671 Maschinen mit 9128 Pferdekräften. In der Baumwollindustrie wird die Dampfmaschine zuerst im Jahre 1815 verwendet; in demselben Jahre wird in Brünn die erste Dampfmaschine zum Betriebe einer Tuchwalke aufgestellt. Die erste Dampfmühle wird erst 1842 erbaut, der erste Dampfhammer gar erst im Jahre 1844. Die ersten Versuche mit der Dampfschifffahrt auf der Donau werden schon im Jahre 1818 unternommen. Der Ausbau des österreichischen Eisenbahnwesens beginnt im Jahre 1825, der Bau der ersten grossen Dampfeisenbahn 1837. 1835 wird auch schon mit der Erzeugung von Eisenbahnschienen begonnen; die ersten österreichischen Schienen sind noch aus Herdfrischeisen erzeugt, werden aber bald durch Schienen aus Puddeleisen ersetzt. Das Puddlingverfahren war schon 1830 in Witkowitz eingeführt worden. Die Heizung der Dampfkessel mit Holz wurde wegen des Steigens der Holzpreise bald unwirtschaftlich; daher hatte die häufigere Verwendung der Dampfkraft eine schnelle Steigerung der Steinkohlenförderung zur Folge. Der Wert der geförderten Mineralkohle betrug 1826 erst 400 000 Gulden, 1868 bereits 20·5 Millionen Gulden.

Mit der Einführung der neuen Kraftmaschine geht die fortschreitende Entwicklung der *Arbeitsmaschinen* Hand in Hand. Weitaus am wichtigsten war die Entwicklung in der Textilindustrie. Im Jahre 1799 gründet Leitenberger die erste englische *Baumwollmaschinenspinnerei in Oesterreich*, binnen kurzem folgen viele Betriebe seinem Beispiel. In der Schafwollspinnerei wird die Mule-Jenny erst 1837 eingeführt, die erste mechanische Flachsgarnspinnerei wird in den Zwanzigerjahren in Mähren gegründet. Die Jaquard-Maschine findet in der Baumwoll- und Seidenweberei im Jahre 1820, in der Schafwollweberei 1839 Eingang. Die Brünner Schafwollweberei stellt 1851 mechanische Webstühle auf. Der Walzendruck und die Erzeugung von Türkischrot wurden jedenfalls vor 1835 in Oesterreich eingeführt. Die erste Shawlfabrik wurde im Jahre 1810 in Wien gegründet.

Auch die Lebensmittelindustrie wälzt ihre Verfahrensweisen um. Im dritten Jahrzehnt des Jahrhunderts geht das Mühlengewerbe von der Flachmüllerei zur Griess- und Hochmüllerei über, in den Jahren 1840 bis 1850 werden die sogenannten französischen Mühlsteine in Oesterreich eingeführt, die erste Dampfmühle wird, wie schon erwähnt, im Jahre 1842 erbaut. 1829 entsteht in Mähren, 1830 in Böhmen die erste Rübenzuckerfabrik. Im Jahre 1835 gab es in Oesterreich bereits 17, im Jahre 1850 schon 84 Rübenzuckerfabriken. Die verarbeitete Rübenmenge stieg in den Jahren 1835 bis 1850 von 374 080 auf 1,958 746 Zollzentner. Die Kartoffelbrennerei wurde im Jahre 1825 in Oesterreich eingeführt. Im Jahre 1822 wurde in Prag die erste Oelfabrik errichtet.

Aehnliche Fortschritte sehen wir in den holzverarbeitenden Industrien. Die erste Möbelfabrik wurde schon 1804, die erste fabriksmässige Bautischlerei 1826 gegründet. Im Jahre 1837 beginnen die böhmischen Gutsherrschaften die Dampfsäge einzuführen. Auch die Papiererzeugung gewinnt erst seit Ende des 18. Jahrhunderts an Bedeutung. Im Buchdruckgewerbe wird in den Dreissigerjahren mit der Ersetzung der alten Handpresse durch die Schnellpresse begonnen. Die Bleistiftfabrikation erlebt seit 1795 neuen Aufschwung, mit der Erzeugung von Stahlfedern wird 1843 begonnen.

Hat die heimische Industrie grösseren Umfang erlangt, so wird es auch möglich, ihre Arbeitsmittel im Lande selbst zu erzeugen. So wird beispielsweise in Brünn bereits im Jahre 1813 eine mechanische Werkstätte zur Erzeugung der Cockerillschen Spinnmaschinen gegründet. 1836 werden bereits Maschinen für Zuckerfabriken in Oesterreich gebaut. Schliesslich kommt der Fortschritt der maschinellen Produktion der Eisenerzeugung zugute. Der Wert des in Oesterreich erzeugten Roheisens stieg 1826 bis 1868 von 4 Millionen Gulden auf 22·2 Millionen Gulden. Auch die technischen Grundlagen der Eisenproduktion wurden vollständig verändert. Im Jahre 1826 wird in Witkowitz der erste Kokshochofen der Monarchie gebaut. In den Eisengiessereien wurde 1830 der Cupolofen eingeführt. Dass dasselbe Jahr auch für die Schmiedeeisenerzeugung einen Wendepunkt bedeutet, da der erste Puddelofen in Betrieb kommt, wurde bereits erwähnt. Mit der Zementstahlerzeugung wurde 1815 in Böhmen, mit der Gussstahlerzeugung in grösserem Umfange erst 1825 in St. Aegidy begonnen.[1])

Der Uebergang von der Manufaktur zur Fabrik verstärkt und veranschaulicht die verheerenden Wirkungen, die das unablässige Fortschreiten des Kapitalismus hervorruft.

Ganz unmittelbar trifft der technische Fortschritt die **Arbeiterklasse**. Sie lernt damals zuerst am eigenen Leibe den Widersinn kennen, dass unter kapitalistischer Herrschaft jeder neue Sieg des Menschen über die Natur für die Arbeiter vermehrte Arbeitslosigkeit, gesteigertes Elend bedeutet. Die Fabriksarbeiterschaft, zu beträchtlichem Teile aus unmündigen Kindern bestehend, ohne das Recht auf Organisation und Arbeitseinstellung, lernt in jener Zeit furchtbarer als jemals vorher und nachher die Segnungen des Kapitalismus kennen. In wilden Tumulten lehnt sie sich vergebens gegen die masslose Ausbeutung auf. Im Jahre 1843 wird Brünn durch Arbeiterunruhen geschreckt, als die Kapitalisten Arbeiter vom Lande heranziehen, um die Löhne zu drücken und so die Arbeiter den Sinn kapitalistischer Freizügigkeit verstehen lehren. In den Jahren 1844 bis 1846 ruft die Einführung der Perotinemaschine in den Baumwolldruckereien Arbeiterunruhen in Prag, Pilsen, Königgrätz, in Reichenberg, Böhm.-Leipa, Leitmeritz, Komotau, Eger hervor. In das Jahr 1847 fallen Brottumulte in Wien, die Bäckerläden in Fünfhaus, Sechshaus und Gaudenzdorf werden geplündert. Längst fürchtet sich die Gesellschaft vor den „Proletariern“, vor dem „Kommunismus“.

Aber nicht nur die Arbeiter hatte die kapitalistische Entwicklung revolutioniert. Auch die **Handwerksmeister**, deren Nahrungsspielraum jeder weitere Schritt kapitalistischer Entwicklung verengte, waren andere geworden. Schon im 18. Jahrhundert klagten die Handwerker mancher Berufe sehr bitter über die kapitalistische Konkurrenz. Die Reichenberger Tuchmacher jammern schon 1765 darüber, dass die Fabriken das Gewerbe zugrunde richten und die Steinberger Webermeister protestieren schon im

[1]) Beiträge zur Geschichte der Gewerbe und Erfindungen in Oesterreich, herausgegeben von Exner. Wien 1873. — Beiträge zur Geschichte der **deutschen** Industrie in Böhmen. Prag 1893.

Jahre 1771 gegen die Errichtung von Fabriken. Die Wiener „Leineweber“ beschäftigen sich mit Baumwollweberei, weil sie mit der Rumburger, Schönberger und Sternberger Leinenindustrie nicht konkurrieren können, aber bald werden sie von den Kapitalisten auch aus der Baumwollweberei verdrängt. In einer Enquete aus dem Jahre 1833 wird geklagt: „Viele Meister und Befugte müssen sich als Gesellen verdingen und einige von ihnen durch Arbeiten als Taglöhner ihr Brot verdienen.“

Aber noch bedeutsamer wurde es, dass der Kapitalismus die soziale Umwälzung auf das Land hinaustrug. Die Maschine im Dienste des Kapitalisten greift den Bauern und Häusler an, indem sie ihnen den Verdienst aus ihrer alten Hausindustrie raubt. Am schnellsten erliegt auch in Oesterreich die Handspinnerei der Konkurrenz der Fabrik. In Niederösterreich gab es am Ende des 18. Jahrhunderts noch mehr als 100000 Handspinner, im Jahre 1811 nur noch 8000. In dem offiziellen Bericht über die Gewerbeausstellung vom Jahre 1835 heisst es: „In den böhmischen Grenzgegenden von Nachod bis Tetschen beschäftigt sich der vierte Teil der Bevölkerung wenigstens zeitweise mit der Spindel oder dem Spinnrad und davon sind die Hälfte beständige Spinner, deren Zahl etwa 90000 beträgt. Auf der Herrschaft Hohenelbe allein leben 7000, auf der Herrschaft Nachod über 8000 Spinner. Bei den niedrigen Preisen der Leinwand und der wachsenden Konkurrenz des für die Verwebung sich vorteilhafter zeigenden Maschinengarns ist der Spinnlohn auf eine so niedrige Stufe gesunken, dass er nur noch 2 bis 3 Kreuzer täglich, manchmal auch weniger beträgt.“ Im Erzgebirge verdingen sich die Leute gegen einen Taglohn von 4 bis 6 Kreuzern. Der Mensch hat durch die Erfindung der Spinnmaschinen seine Macht über die Natur gewaltig vermehrt, aber diesen Sieg bezahlen die böhmischen Bauern und Häusler mit der Verbreitung des Hungertyphus![1])

Der Kapitalismus hat die revolutionäre Unzufriedenheit in die Massen des Landvolkes getragen. Aber sie findet auch in der ländlichen Verfassung selbst ihre Nahrung. Seit dem Ausbruch der französischen Revolution hat der Staat keinen Finger mehr gerührt, um die Lage der von den gutsherrlichen Abgaben und der Fronpflicht hart gedrückten Bauern zu verbessern; war es doch zum obersten Regierungsprinzip geworden, an das alte Bestehende nicht zu rühren, um nur ja nicht den gefürchteten Geist der Revolution zu beschwören! Wie gross die Verbitterung der Bauern geworden war, zeigte sich im Jahre 1846, als die Bauern dem revolutionären polnischen Adel in den Rücken fielen. Nach der Niederwerfung des polnischen Adels verbreitete sich unter den Bauern die Nachricht

[1]) E. V. Zenker, Die Wiener Revolution 1848 in ihren sozialen Voraussetzungen und Beziehungen. Wien 1897.

der Kaiser habe sie zum Dank für ihre Treue von der Fron befreit. Die Erregung verbreitete sich auch auf die Bauern der anderen Kronländer und selbst in Niederösterreich mussten die Bauern zur Leistung der Robot mit militärischer Gewalt gezwungen werden.

So hatte die soziale Umwälzung die Köpfe revolutioniert. Aeusserlich verbarg sich die Unzufriedenheit wohl noch hinter den überlieferten Verkehrsformen: aber in die Geister war eine Welt neuer Werte, neuer Gedanken, neuer Wünsche eingezogen. Es war, als ob der tosende Lärm der Dampfmaschinen, der Spinnmaschinen und der mechanischen Webstühle, der Zuckerfabriken und Dampfsägen, der Eisenbahnen die schlafenden Menschen erweckt, ihnen die Augen aufgerissen hätte. Hatte man bisher sich seines Berufes und seiner sozialen Stellung geschämt, die Herrschaft der anderen demütig als Erbteil der Jahrhunderte, als Gottes Fügung getragen, so fühlt sich nun der Handwerker, der Arbeiter, ja selbst der Bauer als ein Mensch, so gut wie der stolze Gutsherr, der hochnasige Bureaukrat, der profitgierige Kapitalist und sein Elend dünkt ihm ein Verbrechen, das die Gesellschaft an ihm begeht.

Dieses Erwachen des Selbstbewusstseins der unteren Klassen gewinnt nun, wie jede soziale Wandlung, in Oesterreich nationale Bedeutung. Dass die Sprache der Bauern und Dienstboten neben der Sprache des Staates kein Recht hatte, hinter ihr zurücktreten musste, war einst selbstverständlich gewesen, und jeder, der auch nur eine Sprosse auf der sozialen Leiter aufsteigen konnte, ahmte, wie die vornehme Art der Herren, so auch ihre vornehme Sprache nach und schämte sich, dass die verachtete Domestikensprache seine Muttersprache war. Jetzt aber will der zum Selbstbewusstsein erwachte Handwerker und Arbeiter gar nicht mehr die Art der Herren nachahmen; jetzt fühlt er sich bewusst anders als die, die ihn ausbeuten und unterdrücken, er will ihnen nicht mehr gleichen und trägt stolz seine Nationalität zur Schau, die Nationalität derer, die seine Feinde geknechtet und verelendet haben; indem er sich stolz zu einer anderen Nationalität bekennt als die verhassten Herren, ohne Scheu laut die Sprache des Volkes spricht, wo sonst nur die Sprache der Herren ertönte, gibt er dem Klassengegensatz anschauliche, greifbare Gestalt. Alle sozialen Gegensätze im Lande erscheinen als nationale Gegensätze, denn die herrschenden Klassen sind längst deutsch geworden;[1]) der unter dem allmächtigen

[1]) Im Jahre 1816 sagte Bolzano in seinen Vorträgen „Ueber die Verhältnisse der beiden Volksstämme in Böhmen" (herausgegeben 1849 von Mich. Jos. Fels:) „Werden nicht immer noch die deutsch Geborenen im Lande, und jene, die sich ihnen angeschlossen, in hundert sehr wichtigen Stücken bevorzugt? Ist es nicht die deutsche Sprache, in welcher alle höheren Wissenschaften im Lande vorgetragen werden? Die man auch zur Geschäftssprache in allen öffentlichen Angelegenheiten

Eindruck einer gewaltigen wirtschaftlichen Umwälzung auflodernde Hass gegen die Bureaukraten, den Adel und die Kapitalistenklasse musste notwendig als Hass der Tschechen gegen die Deutschen erscheinen; waren die unteren Massen selbstbewusst geworden und dünkten sich ebensoviel wie die Reichen und Mächtigen, so musste dies notwendig dazu führen, dass man der deutschen Nationalität die tschechische, der deutschen Herrensprache die tschechische Volkssprache als gleichwertig entgegensetzte. Es ist kein Zufall, dass auf jener Stufe des Wiedererwachens kein Schlagwort häufiger gebraucht wird als das, man soll sich seiner Muttersprache nicht schämen! So ist in den Stürmen einer schnellen sozialen Umwälzung aus dem demütigen schüchternen Gewerbsmann, der sich seiner Sprache geschämt, ein Patriot, ein „vlastenec“ geworden.

Die revolutionäre Umwälzung der Geister, die die kapitalistische Entwicklung hervorgerufen, übte die mächtigste Wirkung auf die Intelligenz. Wo diese Klasse nicht zum bevorrechteten volksfremden Berufsstande geworden ist, gleicht ihr Denken und Fühlen stets der empfindlichen Saite, deren feiner Ton jeden Luftzug wiedergibt, der ihr aus ihrer Umgebung entgegenweht. Was als halb verstandene Stimmung in den Massen der tschechischen Nation lebte, das wurde in den Köpfen der Intelligenz zu klarem Gedanken, zu bewusstem Wollen. Vor allem waren es die untersten und doch mächtigsten Berufsstände der Intelligenz, die die neue Stimmung der Massen in sich aufnahmen, in sich verarbeiteten, die zu ihren Stimmführern wurden: die Volksschullehrer und die niedere Geistlichkeit. Diese beiden Berufe haben dem tschechischen Volke naturgemäss immer in anderer Weise angehört als die Aerzte, Advokaten und Beamten; ihr Beruf zwang sie ja zu engem Zusammenleben mit dem Volke, zu täglichem Gebrauch seiner Sprache auf der Kanzel und auf dem Katheder. Im Lehrer und im Pfarrer hatte die Bewegung, die die tschechische Nation jetzt erfasste, einen Wortführer im letzten Dorf! Es ist kein Zufall, dass unter den Männern, die die tschechische Nation als ihre Wiedererwecker feiert, eine ganze Anzahl katholischer und evangelischer Geistlicher sind. Aber auch die anderen Berufsstände der Intelligenz konnten sich der starken Kraft des erwachenden Nationalbewusstseins und Nationalgefühls nicht entziehen. Man darf sich die österreichische

erhoben hat? . . Aber noch mehr; sind nicht die Grossen und Vornehmen des Landes, sind nicht die Reichen und Begüterten im Volk, alle, alle, nur eins von beiden, entweder geborene Deutsche und wohl gar Ausländer, oder doch solche Personen, die, weil sie längst schon die böhmische Sprache und Sitten abgelegt, den Deutschen beigezählt werden? Lebt nicht der böhmisch sprechende Teil des Volkes durchgängig nur in einem bedauernswürdigen Zustand der Armut und der Unterdrückung? Und was das Emporendste ist, hat man diesen nicht allerorts zu seinen Vorgesetzten Personen gegeben, die Deutsche sind oder doch den Deutschen angehören?“ A. a. O., S. 25.

Intelligenz des Vormärz nicht etwa nach dem Muster der heutigen Intelligenz im Deutschen Reich vorstellen, deren Geist zu uns tagtäglich aus dem öden Treiben der studentischen Korps, aus dem albernen Hochmut des Reserveoffiziers, aus der schändlichen deutschen Klassenjustiz, aus dem Kampf der Aerzte gegen die Krankenkassen spricht. Es waren meist die jüngeren Bauernsöhne und Söhne von Handwerkern, die sich durch die langen Studienjahre durchhungerten, mühselig genug durch schlechtbezahlte Lektionen ein paar Gulden monatlich verdienten und sich im übrigen auf den üblichen Freitisch verliessen, um dann nach Jahren Geistliche, Landärzte oder kleine Beamte zu werden.

Diese Schichten waren nun vorher stets durch deutsche Erziehung deutsch geworden. Jetzt aber erwacht in ihnen ihr tschechisches Nationalbewusstsein. Sie sind ja selbst revolutionär: sie hassen den deutschen Staat, der die Freiheit der Gedanken knebelt; sie hassen den adeligen Gutsherrn, der von seinem stolzen Schlosse auf den armen Landarzt und auf den schlecht bezahlten kleinen Beamten so verächtlich herabsieht; sie hassen den Kapitalisten mit jenem Gefühle des Neides, mit dem der arme Intellektuelle so häufig protziger Unbildung gegenübertritt.

In ihrem Hass gegen die deutsche Herrenschichte beginnen sie sich mit den breiten Massen solidarisch zu fühlen, die von gleichem Hasse beseelt sind; sie beginnen sich ihrer Abstammung von diesen Massen, ihrer Nationalität zu erinnern. Der Gebrauch der deutschen Sprache in Schule und Amt erscheint ihnen nun als ein lästiger Zwang, in dem sich die Herrschaft jener verhassten sozialen Mächte veranschaulicht, unter der sie leiden. Sie sind es, die — ein unerhörtes Wagnis! — auf den Bällen der „Gesellschaft" demonstrativ tschechisch zu sprechen beginnen und sich damit zu den verachteten, ausgebeuteten Volksmassen bekennen, die von der „Gesellschaft" ausgeschlossen sind. Sie werden willige Schüler Dobrovskýs, beginnen die tschechische Sprache, die alte tschechische Literatur und Geschichte zu studieren und bald versucht sich einer oder der andere von ihnen in tschechischen Versen.

Aber die Intelligenz allein kann der Träger einer lebendigen geistigen Kultur nicht sein. Sie bedarf stets jener unbestimmten sozialen Schichte, die wir das „P u b l i k u m" zu nennen gewohnt sind, für die die Denker denken und die Dichter singen und sagen, deren Bedürfnis und Geschmack ihr Schaffen bestimmt. Auch diese Schichte entsteht nun im tschechischen Volke. An dem kapitalistischen Aufschwung hat auch ein Teil des tschechischen Kleinbürgertums seinen Teil. Das Wachstum der Städte steigert die Grundrente, vermehrt das Einkommen des Hausherrn, des Krämers, des Gastwirtes. Das Entstehen einer kaufkräftigen Konsumentenschichte vermehrt das Einkommen manches Handwerkers, lässt ihn wohl gar selbst zu einem kleinen Kapitalisten werden. Am Aufschwunge des Müllergewerbes, der Bierbrauerei haben auch Tschechen ihren Teil. Die kapitalistische Entwicklung zersetzt das alte einheitliche Kleinbürgertum: während sie die Massen der Handwerker verelendet, bildet sie doch auch eine kleinbürgerliche Oberschichte, die aus der schnelleren wirtschaftlichen Entwicklung Nutzen zieht. Und diese Gesellschaftsschichte wird nun trotz ihrer wachsenden Wohlhabenheit nicht deutsch, wie sie es vordem wohl geworden wäre; denn auch sie ist ergriffen von der revolutionären Ideologie der Zeit, auch sie hasst die deutschen Machthaber in Staat und Gesellschaft, auch zu ihr dringt der Ruf, man dürfe sich der Nationalität der breiten Volksmassen, der Muttersprache des Volkes nicht schämen. So entsteht neben der tschechischen Intelligenz eine tschechische kleinbürgerliche Oberschichte, die die Trägerin einer neuen nationalen Kultur sein kann.

Dass die tschechische Kultur in ihren Anfängen durchaus k l e i n b ü r g e r l i c h war, erwies sich am klarsten, als das tschechische Volk in den Stürmen des Jahres 1848 zu sozialen und politischen Fragen Stellung nehmen musste. Die Massen, die das Publikum der ersten tschechischen Gelehrten und Dichter waren, waren auch die Gefolgschaft der ersten tschechischen Partei. Ihre kleinbürgerliche Politik beweist den kleinbürgerlichen Charakter dieser ganzen Kultur. Kleinbürgerlichen Charakter tragen die wirtschaftlichen Forderungen der Versammlung im St. Wenzels-Bad. Palacký ist ein Gegner des allgemeinen Wahlrechts, bekämpft den Kommunismus mit dem alten Gerede von der natürlichen Ungleichheit der Menschen, redet vom Proletariat als dem Schrecken seiner Zeit. Havlíček bekämpft die Standesvorrechte des Adels und bekennt sich als Gegner der „Geldaristokratie", aber er tritt auch dem Recht auf Arbeit entgegen, bekämpft den Sozialismus, verlangt, der Staat müsse die Freiheit und das Eigentum beschützen, und will, obwohl er grundsätzlich Anhänger des gleichen Wahlrechts ist, einen niedrigen Steuerzensus zugestehen. Als im Kremsierer Verfassungsausschuss die Frage beraten wird, ob den Abgeordneten Diäten gewährt werden sollen, erklärt Rieger, dies sei nicht nötig, denn dieses Amt würden „Fabrikanten, grössere Gewerbetreibende und ähnliche" gern unentgeltlich versehen.[1]) So ist die tschechische Politik im Jahre 1848 der Gutsherrenklasse und der Bourgeoisie ebenso feind wie der Arbeiterklasse; sie ist eben kleinbürgerliche Politik. Kleinbürgertum und Intelligenz geben der ganzen neugeschaffenen Kultur der Nation ihr Gepräge.

[1]) Springer, Protokolle des Verfassungsausschusses im österreichischen Reichsrat 1848 bis 1849. Leipzig 1885. Seite 316. — Im übrigen siehe Masaryk, Karel Havlíček. Prag 1896.

Diese neue tschechische Kultur entdeckt zunächst die tschechische Vergangenheit wieder. An den Bildern aus der eigenen Vergangenheit, wie sie die Geschichte Palackýs dem Volke gemalt, erhebt sich das Selbstbewusstsein der zwei Jahrhunderte lang geknechteten Nation. Diese wissenschaftlichen Arbeiten bedienen sich zuerst noch der deutschen Sprache: die Schriften Dobrovskýs, das Hauptwerk Kollárs, die slavische Literaturgeschichte Šafaříks, die Geschichte Palackýs sind zuerst deutsch erschienen. Aber bald geht man daran, die eigene Sprache, die so lange eine Sprache der Dienstboten und Bauern gewesen war, zu wissenschaftlicher und künstlerischer Arbeit zu gebrauchen. Hier war noch die Aufgabe zu lösen, die einst Dante für die Italiener, Luther für die Deutschen gelöst: aus bäuerlichen Mundarten musste eine Einheitssprache, aus der rohen und verderbten Sprache des täglichen Lebens eine Sprache entstehen, die der Wissenschaft als Werkzeug gefügig, dem Schaffen des Dichters ein kostbares Material sein konnte. Diese Arbeit haben die tschechischen Schriftsteller der ersten Hälfte des 19. Jahrhunderts vollbracht: die Entwicklung der tschechischen Einheitssprache beginnt etwa mit Jungmanns Uebersetzung des „Verlorenen Paradies" und gipfelt in den Dichtungen Kollárs. Wer diesen ganzen Entwicklungsgang geschichtlich begreifen will, wird nicht über den literarischen Wert dieser Schöpfungen rechten, er wird die Liebe begreifen, mit der eine Nation, die den Weg vom Elend der Geschichtslosigkeit zu historischem Dasein in wenigen Jahrzehnten zurückgelegt hat, der Männer gedenkt, in deren Bewusstsein zuerst die allgemeine Revolution der Geister sich zu individuellem Kunstwerk verdichtet hat. Und diese neue Kultur wird nun zum einigenden Band, das die neu erstandene Schichte der Gebildeten aller tschechischen Stämme eng verknüpft. Dem alten Differenzierungsprozess, der in unsichtbarer Zerstörungstätigkeit durch die Jahrhunderte hindurch die Einheit der Nation zernagt hatte, macht die neue Einheitssprache, die Gemeinschaft der neuen Dichtung und des neuen Wissens, des neuen Bewusstseins der Zusammengehörigkeit und des neuen Nationalgefühls, bald auch die Gemeinschaft politischen Wollens ein Ende: Tschechen, Mährer und Slovaken umschlingt wieder ein neues, von Tag zu Tag stärker werdendes Band und eint sie zu einer Nation.

Aus einem Volk gedrückter Bauern und Dienstboten, die sich ihrer Sprache geschämt, war eine Nation mit einer ziemlich breiten Schichte Intellektueller und wohlhabender Kleinbürger geworden, die ihrer Nationalität sich bewusst geworden, von lebhaftem Nationalgefühl beseelt waren. Dieser neuen Lage der Dinge passte sich der Staat nicht an. Er herrschte noch immer wie er getan, als die Nation noch den Schlaf der geschichtslosen Nation schlief.

Das Oesterreich Kaiser Franz' erschien noch immer als ein deutscher Staat. Die Praxis der Theresianischen und Josefinischen Zeit wurde fortgesetzt man verlangte von den Beamten, die dienstlich mit den unteren Volksschichten verkehren mussten, die Kenntnis der Volkssprachen und sorgte dafur, dass in den Gymnasien aller tschechischen und gemischtsprachigen Orte auch die tschechische Sprachlehre und der tschechische Aufsatz als Unterrichtsgegenstand gelehrt werde, um „dem einreissenden Mangel an beider Landessprachen machtigen Kompetenten zu den politischen Stellen abzuhelfen“ [1]) Aus demselben Grunde wurden an den theologischen und medizinischen Fakultaten gewisse Uebungen in tschechischer Sprache vorgenommen Der Staat pflegte die tschechische Sprache, weil er Beamte, Aerzte und Geistliche brauchte, die mit den Bauern, Handwerkern und Arbeitern in ihrer Sprache verkehren konnten Die tschechische Nation hat kein Recht auf die Pflege ihrer Sprache, sondern der Staat bedient sich ihrer nur, soweit die Fursorge fur seine Untertanen ihm das nutzlich oder notwendig erscheinen lasst Gelegentlich spielen wohl schon die Machthaber mit dem Gedanken, die Tschechen zu fordern, um sie gegen die revolutionare deutsche Bourgeoisie und Intelligenz auszuspielen, aber im wesentlichen bleibt doch Oesterreich ein deutscher Staat deutsch ist die Sprache der Aemter und Gerichte, der Gesetze und des Heeres. Dieser Zustand hatte der nationalen Entwicklungsstufe des tschechischen Volkes im Zeitalter Maria Theresias entsprochen Im 19 Jahrhundert erscheint er als ein Anachronismus. Der zu nationalem Bewusstsein erwachten Nation erscheint die Herrschaft Oesterreichs uber die Tschechen als Fremdherrschaft Notwendig musste die burgerliche Revolution in Oesterreich auch eine nationale Revolution sein.

Diese Revolution hatte sich lange angekundigt Wenn unter Josef II 33 „Original-Bohmen“ eine Petition an die bohmischen Stande richten, in der sie sich uber die Unterdruckung der tschechischen Sprache beklagen, so ist das noch eine vereinzelte Erscheinung, die nur als Kuriosum Interesse erregen mag. Anders wurde es, als die gewaltige wirtschaftliche Umwalzung der folgenden Jahrzehnte die Nation aus ihrem Schlummer geweckt hatte. Die revolutionaren nationalen Bewegungen der Griechen, der Italiener, der Magyaren, der Iren finden in Bohmen lebhafte Teilnahme In den Tagen O'Connels wird Repeal bei den Tschechen ein beliebtes politisches Schlagwort, und Havlíček, damals Redakteur eines offiziosen tschechisch geschriebenen Blattes, fullte, da er von der Bedruckung der Tschechen nicht schreiben durfte, die Spalten seines Blattes mit ausfuhrlichen Berichten uber den Kampf der Iren gegen England.

[1]) Fischel, a a O, Seite XLII.

In den Märztagen stürzt das alte System zusammen und der Staat muss sich der neuen Entwicklung der Nation anpassen. Die Revolution beseitigt den Widerspruch zwischen dem erstarrten Recht und den veränderten nationalen Verhältnissen. So lächerlich es ist, das kaiserliche Handschreiben vom 8. April 1848, das nie Geltung erlangt hat und das in seinem unüberlegten Inhalt und in seiner unfertigen Form so recht die Verwirrung widerspiegelt, die in jenen Tagen am Hofe herrschte, als Rechtsquelle anzusehen, als die „böhmische Charte“ zu feiern, so ist es doch zweifellos als erstes Zeichen eines Systemwechsels ein historisches Dokument.

Aber die Revolution bedeutet nicht nur, dass der Staat sich der neuen Kulturentwicklung der Nation anpassen muss, sie bedeutet auch eine Stärkung und Beschleunigung dieser Kulturentwicklung selbst. Die neue Press-, Vereins- und Versammlungsfreiheit wird zum Mittel, breitere Massen in die tschechische Kulturbewegung einzubeziehen. War vor 1848 nur eine tschechische Zeitung erschienen, so blüht jetzt in wenigen Wochen eine ganze tschechische Presse auf. Die Prager Vereine gründen Ortsgruppen in den Landstädten und reissen so auch die Bevölkerung der kleineren Orte in die nationale Kulturbewegung hinein. Die politischen Kämpfe geben der Bewegung nicht nur neuen Inhalt, sondern erfüllen auch die Köpfe mit neuer Begeisterung, neuer Leidenschaft.

Auf diese bewegte Zeit folgen freilich die Jahre der Reaktion. Noch einmal wird der Versuch gemacht, die böhmischen Länder zu regieren, als ob die Tschechen immer noch eine geschichtslose Nation wären. Aber gerade jene Jahre stärken doch die Kraft nationaler Entwicklung. Es ist die Zeit, in der die Gutsherrschaft endgültig beseitigt, der Bauer von der Robot befreit, zum freien Eigentümer seines Landes und unmittelbar staatlicher Verwaltung und Gerichtsbarkeit unterworfen wird; es ist eine Zeit, in der die gesetzlichen Hindernisse beseitigt werden, die noch die kapitalistische Entwicklung gehemmt: eine Zeit schneller wirtschaftlicher Entwicklung Oesterreichs. An dem kapitalistischen Aufschwung der Fünfzigerjahre, den die kalifornischen und australischen Goldfunde einleiten, hat auch Oesterreich seinen bescheidenen Teil. Jene Umwälzung der Produktivkräfte, jene wirtschaftliche Umgestaltung, der die tschechische Nation ihr Wiedererwachen verdankt, vollzieht sich gerade in dem Jahrzehnt der Reaktion in noch schnellerem Tempo. Der Bachsche Absolutismus ist mit dem Metternichschen Absolutismus nicht identisch: indem jener sich selbst zum Werkzeug kapitalistischer Entwicklung macht, schafft er sich selbst seine Totengräber. Der Versuch, Oesterreich noch einmal als deutschen Staat zu regieren, hätte schliesslich misslingen müssen, auch wenn nicht ein verlorener Krieg die Entwicklung beschleunigt hätte. Nach der

Schlacht bei Solferino bricht der Absolutismus zusammen. Und schon das Jahr 1859 sieht die ersten Anfänge des Ausbaues des tschechischen Mittelschulwesens. Damit ist der Sieg der Nation tatsächlich entschieden. Wie sie seither ein nationales Schulwesen von der Volksschule bis zur Universität sich erkämpft, das Recht ihrer Sprache in den öffentlichen Aemtern und Gerichten durchgesetzt hat, ist allgemein bekannt und braucht hier nicht dargestellt zu werden. Unsere Aufgabe war es hier nur, den gewaltigen Strom wirtschaftlichen und sozialen Lebens aufzudecken, von dem getragen die tschechische Nation ihre neue Kultur geschaffen hat.

Von allen österreichischen Nationen, die nur die unterdrückten und ausgebeuteten Klassen umfassten, ist die tschechische Nation am schnellsten von der kapitalistischen Entwicklung erfasst worden. Sie erscheint daher zuerst auf dem Markt der Geschichte und erhebt dort am vernehmlichsten ihre Stimme. Aber wenn ihre Entwicklung den anderen einst geschichtslosen Nationen vorausgeeilt ist, angetreten haben denselben Weg doch auch die anderen Nationen. Bei den Slovenen beginnt die Entwicklung in der Napoleonischen Zeit, in der ein Teil des slovenischen Sprachgebietes unter französische Herrschaft fiel. Am langsamsten war die neue nationale Entwicklung bei den Ruthenen. Als 1846 die österreichische Regierung die ruthenischen Bauern gegen den polnischen Aufstand zu Hilfe rief, hielt die öffentliche Meinung in Oesterreich, von der polnischen Schlachta bewusst irregeführt, die Ruthenen für „eine Erfindung des Grafen Stadion“. Noch im Kremsierer Verfassungsausschuss wurde darüber gestritten, ob es eine ruthenische Nation überhaupt gebe! Auch heute noch hat die ruthenische Nation nicht nur keine Universität, sondern auch ein sehr dürftiges Mittelschulwesen. Wie gering ihre politische Macht ist, beweist das Unrecht, das an ihr in der neuen Wahlreform begangen wird! Das ist das Schicksal einer geschichtslosen, einer reinen Bauernnation: und doch ist es gewiss, dass auch die Ruthenen auf dem Wege sind, den die Tschechen zurückgelegt, die Slovenen längst angetreten haben. Die Volksschule, die allgemeine Wehrpflicht, das allgemeine Wahlrecht, Zeitungen und Volksversammlungen unterwerfen auch die Massen des ruthenischen Volkes gleichem Kultureinfluss; die Erregung, die die russische Revolution in den breiten Massen der Ukraina hervorgerufen, findet auch in Ostgalizien ihren Widerhall. Im Agrarstreik haben die ruthenischen Bauern ein Mittel so gut des nationalen wie des wirtschaftlichen Kampfes gefunden, fällt doch wirtschaftlicher und nationaler Gegensatz nirgends in Oesterreich so unmittelbar zusammen wie im Kampfe des ruthenischen Bauern gegen die polnischen Gutsherren. Die soziale Entwicklung, die das Wiedererwachen der geschichtslosen Nationen bedeutet, macht auch vor den Grenzen Galiziens nicht Halt.

Die Stufe der nationalen Entwicklung, die die einzelnen, ehemals geschichtslosen Nationen in Oesterreich erreicht haben, spiegelt die Höhe ihrer wirtschaftlichen Entwicklung wieder. Während im Jahre 1900 von den Tschechen nur noch 43·1 Prozent der Land- und Forstwirtschaft zugehörig waren, gehörten von den Slovenen 75·4 Prozent, von den Serbo-Kroaten in Oesterreich 86·9 Prozent, von den Rumänen 90·3 Prozent, endlich von den Ruthenen gar 93·3 Prozent der Land- und Forstwirtschaft an. Vergleicht man diese Zahlen mit der nationalen Kulturentwicklung der einzelnen Völker, so findet man eine auffallende Uebereinstimmung. Je geringer der Teil einer Nation ist, der der Land- und Forstwirtschaft zugehört, je mehr sie also vom Industrialisierungsprozess ergriffen, kapitalistischer Einwirkung unterworfen wurde, eine desto höhere Stufe der nationalen Entwicklung hat sie erreicht; *das Erwachen der geschichtslosen Nation ist eine der zahllosen Erscheinungsformen der kapitalistischen Entwicklung.* Der nationale Streit, der die Grundfesten des Staates erschüttert, ist eine jener schmerzvollen Krankheitserscheinungen, die der einziehende Kapitalismus in dem Körper der alten Gesellschaft hervorruft. Die österreichische Nationalitätenfrage ist nichts als ein kleiner, ein winzig kleiner Ausschnitt aus jener grossen sozialen Frage, vor die die Entwicklung des Kapitalismus alle Völker des europäischen Kulturkreises stellt.

§ 18.

Der moderne Kapitalismus und der nationale Hass.

Das Erwachen der geschichtslosen Nationen fällt in das Zeitalter, das wirtschaftlich durch den Uebergang von der Manufaktur zur Fabrik, sozial durch die Bauernbefreiung, politisch durch die bürgerliche Revolution charakterisiert ist. Die weitere nationale Entwicklung spiegelt die soziale Umschichtung und örtliche Umsiedlung der Massen wieder, die der einziehende moderne Kapitalismus wie überall, so auch in Oesterreich hervorgerufen hat. Der Kapitalismus hatte in der ersten Hälfte des 19. Jahrhunderts, wie Werner Sombart so anschaulich sagt, doch erst einige Gemächer in dem grossen Gebäude der Gesellschaft bezogen; in der zweiten Hälfte des Jahrhunderts hat er von dem ganzen Gebäude Besitz ergriffen, hat das ganze Gebäude seinen Zwecken angepasst, für seine Zwecke umgebaut. Geht diese Entwicklung in Oesterreich auch langsamer vor sich als in anderen Ländern, so ist doch auch hier die Entwicklung der Nationen und der nationalen Kämpfe nur durch die Beziehung auf diese soziale Umwälzung zu verstehen.

Suchen wir zunächst zu ermitteln, welchen Anteil die einzelnen Nationen an dem Prozess der kapitalistischen Entwicklung hatten, so gibt uns die österreichische Berufserhebung aus dem Jahre 1900 einige Anhaltspunkte.

Die erste und folgenschwerste Wirkung des kapitalistischen Umwälzungsprozesses ist die Vernichtung der alten bäuerlichen Wirtschaft, der veränderte Aufbau der gesellschaftlichen Arbeit, der in der veränderten Verteilung der Arbeitenden auf die Berufsklassen in Erscheinung tritt, der die Massen der Industrie und dem Handel zuführt und den auf dem Lande zurückbleibenden Rest der alten Bauern in reine Landwirte, in blosse Warenproduzenten verwandelt. Sehen wir zunächst also, welchen Anteil die einzelnen Nationen an dieser Entwicklung hatten: Nach unserer Berufserhebung waren von 1000 Personen, die sich zu der nebenbezeichneten Umgangssprache bekannt hatten, zu den nachbenannten Berufsklassen zugehörig:

	Land- und Forstwirtschaft	Industrie	Handel und Verkehr	Oeffentliche Dienste, Freie Berufe u. s. w.
Deutsch	335	383	134	148
Tschechisch	431	365	93	111
Polnisch	656	148	112	84
Ruthenisch	933	25	17	25
Slovenisch	754	134	35	77
Serbisch-kroat.	869	46	38	47
Italienisch	501	234	127	138
Rumänisch	903	27	25	45

Daraus ergibt sich, dass bei Deutschen und Tschechen weniger als die Hälfte, bei den Italienern nur noch knapp die Hälfte der Bevölkerung der Land- und Forstwirtschaft zugehört. Ruthenen, Rumänen und Serbo-Kroaten sind noch als fast rein agrarische Nationen anzusehen. In der Mitte zwischen beiden Gruppen stehen Polen und Slovenen. In der Industrie wie im Handel stehen die Deutschen an erster Stelle. In der Industrie folgen ihnen zuerst die Tschechen, dann die Italiener, im Handel zuerst die Italiener, dann die Tschechen. (Das Uebergewicht der Polen über die Tschechen im Handel ist nur scheinbar; zurückzuführen ist es auf die grosse Zahl in Wirklichkeit durchaus nicht polnisch-assimilierter Juden, die sich gleichwohl zur polnischen Umgangssprache bekannt haben.) Den stärksten Teil an der kapitalistischen Entwicklung hatten also die Deutschen, nach ihnen Tschechen und Italiener.

Fragen wir nun nach der sozialen Stellung der Zugehörigen der einzelnen Nationen innerhalb der Berufsklassen! In der Industrie waren von je 1000 berufstätigen Personen, die sich zu der nebenbezeichneten Umgangssprache bekannt haben:

	Selbständige	Angestellte	Arbeiter	Taglöhner	Mithelfende Familienmitglieder
Deutsch	182	30	731	28	29
Tschechisch . .	157	14	764	34	31
Polnisch	318	17	559	50	56
Ruthenisch . . .	399	6	447	78	70
Slovenisch . . .	255	4	661	35	45
Serbisch-kroat. .	299	6	630	26	39
Italienisch . . .	253	14	663	17	53
Rumänisch . . .	243	5	534	191	27

Auffallend ist zunächst, dass bei den Nationen, die, wie wir bereits wissen, dem kapitalistischen Entwicklungsprozess am wenigsten unterworfen waren, die Zahl der Selbständigen am grössten ist: die Ruthenen und Polen zählen die meisten, die Deutschen und Tschechen am wenigsten Selbständige in der Industrie. Umgekehrt steht es mit den Arbeitern: die Zahl der Arbeiter ist bei Ruthenen, Rumänen und Polen am geringsten, bei Deutschen und Tschechen am grössten. Auf einen Selbständigen entfallen also bei Deutschen und Tschechen weit mehr Arbeiter als bei Ruthenen und Polen. Die Selbständigen der Ruthenen und Polen sind überwiegend Handwerker, unter den Selbständigen der Deutschen und Tschechen finden wir offenbar in beträchtlicher Zahl Kapitalisten.

Versuchen wir es, unter den Selbständigen die Kapitalisten von den Handwerkern zu scheiden,. so gibt uns die Zahl der Angestellten eine wertvolle Handhabe. Denn der Angestellte — Ingenieur, Techniker, Werkmeister, Buchhalter u. s. w. — findet sich nur im kapitalistischen Betriebe, fehlt aber im Handwerk. Die kapitalistisch höher entwickelten Nationen — Deutsche, Tschechen, Polen und Italiener — zählen daher mehr Angestellte als die minder entwickelten: Ruthenen, Slovenen, Serbo-Kroaten und Rumänen. Aber diese Zahlen lassen uns noch mehr erschliessen! Die Nationalität der Arbeiter ist dem Kapitalisten gleichgültig, dagegen umgibt er sich in der Regel mit einem Stab von Angestellten, die dieselbe Sprache sprechen wie er. Der deutsche Fabrikant mag tschechische Arbeiter beschäftigen, aber sein Fabriksdirektor und sein Comptoirpersonal wird in der Regel deutsch sein. Wenn wir nun sehen, dass die Zahl der Angestellten bei den Deutschen weit höher ist als bei den anderen Nationen, so schliessen wir daraus, dass die Deutschen unter den industriellen Kapitalisten an erster Stelle stehen müssen. Wenn wir aus den Verhältniszahlen der Selbständigen und der Arbeiter ersehen haben, dass die tschechische Nation kapitalistisch höher entwickelt ist als die polnische, dagegen in der Zahl der Angestellten die Polen den Tschechen vorausgehen, so dürfen wir daraus schliessen, dass im polnischen Gebiet auch der Fabrikant sich in der Regel zur polnischen Umgangssprache bekennt, während die Tschechen zwar industriell höher entwickelt sind, weniger Handwerker, mehr Industriearbeiter zählen als die Polen, aber die tschechischen Arbeiter sehr häufig im Dienste fremder, offenbar deutscher Kapitalisten arbeiten.

Dass die Deutschen innerhalb der Bourgeoisie stärker vertreten sind als innerhalb der Gesamtbevölkerung, hat eine doppelte Ursache.

Zunächst ist dies eine Wirkung der geschichtlichen Tatsache, dass in der Zeit der Anfänge kapitalistisch-industrieller Entwicklung in Oesterreich die herrschenden Klassen der deutschen Nation angehörten, Oesterreich politisch und kulturell ein deutscher Staat war. Soweit die österreichische Bourgeoisie aus den damals herrschenden Klassen entstanden ist, war sie deutsch von Geburt an; soweit sie aus fremden Elementen entstanden ist, wurde sie germanisiert. Jene Weber aus Verviers zum Beispiel, die die Brünner Schafwollweberei begründeten, haben naturgemäss Sprache und Gesittung der herrschenden Nation in Oesterreich angenommen, nicht die tschechische Sprache, die damals die Sprache eines geknechteten Volkes, einer geschichtslosen Nation war. Ebenso haben jene Juden, die aus Branntweinschenkern, kleinen Händlern und Wucherern zu Fabrikanten, Grosshändlern, Bankiers wurden, Aufnahme in die deutsche Kulturgemeinschaft gesucht. Aber auch jene Nachkommen der geschichtslosen Nationen selbst, denen der Aufstieg in die Kapitalistenklasse geglückt war, gaben in ihrer neuen sozialen Stellung ihre Muttersprache auf, die verachtete Sprache der Dienstboten und Bauern, und wurden Deutsche. So vielfältiger Abstammung also auch die österreichische Bourgeoisie war, kulturell trug sie zweifellos deutschen Charakter. Erst mit dem Erwachen der geschichtslosen Nation war die Möglichkeit der Entwicklung einer nationalen Bourgeoisie auch bei ihnen gegeben. Aber die deutsche Bourgeoisie hatte einen Vorsprung von anderthalb Jahrhunderten, während deren die kapitalistische Entwicklung Oesterreichs die Entwicklung einer deutschen Kapitalistenklasse bedeutet hatte; kein Wunder, dass die jungen Bourgeoisien der anderen Nationen die deutsche Bourgeoisie in ihrer Entwicklung nicht einholen konnten. Neben der deutschen hatte es im 18. und in der ersten Hälfte des 19. Jahrhunderts in Oesterreich nur noch eine italienische Bourgeoisie gegeben. Auch sie hat ihren wirtschaftlichen und kulturellen Vorsprung gegenüber den südslavischen Bauernvölkern bisher behauptet.

Der deutsche Charakter der österreichischen Kapitalistenklasse hängt auch damit zusammen, dass die österreichische Industrie sich im Siedlungsgebiet der deutschen Nation am schnellsten entwickelt hat. Dies ist teilweise darauf zurückzuführen, dass die deutschen Gebiete schon vor der Verbreitung der Manufaktur mehr und grössere Städte besassen als die slavischen Länder. Auch manchem historischen Zufall verdanken die Deutschen die schnelle Entwicklung ihrer Industrie; so zum Beispiel der Förderung, die die gewerbliche Entwicklung Deutschböhmens der Wirtschaftspolitik des Friedländers verdankte. Auch dass die Deutschen die Grenzgebiete der Sudetenländer bewohnen, musste ihre industrielle Entwicklung fördern. Mit dem Beginn der merkantilistischen Zollpolitik beginnt auch der Schmuggel in grösserem Massstabe: die kapitalistischen Unternehmungen, die ausländische Rohmateriale verarbeiten wollen, rücken den Grenzen näher! Die Woll- und Baumwollindustrie Nordböhmens verdankt zweifellos dem Schmuggel englischen Garns starke Förderung. Und war so erst die alte Hausweberei an die deutschen Grenzgebiete gefesselt, so haben diese Gebiete ihre industrielle Ueberlegenheit auch dann behauptet, als man von der Hausindustrie zur Fabrik überging und der Schmuggel fremden Garns aufhörte.

Aber auch abgesehen vom Schmuggel boten deutsche Gegenden zuerst günstige Bedingungen für die Produktion. Die Deutschen bewohnten die Gebirgsgegenden — die Alpen und die Grenzgebirge Böhmens — wo die Industrie die Wasserkräfte fand, deren sie bedurfte. Noch wichtiger war es, dass im deutschen Gebiet frühzeitig reiche Kohlenlager erschlossen wurden.

So hat der ursprünglich deutsche Charakter der österreichischen Bourgeoisie eine doppelte Ursache: Die Bourgeoisie war deutsch, weil die Industrie sich dank einer Reihe zufälliger Umstände zunächst in deutschen Gebieten — vor allem in Wien, in den deutschen Gebieten der Sudetenländer, in Steiermark — entwickelte. Die Bourgeoisie war aber überdies auch in den tschechischen und slovenischen Gebieten deutsch, weil vor dem Erwachen der geschichtslosen Nationen alle Herrschenden, Besitzenden, Gebildeten in den Alpen- und Sudetenländern Deutsche waren.

Diese Tatsachen erklären eine ganze Reihe jener Erscheinungen, die unseren nationalen Kämpfen zugrunde liegen. Ueberall besteht ein schroffer Gegensatz zwischen der Bourgeoisie und den übrigen Klassen der Bevölkerung; in unseren tschechischen Gebieten, wo der Kapitalist deutsch war, während Kleinbürger, Arbeiter und Bauern Tschechen waren, musste dieser soziale Gegensatz die besondere Form des nationalen Gegensatzes annehmen. Ueberall bestehen zwischen den industriell entwickelten und den agrarischen Gebieten schroffe Gegensätze: wo die Industriegebiete deutsch, die ländlichen Gebiete tschechisch waren, musste sich der wirtschaftliche Gegensatz in nationales Gewand hüllen. Wir wollen die vielfältigen sozialen Gegensätze, die in dem vielsprachigen Oesterreich in der Gestalt nationaler Gegensätze den Massen zuerst bewusst geworden sind, wiederum an einem Beispiele darlegen, indem wir jene sozialen Gegensätze aufsuchen, die dem Kampfe zwischen Tschechen und Deutschen in Böhmen zugrunde liegen. Wenn wir gerade dieses Beispiel wählen, so geschieht dies darum, weil Böhmen das industriell höchst entwickelte Land der Monarchie und gerade darum auch das Land des lebhaftesten nationalen Streites ist. Unsere Aufgabe wird uns sehr wesentlich erleichtert durch die ausgezeichnete Arbeit Rauchbergs,[1]) auf die wir uns im folgenden mehrfach werden berufen können.

Rauchberg teilt Böhmen in vier Gebiete ein Als deutsche Bezirke fasst er die politischen Bezirke zusammen, in denen sich mehr als 80 Prozent der österreichischen Staatsbürger bei der letzten Volkszählung zur deutschen Umgangssprache bekannt haben. Bezirke mit deutscher Mehrheit nennt er jene politischen Bezirke, in denen 50 bis 80 Prozent der österreichischen Staatsbürger sich zur deutschen, 20 bis 50 Prozent zur tschechischen Umgangssprache bekannten. Die Bezirke mit tschechischer Mehrheit zählten 50 bis 80 Prozent mit tschechischer, 20 bis 50 Prozent mit deutscher Umgangssprache. Diejenigen Bezirke endlich, in denen mehr als 80 Prozent der österreichischen Staatsbürger sich der tschechischen Sprache als Umgangssprache bedienen, nennt Rauchberg tschechische Bezirke. Innerhalb der tschechischen Bezirke gibt er die Zahlen für „Prag und Umgebung“ und für die anderen tschechischen Bezirke vielfach gesondert an, weil das schnell emporblühende Industriegebiet von Prag in vieler Hinsicht eine andere Entwicklung zeigt als die anderen tschechischen Bezirke.

Wir geben nun zunächst nach Rauchberg einige Belege dafür, dass die rein oder überwiegend deutschen Bezirke in der Tat die Hauptsitze der böhmischen Industrie sind. Hierbei führen wir die Zahlen über Prag und Umgebung hier nicht an, da wir sie in einem späteren Zusammenhange noch kennen lernen werden

Von je 1000 ortsanwesenden Personen gehörten 1900 zur

	Land- und Forstwirtschaft	Industrie	Handel und Verkehr	Oeffentliche Dienste und freie Berufe
Deutsche Bezirke	249	527	120	104
Bezirke mit deutscher Mehrheit	274	536	95	95
Bezirke mit tschechischer Mehrheit	445	357	84	114
Tschechische Bezirke (ausser Prag und Umgebung) . .	473	334	82	111

Im deutschen Landesteil gehört also die Mehrheit der Bevölkerung der Industrie an, während in den tschechischen Landes-

[1]) Rauchberg, Der nationale Besitzstand in Böhmen Leipzig 1905.

teilen die industrielle Bevölkerung noch hinter der landwirtschaftlichen zurücksteht. Auch am Handel haben die deutschen Landesteile grösseren Anteil als die tschechischen. Aber nicht nur in dem Verhältnis der industriellen zur landwirtschaftlichen Bevölkerung, sondern auch in dem sozialen Aufbau der industriellen Bevölkerung selbst zeigt sich, dass die deutschen Landesteile eine höhere Stufe kapitalistischer Entwicklung erreicht haben. Es waren nämlich von je 1000 berufstätigen Personen in der Industrie:

	Selbständige	Angestellte	Arbeiter	Taglöhner	Mithelfende Familienmitglieder
Deutsche Bezirke	144	21	788	29	18
Bezirke mit deutscher Mehrheit .	112	19	810	30	29
„ „ tschechischer „ .	146	12	762	26	54
Tschechische Bezirke (ausser Prag und Umgebung)	180	15	744	23	38

Im deutschen Landesteile ist also der Anteil der Angestellten und Arbeiter an der Gesamtzahl der Berufstätigen grösser, dagegen der Anteil der Selbständigen kleiner als im tschechischen Landesteile. Auf einen Selbständigen entfallen also in den deutschen Gebieten mehr Angestellte und Arbeiter als im tschechischen. Im deutschen Gebiete ist der Sieg des Kapitals über das Handwerk vollständiger, die deutschen Gebiete haben eine höhere Stufe der Konzentration des Kapitals erreicht.

Der Gegensatz des deutschen und des tschechischen Landesteiles muss also zunächst als Gegensatz des kapitalistisch vorgeschrittenen zum kapitalistisch minder entwickelten Gebiete begriffen werden. Zwischen solchen Gebieten besteht überall ein Gegensatz: überall verweist die Bourgeoisie des industriell fortgeschritteneren Gebietes auf ihren Reichtum, den Glanz ihrer Kultur, die hohen direkten Steuern, die sie zu tragen vermag; überall blickt sie verächtlich auf die kapitalistisch minder entwickelten, ärmeren und daher auch kulturell zurückgebliebenen Gebiete hinab. Der Industrielle Rheinland-Westfalens spricht kaum mit weniger Verachtung von „Ost-Elbien“, als die Reichenberger und Aussiger Fabrikanten von „Tschechien“ reden.

Wollen wir es versuchen, den Gegensatz zweier Gebiete, die auf einer verschiedenen Stufe kapitalistischer Entwicklung stehen, ihre Waren aber untereinander austauschen, ökonomisch zu erfassen, so gibt uns die Marxsche Preistheorie den Schlüssel.

Die Masse des in beiden Gebieten erzeugten Mehrwerts ist durch die Masse der von den Arbeitern beider Gebiete geleisteten Mehrarbeit bestimmt. Welcher Teil dieses Mehrwerts fällt aber den Kapitalisten jedes der beiden Gebiete zu?

Das Kapital des höher entwickelten Landes hat die höhere organische Zusammensetzung, das heisst in dem kapitalistisch vorgeschritteneren Gebiete entfällt auf dieselbe Menge Lohnkapital (variables Kapital) eine grössere Menge Sachkapital (konstantes Kapital) als in dem rückständigen Lande. Nun hat uns Marx verstehen gelehrt, dass — dank der Tendenz der Ausgleichung der Profitraten — nicht die Arbeiter jedes der beiden Länder *ihren* Kapitalisten den Mehrwert erzeugen, sondern der von den Arbeitern *beider* Gebiete geschaffene Mehrwert wird zwischen den Kapitalisten beider Länder geteilt, nicht nach der Menge der Arbeit, die in jedem der beiden Länder geleistet worden ist, sondern nach der Menge von Kapital, das in jedem der beiden Länder tätig ist. Da nun in dem höher entwickelten Lande auf die gleiche Menge geleisteter Arbeit *mehr* Kapital entfällt, so zieht das höher entwickelte Land auch einen grösseren Teil des Mehrwerts an sich, als der im Lande geleisteten Arbeitsmenge entspricht. Es ist so, als ob der in beiden Ländern erzeugte Mehrwert zuerst auf einen Haufen geworfen und dann auf die Kapitalisten je nach der Grösse ihres Kapitals verteilt würde. *Die Kapitalisten höher entwickelter Länder* beuten also nicht nur ihre eigenen Arbeiter aus, sondern *eignen sich stets auch einen Teil des Mehrwerts an, der in dem minder entwickelten Lande erzeugt worden ist.*

Betrachten wir nur die *Preise* der Waren, so empfängt jedes Land im Austausch so viel als es hingibt; fassen wir dagegen die *Werte* ins Auge, so sehen wir, dass es keine Aequivalente sind, die ausgetauscht werden. In den Produkten, die das Land mit höherer organischer Zusammensetzung des Kapitals hingibt, ist weniger Arbeit vergegenständlicht als in den Waren, die es von dem Lande mit niederer Zusammensetzung des Kapitals empfängt. Das höher entwickelte Land leistet also für das rückständige, mit dem es Handelsbeziehungen pflegt, weniger Arbeit, als dieses für das fortgeschrittene Land leisten muss. Das Kapital des entwickelteren Landes eignet sich einen Teil der Arbeit des minder entwickelten Landes an.

Wo das fortgeschrittene Land Industrieprodukte, das rückständige Erzeugnisse der Landwirtschaft im Austausch hingibt, wirkt der Ausbeutung des Agrarlandes freilich die Tatsache der *Grundrente* entgegen. Das Eigentum an Grund und Boden gibt dem Agrarlande die Macht, einen Teil des Mehrwerts in Gestalt der Grundrente vorwegzunehmen und der Teilung unter den Kapitalisten je nach der Grösse des aufgewendeten Kapitals zu entziehen. Es kann aber keinem Zweifel unterliegen, dass auch die Grundrente nicht zu verhindern vermag, dass ein Teil des im Agrarlande geschaffenen Wertprodukts mittelst der hohen Produktionspreise der Industrieprodukte an die Kapitalistenklasse des Industrielandes abgetreten wird. Das ist zweifellos auch das *wirtschaftliche Ver-*

hältnis zwischen Deutschböhmen und Tschechischböhmen. Wäre dem nicht so, so würde die Masse des Mehrwerts, die die Kapitalisten Deutschböhmens sich aneignen, zur Masse des Mehrwerts im tschechischen Gebiete sich geradeso verhalten wie die in Deutschböhmen zu der in Tschechischböhmen geleisteten gesellschaftlichen Arbeit; ja, da in Tschechischböhmen die Arbeitslöhne niedriger sind als in Deutschböhmen, die Mehrarbeit also einen grösseren Teil des Arbeitstages bildet, müsste dort auf den Kopf des Arbeiters noch grösserer Profit entfallen als in Deutschböhmen. In Wirklichkeit aber ist der Profit der deutschböhmischen Kapitalistenklasse zweifellos grösser, als er sein müsste, um der in Deutschböhmen beschäftigten Arbeiterzahl proportional zu sein. Anders ausgedrückt: Auf den Kopf der beschäftigten Arbeiter entfällt in Deutschböhmen mehr Profit als im tschechischen Landesteil. Diese ökonomische Tatsache tritt in der grösseren durchschnittlichen Wohlhabenheit der deutschböhmischen Bevölkerung, in der glänzenderen Entwicklung ihrer Städte, in der höheren durchschnittlichen Kultur der deutschböhmischen Bevölkerung in Erscheinung. Was die deutschnationalen Schriftsteller so gern die höhere Kultur Deutschböhmens, die „Minderwertigkeit" des tschechischen Landesteiles nennen, ist nichts anderes als die Wirkung der alle kapitalistische Konkurrenz beherrschenden Tatsache, dass die kapitalistisch höher entwickelten Landesteile sich einen Teil des Wertprodukts der kapitalistisch minder entwickelten Gebiete aneignen.

Auch die höhere Steuerleistung Deutschböhmens ist auf diese Tatsache zurückzuführen. Da Deutschböhmen an dem in dem gesamten österreichischen Wirtschaftsgebiet erzeugten Mehrwert nicht nach seiner Arbeiterzahl, sondern nach seinem Kapitalsaufwand Anteil hat und da der höheren Zusammensetzung seines Kapitals wegen hier auf gleiche Arbeiterzahl grösseres Kapital, also auch höherer Profit entfällt, so vermag es auch im Verhältnis zu seiner Volkszahl mehr direkte Steuern zu tragen als der tschechische Teil des Landes.

Das deutsche Bürgertum zieht aus dieser Tatsache den Schluss, der Bevölkerung des Gebietes, das mehr direkte Steuern auf den Kopf der Bevölkerung trage, gebühre auch grössere Macht im Staate und im Lande, als ihrer Zahl entspricht. Aus dieser Forderung spricht aber nur eine echt bourgeoise Auffassung des Staates. Gesetzt, das politische Recht solle von der Steuerleistung abhängig sein, warum sollen dann als Steuern nur die direkten Steuern gelten und nicht die indirekten Steuern, die von den Massen getragen werden und auf denen hauptsächlich der Staatshaushalt beruht? Aber soll wirklich jeder in demselben Masse dem Staate gegenuber rechtliche Macht haben, in dem er durch seine Steuern zum Staatshaushalt beitragt? Und schliesslich. Ist die menschliche Arbeit Schopferin der Werte, soll dann die Steuerleistung dem zugerechnet werden, der sich das Erzeugnis fremder Arbeit aneignet, oder dem, der durch seine Arbeit die Werte schafft, der darum der einzige wirkliche Trager aller Steuern ist? Soll wirklich die Tatsache, dass ein Teil der tschechischen Arbeit nicht tschechische, sondern deutsche Kapitalisten bereichert, Deutschbohmen ein Vorrecht vor dem tschechischen Gebiete geben? [1])

Wenn aber auch die Erkenntnis, dass Tschechischbohmen durch einen Teil seiner Arbeit die materielle und geistige Kultur Deutschbohmens stutzt, nicht zur Rechtfertigung der politischen Forderungen der Deutschnationalen missbraucht werden darf, so gibt sie uns doch den Schlussel, die historischen Forderungen der tschechischen wie der deutschen bürgerlichen Parteien zu verstehen.

Die deutsche Bourgeoisie in Bohmen braucht den gesamten osterreichischen Markt. Sie wunscht daher, dass Oesterreich ein einheitliches Rechts-, Verkehrs- und Wirtschaftsgebiet bilde sie ist *im Reiche zentralistisch* Dagegen will sie ihre Mehrwertbeute dagegen sichern, dass sie durch ihre hohere Steuerleistung auch fur die Bedurfnisse des geringere Steuern tragenden tschechischen Landesteiles aufkommen musse; sie ist daher *im Lande foderalistisch*, verlangt territoriale Abgrenzung Deutschbohmens von Tschechischbohmen, will Deutschbohmen zu einem selbstandigen Kronland machen Anders die Tschechen. Sie bedürfen fur ihre landwirtschaftlichen Erzeugnisse den Markt ausserhalb der Sudetenlander nicht oder doch in weit geringerem Masse als die deutsche Industrie, an der Einheit Oesterreichs als Rechts- und Wirtschaftsgebiet ist ihnen daher weniger gelegen. Dagegen brauchen sie einerseits den deutschen Markt innerhalb der Sudetenlander, andererseits wollen sie die Steuerkraft der deutschen Industriegebiete in diesen Landern auch ihren Bedurfnissen dienstbar machen. sie sind daher *im Reiche Foderalisten, im Lande dagegen Zentralisten*, Verteidiger

[1]) Wie sehr die ganze Beweisfuhrung unserer Deutschnationalen von bourgeoisem Geiste getrankt ist, beweist folgender Satz „Unmittelbar von den Deutschen Bohmens, das heisst als direkte Arbeiter und Beamte werden mit jährlich 193 8 Millionen Kronen 196.750 tschechische Arbeitnehmer unterhalten. Das bedeutet unter Berucksichtigung der Angehorigen dieser Tschechen, dass mindestens 700 000 bis 800.000 Tschechen ohne weitere Zwischenvermittlung von den Deutschen leben, das ist mehr als ein volles Funftel aller Tschechen Bohmens." „Deutschbohmen als Wirtschaftsgrossmacht." Reichenberg 1903. I., Seite 22 Werden wirklich die Arbeiter vom Kapitalisten „unterhalten"? Ist es nicht vielmehr so, dass die Arbeit der Arbeiter die ganze Gesellschaft erhalt und das Privateigentum an Arbeitsmitteln dem Kapitalisten nur die Macht gibt, einen Teil des Arbeitsertrages der Arbeiter sich anzueignen?

der Landeseinheit. So lernen wir die tiefste Wurzel des deutsch-tschechischen Verfassungsstreites kennen. Das Industriegebiet hat ein weit stärkeres Bedürfnis nach einem grossen einheitlichen Wirtschaftsgebiet als das agrarische Gebiet: darum sind im Reiche die Deutschen Zentralisten, die Tschechen Föderalisten. Das kapitalistisch höher entwickelte Gebiet ist steuerkräftiger und es entsteht die Frage, ob diese Steuerkraft nur ihm selbst oder auch den historisch mit ihm verbundenen Agrargebieten nutzbar gemacht werden soll: so sind die Deutschen im Lande Föderalisten, die Tschechen Zentralisten.

Die Tatsache, dass der deutsche Landesteil eine höhere Stufe industrieller Entwicklung erreicht hat, gibt auch der sozialen Wanderbewegung in Böhmen ihre grosse nationale Bedeutung. Wie überall, so geht auch hier eine Umsiedlung der Bevölkerung vor sich: ein Teil der Bevölkerung verlässt die agrarischen Gebiete und wandert in das Industriegebiet. National bedeutet das Einwanderung von Tschechen in das deutsche Gebiet in Böhmen. Rauchberg hat diese Bewegung im einzelnen genau beschrieben. Wir begnügen uns damit, das Endergebnis seiner Untersuchung, die Bilanz der Wanderungen in Böhmen hier anzuführen. Er hat die Zahl der in den einzelnen Sprachgebieten anwesenden Personen mit der Zahl der in jedem Sprachgebiet geborenen Personen verglichen; auf Grund dieser Zahlen hat er den Zuzug in die einzelnen Sprachgebiete und den Wegzug aus ihnen berechnet.

Vergleichen wir zunächst den Verkehr der deutschen Bezirke mit den anderen Sprachgebieten.

Im Verkehr mit den	Zuzug nach den deutschen Bezirken	Wegzug aus den deutschen Bezirken	Gewinn oder Verlust absolut	Gewinn oder Verlust in Prozenten der ortsanwesenden Bevölkerung
Bezirken mit deutscher Mehrheit	26 307	31 502	— 5.195	— 0·3
" " tschechischer "	23.860	7.548	+ 16 312	+ 0·9
Tschechischen Bezirken	127.510	46.678	+ 80.832	+ 4·6

Die Post „Zuzug nach den deutschen Bezirken" lehrt uns, wie viele Personen in die Bezirke mit mehr als 80 Prozent Deutschen aus jeder der drei anderen Bezirksgruppen eingewandert sind. Die Post „Wegzug aus den deutschen Bezirken" zeigt, wie viele Personen aus den „deutschen Bezirken" auswanderten. Die dritte Post gibt uns die Differenz zwischen Gewinn und Verlust im Verkehr der deutschen Bezirke mit jeder der drei anderen Bezirksgruppen, gibt also die Bilanz der ganzen Bewegung. Wir ersehen daraus, dass die deutschen Bezirke nur an die Bezirke mit 50 bis 80 Prozent Deutschen mehr Menschen abgeben als sie von ihnen empfangen haben. Dagegen sind in die deutschen Bezirke aus dem tschechischen Landesteil beträchtlich mehr Personen eingewandert als aus den deutschen Bezirken in die tschechischen Gebiete. Insbesondere ist die Einwanderung aus den Bezirken mit mehr als 80 Prozent Tschechen in die deutschen Gebiete absolut und im Verhältnis zur ortsanwesenden Bevölkerung sehr gross.

Ein ganz ähnliches Bild bietet die Wanderbilanz der Bezirke mit 50 bis 80 Prozent Deutschen:

Im Verkehr mit den	Zuzug nach den Bezirken mit deutscher Mehrheit	Wegzug aus den Bezirken mit deutscher Mehrheit	Gewinn oder Verlust absolut	Gewinn oder Verlust in Prozenten der ortsanwesenden Bevölkerung
Deutschen Bezirken . . .	31.502	26.307	+ 5.195	+ 1·3
Bezirken mit tschechischer Mehrheit	13.049	5.653	+ 7.396	+ 1·8
Tschechischen Bezirken .	54.116	13.683	+ 40.433	+ 9·9

Die Wanderbilanz dieser Bezirksgruppe ist im Verkehr mit allen anderen Bezirksgruppen aktiv. Die Bezirke mit deutscher Mehrheit haben von allen anderen Sprachgebieten mehr Menschen empfangen als sie an sie abgegeben haben. Besonders gross sind auch hier die Zuwanderungsüberschüsse aus den tschechischen Bezirken. Die agrarischen tschechischen Gebiete sind es vor allem, die ihre überschüssige Bevölkerung an die deutschen Industriegebiete abgeben.

Betrachten wir nun diese Wanderung aus den tschechischen Agrargebieten in die deutschen Industriegebiete und ihre nationalen Wirkungen etwas näher!

Die Masse der Einwanderer bilden die A r b e i t e r. Der tschechische Bauernsohn und landwirtschaftliche Arbeiter findet dank der Vernichtung der alten Hausindustrien und dank den Veränderungen in der landwirtschaftlichen Technik selbst keinen Raum mehr in der Heimat. Der Ueberfluss an Arbeitskräften, die Unfähigkeit des ländlichen Proletariats zu gewerkschaftlicher Selbsthilfe senkt seine Lebenshaltung. In den Industriegebieten dagegen steigt dank der fortwährenden starken Akkummulation des Kapitals, der Verwandlung von Mehrwert in Kapital, die Nachfrage nach Arbeitskräften. Ueberdies erhöht dort der gewerkschaftliche Kampf die Arbeitslöhne. Der höhere Arbeitslohn lockt den tschechischen Proletarier in die deutschen Gebiete. Wo die Industrie langsam, allmählich wächst, dort treten die tschechischen Arbeiter nur vereinzelt auf, dort gelingt es der Umgebung meist auch, sie in kurzer Zeit national zu assimilieren. Wo aber die Nachfrage nach Arbeitskräften schnell steigt, dort wandern die tschechischen Arbeiter in Massen ein, schliessen sich fest zusammen und erhalten sich ihre Nationalität.

Der tschechische Arbeiter kommt aus Gegenden, in denen die Löhne niedrig sind, die Lebenshaltung auf einer tieferen Stufe steht. So kam er denn als L o h n d r ü c k e r, nicht selten als Streikbrecher ins Land! Kein Wunder, dass er den Hass, die Erbitterung des deutschen Arbeiters erweckte. Auch heute noch versuchen es die Fabrikanten Deutschböhmens, so deutschnational sie immer sein mögen, oft genug, die „begehrlichen" deutschen Arbeiter durch tschechische Arbeiter zu ersetzen, die das Laster der „verdammten Bedürfnislosigkeit" noch nicht abgelegt haben. So sichern sie sich einmal auf Kosten der deutschen Arbeiter ihre Profite, und wenn dann dadurch in den deutschen Arbeitern der Hass gegen die tschechischen Einwanderer genährt wird und die vom nationalen Hass erfüllten Arbeiter sich von einer bürgerlich-nationalen Partei ködern lassen, so erscheint dies den deutschen Kapitalisten als ein ganz hübscher Nebengewinn. Indessen glückt ihnen dieses Spiel nicht mehr oft. Die deutschen Arbeiter haben es längst gelernt, dass sie sich gegen tschechische Lohndrücker und Streikbrecher nicht anders wehren können, als indem sie auch die tschechischen Arbeiter für ihre gewerkschaftliche Organisation zu gewinnen, zum gewerkschaftlichen Kampf zu erziehen trachten. Und die Fortschritte der tschechischen Arbeiterbewegung haben auch die tschechischen Proletarier mit dem Bewusstsein der Solidarität aller Arbeiterinteressen erfüllt. So ist der tschechische Lohndrücker bereits glücklicherweise eine seltene Ausnahmserscheinung geworden. Die tschechische Einwanderung hat unter den deutschen Arbeitern gewiss zuerst nationalen Hass, nationale Erbitterung erweckt. Aber dieser Hass konnte sich zu keinem politischen Wollen verdichten: die Aufhebung der Freizügigkeit, die das einzige Mittel gegen die tschechische Einwanderung wäre, können moderne Industriearbeiter nicht verlangen. So hat bittere Not die deutschen Arbeiter gelehrt, dass sie nur im gemeinsamen Kampfe, Schulter an Schulter mit den tschechischen Arbeitern, im Kampfe gegen das Kapital Erfolge erringen können.

Die deutschen Arbeiter hat gerade die tschechische Einwanderung in das deutsche Industriegebiet die Solidarität der Interessen aller Arbeiter, die Notwendigkeit des gemeinsamen Kampfes der Arbeiter aller Nationen verstehen gelehrt. Ganz anders war die Wirkung der tschechischen Arbeitereinwanderung auf das K l e i n b ü r g e r t u m. Während die Interessen der deutschen Arbeiter unter der tschechischen Einwanderung zunächst gelitten haben, war diese Einwanderung wirtschaftlich dem deutschen Kleinbürgertum vorteilhaft. Das Wachstum der Bevölkerung bedeutete ja vermehrte Gewinne für Händler und Handwerker, steigende Grundrente für die Hausbesitzer. Trotzdem ist fast das ganze deutsche Kleinbürgertum von wütendem Hass gegen die tschechischen Minderheiten erfüllt. Woher diese Erscheinung?

Sie liegt zunächst an dem Misstrauen, der Abneigung des sesshaften, fest im Boden der ererbten Heimat wurzelnden Kleinbürgers gegen jeden Fremden, jeden „Zug'rasten" (Zugereisten), wie die Wiener sagen. Es ist, wie wir bereits an anderer Stelle ausgeführt haben, die *Trägheit der Apperzeption*, die Unlust an allem Ungewohnten, allem Fremden, allem, was der Sonderart des engen örtlichen Kreises nicht entspricht, in dem der Kleinbürger geboren wird, heiratet und stirbt, die hier die Wurzel des Nationalgefühls und des nationalen Hasses ist. Die Augen des Bourgeois, die Augen des von der kapitalistischen Konjunktur hin und hergeschleuderten Proletariers sehen, wenn nicht die weite Welt, so doch immer ein grosses Wirtschaftsgebiet, der Kleinbürger und der Bauer aber sitzt festgewurzelt auf seiner Scholle und hasst alles Fremde, alles Neuartige, das von aussen her in seinen engen Kreis eindringt.

Dieses nationalen Instinkts bemächtigen sich nun die *Gemeindecliquen*, die sich — in verschiedener Zusammensetzung — in jeder Gemeinde vorfinden. In kleinen Landstädten bestehen sie aus der Intelligenz des Ortes — dem Arzt, Lehrer, Pfarrer, Apotheker — aus ein paar wohlhabenden Hausbesitzern, Kaufleuten, Wirten und dergleichen. In Dörfern treten an die Stelle der wohlhabenden Bürger reiche Bauern. In grösseren Industrieorten besteht die Gemeindeclique aus Mitgliedern der Bourgeoisie und der Intelligenz. In manchen Orten hat ein und dieselbe Clique, die sich immer wieder durch leiblichen Nachwuchs oder durch Aufnahme sozial nahestehender Personen ergänzt, seit dem Beginn der autonomen Gemeindeverwaltung die Gemeinde in der Hand. Anderwärts streiten mehrere Cliquen um den Besitz der Gemeinde: der Pfarrer und der Lehrer, der Feuerwehrhauptmann und der Veteranenhauptmann oder gar zwei konkurrierende Advokaten mit ihrem Anhang befehden einander und kämpfen um die Macht in der Gemeinde. Diese Cliquen sind es, die nach ihrem Belieben den Gemeindeausschuss zusammensetzen, bei öffentlichen Wahlen die Kandidaten ernennen, denen im öffentlichen Leben die teilnahmslose kleinbürgerliche Bevölkerung willig folgt. Unsere Gemeindewahlordnung hat diese Cliquen förmlich zur Rechtsinstitution gemacht und ihnen die wichtigsten Verwaltungszweige ausgeliefert.

Diese Gemeindecliquen empfinden die Einwanderung tschechischer Arbeiter zunächst als eine Unbequemlichkeit. Sie bedeutet ja in der Tat für die Gemeinde, die für neue Schulen sorgen muss, deren Sicherheitspolizei erschwert wird, deren Aufgaben vielfach wachsen, zunächst eine finanzielle Last. Aber was den Herren zuerst nur unbequem ist, wird ihnen bald gefährlich. In der wachsenden Industriestadt ist es für die Clique der erbgesessenen Beherrscher der Gemeinde immer sehr schwer, sich im Genusse ihres Ansehens und ihrer Macht zu behaupten. Wenn der Zuzug national gleichartig ist, mag dies allenfalls noch gelingen; wenn er national fremd ist, scheint es aussichtslos Die Clique, die jahrzehntelang ungestört und unkontrolliert geherrscht, sieht sich einer gefährlichen fremden Macht gegenüber, sie wird nun die Führerin im nationalen Streit.

Solange die Massen der einwandernden Arbeiter noch bedürfnis- und anspruchslos waren, ein elendes Leben führten, das keine andere Abwechslung kannte als die schwere Arbeit und den Schlaf in den elenden Wohnungen im äussersten Umkreise der Stadt, allenfalls noch den Alkoholgenuss in elenden Branntweinschenken, die der Bourgeois und Kleinburger sorgsam meidet; solange der tschechische Arbeiter hübsch demütig und bescheiden den Herren der Stadt aus dem Wege ging, sie mit keinen Forderungen und Beschwerden belästigte und jedem besser Gekleideten mit Demut nahte, solange liess sich die Gemeindeclique die tschechische Einwanderung wohl gefallen. Aber seither sind die breiten Massen des arbeitenden Volkes zu neuem Leben, zu unerhörtem Selbstbewusstsein erwacht Sie krümmen vor den Gemeindegewaltigen nicht mehr den Rücken, sondern fordern von ihnen ihr Recht. Sie fordern die Befriedigung ihrer kulturellen Bedürfnisse, vor allem Schulen für ihre Kinder. Sie stören durch Streiks, durch ihren politischen Kampf, durch Versammlungen und Demonstrationen die Ruhe der Gemeinde Ja sie sind sogar manchmal so frech, Feste feiern zu wollen! Dieses neue Leben, zu dem die moderne Arbeiterschaft allerwärts erwacht ist, hat glücklicherweise auch die tschechischen Minoritäten im deutschen Industriegebiet erfasst Für den deutschen Arbeiter ist dies eine hocherfreuliche Erscheinung, je stolzer der tschechische Arbeiter sein Haupt erhebt, desto weniger hat der deutsche Arbeiter tschechische Lohndrucker und Streikbrecher zu fürchten, desto mehr darf er auf die kräftige Unterstützung des tschechischen Genossen im Kampfe gegen das Kapital und den Klassenstaat hoffen Das Kleinbürgertum aber — und vor allem die Gemeindecliquen, denen das Kleinbürgertum Gefolgschaft leistet — sind von der neuen Entwicklung furchtbar geschreckt. Ihnen bedeutet jede Regung proletarischen Selbstbewusstseins Revolution, jede Regung der nationalen Minorität eine Gefahr für ihre Macht in der Gemeinde Die tschechischen Arbeiter verjagen, ihnen den Zuzug in die Stadt verbieten, das können sie nicht; aber wissen, sehen soll man in der Stadt nichts von der nationalen Minorität. „Wahrung des deutschen Charakters der Stadt" wird nun ihr Schlagwort Was soll das oft zitierte Wort, das unsere Deutschnationalen zur obersten sittlichen Pflicht gemacht haben, auf das die Wiener Gemeinderäte nach der Luegerschen Gemeindeordnung gar ein Gelöbnis ablegen müssen, eigentlich bedeuten? Heisst es, dass der Zuzug der tschechischen Arbeiter verhindert werden soll? Aber die Beschränkung der Freizügigkeit ist in keinem kapitalistischen Lande möglich, und die Hausbesitzer, die Wirte, die Kaufleute —

von den Fabrikanten gar nicht zu reden — möchten wir sehen, die eine solche Massregel ernsthaft befürworten wollten — sind sie doch die wirtschaftlichen Nutzniesser jener Arbeitereinwanderung! „Wahrung des deutschen Charakters der Stadt“ heisst vielmehr, dass man von der nationalen Minorität nichts sehen soll, dass die Stadt aussehen soll, als ob sie deutsch wäre, dass — Gott bewahre! — nicht etwa tschechische Inschriften oder laute tschechische Reden oder tschechische Farben verraten, was doch jedermann weiss, dass die kapitalistische Entwicklung aus der einsprachigen Stadt des Kleinbürgertums eine zweisprachige Stadt der Kapitalisten und Proletarier gemacht hat. Aber die „Wahrung des deutschen Charakters“ bedeutet noch mehr als diese Vogel-Strauss-Politik gegenüber der nationalen Minderheit. Sie bedeutet, dass auch die Gemeindeverwaltung sich um die eingewanderten Arbeiter nicht kümmert, dass sie ihre selbstverständlichen Bedürfnisse, vor allem ihre kulturellen Bedürfnisse nicht befriedigt, dass sie ihnen gegenüber nicht einmal jenes erbärmlich bescheidene Mass sozialer Wohlfahrtspflege und sozialer Fürsorge für nötig hält, mit dem sonst die österreichischen Gemeinden ihre Arbeiter beglücken. Vollständige Vernachlässigung aller sozialen Pflichten der Gemeinde, völliges Fehlen jeder kommunalen Sozialpolitik — das ist es vor allem, was die Gemeindecliquen „Wahrung des deutschen Charakters der Stadt“ nennen.

Freilich, wenn die tschechische Arbeiterbevölkerung stark anwächst, dann kann es in der Tat geschehen, dass der deutsche Charakter einer Stadt bedroht ist, dass die tschechische Bevölkerung allmählich das Uebergewicht erhält und die deutsche Bevölkerung zur Minderheit wird. Wer den sozialen Prozess, der die nationalen Wanderungen erzeugt und bestimmt, verstehen gelernt hat, wird in dieser unvermeidlichen Begleiterscheinung eines gewaltigen Entwicklungsprozesses nicht der Uebel schlimmstes sehen. Wir haben die kapitalistische Entwicklung mit Millionen vernichteter Existenzen, mit Tausenden hingeopferter Kinder, mit unsäglichem Elend breiter Volksmassen erkauft; dagegen verschwindet wohl das Uebel, das der Verlust irgend eines Dorfes oder einer Industriestadt an die Tschechen bedeutet. Wir wissen, dass diese kapitalistische Entwicklung vorausgehen muss, ehe unser Volk wahrhaft zu einer nationalen Kulturgemeinschaft werden kann, ein Ziel, das uns selbst damit nicht zu teuer erkauft wird, wenn da oder dort in diesem ungeheuren Umwälzungsprozess aus einer deutschen Mehrheit eine deutsche Minderheit wird. Wir wissen, dass diese soziale Umwälzung Voraussetzung ist, damit unser Volk zu wahrer Selbstbestimmung, zu voller Autonomie gelange; darum sind wir gewiss, dass selbst jene Deutschen in ein paar Industrieorten, die in die Stellung einer Minderheit hinabgedrückt werden, die Mittel finden werden, ihre Kulturgemeinschaft mit dem deutschen Volke zu bewahren. Aber was wir sehen, das sieht der Kleinbürger nicht. Der Markt des Kapitalisten ist ein grosses Reich, ist die ganze Erde; für den Industriearbeiter bildet längst ein ganzes grosses Wirtschaftsgebiet seinen Arbeitsmarkt, bald da, bald dort muss er seine Arbeitskraft verkaufen. Der Kleinbürger aber sitzt fest auf der Scholle. er produziert und handelt nur für einen engen örtlichen Kreis und weiter reicht auch sein Denken nicht Er sieht nie sein Volk, sieht immer nur seine Stadt. Ihn kümmert nicht, was die industrielle Entwicklung für seine Nation bedeutet; er weiss nicht, dass derselbe Prozess, der die Stellung der Deutschen in seiner Gemeinde bedroht, andererseits die gesamte Macht seiner Nation wirtschaftlich, politisch stärkt, ihre materielle und geistige Kultur bereichert, die breiten Massen des arbeitenden Volkes erst der Nation eingliedert, für ihn bedeutet es der Welten Ende, wenn seine Macht in seiner kleinen Gemeinde zusammenstürzt. Das ist es, was die Wirkungen der industriellen Entwicklung den Deutschen so schrecklich erscheinen lässt, was der Frage der Minoritäten ihre übertriebene Bedeutung gegeben, den nationalen Hass so furchtbar erweckt hat dass unser Kleinbürgertum das Problem gar nicht national, das heisst vom Standpunkt der grossen Nation aus betrachtet, sondern dass es die deutsche Nation mit Unrecht als das ansieht, was unsere nationalen Parteien freilich sind — als die Summe von ein paar Hundert Gemeindecliquen.

Aus all dem entspringt aber nun auch der *Unernst der ganzen kleinbürgerlich-nationalen Politik.* Das einzige Mittel, das den Zuzug der fremden Arbeiter verhindern könnte, die Beseitigung der Freizügigkeit, ist gänzlich unmöglich. So hat das Kleinbürgertum eigentlich kein Ziel seiner nationalen Politik und ihr einziger Inhalt wird es nun, seinem Hass, wie immer, ohne jeden weiteren Zweck Ausdruck zu geben. Dass keine Strassentafel zur nationalen Minorität in ihrer Sprache spricht, kein Richter oder Beamter mit ihr in ihrer Sprache verkehrt, wird nun zum Inhalt kleinbürgerlicher Politik Eine Fahne in der Farbe des nationalen Gegners beleidigt die „nationale Ehre“ Ein Fest tschechischer Arbeiter dünkt dem deutschen Kleinbürger ein Verbrechen, das er verhindern muss, koste es, wass es wolle. Es ist eine Politik, die überhaupt nicht mehr nach dem Zweck fragt, eine Politik, die nichts ist als der ohnmächtige Ausdruck nationalen Hasses, eine Politik, die notwendig der Tatsache entspringt, dass der Kleinbürger den tschechischen Arbeiter nicht entbehren und ihn doch auch nicht ertragen kann.

Diese Politik weckt aber nun die *Gegenbewegung* der nationalen Minorität Das Nationalgefühl jeder Minderheit in fremder Umgebung ist immer besonders stark. Hier wird es gesteigert durch den Hass, mit dem die heimische Bevölkerung dem fremden

Einwanderer begegnet. Was man ihm aus Hass verweigert, wird ihm nun besonders wertvoll. Die Sprache der Strassentafeln, die Amtssprache der Gerichte — Dinge, die so furchtbar unbetrachtlich erscheinen im Vergleich mit den grossen sozialen Problemen unserer Zeit — werden nun auch ihm eine Forderung der „nationalen Ehre“. Auch er feiert nun Feste, nicht mehr um der Freude willen, sondern um den erbitterten nationalen Gegner zu verletzen So entsteht jenes frivole Spiel, das man in Oesterreich nationale Politik nennt, das, aus dem nationalen Hass geboren, nationalen Hass immer wieder erzeugt, und das doch an den wirklichen, von der wirtschaftlichen Entwicklung unerbittlich bestimmten Machtverhaltnissen der Nationen nicht das geringste zu andern vermag Ob eine tschechische Minderheit im deutschen Sprachgebiete wachst, das hangt von der Starke und Richtung der wirtschaftlichen Entwicklung der Stadt ab, tschechische Feste und tschechische Aufschriften konnen das Wachstum der fremden Minderheit nicht beschleunigen; man kann ihr Wachstum nicht verhindern, wenn man ihr tschechische Aufschriften verbietet und tschechische Feste stort

Arg verscharft werden diese nationalen Kampfe, sobald dem tschechischen Arbeiter auch der *tschechische Kleinburger* in das deutsche Sprachgebiet folgt Die Entstehung eines tschechischen Kleinburgertums in den deutschen Stadten und Industrieorten geht auf doppelte Weise vor sich. erstens dadurch, dass ein Teil der tschechischen Arbeiter immer in das Kleinburgertum aufsteigt — der Handwerksgehilfe wird Meister; der Arbeiter, der Ersparnisse gemacht oder dem eine kleine Erbschaft zugefallen, wird Händler oder Gastwirt — dann aber durch Einwanderung von Handwerkern und kleinen Kaufleuten aus dem tschechischen Sprachgebiet Die tschechischen Kleinburger finden unter den tschechischen Arbeitern der deutschen Stadte naturlich ihre Kundschaft. Nun erst steigt die nationale Erbitterung ins Ungemessene. Bisher hatte der deutsche Kleinburger von der tschechischen Arbeitereinwanderung doch noch wirtschaftlichen Vorteil: nun raubt ihm der tschechische Konkurrent die verachtete und doch so wertvolle Kundschaft Jetzt wird die „Wahrung des deutschen Charakters der Stadt“ ein wirtschaftliches Interesse des Kleinburgers; die tschechische Firmatafel des Konkurrenten bedroht ihn mit der Gefahr, die Kundschaft des tschechischen Arbeiters zu verlieren. *Die Nationalitat wird jetzt zum Kampfmittel der Konkurrenz.* Die tschechischen Kleinburger geben die Parole „Svůj k svému“ aus und sichern sich damit die tschechische Kundschaft; „Kauft nicht bei Tschechen!“ antworten die deutschen Kaufleute und Handwerker. Jetzt wird auch die Gefahr fur die Herrschaft der Gemeindeclique gesteigert: vor den tschechischen

Arbeitern fühlte sie sich hinter dem Schutz des Wahlrechtsprivilegs sicher; der tschechische Kleinbürger aber ist Wähler. Im Kampfe der Kleinbürger beider Nationen um die Kundschaft und um die Macht in der Gemeinde wächst von Tag zu Tag der nationale Hass.

Die Einwanderung der tschechischen Kleinbürger in das deutsche Gebiet ist gleichfalls eine Wirkung der schnellen kapitalistischen Entwicklung Deutschböhmens. Die Auswanderung aus dem tschechischen Gebiet senkt dort die Gewinne des Kaufmannes und Handwerkers; die Einwanderung in den deutschen Landesteil hat dort die kleinbürgerlichen Profite vermehrt. Alle Konkurrenz wird aber von dem Gesetze der Ausgleichung der Profite beherrscht. Die Produzenten und Händler wenden sich stets in jene Gebiete, in denen die Profite höher sind, wandern stets aus jenen Gebieten aus, in denen die Profite sinken. Solange das tschechische agrarische Gebiet an das deutsche Industriegebiet Arbeiter abgibt, solange die Bevölkerung des deutschen Gebietes schneller wächst als die des tschechischen, werden auch Kleinbürger aus den tschechischen Teilen des Landes in das deutsche Sprachgebiet wandern. Wer die Einwanderung der tschechischen Kleinbürger verhindern wollte, müsste die industrielle Entwicklung Deutschböhmens hemmen. Das kann das deutsche Kleinbürgertum nicht. Darum hat die nationale Politik des deutschen Kleinbürgertums kein konkretes Ziel, dient sie keinem bestimmten Zweck, sondern ist nichts als der ohnmächtige Ausdruck des durch die Umsiedlung der Bevölkerung entfesselten nationalen Hasses.

Mit dem tschechischen Kleinbürgertum zieht auch die tschechische Intelligenz in die deutschen Industriegebiete. Auch dem Arzt, dem Advokaten winkt in den Industriestädten mit ihrer schnell wachsenden Volkszahl höheres Einkommen. Auch hier wird die Nationalität Prinzip der Konkurrenz: der tschechische Arzt und Advokat nimmt dem deutschen Kollegen die Kundschaft der tschechischen Minderheit; der Konkurrenzneid der deutschen Kollegen wird zu nationalem Hass. Hier aber wird nicht nur die Nationalität, sondern geradezu der nationale Kampf zum Konkurrenzmittel. Der tschechische Arzt und Advokat in der deutschen Industriestadt kennt kein besseres Mittel, seinen Namen der tschechischen Minderheit bekannt zu machen, unter ihr Klienten und Patienten zu werben, als indem er zum Führer dieser Minderheit wird: er vertritt in Wort und Schrift ihre nationalen Interessen; er gibt dem im Kampfe erstarkten Hasse der Minderheit rede- und wortgewandt starken Ausdruck. Er, der verhasste Konkurrent der deutschen Intelligenz, stört nun die herrschende Gemeindeclique in ihrer Ruhe, indem er vor den Behörden die Sache seiner Volksgenossen führt, er wird ihr politisch gefährlich, indem er die nationale Minderheit zur politischen Partei organisiert Ihn, den „nationalen Hetzer“, verfolgt vor allen die deutsche Intelligenz, die herrschende Gemeindeclique und das hasserfullte deutsche Kleinbürgertum mit seiner grimmigen Wut

Aber die Einwanderung der tschechischen Intelligenz nimmt bald noch eine andere Form an. Bald findet der deutsche Kleinburger den tschechischen Beamten auch in staatlichen Aemtern und Gerichten. Der verhasste nationale Gegner wird nun der Trager der Staatsgewalt, das deutsche Kleinburgertum sieht sich geradezu unter tschechischer Fremdherrschaft stehen. Auch das Eindringen des tschechischen Beamten in die Gerichte und Verwaltungsbehorden der deutschen Gebiete hat seinen letzten Grund darin, dass das deutsche Sprachgebiet vor allem der Sitz der Industrie ist. In den deutschen Gebieten nimmt die Industrie und der Handel die Nachkommen des Mittelstandes auf· die Sohne des deutschen Kleinburgertums werden vor allem Angestellte der Industrie und des Handels. In den tscheschischen Gebieten dagegen, wo die Industrie sich langsamer entwickelt, gibt es fur den jungeren Sohn des wohlhabenden Bauern und Kleinburgers, der dem Vater nicht im Berufe folgen kann, keinen anderen Weg als das Studium. Früher ist der jungere Bauernsohn vor allem Geistlicher geworden — auch heute noch ist ein nicht geringer Teil des katholischen Klerus im deutschen Sprachgebiete tschechisch Heute wendet er sich anderen Berufen zu. Wenn wir gesehen haben, dass unter den Angestellten der Industrie und des Handels die Deutschen viel starker vertreten sind als die Tschechen, so sehen wir nun, dass die akademischen Berufe von Tschechen verhaltnismassig starker besetzt sind als von Deutschen. Nach der Berufszahlung entfielen in Bohmen von 10 000 Deutschen nur 1131, dagegen von 10 000 Tschechen 1178 auf die „öffentlichen Dienste und freien Berufe“. Ueber den Besuch der Mittelschulen in Böhmen macht Rauchberg folgende Angaben. Es besuchten von je 100 000

Schuljahr	Deutschen		Tschechen	
	Gymnasien	Realschulen	Gymnasien	Realschulen
1880/81	240	84	318	90
1890/91	233	102	292	91
1900/01	230	129	236	203

Der Besuch dieser fur die freien Berufe vorbereitenden Mittelschulen ist also bei den Tschechen viel starker als bei den Deutschen. Wenn die Spannung zwischen dem Gymnasialbesuche der Deutschen und der Tschechen sich im letzten Jahrzehnt etwas verringert hat, so nur darum, weil der Realschulbesuch der Tschechen ausserordentlich schnell gewachsen ist Wenn wir bisher schon den tschechischen Richter und Beamten so haufig im deutschen Gebiete gefunden haben, so werden wir sehr bald auch den tschechischen

Ingenieur und Architekten im deutschen Industriegebiete antreffen. Ueber den Grund des starken Anteiles der Tschechen an den freien Berufen kann kein Zweifel bestehen, wenn wir hören, dass beispielsweise im Schuljahr 1900/01 von 100 000 Deutschen 21, dagegen von 100 000 Tschechen nur 10 die höheren Gewerbeschulen besuchten. Auch wenn wir die Besetzung der Gymnasien im industriellen Deutschböhmen mit der in unseren agrarischen Alpenländern vergleichen, werden wir dies bestätigt finden: die starken Besuchsziffern der tschechischen, die geringeren der deutschen Mittelschulen in Böhmen sind eine Wirkung der Tatsache, dass Deutschböhmen industriell schneller fortgeschritten ist als der tschechische Landesteil. Diese so zahlreich herangebildete tschechische Intelligenz strömt nun naturgemäss in das deutsche Industriegebiet, in dem die Volkszahl und daher auch der Bedarf an Beamten, Richtern, Advokaten, Aerzten schnell steigt. Der deutsche Kleinbürger findet darum in der Bezirkshauptmannschaft und im Bezirksgericht, in den Postämtern und den Bureaux der Eisenbahnen in wachsender Zahl tschechische Beamte. Der Tscheche, der verhasste Tscheche verkörpert ihm die staatliche Gewalt, verwaltet seine Angelegenheiten, richtet über ihn, hebt von ihm die Steuern ein. Jedes Zusammentreffen in den staatlichen Aemtern nährt von neuem den nationalen Hass.

Der industrielle Charakter des deutschen, der agrarische des tschechischen Landesteiles ist die letzte Ursache der tschechischen Einwanderung in Deutschböhmen, nicht nur der Einwanderung der tschechischen Arbeiter, sondern auch des Zuzugs der tschechischen Kleinbürger und der tschechischen Intelligenz. Diese Einwanderung erregte den Hass der deutschen Bevölkerung, vor allem des deutschen Kleinbürgertums und der deutschen Intelligenz. Dieser Hass kann sich zu einer politischen Forderung nicht verdichten, denn die tschechische Einwanderung konnte nur mit ihrer Ursache beseitigt werden und die Entfaltung der industriellen Kräfte Deutschböhmens kann seine Bevölkerung nicht hemmen wollen. So erleichtert sich der Kleinbürger sein Gemüt in zweck- und sinnlosen Demonstrationen, in fruchtlosem Geschrei. Der Hass der Mehrheit weckt den Hass der Minderheit. Die Nachrichten über die Kämpfe erhitzen auf beiden Seiten die Gemüter. Die Frage der nationalen Minderheiten wird aufgebauscht ohne jede Rücksicht auf ihre zahlenmässige Bedeutung, und da man die ziellose Politik des Hasses nicht verstandesgemäss zu begründen vermag, rechtfertigt man sie durch das inhaltslose Schlagwort des Kampfes für die „nationale Ehre“. Wer die Lösung der böhmischen Nationalitätenfrage sucht, wird an dieser Tatsache nicht vorübergehen dürfen: man hat keine Antwort auf die grosse Frage, wenn man das Problem der nationalen Minderheiten nicht zu lösen vermag. Der nationale Hass aber, der die osterreichische Bevolkerung und vor allem das osterreichische Kleinburgertum erfüllt, ist nun ursachlich begriffen er ist ein Erzeugnis jenes schmerzvollen, Gegensatze und Kampfe erzeugenden Prozesses der Umsiedlung der Bevolkerung, er ist nichts als eine der vielen Gestalten des sozialen Hasses, des Klassenhasses, den die gewaltige Umwalzung gebiert, die der moderne Kapitalismus uberall in der alten Gesellschaft hervorgebracht hat. *Nationaler Hass ist transformierter Klassenhass*

Wir haben bisher die deutschen Bezirke als die industriellen, die tschechischen als die agrarischen behandelt. Indessen entsteht auch im tschechischen Gebiet eine Industrie Aber auch hier war die Kapitalistenklasse zunachst deutsch Die historische Tatsache, dass im alten Oesterreich die herrschenden und besitzenden Klassen uberall deutsch gewesen waren, war bei dem Entstehen der Industrie in den tschechischen Landesteilen immer noch wirksam. So finden wir beispielsweise im tschechischen Gebiet in Nordostbohmen einige Hauptsitze der Textilindustrie Aber in diesen Orten, in denen die Bevolkerung durchaus oder doch uberwiegend tschechisch ist, sind die Unternehmer Deutsche oder Juden, die in die deutsche Kulturgemeinschaft Aufnahme gesucht haben, deutsch sprechen und ihre Kinder deutsch erziehen, die deutschnationalen Parteien unterstutzen, sich mit einem Stab deutscher Angestellter umgeben Wer die Zentren dieser Textilindustrie — Nachod, Koniginhof, Hoîic, Eipel, Neustadt a.d.M. u s w — besucht, wird uberall inmitten einer tschechischen Arbeiterschaft und eines tschechischen Kleinburgertums eine deutsche Kolonie finden, die fast ausschliesslich aus den Kapitalisten und ihren Angestellten besteht und uberall mit judischen Elementen stark durchsetzt ist.

Die kapitalistische Kolonie kann sich in die *kleinburgerliche* Welt niemals organisch einfugen Sie bringt andere Lebenshaltung, andere Lebensweise, andere Ansichten in die kleinburgerliche Stadt. Vor allem aber wertet sie die Menschen anders was in der Kleinstadt bisher Ansehen hatte, verliert ihr gegenuber alles Gewicht Was ist der Kaufmann gegen den Fabrikanten? Der Lehrer gegenuber dem Fabriksdirektor? Ja, selbst den Herrn Pfarrer grussen die fremden Eindringlinge nicht und den ehrsamen Spiessburgern, die das Vorrecht geniessen, am Stammtisch der „Honoratioren" sitzen zu durfen, zollen sie nicht die herkommliche Achtung. Der Spiessburger, gegen alles Fremde argwohnisch, sieht seine Sitten missachtet, seine gesellschaftliche Wurde gering geschatzt. Und auch hier wird die fremde Kolonie der Clique, die die Gemeinde beherrscht, gefahrlich. So wenig zahlreich die deutsche Kolonie sein mag, das Wahlrechtsprivileg gibt ihr sehr schnell politische Macht. Den ersten Wahlkorper beherrschen die deutschen Fabrikanten dank ihrer grossen Steuerleistung sehr bald allein, den zweiten

Wahlkörper machen ihre Angestellten den erbgesessenen Kleinbürgern streitig. Dank der plutokratischen Verfassung unserer Gemeinde sind die kapitalistischen deutschen Minderheiten den Gemeindecliquen viel gefährlicher als die tschechischen Arbeiterkolonien den deutschen Gemeinden. So sieht der tschechische Kleinbürger durch die deutsche Minderheit alle seine überlieferten Anschauungen, seine Sitte und Lebensart missachtet, sein soziales Ansehen bedroht, seine Macht in der Gemeinde vernichtet.

Den Neid des Kleinbürgers gegen die höhere Lebenshaltung des Kapitalisten, das Unverständnis des Spiessbürgers gegenüber der freieren Lebensführung der modernen Bourgeoisie mildert meist auch kein wirtschaftliches Interesse an der deutschen Kolonie. Die deutschen Herren und Damen sind nicht die Kundschaft des tschechischen Schneiders und Schuhmachers in der kleinen Landstadt, sondern sie decken ihren Bedarf in der Grossstadt. Sie suchen ihr Vergnügen nicht in den spiessbürgerlichen Wirtsstuben, wo die Philister am Biertisch die Fragen der grossen Welt besprechen, wie sie sich in ihren engen Köpfen malt, sondern sie schaffen sich eigene Zentren für ihre anders geartete Geselligkeit. Ein grosser Teil der Fabrikanten verbringt den grössten Teil des Jahres nicht in der tschechischen Industriestadt, sondern etwa in Wien. Der Mehrwert, den die Arbeit der tschechischen Arbeiter in jener Kleinstadt erzeugt, wird also gar nicht gegen die Waren der Kleinbürger des Ortes, sondern gegen die Waren der vornehmen kapitalistischen Unternehmungen der Grossstadt umgesetzt.

Aber nicht nur der Kleinbürger ist dem deutschen Kapitalisten und deutschen Angestellten feind. Auch die immer noch masslos ausgebeuteten, verelendeten Hausweber kennen den Deutschen nur als Kapitalisten. Auch den Arbeitern der Spinnereien, der mechanischen Webereien, der Baumwolldruckereien tritt der Kapitalist und der Antreiber als Deutscher gegenüber. Der ganze Hass der Arbeiter gegen den Kapitalisten erscheint hier notwendig als nationaler Hass.

Ganz seltsam verknüpft sich der Hass gegen den Deutschen mit dem Hass gegen die Juden. Die deutschen Minderheiten in den tschechischen Industriegebieten bestehen überall zu einem beträchtlichen Teil aus Juden. Wenn einerseits der alte Hass gegen die Juden stets dadurch lebendig erhalten wird, dass der Jude im Gewande des nationalen Gegners, als Deutscher erscheint, so wird andererseits der Judenhass auch auf die Deutschen überhaupt übertragen, zu denen der Jude dort gehört.

Kein zielbewusster Klassenkampf vermag den Hass des tschechischen Kleinbürgers gegen die deutschen Kolonien in seiner Mitte auszudrücken. Der Kleinbürger kann ja gar keinen ernsthaften Kampf mit bestimmtem Ziel gegen die deutschen Kapitalisten führen; denn das einzige Mittel, das ihn von dem deutschen Fremdling befreien würde, die Vernichtung der Industrie im tschechischen Sprachgebiet, kann er nicht wollen. So bleibt auch ihm kein anderes Mittel, die Spannung der Leidenschaften zur Entladung zu bringen, als die Politik sinnloser Wut, die Politik zweckloser Demonstrationen, kleinlicher Gewalttätigkeit, zielloser Schikanen. So beginnt auch er — ganz wie der deutsche Kleinbürger — den Kampf gegen deutsche Aufschriften, gegen den Gebrauch deutscher Sprache, gegen deutsche Feste. Auch hier wird der Minderheit das an sich Wertlose ein hohes Gut, sobald man es ihr zu nehmen sucht. Der deutsche Student in Prag hält müssiges Spazierengehen, den „Bummel" in der tschechischen Stadt schon für eine nationale Tat. Dieselbe nationale Spannung, die in Deutschböhmen die Zuwanderung tschechischer Arbeiter und Kleinbürger erzeugt, wird hier durch die Ansiedlung deutscher Kapitalisten und ihrer Angestellten geschaffen.

Während aber noch kleinbürgerlicher Hass den lärmenden, zwecklosen Kampf auf dem Markte führt, arbeitet in aller Stille der Kapitalismus weiter an seinem Werke der sozialen Differenzierung. Sein nächster Erfolg ist die Schaffung eines tschechischen Kapitals, einer tschechischen Bourgeoisie.

Die Entstehung einer tschechischen Bourgeoisie hängt zunächst mit der raschen Industrialisierung einiger tschechischer Gebiete zusammen. Vor allem ist es das Industriegebiet von Prag und Umgebung, das sich in den letzten Jahren ganz ausserordentlich schnell entwickelt hat.

Den industriellen Charakter Prags und der mit ihm eng verbundenen Vorstädte belegt Rauchberg durch folgende Zahlen. Im Jahre 1900 gehörten dort von je 1000 ortsanwesenden Personen zur

Land- und Forstwirtschaft	124
Industrie	475
Handel und Verkehr	210
Oeffentlichem Dienst und freien Berufen	191

In der Industrie waren von je 1000 berufstätigen Personen:

Selbständige	158
Angestellte	41
Arbeiter .	767
Taglöhner .	22
Mithelfende Familienmitglieder	12

Die Zahl der Angestellten ist auffallend gross, die Zahl der mithelfenden Familienmitglieder auffallend klein. Beides deutet auf den kapitalistischen Charakter der Prager Industrie. Die verhältnismässig grosse Zahl der Selbständigen dürfte teils dadurch zu erklären sein, dass viele Unternehmer, die ausserhalb Prags ihren

Betrieb haben, in Prag leben, teils ist sie darauf zurückzuführen, dass in Prag wie in jeder Grossstadt eine beträchtliche Zahl kapitalshöriger Handwerker lebt, die wirtschaftlich kaum anderes als Heimarbeiter sind, von der Statistik aber als Selbständige gezählt werden.

Die Bevölkerung Prags und seiner Vororte vermehrt sich nun ausserordentlich schnell. Sie betrug:

1880	276.260
1890	343.383
1900	437.053

Der Zuwachs beträgt 1881 bis 1890 24·29 Prozent, 1891 bis 1900 27·27 Prozent. Dieses Wachstum kommt wesentlich der Industrie zugute. Der Anteil der industriellen Bevölkerung an der gesamten ortsanwesenden Bevölkerung stieg 1890 bis 1900 um:

	Prozent
Deutsche Bezirke	148·3
Bezirke mit deutscher Mehrheit	210·2
Bezirke mit tschechischer Mehrheit	6·9
Prag und Umgebung	288·4
Andere tschechische Bezirke	76·4

In keinem Sprachgebiet ist die Verschiebung der Bevölkerung in die Industrie so schnell vor sich gegangen wie im Prager Industriebezirk.

Nun waren zunächst auch im Prager Industriegebiet die Kapitalisten gewiss in der Regel Deutsche. Aber die schnelle industrielle Entwicklung erzeugt hier eine nationale Bourgeoisie. Die schnelle Steigerung der Grundrente infolge des Wachstums der Bevölkerung verwandelt manchen Prager Hausbesitzer in einen Kapitalisten. Die schnelle Entfaltung der industriellen Kräfte gibt manchem Kleinbürger Gelegenheit zu Extraprofiten und in der Hand des sparsamen Kleinbürgers wird der gewonnene Mehrwert zu Kapital. Selbst mancher kleine Gewerbsmann verwandelt sich in Zeiten schneller Industrialisierung in einen kleinen Kapitalisten.

Aber nicht nur auf dem Wege der Akkumulation, sondern auch auf dem Wege der Zentralisation entsteht tschechisches Kapital. Sparkassen und Genossenschaften sammeln die unzähligen kleinen Kapitalssplitter im Lande. Und indem sie nun ihre Kräfte vereinen, können grössere tschechische kapitalistische Unternehmungen geschaffen werden, tschechische Aktiengesellschaften, eine grosse tschechische Bank, eine Versicherungsgesellschaft, Brauhäuser u. s. w.

Endlich entsteht die tschechische Bourgeoisie auch dadurch, dass Kapitalisten fremder Nationalität sich ihrer tschechischen Umgebung anpassen, im tschechischen Volke aufgehen. Besonders häufig trifft dies für die jüdischen Kapitalisten zu, deren Nachkommen sehr häufig die tschechische Schule und tschechische Umgebung der tschechischen Kulturgemeinschaft gewinnt. Haben sich doch bei der letzten Volkszählung bereits 55.2 Prozent der böhmischen Juden zur tschechischen Umgangssprache bekannt.

Die Entwicklung einer tschechischen Bourgeoisie hat an den nationalen Gegensätzen zunächst nichts geändert, sondern das junge tschechische Grossbürgertum hat den nationalen Streit nur seinen Interessen dienstbar gemacht. Es ahmt auf höherer Stufe das Beispiel des tschechischen Kleinbürgers nach und macht seine Nationalität zu einem Kampfmittel der Konkurrenz, freilich der Konkurrenz jetzt nicht mehr auf einem engbegrenzten örtlichen Markt, sondern im ganzen Siedlungsgebiet des tschechischen Volkes. Nun wird es nationale Pflicht, tschechische Zündhölzer und tschechische Seifen zu kaufen, seine verfügbaren Kapitalien einer tschechischen Bank zur Verfügung zu stellen, sein Haus bei einer tschechischen Gesellschaft gegen Feuersgefahr zu versichern.

Aber nicht nur als Verkäuferin ihrer Waren, auch als Käuferin der Arbeitskraft nützt die tschechische Bourgeoisie die nationale Spannung. Indem sie sich an die Spitze der Nation stellt und wirkliche oder angebliche nationale Interessen vertritt, will sie die Klassengegensätze verhüllen, sich die Gefolgschaft der tschechischen Arbeiter erhalten, den gemeinsamen Kampf der tschechischen und deutschen Arbeiter gegen die deutsche und tschechische Bourgeoisie verhindern oder doch wenigstens die Armee der Arbeiterklasse durch die nationale Spaltung schwächen. So wird jener nationale Hass, den die Umwälzung aller überlieferten Verhältnisse durch den Kapitalismus, die Umsiedlung und Umschichtung der Bevölkerung erzeugt und in den Köpfen des Kleinbürgertums beider Nationen verdichtet hat, für die junge tschechische Bourgeoisie ein Werkzeug ihrer Interessen, ein Mittel, ihr den Absatz ihrer Waren und die Botmässigkeit ihrer Arbeiter zu sichern. *Ist das Kleinbürgertum der Träger, so ist die Bourgeoisie die Nutzniesserin des nationalen Hasses.*

Werfen wir einen Blick zurück auf das letzte Jahrhundert der Geschichte des tschechischen Volkes, so sehen wir *zwei* grosse Ereignisse. Im Zeitalter des Ueberganges von der Manufaktur und ländlichen Hausindustrie zur Fabrik das *Erwachen der Nation* aus dem Elend geschichtslosen Daseins, das die überlieferte rechtliche Ordnung der nationalen Verhältnisse unerträglich macht und schliesslich zur nationalen Revolution führt; in der Zeit des Eindringens des modernen Kapitalismus, der schnellen Industrialisierung erst des deutschen, dann auch des tschechischen Landesteiles, das Erwachen und die fortwährende Steigerung des *nationalen Hasses*, der zur Triebkraft der nationalen Kämpfe wird. Die Entstehung des Fabrikssystems und die Ueberführung der Bevölkerung aus der Landwirtschaft in die Industrie sind aber Erscheinungsformen eines und desselben grossen Prozesses, einer grossen Veränderung im Aufbau der gesellschaftlichen Arbeit: ein immer grösserer Teil der gesellschaftlichen Arbeit wird auf die Erzeugung der Produktionsmittel, ein immer geringerer unmittelbar auf die Herstellung der Verbrauchsgüter verwendet. Wenn an die Stelle der Manufaktur die Fabrik tritt, so verschiebt sich ein Teil der gesellschaftlichen Arbeit von der Konsumgüterproduktion in die Produktion der Maschinen. Wenn die Entwicklung der modernen Verkehrsmittel, der Eisenbahnen und der Dampfschiffahrt, die fruchtbaren Ländereien ferner Erdteile der Getreideversorgung Europas dienstbar macht; wenn die Vernichtung der alten Hausindustrie durch die modernen Fabriken, die Einführung der Maschinen in die Landwirtschaft die Bevölkerung aus der Landwirtschaft in die Industrie jagt, so bedeutet dies, dass ein grosser Teil der gesellschaftlichen Arbeit der Erzeugung der Dampfmaschinen, der Spinnmaschinen, der Webstühle, Lokomotiven und Eisenbahnschienen, der Dampfschiffe und Hafenanlagen, der Kohle und des Eisens dient, die Gesellschaft aber weniger Arbeit unmittelbar an den Bau von Weizen und Korn, an die Herstellung unserer Kleidung verwendet. Diese Veränderung in der Verteilung der Arbeitenden, im Aufbau der gesellschaftlichen Arbeit, ist das grosse Gesetz der Entwicklung unserer Produktivkräfte. Oekonomisch tritt diese Veränderung der Produktivkräfte in Erscheinung in der Veränderung der Zusammensetzung des Kapitals: ein geringerer Teil des gesellschaftlichen Gesamtkapitals verharrt in der Gestalt variablen Kapitals, ein grösserer Teil nimmt die Form des konstanten Kapitals an. Fortschritt zu höherer organischer Zusammensetzung bedeutet der Uebergang von der Manufaktur zur Fabrik, der die Nation aus dem Schlafe der Geschichtslosigkeit geweckt hat; Fortschritt zu höherer organischer Zusammensetzung des Kapitals bedeutet die Ueberführung der Arbeitskräfte aus der Landwirtschaft in die Industrie, die durch so vielfache Zwischenglieder den nationalen Hass, die treibende Kraft der nationalen Kämpfe zeugt. Wer es liebt, die ursächliche Erklärung komplizierter sozialer Erscheinungen in eine kurze Formel zu pressen, mag den Satz getrost wagen: Die Veränderung der Machtverhältnisse der Nationen in Oesterreich, die nationalen Kämpfe, sind eine der vielen gewaltigen Wirkungen des Fortschritts zu höherer organischer Zusammensetzung des Kapitals. Und wenn wir uns der anderen Wirkungen der gewaltigen kapitalistischen Umwälzung erinnern, die das ganze Bild des europäischen Kulturkreises verändert, mächtige Staaten von stolzem Dasein abwarts gefuhrt und andere aus unscheinbaren Anfangen emporgehoben, die das Wesen der Menschen selbst, den Umfang und Inhalt unserer ganzen Kultur vollig verandert hat, so werden wir wohl sagen durfen, dass die nationale Entwicklung in Oesterreich bei weitem nicht die bedeutendste, die folgenschwerste Wirkung jener volligen Umwalzung menschlicher Produktivkrafte ist. In geschichtlicher Distanz gesehen, ist der osterreichische Nationalitatenkampf nichts als eine der minder betrachtlichen, minder bedeutsamen Begleiterscheinungen eines gewaltigen weltgeschichtlichen Umwalzungsprozesses, der ein neues Zeitalter in der Geschichte der Menschheit einleiten wird

§ 19

Der Staat und die nationalen Kämpfe.

Im Jahre 1848 sahen sich die osterreichischen Nationen zum erstenmal vor die Aufgabe gestellt, ihre nationalen Forderungen zu einem politischen Programm zu verdichten Aber in den ersten Monaten der Revolution war die nationale Frage in Oesterreich wesentlich anders gestellt als heute

Oesterreich umfasste damals vier grosse historische Nationen: die Deutschen, die Italiener, die Polen und die Magyaren Das staatsrechtliche Programm dieser Nationen war die Verwirklichung ihres Nationalstaates. Die Deutschen Oesterreichs kampften gemeinsam mit ihren Volksgenossen in den anderen Staaten des Deutschen Bundes fur den deutschen Einheitsstaat. Ebenso kampften Italiener, Polen und Magyaren fur ihren Nationalstaat. Diese Politik erweckte aber notwendig den Widerstand der bisher geschichtslosen Nationen, die nicht hoffen konnten, sich auch ihrerseits einen freien und selbstandigen Nationalstaat zu erkampfen Sie furchteten, unter die Fremdherrschaft der grossen historischen Nationen zu fallen In den Erblandern wird zunachst nicht die Frage aufgeworfen, wie Deutsche, Tschechen und Slovenen ihr Verhaltnis zueinander im Staate regeln sollen, sondern der Streit geht darum, ob Tschechen und Slovenen unter die Herrschaft eines grossen deutschen Nationalstaates fallen sollen. Ebenso furchten die Ruthenen die polnische, Kroaten und Serben, Slovaken und Rumanen die magyarische Fremdherrschaft Wahrend die Deutschen Oesterreich in einem grossen deutschen Reich aufgehen lassen, die anderen historischen Nationen das alte Oesterreich zerreissen wollen, setzen die eben erst zu historischem Dasein erwachten geschichtslosen Nationen ihre Hoffnung auf Oesterreichs Bestand. Oesterreich soll sie vor nationaler Fremdherrschaft retten Sie wollen Oesterreich nicht zerreissen, sondern innerhalb des Staates darum kampfen, dass ihrer

Nation ihr Recht werde. Daraus aber ergibt sich eine zwiespältige Stellung den historischen Nationen gegenüber. Einerseits sind ja auch die geschichtslosen Nationen revolutionär, auch sie kämpfen für Verfassung und Freiheitsrechte, für die Bauernbefreiung; die Revolution von 1848 ist auch ihre Revolution, die Unfähigkeit des Absolutismus, die Bedürfnisse dieser zu neuem Leben erwachten Nationen zu erfüllen, gerade eine der Ursachen der grossen Umwälzung. Andererseits aber wollen sie nicht, wie das revolutionäre Bürgertum und der revolutionäre Adel der alten historischen Nationen, Oesterreich zerstören und fürchten die Fremdherrschaft dieser Nationen in den neuen Nationalstaaten, die die Revolutionäre auf dem Boden des erschütterten alten Staates errichten wollen. Führt sie ihre revolutionäre Gesinnung an die Seite des revolutionären Bürgertums in Deutschland und Italien, des revolutionären Adels in Polen und Ungarn, so führt die Sorge für den Bestand und die Freiheit ihrer Nation sie auf die Seite der Reaktion. Vergebens suchen auch innerhalb der kleinen slavischen Nationen revolutionäre Parteien zu verhindern, dass die Kraft der Nation in die Dienste der Gegenrevolution gestellt werde: je dringender die nationale Gefahr erscheint, desto mehr verblasst das Gefühl der Solidarität mit der Revolution der historischen Nationen, desto mehr nähern sich die geschichtslosen Nationen (und mit ihnen auch die Kroaten) der Reaktion. Den Kämpfern der Revolution aber musste dies als Verrat an der Sache der Freiheit erscheinen. In jenen Monaten hasste die Demokratie ganz Europas die kleinen slavischen Nationen, die durch ihr Bündnis mit der Reaktion nicht am wenigsten zur Niederlage der Demokratie beigetragen haben.

In jener Zeit schrieb auch Friedrich Engels seine Artikel über die österreichische Nationalitätenfrage in der „Neuen Rheinischen Zeitung". Man kann diese Artikel nicht etwa als blosse journalistische Arbeiten ohne bleibenden Wert abtun. Denn auch sie verraten den genialen historischen Blick ihres Verfassers. Die Geschichte der Entstehung Oesterreichs, die geschichtlichen Grundlagen der Machtverhältnisse der Nationen hat er, wenn auch nicht in allen Einzelheiten richtig, so doch klarer als irgend ein anderer Schriftsteller jener Zeit gesehen; er hat auch den Begriff der geschichtslosen Nationen geprägt, den wir jenen Artikeln entnommen haben. Aber darum dürfen wir doch nicht vergessen, dass jene Artikel in den Stürmen der Revolution geboren wurden, dass sie entstanden sind in einer Augenblickssituation, die die geschichtslosen Nationen in das Lager der Reaktion trieb, geschrieben in der Erwartung, dass in wenigen Wochen ein deutsch-russischer Krieg ausbrechen und den Sieg der Demokratie über den Absolutismus, aber auch die Unterwerfung der geschichtslosen Nationen unter die Nationalstaaten der alten historischen Nationen entscheiden werde.

Daraus erklärt sich mancher Irrtum Engels', erklärt sich vor allem der grundlegende Irrtum jener Artikel, die Meinung, dass die Nationen, die keine Geschichte haben, auch keine Zukunft erhoffen dürfen. Diese Ansicht ist heute endgültig widerlegt. Wen die Geschichte der österreichischen Nationen noch nicht überzeugt hat, den musste die Geschichte der russischen Revolution überzeugen, die geschichtslose Nationen, wie Letten, Esthen, Kleinrussen in das erste Treffen des revolutionären Kampfes geführt hat. Und heute können wir auch, gerade auf Grund der Methode historischer Forschung, die Karl Marx und Friedrich Engels uns gelehrt haben, das Erwachen der geschichtslosen Nationen zu historischem Leben unter der Einwirkung des Kapitalismus, der Revolution, der Demokratie ursächlich verstehen.

Erst als die Hoffnung geschwunden war, dass es den alten historischen Nationen gelingen werde, auf den Trümmern des alten Oesterreich ihre Nationalstaaten zu errichten, wurde jene österreichische Nationalitätenfrage aufgerollt, um deren Beantwortung sich die Nationen auch heute noch mühen. Nun handelt es sich nicht mehr um die Frage des Bestandes Oesterreichs oder seiner Zugehörigkeit zum Deutschen Reiche, nun handelt es sich nur noch um die Frage, wie die Nationen innerhalb Oesterreichs ihr Zusammenleben regeln wollen. Im Kremsierer Verfassungsausschuss suchen die österreichischen Nationen zum erstenmal nach einer zweckmässigen Form ihres Zusammenlebens. Und hier vertauschen die Nationen sofort ihre Rollen. Nun werden die Vertreter der geschichtslosen Nationen revolutionär, die historischen Nationen konservativ. Die geschichtslosen Nationen wollen alle Reste des alten Oesterreich vernichten, die alten Kronländer beseitigen, ihre Wortführer, der Slovene Kautschitsch, der Tscheche Palacký, schlagen die Teilung Oesterreichs in eine Reihe möglichst national einheitlicher Gebiete vor. So fordert Palacký, dessen Vorschlag die ganze Monarchie umfasst, die Einteilung Oesterreichs in folgende Gebiete: 1. Deutschösterreich, 2. Tschechisch-Oesterreich, 3. Polnisch-Oesterreich (zu dem auch die Ruthenen, die man noch nicht als eine Nation gelten liess, gehören sollten); 4. Illyrisch-Oesterreich; 5. Italienisch-Oesterreich; 6. Südslavisch-Oesterreich; 7. Magyarisch-Oesterreich, 8. die walachischen Provinzen, innerhalb der Grenzen ihrer Siedlungen sollte jede Nation frei und selbständig ihre Angelegenheiten regeln. Die Deutschen dagegen fühlten sich noch als Nutzniesser der historischen Gebietseinteilung des alten Oesterreich, in dem sie ja die herrschende Nation gewesen waren, und verteidigten die überlieferte Kronländerverfassung. Der Verfassungsausschuss suchte zwischen beiden Ansichten zu vermitteln. Er liess die Kronländer wohl bestehen. Aber die grösseren Kronländer sollten durch Reichsgesetz in eine Anzahl von Kreisen geteilt werden. Die Abgrenzung dieser Kreise sollte „mit möglichster Rücksicht auf die Nationalität“ erfolgen. Diese Kreise sollten durch einen gewählten Kreistag verwaltet werden. Der Wirkungskreis des Kreistages war nicht klein. Er sollte die Gemeindeordnung beschliessen und die Gemeinden überwachen; ihm sollte die Sorge für Strassen und Verkehrsmittel innerhalb des Kreises obliegen. Auch das Armenwesen, die Fürsorge für Kranken- und Humanitätsanstalten und fromme Stiftungen, endlich für Anstalten zur Hebung des Ackerbaues sollte ihm überlassen werden. Vor allem aber wurden den Kreistagen die nationalen Kulturaufgaben zugewiesen. Nach § 126 des Kremsierer Verfassungsentwurfes obliegt nämlich dem Kreistage „das Volksunterrichts- und Erziehungswesen mit dem Rechte der Bestimmung der Unterrichtssprache und der Gegenstände, jedoch mit gleich gerechter Beachtung der Sprachen des Kreises“. So hätte doch jede Nation, wenigstens innerhalb ihres geschlossenen Siedlungsgebietes, durch den Kreistag ihr nationales Erziehungswesen selbständig verwaltet. Kein Zweifel, auch diese Verfassung hätte Oesterreich den nationalen Streit nicht völlig erspart. Aber sie hätte jeder Nation die Möglichkeit gegeben, sich aus eigener Kraft in ihrem Sprachgebiet ihr nationales Schulwesen auszubauen und hätte es den Nationen erspart, um jede Schule im Reichsrat oder Landtag zu kämpfen, jede Schule dem Staat oder den Vertretern der anderen Nationen abkaufen oder abtrotzen zu müssen; eine ganze Reihe wichtiger Fragen, die immer wieder die Leidenschaften des nationalen Kampfes entfesseln, wäre so aus dem Streit ausgeschaltet gewesen. Als aber am 4. März 1849 sich die Abgeordneten in Kremsier versammeln wollten, um über diesen Verfassungsentwurf zu beschliessen, fanden sie den Versammlungssaal militärisch besetzt; die Reaktion hatte dem ersten und besten Versuch der österreichischen Nationen, das Gesetz ihres Zusammenlebens zu finden, mit einem töpelhaften Gewaltstreich ein Ende bereitet. Erst als nach der Niederlage auf den italienischen Schlachtfeldern die neue Verfassungsära begann, sahen sich die österreichischen Nationen neuerlich vor dasselbe Problem gestellt.

Nach Rudolf Springer[1]) kann der Nationalitätenstaat das Zusammenleben der Staatsbürger verschiedener Nationalität in doppelter Weise regeln. Er kann zunächst die Nation als Gesamtheit auffassen, sie zu einer rechtlichen Einheit machen; der Verband der Nationen bildet dann den Staat. Springer nennt dies die *organische Regelung* des Verhältnisses der Nationen zum Staat. Diese organische Regelung kann wieder in doppelter Weise unternommen werden. Entweder nach dem *Territorialprinzip*: die Gebiete, die von den einzelnen Nationen bewohnt

[1]) Rudolf Springer, Der Kampf der österreichischen Nationen um den Staat. Wien 1902. Seite 10 ff.

werden, werden gegeneinander abgegrenzt; innerhalb ihres Gebietes verwaltet jede Nation ihre nationalen Angelegenheiten selbst. Der Staat regelt und verwaltet nur die den Nationen gemeinsamen Angelegenheiten. Hier ist die Nation Gebietskörperschaft. Oder aber der Staat fasst die Nation als Personengemeinschaft auf, ohne ihr die ausschliessliche Herrschaft in einem bestimmten Gebiete zuzusichern, legt also statt des Territorialprinzipes das Personalitätsprinzip zugrunde. Alle Deutschen in Oesterreich, in welchem Teile des Reiches sie immer wohnen mögen, bilden eine rechtliche Gesamtheit, eine Genossenschaft. Sie verwalten ihre nationalen Kulturaufgaben — etwa durch einen gewählten Nationalrat —; der Nationalrat hat die Pflicht, für die Angehörigen dieser Genossenschaft, wo immer sie wohnen, deutsche Schulen zu errichten, er hat das Recht, von ihnen für die Zwecke der Nation Steuern einzuheben.

Dieser organischen Auffassung steht nun eine andere gegenüber, die Springer als die zentralistisch-atomistische bezeichnet. Hier erscheint die Nation überhaupt nicht in der Rechtsordnung; die Rechtsordnung kennt nur den Staat auf der einen, das Individuum, den einzelnen Staatsbürger auf der anderen Seite. Dies ist die Rechtsordnung auch in Oesterreich: die Nationen sind bei uns keine juristischen Personen, weder Personenverbände noch Gebietskörperschaften. Wenn jemand die tschechische Nation zu seinem Erben einsetzt, so wird das Testament hinfällig: das Recht kennt keine Person, die die Erbschaft antreten könnte. Wenn jemand die polnische Nation beleidigt, so kann die Nation darüber keine Klage erheben: es gibt niemanden, der zur Klage berechtigt wäre. Die Nation kann ihre Nationsgenossen nicht besteuern, sie kann keine Schule, kein Theater errichten, sondern alles das kann entweder nur der Staat oder aber der einzelne Staatsbürger oder eine freiwillige Vereinigung, ein Verein von Staatsbürgern. Die Nation hat keinen rechtlichen Einfluss auf den Staat, sie kann ihn zu nichts bestimmen und von ihm nichts verlangen; alles das kann nur das Individuum, der einzelne, dem die Gesetze als Wähler, als Beschwerdeführer vor den Verwaltungsbehörden, als Kläger vor den Gerichten rechtliche Macht dem Staate gegenüber einräumen. Es bleibt den Individuen überlassen, ob sie sich freiwillig ihrer Nationalität nach zu einer politischen Partei zusammenschliessen und als solche den Willen des Staates bestimmen, die Erfüllung der kulturellen Bedürfnisse der Nation durchsetzen wollen.

Die Gegensätze der österreichischen Nationen sind keine Folge schlechter Gesetze, kein Erzeugnis einer schlechten Verfassung. Sie haben ihren letzten Grund in den grossen wirtschaftlichen und sozialen Veränderungen, die die geschichtslosen Nationen auf die Bühne der Geschichte geführt, die nationalen Wanderungen verursacht, den nationalen Hass entflammt haben. Aber die Form, in der diese Gegensätze politisch wirksam geworden sind, die besondere Gestalt des politischen Kampfes, in dem sich die Entwicklung der Nationen ausdrückt, ist allerdings durch die Rechtsform bedingt, unter deren Herrschaft die Nationen einander gegenübertreten.

Der mittelalterliche Staat kannte eine ganze Reihe verschiedener Personenverbände. Teils trugen sie herrschaftlichen Charakter, wie die Grundherrschaft, der lehensrechtliche und der dienstrechtliche Verband; teils den Charakter der Genossenschaft, wie die Markgenossenschaft und die Zunft; teils verbanden sie herrschaftliche und genossenschaftliche Elemente, indem die unter derselben herrschaftlichen Gewalt Stehenden zu einer Genossenschaft verbunden waren, wie dies bei der Hofgenossenschaft der hörigen Bauern derselben Grundherrschaft der Fall war. Alle diese Personenverbände schufen sich frei ihr eigenes Recht. In der Genossenschaft schafft der Wille der Genossen durch Gewohnheit oder Satzung das Recht; in den herrschaftlichen Verbänden hat der Wille des Herrn rechtsbildende Kraft; wo Herrschaft und Genossenschaft sich vermischen, hat sowohl der Herr als auch die Genossenschaft der Abhängigen an der Rechtsbildung teil. Diese Macht der herrschaftlichen und genossenschaftlichen Verbände beruht nun nicht etwa auf Verleihung seitens des Staates: im modernen Staat freilich gibt es nur *eine* freie und selbständige Gewalt, den souveränen Staat; und wo immer es im Staat rechtliche Macht gibt, ist sie vom Staat abgeleitet, gilt sie als vom Staat verliehen und kann durch staatliche Satzung abgeändert oder widerrufen werden. Der mittelalterliche Staat dagegen kennt den Begriff der Souveränität nicht. Wie in der Karolingischen Zeit noch die alten, aus dem Gewohnheitsrechte der Volksgerichte entstandenen Volksrechte ganz unvermittelt neben der königlichen Satzung, Volksgerichte neben dem königlichen Gericht standen, beide gleich selbständig, gleich unabhängig voneinander, so ist auch das Recht der herrschaftlichen und genossenschaftlichen Verbände innerhalb des mittelalterlichen Feudalstaates vom Staat nicht abgeleitet, unterliegt nicht der Einwirkung des Staates und kann von ihm nicht widerrufen werden. Erst die gesteigerte tatsächliche Macht, die die Warenproduktion, die mit Geld besoldeten Heere und die mit Geld besoldete Bureaukratie dem modernen Staat verliehen, hat ihn auch befähigt, seine rechtliche Macht zu steigern: Die Berufung auf das römische Recht hätte dem Staat wenig gefruchtet, die neue Staatstheorie der Philosophen, die den Begriff der Souveränität entwickelt haben (Bodin! Hobbes!), wäre nie entstanden, hätte die Entwicklung der Warenproduktion, der Geldwirtschaft dem Staat nicht die tatsächliche Macht gegeben, sich von den alten herrschaftlichen und genossenschaftlichen Verbänden zunächst unabhängig zu machen und sie dann entweder zu beseitigen oder doch seinen Satzungen zu unterwerfen Noch einmal sammeln sich alle autonomen, staatsfreien Mächte in den Standen im standischen Doppelstaat steht dem Staat noch immer eine Macht gegenuber, die ihr Recht nicht von ihm ableitet, sondern von Macht zu Macht mit ihm verhandelt Aber der Staat wirft die Stande entweder nieder oder macht sie zu seinem Organ.[1]) Nun erst wird der Staat souveran: die Personenverbande verschwinden teilweise ganz; zum Teile lasst der Staat sie bestehen — Gutsherrschaft! Zunfte! — aber sie sind von ihm abhangig, seinen Gesetzen unterworfen Mehr und mehr schrankt schon der absolutistische Staat die alten Personenverbande ein; so strebt schon er einem Zustande entgegen, in welchem der einen zentralisierten Staatsgewalt nur noch die Masse der nicht organisierten Individuen gegenubersteht, einem Zustande, „in welchem es ausser dem Staat nur Individuen gibt, in welchem daher zwischen der höchsten Allgemeinheit des allsorgenden Staates und der das Volk bildenden Summe einzelner Individuen keine Mittelglieder irgendwelcher Art stehen, solche Verbindungen vielmehr entweder nur als lokale Erscheinungsformen des Staates oder selbst als Individuen gelten“ [2])

So haben wir auf der einen Seite die zentralisierte Staatsgewalt, auf der anderen Seite die in ihre kleinsten Teile, ihre Atome, in die einzelnen Individuen zerlegte Gesellschaft die zentralistisch-atomistische Staatsauffassung ist schon die Staatsidee des Absolutismus

Diese Staatsidee hat der Liberalismus geerbt und zu Ende gedacht Schon die revolutionar-burgerlichen Staatstheoretiker des 18 Jahrhunderts bekannten sich zur zentralistisch-atomistischen Staatsauffassung; in dieser Hinsicht besteht kein wesentlicher Unterschied zwischen Rousseau und Hobbes. Nach seinem Siege hat der Liberalismus durch die Beseitigung der Zunfte in der Stadt, durch die Auflosung des gutsherrlich-bauerlichen Verhaltnisses auf dem Lande die letzten Reste der alten autonomen Personenverbande hinweggeraumt Damit ist das Werk, das der Absolutismus begonnen hatte, erst vollendet

Die Kraft, die die zentralistisch-absolutistische Staatsidee erzeugt und ihren Sieg entschieden hatte, war die Entwicklung der kapitalistischen Warenproduktion

Die kapitalistische Warenproduktion braucht weder den genossenschaftlichen noch den herrschaftlichen Verband. Der gesellschaftliche Charakter der Produktion erfordert keine Genossenschaft der Produzenten mehr, sobald der kapitalistische Grossbetrieb die

[1]) Vergleiche Jellinek, a a O, Seite 311 ff

[2]) Gierke, Das deutsche Genossenschaftsrecht. Berlin 1868 I Seite 645.

vereinzelten Arbeitenden als seine Arbeiter zu gesellschaftlicher Arbeit vereinigt. Die persönliche Unfreiheit der Arbeitenden war unnötig geworden, seit das kapitalistische Eigentum dem Eigentümer die Macht gibt, den rechtlich freien Arbeiter auszubeuten. Genossenschaftliche und herrschaftliche Verbände waren so nicht mehr notwendig, sie konnten fallen. Und sie mussten fallen, weil sie der Entwicklung des Kapitalismus hinderlich waren. Die zentralistisch-atomistische Staatsidee war zuerst die Staatsidee des Absolutismus, dann des Liberalismus. Sie war beides, weil sie die Staatsidee des Kapitalismus ist.

Aber der Liberalismus hat die Staatsauffassung des Absolutismus nicht einfach übernommen, er hat sie auch verändert. Der Liberalismus war das politische Programm des Bürgertums in seinem Kampfe gegen den absolutistischen Staat An dem Gedanken des souveränen Staates selbst hat das Bürgertum nicht gerüttelt. Aber der Bürger fühlte sich von Geburt bis zum Tode in seiner Bewegungsfreiheit durch die Allmacht des Staates und seiner Organe, der Bureaukratie, beschränkt; der Bureaukrat reglementierte seine Betriebe, zensurierte jede Meinungsäusserung, bewachte jeden seiner Schritte im sozialen wie im privaten Leben. So verlangte der Bürger zunächst Schutz seiner Freiheit gegen den Staat. Aber er will sich nicht nur gegenüber der Allmacht des Staates eine Sphäre der Freiheit sichern, er will selbst die Gewalt im Staat erobern. Unzufrieden damit, dass der Staat seine Interessen fördert, soweit sie mit den seinen zusammenfallen, will er selbst den Willen des Staates bestimmen. Er will Staatsorgan werden, als Stimmberechtigter, als Wähler Anteil haben an der Bildung des staatlichen Gesamtwillens So verlangt das Bürgertum, dass die gesetzgebende Gewalt entweder dem Volke selbst oder dem Parlament, der gewählten Vertretung des Volkes, übertragen und die Verwaltung der Volksvertretung verantwortlich werde. An der zentralistisch-atomistischen Staatsidee wird durch all das nichts geändert. die zentralisierte Staatsgewalt bleibt auf der einen Seite stehen, ihr gegenüber steht die unorganisierte Masse der einzelnen Staatsbürger Aber dem einzelnen Bürger wird eine Reihe von Freiheitsrechten gewährleistet, die der Staat nicht beschränken darf, und die einzelnen Staatsbürger werden als Wähler selbst berufen, den staatlichen Gesamtwillen zu bilden.

Die zentralistisch-atomistische Staatsidee hat nun notwendig auch die Regelung des Verhältnisses der Nationen zum Staat bestimmt. Der Absolutismus konnte die Nationen nicht als Körperschaften — weder als Gebietskörperschaften noch als interterritoriale Personenverbände — konstituieren. Seine Sorge war es ja nicht, neue Korporationen zu schaffen, sondern die alten überlieferten sozialen Verbände zu zertrümmern und der zentralisierten

Staatsgewalt die unorganisierte Masse der Untertanen gegenüberzustellen. Der Liberalismus hat diese zentralistisch-atomistische Auffassung geerbt: auch er konstituiert die Nation nicht als Körperschaft. Aber er hat einerseits dem Individuum einen Kreis rechtlicher Freiheit gewährleistet, andererseits das Individuum zur Bildung des staatlichen Gesamtwillens berufen. Dadurch bestimmt sich auch seine Stellungnahme zur nationalen Frage.

Wie der Liberalismus dem Individuum andere Freiheitsrechte zusichert, so musste er ihm auch das Recht, seine nationale Sonderart zu erhalten und zu entwickeln, sicherstellen So finden wir schon in der Verfassung vom 25. April 1848 den Satz: „Allen Volksstämmen ist die Unverletzlichkeit ihrer Nationalität und Sprache gewährleistet.“ Die oktroyierte Verfassung vom 7. März 1849 übernimmt diesen Grundsatz: „Alle Volksstämme sind gleichberechtigt und jeder Volksstamm hat ein unverletzliches Recht auf Wahrung und Pflege seiner Nationalität und Sprache.“ Dieser Grundsatz ist dann auch in unsere geltende Verfassung übergegangen und im Art. 19 des St.-G.-G. über die allgemeinen Rechte der Staatsbürger ausgedrückt. Soweit dieser Grundsatz eine Beschränkung der Befugnisse des Staates und seiner Organe enthält, ist er ganz klar, fügt er sich dem System der individuellen Freiheitsrechte logisch ein. Man kann also in Oesterreich niemandem verbieten, sich in Wort und Schrift seiner Sprache zu bedienen; der Art. 19 erweitert diesen Schutz der persönlichen Freiheit noch durch die wenig zweckmässige Bestimmung, dass in den gemischtsprachigen Ländern niemand zur Erlernung der zweiten Landessprache gezwungen werden kann. Wie das Staatsgrundgesetz den einzelnen Staatsbürger gegen die Verletzung des Briefgeheimnisses durch die Bureaukratie oder gegen willkürliche Verhaftungen zu sichern sucht, so verhindert es auch, dass der Staat dem Individuum den Gebrauch seiner Sprache verbiete oder ihn zur Erlernung einer anderen Sprache zwinge. Würde der Staat dies trotzdem tun, so kann der einzelne Staatsbürger hierüber beim Reichsgericht wegen Verletzung seines staatsgrundgesetzlich gewährleisteten Rechtes Beschwerde führen. So weit, so gut. Aber die Nation bedarf zu ihrer Erhaltung und zur Weiterentwicklung ihrer Kultur nicht nur dieser Sicherung des Rechtes des Individuums, sie bedarf auch der Tätigkeit der öffentlichen Verwaltung, sie braucht Schulen, Theater, Museen und Akademien. Hier handelt es sich nicht mehr um Einschränkung der staatlichen Macht, sondern hier braucht gerade die Nation die Tätigkeit des Staates für ihre Kultur. Hier versagt nun der Art. 19. Wohl sichert er den Nationen die „Pflege ihrer Nationalität und Sprache“ zu. Aber dies ist kaum mehr als eine wertlose Redensart. Wenn die polnische Mehrheit des galizischen Landtages den Ruthenen ein neues Gymnasium verweigert, so können sich die Ruthenen darüber nicht mit Berufung auf das Staatsgrundgesetz beim Reichsgericht beschweren. Wer ist zur Beschwerdeführung berechtigt, da die ruthenische Nation nicht als Körperschaft konstituiert ist? Wie könnte das Reichsgericht über eine Beschwerde gegen einen Beschluss einer gesetzgebenden Körperschaft entscheiden, der es freistehen muss, Anträge anzunehmen oder abzulehnen? Wie soll schliesslich das Reichsgericht entscheiden, wie viele Gymnasien die Ruthenen zur „Pflege ihrer Nationalität und Sprache“ brauchen?

Hier weist nun die liberale Verfassung die Staatsbürger auf einen andern Weg. Sie haben ja als Wähler Einfluss auf den Staat selbst. Wollen sie, dass die staatliche Verwaltung die Kulturbedürfnisse ihrer Nation erfülle, so steht es ihnen frei, sich mit ihren Nationsgenossen zu einer politischen Partei zusammenzuschliessen, Abgeordnete ihrer Nation in die Vertretungskörper zu entsenden und sie zu beauftragen, durch ihre rechtliche Macht in den gesetzgebenden Körperschaften den Staat zur Erfüllung der Bedürfnisse der Nation zu zwingen. Die atomistisch-zentralistische Staatsidee zwingt die Bevölkerung, sich in nationale Parteien zu gliedern, sie zwingt jede Nation, sich im Parlament eine Kampftruppe zu erhalten, deren Aufgabe es ist, die staatliche Gesetzgebung und Verwaltung zur Befriedigung der Bedürfnisse der Nation zu veranlassen; sie zwingt jede Nation zu dem Streben nach Macht in der Gesetzgebung, nach Einfluss in der staatlichen Verwaltung. Was man in Oesterreich gewöhnlich als nationale Politik bezeichnet, ist *nationale Machtpolitik*: das Streben der Nation nach einer solchen Vertretung im Reichsrat, den Landtagen und in der Bureaukratie, dass sie in der Lage ist, den Staat zur Erfüllung ihrer jeweiligen nationalen Kulturbedürfnisse zu zwingen. Die Gruppierung der österreichischen Bevölkerung in nationale Parteien und der Kampf dieser Parteien um die Macht im Staat, die Macht über den Staat ist eine notwendige Folge der zentralistisch-atomistischen Regelung des Verhältnisses der Nationen zum Staat.[1])

Der Kampf der Nationen um den Einfluss auf den Staat wird nun notwendig zum *Kampf der Nationen gegeneinander*. Es handelt sich um die Verteilung der gegebenen Zahl der Abgeordnetenmandate: je mehr die eine Nation davon gewinnt, desto weniger bleiben den anderen. Es handelt sich um die Verwendung der staatlichen Einkünfte für die Zwecke der einzelnen Nationen: je mehr der Staat für die Befriedigung der kulturellen Bedürfnisse einer Nation aufwendet, desto weniger Mittel kann er den anderen Nationen zur Verfügung stellen. Der Kampf jeder Nation um die Macht über den Staat ist darum auch ein Kampf gegen die anderen Nationen. Jeder Kampf um die Macht ist ein Kampf gegen die

[1]) Vergleiche Rudolf Springer, a. a. O., Seite 28 ff.

anderen Machtwerber, *wo die nationale Politik Machtpolitik bedeutet, dort führt sie notwendig zum nationalen Kampf.*

An sich, das heisst ohne Rücksicht auf die Rechtsordnung betrachtet, unter der die Nationen im Nationalitätenstaate leben, stehen gerade die nationalen Interessen der verschiedenen Nationen durchaus nicht im Widerstreit miteinander. Jede Nation will ihre Eigenart erhalten, ihre Kultur weiter entwickeln. Dieses Streben führt an sich durchaus nicht zum nationalen Kampf. Der Deutsche will, dass seine Kinder eine gute deutsche Schule besuchen, in was für einer Sprache tschechische Kinder unterrichtet werden, kann ihm gleichgültig sei. Umgekehrt verlangt der Tscheche tschechische Schulen; ob und wie die deutschen Kinder unterrichtet werden, kümmert ihn nicht. Der Deutsche will vor seinem Richter sein Recht in seiner Sprache finden. Der Tscheche verlangt, dass der Richter mit ihm in seiner Sprache spreche. Ist das ein Grund zum Kampf? Können die Bedürfnisse jeder Nation nicht erfüllt werden, ohne dass dadurch die Interessen der anderen Nationen gefährdet werden? An sich gewiss. Aber die zentralistisch-atomistische Staatsverfassung gibt keiner Nation ein anderes Mittel, die Befriedigung ihrer Bedürfnisse zu sichern, als den Kampf um die Macht über den Staat. Wenn eine Nation ihre Macht im Staat vermehrt, verringert sie dadurch aber die Macht der anderen Nationen. So wird jede Nation dem Verlangen der anderen Nationen feind. *Nur die zentralistisch-atomistische Verfassung macht aus dem natürlichen, die anderen Nationen gar nicht berührenden Streben aller Nationen nach Befriedigung ihrer kulturellen Bedürfnisse den Kampf jeder Nation gegen die Erfüllung der Kulturbedürfnisse der anderen.*

Aber die österreichische Verfassung von 1861 und 1867 hat nicht nur die Nationen auf den Kampf um die Macht verwiesen, sie hat auch zugleich die *Machtverteilung auf die Nationen* im voraus zu bestimmen gesucht. Und zwar suchte sie die Herrschaft der *alten historischen Nationen* über die ehemals geschichtslosen Nationen und innerhalb der historischen Nationen wieder die *Vorherrschaft der Deutschen* zu sichern.

Diesem Zwecke diente zunächst das *Kurienwahlrecht* für die Landtage und den Reichsrat. Die erste Kurie bildete der Grossgrundbesitz. Darin lag zunächst ein Vorrecht aller historischen Nationen, die allein einen Adel haben; die ehemals geschichtlosen Nationen gingen leer aus. Darin lag insbesondere ein Vorrecht der Deutschen: denn die Gutsherrenklasse in den tschechischen und slovenischen Ländern war durch Abstammung und Erziehung überwiegend deutsch. Die zweite Kurie bilden die Handels- und Gewerbekammern. Auch ihr Sonderwahlrecht musste die Deutschen stärken, die den grössten Teil der Bourgeoisie bilden. Die Masse der Bevölkerung aber wurde in zwei Kurien gepfercht: die Kurie der Städte, Märkte und Industrieorte und die Kurie der Landgemeinden. Da die Städtekurie eine viel stärkere Vertretung erhielt, auf einen Abgeordneten dieser Kurie viel weniger Wähler entfielen als in der Landgemeindenkurie, so lag darin wiederum ein Vorrecht der Nationen, die an der städtischen und industriellen Bevölkerung grösseren Teil hatten, insbesondere also der Deutschen. Endlich wurde in beiden Kurien das Wahlrecht an einen Steuerzensus geknüpft. Dadurch wurden abermals die Nationen benachteiligt, die sich überwiegend aus dem Proletariat, den kleinsten Handwerkern und Bauern und den Häuslern zusammensetzen. Auf diese Weise war den alten historischen Nationen im Reiche grössere Macht zugesichert, als ihrer Volkszahl entsprach, die Vertretung der Deutschen war stärker als die der Tschechen, die Polen waren wirksamer vertreten als die Ruthenen, die Italiener besser als die Südslaven. Die stärkste Vertretung aber war den Deutschen gesichert.

Indessen war die deutsche Bourgeoisie und Bureaukratie nicht imstande, die Herrschaft über das ganze Reich zu behaupten. So kam es zum Ausgleich von 1867. Die herrschenden Klassen der alten historischen Nationen (ausser den Italienern, deren Zahl seit 1866 zu gering war) teilen hier die Macht untereinander: die westliche Reichshälfte wird der deutschen Bourgeoisie und Bureaukratie, die östliche dem magyarischen Adel ausgeliefert. Die Deutschen in Oesterreich sichern sich im Westen die Herrschaft, indem sie dem polnischen Adel seit 1869 die galizische Landesverwaltung völlig preisgeben. Ganz ebenso gaben die Magyaren den Kroaten die Autonomie im Lande. Alle anderen Nationen — die Völker, die weder eine Bourgeoisie noch einen Adel hatten — gehen bei der Teilung leer aus.[1]) In der österreichischen Reichshälfte, die uns hier allein interessiert, ist dadurch die Herrschaft der Deutschen gesichert.

Woher stammt diese sonderbare Verfassung, die den Deutschen in Oesterreich eine Macht zu sichern suchte, die zu ihrer Volkszahl in keinem Verhältnis stand?

Die Herrschaft der Deutschen über Tschechen und Slovenen, der Polen über die Ruthenen, der Italiener über die Südslaven war die nationale Erscheinungsform der Herrschaft der Klassen, die sich der Staatsgewalt bemächtigt hatten. Diese Klassen waren die Grossgrundbesitzer, die Bureau-

[1]) Vergleiche Rudolf Springer, Grundlagen und Entwicklungsziele der österreichisch-ungarischen Monarchie. Wien 1906.

kratie und die Bourgeoisie. Die *Gutsherrenklasse* war in Westösterreich seit der Niederwerfung der Stände durch den Absolutismus deutsch oder germanisiert. Dem polnischen Adel Galiziens wurde die Masse der polnischen und ruthenischen Bauern im Lande wehrlos ausgeliefert, wofür er die sicherste Stütze der deutschen Herrschaft in Westösterreich wurde. Die Masse der kleinen *Beamten* stammte zwar von verschiedenen Nationen ab, leistete aber in der Politik und im öffentlichen Leben den Geboten der höheren deutschen Bureaukratie unbedingt Gehorsam. Dass endlich die *Bourgeoisie* Oesterreichs deutschen Charakter trug, ist uns schon bekannt. Die deutsche Herrschaft in dem Oesterreich von 1861 und 1867 war nicht die Herrschaft des deutschen Volkes über die anderen Nationen, sondern sie war die Herrschaft der deutschen Grossgrundbesitzer, der deutschen Bureaukratie und der deutschen Bourgeoisie über die Kleinbürger, Bauern und Arbeiter aller Nationen, einschliesslich der Deutschen.

Aber die deutsche Herrschaft in Oesterreich war nicht nur in dem geschichtlich überkommenen Klassenaufbau begründet, sie war auch ein Mittel der *auswärtigen Politik*. Zu Beginn der Verfassungsära stand Oesterreich unmittelbar vor der Lösung der deutschen Frage.

Schmerling war schon 1848 im Frankfurter Parlament der Wortführer der grossdeutschen Partei gewesen. Er blieb es, als er die neue Verfassung Oesterreichs entwarf. Oesterreich musste als deutscher Staat *erscheinen*, solange es die deutsche Kaiserkrone für die Habsburger in Anspruch nahm. Aber Verstellung gilt auf dem Markte der Geschichte nicht. Die deutsche Tünche, mit der Schmerling das alte Staatsgebäude überdeckt, hat niemanden getäuscht. Das künstliche Uebergewicht einer schmalen deutschen Schichte konnte an den wirklichen Machtverhältnissen im Reiche nichts ändern. Auf dem Schlachtfelde von Königgrätz unterlag die grossdeutsche Politik. Aber noch gibt Oesterreich seine Sache nicht verloren. Der Ausgleich mit Ungarn soll den rebellischen magyarischen Adel befriedigen und die deutsche Herrschaft in der westlichen Reichshälfte auf desto sicherere Grundlage stellen. Vergebens! Das Jahr 1870 bringt die kleindeutsche Politik an das lange ersehnte Ziel, bringt Preussen die deutsche Kaiserkrone.

Einen Augenblick schien es, als müsste mit dem Zweck auch das Mittel fallen. Nun, da die Hoffnung Oesterreichs auf die Herrschaft über Deutschland vernichtet ist, scheint die Herrschaft der Deutschen in Oesterreich selbst nicht mehr nötig. Unter *Hohenwart* ist die Dezemberverfassung ernsthaft bedroht. Aber gerade jetzt zeigt sich, wie die Herrschaft der deutschen Bourgeoisie und Bureaukratie in Oesterreich doch mehr war als ein Mittel der auswärtigen Politik, wie stark sie in den Machtverhältnissen im Reiche selbst wurzelte. Gegen Hohenwart verbundet sich das Interesse der deutschen Bourgeoisie, die nicht in dem hochstentwickelten Lande unter die Herrschaft der feudalen Grundbesitzer und der tschechischen Kleinburger fallen will, mit der deutschen Tradition der Bureaukratie und mit der Macht des magyarischen Adels, der die Befreiung der Slaven in Oesterreich nicht dulden kann, weil er die Emporung der Slaven und Rumanen im eigenen Lande furchtet. Das Ministerium Hohenwart fällt und die deutsche Herrschaft in Oesterreich uberdauert den grossdeutschen Gedanken

Die zentralistisch-atomistische Regelung der nationalen Verhaltnisse gibt keiner Nation eine andere Gewahr fur die Befriedigung ihrer kulturellen Bedurfnisse als die Macht im Staat. Diese Macht aber hat die Verfassung durch den Dualismus in der Monarchie und das Privilegienwahlrecht in Oesterreich vorweg den historischen Nationen zugeteilt Die geschichtslosen Nationen sahen sich durch die Verfassung auf den Kampf um die Macht gewiesen und doch durch dieselbe Verfassung von dieser Macht ausgeschlossen. Dies hat bei ihnen — und insbesondere bei der hochstentwickelten unter ihnen, bei den Tschechen — Staatsfeindschaft, unversohnlichen Hass gegen Oesterreich erzeugt. Wenn es eine Nation gibt, die am Bestande Oesterreichs ein Interesse hat, bei der der Gedanke an Oesterreichs Zerfall nicht die Hoffnung nationaler Einheit, sondern die Furcht vor Fremdherrschaft erwecken muss, so sind es die Tschechen. Und doch lebt in keiner osterreichischen Nation gleicher Hass, gleiche Feindschaft gegen den osterreichischen Staat wie bei den Tschechen. Und je mehr dieser durch die Schmerlingsche Verfassung erweckte Hass sich verbreitete und vertiefte, desto mehr hat ihn die osterreichische Bureaukratie durch ihre plumpen Mittel der Verfolgung, durch Konfiskationen, Verwaltungsschikanen und parteiische Justiz genahrt. So ward im tschechischen Volk ein Seelenzustand gezuchtet, dem der rabiate Radikalismus der Tschechen in allen nationalen Fragen entspringt, eine erbitterte Stimmung, der alle nuchterne Erwagung nationaler Fragen unerträglich scheint

Die Klasse, die zuerst dem nationalen Kampfe sein Gepräge gegeben hat, war der g r u n d b e s i t z e n d e A d e l. Diese Klasse umfasst sehr verschiedenartige Elemente: einerseits die grossen Latifundienbesitzer, die unermessliche Landereien in allen Teilen Oesterreichs und oft auch ausserhalb des Reiches ihr eigen nennen — man denke an die Schwarzenberge und ihre 99 Herrschaften! — vornehme Herren, deren Stammbaum nicht minder weit zuruckreicht als der der Dynastie und die sich darum der Krone selbst ebenburtig fuhlen; auf der anderen Seite der kleine Adel mit verhaltnismassig kleinem Grundbesitz, der von altersher die hohen und mittleren Stellen in der Bureaukratie und im Offizierskorps besetzt, seit dem Aufbluhen des Kapitalismus auch mit der Bourgeoisie in enger wirtschaftlicher und sozialer Verbindung steht und daher auch von der Ideologie des Burgertums durchtrankt ist. Die soziale Macht dieser Klasse war zu Beginn der Verfassungsära noch sehr gross. die wirtschaftliche Macht und das soziale Ansehen der Bourgeoisie, die allein der Gutsherrenklasse ihre überlieferte Stellung in der Gesellschaft hatte streitig machen konnen, wuchs in dem kapitalistisch langsam fortschreitenden Oesterreich nur allmahlich; der Gedanke der burgerlichen Rechtsgleichheit drang erst langsam in das Bewusstsein der Massen, waren doch erst wenige Jahre verstrichen, seit der staatliche Richter und Beamte an Stelle der „Herrschaft“, der „Obrigkeit“ getreten war. Dieses soziale Gewicht des Adels wurde durch das politische Vorrecht, durch das Privilegienwahlrecht fur den Landtag und den Reichsrat, verstarkt. Man hatte den Grossgrundbesitzern dieses Vorrecht um ihrer deutschen Nationalitat willen verliehen. Ein Teil des Adels hat die Erwartung nicht getauscht. Er wurde zum Bundesgenossen der deutschen Bourgeoisie und Bureaukratie und verschafft ihr die Mehrheit in den Vertretungskorpern. Der machtigste Teil des Adels aber, die grossen bohmischen Latifundienbesitzer, gesellte sich den Gegnern des herrschenden deutschen Liberalismus zu: das Bundnis des „Feudaladels“ mit den Tschechen gab zuerst den nationalen Kampfen unter der Herrschaft der liberalen Verfassung ihr Geprage.

Das erstemal begegnen wir einer verwandten Erscheinung in der Zeit des aufgeklarten Absolutismus. Der Absolutismus hatte den alten Standen den Rest ihrer politischen Bedeutung genommen. Seine ganze Gesetzgebung und Verwaltung stand unter dem Einfluss des rationalistisch-burgerlichen Geistes der Aufklarung und darum im Widerstreit mit der uberlieferten Ideologie eines grossen Teiles des Adels Aber wenn der Adel dem Absolutismus auch die Minderung standischer Rechte und die „josefinische“ Politik gegenuber der Kirche verziehen hatte, so konnte er ihm nimmer verzeihen, dass der Staat auch in seine wirtschaftlichen Verhaltnisse eingriff. dass kaiserliche Beamte und Kommissare die Beschwerden der Bauern pruften, dass der Staat das „Bauernlegen“ verbot, die Verpflichtung der Bauern zu Robot und Abgaben beschrankte, den Bauern Freizugigkeit und freie Berufswahl gewahrte, die Steuergesetze zum Nachteile der Gutsherren veranderte. Damals erinnerte sich der bohmische Adel der Kampfe, die der tschechische Adel vor 1620 gegen den Staat gefuhrt, und da diese Kampfe das Gewand nationaler Kämpfe gegen den deutschen Staat getragen, so spielte auch er mit dem Gedanken, gegen den verhassten sozialen Feind den nationalen Kampf zu entfachen. Freilich waren die Verhaltnisse seit der Niederwerfung der alten bohmischen Stande ganz andere geworden und so mussten sich die entrusteten Herren mit sehr harmlosen Demonstrationen begnugen So hat unter Josef II., wie Graf Kaspar Sternberg berichtet, der Adel seinem Unwillen über die Reformen des Kaisers dadurch Ausdruck gegeben, dass auf Verabredung alle bohmischen Adeligen in den Vorsalen der kaiserlichen Burg sich nur der tschechischen Sprache bedienten, obwohl sie ihrer nur in geringem Grade machtig waren. [1])

Deutlicher zeigt sich die Sympathie des Adels fur die Tschechen, sobald in der ersten Halfte des 19 Jahrhunderts das neue kulturelle Leben der tschechischen Nation beginnt. Wenn ein oder der andere bohmische Adelige damals als Mäcen der jungen tschechischen Schriftsteller erscheint, so mag dies vielleicht nur der Einfall müssiger Laune sein, die sich in der billigen Unterstutzung der Anfänge tschechischer Literatur ebensogut gefallen mochte wie in der Sammlung irgendwelcher Kuriositaten. Aber unverkennbar sieht doch auch schon mancher im bohmischen Adel, dass die kulturelle Bewegung der Nation politische Bedeutung gewinnen muss. Manchen vornehmen Herrn mag der Einfluss der Humanitats- und Nationalitatsideen, von denen das Zeitalter erfüllt ist, der jungen Bewegung naher gebracht haben. Andere wieder begunstigten sie aus Hass gegen die deutsche Bourgeoisie und Bureaukratie Bald sieht sich der Adel nicht mehr als deutsch an, sondern als uber beiden Nationen stehend, als ihr geborener Schiedsrichter. 1845 schreibt Josef Matthias Graf von Thun, er konne „mit vollem Selbstbewusstsein“ sagen, „dass ich weder ein Tscheche noch ein Deutscher, sondern ein Bohme bin“, [2]) worauf ein Tscheche antwortet, hiermit sei schon ein grosser Fortschritt erzielt, denn noch wenige Jahre vorher hatte kein bohmischer Adeliger Anstand genommen, sich als Deutschen zu bezeichnen. [3])

Aber erst seit 1860, wo im „verstarkten Reichsrat“ die Clam-Martinic, Nostitz-Rhieneck, Goluchowski die Theorie der „historisch-politischen Individualitaten“ vertreten, wird die fluchtige Beziehung zu dauerndem Bundnis. Wie konnte es geschehen, dass diese Lehre, die im Grunde antinational war, ganz bewusst und ausdrucklich dem „Garibaldischen Nationalitatendogma“ entgegengesetzt wurde, zum Bundnis der tschechisch-nationalen Partei mit dem Feudaladel fuhrte?

Solange die Grossgrundbesitzer und die Bourgeoisie nicht einen gemeinsamen Feind, das Proletariat, zu fürchten haben,

[1]) Skene, Entstehung und Entwicklung der slavischen Nationalbewegung in Bohmen und Mahren im 19. Jahrhundert Wien 1893. Seite 55.

[2]) Josef Matthias Graf von Thun, Der Slavismus in Bohmen. Prag 1845. — Masaryk bemerkt, dass dieser Satz sich nicht einmal in das Tschechische ubersetzen lasst, da die tschechische Sprache die Tschechen (die Nation) und die Bohmen (die Bewohner des Landes) mit demselben Worte bezeichnet

[3]) Worte eines Tschechen, veranlasst durch die Graf Matthias von Thunsche Broschure Der Slavismus in Bohmen. Leipzig 1845.

beherrscht der Gegensatz dieser beiden Klassen überall die politischen Kämpfe. Im Kampfe gegen die wachsende Macht der Bourgeoisie und des bürgerlichen Staates sucht der Adel Bundesgenossen und findet sie überall in den Klassen, die im wirtschaftlichen Gegensatz zu der Bourgeoisie stehen. In England unterstützen die Tories gelegentlich die Arbeiter im Kampfe gegen das Kapital, um die Arbeiterschaft von der liberalen Partei loszulösen. Aehnlich versuchen auch in Deutschland die Junker — im preussischen Verfassungskonflikt selbst die Krone — die Arbeiter gegen das liberale Bürgertum auszuspielen. Auch in Oesterreich kokettiert ein Teil des Adels mit Mittelstandsrettung und Arbeiterschutz, solange er hofft, in der sozialen Bewegung des Kleinbürgertums und der Arbeiterklasse einen Bundesgenossen im Kampfe gegen den Liberalismus zu finden. Aber wenn die soziale Demagogie des Adels nirgends den erwünschten Erfolg erzielt, so sind für sie in Oesterreich günstigere Bedingungen gegeben. Hier nimmt die soziale Demagogie des Adels die besondere Form der nationalen Demagogie an. Der Adel sucht die deutsche Bourgeoisie und Bureaukratie zu bekämpfen, indem er sich mit der nationalen Bewegung des slavischen, insbesondere des tschechischen Kleinbürgertums verbündet. Das Mittel hierzu bietet ihm sein Kampf gegen die Verfassung.

Im Reich muss der Adel die Macht mit der deutschen Bourgeoisie und Bureaukratie teilen. Ganz anders, wenn Böhmen ein selbständiger Staat wird. Hier werden die tschechischen Kleinbürger die deutschen Bourgeois und Bureaukraten niederstimmen. Dass aber das tschechische Kleinbürgertum selbst Böhmen beherrsche, erscheint im undemokratischen Oesterreich jener Zeit, das nur die Grossen und Reichen zur Herrschaft beruft, das durch seine Wahlrechtsprivilegien der Kurie des Grossgrundbesitzes die Macht gibt, dieser oder jener Nation zur Mehrheit zu verhelfen und das hierdurch den Grossgrundbesitz zum Schiedsrichter zwischen den Nationen, zum Herrscher über die Nationen macht, unmöglich. Wird Böhmen ein selbständiger Staat, so fällt die Herrschaft in ihm von selbst in die Hände der grossen Latifundienbesitzer.

Dazu kommt noch, dass das soziale Ansehen des Adels desto stärker politisch wirksam wird, je enger der Kreis ist, in dem der Kampf um die staatliche Gewalt ausgetragen wird. Im Reiche verblasst das Ansehen des Adels; denn dem Bauern und Kleinbürger anderer Länder sind die stolzen Namen der böhmischen Geschlechter fremd. Im engen räumlichen Kreise dagegen vermag der Bauer und der Kleinbürger sich der wirtschaftlichen Macht und dem überlieferten Ansehen der „Herrschaft“ nicht zu entziehen und leistet ihr daher widerstandslos politische Gefolgschaft.

Endlich entspricht der Föderalismus auch der Ideologie des Adels. Die Reichsverfassung erscheint ihm als ein Kind der verhassten Revolution, die seine Privilegien vernichtet und seine Herrschaft über die Bauern gebrochen hat. Die Kronländer dagegen sind geschichtlich überliefert, mit der Erinnerung an ständisches Wesen eng verknüpft. Auf geschichtliche Ueberlieferung stützt sich überall die Macht des Adels, er ist überall der Wahrer der historischen Tradition. Seiner Liebe zur halb-mittelalterlichen Vergangenheit entspringt auch die Lehre, die „historisch-politischen Individualitäten“ dürften nicht angetastet werden, müssten die Grundlage des Staates bleiben.

So wirft der Adel die *Verfassungsfrage* auf. Dem Zentralismus stellt er den Föderalismus entgegen: Oesterreich soll ein Bundesstaat werden, an die Stelle der neuen Reichsverfassung soll ein lockerer Bund fast selbständiger Kronländer treten. Man hat die erstrebte föderalistische Verfassung als die Autonomie der Kronländer bezeichnet — ein arger Missbrauch des Wortes. Autonomie bedeutet Selbstverwaltung: wenn ich ein industrielles und ein agrarisches Gebiet, Deutsche und Tschechen zusammenzwänge, so dass immer die einen von den anderen und beide von den volksfremden Grossgrundbesitzern beherrscht werden müssen, so ist das nicht Autonomie, Selbstverwaltung, sondern Heteronomie, Fremdherrschaft. Die föderalistische Verfassung hätte auch an der zentralistisch-atomistischen Auffassung des Verhältnisses der Nationen zum Staate nichts geändert, die Nation als Körperschaft nicht konstituiert. denn alle österreichischen Nationen wohnen in mehr als einem Kronlande, die Kronländerverfassung bedeutet daher für alle Völker nationale Spaltung; und fast alle Kronländer sind von mehr als einer Nation bewohnt; die föderalistische Verfassung bedeutet also in jedem Kronlande Herrschaft einer Nation über die andere. Auch in der föderalistischen Verfassung wäre jede Nation zum Kampfe um die politische Macht gezwungen gewesen, um sich die Befriedigung ihrer kulturellen Bedürfnisse zu sichern, nur wäre an Stelle des Kampfes um die Macht im Reiche der Kampf um die Macht im Kronlande getreten

Aber die Verschiebung des nationalen Machtkampfes aus dem Reiche in die Kronländer hätte freilich die Machtstellung der Nationen wesentlich verändert Die Tschechen, deren Lage unter der Schmerlingschen Verfassung und ebenso unter der Dezemberverfassung unerträglich war, sahen hier eine Hoffnung, jene Macht zu erobern, die sie unter der Herrschaft der atomistisch-zentralistischen Regelung der nationalen Verhältnisse nicht entbehren konnten und die ihnen die geltende Verfassung versagte. Kein *wirtschaftliches* Interesse widerstritt für sie dem Föderalismus. der tschechische Kleinbürger produziert und handelt nur für den lokalen Markt. Der tschechische Landwirt bedurfte keineswegs eines so grossen Absatzgebietes wie die deutsche Bourgeoisie Am Bestande eines grossen einheitlichen Rechts- und Wirtschaftsgebietes hatte er daher nur geringes Interesse. Vielmehr war sein wirtschaftliches Interesse gewahrt, wenn nur die industriellen Gebiete der Sudetenländer seine Waren abnahmen und durch ihre höhere Steuerkraft für seine Bedürfnisse beitragen mussten. Dagegen war seine nationale Stellung im Lande weit günstiger als im Reiche. Hatte die tschechische Nation auch im Landtag des Königreiches, in dem auf sechs Tschechen vier Deutsche entfielen, dank dem Kurienwahlrecht allein nicht die Mehrheit, so war ihr doch Teilnahme an der politischen Gewalt gesichert, wenn sie sich mit dem Adel verbündete.

So schlossen denn die Tschechen ein dauerndes Bündnis mit dem Feudaladel. Palacký gab die Forderung nach einer organischen Regelung des Verhältnisses der Nationen zum Staate, nach der nationalen Autonomie, die er im Kremsierer Verfassungsausschuss vertreten hatte, preis und verpflichtete das tschechische Kleinbürgertum auf das Programm des Föderalismus. Die alttschechische Partei erkaufte die Bundesgenossenschaft des Feudaladels, indem sie sich seinen wirtschaftlichen Bedürfnissen und seiner Ideologie anpasste: Palacký, der im Jahre 1848 die überlieferten Kronländer vernichten und die Verwaltung in die Hand national abgegrenzter Territorien legen wollte, stützte nun die lebendigen Forderungen des tschechischen Volkes auf das längst vermoderte böhmische Staatsrecht; und auch in allen national indifferenten Kulturfragen gibt die alttschechische Partei die bürgerlich-liberalen Forderungen mehr und mehr auf. Nur eine kleine Fraktion innerhalb des tschechischen Bürgertums, unter der Führung Sladkovskýs und Grégrs, weigerte sich, dem Feudaladel zuliebe die Forderungen des bürgerlichen Liberalismus zu opfern.

Den Deutschen musste der Kronländerföderalismus natürlich als eine arge Gefahr erscheinen. Er hätte die Herrschaft der deutschen Bourgeoisie und Bureaukratie im Reiche gebrochen, das deutsche Bürgertum im höchst entwickelten Lande der Monarchie seinem sozialen Gegner — dem Feudaladel — und seinem nationalen Gegner — den Tschechen — ausgeliefert; er hätte die grosse Steuerkraft der deutschen Industrie in Böhmen den Bedürfnissen des agrarischen Landesteiles dienstbar gemacht; er bedrohte die deutsche Bourgeoisie mit der Gefahr, dass auf die Zerreissung des einheitlichen Rechtsgebietes auch die Teilung des einheitlichen Wirtschaftsgebietes folgen, sie ihre Absatzmärkte verlieren werde. Der Kampf zwischen Zentralismus und Föderalismus, dem Einheitsstaat und dem böhmischen Staatsrecht, ist der Klassenkampf der deutschen Bourgeoisie und Bureaukratie mit dem grossen Grundbesitz — die politische Erscheinungsform des Gegegensatzes zwischen Profit und Grundrente. Dank der deutsch-liberalen Verfassung, die jeder Nation den Kampf um die Macht auferlegte und die tschechische Nation doch durch ein schlaues System politischer Privilegien von dieser Macht auszuschliessen suchte, ist das tschechische Volk in diesem Kampfe zur Gefolgschaft der alten Gutsherrenklasse geworden, obwohl diese Klasse erst durch die Vernichtung des alten tschechischen Adels in das Land gekommen war, obwohl sie fremden, zum guten Teile deutschen Ursprungs war, obwohl ihre Macht auf der Ausbeutung tschechischer Bauern und Arbeiter beruhte

Neben den Grossgrundbesitzern hat sich vor allem die Intelligenz des nationalen Kampfes bemächtigt. Die politische Macht der Intelligenz zu Beginn der liberalen Verfassungsepoche war sehr gross Wohl ist die Intelligenz ihrer Zahl nach immer nur ein sehr kleiner Teil des Volkes. Aber da man die breiten Massen des Volkes durch den Steuerzensus aus den Wahlkörpern ausgeschieden hatte, bildeten die „Studierten" einen nicht geringen Teil der Wählerschaft Ihre Stimmenzahl fiel um so schwerer in die Wagschale, als die Intelligenz am politischen Leben sehr regen Anteil nahm, während die Massen, wie schon die geringe Wahlbeteiligung bei den Landtags- und Reichsratswahlen bis etwa zum Anfang der Neunzigerjahre beweist, lange dem politischen Leben ohne jede Teilnahme verständnislos gegenüberstanden. Dazu kam noch, dass die Lehrer und Pfarrer, Aerzte und Advokaten, Apotheker und kleinen Beamten in den Landstädten und Dörfern in der Regel die Häupter der Gemeindecliquen waren, denen die gesamte Wählerschaft politische Folgschaft leistete. Aber über all das hinaus wurde der politische Einfluss der Intelligenz dadurch vermehrt, dass die Massen der österreichischen Bevölkerung dank der schlechten Volksschule zu unwissend und ungewandt waren, dank dem Mangel politischer Schulung dem politischen Treiben mit viel zu wenig Verständnis gegenüberstanden, als dass sie ihre Politik selbst hätten leiten können. Notwendig fiel darum die politische Führung der Bauern und Kleinbürger überall in die Hände der akademisch Gebildeten.

Die politische Haltung der Intelligenz ist überall durch ihre Stellung ausserhalb des Produktionsprozesses, ausserhalb der Klassen bestimmt. Die Gegensätze und Kämpfe der Unternehmer und der Arbeiter, der Kapitalisten und der Handwerker, der Agrarier und der Industriellen kümmern sie nicht, sie versteht sie nicht Allen Klassenkämpfen steht sie ohne eigenes Interesse und darum teilnahmslos und ratlos gegenüber. Aber wenn die Intelligenz den realen wirtschaftlichen Sorgen ohne jedes Verständnis gegenübertritt, so ist sie dagegen, dank ihrer Bildung, stärker als alle anderen Klassen der Herrschaft der Ideen ihrer Zeit unterworfen Wo nicht die Klassen der bürgerlichen Gesellschaft ihre Kräfte messen, sondern das gesamte Volk als ungeschiedene Masse im Kampfe steht, dort ficht sie in der ersten Reihe. Darum stellt sich die Intelligenz überall an die Spitze der Kämpfenden, wo das Volk als Ganzes gegen den Absolutismus kämpft — wie 1789 in Frankreich, 1848 in Deutschland und Oesterreich, heute in Russland. Und aus demselben Grunde nimmt die Intelligenz überall am Kampfe regen Anteil, wo die Nation als Ganzes den anderen Nationen gegenübertritt. So wies in Oesterreich alles die Intelligenz auf den nationalen Kampf: schon der grosse politische Einfluss der Intelligenz musste bewirken, dass die Augen der Bevölkerung, von den sozialen Gegensätzen abgelenkt, den nationalen Kämpfen zugewendet werden mussten.

Sobald die aus den Massen der geschichtslosen Nationen hervorgegangene Intelligenz nicht mehr in der Kulturgemeinschaft der historischen Nationen aufging, sondern sich ihre Nationalität bewahrte, empfand gerade sie die nationale Fremdherrschaft schwer. Der überall nach sozialem Ansehen lüsternen Intelligenz erschien die Tatsache unerträglich, dass ihre Nation missachtet war, ihre Kultur gering geschätzt wurde, dass ihr Volk an der politischen Macht keinen Teil hatte. Der tschechische Student empfand die deutsche Sprache der Schulen, der tschechische Beamte die deutsche Sprache der Gerichte als ein sichtbares Zeichen, als die anschauliche Gestalt der Missachtung seiner Nation, als eine Verletzung seiner „nationalen Ehre". So beginnt denn zuerst die Intelligenz der geschichtslosen Nationen den Kampf um die nationale Schule und um die Sprache der Verwaltungsbehörden und Gerichte. Wenn die Grossgrundbesitzer die nationale Frage zur Verfassungsfrage gemacht haben, so warf die Intelligenz die Frage der *nationalen Schulen* und die *Sprachenfrage* auf.

Die Frage der nationalen Schule ist gewiss die wichtigste von allen nationalen Fragen, denn die nationale Erziehung ist das stärkste Bindemittel der Nation. Aber die Intelligenz hat die Bedeutung dieser Frage weitaus überschätzt. Die Entwicklung keiner Nation hängt ausschliesslich, hängt auch nur überwiegend von der Gestaltung ihres Schulwesens ab. „Was sind Schulstunden gegen den langen Tag, die Schul- und Kinderjahre gegen das lange Leben!"[1] Die Intellektuellen aber, die selbst einen grösseren Teil ihres Lebens als die Zugehörigen aller anderen Klassen in der Schule verbracht und deren Kinder wiederum ihre ganze lange Jugendzeit in der Schule verbringen, haben an der Schulfrage grösseres Interesse als alle anderen Klassen. Und die Schulen, um die sie streiten, sind nicht die Volksschulen, in denen die breiten Massen erzogen werden, sondern die Schulen, die sie selbst als Schüler besuchten und an denen sie als Lehrer wirken, die Mittel- und Hochschulen. Die nationale Frage ist ihnen darum vor allem eine Frage der Gymnasien und Universitäten.

[1]) Rudolf Springer, Grundlagen und Entwicklungsziele. Seite 67.

Auch die Frage der Amts- und Gerichtssprache hat gewiss ihren tiefen historischen Untergrund. Dem Kampfe gegen die ausschliessliche Geltung der deutschen Sprache liegt der Aufstieg der geschichtslosen Nationen zu neuem Kulturleben zugrunde. Im Kampfe um die Sprachenfrage spiegelt sich heute der, unter der Herrschaft der zentralistisch-atomistischen Staatsidee unvermeidliche Kampf der Nationen um die Macht im Staate Aber ist es wunderbar, dass diese Frage den Beamten, Richtern und Advokaten wichtiger erscheint, als sie ist?

Aber die Intelligenz der verschiedenen Nationen wird nicht nur durch ihre ganze Bildung und Beschäftigung dazu getrieben, die Bedeutung der Schul- und Sprachenfrage zu überschätzen; sie erhält an der Lösung dieser Fragen sehr bald auch ein unmittelbares wirtschaftliches Interesse. Die tschechische Intelligenz lernt von altersher immer deutsch; die deutschen Intellektuellen, die immer noch die Sprache missachten, die einst nur die Sprache unterdrückter Klassen war, sind der tschechischen Sprache selten mächtig. Die tschechische Amtssprache in dem tschechischen Sprachgebiet schliesst den deutschen Beamten und Advokaten dort aus. Wird die Kenntnis der tschechischen Sprache selbst im deutschen Gebiete gefordert, wie dies nach den Badenischen Sprachenverordnungen der Fall war, so sieht sich der deutsche Beamte selbst hier von der Konkurrenz des tschechischen Kollegen bedroht. Indem die deutsche Intelligenz für die ausschliessliche Erhaltung der deutschen Amts- und Gerichtssprache kämpft, sucht sie sich den Wettbewerb tschechischer Kollegen fernzuhalten Dieselbe Bedeutung hat auch die Schulfrage für sie. Wenn die Mittel- und Hochschulen deutsch sind, so ist das Studium für die Söhne der tschechischen Kleinbürger und Bauern wesentlich erschwert der Kampf gegen die tschechischen Schulen ist gleichfalls ein Kampf der deutschen Intelligenz gegen die slavische Konkurrenz. Dieser Kampf wird desto erbitterter, je mehr sich die deutsche Intelligenz von den Kollegen der anderen Nationen bedroht sieht.

Je unbequemer dem deutschen Beamten der tschechische Vordermann in der Rangsliste, dem deutschen Advokaten und Arzt die Konkurrenz des tschechischen Kollegen wird, desto heftiger kämpft er gegen die tschechischen Gymnasien und Universitäten, desto leidenschaftlicher hält er an der deutschen Amtssprache fest. Und der ganze grosse Kreis jener, die unter seinem politischen Einfluss stehen, gibt seiner Forderung lauten Widerhall.

Der Grossgrundbesitz hat die nationale Frage zur Verfassungsfrage gemacht. Die Intelligenz macht sie zur Schul- und Sprachenfrage Aber wenn dem Kampfe um die Verfassung noch ein Klassenkampf zugrunde lag, der Kampf der Gutsherrenklasse gegen die Bourgeoisie und Bureaukratie, so birgt sich im Streit um Schul-

und Amtssprache nicht ein Klassenkampf mehr, sondern nur ein Konkurrenzkampf innerhalb einer Klasse, ein Konkurrenzkampf innerhalb der Intelligenz.

Der Inhalt der politischen Kämpfe der Nationen ist damit gegeben. Die nächste Klasse, die auf der politischen Bühne auftritt, das Kleinbürgertum, gibt dem Programm der nationalen Parteien nicht neuen Inhalt, sondern bestimmt nur die Energie des Kampfes, verändert die Tonart, in der die nationalen Forderungen vertreten werden.

Die Oberschichte des Kleinbürgertums, die wohlhabenderen Kaufleute und Gastwirte, die Hausbesitzer, die bessergestellten Handwerker, haben vom Beginn der Verfassungsära an Anteil am politischen Kampfe. Aber sie stehen unter der Führung der anderen Klassen — der Bourgeoisie und des Grossgrundbesitzes, der Bureaukratie und Intelligenz — und vermögen das Wesen des nationalen Kampfes nicht zu bestimmen. Erst als seit 1882 das gesamte Kleinbürgertum politisch zu Worte kommt, prägt es dem nationalen Kampfe seinen Charakter auf.

Das Kleinbürgertum bringt in die österreichische Politik zunächst seinen Radikalismus, seine Freude an lauten Worten, an grobem Schimpf, an der „scharfen Tonart". Durch den Kapitalismus bedrängt und geknechtet, unzufrieden mit der Gesellschaftsform, deren Opfer es ist, will es seinem Grimm Luft machen. Hätte das Kleinbürgertum um seine wirtschaftlichen Forderungen, die Zwangsgenossenschaften und den Befähigungsnachweis, mit den anderen Klassen kämpfen müssen, so hätte dieser Radikalismus doch wenigstens teilweise die Form politischen Kampfes um die Sonderforderungen der Klasse annehmen können. Aber diesen Kampf ersparte ihm das Privilegienwahlrecht: in der Städtekurie konnte kaum noch jemand gewählt werden, der nicht auf die kleingewerbliche Mittelstandspolitik eingeschworen war; das wirtschaftliche Klasseninteresse hatte hier keine parteibildende Kraft mehr. Und in den anderen Kurien, in denen Grossgrundbesitz, Bourgeoisie und Bauern herrschten, konnte die kleinbürgerliche Forderung überhaupt nicht laut werden: die Kurienteilung machte den Klassenkampf bei der Wahl unmöglich. So war der Kampf um die Mittelstandspolitik durch die Einteilung des Parlaments in Kurien von vornherein entschieden, in diesem Kampfe konnte sich der kleinbürgerliche Radikalismus nicht ausleben. Hätten die kleinbürgerlichen Parteien Hoffnung auf unmittelbare Beherrschung der staatlichen Macht, etwa durch ein parlamentarisches Ministerium aus ihrer Mitte, gehabt, so wären sie gezwungen gewesen, den Bedürfnissen des Staates Rechnung zu tragen, ihren Radikalismus zu mildern: aber die Bureaukratie hielt die Verwaltung fest in der Hand und gewährte auf sie wohl der Bourgeoisie und dem adeligen Grundbesitz, aber noch nicht den langsam erst emporkommenden kleinbürgerlichen Parteien Einfluss. So wurde der kleinbürgerliche Radikalismus weder durch die Notwendigkeit des Kampfes mit anderen Klassen von den nationalen Kämpfen abgelenkt, noch durch die Notwendigkeit der Rücksicht auf die Bedürfnisse des Staates gemildert. Der Kampf um die Verfassung, um die Schul- und Sprachenfrage wird nun mit ganz anderen Worten und Gebärden, mit ganz anderer Leidenschaft geführt als ehedem. Die unzufriedene Stimmung des wirtschaftlich bedrängten Kleinbürgertums wird, da sie sich nicht im politischen Kampfe für die Forderungen der Klasse ausdrücken kann, zu nationalem Radikalismus.

Für diesen nationalen Radikalismus war das Kleinbürgertum vorbereitet worden durch den nationalen Hass, den, wie wir bereits wissen, die kapitalistische Entwicklung, die Umsiedlung der Bevölkerung, gerade im Kleinbürgertum erzeugt hat. Dieser nationale Hass hatte zur Freude an zwecklosen nationalen Demonstrationen geführt — zu dem Vernichtungskrieg gegen die Strassentafeln in der anderen Sprache, gegen den öffentlichen Gebrauch der anderen Sprache, zur Verhinderung der Feste und Versammlungen der Minderheit. Diese nationale Demonstrationspolitik bringt nun das Kleinbürgertum auch in das Parlament. Nun handelt es sich gar nicht darum, der eigenen Nation Macht zu sichern, sondern die fremden Nationen zu kränken. Der Kampf ist nicht mehr Mittel zu einem Zweck, sondern Demonstration, Selbstzweck, die Form, in der das Kleinbürgertum der seiner sozialen Unzufriedenheit entspringenden radikalen Stimmung und dem durch die soziale Umwälzung in ihm erzeugten nationalen Hass Ausdruck gibt. Und diese Kampfeswut mildert keine Rücksicht auf die Notwendigkeit zweckbewusster Politik im Staat. Denn das Kleinbürgertum sieht niemals den ganzen Staat und niemals das ganze Volk, sondern immer nur die kleine Stadt, in der sich sein Leben abspielt, und möchte das ganze Reich in Stücke schlagen, wenn in seinem kleinen Nest eine tschechische Schule oder ein tschechischer Beamter sein Wohlbehagen stört. Was kümmert es den Kleinbürger, dass er die Machtstellung seiner ganzen Nation gefährdet, wenn nur die Stadt Cilli kein slovenisches Gymnasium bekommt! Aus diesem kleinbürgerlichen Radikalismus entspringt die Unnachgiebigkeit der nationalen Politik: keine nationale Partei kann dem Gegner ein Zugeständnis machen, mit ihm einen Vergleich schliessen — bei Strafe des Unterganges.

Dieser kleinbürgerlich-nationale Radikalismus zeigt sich zuerst bei den nichtdeutschen Nationen. Bei den Deutschen ist der Einfluss der Bourgeoisie und Bureaukratie stärker, er erhält die deutsche Politik auch noch nach 1882 in einer Richtung, die das staatliche Zusammenleben der Nationen nicht schlechthin unmöglich macht. Aber je mehr auch hier das Kleinbürgertum seine Politik in eigene Hand nimmt, die Psychologie der kleinbürgerlichen Wähler die parlamentarische Haltung der Gewählten bestimmt, desto stärker wird auch hier der nationale Radikalismus. Dieser deutsche Radikalismus wird durch die Tatsache genährt, dass die Alleinherrschaft der deutschen Minderheit in Westösterreich nicht zu behaupten ist. Schon das Bündnis der Feudalen mit den Tschechen hat den schlauen Plan, die deutsche Minderheit im Reiche zur Mehrheit im Parlament zu machen, arg beeinträchtigt. Die Erweiterung des Wahlrechtes in der Kurie der Städte und Landgemeinden vermehrt die Wählerzahl der geschichtslosen Nationen. Der Staat muss sich allmählich der Tatsache, dass die Nationen zu historischem Leben erwacht sind, anpassen, wenigstens die dringendsten Kulturbedürfnisse der nichtdeutschen Nationen befriedigen. So erscheint die politische Geschichte dem deutschen Kleinbürger als fortwährende Minderung deutscher Macht. Je weniger Oesterreich ein deutscher Staat ist, desto weniger empfindet das deutsche Kleinbürgertum die österreichischen Staatsinteressen als Interessen seines Volkes, desto mehr werden die Deutschen zu einer nationalen Partei, wie die anderen auch: Waren einst die deutsche Bourgeoisie und Bureaukratie die Macht, die den (von ihnen beherrschten) Staat gegen den Ansturm des Kleinbürgertums der anderen Nationen verteidigte, so bildet nun das deutsche Kleinbürgertum nationale Parteien, die mit den nationalen Parteien der anderen Nationen, unbekümmert um die Bedürfnisse des Staates, auf gleichem Boden den Kampf um die Macht im Staate führen. Die Vernichtung der alten liberalen Partei und der Beginn der deutschen Obstruktion gegen das Ministerium Badeni bedeutet, dass auch im deutschen Lager der kleinbürgerliche Radikalismus den Einfluss der Bourgeoisie und Bureaukratie gebrochen hat.

Die Stürme des nun mit wachsender Erbitterung und Leidenschaft geführten nationalen Kampfes gewinnen immer breitere Massen der nationalen Machtpolitik. Dies gilt zunächst von den Bauern.

Der Bauer alten Schlages steht in keinem engeren Verhältnis zu jenem sozialen Kreise, in dem die wirtschaftlichen Wandlungen den nationalen Hass erzeugen. In sein Dorf dringt der tschechische Arbeiter und Kleinbürger nicht. Auch heute noch sorgen in vielen Teilen Böhmens und Mährens die Bauern dafür, dass ihre Kinder die zweite Landessprache erlernen: der deutsche Bauer gibt zu diesem Zwecke sein Kind für ein Jahr einem tschechischen Bauer in Pflege und nimmt dafür dessen Kind in Kost. Die Bauern im Innern des geschlossenen Sprachgebietes aber, die den nationalen Gegner niemals sehen, kümmern sich auch um den nationalen Kampf nicht. Die Ideologie dieser vom nationalen

Kampfe noch nicht ergriffenen, an alle Ueberlieferung festgebundenen Bauern war der Klerikalismus. Die katholische Kirche stand dem nationalen Kampfe von Anfang an verständnislos und feindlich gegenüber. In dem berühmten Hirtenbrief vom 17. Juni 1849, der von einer Synode von 35 Bischöfen der deutsch-slavischen Erblande beschlossen wurde, wurden die Nationalitäten für einen Rest des „Heidentums" erklärt, da „die Verschiedenheit der Sprache nur eine Folge der Sünde und des Abfalles von Gott sei" Die klerikalen deutschen Bauern, die sich den feudalen Grossgrundbesitzern durch die Gemeinschaft des agrarischen Interesses, durch den Hass gegen den Liberalismus und durch ihre am alten hängende Ideologie eng verbunden fühlten, schlossen sich daher auch ohne Bedenken mit Feudalen, Tschechen und Polen zusammen zum „eisernen Ring", der der deutschen Herrschaft in Oesterreich ein Ende bereitete.

Aber je mehr der Bauer in den Kreis der kapitalistischen Warenproduktion einbezogen wird, desto schneller ändert sich auch seine Stellung zur nationalen Frage. Der tschechische Häusler und Kleinbauer, der als Hausindustrieller einem deutschen Kapitalisten frönt, ist bereits national. Sobald aber die Warenproduktion die Bauern umfasst, der Bauer zum reinen Landwirt wird, in engen Verkehr mit der städtischen Bevölkerung tritt, unterliegt er auch der städtischen, der kleinbürgerlichen Ideologie. Ueberdies trägt die industrielle Entwicklung den nationalen Gegensatz auch in das Dorf. Auch im tschechischen Dorf erscheint der deutsche Fabrikant und Angestellte, auch im deutschen Dorf der tschechische Arbeiter und Kleinbürger. Die bessere Schulbildung, die allgemeine Wehrpflicht, der politische Kampf, Volksversammlungen und Zeitungen bringen die Bauern dem städtischen Kleinbürgertum immer näher. So wird zuerst der Bauer in den kapitalistisch schnell entwickelten Sudetenländern den nationalen Parteien zugeführt

Allmählich ergreift diese Bewegung auch die deutschen Bauern der Alpenländer. Auch hier verändert sich die Wirtschaft der Bauern die Eisenbahnen, der Fremdenverkehr, die landwirtschaftlichen Genossenschaften wandeln auch hier den Bauer alten Schlages allmählich in den reinen Landwirt, bringen ihn dem Kleinbürgertum der Städte näher. Die alte klerikale Politik wird auch hier unmöglich, die klerikale Partei muss sich entweder selbst dem neuen Geiste der Bauern anpassen oder sie wird von einer jung-klerikalen Partei, den Christlich-Sozialen, abgelöst Diese Parteien müssen nun auch auf dem Lande mit der Macht des nationalen Gedankens rechnen Sie stehen nicht in den vordersten Reihen des nationalen Kampfes, aber sie können nicht mehr vom nationalen Kampfe absehen, können sich nicht mehr mit den nationalen Gegnern verbinden, müssen bei jeder entscheidenden Abstimmung den kleinbürgerlichen Nationalisten der eigenen Nation Gefolgschaft leisten.

Aber nicht nur die Bauern, auch einen Teil der *Arbeiterschaft* erfasst der Gedanke des nationalen Machtkampfes. Als im Jahre 1897 zum erstenmal die Arbeiter zur Wahl in der neuen Kurie des allgemeinen Wahlrechtes schritten, siegte im klassischen Lande des Nationalitätenkampfes, in Böhmen, die Sozialdemokratie. Aber ihr grosser Erfolg entfesselte die Wut der Bourgeoisie und des Kleinbürgertums. Die Kurienverfassung gab ihnen die Mittel zum Kampfe. Die Interessen der besitzenden Klassen waren ja hinreichend gesichert, da 72 Abgeordneten des allgemeinen Wahlrechtes 353 Vertreter der privilegierten Kurien der Besitzenden gegenüberstanden. So konnten die nationalen Parteien ohne jede Gefahr für die Klasseninteressen des Bürgertums sich nationale „Arbeiterparteien" angliedern, die der Arbeiterschaft die Wahrung ihrer Interessen versprachen und sie dadurch für den nationalen Machtkampf gewinnen sollten. Die Wahlen des Jahres 1901 zeigten, dass das verlogene Spiel nicht erfolglos war. Die deutsche und die tschechische Sozialdemokratie erlitt in Böhmen und Mähren eine Niederlage ein beträchtlicher Teil der indifferenten Arbeiterschaft hatte im tosenden Lärm des nationalen Kampfes alle nüchterne Besonnenheit verloren und sich von seinen Klassengegnern für ihre Politik gewinnen lassen. Und auch die organisierte, sozialdemokratische Arbeiterschaft konnte sich der Stimmung der Zeit nicht völlig entziehen. Da und dort zeigten sich Zeichen, dass sie nicht mehr mit der alten Festigkeit an ihren internationalen Gedanken festhielt, dass auch mancher in ihrer Mitte an sich selbst irre geworden war

Jetzt erst ist der Aufmarsch der Parteien im nationalen Machtkampfe vollzogen. Welch seltsames Bild! Gestritten wird noch immer um die Forderungen, die einst der Grossgrundbesitz im Kampfe gegen die Bourgeoisie, die dann die Intelligenz im Konkurrenzkampfe formulierte: um Zentralismus und Föderalismus, Universitäten und Gymnasien, um die Sprache der Verwaltungsbehörden und Gerichte. Aber in diesem Kampfe werden jetzt die Kräfte der ganzen Nationen einschliesslich der Bauern und eines Teiles der Arbeiterschaft eingesetzt! Die Form und Energie des Kampfes bestimmt das Kleinbürgertum, aber der rabiate Radikalismus des Kleinbürgertums und sein nationaler Hass haben die Bauern und einen Teil der Arbeiterschaft angesteckt. Je breiter aber die Massen werden, an die der nationale Politiker sich wendet, desto lauter wird sein Geschrei, desto plumper werden seine Gebärden, desto mehr verliert jede Partei die Besinnung auf die natürlichen Grenzen ihrer Macht, desto unmöglicher wird es für jede Nation, auch nur im geringfügigsten nationalen Kampfe dem Gegner ein Zugeständnis zu machen oder sich mit ihm zu verständigen.

Die Nationen waren ausgezogen, Macht im Staate zu erobern, damit der Staat ihre kulturellen Bedürfnisse befriedige. Der Kampf um die Macht im Staate war zu einem Kampfe der Nationen gegeneinander geworden Dieser Kampf ward immer heftiger, bis er in der deutschen und in der tschechischen Obstruktion seinen Hohepunkt erreichte. Nun ist jede Nation stark genug, zu verhindern, dass der nationale Gegner auch nur den geringsten Fortschritt mache Aber das bedeutet auch, dass allen Nationen der Weg zum kulturellen Fortschritt, soweit er staatlicher Hilfe bedarf, versperrt ist. Die Nationen wollten sich Macht im Staate erobern und haben die schmahlichste Ohnmacht erlangt. keine Nation kann mehr eine neue Universitat, eine neue Mittelschule, eine ihr gunstige Regelung der einfachsten Amtssprachenfrage erlangen ohne die gnadige Duldung des nationalen Gegners

Aber noch mehr! Im Jahre 1901 setzt auch in Oesterreich eine schwere wirtschaftliche Krise ein. Die Erneuerung der Handelsvertrage stellt alle Klassen vor eine grosse Frage, von deren Losung die Entwicklung der osterreichischen Industrie und Landwirtschaft, also auch die kulturelle Entwicklung jeder Nation, der Umfang ihrer Kulturgemeinschaft und der Reichtum ihrer Kultur sehr wesentlich beeinflusst wird. Die Erneuerung des osterreichisch-ungarischen Ausgleiches wirft eine ganze Reihe von Fragen von grosster Bedeutung auf. Alte Gesetze, die den Bedurfnissen der Zeit nicht entsprechen, wie das alte Strafgesetz, die Militarstrafprozessordnung, sind immer noch in Kraft und vernichten alljahrlich Tausende von Existenzen. Reformen, die langst die ganze Bevolkerung als unabweisbar anerkannt, von deren schneller Durchfuhrung die Rettung Tausender abhangt, wie die Alters- und Invalidenversicherung, sind immer noch nicht vollendet. Aber Oesterreich hat fur all das keine Zeit. Das osterreichische Parlament ist obstruiert wegen der inneren Amtssprache in Bohmen und wegen der Brunner tschechischen Universitat und — keine Klasse, keine Nation in Oesterreich kann zu allen jenen wichtigen Fragen auch nur Stellung nehmen, ihre Losung ihrem Willen gemass bestimmen. Das Ministerium Koerber erledigt die wichtigsten wirtschaftlichen und politischen Fragen, ohne das Parlament zu befragen, auf Grund des § 14 Die Nationen waren ausgezogen, politische Macht zu erobern, und sie hatten alle Macht verloren, hatten den Staat der Bureaukratie vollstandig ausgeliefert.

Aber auch die Bureaukratie wird ihrer Gewalt nicht froh. Sie vermag wohl dem Staat das nackte Leben zu sichern, die aussere Ruhe im Staat zu bewahren, die dringendsten Angelegenheiten absolutistisch zu ordnen. Aber der Staat braucht mehr: er bedarf fortwahrender Kulturarbeit, unablassiger Reformen. Alle Reformtatigkeit stockt aber, seit das Parlament durch den nationalen Kampf vollig lahmgelegt ist.

Jede Nation machtlos, weil die anderen Völker nicht dulden, dass der Staat ihren Willen erfülle; alle Klassen machtlos, weil der Kampf der Nationen untereinander ihre Macht bricht, die politische Gewalt vollständig der Bureaukratie ausliefert; und diese Bureaukratie selbst wieder ohnmächtig, weil die Maschine der Gesetzgebung stockt — das ist das Bild Oesterreichs von den Sprachenverordnungen des Ministeriums Badeni bis zur Wahlreformvorlage des Ministeriums Gautsch. Dieser Zustand völliger Ohnmacht aller Nationen, aller Klassen, des Staates selbst, ist die Selbstaufhebung der zentralistisch-atomistischen Verfassung. Notwendig wenden sich aller Augen der anderen möglichen Regelung des Verhältnisses der Nationen zum Staate zu, die Springer als die organische Auffassung bezeichnet hat. Zuerst von allen Klassen erkennt die Arbeiterklasse die neue Notwendigkeit. Schon im September 1899 verkündet der Brünner Gesamtparteitag der österreichischen Sozialdemokratie die nationale Autonomie als das nationale Programm der Arbeiterklasse.

§ 20.

Die Arbeiterklasse und die nationalen Kämpfe.

Der allerursprünglichste, selbstverständlichste Trieb der Arbeiterklasse ist ihr revolutionärer Instinkt.

Der revolutionären Stimmung des jungen erwachenden Proletariats entspringt auch seine Stellung zur Nation. Darum ist der Arbeiter dort national, wo die Nation sich gegen ihre Unterdrücker wendet, wo die Grossen und Mächtigen unserer Gesellschaft die Gegner im nationalen Kampfe sind, wo der Umsturz des Bestehenden das Ziel nationaler Politik ist. Darum steht die Arbeiterschaft an der Spitze des nationalen Kampfes aller vom Zarismus geknechteten Nationen; darum verfechten in Preussen die polnischen Sozialisten auch die Interessen der vom preussischen Klassenstaat unterdrückten polnischen Nation; darum kämpft die Arbeiterschaft in Ungarn für die nationalen Interessen der Deutschen und Slovaken, der Rumänen und Serben. Aus demselben Grunde war auch die Arbeiterschaft der geschichtslosen Nationen in Oesterreich national: deutsch erschien ihr der Staat, der sie knechtete, deutsch die Gerichte, die die Besitzenden schützen und die Besitzlosen in den Kerker werfen, in deutscher Sprache war jedes Bluturteil verfasst, in deutscher Sprache die Armee kommandiert, die man bei jedem Streik gegen die hungernden wehrlosen Arbeiter schickte. Die deutsche Sprache war, wie Viktor Adler einmal sagte, die „Staats-, Amts- und Unterdrückungssprache" des alten Oesterreich. Mehr noch! Die deutsche Sprache war auch die Sprache des unmittelbaren Klassengegners, die Sprache des Fabrikanten und seines Antreibers, des Händlers und des Wucherers. Dagegen erschien die nationale Bewegung der eigenen Nation revolutionär: war doch die Nation ausgeschlossen von der politischen Macht; war doch auch sie unzufrieden mit der geltenden Verfassung; wurden doch auch die Zeitungen der nationalen Parteien konfisziert und ihre Vorkämpfer eingekerkert; stand doch auch das Kleinbürgertum der Nation im Kampfe gegen die deutsche Bourgeoisie und Bureaukratie Der revolutionäre Instinkt erweckte in der Arbeiterschaft der geschichtslosen Nationen Hass gegen die herrschenden historischen Nationen, Zuneigung zur nationalen Machtpolitik der eigenen Nation. Die nationale Gesinnung der Arbeiterschaft der geschichtslosen Nationen auf der ersten Stufe ihrer Entwicklung war nicht überlegt, reflektiert, sondern aus Zuneigung und Hass geboren, unreflektiert, naiv. Die erste Stellung der Arbeiterschaft dieser Nationen zur nationalen Frage war ein *naiver Nationalismus*.

Auch bei den *historischen* Nationen in Oesterreich, mit Ausnahme der deutschen, trieb der revolutionäre Instinkt zu diesem naiven Nationalismus Die nationale Bewegung der Polen, der Ungarn, der Italiener war revolutionär, der bestehenden Staatsordnung feindlich. Was wunder, dass sie der revolutionären Arbeiterschaft sympathisch war?

Ganz anders bei den national gesättigten Nationen ausserhalb Oesterreichs und in Oesterreich selbst bei den *Deutschen* Hier stand das Proletariat nicht national fremden Klassengegnern gegenüber, sondern die Klassen, die die Arbeiter ausbeuten und unterdrücken, gehörten seiner eigenen Nation an. Hier bedeutete die nationale Politik zunächst nicht einen Kampf gegen die herrschende Staatsordnung: bis zum Zerfall der alten liberalen Partei bildete das deutsche Bürgertum in Oesterreich nicht eine nationale Partei wie die anderen auch, sondern die Partei, die die geltende Verfassung verteidigte und auf sie ihr Vorrecht stützte. Die deutsche Nation war nicht unterdrückt, sondern ihre Macht war weit grösser, als ihrer Zahl entsprach Die nationale Politik war hier nicht die Bewegung eines rebellischen Kleinbürgertums, sondern sie war die Politik der Klassen, die das Proletariat als seine Ausbeuter und Unterdrücker hasste, sie war die Politik der Bourgeoisie und Bureaukratie Hier konnte die Arbeiterschaft nicht national sein Die herrschenden Klassen verteidigten ihr Privileg als die Bedingung der nationalen Macht. Konnte den deutschen Arbeitern die Macht der Nation als etwas anderes erscheinen, denn als ein lügnerischer Vorwand, der die Klassenherrschaft der feindlichen Klassen stützen sollte?

Als die deutsche Arbeiterschaft ihren Klassenkampf gegen die besitzenden und gebildeten Klassen begann, entdeckte sie von neuem den uralten Gedanken, der einst dem Bürgertum selbst im Kampfe gegen die Gutsherrenklasse gedient. Unsere Gegner, denken die Arbeiter, mögen mehr besitzen als wir; mögen mehr wissen als wir; mögen bessere Kleider tragen und gewandter sprechen und richtiger schreiben können als wir. Aber sollen wir darum weniger Recht vor dem Staat haben als sie? Sollen nicht auch wir ein Recht haben auf die Freuden des Lebens, auf die Genüsse der Kultur? Sind wir nicht Menschen so gut wie sie? So lebt in den Arbeitern wieder der Gedanke der *Humanität* auf, die Forderung nach Gleichheit alles dessen, was Menschenantlitz trägt. Nun wird die Nation dem deutschen Arbeiter zu einem „bürgerlichen Vorurteil". Die nationalen Unterschiede verblassen vor seinem Auge und wie er gegen seine Ausbeutung und Unterdrückung kämpft, so will er die Ausbeutung und Unterdrückung überhaupt beseitigen, sei sie nun gerichtet gegen eine Klasse, ein Geschlecht, eine Religionsgemeinschaft oder auch gegen eine Nation. Er fühlt sich als Kämpfer für die Befreiung der ganzen Menschheit. Wenn der revolutionäre Instinkt die Arbeiter der unterdrückten Nationen zum naiven Nationalismus führt, so erzeugt er in der Arbeiterschaft der national gesättigten Völker einen *naiven Kosmopolitismus*.

Uebrigens hat daneben auch die deutsche Sozialdemokratie in Oesterreich einen nationalen Einschlag. Nur entstammt er nicht der Arbeiterschaft, sondern jener kleinen Zahl bürgerlicher Intellektueller, die von der bürgerlichen Demokratie einen Weg zum Sozialismus gefunden. Die bürgerliche Demokratie der Deutschen in Oesterreich war national: das eine und freie Deutschland von 1848, die grosse deutsche Republik war ihr Traum. Wie überall, hat auch in Oesterreich die kapitalistische Entwicklung die alte Demokratie zersetzt. Und wie überall, sind die besten Kräfte dieser Demokratie auch hier schliesslich zum kämpfenden Heere der Arbeiterklasse gestossen: so war auch die bürgerliche Demokratie einer jener Quellflüsse, die ihre Gewässer dem grossen Strom der Sozialdemokratie zugeführt. Uns deutschen Sozialdemokraten in Oesterreich ist die Persönlichkeit *Engelbert Pernerstorfers* die Verkörperung dieses Stücks der Geschichte unserer Partei. Diese Männer brachten in die Partei auch ihre nationale Sehnsucht. Und wie der Kundige im Strombett wohl noch die Gesteinssplitter zu sondern vermag, die der oder jener Quellfluss aus dem oder jenem Gebirgszug ihm zugeführt, so entdecken wir in der Gedankenwelt des deutschen Sozialismus in Oesterreich leicht jene Stimmungen und Gedanken, die die besten Männer des Bürgertums ihm als Erbe der bürgerlichen Demokratie gebracht. Aber dieser bürgerlich-nationale Einschlag hat doch niemals den naiv-kosmopolitischen Charakter der deutschen Arbeiterbewegung in Oesterreich zu trüben vermocht, der aus den Lebensbedingungen der Arbeiterschaft selbst entsprang.

Die deutschnationalen Politiker lieben es, der deutschen Arbeiterschaft in Oesterreich vorzuwerfen, dass sie weit weniger „Nationalgefühl" habe als ihre slavischen oder italienischen Genossen. Daran ist soviel richtig, dass die deutsche Arbeiterschaft aus ihrer Jugendzeit, in der das Klassenbewusstsein erst in der Gestalt des revolutionären Instinktes erwachte, ein anderes ideologisches Erbe, eine andere Grundstimmung mitbrachte als das Proletariat der anderen Nationen in Oesterreich. Diese Tatsache wirkt gelegentlich auch heute noch nach. Aber indessen hat sich der revolutionäre Instinkt der Arbeiterschaft allmählich zu klarem Bewusstsein des Klassengegensatzes und Klasseninteresses entwickelt. Damit veränderte sich auch die Stellung der Arbeiter zur nationalen Frage. Der naive Nationalismus der einen wird allmählich ebenso überwunden, wie der naive Kosmopolitismus der anderen. Aus beiden entwickelt sich langsam, aber stetig die ihrer Sonderart klar bewusste internationale Politik des Proletariats aller Nationen.

Wenn wir es nun versuchen wollen, die in tausend Köpfen wirkenden Triebkräfte dieser Politik aufzuzählen, zu ordnen und in ihre Elemente zu zerlegen, so müssen wir von der Stellung des Arbeiters im gesellschaftlichen Produktionsprozess ausgehen.

Die Arbeiterschaft erzeugt die Werte, aber diese Werte werden nicht ihr eigen, sondern das Eigentum an den Arbeitsmitteln gibt den herrschenden Klassen die Macht, die Arbeiterschaft mit einem Teile des von ihr erzeugten Wertprodukts abzufertigen, den Rest, den Mehrwert, sich anzueignen. Diese Tatsache beherrscht die gesamte Politik der Arbeiterklasse. Die erste Frage, die die Arbeiterschaft aufwirft, ist die Frage nach der Verteilung des gesellschaftlichen Wertprodukts: welcher Teil des gesellschaftlichen Wertprodukts soll der Arbeiterklasse, welcher den Eigentümern der Arbeitsmittel zufallen? Die Interessen der Klassen sind hier entgegengesetzt: je grösser der Teil des gesellschaftlichen Wertprodukts ist, der der Arbeiterklasse zufällt, desto geringer jener, den die besitzenden Klassen sich aneignen können — und umgekehrt. Die Frage nach der Verteilung des Wertprodukts ist keine Rechtsfrage. Die besitzenden Klassen sind mit keiner Verteilung zufrieden als mit der, die den Arbeitern gerade noch das nackte Leben sichert. Die Arbeiterklasse kann sich mit keiner anderen Regelung zufrieden geben als mit jener, die das gesamte Wertprodukt auch der Gesamtheit der Arbeitenden zueignet. Innerhalb dieser beiden äussersten Grenzen gibt es keinen Punkt, der als der richtige, der gerechte erwiesen werden könnte, es gibt keinen gerechten Arbeitslohn: kein Gericht kann die Frage der Verteilung des Wertprodukts auf die Klassen entscheiden. Sie ist keine Rechts-, sondern eine Machtfrage. Daraus ergibt sich notwendig der Kampf der Arbeiterschaft gegen die besitzenden Klassen. Die unmittelbarste Erscheinungsform dieses Klassenkampfes ist der gewerkschaftliche Kampf um die H o h e d e s A r b e i t s l o h n s.

Wir können die Tatsache, dass die Arbeiter immer nur einen Teil des von ihnen erzeugten Wertprodukts erhalten, während der Rest den besitzenden Klassen zufällt, auch so ausdrücken, dass die Arbeiter nur während eines Teiles des Arbeitstages jene Güter erzeugen, die ihr eigen werden, dagegen während der übrigen Arbeitsstunden die Güter, die das Einkommen der Eigentümer der Arbeitsmittel bilden. Während dieses zweiten Teiles des Arbeitstages leisten die Arbeiter also M e h r a r b e i t, unbezahlte Arbeit für die besitzenden Klassen. Aus dieser Tatsache ergibt sich die Frage nach der Länge des Arbeitstages. Die Arbeiter weigern sich, für die besitzenden Klassen zu arbeiten der Arbeitstag soll so lange währen, dass alle jene Güter hergestellt werden, die das Einkommen der Arbeiterklasse bilden Die besitzenden Klassen dagegen wollen den Arbeitstag ins Ungemessene ausdehnen. sind sie unklug, so verlangen sie, dass der Arbeiter so lange an der Maschine stehe, solange er noch einen Muskel zu rühren vermag, sind sie klüger geworden, so heischen sie doch wenigstens, dass der Arbeiter sich so lange mühe, als die Verlängerung des Arbeitstages noch ihren Mehrwert zu steigern vermag. Auch hier bleibt zwischen den beiden äussersten Grenzen des Arbeitstages ein breiter Spielraum Auch hier kann kein Gericht entscheiden, welche Dauer des Arbeitstages innerhalb dieser Grenzen angemessen, gerecht ist. Auch diese Frage ist eine M a c h t f r a g e, die im Klassenkampfe entschieden wird. Dieser Klassenkampf tritt im gewerkschaftlichen Kampfe um die D a u e r d e r A r b e i t s z e i t in Erscheinung.

Die Notwendigkeit des Klassenkampfes spaltet alle Nationen die wirtschaftlichen Interessen der Arbeiter und der besitzenden Klassen sind innerhalb jeder Nation einander entgegengesetzt Dagegen fallen die Interessen der Arbeiter jeder Nation mit den Interessen der Arbeiter aller anderen Nationen zusammen

Die Höhe des Arbeitslohns hängt zunächst von der Nachfrage nach Arbeitskräften und vom Angebot von Arbeitskräften ab

Nehmen wir nun zunächst an, dass in einem Teile des Wirtschaftsgebietes — beispielsweise in Deutschböhmen — das A n g e b o t von Arbeitskräften verhältnismässig gering ist, in einem anderen Teile desselben Wirtschaftsgebietes dagegen — beispielsweise im tschechischen Teile Böhmens — das Angebot die Nachfrage weit übersteigt Die nächste Folge wird sein, dass in Deutschböhmen die Arbeitslöhne höher sind als im tschechischen Landesteile. Diese Tatsache wird aber dazu führen, dass aus dem tschechischen Teile des Königreiches Arbeiter in den deutschen Teil auswandern, weil sie dort leichter und zu günstigeren Bedingungen

Beschäftigung finden. Die Zuwanderung von tschechischen Arbeitern nach Deutschböhmen bewirkt, dass dort das Angebot von Arbeitern steigt; in Deutschböhmen entsteht also eine Tendenz zum Sinken der Löhne. Andererseits bewirkt die Auswanderung von Arbeitern aus dem tschechischen Landesteile, dass dort sich das Angebot von Arbeitskräften verringert, hier entsteht also eine Tendenz zum Steigen des Arbeitslohns. Ergebnis: die Arbeiter Deutschböhmens leiden darunter, dass die Arbeiter der tschechischen Bezirke niedrigeren Arbeitslohn beziehen; die Arbeiter der tschechischen Bezirke haben davon einen unmittelbaren Vorteil, dass die deutschen Arbeiter sich günstigerer Arbeitsbedingungen erfreuen. Für die Arbeiter der deutschen Bezirke wäre es vorteilhaft, wenn das Angebot von Arbeitskräften in den tschechischen Bezirken geringer, die Löhne dort höher wären. Die Arbeiter der tschechischen Bezirke haben ein Interesse daran, dass die Arbeiter Deutschböhmens gut entlohnt sind. Die tschechischen Arbeiter sind an den hohen Löhnen der deutschen, die deutschen Arbeiter an den hohen Löhnen der tschechischen interessiert.

Wir haben bisher die Wirkung des Angebotes von Arbeitskräften auf die Lohnhöhe untersucht. Zu demselben Ergebnis gelangen wir, wenn wir nach der Wirkung der Nachfrage nach Arbeitskräften fragen. Gesetzt, in Deutschböhmen sei die Nachfrage nach der Ware Arbeitskraft sehr gross, es steigen daher dort die Löhne. In den tschechischen Bezirken dagegen sei die Nachfrage nach Arbeitskräften sehr niedrig. Dort besteht die Gefahr, dass die Löhne sinken. Nun sieht der Kapitalist die Löhne als Produktionskosten an. Unter sonst gleichen Bedingungen sind in dem angenommenen Falle die Produktionskosten in den deutschen Bezirken höher, in den tschechischen geringer. Je niedriger die Produktionskosten sind, desto höher sind die Profite. Im angenommenen Fall wird daher unter sonst gleichen Umständen die Profitrate im tschechischen Landesteile grösser sein als im deutschen. Nun wandert das Kapital immer dorthin, wo die Profitrate am höchsten ist. Es wird daher mehr Kapital sich den tschechischen Bezirken zuwenden als den deutschen, in jenen werden mehr neue Betriebe gegründet, die bestehenden schneller erweitert werden. Diese Kapitalswanderung bewirkt, dass die Löhne im tschechischen Gebiete zu steigen beginnen, während im deutschen Landesteile die Nachfrage nach Arbeitskräften langsamer steigt, da die Arbeiterbevölkerung stetig wächst, steigt hier die Zahl der Arbeitslosen, die Löhne beginnen zu sinken. Wiederum leiden die deutschen Arbeiter darunter, dass die Löhne in den tschechischen Bezirken niedriger sind, und wünschen daher, dass auch dort die Löhne steigen. Wiederum zeigt sich, dass die hohen Löhne der deutschen Arbeiter schliesslich auch die Löhne ihrer tschechischen Klassengenossen heben und diese daher ein eigenes Interesse daran haben, dass die deutschen Arbeiter gut entlohnt sind.

Aber die Hohe des Arbeitslohnes hangt nicht nur von Angebot und Nachfrage ab, sondern auch von der *Kraft der Gewerkschaft*. Die kapitalistische Gesellschaft erhalt stets eine Armee von Arbeitslosen. Sie ist wahrend der Depression, der Zeit ungünstigen Geschäftsganges, sehr gross, sie verringert sich während der Prosperitat, der Zeit günstiger Konjunktur, sie verschwindet aber niemals ganzlich. Der Arbeitslose hat in der kapitalistischen Gesellschaft die Funktion, den Mehrwert zu sichern, die Lohne niedrig zu erhalten; denn der arbeitslose Proletarier ist ausgeschlossen von allen Gütern der Welt, er ist also stets geneigt, jede Arbeitsstelle anzunehmen, wenn ihm der Lohn auch nur das nackte Leben sichert. Der Kapitalist hat daher stets die Moglichkeit, die Begehrlichkeit der Arbeiter abzuwehren, bei wachsender Arbeitslosigkeit sogar die Moglichkeit, ihre Lohne zu senken, indem er ihnen droht, sie durch die Arbeitslosen, die der Hunger zur Arbeit um jeden Preis zwingt, zu ersetzen. Die Aufgabe der Gewerkschaften ist es nun, *diese Funktion des Arbeitslosen zu verandern*. Sie erreichen dies zunachst durch *zwei* Mittel einmal, indem sie die *Psychologie* des Arbeitslosen verändern, indem sie die Arbeiter lehren, dass es wurdelos, unsittlich ist, ihre Klassengenossen zu unterbieten; zweitens dadurch, dass sie durch die *Arbeitslosenunterstutzung* es dem Arbeitslosen auch wirtschaftlich moglich machen, wahrend der Zeit der Arbeitslosigkeit sein Leben zu fristen, ohne dem Kapitalisten um niedrigen Lohn seine Arbeitskraft anzubieten Aber die Gewerkschaft vermag noch mehr! Ist die Zahl der Arbeitslosen uberhaupt so gering, dass der Kapitalist seine Arbeiter nicht zu ersetzen vermag, oder ist die gewerkschaftliche Schulung der Arbeitslosen so gross und die Unterstutzung, die ihnen gewahrt wird, hinreichend, so dass die Arbeiter nicht zu furchten brauchen, dass die arbeitslosen Kollegen ihre Stellen besetzen, so führt die Gewerkschaft den Zustand vorubergehender Arbeitslosigkeit künstlich herbei durch den Streik wird der Unternehmer dazu gezwungen, gunstigere Arbeitsbedingungen zuzugestehen. *Die Funktion des Arbeitslosen schlägt hier in ihr Gegenteil um* zeitweilige Arbeitslosigkeit wird aus einem Mittel der Niederhaltung zu einem Mittel der Erhohung der Lohne

Nehmen wir nun an, dass die deutschen Arbeiter sich in Gewerkschaften organisieren und gewerkschaftliche Kampfe fuhren, so sehen wir sie unmittelbar durch die tschechischen Lohndrucker und tschechischen Streikbrecher bedroht. Die deutschen Arbeiter konnen ihren gewerkschaftlichen Kampf nur fuhren, wenn auch die Funktion des tschechischen Arbeitslosen durch die gewerkschaftliche Schulung und gewerkschaftliche Unterstutzung verandert wird.

Die deutschen Arbeiter haben also zunächst ein eigenes Interesse daran, dass auch der tschechische Arbeiter eine Arbeitslosenunterstützung beziehe. Die deutschen Arbeiter handeln also nur im eigenen Interesse, wenn sie die Organisation der tschechischen Klassengenossen unterstützen. Aber noch mehr! Der gewerkschaftliche Kampf setzt niemals nur die Arbeitslosenunterstützung voraus, sondern immer auch eine Veränderung der Psychologie der Arbeiter: der Arbeiter muss es als unsittlich empfinden, den Kollegen in der Werkstätte zu unterbieten. Wäre dies nicht der Fall, so müsste die Arbeitslosenunterstützung ebenso gross sein wie der Arbeitslohn selbst, um den Lohndruck der Arbeitslosen zu verhindern. Diese psychologische Umstimmung der Bevölkerung ist nun ein Erzeugnis sehr verschiedenartiger Kräfte. Sie setzt zunächst eine gewisse Kulturhöhe des Arbeiters voraus. Darum ist beispielsweise der deutsche Arbeiter daran interessiert, dass der tschechische Arbeiter eine gute Schule besuche. Die veränderte Psychologie des Arbeitslosen setzt ein gesteigertes Bewusstsein persönlicher Würde voraus. Darum hat der deutsche Arbeiter ein Interesse daran, dass der tschechische Klassengenosse vor dem Gesetze, vor Behörden und Gerichten, vor dem Bürgertum nicht als Sklave mit krummem Rücken, sondern als freier Mann erscheine; alles, was den tschechischen Arbeiter zum feigen Mann macht, das Bewusstsein eigener Würde in ihm ertötet, schädigt die wirtschaftlichen Interessen der deutschen Arbeiter, bedroht ihren Arbeitslohn. Die psychologische Veränderung des Arbeiters wird wesentlich gefördert durch die selbständige politische Bewegung der Arbeiterklasse. Darum haben die deutschen Arbeiter am Wachstum der tschechischen Arbeiterpartei ein unmittelbares Interesse.

Wir sehen schon hier, wie der Internationalismus der reifen Arbeiterschaft etwas wesentlich anderes ist als der naive Kosmopolitismus ihrer ersten Jugendzeit. Sie sieht nun nicht mehr von der Erfahrungstatsache der Verschiedenheit der Nationen ab, die Nationalität ist ihr nicht mehr ein „bürgerliches Vorurteil", von dem man sich nicht beirren lassen dürfe in dem Streben, die ganze Menschheit zu befreien, sondern ihre Politik wurzelt in der klaren Erkenntnis, dass die Interessen der Arbeiterschaft der eigenen Nation nicht anders gefördert werden können, als indem man den Kampf der Arbeiter der anderen Nationen unterstützt. Sie entspringt nicht mehr dem Gedanken der Humanität, sondern der Erkenntnis der internationalen Solidarität der Klasse. Die erste Forderung, die sich hieraus ergibt, ist die, dass die Arbeiter aller Nationen sich im Kampfe gegen den unmittelbaren Klassengegner, die Unternehmer, vereinen, dass die gewerkschaftliche Organisation die Arbeiter aller Nationen umspannt und innerhalb der Gewerkschaften die Arbeiter jeder Nation die Interessen der Arbeiter aller anderen Nationen als ihre eigenen Interessen verfechten.

Der Kampf der Arbeiterklasse richtet sich aber nicht nur gegen den unmittelbaren Klassengegner, die Unternehmer, sondern auch gegen den Staat. Durch verschiedenartige Mittel beeinflusst der Staat das Wirtschaftsleben. Die Arbeiter verlangen nun eine solche Wirtschaftspolitik, dass die Nachfrage nach Arbeitskräften steigt, der Kampf der Gewerkschaften erleichtert wird, die Löhne steigen. Da aber das reale Einkommen der Arbeiterklasse nicht nur von der Höhe, sondern immer auch von der Kaufkraft ihres Geldlohnes abhängig ist, so fordern sie weiter wirtschaftspolitische Massnahmen, die die Kaufkraft des Geldlohnes erhöhen, die Preise niedrig erhalten oder senken. Viel Arbeitsgelegenheit und billiges Brot ist das Ziel proletarischer Wirtschaftspolitik. Die Unternehmer dagegen streben darnach, dass die Produktionskosten ihrer Waren niedrig, ihre Preise dagegen hoch sind. Billige Arbeitskraft, hohe Preise sind das Ziel ihres Strebens. Die Interessen der Arbeiter sind also denen der besitzenden Klassen auch hier entgegengesetzt: gemeinsame Politik beider ist unmöglich. Dagegen fallen die Interessen der Arbeiter der verschiedenen Nationen hier zusammen. So unmöglich es ist, dass die Arbeiter irgend einer Nation sich mit den Unternehmern ihrer Nation über einen Zolltarif einigen, so gewiss ist es, dass der deutsche und tschechische Textilarbeiter, der deutsche und tschechische Metallarbeiter an die Handelspolitik des Staates dieselben Forderungen zu stellen haben. Dieses Zusammenfallen der wirtschaftlichen Interessen zwingt die Arbeiter zunächst, in wirtschafts- und sozialpolitischen Fragen Schulter an Schulter zu kämpfen gegen die besitzenden Klassen aller Nationen.

Aber bald zeigt sich, dass die Interessen der Arbeiter nicht nur im Kampfe um die Bestimmung staatlicher Wirtschaftspolitik, sondern auch in den anderen Fragen der Gesetzgebung identisch sind. Wird zum Beispiel ein Strafgesetz beraten, so werden sich die Arbeiter keiner Nation mit den Besitzenden ihrer Nation darüber einigen können, wie das Recht den Dieb, den Landstreicher, den Bettler, den Streikenden, der einen Arbeitswilligen misshandelt hat, behandeln soll; dagegen werden die Arbeiter aller Nationen an diesen Fragen dasselbe Interesse haben, daher auch dieselben Forderungen stellen. Und dasselbe ergibt sich bei der Beratung jedes neuen Gesetzes.

Das letzte Ziel alles proletarischen Kampfes kann kein anderes sein als die völlige Beseitigung der kapitalistischen Ausbeutung. Dieses Ziel kann aber nicht anders erreicht werden, als durch die Ueberführung der Arbeitsmittel aus dem Sondereigentum in das Eigentum der Gesellschaft. Wieder stösst hier innerhalb jeder Nation die Arbeiterklasse auf den Widerstand der besitzenden Klassen, die ihr Eigentum, die Quelle ihres Einkommens, ihrer Kultur, ihrer Macht nicht preisgeben wollen. Wiederum decken sich dagegen die Forderungen der Arbeiter jeder Nation mit den Forderungen des Proletariats aller übrigen Völker.

Wie im gewerkschaftlichen Kampfe, so schliesst sich notwendig auch im politischen Kampfe die Arbeiterschaft aller Nationen zusammen. Sie tut dies wiederum nicht aus sentimentaler Schwärmerei für die Befreiung der ganzen Menschheit, sondern in der nüchternen Erwägung, dass die Interessen der Arbeiterschaft aller im Staate zusammenlebenden Nationen identisch, dagegen den Interessen der besitzenden Klassen aller Nationen entgegengesetzt sind. Wie die Stellung des Arbeiters im Produktionsprozess die internationale Gewerkschaftsbewegung fordert, so heischt die Stellung des Arbeiters im Klassenstaat den internationalen politischen Klassenkampf.

Dieser Forderung widerspricht nun die Tatsache, dass unter der zentralistisch-atomistischen Regelung der nationalen Verhältnisse alle nationalen Fragen Machtfragen sind und die Bevölkerung daher gezwungen ist, sich in nationale Parteien zu gliedern, die um die Macht im Staate kämpfen. Aus der Tatsache des Klassengegensatzes folgt die Forderung, es mögen sich alle Arbeiter zu einer internationalen Klassenpartei zusammenschliessen. Aus der atomistisch-zentralistischen Verfassung folgt die Forderung, es seien alle Deutschen, alle Tschechen u. s. w. zu einer intersozialen Nationalpartei zu vereinen. Man könnte wohl meinen, dass beide Forderungen nicht im Widerspruch stehen: die tschechische Arbeiterschaft müsse sich eben in den sozialen Fragen mit der deutschen, in den nationalen Fragen mit dem tschechischen Bürgertum verbunden. Aber diese Vereinigung beider Forderungen ist schon logisch unmöglich. Sie erweist sich als unmöglich schon beim ersten und grundlegenden politischen Akt, bei der Wahl. Sollen beispielsweise die deutschen Arbeiter in einem Wahlkreise, in dem ein Kandidat des deutschen Bürgertums und ein Mandatswerber der tschechischen Arbeiterschaft einander gegenüberstehen, dem einen oden dem anderen zum Siege verhelfen? Stimmen sie für den deutsch-bürgerlichen Kandidaten, so mindern sie die Macht ihrer Klasse, geben sie dem tschechischen Arbeiter die Stimme, so mindern sie die Macht ihrer Nation. Aber auch im Kampfe der Parteien in den Vertretungskörpern selbst entsteht dasselbe Problem, denn in dem vielsprachigen Lande gewinnt fast jede soziale Frage auch nationale Bedeutung. Wenn in Ostgalizien der Staat im Dienste polnischer Grundbesitzer die ruthenischen Bauern und Landarbeiter mit Blut und Eisen niederhält, sollen dann die Vertreter der polnischen Arbeiter die Grundbesitzer unterstützen, um die Macht ihrer Nation zu mehren, oder die ruthenischen Arbeiter, um die Kraft ihrer Klasse zu stärken? Aber gesetzt selbst, es wäre logisch möglich, die nationalen und sozialen Fragen streng zu scheiden, so ist es doch *psychologisch* unmöglich, dass die Arbeiterschaft mit den besitzenden Klassen der eigenen Nation um die nationalen und mit der Arbeiterschaft der anderen Nationen um die sozialen Güter kämpfe. Denn der Machtkampf der Nationen ist längst in seinem ganzen Wesen durch den kleinbürgerlichen Radikalismus bestimmt. Arbeiter, die von dieser Stimmung des nationalen Radikalismus erfasst sind, sind unfähig, im gewerkschaftlichen und im politischen Kampfe mit den Klassengenossen der anderen Nationen Schulter an Schulter zu kämpfen. National erregten Menschen wird jede Frage, die nüchterne Bestimmung des proletarischen Kampfzieles und nüchterne Wahl der Mittel zu diesem Zwecke erheischt, jede Frage der Organisation und der Taktik zu einer nationalen Frage. *Nationale Machtpolitik und proletarische Klassenpolitik sind logisch schwer vereinbar, psychologisch schliessen sie einander aus*, die proletarische Armee wird durch die nationalen Gegensätze in jedem Augenblicke gesprengt, der nationale Streit macht den Klassenkampf unmöglich. *Die zentralistisch-atomistische Verfassung, die den nationalen Machtkampf unvermeidlich macht, ist darum für das Proletariat unerträglich.* Die erste Forderung proletarischer Verfassungspolitik im Nationalitätenstaate ist das Verlangen nach einer solchen Verfassung, in der die Nationen nicht gezwungen sind, um die Macht im Staate zu *kämpfen*. Macht, das heisst die Möglichkeit ihren Willen durchzusetzen, ihre Bedürfnisse zu befriedigen, braucht jede Nation. Aber nur die zentralistisch-atomistische Regelung zwingt die Nationen, diese Macht zu erwerben, indem sie um die Staatsgewalt kämpfen, zwingt sie zum Kampf um die Macht. Die Macht der Nationen, ihre Kulturbedürfnisse zu befriedigen, muss *rechtlich* gesichert sein, damit die Bevölkerung nicht mehr gezwungen sei, sich in nationale Parteien zu gliedern, damit der nationale Streit den Klassenkampf nicht unmöglich mache.

Die Politik der Arbeiterklasse ist notwendig *demokratisch*. Das Proletariat kämpft zunächst darum, dass die Mehrheit des Volkes den Gesamtwillen des Staates bestimme. Der Kapitalismus macht die Arbeiterklasse allmählich zur überwiegenden Mehrheit des Volkes. Ist die Herrschaft der Volksmehrheit gesichert, so ist der Arbeiterklasse die schliessliche Eroberung der politischen Gewalt gewährleistet. In Oesterreich ist aber der Kampf um die Demokratie sehr wesentlich dadurch erschwert, dass die nationale Macht ganzer Völker durch den Sieg der Demokratie verringert werden kann. Im Jahre 1848 waren es die geschichtslosen Nationen — Tschechen und Südslaven — die sich mit der Reaktion verbündeten und die Demokratie verrieten. Seit 1861 sind es umgekehrt die alten historischen Nationen — die Deutschen, Italiener und Polen — deren nationale Macht sich darauf stützt, dass im Staate, in den Ländern und Gemeinden die Minderheit über die Mehrheit herrscht. Jeder Fortschritt der Demokratie wird durch diese Verquickung mit den nationalen Machtfragen fast unmöglich. Als beispielsweise im Jahre 1867 das neue Vereins- und Versammlungsrecht geschaffen wurde, lehnte das Abgeordnetenhaus die Bestimmung ab, dass Vereine wegen ihrer „Staatsgefährlichkeit" aufgelöst werden können. Aber schon am nächsten Tage hat die deutschliberale Mehrheit diese Bestimmung wieder hergestellt, da das Ministerium erklärte, es könne ohne diesen Paragraphen die tschechische Opposition nicht brechen. Die Arbeiterorganisationen, für deren Verfolgung dieser Paragraph jahrzehntelang die bequemste Handhabe bot, werden aus dieser Episode leicht ersehen, welches Hindernis des proletarischen Klassenkampfes der Machtkampf der Nationen ist. Zuletzt hat uns der Kampf um das gleiche Wahlrecht diese Erfahrung wieder bestätigt. Wieviel geringere Kraft hätte der Widerstand der deutschen Bourgeoisie und des polnischen Adels gehabt, hätte er sich nicht mit dem Beweisgrund wappnen können, das gleiche Stimmrecht verschiebe die Machtverhältnisse der Nationen. Und man konnte dieses Argument nicht anders überwinden als indem man der Wahlkreiseinteilung überhaupt keinen allgemeinen Grundsatz zugrunde legte, indem man die Wahlgeometrie zum Prinzip erhob. War aber erst einmal der Grundsatz der Gleichheit der Wahlkreise aufgegeben, hatte man den bürgerlichen nationalen Parteien erst einmal erlaubt, sich Wahlkreise nach Bedürfnis zusammenzukleistern, so war es selbstverständlich, dass zur nationalen Wahlgeometrie noch die soziale trat, dass die Arbeiter bei der Wahlkreiseinteilung benachteiligt wurden. Auf eine Unzahl solcher Erfahrungen stützt sich die Forderung der Arbeiterklasse nach einer solchen Regelung der nationalen Verhältnisse, *dass die Macht keiner Nation davon abhängig ist, dass die Minderheit über die Mehrheit herrsche*; dass keine Nation durch die Entwicklung zur Demokratie in ihrer nationalen Macht gefährdet werden kann.

Das Bedürfnis der Arbeiterklasse bestimmt also ihr Verfassungsprogramm zunächst *negativ*: sie verlangt eine solche Regelung der nationalen Verhältnisse, in der die Nationen nicht um die staatliche Gewalt kämpfen müssen und in der die Entwicklung zur Demokratie die Macht keiner Nation bedroht. Aber das Bedürfnis des proletarischen Klassenkampfes gibt dem Nationalitätenprogramm der Arbeiterklasse auch seine *positive* Bestimmung. Schon aus der Erkenntnis der Bedingungen des gewerkschaftlichen Kampfes haben wir ersehen, dass die Arbeiterschaft jeder Nation an der kulturellen Entwicklung der Arbeiter der anderen Nationen ein eigenes Interesse hat. Dasselbe gilt aber auch für den politischen Kampf. Je besser die Erziehung und Bildung der Arbeiterschaft der anderen Nationen ist, je stärker ihr Selbstbewusstsein, das Bewusstsein ihrer persönlichen Würde, desto leichter wird es sein, sie als Kampfgenossen zu gewinnen, desto wertvollere Kämpfer sind sie im Kampfe gegen den Klassenstaat. Daraus ergibt sich, dass die Arbeiterschaft notwendig der Schul- und Sprachenfrage ganz anders gegenübersteht als die anderen Klassen.

Das deutsche Bürgertum hat kein Interesse an tschechischen oder polnischen Schulen. Dem nationalen Machtkampfe liegt ja gerade die Ueberzeugung zugrunde, dass die Kulturentwicklung der eigenen Nation dadurch gehemmt wird, dass die staatlichen Einkünfte dem Schulwesen der anderen Nationen gewidmet werden. Der Wunsch, die staatlichen Mittel lieber dem eigenen als dem fremden Schulwesen zu widmen, steigert sich aber bei den besitzenden Klassen allmählich zum Hass gegen das fremde Schulwesen: die deutsche Bourgeoisie und das deutsche Kleinbürgertum fürchten, die tschechische Arbeiterschaft werde desto schneller aus knechtseliger Demut erwachen, im Klassenkampfe desto wirksamer den Profit des Kapitalisten und Handwerkers bedrohen, je höher die Kulturstufe ist, auf die sie die Schulbildung erhebt. Ebenso fürchtet die Intelligenz, der Ausbau des Schulwesens der anderen Nationen werde ihre Konkurrenz vermehren. Ganz anders die deutsche Arbeiterschaft. Was die deutschen besitzenden Klassen fürchten, das wünscht sie um ihrer selbst willen. Sie braucht tschechische Lohndrücker und tschechische Streikbrecher desto weniger zu fürchten, je höhere Kulturstufe die tschechische Arbeiterschaft erreicht hat. Daher hat die deutsche Arbeiterschaft am Ausbau des Schulwesens der anderen Nationen ein eigenes Interesse.

Ganz ähnlich ist auch die Stellung der Arbeiterschaft in der Sprachenfrage bestimmt. Der deutsche Bourgeois, die Cliquen der sesshaften Kleinbürger in den deutschen Gemeinden haben nichts dagegen einzuwenden, wenn dem tschechischen Arbeiter vor den Behörden nicht sein Recht wird. Die deutsche Intelligenz sieht in der tschechischen Amtssprache die Gefahr wachsender Konkurrenz. Dagegen hat der deutsche Arbeiter ein Interesse daran, dass der tschechische Arbeiter nicht hilflos den staatlichen Behörden und Richtern gegenüberstehe. Je selbstbewusster der Arbeiter den Organen der Staatsgewalt gegenüberzutreten vermag, je mutiger er dort sein Recht selbst vertreten kann, desto höher steigt sein Bewusstsein persönlicher Würde, desto mutiger wird er auch im gewerkschaftlichen und politischen Kampfe den Grossen und Mächtigen unserer Gesellschaft gegenübertreten, desto willkommener ist er den deutschen Arbeitern als Bundesgenosse im Klassenkampfe.

Daher muss die deutsche Arbeiterschaft, sobald sie ihr Interesse klar erkennt, wünschen, dass die kulturellen und sprachlichen Bedürfnisse aller anderen Nationen befriedigt werden. Und was für die deutschen Arbeiter gilt, gilt auch für die Proletarier der anderen Nationen. Daraus ergibt sich die Forderung der Arbeiterschaft aller Nationen *nach solcher Regelung der nationalen Verhältnisse, dass jeder Nation die Möglichkeit fortschreitender Kulturentwicklung und den Arbeitern aller Nationen Anteil an der nationalen Kultur gesichert werde.*

Diese Forderung, die sich zunächst auf die nüchterne Erwägung der *Interessen* der Arbeiter jeder Nation stützt, findet in der dem Proletariat eigentümlichen, seiner Klassenlage entspringenden *Ideologie* eine starke Stütze.

Reichtum und Freiheit sind die Voraussetzungen aller Kultur. Die herrschenden und besitzenden Klassen sind darum zunächst auch die Träger aller geistigen Kultur. Aber wenn in Wirklichkeit Besitz und Herrschaft die Stützen der geistigen Kultur sind, so haben alle herrschenden Klassen stets versucht, dieses Verhältnis umzukehren und ihren Anspruch auf Herrschaft und Besitz gerade auf den Besitz höherer Bildung zu stützen. So hat die Gutsherrenklasse einst gegen das Bürgertum sich darauf berufen, dass ihre Bildung höher sei und sie gerade darum ein Recht auf die Herrschaft und Ausbeutung habe. Ebenso stützt heute die Bourgeoisie innerhalb der Nation ihre Macht darauf, dass sie die Trägerin höherer Geisteskultur sei. Und das Argument, das zunächst dem Klassenkampfe innerhalb der Nation dient, wird dann auch im nationalen Kampfe angewendet. Die herrschenden Klassen der reichen Nationen verteidigen ihr Recht, die anderen Nationen auszubeuten und zu unterdrücken, damit, dass ihre Nation kulturell höher stehe, die anderen Nationen „minderwertig" seien.

Die Arbeiterschaft kann diesen vermeintlichen Rechtstitel der Ausbeutung und Unterdrückung nicht gelten lassen. Im Klassenkampfe innerhalb der Nation ist er ja das Argument ihrer Gegner. Hier begreift der Arbeiter sofort: ihr sagt, ihr hättet das Recht, über uns zu herrschen und uns auszubeuten, weil ihr die Gebildeten seid; in Wirklichkeit aber ist es umgekehrt: weil ihr herrscht und uns ausbeutet, habt ihr an der geistigen Kultur reicheren Teil. *Höhere Kultur gibt nicht ein Recht auf Ausbeutung; sondern die Tatsache, dass ihr euch einen Teil unseres Arbeitsertrages aneignet, gibt euch höhere Kultur.* Eurer Rechtsordnung aber stellen wir eine andere gegenüber, in der die Kultur, die von der Arbeit getrennt ist, mit der Arbeit, der sie entquillt, wieder vereint werden soll, in der jeder, der arbeitet, auch ein Recht auf die geistigen Werte hat und es für den erwachsenen und gesunden Menschen kein Recht auf die Kulturgüter gibt, ausser auf Grund seiner Arbeit.

Wenn der Arbeiter im Klassenkampfe innerhalb der Nation den Satz, höhere Kultur gebe ein Recht auf Ausbeutung, auf fremde Arbeit, bekämpft, so kann er ihn im nationalen Kampfe nicht gelten lassen. Auch hier gibt die Tatsache, dass das deutsche Volk seinen Kant und Hegel, seinen Goethe und Schiller hatte, zu einer Zeit, als die tschechische Nation noch von deutschen Gutsherren und Bourgeois ausgebeutet wurde und gerade darum zu höherer Kulturentwicklung unfähig war, nach des Arbeiters Meinung den besitzenden Klassen der deutschen Nation noch durchaus kein Recht, das tschechische Volk auszubeuten und zu unterdrücken. Wenn die deutsche Bourgeoisie im nationalen wie im sozialen Kampfe den Satz aufstellt: *Höhere Kultur gibt ein Recht auf fremde Arbeit,* so stellt die Arbeiterschaft aller Nationen, einschliesslich der deutschen, ihm ihre Moral gegenüber: *Alle gesellschaftliche Arbeit gibt ein Recht auf eigene Kultur.* Die Forderung, die dieser proletarischen Ethik entspringt, ist dieselbe, die wir schon aus den Bedürfnissen des gewerkschaftlichen und politischen Kampfes der Arbeiterklasse abgeleitet haben: eine solche Verfassung, dass jeder Nation die Entwicklung ihrer Kultur, allen Arbeitern Anteil an der Kultur ihrer Nation rechtlich gesichert sei.

Eine Verfassung, die jeder Nation die Macht gibt, ihre Kultur zu entwickeln, eine Verfassung, die keine Nation dazu zwingt, sich diese Macht erst im Kampfe um die staatliche Gewalt immer wieder zu erobern und zu behaupten, eine Verfassung, die die Macht keiner Nation auf die Herrschaft der Minderheit über die Mehrheit stützt — das sind die nationalpolitischen Forderungen des Proletariats. Diesen Forderungen vermag die zentralistisch-atomistische Verfassung in keiner ihrer Formen zu genügen: der Reichszentralismus so wenig wie der Kronländerföderalismus. Diese Verfassung ist in allem das Gegenteil proletarischen Ideals: sie sichert keiner Nation freie Entwicklung ihrer Kultur, sie zwingt die Nationen zum Machtkampfe im Staate, sie zwingt insbesondere die alten historischen Nationen zum Kampfe gegen die Demokratie. So wenden sich die Augen des Proletariats notwendig der anderen, noch denkbaren Regelung der Beziehungen der Nation zum Staat zu, jener, die Rudolf Springer als die *organische* Auffassung bezeichnet hat. Jede Nation soll aus eigener Kraft ihre nationalen Kulturbedürfnisse selbst frei befriedigen, soll sich selbst regieren, der Staat soll sich auf die Wahrung der national indifferenten, allen Nationen gemeinsamen Interessen beschränken. So wird die nationale Autonomie, die Selbstbestimmung der Nationen, notwendig das Verfassungsprogramm der Arbeiterklasse aller Nationen im Nationalitätenstaat

Aber wie es kein Zufall war, dass der Liberalismus der zentralistisch-atomistischen Auffassung gemäss die nationalen Verhältnisse zu ordnen versuchte, sondern diese Regelung seiner ganzen Staatsidee entsprang, so steht auch die proletarische Forderung der nationalen Autonomie im Einklang mit den gesamten Vorstellungen der Arbeiterklasse von der Aufgabe des Gemeinwesens.

Man kann den gesamten Kampf der Arbeiterklasse erfassen als einen Kampf um Selbstbestimmung, um Autonomie.

Die Arbeiterklasse steht in der kapitalistischen Gesellschaft unter der Herrschaft der besitzenden Klassen. Das Eigentum an Arbeitsmitteln gibt ihnen die Macht, einen Teil des gesellschaftlichen Wertproduktes sich anzueignen, die Arbeiter zu beherrschen, ihnen zu befehlen und zu verbieten. Die Arbeiterklasse hat keinen Einfluss auf den Gang der wirtschaftlichen Entwicklung und daher auch keine Macht über die Richtung der kulturellen Entwicklung überhaupt. Der Sozialismus erst bringt den Menschen die Selbstbestimmung der Arbeiterschaft gibt er die Macht, über ihren Arbeitsertrag zu verfügen; er kennt keine Klasse mehr, die über die Arbeitenden gebietet: er gibt dem ganzen Volke die Macht, seine Arbeit planmässig zu regeln und dadurch auch die Weiterentwicklung seiner Kultur bewusst zu bestimmen. Darum hat Friedrich Engels die Wandlung der kapitalistischen in die sozialistische Produktionsweise den Sprung der Menschheit aus dem Reich der Notwendigkeit in das Reich der Freiheit genannt. In diesem Sinne bedeutet der Kampf der Arbeiterklasse gegen den Kapitalismus einen Kampf um Selbstbestimmung, um Autonomie

Die erste Aufgabe in diesem Kampfe ist die Eroberung der politischen Gewalt Das Mittel hierzu ist die Volksherrschaft, die Demokratie Und wiederum bedeutet der Kampf um die Demokratie einen Kampf gegen Fremdherrschaft — gegen die Herrschaft eines absoluten Monarchen, einer Bureaukratie, einer bürgerlichen Minderheit Der Sinn aller Demokratie ist Selbstbestimmung des Volkes, ist Autonomie

Der Liberalismus hatte zunächst das bürgerliche Rechtssystem zu schaffen. Seine grösste Leistung war überall die Kodifikation niedergelegt in den grossen Gesetzbüchern dem bürgerlichen Gesetzbuch, dem Handelsgesetzbuch, dem Strafgesetzbuch u s w. Die Verwaltung suchte der alte Liberalismus auf die blosse Ausführung der Gesetze zu beschränken; je weniger sie tat, desto lieber war es ihm Sein Grundsatz war ja, der Staat solle sich darauf beschränken, die persönliche Freiheit und das Eigentum der Bürger zu sichern, im übrigen das freie Spiel der wirtschaftlichen Kräfte nicht stören. Die Arbeiterklasse dagegen hat kein neues Rechtssystem einzuführen, sondern nur den alten bürgerlichen Rechtsinstituten neuen Inhalt zu geben. Sie braucht nicht neue Gesetze zum Schutze der persönlichen Freiheit auszuarbeiten, sondern sie wird die vom Liberalismus verheissene persönliche Freiheit verwirklichen, indem sie die Volkswirtschaft zur Aufgabe der öffentlichen Verwaltung macht und dadurch die Macht beseitigt, die gerade den persönlich freien Arbeiter knechtet und ausbeutet. Die Arbeiterschaft wird nicht ein neues Recht des Eigentums schaffen, sondern sie wird nur an die Stelle des privaten Eigentümers das öffentliche Gemeinwesen setzen, die Güter dem Volke zueignen und zum Gegenstand der öffentlichen Verwaltung machen. Nicht ein neues *Rechtssystem* wird das Proletariat schaffen, sondern die *Rechtssubjekte* verändern. Darum ist für die Arbeiterklasse selbst heute schon die *Verwaltung* vielleicht ebenso wichtig wie die Gesetzgebung und wird in der grossen Uebergangsepoche, die die neue sozialistische Gesellschaft einleiten wird, immer wichtiger werden. Darum kann sich die Arbeiterklasse nicht damit begnügen, die Gesetzgebung zu beherrschen, sondern sie muss auch diejenigen, für die verwaltet wird, selbst zu Organen der öffentlichen Verwaltung machen. Die Arbeiterschaft verlangt daher die *Selbstverwaltung*, die Autonomie auch in diesem engeren Sinne.

Aber sie tut das noch aus einem anderen Grunde. Das Bürgertum hat in den meisten Staaten das Heer und die Verwaltung in den Händen des Monarchen und seiner Bureaukratie belassen. Eine solche Demokratie hat Springer einmal die *hinkende Demokratie* genannt. Sie stützt sich im Grunde auf ein Blatt Papier: jeden Moment können die Machthaber auch die demokratische Gesetzgebung vernichten, auch das Parlament auseinanderjagen. Gegen die Wut des Volkes schützt sie ihr Heer. Und dafür, dass das Staatswesen trotz des Unwillens des Volkes weiter bestehe, die Staatsmaschine nicht zum Stocken komme, sorgt ihre bureaukratische Verwaltung. Dem Proletariat kann eine solche Demokratie nicht genügen. Es kann seine Zwecke nicht erreichen, ohne die Interessen der Machthaber zu verletzen, ihre Macht zu brechen. Da bedarf seine Macht in der Gesetzgebung einer festeren Stütze als eines Blattes Papier, das man, auf Soldaten und Beamte gestützt, jederzeit zerreissen kann. Darum verlangt die Arbeiterklasse einerseits die Verwandlung des stehenden Heeres in eine Volkswehr. Darum verlangt sie andererseits die Ersetzung der bureaukratischen durch die Selbstverwaltung. Die Demokratie ist erst gegen jeden Versuch, sie zu stürzen, gesichert, wenn sie fest auf beiden Beinen steht: die Selbstverwaltung ist nicht minder wichtig als die Selbstgesetzgebung.

So ist *Autonomie der Sinn alles proletarischen*

Kampfes. Autonomie der Sinn der sozialistischen Produktionsweise, der Sinn der Demokratie. Autonomie auch im engeren Sinne, als Selbstverwaltung, ist für das Proletariat Mittel und Stütze der erstrebten Macht.

Diesem Gedankengang ordnet sich nun auch die proletarische Forderung der nationalen Autonomie ein. Unsere sogenannte Kronländer-Autonomie ist keine wahre Selbstverwaltung. Denn ihr fehlt die erste Voraussetzung autonomer Verwaltung, die relative Gleichartigkeit der Interessen: immer wird sie für die Minderheit, dank unserem Privilegienwahlrecht sehr oft für die Mehrheit, zur Fremdherrschaft. Die Autonomie der Nationen ist wirkliche Selbstverwaltung, denn die Entwicklung der nationalen Kultur ist das gemeinsame Interesse aller Volksgenossen.

Freilich werden innerhalb der kapitalistischen Gesellschaft auch innerhalb jeder Nation schroffe Interessengegensätze bestehen. Die Arbeiterklasse wird in anderer Weise die Mittel, deren die Nation bedarf, aufbringen und sie in anderer Weise verwenden wollen, sie wird die nationalen Schulen anders gestalten, die Entwicklung der nationalen Kultur nach anderer Richtung bestimmen wollen als die besitzenden Klassen. Die nationale Autonomie innerhalb unserer Gesellschaft ist nur ein Schritt auf dem Wege zu jener vollen Selbstbestimmung der Nationen, die erst auf der festen Grundlage der sozialistischen Produktionsweise möglich ist.

Innerhalb der kapitalistischen Gesellschaft ist aber die nationale Autonomie die notwendige Forderung einer Arbeiterklasse, die gegezwungen ist, ihren Klassenkampf in einem Nationalitätenstaat zu führen. Die österreichische Arbeiterklasse hat dies klar erkannt. Allmählich überwindet sie den naiven Kosmopolitismus auf der einen, den naiven Nationalismus auf der anderen Seite — wenn auch freilich diese Entwicklung mitten im Getöse des nationalen Kampfes nicht ohne Rückschlag vor sich gehen kann. Im Jahre 1897 führte der „Wimberger-Parteitag" die nationale Autonomie innerhalb der Partei durch. Und wenn auch, wie wir noch sehen werden, die innere Gliederung der Partei anderen Gesetzen folgt als die Verfassung des Staates, so wirkte doch bei jener Neuregelung der Parteiverfassung der Gedanke der nationalen Selbstbestimmung entscheidend mit. Im Jahre 1898 erschienen in der „Neuen Zeit" Karl Kautskys ausgezeichnete Artikel über die österreichische Nationalitätenfrage, in denen der „Föderalismus der Nationen" gefordert wurde. 1899 erschien die Broschüre „Staat und Nation" von Synopticus, die das Personalitätsprinzip in die Diskussion einführte.

In demselben Jahre ringt sich in einer Anzahl von Artikeln in den österreichischen Parteiblättern, vor allem in der „Arbeiter-Zeitung", die Forderung der nationalen Autonomie durch. Endlich nimmt in diesem Jahre der Brünner Parteitag sein Nationalitatenprogramm einstimmig an, durch das gefordert wird, Oesterreich sei in einen Nationalitäten-Bundesstaat umzuwandeln und jeder Nation die volle Selbstbestimmung rechtlich zu sichern.

Die nationale Autonomie ist nicht ein Programm, das kluge Männer ersonnen haben, um den Staat aus seiner Not zu retten, sondern sie ist die Forderung, die das Proletariat im Nationalitätenstaat notwendig erhebt, die Forderung, die dem Bedürfnis seines wirtschaftlichen und politischen Kampfes, die seiner Idee eines öffentlichen Gemeinwesens, die schliesslich seiner besonderen Ideologie, seiner Idee vom Verhältnis von Kultur und Arbeit entspringt. Die nationale Autonomie ist ein notwendiges Ziel des proletarischen Klassenkampfes, weil sie ein notwendiges Mittel seiner Klassenpolitik ist, die zugleich seine besondere nationale Politik ist — jene evolutionistisch-nationale Politik, deren letztes Ziel es ist, das gesamte Volk zur Nation zu machen. Darum setzt im Nationalitätenstaat die Arbeiterklasse aller Nationen der nationalen Machtpolitik der besitzenden Klassen die Forderung der nationalen Autonomie entgegen.

IV. Die nationale Autonomie.

§ 21

Das Territorialprinzip.

Wir behandeln die nationale Autonomie im folgendem zunächst *als proletarische Forderung*. Wir fragen also: Wie würde das Proletariat, gesetzt, dass es die Macht hierzu hätte, die geforderte rechtliche Selbstbestimmung der Nationen im einzelnen ausgestalten, durch welche Rechtsinstitute würde es sie sichern?

Wenn wir die Frage nach der konkreten Durchführung des allgemeinen Grundsatzes der nationalen Autonomie aufwerfen, so bestimmt uns hierzu nicht die müssige Freude am Spiele der Phantasie, die so gern im luftleeren Raum Staaten aufbaut und Staaten vernichtet, vielmehr suchen wir dem allgemeinen Begriff der nationalen Autonomie nur so weit anschaulichen Inhalt zu geben, soweit durch das Bild der von der Arbeiterklasse geforderten Verfassung ihre Stellung zu den nationalen Kämpfen der Gegenwart bestimmt wird.

Die einfachste Gestalt, in der die nationale Autonomie verwirklicht gedacht werden kann, ist die *Konstituierung der Nation als Gebietskörperschaft*. Die Siedlungsgebiete der einzelnen Nationen werden gegeneinander abgegrenzt. Innerhalb ihrer Grenzen bildet jede Nation einen Staat, sorgt selbständig für ihre kulturellen Bedürfnisse und regelt die Verhältnisse aller, die in diesem Gebiet wohnen, zueinander und zur Gesamtheit. Alle Nationen Oesterreichs bilden einen Bundesstaat, der die allen Nationen gemeinsamen Angelegenheiten regelt, die allen Nationen gemeinsamen Interessen wahrt.

Die Selbstverwaltung der rechtlich abgegrenzten Sprachgebiete ist in fast allen österreichischen Kronländern eine Forderung der nationalen Minderheit. In Böhmen wird sie von den Deutschen, in Galizien von den Ruthenen, in Tirol von den Italienern, in Steiermark von den Slovenen verlangt. Die herrschenden Mehrheiten dagegen lehnen sie überall ab: in Böhmen beschuldigen die Tschechen die Anhänger der nationalen Abgrenzung des grossen Verbrechens der „Landeszerreissung"; ebenso verwerfen in Steiermark und in Tirol die Deutschen, in Galizien die Polen die Abgrenzung der Sprachgebiete Es entspricht dem Wesen des Kleinbürgertums, dessen Blick niemals über einen engen örtlichen Kreis hinausreicht, dass dieselben kleinbürgerlich-nationalen Parteien, die die nationale Abgrenzung in Böhmen fordern, sie in Steiermark und Tirol ablehnen. Wenn die Sozialdemokratie die nationale Abgrenzung im ganzen Reiche verlangt, so macht sie zum Prinzip der Reichsverfassung, was schon die bürgerlichen Parteien für die nationalen Minderheiten in den einzelnen Kronländern verlangt haben

Die nationale Autonomie auf Grund des Territorialprinzips ist zweifellos ein Mittel zur Abgrenzung der nationalen Machtsphären, zur Schlichtung der nationalen Machtkämpfe. Aber zweifelhaft ist es, ob auch das geeignetste Mittel

Man hat gegen die Konstituierung nationaler Gebietskörperschaften innerhalb des Staates eingewendet, dass dauernde Abgrenzung der nationalen Siedlungsgebiete gar nicht möglich sei, weil die Sprachgrenze fortwährend verschoben werde. Die Grenze der nationalen Teilstaaten würde schon nach wenigen Jahren mit der tatsächlichen Sprachgrenze nicht zusammenfallen und häufige nationale Kämpfe um neue Abgrenzung wären die Folge Diese Befürchtung haben die Anhänger des Territorialprinzips mit Erfolg durch den Nachweis widerlegt, dass die Sprachgrenze viel dauerhafter ist, sich viel langsamer und in viel geringerem Umfange verschiebt, als man gewöhnlich annimmt Die Sprachgrenze ist durch das Grundeigentum fixiert soweit der Boden deutschen Bauern gehört, ist deutsches, soweit er tschechischen Bauern gehört, ist tschechisches Gebiet Jede Verschiebung der Sprachgrenze setzt voraus, dass der deutsche Grundeigentümer durch den tschechischen oder der tschechische durch den deutschen ersetzt wird. Nun erbt in der Regel der Bauernsohn das Gut des Vaters Und selbst wenn ein Bauerngut verkauft wird, fällt es nur selten in national fremde Hände. Darauf beruht im wesentlichen die Festigkeit der Sprachgrenze. Allerdings kommt es auch vor, dass Veränderungen im Grundbesitz die Wirkung haben, die Grenzen der Sprachgebiete zu verschieben In Böhmen gibt es viele Bezirke, aus denen Grundbesitzer in grösserer Zahl auswandern — nach den deutschen Industriegebieten des Landes, nach Wien oder nach Amerika Das Land fällt dann nicht selten an einen Grossgrundbesitzer, der die Bauern durch Landarbeiter ersetzt Es kann nun sehr wohl geschehen, dass diese Landarbeiter, die der Grossgrundbesitzer herangezogen hat, einer anderen Nation angehören als die verdrängten Bauern Es ist vorgekommen, dass auf diese Weise der deutsche Bauer durch tschechische Landarbeiter ersetzt und dadurch die Sprachgrenze zugunsten der Tschechen verschoben wurde Häufiger ist der Fall, dass das Land der auswandernden Bauern und Häusler in die Hände anderer

Bauern fällt. Es gibt Bezirke, wo die deutschen Bauern zufällig besseren Boden besitzen als die tschechischen. Die tschechischen Bauern und Häusler wandern aus, die wohlhabenderen deutschen Bauern kaufen ihr Land auf. Hier wird die Sprachgrenze zugunsten der Deutschen verschoben. Aber diese Veränderungen sind wenig zahlreich und geringfügig. Die Forschungen Herbsts, Schlesingers, Rauchbergs haben überzeugend nachgewiesen, dass wohl kleine Verschiebungen bald zugunsten der einen und bald zugunsten der anderen Nation vorkommen, dass aber im ganzen und grossen das Grundeigentum den Sprachgebieten ihre feste Grenze gibt. Schneller als die Veränderungen im Grundbesitz kann die Einwanderung von Lohnarbeitern die Sprachgrenze verschieben. Wenn in einem deutschen Dorfe an der Sprachgrenze eine Fabrik gegründet wird, die tschechische Arbeiter heranzieht, so kann das deutsche Dorf zunächst gemischtsprachig werden und es können die Tschechen schon nach wenigen Jahren die Mehrheit der Bevölkerung bilden. Auf diesem Wege können die Nationen viel schneller als durch die Veränderungen im Grundbesitz ihr Siedlungsgebiet ausdehnen. Aber die Geschichte lehrt uns, dass auch solche Veränderungen sich nur selten, langsam und in geringem Umfang ereignen. Auch in dieser Tatsache ist also kaum ein beweiskräftiges Argument gegen das Territorialprinzip zu sehen.

Die grossen Veränderungen im Zusammenwohnen der Nationen gehen in den Industriegebieten vor sich. Der industrielle Kapitalismus hat den tschechischen Arbeiter nach Deutschböhmen und nach Wien, den polnischen nach Schlesien geführt. Dem industriellen Kapitalismus danken viele deutsche Minderheiten im tschechischen Sprachgebiet ihr Dasein. Die Industriegebiete können nun freilich zufällig an der Sprachgrenze liegen, sehr oft liegen sie aber mitten im geschlossenen Siedlungsgebiet einer Nation. Daher können wir beobachten, dass die folgenschwersten Veränderungen der Nationalität der Bevölkerung sich nicht dort ereignen, wo die Siedlungsgebiete der Nationen aneinander grenzen, sondern weit entfernt von der Sprachgrenze, mitten im geschlossenen Sprachgebiet. Nicht wo das Land des deutschen Bauern an das tschechische grenzt, sondern mitten in Deutschböhmen und im alten deutschen Wien, wohin das deutsche Kapital den tschechischen Arbeiter lockt, verändert sich die nationale Zusammensetzung der Bevölkerung am schnellsten. Das Entstehen und Wachstum dieser Sprachinseln ist für die Entwicklung der Nationen viel bedeutsamer als die geringfügigen Verschiebungen der Sprachgrenze.

Neben diesen modernen, durch den Kapitalismus erzeugten Sprachinseln gibt es innerhalb der geschlossenen Sprachgebiete auch viel ältere Sprachinseln. Sie sind teilweise durch bäuerliche Kolonisation in früheren Jahrhunderten entstanden wie zahlreiche deutsche Bauerndörfer mitten im tschechischen Sprachgebiet Böhmens.[1]) Teilweise sind es Ueberreste alter Siedlungen, lebendige Zeugen vergangener Zeiten. So gibt es im deutschen Bezirke Mies vier Gemeinden mit tschechischer Mehrheit. Sie stammen aus jener Zeit, in der Stadt und Herrschaft Mies noch tschechisch waren. Während aber beide längst deutsch geworden sind, haben einige Bauerndörfer ihre Nationalität bewahrt und erinnern mitten im deutschen Sprachgebiet, ohne jeden Zusammenhang mit dem tschechischen Landesteil, noch an die alten, seit Jahrhunderten veränderten Siedlungsverhältnisse der Nationen.[2]) Ganz ähnlich sind auch die deutschen Minderheiten in mancher tschechischen Stadt Reste vergangener Zeiten. Die deutschen Minderheiten in Prag, in Budweis, in Pilsen, die deutsche Stadt Böhmisch-Aicha, die mit dem deutschen Sprachgebiet in keinem Zusammenhange steht und ringsum von tschechischen Dörfern umgeben ist, erinnern an eine Zeit, in der die tschechische Nation nur Bauern und Dienstboten umfasste, während die bürgerliche Oberschichte überall deutsch war. Aber alle diese Sprachinseln, die den sozialen Verhältnissen vergangener Zeiten entstammen, gehen allmählich zugrunde. Die vereinzelten tschechischen Bauerndörfer im deutschen Sprachgebiet werden allmählich ebenso in ihrer deutschen Umgebung aufgehen, wie die deutschen bäuerlichen Kolonisten und die deutschen städtischen Minderheiten im tschechischen Sprachgebiet allmählich von der grossen Mehrheit der Bevölkerung aufgesaugt werden. *Ganz anderen Charakter tragen die modernen kapitalistischen Sprachinseln.* Sie danken ihr Dasein jenen sozialen Wanderungen, die der Kapitalismus hervorruft, und solange die Richtung dieser Wanderungen unverändert bleibt, solange diese Wanderungen die nationalen Minderheiten fortwährend durch gleichartigen Nachschub ergänzen und verstärken, so lange ist an ihr Schwinden nicht zu denken. Keine noch so reinlich durchgeführte nationale Abgrenzung wird diese modernen Sprachinseln beseitigen können.

Schon diese Tatsache macht es gewiss, dass die rechtlich abgegrenzten Siedlungsgebiete der Nationen stets nicht geringe und in der Regel stetig wachsende nationale Minderheiten einschliessen werden. Diese Minderheiten werden aber dadurch wesentlich vermehrt werden, dass eine reinliche Abgrenzung national einheitlicher *Verwaltungsgebiete* nicht überall möglich ist.

---

[1]) Vergleiche hierüber Schlesinger, Die Nationalitätsverhältnisse Böhmens. Stuttgart 1886. Seite 25 ff.

[2]) Herbst, Das deutsche Sprachgebiet in Böhmen. Prag 1887. Seite 32.

An manchen Stellen der Sprachgrenze ist dies schon darum unmöglich, weil die Sprachgebiete nicht scharf gegeneinander abgegrenzt sind, sondern allmählich ineinander übergehen, so dass zwischen ihnen ein Gebiet starker nationaler Mischung liegt. Das ist insbesondere in Mähren nicht selten der Fall. Indessen ist diese Erscheinung nicht die Regel. Wo die Nationalität grundbesitzender Bauern die Sprachgrenze fixiert, dort heben sich die Sprachgebiete voneinander scharf ab. In Böhmen beträgt (nach Rauchberg) nur in 305 Ortschaften, das ist 3·08 Prozent der Gesamtzahl, und nur in 253 Ortsgemeinden, das ist 3·41 Prozent der Gesamtzahl, die nationale Minderheit mehr als 10 Prozent der Bevölkerung. Nur 11·4 Prozent der Bewohner des Königreiches wohnen in Ortsgemeinden, in denen die nationale Minderheit mehr als 10 Prozent der ortsanwesenden Bevölkerung bildet.

Auf diese Tatsachen stützen sich die Anhänger der nationalen Gebietsabgrenzung. Wohl ist die Zahl der national gemischten Gerichtsbezirke gross, die der national gemischten politischen Bezirke verhältnismässig noch grösser, aber dies beruht nur auf unrichtiger Einteilung der Verwaltungs- und Gerichtssprengel. Gehen wir auf die natürlichste Gebietseinheit zurück, die Ortschaft, so sehen wir, dass nur ein sehr geringer Teil der Ortschaften national gemischt ist. Man löse nun die alten Bezirke auf und setze die neuen nur aus Ortschaften oder wenigstens Ortsgemeinden zusammen, die national gleichartig sind, und man erhält Verwaltungs- und Gerichtsbezirke mit verschwindend geringen Minderheiten!

Es ist ohne weiteres zuzugeben, dass unsere Bezirkseinteilung verbesserungsbedürftig ist und dass durch neue Abgrenzung der Bezirke die nationalen Minderheiten in ihnen wesentlich verringert werden könnten. Aber es ist unrichtig, zu glauben, dass der staatlichen Verwaltung und Rechtsprechung eine Gebietseinteilung zugrunde gelegt werden könnte, die der Sprachgrenze sklavisch folgt.

Der Staat kann die Verwaltungsgebiete nicht willkürlich einteilen, wie es ihm beliebt, vielmehr zwingen ihn sowohl seine eigenen Interessen als auch die Interessen der Bevölkerung, jene Ortschaften zu Verwaltungs- und Gerichtssprengeln zusammenzufassen, die durch engeren wirtschaftlichen Verkehr miteinander verbunden sind. *Der rechtlichen Einteilung liegt die soziale Verbindung von Ortschaften zu Wirtschafts- und Verkehrseinheiten zugrunde*, die in der warenproduzierenden Gesellschaft nicht von irgend einer Macht bewusst beschlossen und geregelt, sondern durch die blind waltenden wirtschaftlichen Gesetze bestimmt wird. Rudolf Springer führt folgende wirtschaftliche Sprengel an:

1. Die natürliche Siedlungseinheit: Gehöft und Ortschaft, Dorf und Stadt.

2. Die lokalen Marktgebiete, Wochenmarktgebiete, ein Markt oder eine Landstadt samt den umliegenden Ortschaften. Im Markte treffen die Vizinalwege zusammen. Dorthin kommen die Bewohner der umliegenden Ortschaften, um ihre landwirtschaftlichen Erzeugnisse gegen die Waren der Handwerker und Kleinhändler einzutauschen.

3. Die grösseren Jahrmarktgebiete. Ihr Mittelpunkt ist die grössere Provinzstadt. Hier strömen die Einfuhrgüter des Bezirkes ein und werden vom Grosshändler an die Kleinhändler der Marktorte des Bezirkes abgegeben. Hier strömen auch die Ausfuhrgüter des Bezirkes zur Verfrachtung zusammen. Die grössere Provinzstadt mit diesem ganzen Bezirk, der mehrere Wochenmarktsgebiete umfasst, bildet eine wirtschaftliche Einheit.[1])

Diese Einteilung ist gewiss etwas schematisch, wird im einzelnen wohl mancher Berichtigung bedürfen. Auch trifft sie ohne weiteres wohl nur für überwiegend agrarische Gebiete zu. In Industriegebieten wird sie vielfach durch eine andere Einteilung durchkreuzt, die durch die örtliche Verteilung der einzelnen Industriezweige bestimmt ist. Da bildet ein Kohlenrevier oder das Gebiet der Schafwollweberei, oder das Gebiet der Leinenindustrie eine natürliche wirtschaftliche Einheit. Aber wie immer dies sein mag, Tatsache ist, dass es solche, von aller rechtlichen Gebietseinteilung unabhängige, wirtschaftliche Gebietseinheiten gibt. Und ebenso gewiss ist, dass die Verwaltungs- und Gerichtseinteilung sich diesen Gebieten anpassen muss. Der tschechische Bauer, der allwöchentlich in eine deutsche Stadt kommen muss, weil er dort seine Waren verkauft und die Güter, deren er bedarf, einkauft, verlangt, dass er dort auch seine Steuern zahlen, dort seine Prozesse führen, dort das Grundbuch einsehen, dort sich gegen die Entscheidung irgend eines Gemeindegewaltigen beschweren kann. Und was das Bedürfnis der Bevölkerung ist, ist auch das Bedürfnis des Staates. Jede geordnete Staatsverwaltung wird unmöglich, wenn die Verwaltungssprengel die sozialen Gebietseinheiten zerreissen und Bevölkerungskreise, die in keinem Verkehr miteinander stehen, zusammenpferchen. Im Gerichtsbezirk *Königinhof* zum Beispiel liegen 22 rein oder überwiegend deutsche Ortschaften. Die Stadt Königinhof selbst und die übrigen Landgemeinden sind tschechisch. Die deutschen Landgemeinden grenzen an das deutsche Sprachgebiet, an die deutschen Bezirke Arnau und Trautenau. Es wäre also möglich, diese deutschen Gemeinden mit deutschen Verwaltungs- und Gerichtssprengeln zu vereinen, und ich kann nicht entscheiden,

---

[1]) Springer, Kampf der österreichischen Nationen. Seite 98.

ob nicht die oder jene Gemeinde zweckmässig einem anderen Gerichtssprengel zugeteilt würde. Aber wenigstens ein Teil dieser deutschen Gemeinden ist mit der Stadt Königinhof durch engen wirtschaftlichen Verkehr verbunden: dorthin kommen die Bauern, um ihre Waren zu verkaufen und zu verfrachten; dort kaufen sie die Waren ein, deren sie bedürfen, dort suchen sie den Arzt und den Apotheker. Viele von ihnen sind als Hausindustrielle gezwungen, dort ihre Gewebe abzuliefern. Kann die Verwaltungseinteilung eine solche wirtschaftliche Einheit zerstören und, um der nationalen Abgrenzung willen, die deutschen Gemeinden, die unmittelbar an die tschechische Stadt Königinhof grenzen, mit einer weit entlegenen deutschen Stadt zu einem Verwaltungssprengel vereinen? Ganz ähnlich liegen die Verhältnisse im Gerichtsbezirk Neuhaus, der aus 21 rein deutschen, 8 gemischten und 47 rein tschechischen Ortschaften besteht. Die Stadt Neuhaus selbst ist tschechisch. Die deutschen Gemeinden lehnen sich an den deutschen Gerichtsbezirk Neubistritz an, wären also leicht mit einem deutschen Verwaltungssprengel zu vereinigen. Auch hier könnten einige von diesen Gemeinden gewiss ohne Schwierigkeit zu einem deutschen Bezirk geschlagen werden, aber ob dies für alle vorteilhaft wäre? Ob eine geordnete Verwaltung überhaupt noch möglich ist, wenn deutsche Gemeinden, die unmittelbar an die Stadt Neuhaus grenzen und mit ihr im engsten wirtschaftlichen Verkehr stehen, von einem weit entlegenen deutschen Orte aus verwaltet werden sollten? Wir haben hier zwei Fälle angeführt, wo deutsche Landgemeinden in einer tschechischen Stadt ihren wirtschaftlichen Mittelpunkt haben. Häufiger ist der umgekehrte Fall. So grenzen beispielsweise im Böhmerwaldgebiet unmittelbar an die deutsche Stadt Prachatitz tschechische Ortschaften. Ist es möglich, sie vom Gerichtsbezirk Prachatitz auszuscheiden?

An vielen Orten ist die nationale Abgrenzung möglich, ohne Schädigung irgendwelcher Interessen des Staates oder der Bevölkerung durchführbar und die tunlichste Durchführung der rechtlichen Abgrenzung der Sprachgebiete ist gewiss eine Voraussetzung der nationalen Selbstbestimmung. Aber man täusche sich nicht darüber, dass sie nicht überall durchgeführt werden kann. Wäre es möglich, das Schwergewicht der Verwaltung in die Ortschaft oder wenigstens in die Ortsgemeinde zu verlegen, so wäre die nationale Abgrenzung in der ungeheuren Mehrzahl der Fälle vollzogen. Zu je grösseren Verwaltungssprengeln wir aber aufsteigen, desto grösser wird die Zahl der gemischten Gebiete. Von den Ortsgemeinden ist ein grösserer Teil national gemischt als von den Ortschaften, von den Gerichtsbezirken ein grösserer als von den Ortsgemeinden, von den politischen Bezirken ein grösserer als von den Gerichtsbezirken. Und wenn wir, was alle Sachkundigen fordern, zwischen den Bezirk und das Kronland ein neues Zwischenglied einschalten, die österreichische Verwaltung auf die Selbstverwaltung im Kreise gründen, so wird unter den Kreisen gewiss ein beträchtlicher Teil als gemischtsprachig gelten müssen.

Es gibt manchen, der es nicht recht begreifen will, dass die reinliche rechtliche Abgrenzung der Sprachgebiete unmöglich sein soll. Und doch ist dies leicht zu verstehen. Die Grenzen der nationalen Siedlungen sind geschichtlich überliefert aus einer Zeit, deren Wirtschaftsverfassung von der unseren wesentlich verschieden war. Wo unbebautes Land war, haben sich die Bauern aller Völker angesiedelt. Mit den Menschen ausserhalb ihres Dorfes pflegten sie nur wenig Verkehr. Sie erzeugten ihre Güter nicht für den Verkauf, sondern für den eigenen Bedarf. Nur ein geringer Teil des Ertrages ihrer Arbeit wurde verkauft und nur wenige Güter kauften sie. Welche Veränderung seither! Zunächst kam die Hausindustrie auf das Land und schuf ganz neue Verkehrszentren. Bald geschah es, dass der tschechische Hausweber regelmässig in die deutsche Stadt, gelegentlich auch der deutsche Hausweber in die tschechische Stadt kommen musste, um sein Gewebe abzuliefern. Dann ward der Bauer immer mehr und mehr in die Warenproduktion einbezogen. Kauf und Verkauf gewann grössere Bedeutung für ihn. Wiederum entstehen neue Verkehrsmittelpunkte; welcher Ort zum Markt für die Bauern wird, das hängt nur in geringem Grade von der Nationalität der Bewohner, es hängt vielmehr von wirtschaftlichen Gesichtspunkten, von der geographischen Lage, von den Verkehrsmitteln ab. So wurde die deutsche Stadt zum Markt für tschechische (Böhmisch-Aicha! Prachatitz!), die tschechische Stadt zum Verkehrsmittelpunkt für deutsche Dörfer (Königinhof! Neuhaus!) Auch wirtschaftspolitische Massregeln verändern die Verkehrswege und werden dadurch national wirksam. So erzählt schon im 18. Jahrhundert Pelzel, dass, solange der Handel zwischen Böhmen und Sachsen frei war, die tschechischen Bauern, die mit Sachsen handelten, darum deutsch lernen mussten; dies habe erst aufgehört, als die merkantilistische Politik durch hohe Zölle den Verkehr zwischen Böhmen und Sachsen unterband und die tschechischen Bauern auf den Verkehr mit dem tschechischen Flachland beschränkte; seither hätten diese tschechischen Bauern aufgehört, die deutsche Sprache zu lernen. [1])

Endlich schafft der Kapitalismus neue Verkehrsmittel, die wiederum die Verkehrsmittelpunkte verschieben: tschechische Ortschaften, die einst einen tschechischen Verkehrsmittelpunkt gehabt, werden durch die neuen Eisenbahnen mit einem deutschen

[1]) Pelzel, Geschichte Böhmens. Prag 1779. Seite 643.

Orte eng verbunden u. s. w. So werden die alten wirtschaftlichen Gebietseinheiten zerrissen und durch neue ersetzt, ohne jede Rücksicht auf die alten Grenzen der bäuerlichen Siedlungen. Die Nationen kennen längst diese Bedeutung neuer Verkehrsmittel. So haben im Jahre 1906 die Magyaren den Bau einer elektrischen Bahn von Wien nach Pressburg verhindert, weil dadurch Pressburg eine „Vorstadt von Wien“ geworden wäre. So hat der Bau der neuen Alpenbahnen bei Deutschen, Slovenen und Italienern verschiedenartige nationale Befürchtungen erweckt, weil jede neue Eisenbahn national einheitliche Verkehrsgebiete durch national gemischte ersetzen kann. Die fortwährende Bildung neuer wirtschaftlicher Verkehrsmittelpunkte hat an der Nationalität der Bevölkerung verhältnismässig wenig geändert. Der tschechische Bauer, den eine neue Eisenbahn in engen Verkehr mit einer deutschen Stadt bringt, bleibt darum doch Tscheche, die Verkehrsgemeinschaft mit den tschechischen Dorfgenossen ist ja viel enger als der gelegentliche Verkehr mit den deutschen Handwerkern, Kaufleuten, Geldverleihern, Beamten in der Stadt. Aber er steht doch im Verkehr mit der Stadt, lernt ihre Sprache, sorgt dafür, dass seine Kinder ihre Sprache lernen und verlangt in der Stadt, die der Mittelpunkt seines Wirtschaftsverkehres ist, auch die staatliche Verwaltungsbehörde, das Steueramt und das Gericht zu finden. So *hat sich nicht die Sprachgrenze verschoben, aber der Verkehr flutet über die Sprachgrenze hinüber*. Fordert man, dass die staatliche Gebietseinteilung der Sprachgrenze sklavisch folgt, so will man *der Gebietseinteilung der Gegenwart die Verkehrsgrenze einer Zeit bäuerlicher Naturalwirtschaft zugrunde legen*. Einen solchen Anachronismus kann der Staat nicht ertragen und können die Massen der Bevölkerung nicht wollen, diese Forderung entspricht vielmehr nur dem Bedürfnis der Intelligenz, die durch unbedingte Einsprachigkeit der Verwaltungssprengel der Mühe überhoben werden will, die zweite Landessprache zu erlernen. Nichts lernen zu müssen, scheint manchem Studenten heiligstes Menschenrecht.

Die nationale Gebietsabgrenzung ist also grundsätzlich gewiss zu fordern als die Grundlage der nationalen Autonomie. Aber wir dürfen uns nicht darüber täuschen, dass sie nicht überall reinlich durchgeführt werden kann, wenn ihr nicht die Bedürfnisse breiter Volksschichten geopfert werden sollen. Wir müssen daher damit rechnen, dass aus diesem Grunde, dann auch wegen der vom Kapitalismus innerhalb der geschlossenen Sprachgebiete fortwährend erzeugten und vermehrten Sprachinseln *das Verwaltungsgebiet jeder Nation erhebliche nationale Minderheiten einschliessen wird*. Was wird nun das Schicksal dieser Minderheiten sein?

Denken wir uns das Territorialprinzip folgerichtig durchgeführt, so gilt *innerhalb* der einzelnen nationalen Verwaltungsgebiete die *zentralistisch-atomistische Regelung*. Die nationalen Minderheiten können sich nur dadurch die Befriedigung ihrer kulturellen Bedürfnisse sichern, dass sie in der Gesetzgebung und Verwaltung der Gebietskörperschaft, zu der sie gehören, Macht gewinnen. Von dieser Macht sind sie aber immer ausgeschlossen, weil sie eben Minderheiten sind, daher erscheinen sie bei folgerichtiger Durchführung des Territorialprinzips den Mehrheiten vollständig ausgeliefert. *Das Territorialprinzip übertreibt einerseits die Bedeutung der nationalen Verschiedenheit, indem es Staaten und Verwaltungsgebiete unbedingt der Sprachgrenze nach voneinander scheiden will; andererseits aber mutet es den Nationen zu, beträchtliche Teile des Volkskörpers einfach den anderen Nationen preiszugeben.*

Die Frage der nationalen Minderheiten ist für alle Nationen sehr wichtig. Infolge der Verschiebung der Bevölkerung aus den sprachlich ungemischten Bauerndörfern in die Industriebezirke, die fast stets nationale Minderheiten einschliessen, *lebt ein immer geringerer Teil der Bevölkerung in Gemeinden, in denen die Frage der Minderheiten überhaupt nicht besteht.* Von 1000 Deutschen in Böhmen wohnten im Jahre 1880 noch 872·3, dagegen im Jahre 1900 nur noch 860·2 in Gemeinden, in denen entweder gar keine Tschechen lebten oder die tschechische Minderheit doch weniger als zehn Prozent der Bevölkerung bildete. Von den Tschechen Böhmens lebten im Jahre 1880 noch 91·23 Prozent, im Jahre 1900 nur noch 88·91 Prozent in rein tschechischen Gemeinden oder in Gemeinden mit einer deutschen Minderheit, die weniger als zehn Prozent betrug. Die Frage der Minderheiten erhält also für einen immer grösseren Teil der Bevölkerung unmittelbares Interesse. Erinnern wir uns daran, dass gerade der Gegensatz der ortsfremden Minderheit und der sesshaften Mehrheit die Wurzel jenes nationalen Hasses ist, der den kleinbürgerlichen Nationalismus zeugt und ernährt, und wir werden davor bewahrt werden, die Frage der Minderheiten gering zu schätzen.

In Böhmen lebten im Jahre 1900 98.548 Deutsche, also von je 1000 Deutschen 42·2, in Ortsgemeinden, in denen die Mehrheit der Bevölkerung tschechisch ist, 84.598 Tschechen, also von je 1000 Tschechen 21·5, in Ortsgemeinden mit deutscher Mehrheit.

Geben beide Nationen ihre Minderheiten preis, so verlieren in Böhmen *die Deutschen absolut und relativ mehr als die Tschechen.* Indessen wachsen die tschechischen Minderheiten im deutschen Sprachgebiet, während die deutschen Minderheiten im tschechischen Sprachgebiet zurückgehen. Von 1000 Deutschen wohnten in Gemeinden mit mehr als 50 Prozent Tschechen im Jahre 1880 49·7, 1890 47·8, 1900 42·2. Dagegen lebten von 1000 Tschechen in Gemeinden mit deutscher Mehrheit im Jahre 1880 18·4, 1890 18·7, 1900 21·5. Dadurch wächst natürlich fortwährend das Interesse der Tschechen an ihren Minderheiten, während das der Deutschen sich verringert. Im ganzen und grossen haben also in Böhmen beide Nationen durch die Preisgabe ihrer Minderheiten gleich viel zu verlieren.

Zu demselben Ergebnis kommen wir, wenn wir auch noch auf die anderen Kronländer einen flüchtigen Blick werfen. Die Deutschen bilden in allen Sprachgebieten der anderen Nationen Minderheiten. Diese Minderheiten sind überwiegend städtisch. Sie bestehen meist aus alten Beamtenfamilien, aus den Offizieren samt ihren Familien, aus Kapitalisten und ihren Angestellten, endlich aus deutsch-assimilierten Juden. Daneben gibt es auch deutsche bäuerliche Kolonisten mitten in den fremden Siedlungsgebieten, so in Galizien, in der Bukowina und in Krain. National am wichtigsten sind die deutschen Minderheiten in den tschechischen Gebieten Böhmens, Mährens und Schlesiens, dann die deutschen Minderheiten in den slovenischen Bezirken in Kärnten, die 10 bis 33 Prozent der Bevölkerung bilden, und die zahlreichen deutschen Sprachinseln im slovenischen Gebiete in Untersteiermark.[1]) Aber auch in allen anderen Ländern, selbst im Küstenland, in Dalmatien und Galizien, bestehen deutsche Minderheiten. Diese deutschen Minderheiten setzen sich überwiegend aus steuerkräftigen und gebildeten Elementen zusammen; ihre Preisgabe wäre darum für die Nation kein geringes Opfer. Auch erwächst der deutschen Nation daraus nicht geringe Macht, dass der Deutsche überall im Reiche Volksgenossen findet. Der Anteil der Deutschen an vielen für die Machtstellung der Nation sehr wichtigen Berufen — insbesondere an der staatlichen Bureaukratie, an der Schichte der Angestellten der Industrie und des Handels, an der Beamtenschaft der Eisenbahnen — müsste schnell sinken, wenn der Deutsche nicht mehr hoffen dürfte, überall für seine Kinder eine deutsche Schule zu finden.

Aehnlich wie die Lage der Deutschen ist die der Italiener. Auch sie sind eine alte historische Nation, bildeten seit Jahrhunderten die bürgerliche Oberschichte über geschichtslosen Nationen. Auch sie würden durch das Territorialprinzip wesentlich verlieren. In Istrien bilden sie im überwiegend slovenischen Bezirk Capodistria und in allen kroatischen Bezirken die Minderheit. In Dalmatien bilden sie in allen Bezirken kleine Minderheiten. Die wohlhabenden Kaufleute und Reeder mitten in der slavischen Bevölke-

[1]) Ueber Steiermark vergleiche Pfaundler, Die nationalen Verhältnisse in Steiermark. „Statistische Monatsschrift.“ 1906. Seite 401 ff.

rung sind Italiener. Am stärksten ist diese italienische Minderheit in Zara, wo sie 16·76 Prozent der Bevölkerung bildet. Die Mehrheit der Bevölkerung bilden sie in keinem Bezirk; sie würden daher durch das Territorialprinzip der slavischen Mehrheit preisgegeben werden. Anders liegen die Dinge in Tirol. Hier sind es italienische Arbeiter, die Sprachinseln in den deutschen Städten bilden. Solche Minderheiten finden sich in allen grösseren Städten Tirols, selbst in Bludenz in Vorarlberg bilden sie 11·69 Prozent der Bevölkerung! Das Territorialprinzip macht diese italienischen Arbeiter national rechtlos.

Auch die P o l e n waren den Ruthenen gegenüber eine historische Nation. Es gibt daher im ganzen ruthenischen Sprachgebiet nur zwei Bezirke, in denen keine polnische Minderheit angesiedelt ist. Ausserdem umfasst das ruthenische Sprachgebiet Bezirke mit schwacher polnischer Mehrheit: Stadt und Bezirk Lemberg und die Bezirke Winniki und Cieszanów. In der Bukowina haben die Polen in keinem Bezirke die Mehrheit, sondern bilden überall Minderheiten. Endlich gibt es im Kohlen- und Industriegebiet Schlesiens sehr schnell wachsende Minderheiten, die überwiegend aus polnischen Arbeitern bestehen.

Aber auch die ehemals geschichtslosen Nationen sind an der Frage der Minderheiten interessiert. Das gilt vor allem von den T s c h e c h e n. Neben den tschechischen Minderheiten in den deutschen Gebieten der Sudetenländer kommen hier vor allem die überaus schnell wachsenden Minderheiten in Niederösterreich in Betracht. Die letzte Volkszählung hat in Niederösterreich 132.968 Personen mit tschechischer Umgangssprache ermittelt. Diese Minderheit wächst sehr schnell. Die Tschechen bildeten im Jahre 1880 2·82 Prozent, 1890 3·79 Prozent, 1900 4·66 Prozent der Bevölkerung des Landes. Dieses Wachstum ist auf die starke Einwanderung von Arbeitern aus den agrarischen Gebieten Böhmens und Mährens zurückzuführen. Nach Rauchberg waren unter den böhmischen Bezirken, die absolut mehr als 5000 Personen und zugleich relativ mehr als 5 Prozent ihrer Geburtsbevölkerung an Wien abgegeben haben, 6 tschechische Bezirke, 4 Bezirke mit tschechischer Mehrheit und nur 1 deutscher Bezirk. Nach Meinzingen[1] leben in Wien 235.449 Personen, die in Böhmen geboren sind. Von ihnen sind 45.615 in rein oder überwiegend deutschen, dagegen 180.922 in rein oder überwiegend tschechischen Bezirken geboren; der Geburtsort der übrigen ist nicht bekannt. Ganz ähnlich ist der nationale Charakter der mährischen Zuwanderung. In Wien leben 57.438 Personen, die in rein oder überwiegend deutschen, dagegen 113.308 Personen, die in rein oder überwiegend tsche-

[1]) Meinzingen, Die binnenländische Wanderung und ihre Rückwirkung auf die Umgangssprache. „Statistische Monatsschrift.“ 1902. Seite 693 ff.

chischen Bezirken Mährens geboren sind. Auch diese Einwanderung ist nichts als ein besonderer Fall der Verschiebung der Bevölkerung aus der Landwirtschaft in die Industrie. Auch sie wird nicht aufhören, solange die Kräfte wirksam bleiben, durch die das deutsche Kapital den tschechischen Bauernsohn und Landarbeiter an sich zieht. Je schneller diese Minderheit wächst, desto schwerer kann das reine Territorialprinzip, das sie der deutschen Mehrheit wehrlos preisgibt, die tschechische Nation zufriedenstellen.

Ebenso kann das reine Territorialprinzip die nationalen Bedürfnisse der S l o v e n e n kaum erfüllen. In Kärnten bilden die Slovenen in vier Bezirken starke Minderheiten, die 20 bis 40 Prozent der Bevölkerung umfassen. In Steiermark sind sie in zwei Bezirken Minderheit. Im Küstenland bilden sie eine Minorität in Triest, in den Bezirken Cormons, Gradiska und Monfalcone und den westlichen Bezirken Istriens. Wohl könnten durch eine bessere Bezirkseinteilung einige dieser slovenischen Minderheiten mit anderen slovenischen Gemeinden zu slovenischen Verwaltungsgebieten zusammengeschlossen werden, aber es ist dies keineswegs überall möglich und auch hier können die Grenzen der Verwaltungsbezirke mit der Sprachgrenze nicht überall zusammenfallen.

Die K r o a t e n bilden in vier italienischen Bezirken in Istrien eine Minderheit.

Die R u t h e n e n endlich bilden in dem Bezirk Altsandez, der vom polnischen Gebiet eingeschlossen ist, die Mehrheit, in vierzehn Bezirken im polnischen Sprachgebiet nicht unbeträchtliche Minderheiten. Ebenso bilden sie die nationale Minderheit in den rumänischen Bezirken der Bukowina.

Diese Mischungsverhältnisse der Nationen sind geschichtlich leicht verständlich. Sie sind teilweise eine Folge der bäuerlichen Kolonisation in einer Zeit, die jenes Gebilde von Tätigkeiten, von Mitteln und Zwecken, das wir heute öffentliche Verwaltung nennen, noch gar nicht kannte, in der noch kein Verkehr den Bauern mit den Menschen ausserhalb seines Dorfes, seiner Markgenossenschaft, seiner Grundherrschaft verknüpfte und die darum die Menschen leicht so sonderbar durcheinanderwürfeln konnte. Sie sind weiter überliefert aus jener Zeit, in der historische und geschichtslose Nationen einander gegenüberstanden, in der über dem tschechischen und slovenischen Bauern ein deutscher, über dem ruthenischen Bauern ein polnischer Gutsherr sass, in der mitten im Meere slavischer Bauern kleine Inseln mit städtischem Leben lagen, die von deutschen oder italienischen Kaufleuten beherrscht wurden. Sie entstammen jener Zeit, in der Oesterreich ein deutscher Staat war und der deutsche Beamte und deutsche Offizier im ganzen Reiche die Staatsgewalt verkörperte. Sie sind endlich geschaffen durch den modernen Kapitalismus, der die Menschen aus dem ererbten Boden entwurzelt und in die Städte und Industriegebiete geführt hat. So spiegeln diese nationalen Minderheiten die Sozialgeschichte vieler Jahrhunderte wieder.

Die Widerstandskraft der nationalen Minderheiten wächst mit der kulturellen Hebung der unteren Volksschichten. Kulturlose tschechische Landarbeiter, die in deutsche Gebiete einwanderten, konnte man unschwer germanisieren. Der moderne tschechische Industriearbeiter dagegen, der schon in der Heimat eine gute tschechische Schule besucht, tschechische Zeitungen gelesen, am politischen Leben seiner Nation Anteil genommen hat, erhält sich auch im fremden Lande seine Nationalität und erträgt die Herrschaft der fremden Mehrheit schwer.

Das reine Territorialprinzip liefert diese Minderheiten überall der Mehrheit aus. Dies entspricht so recht dem Wunsche des verärgerten Kleinbürgers, dem die nationale Frage nicht eine Reichsfrage, sondern eine örtliche Frage ist und der darum mit Unwillen die fremden Elemente in seiner Stadt sieht. Aber dieses Territorialprinzip wird unmöglich gerade wieder für den Kleinbürger! Der deutsche Kleinbürger in Wien oder in Brüx freut sich, dass der tschechischen Minderheit die Schulen, deren sie bedarf, verweigert werden. Aber derselbe deutsche Kleinbürger wird mit Unwillen hören, dass seinen Klassengenossen in Budweis oder Pilsen die tschechische Mehrheit die Schulen verweigern darf! So treibt den Kleinbürger der Hass gegen die fremde Minderheit zum Territorialprinzip und so werden ihm die Leiden der eigenen Minderheiten dieses Territorialprinzip unerträglich machen.

Ganz anders steht die Frage für den, der die nationale Frage nicht aus engem örtlichen Gesichtspunkte, sondern im ganzen Reiche sehen will. Für ihn bedeutet das reine Territorialprinzip, dass jede Nation die eingesprengten Minderheiten der anderen Nationen aufsaugt, aber zugleich die Minderheiten der eigenen Nation preisgibt. Also Gewinn auf der einen, Verlust auf der anderen Seite. Keine Nation wird ihre Volkszahl hierdurch wesentlich vermehren, sondern sie wird sie nur erhalten. Aber sie wird sie auf dem denkbar gehässigsten, denkbar langwierigsten, denkbar schmerzvollsten Wege erhalten, indem Tausenden von Menschen sowohl der eigenen als der fremden Nationen die Befriedigung der wichtigsten Kulturbedürfnisse verweigert wird, Tausende zur Preisgabe ihrer Nationalität gezwungen werden. Ist es nicht einfacher, die Volkszahl der eigenen Nation dadurch zu erhalten, dass man den Minderheiten der anderen Nationen die Möglichkeit gewährt, ihre Nationalität zu bewahren und dafür auch für die Minderheiten der eigenen Nation dieses Recht in Anspruch nimmt?

Noch mehr. Das Territorialprinzip gefährdet den nationalen Frieden; denn dass es rein durchgeführt werde, jede Nation völlig darauf verzichte, für ihre Minderheiten innerhalb der fremden Sprachgebiete zu sorgen, ist gänzlich unmöglich. Würde dies doch bedeuten, dass den nationalen Minderheiten selbst jene spärlichen Rechte genommen werden, die ihnen schon das geltende Recht gewährt. Jede Nation würde daher versuchen, durch Reichsgesetze die Rechte ihrer Minderheiten in den Siedlungsgebieten der anderen Nationen zu sichern. Um die Art dieser Regelung würden notwendig heftige Kämpfe entbrennen, die neuerlich zum Kampfe der Nationen um die Macht im Staate führen müssten. Wäre ein Gesetz zum Schutze dieser Minderheiten zustande gekommen, so würde um jede Frage der Auslegung neuerlich gekämpft werden. Jede Nation würde ihre Minderheiten benachteiligt glauben und die Unterdrückung der eigenen Minderheiten dadurch bekämpfen zu können meinen, dass sie an den Minderheiten der anderen Nationen in ihrem Gebiete Rache übt. So würde die nationale Selbstbestimmung auf Grund des Territorialprinzipes neuerliche nationale Kämpfe heraufbeschworen.

Schon aus diesem Grunde kann das Territorialprinzip den Forderungen der Arbeiterklasse nicht genügen. Aber ihre Stellung zu ihm wird noch durch andere Erwägungen bestimmt werden.

Ganz klar steht die Frage für die t s c h e c h i s c h e Arbeiterschaft. Die tschechischen Minderheiten in Deutschböhmen, im deutschen Teile Mährens, in Niederösterreich bestehen überwiegend aus Arbeitern. Die tschechische Arbeiterpartei kann die nationalen Rechte dieser Arbeiter nicht preisgeben. Werden den tschechischen Arbeitern tschechische Schulen verweigert, so wird dadurch die tschechische Arbeiterschaft auf tieferer Kulturstufe erhalten, denn das tschechische Kind lernt wenig oder nichts in der deutschen Schule. Dies ist für die tschechischen Arbeiter desto empfindlicher, als sie sehr oft nicht dauernd in den deutschen Orten bleiben, sondern durch das Spiel der Konjunktur nicht selten wieder in tschechisches Gebiet zurückgeworfen werden. Man hat beispielsweise untersucht, wie viele von den Bergarbeitern, die nach Beendigung des grossen Bergarbeiterstreiks im Jahre 1900 während der Zeit vom 1. April bis 31. Dezember 1900 neu eingestellt worden sind, am 31. Dezember 1901 der Zentralbruderlade für Nordwestböhmen noch als aktive Mitglieder angehörten. Die Untersuchung ergab nach Rauchberg folgendes Ergebnis:

Heimatsbezirk der Arbeiter	Zwischen dem 1. April und 31. Dezember 1900 neu eingetreten	Am 31. Dezember 1901 noch im Stande	Abgegangen
Deutsche Bezirke .	1580	719	861
Bezirke mit deutscher Mehrheit .	1053	629	424
Bezirke mit tschechischer Mehrheit	285	116	169
Tschechische Bezirke	3113	1254	1859

Es sind also von 3113 Arbeitern, die in tschechischen Bezirken Böhmens heimatsberechtigt waren, noch in demselben oder dem folgenden Jahre 1859 aus dem Wirkungsgebiet der nordwestböhmischen Zentralbruderlade ausgewandert. Und dies, obwohl der Personalstand der Zentralbruderlade sich keineswegs wesentlich verringert hat! Er betrug:

Ende 1900	31.450
„ 1901	31.370
„ 1902	31.353

Diese Zahlen zeigen die grosse Fluktuation moderner Lohnarbeiter anschaulich genug. Gar so gross wie im Kohlenbergbau mag anderwärts der Wechsel des Arbeiterstandes nicht sein. Aber es unterliegt keinem Zweifel, dass überall ein beträchtlicher Teil der tschechischen Arbeiter, die in die deutschen Industriegebiete wandern, nach kürzerer oder längerer Zeit wieder in seine Heimat oder doch in einen anderen tschechischen Bezirk zurückzieht. Für die Kinder dieser Arbeiter ist der deutsche Unterricht, den sie nur kurze Zeit, bestenfalls nur einige Jahre, geniessen, wertlos; ehe sie die deutsche Sprache in solchem Masse erlernen, dass sie dem Unterricht folgen können, kehren sie wieder in die tschechische Schule der Heimat zurück. Verweigert man diesen Kindern im deutschen Sprachgebiet tschechische Schulen, so verweigert man ihnen den Schulunterricht überhaupt.[1])

Aus all dem geht hinreichend klar hervor, dass die tschechische Arbeiterschaft die nationalen Rechte ihrer Klassengenossen im deutschen Sprachgebiet nicht preisgeben kann. Verweigert man den tschechischen Arbeitern dort tschechische Schulen, so erschwert und verschlechtert man den Schulunterricht für den sesshaften Teil, verweigert ihn gänzlich für den fluktuierenden Teil der Arbeiterschaft. Weiss man kein Mittel, ihnen vor den Behörden und Richtern auch ohne Kenntnis der deutschen Sprache

[1]) Auch Fischel macht auf den Zusammenhang der Frage der Minderheitsschulen mit dem fortwährenden Hin- und Rückfluss der tschechischen Arbeiter in die deutschen Industriegebiete und aus ihnen aufmerksam. Aber er will gerade darum den tschechischen Minderheiten die Schulen verweigern oder doch die Schulgründung erschweren. Ich vermag diese Logik nicht zu verstehen. Soweit die tschechischen Arbeiter wirklich bei jedem Wechsel der Konjunktur aus den deutschen Bezirken wieder zurückwandern, kann die tschechische Schule im deutschen Sprachgebiet den Deutschen nicht schaden; denn da die tschechischen Arbeiter im deutschen Sprachgebiet nicht bleiben, können sie nicht dadurch germanisiert werden, dass man ihren Kindern die deutsche Schule aufzwingt. Wohl aber schadet die deutsche Schule den tschechischen Arbeitern, da für ihre Kinder, die nicht lange genug im deutschen Sprachgebiet bleiben, um der deutschen Sprache mächtig zu werden, die Verweigerung tschechischer Schulen nicht viel weniger als Schulverweigerung überhaupt bedeutet. Vergleiche Fischel, Die Minoritätsschulen, Seite 8.

volles Gehör zu schaffen, so macht man sie den Organen des Staates gegenüber rechtlos. Durch all das würde die tschechische Arbeiterschaft auf einer tieferen Kulturstufe erhalten und hierdurch zur Führung ihres Klassenkampfes unfähig. Die nationale Rechtlosigkeit würde den nationalen Hass in ihr erwecken und sie wäre den kleinbürgerlich-nationalen Parteien willkommene Beute. Der Kampf um die nationalen Rechte der tschechischen Minderheiten kann immer nur ein kleines Stück des Klassenkampfes der tschechischen Arbeiterschaft sein und darf sie den grossen Aufgaben dieses Kampfes nicht entfremden; aber er ist gewiss ein wichtiges Mittel in diesem Klassenkampfe und die tschechische Arbeiterschaft kann auf ihn nicht verzichten.

Ganz ähnlich kann auch die polnische Arbeiterschaft die nationalen Rechte der polnischen Arbeiter in Schlesien, die italienische Arbeiterschaft die nationalen Rechte der italienischen Arbeiter in Deutschtirol unmöglich preisgeben.

Etwas schwieriger steht die Frage für die deutschen Arbeiter. Vom Standpunkte des nationalen Gesamtinteresses hat keine Nation mehr Grund, die nationalen Rechte der Minderheiten zu wahren, als gerade das deutsche Volk. Wir wissen bereits, dass die steuerkräftigen, gebildeten, im ganzen Reiche verstreuten deutschen Minderheiten die Macht der deutschen Nation in Oesterreich wesentlich vermehren. Trotzdem ist es sehr begreiflich, dass die deutsche Arbeiterschaft der Frage der Minderheiten weniger Interesse entgegenbringt als die tschechischen, polnischen und italienischen Arbeiter. Die deutschen Minderheiten in den fremden Siedlungsgebieten bestehen nur zu geringem Teile aus Arbeitern. Sie setzen sich überwiegend aus Bourgeois, Beamten, Offizieren und Angehörigen der Intelligenz zusammen — also aus Schichten, die der deutschen Arbeiterschaft sozial fremd sind. Indessen gibt es auch deutsche Arbeiterschichten, die ihre Arbeitsstelle bald in dem, bald in jenem Sprachgebiet finden. Das gilt beispielsweise von den Eisenbahnern. Der deutsche Bourgeois, der in einer tschechischen Stadt wohnt, kann den mangelnden öffentlichen Unterricht durch Privatunterricht ersetzen. Die Sprachenfrage vor den öffentlichen Aemtern besteht für ihn nicht, da er jederzeit die Hilfe des Rechtsanwalts anrufen kann, der die Sprache der öffentlichen Aemter beherrscht. Anders der deutsche Eisenbahner, der für ein paar Jahre nach einem tschechischen oder polnischen oder slovenischen Orte versetzt wird. Er ist auf die öffentlichen Schulen angewiesen. Schickt er sein Kind in die fremde Schule, so wird es dort, der Unterrichtssprache nicht mächtig, kaum irgend etwas lernen. Kehrt er nach einigen Jahren wieder in das deutsche Gebiet zurück, so ist sein Kind hinter seinen Altersgenossen zurückgeblieben, hat ein paar Jahre seines Lebens verloren. Auch andere deutsche Arbeiter treibt die

Not der Arbeitsuche in fremde Siedlungsgebiete. Wo immer eine neue Industrie ersteht, dort erscheint auch fast stets der deutsche Mechaniker, der deutsche Maschinenschlosser, der deutsche Werkmeister. Am häufigsten aber leben die deutschen Angestellten des Handels und der Industrie als Minderheit in fremden Sprachgebieten.

Wenn die deutschen Arbeiter aber die Minderheiten der eigenen Nation schützen wollen, so können sie auch den fremden Minderheiten im deutschen Siedlungsgebiete ihr Recht nicht versagen. Aber sie können dies auch aus anderen Gründen nicht. Der deutsche Arbeiter hat ein eigenes Interesse an der Kulturhöhe der tschechischen Minderheit: den tschechischen Arbeitern Schulen versagen, heisst tschechische Lohndrücker und Streikbrecher züchten. Der deutsche Arbeiter hat ein eigenes Interesse daran, dass die tschechischen Minderheiten national befriedigt werden; denn sind sie es nicht, so erwacht in ihnen der nationale Hass, sie werden unfähig, den gewerkschaftlichen und politischen Kampf gemeinsam mit den deutschen Arbeitern zu führen, sie zersplittern die Gewerkschaftsbewegung und leisten bürgerlichen politischen Parteien Gefolgschaft. Endlich widerstreitet die nationale Unterdrückung der fremden Minderheiten der Ideologie des deutschen Arbeiters. Der Unternehmer verteidigt überall den Grundsatz: „Wes Brot ich esse, des Lied ich singe", und er meint, der Arbeiter esse sein Brot. Der deutsche Arbeiter dagegen glaubt, es sei genug daran, dass der Unternehmer sich einen Teil seines Arbeitsproduktes aneignet; dass er hierfür auch noch seine Seele haben will, will er nicht dulden. Der Arbeitsvertrag soll ein Kaufvertrag sein wie jeder andere; er soll dem Unternehmer keine Macht geben, dem Arbeiter auch noch ausserhalb seiner Arbeit zu befehlen und zu verbieten, seine persönliche Freiheit zu beschränken. Du zahlst mir meinen Lohn, ich leiste dir meine Arbeit — weiter hast du kein Recht über mich; dieser Grundsatz entspringt aus dem sozialen Kampfe des deutschen Arbeiters mit dem deutschen Unternehmer. Der Arbeiter kann diesen Grundsatz nicht preisgeben, sobald er nationale Bedeutung gewinnt. Wenn aber der tschechische Arbeiter, der für einen deutschen Unternehmer front, dadurch seines nationalen Rechtes verlustig gehen soll, ist dies etwas anderes als ein besonderer Fall jener Anmassung des Kapitals, das um den kärglichen Arbeitslohn nicht nur die Arbeitskraft, sondern den ganzen Menschen kaufen will? Das dem Arbeiter, den es entlohnt, nun gar seine Nationalität rauben will? Der deutsche Arbeiter würde sich selbst preisgeben, wenn er nicht die volle nationale Freiheit auch für jene seiner tschechischen Klassengenossen verlangen wollte, die die Gesetze des kapitalistischen Wirtschaftslebens zwingen, deutschem Kapital in deutschem Lande ihre Arbeitskraft zu verkaufen.

Seit der Spaltung der Gesellschaft in Klassen birgt sich im Verhältnis des Menschen zum Ding die Macht des Menschen über Menschen. Mir gehört eine Spinnmaschine Scheinbar bedeutet dies nur ich besitze einen Gegenstand, ihn als Werkzeug bei meiner Arbeit zu gebrauchen In Wahrheit aber wird das Eigentum an Arbeitsmitteln in den Händen des Kapitalisten zur Macht, über andere Menschen zu herrschen, das Arbeitsprodukt anderer Menschen sich anzueignen Mir gehört ein Stück Bodens Scheinbar heisst dies nur, ich habe mich auf einem Stück Landes angesiedelt, um darauf zu wohnen und seine Früchte zu geniessen In Wirklichkeit gibt mir der Besitz des Landes Anspruch auf die Grundrente, gibt mir die Macht, den Ertrag fremder Arbeit mir anzueignen Auch das Territorialprinzip will auf das Verhältnis des Menschen zur toten Natur Herrschaft von Menschen über Menschen gründen. Die Grundbesitzer dieser Stadt nennen dieses Stück Landes ihr eigen Gut denn, mögen sie darauf wohnen und sich seiner Früchte erfreuen Aber soll die Macht über ein Stück Bodens ihnen das Recht geben, andere Menschen zu beherrschen, andere Menschen aus ihrer Kulturgemeinschaft herauszureissen und sie gewaltsam einer anderen einzugliedern? Wenn das Bürgertum diese Frage bejaht, so denkt es folgerichtig, denn seine Gesellschaftsverfassung beruht auf dem Grundsatze, dass Macht über Dinge Herrschaft über Menschen bedeutet. Die Arbeiterklasse aber bekämpft diese Gesellschaftsverfassung Sie kämpft um eine Gesellschaftsordnung, in der sich nicht mehr in der Verwaltung der Dinge Herrschaft über Menschen birgt Der Arbeiterklasse ist daher auch der Grundsatz fremd, dass die Eigentümer des Bodens das Recht haben sollen, den eigentumslosen Einwanderern die Erfüllung ihrer nationalen Kulturbedürfnisse zu verweigern

Das Streben nach nationalen Eroberungen ist unter der zentralistisch-atomistischen Verfassung Gesetz alles nationalen Kampfes. Fällt diese Nationalitätenverfassung, so will die Sucht nach nationalen Eroberungen immer noch eine letzte Stellung behaupten: die Minderheiten in den geschlossenen Siedlungsgebieten der Nationen sollen der Mehrheit Opfer werden. Noch einmal birgt sich das Streben nach sozialer Herrschaft in einer Rechtseinrichtung, die nationale Unterdrückung möglich machen soll. Fällt auch diese, entschliessen wir uns durch das Personalitätsprinzip auch die nationalen Minderheiten rechtlich zu sichern, so ist der Gedanke an Rechtseinrichtungen zum Zwecke nationaler Eroberung überhaupt preisgegeben Nationale Eroberungen sind auch dann noch möglich wenn ein Tscheche durch Heirat, durch wirtschaftliche Beziehungen oder geselligen Verkehr mit Deutschen allmählich zum Deutschen wird, so hat ihn die deutsche Nation der tschechischen abgewonnen. Aber diese Eroberung dankt das deutsche Volk der natürlichen Anziehungskraft der nationalen Kultur, nicht aber der brutalen Gewalt eines Gesetzes, das Menschen der einen Nation die Mittel verweigert, durch die sie die Kulturgemeinschaft mit ihren Volksgenossen aufrecht erhalten können, um sie hierdurch zum Anschluss an eine andere Kulturgemeinschaft zu zwingen.

Aber können wir auf den Gedanken der nationalen Eroberung oder doch wenigstens auf die Hilfe des Rechtes für diesen Zweck überhaupt verzichten? Man hat dies gerade für die Deutschen in Oesterreich mit verlockenden Gründen verneint. Die natürliche Bevölkerungsvermehrung des deutschen Volkes in Oesterreich ist kleiner als die der anderen Nationen. Müssen die Deutschen nicht darnach streben, die nationalen Minderheiten dem Körper ihrer Nation einzuverleiben, damit sie nicht langsamer wachsen als die anderen Völker?

Wir haben diese Erwägung bereits mit dem Hinweis auf die deutschen Minderheiten in den Siedlungsgebieten der anderen Nationen beantwortet. Das Territorialprinzip würde den Deutschen wohl auf der einen Seite geben, ihnen aber auf der anderen Seite nehmen; es würde ihre Angriffskraft mehren, aber ihre Verteidigung schwächen, würde die slavischen Minderheiten im deutschen Gebiete germanisieren, aber die deutschen Minderheiten den anderen Nationen preisgeben. Ob die Deutschen hierbei mehr gewinnen würden als verlieren, kann der Statistiker nicht entscheiden. Denn der tschechische Arbeiter, der in Wien oder in Reichenberg sesshaft wird, würde auf vielfältige Weise auch dann dem deutschen Volke gewonnen werden können, wenn selbst das Recht den Tschechen nationale Schulen nicht versagt. Wieviel für die Aufsaugung der Minderheiten der soziale Verkehr und wieviel das Recht leistet, kann der Statistiker nicht ermitteln. Er kann daher auch nichts darüber aussagen, ob, wenn die Nationen auf die Hilfe des Rechtes für die erstrebten nationalen Eroberungen verzichten, die Deutschen mehr oder weniger gewinnen werden als die einzelnen Nationen. Aber nehmen wir an, was ja in der Tat wahrscheinlich ist, dass das Territorialprinzip die wohlhabenden deutschen Minderheiten weniger schwächen würde als die proletarischen Minderheiten der Slaven und Italiener im deutschen Sprachgebiet. Nehmen wir an, das Territorialprinzip wäre so in der Tat für die Deutschen ein Mittel, ihre Volkszahl auf Kosten der anderen Völker zu vermehren. Ist damit das Territorialprinzip schon gerechtfertigt?

Ist zunächst die Mehrung der Volkszahl überhaupt ein Ziel nationaler Politik? Wohl verstanden: wir fragen nicht, ob es vorteilhaft ist, wenn ein S t a a t, oder ob es nützlich ist, wenn ein W i r t s c h a f t s g e b i e t die Zahl seiner Bewohner vermehrt. Wir fragen nach dem Grunde, warum eine Nation als solche ihre

Volkszahl zu vermehren wünscht. Betrachten wir zunächst die Nation an sich, unabhängig vom Staate, in dem sie lebt, so kann der Satz, die Nation habe an der Vermehrung ihrer Volkszahl ein Interesse, nicht ohne Einschränkung gelten. Wohl unterliegt es keinem Zweifel, dass unter sonst gleichen Bedingungen die Vermehrung der Zahl der Nationsgenossen die Ergiebigkeit der nationalen Kulturarbeit steigert. Die wirtschaftlichen Bedingungen der Arbeit des Gelehrten und Künstlers, der für ein Volk von 80 Millionen schafft, sind ganz andere als die seines Kollegen, der sich nur an ein Volk von 6 Millionen wenden kann. Je grösser die Nation ist, desto leichter und vollständiger kann sie ihr Schulwesen von der Volksschule bis zur Hochschule, kann sie ihre anderen Kulturinstitute, ihre Theater, Akademien, ihre Museen ausbauen. Je umfassender der Wissenschaftsbetrieb ist, desto mehr vermag sich die Wissenschaft in ihre Zweige zu verästeln, desto reicheren Gewinn wird sie aus der Arbeitsteilung ziehen. Je grösser die Volkszahl ist, desto grösser die Wahrscheinlichkeit, dass jeder Zweig geistiger Kultur die Männer findet, die sein Wachstum fördern. Aber wir wissen, dass in unserer Gesellschaft nirgends das gesamte Volk an der nationalen Kultur vollen und gleichen Anteil hat. Was bedeuten Millionen von Bauern, die nicht lesen und schreiben können, deren Leben im ewigen Einerlei von der Geburt bis zum Grabe abläuft, die weder die Kulturgüter der Nation geniessen noch an der Aufwärtsentwicklung der nationalen Kultur werktätigen Anteil nehmen, für die Ergiebigkeit der geistigen Arbeit? Man kann die Produktivität der nationalen Kulturarbeit also nicht nur dadurch steigern, dass man die Volkszahl vermehrt, sondern auch dadurch, dass man den Anteil der Massen an der nationalen Kultur erhöht. Die beneidenswerte Kulturhöhe der kleinen skandinavischen Nationen bietet hierfür das beste Beispiel. Wenn es also gewiss ist, dass die Produktivität der nationalen Kulturarbeit nicht nur von der Grösse des Volkes, sondern auch von der Intensität der nationalen Kultur, von dem Grade der kulturellen Durchdringung des gesamten Volkes abhängt, so kann man die Ergiebigkeit der nationalen Arbeit niemals steigern, indem man die Volkszahl durch Mittel vermehrt, die die Entwicklung des gesamten Volkes zur Nation verhindern. Diesem Zwecke, der Entwicklung des gesamten Volkes zur nationalen Kulturgemeinschaft, dient die national-evolutionistische Politik, die nationale Politik der Arbeiterklasse. Alles, was den Klassenkampf der Arbeiterklasse erschwert, ihr Klasseninteresse schädigt, verringert den Anteil der Massen an der nationalen Kultur und verringert dadurch auch die Ergiebigkeit der nationalen Kulturarbeit. Da nun diese der Zweck, die Steigerung der Volkszahl nur

Mittel ist, so vergisst man den Zweck über dem Mittel, wenn man um der Steigerung der Volkszahl willen den Kampf der Arbeiterklasse erschweren will

Indessen denkt man, wenn man von der Notwendigkeit nationaler Eroberungen spricht, nur selten daran, dass die Zahl der Nationsgenossen die Produktivität der nationalen Kulturarbeit vermehrt, man ist vielmehr darum auf die Vermehrung der Volkszahl bedacht, weil sie die Macht, das politische Gewicht der Nation steigert. Im Nationalitätenstaate hat darum das Streben nach nationalen Eroberungen guten Grund, solange die Nationen den Kampf um die Macht im Staate führen. Ganz anders, sobald die atomistisch-zentralistische durch die organische Regelung der nationalen Verhältnisse ersetzt wird hier hat der Staat den Nationen als Gesamtheiten nichts mehr zu geben und der Machtkampf der Nationen hat daher keinen Sinn mehr Der Nation ist die Macht, deren sie bedarf, rechtlich gesichert, sie kämpft nicht mehr um sie. Hier bedarf daher auch keine Nation mehr nationaler Eroberungen.

Indessen werden diese nüchternen Erwägungen kaum viele überzeugen. Verbreitet doch die kapitalistische Produktionsweise, die jedes Gut zur Ware, zum Werte macht, seiner qualitativen Bestimmtheit entkleidet und als blosse Grösse erscheinen lässt, die das Streben nach Profit, nach einem bestimmten, zahlenmässig auszudrückenden Teil des Mehrwerts zum Inhalt des Menschenlebens gemacht hat, jenen Geist, der keine andere Grösse mehr kennt als die, die man statistisch erfassen, die man zählen und messen und wägen kann. Es ist ein Merkmal aller kapitalistischen Nationen, was man als Eigentümlichkeit der Amerikaner bezeichnet hat, dass sie bigness, die zahlenmässige Grösse, mit greatness, der wahren inneren Grösse, verwechseln. So mag es sein, dass in unserer Gesellschaft die Volkszahl den Nationen nicht als Mittel, sondern als Selbstzweck erscheint. Aber selbst wenn man dies gelten lassen will, ist die Sucht nach nationalen Eroberungen und mit ihr das nationale Territorialprinzip noch nicht gerechtfertigt

Dass die Tatsachen der natürlichen Bevölkerungsvermehrung dem deutschen Volke in Oesterreich nicht eben günstig sind, ist zuzugeben Aber worauf ist diese Erscheinung zurückzuführen? Auf eine ihrer Ursachen hat Hainisch hingewiesen [1]) Das Heiratsalter und die Zahl der Eheschliessungen hängt überall sehr eng mit der Verfassung der Landwirtschaft zusammen Die ländliche Verfassung hemmt nun bei uns die natürliche Vermehrung des deutschen Volkes In den von Deutschen bewohnten Alpenländern finden wir den Grund und Boden im Besitze grösserer und mittlerer Bauern, neben ihnen treten sowohl der Grossgrund-

[1]) Hainisch, Zukunft der Deutsch-Oesterreicher Wien 1892.

besitz als der Parzellenbesitz in den Hintergrund. Dieser bäuerliche Besitz wird dadurch erhalten, dass das Bauerngut beim Tode des Bauern nicht geteilt wird, sondern nur auf ein Kind des Bauern, den Anerben, übergeht. Auf dem Bauernhofe leben nun neben der Bauernfamilie unverheiratete Knechte und Mägde. „Der grosse geschlossene Bauernhof ist nach zwei Richtungen ehebeschränkend: er verzögert die Ehe des Anerben so lange, bis der Bauer in die Ausnahme geht oder stirbt, und er hindert die Ehe der gesamten auf dem Hofe beständig beschäftigten männlichen und weiblichen Arbeitskräfte." Im Gebiete der geschlossenen Höfe ist daher das Heiratsalter hoch, die Zahl der Ehen gering. Die Vermehrung der Bevölkerung durch den Zuwachs ehelicher Kinder wird dadurch verlangsamt.

Wohl ist in diesen Gebieten die Zahl der unehelichen Kinder besonders gross, aber die Geburtenüberschüsse sind doch wesentlich kleiner als in den anderen Ländern. Diese Gebiete sind nun überwiegend von Deutschen bewohnt. Der geschlossene Hof unserer Alpenländer ist daher ein gefährliches Hindernis des Wachstums der deutschen Volkszahl. Die Gebiete, in denen die anderen Nationen wohnen, kennen dieses Hindernis der Bevölkerungsvermehrung nicht. In den Karstländern, im Küstenlande und Dalmatien überwiegt der Parzellenbesitz, in den Sudetenländern fehlt es nicht an einem zahlreichen Bauernstand, aber daneben findet sich ein umfangreicher Grossgrundbesitz und Parzellenbesitz. In Galizien wird der Boden beim Tode des Bauern unter seine Kinder geteilt und so finden wir neben ausgedehntem Grossgrundbesitz eine sehr zahlreiche Klasse von Parzellenbesitzern. Grossgrundbesitz und Parzellenbesitz fördern überall die Bevölkerungsvermehrung, während der geschlossene Hof der Alpenländer sie hemmt. Dass die ländliche Verfassung der deutschen agrarischen Gebiete auf dem geschlossenen Hofe beruht, während in den slavischen und italienischen Gebieten der Grossgrundbesitz und Parzellenbesitz überwiegt, ist eine der grundlegenden Tatsachen, die die Entwicklung der österreichischen Nationen bestimmen.

Nach derselben Richtung wirkt eine Reihe anderer Ursachen. Die Deutschen sind von der kapitalistischen Entwicklung am schnellsten ergriffen worden. Alle Ursachen, die die Entwicklung der Bevölkerung in einer kapitalistischen Gesellschaft bestimmen, wurden daher für das Wachstum der deutschen Volkszahl bedeutsam. Alles, was das Leben des modernen Industriearbeiters bedroht und verkürzt, senkt die Volkszahl der Deutschen in Oesterreich. In den deutschen Industriegebieten ist vor allem das Heiratsalter höher als in den agrarischen Gebieten der anderen Nationen. So waren in Böhmen von 1000 männlichen österreichischen Staatsbürgern mit deutscher Umgangssprache im Alter von 20 bis 30 Jahren 649, von

1000 Tschechen in demselben Alter nur 618 unverheiratet; im Alter von 30 bis 40 Jahren waren noch 16·3 Prozent der Deutschen, dagegen nur 12·5 Prozent der Tschechen unverehelicht. Die Frauenarbeit hat bei den Deutschen grösseren Umfang erreicht. Auf 1000 in der Industrie berufstätige Männer kommen bei den Deutschen 383, bei den Tschechen nur 243 industriell berufstätige Frauen. Dabei scheint die Fabriksarbeit verheirateter Frauen zuzunehmen. Wenigstens stieg die Zahl der verheirateten Textilarbeiterinnen im Bezirke der Handels- und Gewerbekammer in Reichenberg im Jahrzehnt 1890 bis 1900 von 25.913 auf 32.253, obwohl gleichzeitig die Zahl der unverheirateten und verwitweten Textilarbeiterinnen nicht zugenommen hat. Die grosse Verbreitung der Fabriksarbeit der Frauen dürfte die grosse Zahl der Totgeburten bei den Deutschen teilweise erklären. Rauchberg gibt hierüber folgende Zahlen:

	Von je 1000 ehelichen Geburten sind Totgeburten	Von je 1000 unehelichen Geburten sind Totgeburten
Deutsche Bezirke	34·8	42·6
Bezirke mit deutscher Mehrheit	27·8	36·5
Bezirke mit tschechischer Mehrheit	26·8	32·6
Tschechische Bezirke	28·8	41·7

Auch die Kindersterblichkeit ist im deutschen Industriegebiet viel grösser als in den agrarischen Bezirken Böhmens, die die Tschechen bewohnen. Von 1000 lebend Geborenen starben 1891 bis 1900:

	Vor Ablauf des ersten Lebensjahres	Vor Ablauf des fünften Lebensjahres
Deutsche Bezirke	281	358
Bezirke mit deutscher Mehrheit	289	369
Bezirke mit tschechischer Mehrheit	239	329
Tschechische Bezirke	237	327

Im ganzen entfielen auf 1000 Personen der mittleren Bevölkerung Sterbefälle im Jahrzehnt:

	1881 bis 1890	1891 bis 1900
Deutsche Bezirke	308·2	269·0
Bezirke mit deutscher Mehrheit	305·6	283·0
Bezirke mit tschechischer Mehrheit	267·8	248·2
Tschechische Bezirke	278·8	246·9

Die Sterblichkeit ist im deutschen Industriegebiete beträchtlich grösser als in den tschechischen Gebieten. Aber sie sinkt in beiden

Landesteilen und der Unterschied zwischen den Sterbezahlen verringert sich allmählich. Die Erhöhung der Arbeitslöhne und die Verkürzung der Arbeitszeit, die die Gewerkschaften der Arbeiterschaft erkämpft, die sozialpolitische Gesetzgebung und die Fortschritte der Hygiene haben diese erfreuliche Erscheinung gezeitigt. Diese Tatsache zeigt deutlich den Weg zur Hebung der deutschen Volkszahl. Die bürgerlich-nationalen Parteien sehen immer nur ein Mittel, die Macht des deutschen Volkes zu steigern: sie wollen den anderen Nationen Menschen abgewinnen, Tschechen, Slovenen und Italiener germanisieren. Und doch ist, was so gewonnen werden kann, lächerlich gering und wird mit der Preisgabe der eigenen Minderheiten und mit der Verlangsamung jener sozialen Entwicklung, die allein die breiten Massen zum Mitgenusse der nationalen Kultur fähig machen kann, allzu teuer erkauft. Ganz unvergleichlich mehr könnte das deutsche Volk durch eine zielbewusste und rücksichtslose Sozialpolitik gewinnen. Sie würde die Zahl der Eheschliessungen vermehren, die Kindersterblichkeit und die Sterblichkeit überhaupt verringern. Dadurch würde die Volkszahl der Deutschen nicht nur absolut steigen, sondern auch ihr Verhältnis zur Volkszahl der anderen Nationen sich verbessern; denn da die Deutschen, als die kapitalistisch höchst entwickelte Nation, unter der kapitalistischen Ausbeutung am meisten leiden, so kommen auch die heilenden Wirkungen energischer Sozialpolitik ihnen am meisten zugute. Diesen Gedanken hat Herkner in seiner jugendfrischen Kampfschrift sehr hübsch ausgeführt;[1]) Rauchberg hat ihn auf reiches Tatsachenmaterial gestützt. Trotzdem wird sich der kleinbürgerliche Nationalismus auch weiter darüber aufregen, wenn irgendwo eine tschechische Schule gegründet wird, aber ruhig zusehen, wie an demselben Orte das Wohnungselend, die Hausindustrie und die Kinderarbeit die Rasse verderben, die Tuberkulose verbreiten und unmündige deutsche Kinder alljährlich zu Hunderten in Not und Elend und Ueberarbeit verkommen lassen.

Unsere besitzenden Klassen behaupten, dass sie für die Volkszahl der deutschen Nation sorgen wollen. Gut denn! Dann mögen die Bauern verlangen, dass in den Alpenländern das Hoferecht und der Ehekonsens beseitigt werde. Dann mögen die Grossgrundbesitzer dafür sorgen, dass das Brot, das Fleisch, der Zucker billiger werden! Dann mögen die Fabrikanten dafür eintreten, dass der Staat den gewerkschaftlichen Kampf nicht erschwere, durch

[1]) Herkner, Die Zukunft der Deutsch-Oesterreicher. Wien 1893. — „Von Gemeindewegen etwa armen Müttern nach Soxleth sterilisierte Milch zu liefern, erscheint uns auch vom nationalen Standpunkt als ein viel verdienstlicheres Werk, denn Stadtpolizisten à la Prussienne zu uniformieren, auf Gemeindebäder die Aufschrift zu setzen: ‚Hier darf nicht tschechisch gesprochen werden' und durch ähnliche Stücklein mehr die Autonomie der Stadt in Gefahr zu bringen." Seite 20.

Gesetz den Arbeitstag verkürze, die Fabriksarbeit schwangerer Frauen verbiete. Dann mögen die Handwerksmeister fordern, dass der Staat der schamlosen Ausbeutung der Lehrlinge ein Ende bereite und dass der gewerbliche Fortbildungsunterricht in den Tagesstunden erteilt werde. Dann mögen die Hausherren dafür kämpfen, dass die Gemeinden für billige und gesunde Wohnungen sorgen! Dann mögen die Kapitalisten dafür sorgen, dass die Ausbeutung der Heimarbeiter gemildert werde! Das deutsche Volk hat absolut und relativ weit mehr uneheliche Kinder als die anderen Nationen und leidet vor allem unter ihrer erschreckenden Sterblichkeit. Mögen also die besitzenden Klassen verlangen, dass den unehelichen Kindern gesetzliches Erbrecht und Pflichtteilsrecht gegen ihren Vater und Anspruch auf Kost, Pflege und Erziehung je nach dem Einkommen des Vaters zuerkannt werden! Ob die besitzenden Klassen sich zu einer nationalen Politik entschliessen werden, die ihrem Klasseninteresse widerstreitet?

Der Arbeiterklasse aber ist der Weg klar vorgezeichnet, den sie gehen muss, wenn sie die Volkszahl ihrer Nation vermehren will. Sie kann den geschlossenen Hof in den Alpenländern nicht beseitigen, solange er in den landwirtschaftlichen Betriebsverhältnissen und in den Gewohnheiten der ländlichen Bevölkerung seine Stütze findet, aber sie kann die rechtliche Stütze des geschlossenen Hofes, das Hoferecht und den Ehekonsens, bekämpfen. Sie kann die verheerenden Wirkungen der Ausbeutung der Arbeiterschaft in der kapitalistischen Industrie im Rahmen unserer Gesellschaft nicht völlig aufheben, aber sie kann durch gewerkschaftlichen Kampf und durch Arbeiterschutzgesetze diese Wirkungen mildern, kann die schlimmsten Wunden am Körper der Gesellschaft — das masslose Elend der Hausindustrie, der Kinderarbeit, der Fabriksarbeit schwangerer Frauen, die Sterblichkeit der unehelichen Kinder, die Wohnungsnot, die allzulange Arbeitszeit, die hohen Lebensmittelpreise und niedrigen Löhne — allmählich zu heilen suchen. Die deutsche Arbeiterschaft kann darauf verzichten, den Tschechen ein paar hundert Kinder jährlich durch die germanisierende Wirkung der Schule abzugewinnen, sie wird dafür Tausende von deutschen Kindern jährlich dem Tode der Ueberarbeit und des Hungers entreissen!

Die Tausende deutschen Männer und Frauen, die alljährlich den mörderischen Wirkungen der kapitalistischen Ausbeutung erliegen, ihrem Volke zu retten, das sind die nationalen Eroberungen, die die Arbeiterklasse machen will. Nicht das Territorialprinzip, sondern die Sozialpolitik ist das Mittel zu diesen Eroberungen und im Kampfe um diese nationalen Eroberungen sind die deutschen Arbeiter der Bundesgenossenschaft der Proletarier aller Nationen gewiss.

§ 22

Das Personalitätsprinzip.

Das reine Personalitätsprinzip will die Nation nicht als Gebietskörperschaft, sondern als reinen Personenverband konstituieren. Gebietskörperschaften wären die öffentlich-rechtlich geregelten nationalen Körperschaften nur insofern, als sie ihre Wirksamkeit natürlich nicht über die Grenzen des Reiches hinaus erstrecken könnten. Innerhalb des Staates aber soll nicht den Deutschen in diesem, den Tschechen in jenem Gebiet die Macht zugeteilt werden, sondern es sollen die Nationen, wo immer sie leben, zu einer Körperschaft zusammengeschlossen werden, die selbständig ihre nationalen Angelegenheiten verwaltet. In derselben Stadt würden sehr oft zwei und mehr Nationen nebeneinander, voneinander ungestört, ihre nationale Selbstverwaltung aufbauen, nationale Bildungsanstalten errichten — gerade so wie in einer Stadt Katholiken, Evangelische, Juden nebeneinander selbständig ihre religiösen Angelegenheiten besorgen.

Das Personalitätsprinzip setzt voraus, dass die Bevölkerung nach Nationalitäten geschieden werde. Nun kann nicht etwa der Staat entscheiden, wer als Deutscher, wer als Tscheche zu gelten habe, vielmehr soll dem mündigen Staatsbürger das Recht gewährt werden, selbst zu bestimmen, zu welcher Nationalität er gehören will. Auf Grund der freien Nationalitätserklärung der mündigen Staatsbürger sollen Nationalkataster angelegt werden, die ein möglichst vollständiges Verzeichnis der mündigen Staatsbürger jeder Nationalität enthalten sollen. Natürlich steht es mit dem Rechte der freien Nationalitätserklärung nicht in Widerspruch, dass durch ein System von Rechtsvermutungen die Nationalitätserklärung jener Staatsbürger ersetzt wird, die die Nationalitätserklärung nicht abgeben können oder wollen.

Im Jahre 1905 ist der von Synopticus (Dr. Karl Renner) zuerst geforderte Nationalkataster in einem österreichischen Kronland wirklich eingeführt worden. Die neue Landesordnung und Landtagswahlordnung für Mähren [1]) führt nationale Wahlkörper für die Wähler der Städtekurie, der Landgemeindenkurie und der allgemeinen Wählerklasse ein. Die Abgeordneten dieser Kurien werden, wie das Gesetz sich ausdrückt, „in national getrennten Wahlkörpern böhmischer und deutscher Nationalität, für welche je besondere Wahlbezirke gebildet werden, gewählt“ (§ 3 b der Landesordnung.) Indessen beruht dieser Wahlkataster nicht auf der freien Nationalitätserklärung. Die Wählerlisten werden vom Gemeindevorsteher angelegt. Wohl

[1]) Gesetz vom 27. November 1905, Nr. 1 und Nr. 2 L.-G.-B. ex 1906.

kann jeder Wähler „durch die Erklärung, dass er der anderen Nationalität, als in welcher er in der Liste eingetragen wurde, angehöre, herbeiführen, dass sein Name aus der einen Liste gestrichen und in die von ihm gewünschte andere Liste aufgenommen werde". (§ 71, Z. 7. der Landtagswahlordnung.) Aber es kann auch „die Eintragung eines Wählers in eine nationale Liste von einem in derselben Liste eingetragenen Wähler bezüglich der nationalen Zugehörigkeit bestritten werden" In diesem Falle „liegt dem Gemeindevorsteher ob, das Begehren zu prüfen und für den Fall, als ihm dasselbe begründet erscheint, selbst die Richtigstellung vorzunehmen". (§ 71, Z 9 und 10, der Landtagswahlordnung.) Hier soll also der Gemeindevorsteher nach irgendwelchen objektiven Kriterien über die nationale Zugehörigkeit der Wähler entscheiden!

Der mährische Wahlkataster kann auch darum kein Vorbild sein, weil keine Vorsorge getroffen wurde, dass die Freiheit der Nationalitätserklärung wirklich gewahrt werde Soll der Nationalkataster Grundlage der nationalen Selbstbestimmung werden, so ist es unvermeidlich, die freie Nationalitätserklärung durch ein System von Strafandrohungen gegen den Einfluss der politisch und wirtschaftlich Mächtigen zu schützen.

Der mährische Nationalkataster kann ferner wegen seines Zweckes mit dem Nationalkataster als Grundlage der nationalen Autonomie nicht verglichen werden Denn die Nationalitätserklärung hat heute in Mähren keine andere Rechtswirkung als das Wahlrecht in dem betreffenden Wahlkörper, an der zentralistisch-atomistischen Nationalitätenverfassung wird hierdurch nichts geändert. Hier besteht daher die Gefahr, dass die Nation einen Teil ihrer Wähler in die Liste der anderen Nation eintragen lässt, um die Wahl im Wahlkörper der anderen Nation zu beeinflussen, wäre der Nationalkataster Grundlage der nationalen Autonomie, so wäre dies unmöglich, denn die Nationalitätserklärung hätte dann empfindliche Rechtswirkungen: wer in den deutschen Kataster eingetragen ist, ist der deutschen Nation steuerpflichtig und kann nur von der deutschen Nation die Aufnahme seiner Kinder in die öffentlichen Schulen, nur von der deutschen Nation Rechtshilfe bei Aemtern und Gerichten, die sich der tschechischen Sprache bedienen, verlangen Die Teilung der Wähler in nationale Wahlkörper bei Fortdauer der zentralistisch-atomistischen Regelung der nationalen Verhältnisse ist aber, selbst abgesehen von der Gefahr des Missbrauches, eine gänzlich verfehlte Anwendung des Personalitätsprinzips sie beseitigt nicht den Machtkampf der Nationen, sondern verteilt nur die Stellungen in diesem Kampfe ungleich. Die Zahl der Abgeordneten jeder Nation wird ein für allemal bestimmt, jede Veränderung im Zahlenverhältnis der Nationen muss den Wunsch nach neuer Verteilung der Mandate erwecken und dadurch den Kampf um die Macht im Lande immer von neuem herbeifuhren Wir fordern den Nationalkataster als Grundlage der nationalen Selbstverwaltung, nicht als Wahlerliste fur Reichsrats- und Landtagswahlen Nicht nationale Wahlkorper, sondern das Proportionalwahlrecht erscheint uns als zweckmassiges Mittel, um bei den Wahlen fur die Vertretungskorper der internationalen Gebietskorperschaften, (Reich, Land, Bezirk, Gemeinde) zu verhindern, dass die Minderheit ohne Vertretung bleibe. Bei alledem war noch gar nicht davon die Rede, dass das Personalitatsprinzip hier schon darum verzerrt erscheint, weil es auf das Privilegienwahlrecht kunstlich aufgepfropft wurde, zahlt doch der mahrische Landtag nur 20 Abgeordnete der allgemeinen Wahlerklasse neben 129 Vertretern der privilegierten Kurien! Trotz alledem ist dieser erste Versuch der Gesetzgebung, die neue Regelung des offentlichen Rechtes der Nationen auf das Personalitatsprinzip zu stutzen, zweifellos ein verheissungsvoller Anfang, ein deutliches Zeichen, dass die Ueberzeugung sich durchringt, dass die nationalen Verhaltnisse in Oesterreich auf Grund des rein territorialen Prinzips nicht geregelt werden konnen — der erste Sieg eines Prinzips

Haben wir erst den Nationalkataster, so ist die Grundlage der nationalen Autonomie geschaffen Wir brauchen dann nur die Zugehorigen einer Nation in der Gemeinde, im Bezirk oder Kreis, im Kronland, schliesslich im ganzen Reiche zu einer offentlich-rechtlichen Korperschaft zu machen, die die Aufgabe hat, fur die Kulturbedurfnisse der Nation zu sorgen, fur sie Schulen, Buchereien, Theater, Museen, Volksbildungsanstalten zu errichten, den Nationsgenossen bei den Behorden Rechtshilfe zu gewahren, soweit sie dieser bedurfen, weil sie der Amts- und Gerichtssprache nicht machtig sind, und der dafur das Recht eingeraumt wird, sich die Mittel, deren sie bedarf, durch Besteuerung der Nationsgenossen zu verschaffen Auf diese Weise ware die nationale Autonomie auf Grund des reinen Personalitatsprinzips gegrundet. Jede Nation hatte die Macht, aus eigenen Mitteln für die nationale Kulturentwicklung zu sorgen, keine Nation musste darum mehr den Kampf um die Macht im Staate fuhren Das Personalitatsprinzip ware das vollkommenste Mittel nationaler Verteidigung, soweit die nationalen Minderheiten uberhaupt durch Rechtseinrichtungen gesichert werden konnen, waren sie gesichert Dagegen schliesst das Personalitatsprinzip jede nationale Unterdruckung von Rechts wegen aus Wohl wurden auch unter seiner Herrschaft die Nationen ihre Anziehungskraft auf die Zugehorigen der anderen Volker uben. Die Nationen, deren Kulturentwicklung reicher ist, wurden auch weiter den minder entwickelten Volkern manchen Aufwartsstrebenden abgewinnen Die nationalen Mehrheiten der einzelnen Gebiete wurden einen Teil der nationalen Minderheiten immer aufsaugen, durch Wechselheiraten, durch das enge Band des wirtschaftlichen und geselligen Verkehrs immer wieder einen beträchtlichen Teil der nationalen Minderheit ihrer Kulturgemeinschaft gewinnen. Aber alle diese nationalen Eroberungen würden nur durch die soziale Macht der einzelnen Nationen, durch die Anziehungskraft ihrer Kultur und das natürliche Gewicht des grösseren Körpers bewirkt werden, aber nicht durch ein gesetzliches Vorrecht. An die Stelle gewaltsamer Eroberung würde friedlicher Wettbewerb treten.

Denken wir uns aber das Personalitätsprinzip rein durchgeführt, die Nationen als Personenverbände gänzlich ausserhalb der staatlichen Verwaltung organisiert, wie das bei den Religionsgemeinschaften der Fall ist („Die freie Nation im freien Staat"), so löst doch auch dieses Prinzip seine Aufgabe nur unvollkommen. Darauf gründet sich wohl das mehr instinktive als seiner Gründe klar bewusste Misstrauen, das auch viele grundsätzliche Anhänger der nationalen Selbstbestimmung dem Personalitätsprinzip entgegenbringen. Man ahnt: der Staat sichert den Nationen die Macht, deren sie bedürfen, durch seinen Rechtssatz; aber was sichert die Nationen gegen den Staat?

Die Nationen sollen ihr Recht auf die Macht des Staates stützen; aber wer leistet ihnen Gewähr, dass der Staat ihnen seinen starken Arm auch wirklich immer borgt? Dass er nicht eines Tages, auf seine Machtmittel gestützt, das Stück Papier, das den Nationen ihre Rechte verbrieft, zerreissen wird? Muss die Nation nicht selbst im Besitz staatlicher Machtmittel sein, muss sie, wenn sie nicht selbständiger Staat werden kann, nicht wenigstens Teilstaat im Bundesstaate sein, um die Macht, deren sie bedarf, sich dauernd zu sichern?

Es gibt, wie mir scheint, noch einen Ausweg, der die Vorteile des reinen Personalitätsprinzips mit vollster Sicherheit der nationalen Rechte vereint. Diesen Ausweg hat Rudolf Springers Schrift über den „Kampf der österreichischen Nationen um den Staat" — das weitaus Wertvollste, was über die österreichische Nationalitätenfrage überhaupt ersonnen worden ist — den Völkern Oesterreichs gewiesen. Wir können die Nationen sichern, ohne die Vorteile des Personalitätsprinzips preiszugeben, wenn wir in ihre Hand die öffentliche Verwaltung legen.

Die Verwaltung ist die lebendige Wirklichkeit des Staates. Ohne die Verwaltung kann der moderne Staat nicht bestehen, kann er seine Soldaten nicht ausheben, seine Steuern nicht eintreiben. Die organische Regelung der nationalen Verhältnisse macht die Nationen abhängig von den Machtmitteln des Staates, auf dessen Macht ihre rechtliche Selbständigkeit ruht. Legt aber der Staat die Verwaltung in die Hand der Nationen, so wird auch er von den

Nationen abhängig. Der Staat sichert den Nationen ihre nationalen Rechte; und diese Rechte blieben ihnen dauernd gewährleistet, können nicht mehr zurückgenommen werden, denn wenn der Staat die nationale Selbstverwaltung zerstört, zerstört er seine eigene Verwaltung, vernichtet er sich selbst. Die bureaukratische Verwaltung kann die Frage, wie die Macht der Nation gegen den Staat gesichert werden soll, wenn sie auf der Macht des Staates beruht, nicht lösen; die demokratische Selbstverwaltung löst sie von selbst.

Das System Springers ist nicht die reine Durchführung des Personalitätsprinzips. Dieses ist ohne weiteres durchführbar bei der rechtlichen Regelung der Religionsgemeinschaften; aber die nationale Kulturgemeinschaft erfasst den modernen Menschen ganz unvergleichlich stärker als das Band der Religion. Die Religionsgemeinschaften erschienen darum den Staatsbürgern hinreichend gesichert, wenn ihnen ganz abseits von der öffentlichen Verwaltung die Selbstverwaltung ihrer Angelegenheiten gewährt wurde. Diese Gewähr genügt für die nationalen Verbände nicht. Sie bedürfen der Selbstverwaltung, aber nur wenn auf dieser Selbstverwaltung zugleich die öffentliche Verwaltung ruht, sind die Nationen gegen den Staat gesichert, stützt sich die staatliche Macht gerade so fest auf die Macht der Nationen wie die Macht der Nationen auf die Machtmittel des Staates.

Springer entwirft von einer solchen Regelung der nationalen Verhältnisse folgendes Bild. Die Grundlage der öffentlichen Verwaltung wird die Selbstverwaltung im Kreise. Diese Kreise sind, soweit es die Bedürfnisse der öffentlichen Verwaltung und die Interessen der Bevölkerung gestatten, national abzugrenzen. Die Selbstverwaltung im Kreise wird die wichtigsten Aufgaben, die heute teils der bureaukratischen Verwaltung — Statthalterei, Bezirkshauptmannschaft — teils der autonomen Verwaltung —. Gemeinde, Bezirksvertretung, Landesausschuss — obliegen, übernehmen können. Dieser Selbstverwaltungskörper, dessen Organ der Kreisrat ist, wird aber zugleich die nationalen Bedürfnisse seiner Bewohner erfüllen: wird für die Volks- und Mittelschulen, Waisenhäuser und humanitäre Anstalten, Theater und Volksbildungsanstalten sorgen. Innerhalb des Kreises bilden Bezirk und Gemeinde engere Verbände, die, gleichfalls autonom, durch die Gemeinde- und Bezirksräte verwaltet werden.

In vielen Fällen werden freilich die Kreise nicht national einheitlich sein können. In diesen Fällen bildet die Bevölkerung im Kreise einen Selbstverwaltungskörper für die öffentliche Verwaltung, dessen Organ der Kreisrat ist. Gleichzeitig aber wird die Bevölkerung auf Grund des nationalen Katasters, also nach dem Personalitätsprinzip, in zwei nationale Selbstverwaltungskörper geteilt, die für die nationalen Kulturaufgaben im Kreise selbständig sorgen und zu diesem Zwecke ihre Nationsgenossen besteuern. Das Organ dieser nationalen Selbstverwaltungskörper sind die Kreisvertretungen.

Im einsprachigen Kreise Eger würde also der Kreisrat alle Aufgaben der öffentlichen Verwaltung wie der nationalen Verwaltung besorgen. Im Doppelkreise Budweis dagegen würde der Kreisrat nur die national indifferenten Verwaltungsaufgaben besorgen, während die nationalen Kulturaufgaben von einer deutschen und von einer tschechischen Kreisvertretung besorgt würden. Die Bevölkerung würde durch den Nationalkataster im ganzen Kreise in einen deutschen und in einen tschechischen Personenverband geteilt. Der deutsche Personenverband würde durch die aus seiner Mitte gewählte Kreisvertretung seine Angelegenheiten selbst verwalten, sein Schulwesen selbständig ausbauen, die Mittel durch Besteuerung seiner Volksgenossen aufbringen. Dasselbe Recht hätte natürlich der tschechische Personenverband im Kreise.

In den national einheitlichen Kreisen werden freilich immer noch nationale Minderheiten bestehen, deren Zahl aber nicht zureicht, eine selbständige nationale Kreisverwaltung zu begründen. Auch diese können, sobald sie es wollen, autonome Körperschaften auf Grund des nationalen Katasters bilden, die Springer mit einem dem österreichischen Verwaltungsrechte geläufigen Ausdruck als Konkurrenzen bezeichnet. Im Kreise Eger würde also zwar die Verwaltung einheitlich durch den deutschen Kreisrat besorgt werden. Aber die tschechischen Minderheiten können, wenn sie wollen, nationale Verbände bilden: Gemeinde-, Bezirks- und Kreiskonkurrenzen. Diese Konkurrenzen hätten nur zwei Aufgaben. Sie würden zunächst ihren Volksgenossen unentgeltliche Rechtshilfe gewähren, deren sie, sofern sie der deutschen Sprache nicht mächtig sind, vor den deutschen Behörden bedürfen. Sie würden zweitens aus eigenen Mitteln Volksschulen für ihre Volksgenossen erhalten und hätten zu diesem Zwecke das Recht, von allen, die sich in den tschechischen Kataster haben eintragen lassen, Steuern einzuheben. Der Staat setzt für die Bildung solcher Konkurrenzen keine Grenze. Sobald eine Minderheit willens ist, aus eigener Kraft für Rechtsschutz und eigene Volksschulen zu sorgen, hat sie das Recht hierzu. Die Kreiskonkurrenz wird zur Kreisvertretung, der einheitliche Kreis daher zum Doppelkreis, sobald die nationale Minderheit nicht nur für Rechtsschutz und Volksschulen zu sorgen, sondern auch wenigstens eine Mittelschule und die notwendigen humanitären Anstalten (Waisenhäuser und dergleichen) aus eigener Kraft zu erhalten vermag.

Die Kreise würden nun in doppelter Weise zueinander in Beziehung treten. Zunächst würden die Kreise für die Besorgung gewisser, national indifferenter Angelegenheiten territoriale Verbände bilden, zum Beispiel würden alle Kreise Böhmens ohne Unterschied der Nationalität ihrer Bewohner das Land Böhmen bilden und gewisse territoriale Angelegenheiten gemeinsam besorgen. Andererseits aber würden alle national einheitlichen Kreise sowie die nationalen Selbstverwaltungskörper in den Doppelkreisen die rechtliche Gesamtnation bilden. Alle Deutschen in den national einheitlichen Kreisen, ferner alle im nationalen Kataster eingetragenen Deutschen in den Doppelkreisen bilden die deutsche Nation und wählen den *Nationalrat*. Dieser Nationalrat verwaltet selbständig die nationalen Angelegenheiten der Deutschen, gründet Hochschulen, Museen u. s. w. und hat auch das Recht, den Deutschen in den national einheitlichen und in den Doppelkreisen Steuern aufzuerlegen. In den national einheitlichen Kreisen hat der Nationalrat das Recht, solche nationale Anstalten zu gründen, ohne dass darauf irgend eine andere Nation Einfluss hätte; in den Doppelkreisen dagegen nicht ohne Zustimmung des Nationalrates der anderen Nation.

Die nationalen Fragen, die die grossen Massen und nicht nur ein paar Beamte angehen, sind damit gelöst. Vor allem die *Schulfrage*. Im einsprachigen Kreise sorgen Gemeinderat, Bezirksrat, Kreisrat für Volks- und Mittelschulen. Im Doppelkreise baut sich jede Nation, deren Organe die Gemeinde-, Bezirks- und Kreisvertretung sind, ihr Schulwesen selbständig aus, während dem das ganze Gebiet verwaltenden Gemeinderat, Bezirksrat, Kreisrat der Einfluss auf das Schulwesen entzogen ist. Für die Hochschulen der Nation sorgt der Nationalrat. Die Minderheiten in den fremden Siedlungsgebieten bilden nationale Konkurrenzen und erhalten sich ihr Schulwesen aus eigenen Mitteln.[1] Ebenso ist die *Sprachenfrage* damit gelöst. Die Amtssprache ist in den einheitlichen Kreisen die Sprache der Mehrheit. Die Minderheiten sind dadurch nicht benachteiligt, da ihnen die nationale Gemeinde-, Bezirks- oder Kreiskonkurrenz Rechtshilfe gewährt, die dafür sorgt, dass den Volksgenossen aus der Unkenntnis der Amtssprache kein Schaden erwachse. In den Doppelkreisen führt jede Nation ihre Verwaltung in eigener Sprache, nur für die Verwaltung der national indifferenten, dem ganzen Gebiete gemeinsamen Angelegenheiten der Doppelkreise gilt der lästige Zwang der Doppelsprachigkeit. Da aber doppelsprachige Kreise nur dort gebildet werden, wo die Verkehrsbeziehungen der Nationen die nationale Abgrenzung unmöglich machen, wird die rechtliche Doppelsprachigkeit stets nur dort eintreten, wo der soziale Verkehr auch ohne sie tatsächliche Doppelsprachigkeit erzwingt.

[1]) Die Einrichtung der Minoritätsschulen ist ein besonderes Problem. Die Minderheiten werden zweifellos selbst verlangen, dass ihre Kinder in den Schulen auch die Sprache der Mehrheit vollkommen beherrschen lernen.

Diese von Springer entworfene Verfassung macht dem Machtkampf der Nationen erst völlig ein Ende, da sie auch den nationalen Minderheiten die rechtliche Macht gibt, ihre Angelegenheiten selbstständig zu ordnen. Den Aufmarsch der Klassen hemmt nun kein nationaler Streit mehr. Im Kreisrate des einheitlichen Kreises, in den Kreisvertretungen des Doppelkreises stehen sich nur die Klassen einer Nation gegenüber. Hier kämpft nicht eine Nation gegen die andere, sondern hier wird die Arbeiterklasse ihre Ansprüche gegen die eigene Nation geltend machen, von der eigenen Nation wachsenden Anteil an der nationalen Kultur verlangen. Im Kreisrate des Doppelkreises und in der Volksvertretung des Gesamtstaates treffen sich wohl die verschiedenen Nationen, aber diesen Körperschaften ist die Entscheidung nationaler Angelegenheiten entzogen, sie können den Nationen nichts geben und nichts nehmen, auch hier wird sich die Bevölkerung nach Klassen, nicht nach Nationen gliedern. Auch hier ist für den Kampf der Klassen freies Feld.

Das Recht der Nationen gegen den Staat wird auf die demokratische Verwaltung, die Selbstverwaltung im Kreise gestützt. Die demokratische Verwaltung ist eine der wichtigsten Forderungen der Arbeiterklasse. Was die Arbeiterklasse um ihrer Interessen willen fordert, wird so zum Bedürfnis der Nationen. Heute gefährdet der Streit der Nationen jede demokratische Reform, da die Nationen die Verschiebung der Machtverhältnisse fürchten; in der Verfassung, die Springer entwirft, wird gerade die Demokratie die sichere Grundlage der Macht aller Nationen. So wird die Wucht des nationalen Wollens, die heute die demokratische Entwicklung hemmt, in der neuen Verfassung der Demokratie dienstbar werden.

Die Doppelverwaltung in den gemischten Kreisen und die Konkurrenzen der Minderheiten im geschlossenen Sprachgebiet sichern auch den Minderheiten ihr Recht vor den öffentlichen Aemtern und die nationale Schule. So genügt diese Verfassung den Bedürfnissen der Arbeiter, die ihr Recht und eine Schule für ihre Kinder finden wollen, wohin immer die Not der Arbeitsuche sie jagt. Wenn der Kapitalismus den Arbeitern die Heimat geraubt hat, so kann er ihnen doch nimmermehr ihre Sprache und Gesittung nehmen. Aber auch den Arbeitern, die auf dem Boden ihrer Nation ihre Arbeitsstelle finden, ist damit genug getan, wenn dem fremden Einwanderer das Recht nicht Schule und Hilfe versagt, wenn es seine Würde nicht ertötet und ihn nicht zu roher Unwissenheit verdammt, so brauchen die Arbeiter den einwandernden Klassengenossen nicht mehr als Lohndrücker und Streikbrecher zu fürchten, so werden die einwandernden Arbeiter widerstandsfähig sein gegen das Gift des nationalen Hasses, das die gemeinsamen politischen und gewerkschaftlichen Organisationen zersetzt und die Arbeiter unfähig macht, Schulter an Schulter den gemeinsamen Kampf gegen den gemeinsamen Gegner zu führen. Endlich genügt diese Verfassung auch dem ideologischen Bedürfnis der Arbeiterklasse, der es unerträglich ist, dass der Arbeiter mit seiner Arbeitskraft auch seine Seele verkaufen, seine kulturelle Sonderart dem Unternehmer preisgeben soll, die fordert, dass jeder, der durch seine Arbeit die Bedingungen für alle Kultur schafft, auch ein Recht auf die Güter der Kultur, ein Recht auf seine Kultur, auf die Gesittung seiner nationalen Gemeinschaft hat

So ist Springers Idee der Verfassung eines Nationalitätenstaates, die die nationale Selbstverwaltung auf die demokratische Staatsverwaltung gründet und den nationalen Minderheiten mittels des Personalitätsprinzips ihre nationalen Rechte sichert, die vollkommenste Gestalt der nationalen Autonomie, die allein die kulturellen Bedürfnisse der Arbeiterklasse völlig zu befriedigen vermag Indem diese Verfassung die rechtlichen und psychologischen Bedingungen für den gemeinsamen Klassenkampf der Arbeiter aller Nationen schafft, dient sie der evolutionistisch-nationalen Politik der Arbeiterklasse, ist sie ein Mittel zu dem grossen Zwecke, die nationale Kultur zum Besitztum des ganzen Volkes, das ganze Volk zur Nation zu machen.

Man hat, soviel mir bekannt ist, nur einen Einwand gegen die nationale Autonomie vorgebracht, der auch diese Verfassung treffen würde. In seinen „Anmerkungen zur böhmischen Politik" beschäftigt sich nämlich Kramář[1]) mit dem Vorschlag, den einzelnen Nationen die Steuerhoheit und die Verfügung über die Steuern ihrer Nationsgenossen zu gewähren. Kramář, der noch immer Anhänger des Kronländerföderalismus, also einer bestimmten Form der atomistisch-zentralistischen Regelung der nationalen Verhältnisse ist, hält die nationale Teilung der Steuereinkünfte für unnötig Wenn man sie aber trotzdem vornehmen wollte, so dürfe dies nur nach dem Territorialprinzip, nicht nach dem Personalitätsprinzip geschehen. Denn die Teilung der Steuergelder nicht nach der Nationalität des Gebietes, sondern nach der Nationalität des Steuerzahlers würde zu bedenklichen Folgen führen. Was soll zum Beispiel, so fragt er, mit den Steuern einer Eisenbahn geschehen, die ein tschechisches Gebiet durchquert, aber deutschen Kapitalisten gehört und von Deutschen verwaltet wird? Sollen diese Steuergelder wirklich der deutschen Nation zufallen, obwohl doch die Gesellschaft, die diese Steuern entrichtet, nur der Zahler, nicht der wirkliche Träger dieser Steuern ist? Noch mehr. Ist es billig, dass der deutsche Fabrikant im tschechischen Sprachgebiete, der tschechische Arbeiter ausbeutet, von seinem Mehrwert nur der deutschen Nation Steuer zahlt? Wird dann dort, wo die tschechische Nation fast ausschliesslich aus Arbeitern besteht, während der Mehrwert in deutsche Hände fällt, für die kulturellen Bedürfnisse der Tschechen überhaupt gesorgt werden können? Und welche Wirkung für den Haushalt der betroffenen tschechischen Gemeinden wird es haben, wenn zufällig eine Fabrik aus dem Besitz eines tschechischen in den eines deutschen Kapitalisten übergeht und für die tschechischen Gemeinden daher plötzlich die Steuereinkünfte aus dem Unternehmen entfallen, mögen seine Arbeiter auch durchwegs Tschechen sein?

Diesen Erwägungen ist zunächst entgegenzuhalten, dass Kramář offenbar eine sehr unvollkommene und in der Tat unannehmbare Gestalt der nationalen Autonomie im Auge hat. Er denkt offenbar daran, dass unser Steuersystem unverändert beibehalten wird und unsere Ertragsteuern oder doch Zuschläge zu diesen

[1]) Kramář, Anmerkungen zur böhmischen Politik Wien 1906 Seite 122 f

den nationalen Selbstverwaltungskörpern zugewiesen werden. Eine solche Regelung ist es aber nicht, die wir im Auge haben. Im Nationalkataster finden wir keine Unternehmungen, keine Grundstücke und keine Fabriken, keine Eisenbahnen und keine Banken, sondern nur Personen. Die organisierten Nationen werden daher nicht die Unternehmungen, sondern die Personen besteuern, die nationalen Steuern werden nicht Ertragsteuern, nicht Grundsteuern und Erwerbsteuern, sondern Einkommensteuern sein. Die Eisenbahn, die Bank als solche, die Aktiengesellschaft oder die Handelsgesellschaft wird keine Steuern an die Nationen zahlen; sondern die Kapitalisten, welchen schliesslich der Ertrag der Unternehmungen als persönliches Einkommen zufliesst, werden diese Einkommen versteuern. Indessen bleibt die Hauptschwierigkeit noch immer bestehen. Die Tatsache der Ausbeutung hat eben auch nationale Bedeutung: wo tschechische Arbeiter einem deutschen Unternehmer Mehrwert schaffen, würde die tschechische Nation diesen Mehrwert nicht besteuern können und auf die unbeträchtliche Steuerleistung der Arbeiter angewiesen sein.

Diese Gefahr muss die Arbeiterklasse wohl berücksichtigen. Sie muss es nicht nur darum, weil sie, jeder Ausbeutung feind, auch diese nationale Ausbeutung bekämpfen muss, sondern auch deshalb, weil eine solche Regelung unzweifelhaft zur Folge hätte, dass der Steuerdruck für die Arbeiter wachsen müsste und ihre kulturellen Bedürfnisse trotzdem nur ungenügend befriedigt werden könnten. Wenn die deutschen Textilfabrikanten in Königinhof, Nachod, Eipel, Hořic u. s. w. an die deutschen Kreiskonkurrenzen Steuern zahlen würden, dagegen der tschechische Kreisrat kein Recht hätte, sie zu besteuern, so würden die tschechischen Arbeiterkinder dieser Städte kaum genügenden Schulunterricht empfangen können. Indessen lässt sich diese Schwierigkeit unschwer überwinden. Man könnte dies in verschiedener Weise versuchen. So wäre es beispielsweise möglich, dass die nationalen Selbstverwaltungskörper neben dem Rechte, Einkommensteuern von ihren Volksgenossen zu erheben, auch einen Anspruch auf einen Teil der Ertragsteuern erhielten, die von den im Gebiete des Selbstverwaltungskörpers liegenden Grundstücken und Unternehmungen gezahlt werden. Die Zuschläge zur staatlichen Ertragsteuer würden von den Organen des Kreisrates eingehoben (oder von den staatlichen Steuerorganen den Kreisräten zugewiesen) und auf die einzelnen Nationen im Kreise (die Kreisvertretungen im Doppelkreise, Kreisrat und Kreiskonkurrenz im geschlossenen Sprachgebiet) nach einem bestimmten Schlüssel verteilt werden. Als geeigneter Schlüssel erscheint mir — nach dem Hauptzwecke dieser Steuern — die Anzahl der Schulkinder in den Schulen jeder Nation in dem betreffenden Verwaltungssprengel. Der der österreichischen Gesetzgebung nicht neue Gedanke, dass der Fabrikant Schulen für seine Arbeiter erhalten muss (Fabrikschulen!) wäre so auf moderner Grundlage erneuert.

Freilich bleibt auch hier noch eine Schwierigkeit bestehen, wenn man die Höhe dieser Zuschläge der Bestimmung des Kreisrates überlässt. So hätte beispielsweise im tschechischen Gebiete der Kreisrat, in dem ja die Tschechen die Mehrheit bilden werden, ein Interesse daran, diese Ertragsteuern möglichst hoch festzustellen; denn der grösste Teil dieser Ertragsteuern wird der tschechischen Nation zufallen, je höher die Ertragsteuern sind, desto niedriger werden die Einkommensteuern, mit denen die tschechischen Nationsgenossen belastet werden, sein können. Umgekehrt könnte ein deutscher Kreisrat im deutschen Sprachgebiet, das eine tschechische Minderheit einschliesst, die Steuern möglichst niedrig festsetzen; denn die Steuerkraft der deutschen Kapitalisten ginge der Nation dadurch nicht verloren, da sie ihr ja auch Einkommensteuern bezahlen müssen, dagegen wird, wenn die Zuschläge zu den Ertragsteuern niedrig sind, auch der Anteil der tschechischen Kreiskonkurrenz nur klein sein, und sie wird daher, wo sie aus wenig steuerkräftigen Arbeitern besteht, dann nur geringe Mittel für die tschechischen Schulen zur Verfügung haben. So könnte die Steuerpolitik der Kreisräte zum Gegenstand nationalen Streites werden. Auch würde dies starke Verschiedenheit der Produktionskosten bewirken — als Produktionskosten erscheinen der kapitalistischen Unternehmung die Ertragsteuern, nicht die Einkommensteuern — und nicht unbedenkliche wirtschaftliche Verschiebungen zur Folge haben. Aber auch gegen solche Missbräuche sind Mittel unschwer zu finden. Am einfachsten wäre es wohl, wenn ein bestimmtes Verhältnis der Höhe der Ertragsteuerzuschläge zur Höhe der nationalen Einkommensteuern reichsgesetzlich festgestellt würde. Mit jeder Veränderung des perzentuellen Zuschlages zu den staatlichen Ertragsteuern würden auch die nationalen Einkommensteuern im Kreise automatisch steigen oder sinken.

Freilich bleibt darum die Ueberlegenheit der Nationen, denen die besitzenden Klassen überwiegend angehören, noch immer erhalten. Wenn auch die Ertragsteuern der Unternehmungen auf die Nationen je nach der Zahl ihrer Schulkinder verteilt werden, so verbleiben den Nationen, denen die grossen Grundbesitzer und die Kapitalisten zugehören, doch die höheren Einkommensteuern dieser Klassen. So werden die Deutschen mehr Mittel zur Verfügung haben — und daher entweder ihr Schulwesen besser ausbauen oder die Steuerkraft ihrer Volksgenossen mehr schonen können — als die Tschechen und Slovenen, die Italiener mehr als die Südslaven, die Polen mehr als die Ruthenen. Kein Zweifel, dass auch unter der Herrschaft der nationalen Autonomie in ihrer vollendetsten Gestalt die alten historischen Nationen eine gewisse Ueberlegenheit sich noch bewahren werden, kein Zweifel, dass sie durch den glänzenden Ausbau ihrer kulturellen Anstalten, durch die geringere Steuerlast ihrer Volksgenossen auch unter dieser Verfassung eine starke Anziehungskraft auf die Zugehörigen der anderen Völker ausüben werden, und daher auf friedlichem Wege nationale Eroberungen machen können. In dieser letzten Gestalt wird die alte geschichtliche Tatsache, dass in diesem Lande dienende und ausgebeutete geschichtslose Nationen unter herrschenden und ausbeutenden historischen Nationen sassen, immer noch wirksam bleiben. Aber diese Tatsache ist keine Eigentümlichkeit der nationalen Autonomie, sondern sie kann in der kapitalistischen Gesellschaft überhaupt nicht aufgehoben werden, sie kann nicht beseitigt werden, solange noch ein tschechischer Arbeiter für einen deutschen Fabrikanten, ein slovenischer Arbeiter für einen deutschen Grundbesitzer, ein ruthenischer Bauer für einen polnischen Gutsherrn Mehrwert schafft. Die nationale Ausbeutung kann erst fallen, wenn alle Ausbeutung fällt, wenn die Arbeitsmittel in das Eigentum der Gesellschaft überführt werden; dann erst werden die Nationen über den vollen Arbeitsertrag ihrer Volksgenossen verfügen.

§ 23.

Nationale Autonomie der Juden?

Im Jahre 1905 schied aus der polnischen Sozialdemokratie in Galizien eine Gruppe von jüdischen Genossen aus, um eine eigene Organisation der jüdischen sozialdemokratischen Arbeiter zu begründen. Die Exekutive der internationalen Sozialdemokratie in Oesterreich erkannte jedoch die Bildung einer autonomen jüdischen Gruppe innerhalb der Partei nicht an, sondern erklärte, dass jene jüdischen Sozialdemokraten — die „Separatisten" — sich durch ihren Austritt aus der polnischen Sozialdemokratie auch ausserhalb des Kreises der österreichischen Internationale gestellt haben. Der unmittelbare Anlass des Ausscheidens eines kleinen Teiles der jüdischen Genossen aus der Gesamtpartei war nicht die Frage der Staatsverfassung, sondern die der Parteiorganisation, nicht um die nationale Autonomie der Juden im Staate, sondern um die Autonomie der jüdischen Gruppe innerhalb der Partei handelte es sich zunächst. Diese Frage der Organisation ist an dieser Stelle nicht zu behandeln. Aber sie kann nicht erledigt werden, wenn wir die Frage nicht aufwerfen, ob die Arbeiterschaft die Autonomie des jüdischen Volkes innerhalb des Staates fordern soll und muss. Wir müssen dieser Frage schon darum eine kurze Erörterung widmen, weil sonst unsere Theorie der Nation und der nationalen Autonomie zur Waffe der Separatisten im Kampfe gegen die Partei werden könnte.

Die Separatisten begründen ihre Forderungen mit dem einfachen Gedankengange: die Juden sind eine Nation, die Sozialdemokratie fordert für alle Nationen die nationale Autonomie im Staate und gewährt den Arbeitern aller Nationen die nationale Autonomie in der Partei. dasselbe Recht wie den anderen Nationen gebührt auch den Juden. Man hat diesen Gedankengang damit zu widerlegen gesucht, dass man seine erste Voraussetzung bestritt: die Juden, sagte man, seien eben keine Nation. Und in aller Regel verdichtete sich der Kampf dann zum Streit darum, ob die Siedlung auf einem eigenen Territorium ein wesentliches Merkmal der Nation ist und ob nicht die nationale Autonomie notwendig auf das Territorialprinzip gegründet werden muss. Im Kampfe gegen die Separatisten haben die polnischen Genossen vielfach ihren Beweisgründen eine Theorie der Nation zugrunde gelegt, die im gemeinsamen Territorium ein „Element" der Nation findet und haben sie als die Gestalt der nationalen Autonomie, die sie fordern, die Selbstverwaltung der geschlossenen Siedlungsgebiete der Nationen erklärt. Ich halte jene Theorie für unrichtig und glaube, dass dieses Programm der Staatsverfassung den Bedürfnissen der Arbeiterklasse nicht genügt. Trotzdem birgt sich in diesen Beweisgründen der polnischen Genossen gegen die Separatisten in vielem Unrichtigen ein echter Kern. Wir wollen es versuchen, ihn herauszuschälen. Wir werden uns diese Mühe nicht verdriessen lassen, wenn wir uns erinnern, dass die letzte Berufserhebung unter den österreichischen Juden 42 681 Angestellte, 81 455 Arbeiter, 31 567 Taglöhner und 16.343 Dienstboten ermittelt hat und dass überdies zu den 235 775 Juden, die die Statistik als Selbständige anführt, sehr viele proletarische Existenzen, kapitalshörige Handwerker und Heimarbeiter gehören. Die Frage ist also für die sozialdemokratische Arbeiterpartei wichtig genug, um diesen Exkurs zu rechtfertigen.

Als Fremde waren die Juden in die feudale Gesellschaft des Mittelalters gekommen. An ihrer Wirtschaftsverfassung hatten sie keinen Teil: die Markgenossenschaften waren aus den alten auf Blutsverwandtschaft beruhenden Sippschaftsverbänden hervorgegangen, der fremde Jude konnte daher nicht ihr Mitglied sein. Und als auf Grundlage der uralten genossenschaftlichen Verbände die herrschaftlichen Organisationen erwuchsen, finden wir auch im Verbande der Grundherrschaft den Juden nicht. Welche Stellung konnte er also in der Wirtschaftsverfassung jener Zeit einnehmen?

Der Bauer und Grundherr des Mittelalters ist nicht Warenproduzent: er erzeugt grundsätzlich für den eigenen Bedarf, nicht für den Verkauf. Wohl tauscht er seine Ueberschüsse gelegentlich aus, aber dieser Austausch ist im Grunde immer etwas Fremdes, eine Ausnahme. So besitzt auch weder der Grundherr noch der Bauer in der Regel grössere Geldbeträge: der grösste Teil seines Reichtums besteht in Gebrauchswerten, in Getreide, Flachs, Vieh u. s. w. oder in Ansprüchen auf fremde Arbeitsleistung. Warenzirkulation, Zirkulation von Geldkapital, also Geldwirtschaft überhaupt sind dieser Gesellschaftsverfassung im Grunde fremd, das Geldkapital lebt, nach Marx' anschaulichem Ausdruck, nur in ihren Poren. In diese Lücken jener Gesellschaft springt nun der Jude ein. An der grossen Masse der wirtschaftlichen Vorgänge jener Zeit, die sich im Bauernhause, in der Mark- und Hofgenossenschaft, in der Grundherrschaft abspielen, hat er keinen Teil. Aber wenn der Bauer einmal etwas kaufen will, so bringt ihm der jüdische Hausierer die Ware; wenn der Bauer sein Vieh verkaufen will, so nimmt der Jude es ihm ab; wenn der Bauer Geld borgen will, so bietet es ihm der Jude gegen hohen Zins. So ist der Jude der Vermittler der Warenzirkulation und der Zirkulation des Geldkapitals in einer Gesellschaft, die auf der Gütererzeugung für den eigenen Bedarf beruht. Der Bauer verkauft nur gelegentlich den Ueberschuss seines Ertrages, um für den Erlös andere Güter kaufen zu können; der Jude dagegen kauft immer, um das Gekaufte mit Gewinn wieder zu verkaufen. Der Bauer ist der Träger der Naturalwirtschaft, der Jude verkörpert die Geldwirtschaft. Dieses Verhältnis dauert überall so lange, solange nicht der Kapitalismus die ganze Masse der Bevölkerung in die Warenproduktion, die Geldwirtschaft einbezieht. In Osteuropa ist auf dem Lande auch heute noch der Jude als Hausierer, Branntweinschenker, Vieh- und Getreidehändler, Makler, Wucherer, Handwerker, der Vertreter der Geldwirtschaft in einer naturalwirtschaftlichen Gesellschaft.

In jener Zeit waren die Juden unzweifelhaft eine Nation. Dass die Juden ihre Rasse wenigstens ebenso rein erhalten haben, wie die Mehrzahl der europäischen Nationen, dass das Schicksal der Ahnen durch Auslese und natürliche Vererbung die Eigenart der Nachkommen bestimmte und die Juden zu einer Naturgemeinschaft straff verknüpfte, kann wohl nicht bezweifelt werden. Aber nicht nur die Gemeinschaft des Blutes, auch die Gemeinschaft der Ueberlieferung der Kulturgüter schloss um die Juden ein enges Band. Sie hatten eine eigene Sprache, eine eigene starke Ideologie, eigene Sitten, die sie schon äusserlich von den Völkern unterschieden, unter denen sie wohnten. An den Schicksalen der Nationen, in deren Mitte sie lebten, hatten sie, von ihrem wirtschaftlichen, sozialen und politischen Leben ausgeschlossen, nur geringen Teil; sie handelten wohl mit ihnen, aber sie lebten nicht mit ihnen, sie hatten ihr eigenes Schicksal, ihre eigene Geschichte, darum auch ihre eigene Kultur. „Ich will mit euch kaufen und verkaufen," sagt Shylock, „mit euch gehen und stehen, aber ich will nicht mit euch essen, mit euch trinken, noch mit euch beten." Das Band des wirtschaftlichen Verkehres, das den Juden mit den Bauern verknüpfte, war viel schwächer als die enge Verkehrsgemeinschaft mit den anderen Juden, die Verschiedenheit der geldwirtschaftlichen und der naturalwirtschaftlichen Kultur unvergleichlich stärker als die Gleichheit, die die gegenseitige Berührung beim Abschluss von Kauf, Verkauf und Darlehen erzeugte. So blieben die Juden mitten zwischen anderen Völkern eine eigene Nation.

Aber mit dem Fortschritte der kapitalistischen Produktionsweise ändert sich auch die Stellung der Juden in der Gesellschaft.[1] Zunächst rückt ein Teil der Juden in die Klasse der industriellen Bourgeoisie auf. Die Geldkapitalien, die sie angesammelt haben, die kapitalistische Psychologie, die ihre Beschäftigung mit Handel und Wucher in ihnen erzeugt hat, befähigen sie dazu. Die merkantilistischen Regierungen fördern das Streben reicher Juden, ihr Kapital der Industrie zuzuwenden. Das neue jüdische Grossbürgertum entfernt sich nun immer weiter von der Lebens- und Denkweise jener Juden, die in den alten überlieferten Lebensverhältnissen verharren, es tritt zu seinen christlichen Klassengenossen in immer engere Verkehrsbeziehungen, die überlieferte Ideologie des Judentums genügt ihm nicht mehr und gierig nimmt es die Bildung und die Ideologien der Zeit, die Gedanken der Aufklärung in sich auf. Im 18. Jahrhundert beginnt die jüdische Bourgeoisie sich aus der alten jüdischen Kulturgemeinschaft loszulösen und in die Kulturgemeinschaften der europäischen Völker einzugliedern. Die jüdische Bourgeoisie fängt an, sich den Völkern, in deren Mitte sie lebt, anzupassen, zu assimilieren.

Allmählich erfasst diese Bewegung auch die anderen Klassen des jüdischen Volkes. Am schnellsten wird die Intelligenz von ihr ergriffen, aber auch das Kleinbürgertum folgt allmählich nach. Die Lage des jüdischen Händlers im Industrie-

[1] Die Entwicklung der jüdischen Nation unter der Herrschaft der kapitalistischen Produktionsweise verläuft keineswegs geradlinig. Der **Frühkapitalismus** hat die Kluft zwischen den Juden und den christlichen Nationen zunächst verbreitert, indem er neuartige Gegensätze zwischen Juden und Christen schuf: Konkurrenzkämpfe zwischen jüdischen und christlichen Kapitalisten, Interessengegensätze zwischen jüdischem Handels- und Leihkapital und christlichem industriellen Kapital, zwischen jüdischem Kapital und christlichem Handwerk u. s. w. Indessen haben wir es hier nur mit den Wirkungen des **modernen** Kapitalismus zu tun. Die frühkapitalistische Entwicklung mit ihren Folgeerscheinungen ist nur eine — freilich Jahrhunderte währende und für das jüdische Volk schmerzvolle — **Episode**.

gebiet oder in der Stadt ist eine ganz andere als die seines Grossvaters im Dorfe, der der einzige Vertreter der Geldwirtschaft in einer Welt bäuerlicher Naturalwirtschaft war. Die Geldwirtschaft hat die ganze Gesellschaft ergriffen, die Christen selbst sind Juden geworden. Der jüdische Händler in der Stadt ist Warenverkäufer in einer Gesellschaft von Warenverkäufern, er hat den Wettbewerb seines christlichen Kollegen zu fürchten, er muss sich den Bedürfnissen der Kundschaft anpassen, muss mit ihr ihre Sprache sprechen, muss ihren Geschmack befriedigen, darf sie durch fremde Art nicht verletzen, wenn er bestehen will. So legt er nach und nach die überlieferte Kleidung, die überlieferte Sprache, die überlieferten Sitten seines Volkes ab und wird seiner Umgebung mehr und mehr ähnlich.

Diese allmähliche Anpassung der Juden an ihre Umgebung ist eine Wirkung der Tatsache, dass die kapitalistische Warenproduktion allmählich die gesamte Bevölkerung umfasst. Waren die Juden einst die einzigen Träger der Geldwirtschaft, so durchdringt die Geldwirtschaft nun die ganze Gesellschaft. Die Juden passen ihre Kultur der Kultur der europäischen Nationen an, seit die Geldwirtschaft, die einst nur die Juden vertraten, zur Wirtschaftsverfassung aller europäischen Völker wurde. „Weil das reale Wesens des Juden in der bürgerlichen Gesellschaft sich allgemein verwirklicht, verweltlicht hat,“ [1]) darum passt sich der Jude dem allgemeinen Wesen dieser bürgerlichen Gesellschaft an.

Diese tatsächliche Anpassung hat schliesslich die rechtliche Emanzipation der Juden, ihre rechtliche Gleichstellung mit den Christen herbeigeführt. „Die Juden haben sich insoweit emanzipiert, als die Christen zu Juden geworden sind.“ [2]) Und diese rechtliche Gleichstellung hat die tatsächliche Anpassung dann wiederum ihrerseits gefördert. Seit auch der Jude am öffentlichen und politischen Leben der Nationen teil hat, auch das jüdische Kind die öffentliche Volksschule besucht und auch der Jude im Heer seine Wehrpflicht erfüllt, geht die kulturelle Anpassung der Juden schnell vor sich.

Aber der entscheidende Augenblick für sie ist doch erst gekommen, seit der Bauer zum modernen Landwirt, zum reinen Warenproduzenten geworden ist. Nun erst befreit sich der Bauer überall vom jüdischen Händler und jüdischen Wucherer. Der Verkehr des Bauern mit der Stadt wird enger, er deckt in der Stadt durch Einkauf seine Bedürfnisse und verschafft sich dort das Darlehen, dessen er bedarf, er ist auf den Dorfjuden und Hausierer nicht mehr angewiesen. Die Eisenbahnen erleichtern diese Entwicklung, da sie den Bauer der Stadt näher bringen. Am wirksamsten aber bekämpfen die landwirtschaftlichen Genossenschaften, die den Bauer erst zum reinen Warenproduzenten machen, die ihm Kredit verschaffen und Einkauf und Verkauf für ihn besorgen, den Juden im Dorfe. Der Jude muss seine alte geldwirtschaftliche Vermittlerrolle auf dem Lande aufgeben und sich anderen Berufen zuwenden. Seit Jahrhunderten im Handel beschäftigt, will er auch in der Stadt oder im Industriegebiet zuerst den Handel betreiben. Aber der Handel kann so vielen Händen nicht mehr Beschäftigung bieten; hat doch in der kapitalistischen Gesellschaft auch im Handel die Konzentration der Betriebe längst begonnen, ersetzt doch ein Warenhaus oder ein Konsumverein Hunderte von kleinen Händlern. So werden die Juden allmählich in die anderen Berufe hineingezwungen, sie verstreuen sich über das Land, sie verteilen sich auf alle Produktionszweige und überall treten sie in immer engeren wirtschaftlichen Verkehr mit der Bevölkerung, überall passen sie sich ihr kulturell mehr und mehr an.

So beginnen die Juden, sich den Nationen, in deren Mitte sie leben, zu assimilieren. Es ist dies ein schwerer Prozess, der sich nur allmählich vollzieht. Sie haben ihre alte jüdische Sprache in Mitteleuropa längst vergessen, aber sie „mauscheln“ noch immer, und wenn sie selbst dies nicht mehr tun, so sprechen

[1]) Marx, Zur Judenfrage. „Aus dem literarischen Nachlass von Karl Marx, Friedrich Engels und Ferdinand Lassalle“, herausgegeben von Franz Mehring, I. Seite 430.

[2]) Marx, a. a. O., Seite 426.

sie die Sprache, die sie angenommen, doch immer noch, wie man eine fremde Sprache spricht, als Buchsprache, ohne jede Erinnerung an die Mundart des Ortes. Sie tragen die überlieferte jüdische Kleidung nicht mehr, aber man erkennt sie als Juden noch am Gebärdenspiel. Sie haben die alte jüdische Religion längst aufgegeben, aber auf ihr an Gedanken- und Gefühlsinhalt so armes Reformjudentum wollen sie nicht verzichten. Sie kennen die alte Literatur, die alten Sagen ihres Volkes nicht mehr, aber kümmerliche Reste von all dem, einzelne Worte und einzelne Sitten, erhalten sie mit grosser Zähigkeit. Sie verkehren mit den Menschen, unter denen sie leben, aber sie heiraten nur untereinander und haben ein starkes Bewusstsein ihrer Eigenart und ihrer Zusammengehörigkeit. Der Prozess ihrer Loslösung aus der alten jüdischen Kulturgemeinschaft und ihrer Eingliederung in die Kulturgemeinschaften der anderen Nationen ist noch nicht abgeschlossen, er ist noch im Gange. Darum betrachten auch die Völker den Juden immer noch als einen Fremden. Man sagt heute selbst in West- und Mitteleuropa vielleicht zuviel, wenn man behauptet, dass die Juden keine Nation sind. Aber man darf gewiss behaupten, dass sie aufhören, eine Nation zu sein.

In Ländern, in denen der Kapitalismus sein Werk der Umwälzung schnell vollbracht hat, geht auch der Prozess der Assimilierung schnell vor sich. Ein deutliches Zeichen des Fortschrittes dieses Prozesses ist das Verschwinden der alten Judenschulen. So wurden in Böhmen von den israelitischen Kultusgemeinden im Jahre 1890 noch 86, im Jahre 1900 nur mehr 28 Privatschulen erhalten. Von diesen Schulen liegen 27 in tschechischen Schulbezirken: in den deutschen Schulbezirken besuchen die Judenkinder also bereits durchwegs die öffentlichen Schulen. Aber auch in den tschechischen Bezirken assimilieren sich die Juden der Mehrheit; haben sich doch bei der letzten Volkszählung bereits 55·2 Prozent der Juden in Böhmen zur tschechischen Umgangssprache bekannt.

Langsamer vollzieht sich die Eingliederung der Juden in die Kulturgemeinschaften der anderen Nationen in Galizien und der Bukowina. Dies liegt zunächst daran, dass dort die Juden in grösseren Massen zusammenwohnen — von den 1,224.711 österreichischen Juden wohnten 811.183 in Galizien, 96.150 in der Bukowina — den einzelnen Juden daher engerer Verkehr mit seinesgleichen verknüpft. Ferner ist dies darauf zurückzuführen, dass die Juden in Galizien zu einem beträchtlichen Teile den unteren Bevölkerungsklassen angehören, den unteren Schichten des Kleinbürgertums und dem Proletariat — Klassen, die neue Bildungselemente schwerer aufnehmen als die Bourgeoisie und die Intelligenz. Die Hauptursache der langsameren Assimilierung ist aber die wirtschaftliche Rückständigkeit dieser Länder. Die Verbreitung der kapitalistischen Warenproduktion, die Verwandlung des Bauern in einen reinen Landwirt geht hier nur langsam vor sich; erst seit kurzem haben auch hier die landwirtschaftlichen Genossenschaften begonnen, den jüdischen Zwischenhandel und Wucher auszuschalten. Aber welches immer das Tempo des Assimilierungsprozesses sein mag, es unterliegt keinem Zweifel, dass er überall vor sich geht: der Kapitalismus und der moderne Staat sind überall am Werke, das alte Judentum zu zerstören. Das gilt selbst für das russische Reich, mag auch dort die Rückständigkeit der wirtschaftlichen Entwicklung, der Mangel eines öffentlichen Lebens und die Gesetzgebung, die die Juden künstlich im Ansiedlungsgebiet zusammengepfercht hat, statt ihre Zerstreuung über das Reich zu begünstigen, diesen Prozess aufgehalten haben. Nach dem Urteil aller einwandfreien Zeugen zerreisst doch auch dort die soziale Entwicklung allmählich die alten Bande, die das Judentum durch Jahrhunderte so stark zusammenhielten.[1])

[1]) „Die Kämpfer für die Freiheit von heute kennen das Judentum nicht mehr, hassen es nicht, weil sie es nie geliebt haben, bleiben gleichgültig ihm gegenüber, weil es keinen Platz mehr in ihrem Leben einnimmt . . . . Als ich noch ein Junge war, sagte mir einer der alten Assimilanten, der Champions der Los-vom-Ghetto-Bewegung, war es eine tapfere Tat, ein Erlebnis, eine Zigarre am Samstage zu rauchen. Und es war mein Hauptspass, Freitag abends dem krummen Reb Nuchim, der von der Synagoge nach Hause ging, mit einer brennenden Zigarette auf der Strasse zu begegnen. Mein Sohn weiss nicht mehr, dass man am Samstag nicht rauchen darf. Für ihn ist die Welt so einfach geworden." Dieser Bericht stammt nicht etwa aus irgend einem west- oder mitteleuropäischen

Der Prozess der Assimilation hat, wie wir bereits erwahnten, die verschiedenen Klassen in ungleichem Grade ergriffen Ueberall erfasst er zuerst und am starksten die Bourgeoisie und die Intelligenz In West- und Mitteleuropa sind auch Kleinburger, Angestellte und Arbeiter gefolgt In Osteuropa dagegen leben noch Millionen nicht assimilierter Juden, die uberwiegend den unteren Volksschichten angehoren. Diese judischen Kleinburger und Arbeiter in Russland, Polen, Litauen, in Galizien und in der Bukowina, in Rumanien u. s w bilden heute die judische Nation. Sie haben die uberlieferte judische Sprache und Gesittung noch bewahrt. Wir kennen bereits den Typus solcher Nationen, die sich nur aus den ausgebeuteten und beherrschten Klassen zusammensetzen, denen die Reichen und Herrschenden nicht angehoren sofern die heutigen Juden in Europa noch eine Nation bilden, tragen sie den Charakter einer *geschichtslosen Nation*. Weil ihnen die Klassen nicht angehoren, die in der Klassengesellschaft vor allem die Trager kultureller Entwicklung sind, ist ihre Kultur verkummert, ihre Sprache verkommen, haben sie keine nationale Literatur Das 19. Jahrhundert hat nun, wie wir wissen, alle geschichtslosen Nationen zu neuem Leben erweckt Wird das 20. Jahrhundert auch der judischen Nation die Moglichkeit neuer, selbstandiger Kulturentwicklung geben?

Im letzten Jahrzehnt hat in der Tat eine Bewegung eingesetzt, die dem Assimilierungsprozess entgegenarbeitet und auch aus den Juden eine selbstandige historische Nation machen will. Man betrachtet diese nationale Bewegung der Juden gewohnlich als eine Ruckwirkung des Antisemitismus. Und in der Tat mag der Antisemitismus der unmittelbare Anlass gewesen sein, der sie ausgelost hat Aber so gewiss er sie verstarkt, unter den assimilierten Juden, insbesondere unter der judischen Intelligenz, Teilnahme und Verstandnis fur die nationalen Regungen der nicht assimilierten Juden des Ostens erweckt hat, so liegen doch dieser ganzen Bewegung tiefere soziale Ursachen zugrunde Diese neue Bewegung ist von denselben Kraften getrieben, die auch die anderen geschichtslosen Nationen zu neuem Kulturleben erweckt haben. Da ist zunachst das soziale Erwachen der unteren Klassen, das Erwachen ihres Selbstbewusstseins der judische Arbeiter fuhlt sich nun nicht mehr minder wert als der reiche und gebildete Pole oder auch der reiche Jude, der die polnische Bildung in sich aufgenommen hat Und wie das Bewusstsein personlicher Wurde in ihm erwacht, so tragt er auch seine Eigenart stolz zur Schau, er schamt sich seiner Sprache und seiner eigenartigen Gesittung nicht mehr. Welche Wandlung in den Kopfen der judischen Arbeiter sich vollzogen hat, das hat Europa seit dem Beginn der russischen Revolution staunend gesehen aus den furchtsamen demutigen Juden des Ghetto sind die heldenmutigsten Kampfer der grossen Revolution hervorgegangen. Und diese Massen leben nun nicht mehr trage im Kreise der Ueberlieferung sie brauchen eine neue Kultur, sie beginnen sich eine neue Kultur zu schaffen. Judische Organisationen entstehen, in den Versammlungen werden in judischer Sprache die neuen Kulturwerte den Massen vermittelt, es entsteht eine Presse in judischer Sprache, man beginnt die Literatur der europaischen Nationen in den Jargon zu ubersetzen und bald zeigen sich auch erste Anfange einer neuen selbstandigen judischen Literatur. Und der neue revolutionare Geist ergreift nun auch die Intelligenz. Auch sie beginnt ihre Krafte in den Dienst der neuen Kulturbewegung zu stellen; sie, die den nicht assimilierten Juden immer nur verhohnt und verspottet hat, sieht nun in ihm den ausgebeuteten Proletarier und den revolutionaren Kampfer. Sie will seine Sprache kennen umd lernt sie wie eine fremde Sprache, da sie ja den Jargon langst vergessen hat. Sie wendet sich in Wort und Schrift an die judischen Massen, sie ist es, die ihre Literatur zu schaffen beginnt. Wir haben diesen ganzen Prozess bereits einmal beschrieben, als wir darstellten, wie das tschechische Volk aus geschichtslosem Dasein erwacht ist. Sehen wir hier nicht dieselben

Zentrum der Assimilation, sondern aus — Wilna, dem „Jerusalem von Litauen", und wir entnehmen ihn nicht irgend einer Zeitung der Assimilanten, sondern der — zionistischen „Welt" vom 10 August 1906

Kräfte wirksam wie dort: das Erwachen der unteren Klassen zu neuem Selbstbewusstsein; das Vordringen des revolutionären Geistes, der auch die oberen Klassen erfasst und verhindert, dass jeder, der Reichtum, Bildung oder soziale Würde erlangt, der nationalen Kulturgemeinschaft verloren geht und in eine fremde Kulturgemeinschaft Aufnahme sucht; die Entstehung eines „Publikums" für die neue nationale Geisteskultur; die Entstehung einer neuen nationalen Literatur; werden nicht dieselben Kräfte, die in der ersten Hälfte des 19. Jahrhunderts die tschechische Nation zu neuem Kulturleben erweckt haben, nun auch bei den nicht assimilierten Juden Russlands, Polens und Litauens eine neue Blüte nationaler Kultur hervorrufen, dem Prozess der Assimilierung ein Ende bereiten?

Kein Zweifel, auch im Osten sind die Kräfte wirksam und werden immer stärker wirksam werden, die die Juden Mittel- und Westeuropas aus der alten jüdischen Kulturgemeinschaft losgelöst und sie den Kulturgemeinschaften der anderen Nationen eingegliedert haben. Aber andererseits sehen wir nun im Osten auch eine Tendenz wirken, die die noch nicht assimilierten Juden zum Range einer historischen Nation zu erheben strebt. So sehen wir Tendenz gegen Tendenz: welche der beiden Entwicklungsrichtungen wird stärker ein?

Wir können die Frage vielleicht am leichtesten beantworten, wenn wir die Bedingungen für die kulturelle Entwicklung der Nationaljuden mit jenen sozialen Bedingungen vergleichen, unter denen die tschechische Nation den Weg vom geschichtslosen zu historischem Dasein zurückgelegt hat.

Der eigentliche Sitz der tschechischen Wiederbelebung waren die geschlossenen Siedlungsgebiete des tschechischen Volkes. Die Massen des tschechischen Volkes standen hier nur mit ihresgleichen in Verkehr, nicht mit fremden Nationen. Nur diejenigen Tschechen, die in die oberen sozialen Schichten aufstiegen, wurden hier germanisiert. Die Ursache der ganzen Bewegung war nun die psychologische Wandlung der breiten Massen, die die soziale Umwälzung bewirkt hatte. Für die Massen der tschechischen Kleinbürger, Bauern und Arbeiter bedeutete das Erwachen der Nation nicht eine Veränderung ihrer Nationalität, sondern nur eine Veränderung im Wesen der Nationalität: an die Stelle der trägen Ueberlieferung uralter nationaler Kulturgüter trat das Bedürfnis nach neuer nationaler Kultur, die Fähigkeit, neue Kulturgüter zu schaffen und zu geniessen.

Hier lagen also die Verhältnisse wesentlich anders als bei den Juden. Die Juden haben kein geschlossenes Siedlungsgebiet. Allerdings wohnen sie in manchen Städten Russlands und Polens in grösseren Massen. Aber die überwiegende Mehrzahl von ihnen wohnt doch als kleine Minderheit inmitten fremder Völker und es besteht zweifellos die Tendenz, auch die noch geschlossenen Massen der Juden im Osten noch weiter zu zersprengen. Mögen immerhin einige grosse Judenstädte sich erhalten, die Masse der Juden wird als kleine Minderheit mitten unter den anderen Völkern leben. Diese Juden nun kommen, wie wir bereits ausgeführt haben, in immer engeren Verkehr mit der übrigen Bevölkerung. Die Verkehrsgemeinschaft, die sie mit den Massen verknüpft, mit denen sie zusammen leben, zusammen arbeiten, deren Sprache sie sprechen, deren Bedürfnissen sie sich anpassen müssen, wird immer enger werden. Wenn der alte jüdische Händler und Wucherer inmitten einer Gesellschaft naturalwirtschaftlicher Bauern seine nationale Eigenart sich bewahren konnte, so tritt dagegen der moderne jüdische Industrielle, Kaufmann, Advokat, Arzt, Handwerker, Arbeiter in immer engeren Verkehr mit den Massen seiner christlichen Berufskollegen und Kunden; dieser engere Verkehr zwingt ihn, auch seinen Kindern dieselbe Erziehung angedeihen zu lassen, dieselben Bildungselemente aufzunehmen, dieselben Lebensgewohnheiten anzunehmen wie sie. Die enge Verkehrsgemeinschaft wird notwendig zur Kulturgemeinschaft. Man sieht: die Bedingungen für die nationale Entwicklung der Juden sind ganz andere als die für die Tschechen. Das Erwachen der tschechischen Kultur bedeutete keine Veränderung der Verkehrsgemeinschaft, sondern nur eine Veränderung der Art des Verkehrs, indem an Stelle blosser Ueberlieferung spärlicher Kulturgüter im Verkehr Neuerschaffung neuer Kulturgüter trat. Zu solcher kultureller Entwicklung wäre zweifellos auch die jüdische Nation fähig; wenn die Verkehrsgemeinschaft der Juden untereinander so eng, ihr Verkehr mit den anderen Nationen so spärlich blieben, dass die Juden eine Nation bleiben könnten, dann würde diese Nation sich zweifellos von einer geschichtslosen zu einer historischen Nation entwickeln. Aber glücklicher- oder unglücklicherweise werden die Juden in immer engeren Verkehr mit den anderen Nationen hineingezwungen, so dass sie ihre kulturelle Sonderart nicht erhalten können; und wenn die kulturelle Sonderart überhaupt nicht erhalten bleibt, so ist auch der Fortschritt der nationalen Kultur nicht möglich. Die Juden würden eine historische Nation werden, wenn sie überhaupt eine Nation blieben; aber die kapitalistische Gesellschaft lässt sie überhaupt nicht als Nation bestehen.

Hier können wir nun das Schlagwort, die Juden könnten keine Nation bleiben, weil sie kein Territorium haben, auf seine Richtigkeit prüfen. Behauptet man allgemein, ein geschlossenes Siedlungsgebiet sei die Voraussetzung der Erhaltung einer Nation, so ist das unrichtig. Die Geschichte der Juden, die sich soviele Jahrhunderte lang ohne den Besitz eines eigenen Territoriums als Nation behauptet haben, widerlegt diese Meinung. Aber wir wissen nun, wie dies möglich war: die Juden, als Vertreter der Geldwirtschaft innerhalb einer naturalwirtschaftlichen Welt, hatten, trotzdem sie inmitten der europäischen Völker wohnten, mit ihnen nur so lockere Verkehrsgemeinschaft, dass sie ihre eigene Kulturgemeinschaft erhalten konnten. Die kapitalistische Entwicklung, die die alte Naturalwirtschaft überall zerstört und durch die kapitalistische Warenproduktion die Geldwirtschaft zur allgemeinen Verfassung der Gesellschaft und so, wie Marx sagt, die Christen selbst zu Juden gemacht hat, macht die Juden zu Christen. Das Territorium ist nicht Bedingung nationalen Daseins, soweit Gemeinschaft der Wohnsitze noch nicht Verkehrsgemeinschaft bedeutet; in dem Augenblick aber, in dem Juden und Christen nicht mehr verschiedene Wirtschaftsverfassungen verkörpern, sondern alle als Organ derselben Wirtschaftsverfassung, der kapitalistischen Produktionsweise, tätig sein müssen, bewirkt die Gemeinschaft des Wohnsitzes so enge Gemeinschaft des Verkehrs, dass die Erhaltung kultureller Sonderart innerhalb dieser Gemeinschaft nicht dauernd möglich ist.

Man wird uns nun entgegenhalten, dass doch auch die anderen Nationen sich als Minderheiten in fremden Siedlungsgebieten erhalten können und dass gerade wir die rechtlichen Bedingungen für ihre Erhaltung gefordert haben. In der Tat verschwinden die tschechischen Minderheiten im deutschen Sprachgebiete nicht, sondern wachsen von Tag zu Tag und zweifellos haben auch diese Minderheiten an der kulturellen Entwicklung ihrer Nation nicht geringen Teil. Aber auch hier gilt es scharf zu unterscheiden. Soweit diese Minderheiten keinen Zuzug aus dem geschlossenen Siedlungsgebiete der Nation erhalten, bröckeln sie in der Tat allmählich ab. Dies wird auch geschehen, wenn ihnen auch die nationale Autonomie nationale Schulen und Rechtshilfe sichern wird. Der enge Verkehr mit der Mehrheit lässt sie allmählich dahinschwinden. Dies gilt selbst für bäuerliche Minderheiten, trotz der Zähigkeit, mit der der Bauer seine Sonderart erhält. Die deutschen bäuerlichen Kolonisten im tschechischen Teile Böhmens verschwinden allmählich ebenso wie etwa die lesten Reste der einstigen tschechischen Siedlungen im Bezirke Mies. Es gilt dies natürlich in noch viel höherem Grade von bürgerlichen und proletarischen Minderheiten in der Stadt. Wenn sich die tschechischen Minderheiten im deutschen Sprachgebiet nicht nur erhalten, sondern sogar wachsen, so liegt dies daran, dass sie fortwährend aus den tschechischen Gebieten Zuzug erhalten, der die an die nationale Mehrheit abgefallenen Volksgenossen ersetzt. Die Einwanderer bringen zunächst in das deutsche Gebiet die tschechische Kultur ihrer Heimat mit. Dort wurde das Interesse für das öffentliche Leben, für die kulturelle Entwicklung der Nation in ihnen erweckt. Dadurch wurden sie mit dem gesamten tschechischen Volke durch engen kulturellen Verkehr verknüpft. Wenn sie nun in das deutsche Gebiet kommen, so haben sie das Bedürfnis, diesen ihnen lieb gewordenen Verkehr weiter zu pflegen: sie lesen tschechische Zeitungen, tschechische Bücher, bilden tschechische Vereine. Darauf beruht es ja, dass die tschechischen Minderheiten desto schwerer germanisiert werden können, je weiter die kapitalistische Entwicklung fortschreitet, je mehr Anteil die breiten Massen an der nationalen Kultur haben, desto enger ist das Band geistigen Verkehres, das sie mit der Gesamtheit der Nation verknüpft, desto stärker die Kraft, die sie der Anziehungskraft der Mehrheit entgegensetzten. Die nationale Zähigkeit der tschechischen Minderheiten im deutschen Gebiete wurzelt also in der inneren kulturellen Entwicklung des geschlossenen tschechischen Gebietes, aus dem die Arbeiter und Kleinbürger in das deutsche Sprachgebiet wandern. *Es ist die Kraft der nationalen Entwicklung der Heimat, welche sie auch noch im fremden Lande national erhält.* Ein Teil dieser Einwanderer kehrt nach wenigen Jahren wieder in die tschechische Heimat zurück; die Zeit ist hier zu kurz, als dass sie der deutschen Kulturgemeinschaft gewonnen werden könnten. Hier ist es unmittelbar die Beziehung zum geschlossenen tschechischen Gebiete, die Möglichkeit der Rückwanderung, die die nationalen Minderheiten stetig erhält — denn wenn Hunderte von Tschechen alljährlich aus dem deutschen Sprachgebiet zurückwandern, so werden sie doch gleichzeitig durch Hunderte neuer Einwanderer ersetzt, die nach wenigen Jahren dann gleichfalls neu einwandernden Volksgenossen Platz machen. Aber auch soweit die tschechischen Einwanderer im deutschen Gebiete dauernd bleiben, stärken sie die Widerstandskraft der schon bestehenden nationalen Minderheit: die neuen Einwanderer suchen stets mit den Volksgenossen, die in der Stadt schon siedeln, Verkehr und geben daher fortwährend den schon sesshaft gewordenen Tschechen Verkehr mit ihresgleichen; dadurch wird das Band, das die sesshafte Minderheit mit ihren Volksgenossen verknüpft, verstärkt, ihre Widerstandskraft gegen die Anziehung der Mehrheit erhöht. Trotzdem bröckelt der wirtschaftliche Verkehr von dieser Minderheit fortwährend Menschen ab, aber sie erhält sich gleichwohl zahlenmässig unverändert, weil der Zuzug aus dem tschechischen Siedlungsgebiete niemals aufhört. Das ist das Geheimnis der Widerstandskraft der tschechischen Minderheiten: dass der Prozess der Wanderung aus dem agrarischen Gebiete in das Industriegebiet stetig vor sich geht, dass jede günstige wirtschaftliche Konjunktur ihn stärkt, dass er niemals völlig aufhört.

Man kann dergleichen sehr wohl auch bei den Juden beobachten. Auch hier vollzieht sich vielfach ein Zuzug aus dem Osten, aus Gemeinden nicht assimilierter Juden in Judengemeinden, deren Mehrheit bereits vom Prozess der Assimilierung ergriffen ist. Und auch dadurch wird zweifellos der Prozess der Assimilierung gehemmt: der Verkehr mit nicht assimilierten Volksgenossen erhält auch die Juden des Westens auf einer tieferen Stufe der kulturellen Anpassung an die europäischen Nationen. Trotzdem kann der Prozess der Assimilierung dadurch nur verlangsamt, nicht verhindert werden. Die Kraft, die die Juden zum Verkehr mit der Mehrheit der Bevölkerung und daher zu kultureller Anpassung an sie zwingt, ist stärker als dieses Hindernis. Aber es leuchtet ein, dass die Schnelligkeit der ganzen Bewegung noch wesentlich vergrössert werden wird, wenn dieses Hindernis wegfällt. Für die Juden West- und Mitteleuropas ist dies in der Regel heute schon der Fall. Der kulturelle Abstand, der sie von den Ost-Juden trennt, bewirkt, dass sie auch mit den Ost-Juden, die in ihre Länder einwandern, kaum noch irgendwelchen Verkehr pflegen, der ihre Assimilierung verlangsamen könnte. Immerhin aber entstehen in den grösseren Judengemeinden dadurch immer wieder von neuem nicht assimilierte Minderheiten, deren Anpassung an ihre Umgebung durch den fortwährenden Zuzug aus dem Osten verlangsamt wird. Denken wir uns aber, dass der Kapitalismus die wirtschaftlichen Verhältnisse des Ostens verändert, dass die russische Revolution den russischen Juden die Freizügigkeit schenkt, dass die Demokratie auch die Juden des Ostens mehr und mehr im öffentlichen Leben mit den Nationen, in deren Mitte sie leben, zusammenführt, so wird auch im Osten der Assimilierungsprozess beginnen und es wird jener Quell versiegen, aus dem in die nicht assimilierten Minderheiten des Westens immer neuer Zufluss strömt

Die tschechischen Minderheiten im deutschen Gebiete schöpfen also aus dem unmittelbaren Wanderverkehr und aus den geistigen Verkehrsbeziehungen mit dem geschlossenen tschechischen Sprachgebiete ihre Kraft Den Juden fehlt diese Kraftquelle. Es ist also richtig, dass die Juden ihre Nationalität darum nicht erhalten können, weil sie kein eigenes Siedlungsgebiet haben Aber dies bedeutet nicht, dass ein eigenes Territorium überall Voraussetzung nationaler Erhaltung ist. Nur als Bedingung der Verkehrsgemeinschaft kommt das Siedlungsgebiet für das nationale Dasein in Betracht Solange Juden und Arier verschiedene Wirtschaftsverfassungen verkörpern, bewirkt die Gemeinschaft des Wohnsitzes keine so enge Verkehrsgemeinschaft unter ihnen, dass die Minderheit sich der Mehrheit kulturell anpassen müsste; sobald sie dagegen unter den Gesetzen einer Wirtschaftsverfassung stehen, schlingt der gemeinsame Wohnsitz ein Verkehrsband um sie, das Juden und Christen eines Landes fester zusammenschliesst als die Juden verschiedener Gebiete.

Der Prozess der Assimilierung der Juden und das Erwachen der geschichtslosen Nationen haben dieselbe Ursache die Umwälzung der alten Gesellschaft durch die kapitalistische Warenproduktion. Die Bewegung, die die geschichtslosen Nationen zu neuem Kulturleben führt, setzt auch bei den Juden ein Auch hier entsteht die Tendenz, ein Volk, das eine alte, erstarrte Kultur träge weiter überliefert, zu neuem Leben zu erwecken, ihm eine neue, lebendige, fortschreitende Kultur zu schenken. Aber diese Bewegung kann dem jüdischen Volk seine nationale Kultur nicht erhalten, sondern sie kann nur das Wesen dieser Kultur verändern, sofern sie erhalten wird. Aber dieselbe geschichtliche Umwälzung, die das Wesen der nationalen Kultur des jüdischen Volkes zu verändern strebt, reisst die Scheidewand nieder, die die Juden von ihrer Umgebung trennt, bringt sie in immer engeren wirtschaftlichen Verkehr mit den Massen der arischen Bevölkerung und gliedert sie so schliesslich den anderen Nationen ein. Mit der fortschreitenden Entwicklung des Kapitalismus und des modernen Staates werden auch die Juden des Ostens ebenso aufhören, eine eigene Nation zu sein, werden sie ebenso unter den Nationen aufgehen, wie die Juden des Westens in ihnen längst aufgegangen sind. Diese ganze Bewegung wird gefördert werden durch die eigene Entwicklung der slavischen Nationen im Osten Solange diese Völker geschichtslose Nationen mit geringer Kultur sind, werden sie die jüdischen Minderheiten nicht aufsaugen können Erwachen aber die Ruthenen zu neuem, lebendig fortschreitendem Kulturleben, dann werden sie auf die Juden Ostgaliziens ebenso starke Anziehungskraft üben können, wie die Tschechen sie heute schon auf die Juden Böhmens und Mährens zu üben begonnen haben

Man darf freilich die Schnelligkeit dieser Bewegung nicht überschätzen. Im russischen Reiche fehlen noch die wirtschaftlichen und rechtlichen Voraussetzungen für den Assimilierungsprozess Dort wird die jüdische Bevölkerung von dieser Bewegung daher weit langsamer ergriffen werden, dort wird die neue jüdische Kulturbewegung wohl noch jahrzehntelang breiten Spielraum haben Dort wird wohl noch manches Jahr der „Bund" die jüdischen Arbeiter organisieren und ihrem Leben neuen Inhalt geben; dort wird die jüdische Presse, die neue jüdische Literatur sich noch manchen Fortschrittes freuen dürfen Aber je mehr sich Russland wirtschaftlich und politisch den Staaten West- und Mitteleuropas nähert, desto schneller werden auch dort die Bedingungen fallen, unter denen die Entwicklung einer selbständigen jüdischen Kultur allein möglich ist. Die Neubelebung der jüdischen Kultur im Osten ist nur möglich auf einer Uebergangsstufe sie entspricht einer Entwicklungsstufe der Gesellschaft, die schon die unteren Massen des jüdischen Volkes aus ihrem kulturellen Schlaf herausreisst und sie zu neuem Kulturleben erweckt, die aber die Juden noch nicht der Verkehrs- und Kulturgemeinschaft der anderen Nationen eingliedert. Das alte Judentum, die Sonderkultur der geldwirtschaftlichen jüdischen Bevölkerung inmitten naturalwirtschaftlicher Bauern ist auch dort schon tot, die neue Gesellschaft, die alle Völker in den Kreis der Geldwirtschaft einbezieht, die alle Christen zu Juden und darum die Juden zu Christen macht, ist noch nicht da In dieser Augenblickssituation entsteht die neue nationale Kultur der Ostjuden Aber so gewiss es ist, dass der Kapitalismus auf jener Stufe, die er in Osteuropa bisher erreicht hat, nicht verharren wird, so gewiss es ist, dass auch der Bauernsohn des Ostens zum Arbeiter und der Bauer des Ostens zum reinen Landwirt werden wird, so gewiss ist es, dass auch die Juden des Ostens schliesslich in den Nationen des Ostens aufgehen werden Das junge jüdische Nationalgefühl wird den Prozess der Assimilierung vielleicht da und dort psychologisch erschweren Aber die Notwendigkeiten des wirtschaftlichen Verkehrs sind stärker als alle sentimentalen Wünsche. Historisch betrachtet, ist auch das Erwachen der Ostjuden zu neuem Kulturleben nichts als ein Vorläufer der schliesslichen Assimilierung.

Jetzt erst, nach Feststellung der Entwicklungstendenzen, können wir zur Frage der nationalen Autonomie des jüdischen Volkes Stellung nehmen. Dabei stellen wir nochmals fest, dass es sich hier nur um die Frage der Autonomie im Staat, nicht etwa innerhalb der Partei handelt Auch beschränken wir uns auf die Besprechung der Frage, ob die nationale Autonomie der Juden in Oesterreich gefordert werden soll Wir vermögen nicht zu entscheiden, ob die Frage im russischen Reiche in gleicher Weise beantwortet werden kann wie in Galizien und in der Bukowina

Sollen zunächst die jüdischen Arbeiter selbst die nationale Autonomie für ihr Volk verlangen? Dass die längst assimilierten oder doch schon ganz vom Flusse des Assimilierungsprozesses mitgerissenen Juden Westösterreichs auf die Kulturgemeinschaft mit den Nationen, in deren Mitte sie leben, nicht verzichten werden, ist selbstverständlich. Für sie ist das Jüdische längst eine fremde Sprache, die Gesittung der Juden des Ostens eine fremde Kultur, an der sie keinen Teil haben. Die Frage der nationalen Autonomie kann also überhaupt nur bestehen für die nicht assimilierten Juden in Galizien und in der Bukowina, allenfalls für kleine Minderheiten der Judenschaft in Mähren und in Ostschlesien Wollen wir diese Frage beantworten, so dürfen wir nicht von der ebenso wohlklingenden als inhaltsleeren Redensart vom natürlichen Rechte aller Nationen auf Selbstbestimmung ausgehen, wir müssen vielmehr nach den Aufgaben der nationalen Autonomie fragen und untersuchen, ob die Bedürfnisse der jüdischen Arbeiterschaft die nationale Selbstverwaltung heischen

Die öffentlich-rechtliche Organisation nationaler Minderheiten hat wesentlich zwei Aufgaben sie soll das Schulwesen der nationalen Minderheit ausbauen und verwalten und sie soll den Volksgenossen, die der Sprache der Behörden und Gerichte nicht oder nicht hinreichend kundig sind, Rechtshilfe gewähren Nun besteht die Sprachenfrage für die Juden nicht. Denn da sie inmitten anderer Völker leben und mit ihnen in immer engeren wirtschaftlichen Verkehr treten, müssen sie die Sprache der Mehrheit wohl oder übel können. Der Jude, der mit Polen in einer Werkstätte arbeitet, von Polen kauft oder den Polen verkauft, wird auch vor den Behörden und Gerichten in polnischer Sprache sein Recht suchen können Bleibt somit der autonomen Organisation der Nation nur eine wichtige Aufgabe die Sorge für das nationale Schulwesen Die Frage der nationalen Autonomie der Juden ist wesentlich eine Schulfrage. Nun besuchen die Judenkinder auch in Galizien heute schon die öffentlichen Schulen In der Schule lernen die Judenkinder, gemeinsam mit den anderen Kindern, die Sprache des Landes Die Schule ist heute natürlich auch ein ausserordentlich wirksames Mittel der Assimilierung Wer also die nationale Autonomie für die nicht assimilierten Juden Galiziens verlangt, muss die Frage beantworten, ob er in der Tat die Judenkinder aus den öffentlichen Volksschulen ausscheiden und ein eigenes jüdisches Schulwesen von der Volksschule bis zur Universität auszubauen gedenkt

Wir glauben, dass die jüdischen Arbeiter in Galizien und der Bukowina, sobald sie ihre eigenen Interessen erkennen, die abgesonderten Judenschulen nicht verlangen können. Zunächst widerstreitet die Absonderung der jüdischen Kinder dem wirtschaftlichen Interesse der jüdischen Arbeiter. Der moderne Arbeiter braucht die Freizügigkeit. Aber niemand braucht sie mehr als gerade der jüdische Arbeiter. Das jüdische Proletariat besteht zum grossen Teile aus jenen Juden (oder deren Nachkommen), denen die Entwicklung der modernen Warenproduktion es unmöglich gemacht hat, in den Berufszweigen ihre Nahrung zu suchen, die durch Jahrhunderte die Juden ernährt haben. Diese aus dem Dorfe und der kleinen Stadt vertriebenen Juden haben zuerst in wenigen Städten und in wenigen Produktionszweigen ihren Erwerb gesucht. Die weitere Entwicklung wird sie zwingen, sich im Lande zu zerstreuen oder ausserhalb des Landes ihren Unterhalt zu suchen; sie werden sich auf die verschiedenartigsten Produktionszweige verteilen. Darum müssen die jüdischen Arbeiter sich der Kultur der Nationen anpassen, in deren Mitte sie ihren Lebensunterhalt suchen müssen. Der jüdische Arbeiter in Galizien ist noch kaum irgendwo ein moderner Industriearbeiter, noch trägt er fast überall die Eierschalen seines Ursprunges aus jüdischem Kleinhandel, jüdischem Handwerk, jüdischem Wucher an sich. Er hat die wirtschaftliche Stellung, aber noch nicht ganz den kulturellen Typus, die Psychologie der Juden der alten naturalwirtschaftlichen Zeit verloren. Die wichtigste Aufgabe der jüdischen Arbeiterschaft ist ihre eigene Erziehung. Aus dem jüdischen Proletarier muss ein wirklicher moderner Arbeiter werden. Sobald der Jude dies ist, ist ein schweres Hindernis für seine Verbreitung auf weitere Gebiete und verschiedene Produktionszweige gefallen. Ein solches Hindernis ist nicht etwa nur die besondere Sprache der Juden, sondern ihr ganzes Wesen. In vielen Betrieben dulden auch heute noch die christlichen Arbeiter keinen jüdischen Arbeitskollegen: diese Abneigung entspringt nicht etwa politischem Antisemitismus, sondern dem naiven Instinkt gegen die fremde Art des nichtassimilierten Juden. Wenn es möglich werden soll, dass die Juden in allen Produktionszweigen ihre Arbeitsstellen finden sollen, so müssen sie kulturell dem modernen Arbeiter der anderen Nationen ähnlich werden. Solange der Ton ihrer Sprache, ihre Gebärden, ihre Kleidung, ihre Sitten den christlichen Klassengenossen, den Werkmeister, den Unternehmer verletzen, vererbt sich der alte wirtschaftliche Gegensatz des Bauern und des jüdischen Händlers noch in Gestalt einer instinktiven Abneigung, eines ästhetischen Missfallens auf die Nachkommen beider, obwohl nun der Nachkomme des christlichen Bauern so gut wie der Nachkomme des jüdischen Händlers Arbeiter geworden ist; so lange ist die örtliche und wirtschaftliche Verteilung des jüdischen Proletariats unmöglich, bleiben die jüdischen Arbeiter, deren Zahl infolge der Vernichtung des alten jüdischen Handels und Gewerbes schnell wächst, auf den beschränkten Arbeitsmarkt weniger Gewerbe in wenigen Orten beschränkt. Erst wenn der jüdische Arbeiter sich kulturell seiner Umgebung angepasst hat, hat er wirklich die Freizügigkeit gewonnen; dann erst kann er sich jedem Orte, jedem Gewerbe zuwenden, wo das blinde Walten der kapitalistischen Kräfte gerade vermehrte Arbeitsgelegenheit schafft; dann erst schwindet die besondere jüdische Not und es bleibt ihm nichts als die gemeinsame proletarische Not, die er im gemeinsamen Kampfe Schulter an Schulter mit den arischen Kollegen bekämpfen und besiegen wird.

Aber auch damit er zu diesem Kampfe überhaupt fähig werde, muss er seine Gesittung der des christlichen Arbeiters nähern. Man denke sich nur die Judenkinder in eigenen Schulen mit jüdischer Unterrichtssprache! Welcher Geist wird diese Schulen beherrschen? Gewiss, eine neue jüdische Kultur ist im Entstehen und würde sich wohl entwickeln, wenn dem jüdischen Volke noch Zeit zur Entwicklung neuer lebender Kultur bliebe. Aber diese Kultur ist eben nur im Entstehen, sie ist noch nicht da. Dagegen besitzt das jüdische Volk eine andere Kultur: es ist die Kultur einer geschichtslosen Nation, die Kultur von Menschen, die ausserhalb der Gesittung der europäischen Völker standen, die eine ganze Welt längst erstorbener Gedanken, Wünsche, Sitten von Geschlecht zu Geschlecht überlieferten. Kann es einem Zweifel unterliegen, dass diese alte, erstarrte Kultur noch jahrzehntelang den jüdischen Schulen ihren Charakter aufprägen würde, und nicht die neue, erst erstehende, erst langsam im Judentum selbst nach Macht ringende Kultur, die aus der revolutionären jungjüdischen Literatur zu uns spricht? So wurden die Kinder der jüdischen Arbeiter künstlich im Geiste längst vergangener Zeiten erhalten. Man wurde ihnen, die als moderne Arbeiter sich ihre Arbeitsstellen suchen, ihren Klassenkampf führen sollen, das Weltbild des Mittelalters überliefern, die Psychologie einer toten Wirtschaftsverfassung einprägen, die Lebensgewohnheiten des jüdischen Branntweinschenkers, der mitten zwischen naturalwirtschaftlichen Bauern lebte, bei ihnen erhalten. Gewiss, das Leben ist stärker als die Schule, und auch aus diesen Kindern konnten kräftige Menschen werden, die furchtlos im Klassenkampfe ihren Mann stellen; aber können die jüdischen Arbeiter wollen, dass die Schule ihre Kinder zu einer Geistesverfassung zu erziehen sucht, die dann das Leben erst wieder umwandeln, umstossen muss? Die jüdische Schule bedeutet für die Juden vorerst künstliche Erhaltung ihrer alten kulturellen Sonderart, die ihre Freizügigkeit beschränkt und hierdurch ihr Elend vermehrt, dann Stärkung ihrer alten Ideologie, ihrer alten sozialen Psychologie, die erst überwunden werden muss, damit sie zum Klassenkampfe fähig werden.

Wollen wir die besonderen Judenschulen nicht, dann hat die nationale Autonomie der Juden keinen Sinn. Sie ist ja nicht, wie man so phrasenhaft gesagt hat, die rechtliche Form des Daseins der Nation, sondern Mittel zu bestimmten Zwecken. Welche Aufgaben sie erfüllen soll, wenn die jüdischen Kinder polnische, deutsche oder ruthenische Schulen besuchen sollen, ist mir nicht verständlich. Die nationale Autonomie kann nicht die Forderung der jüdischen Arbeiter sein. Der deutsche Arbeiter wünscht dem jüdischen Klassengenossen, was er dem tschechischen Proletarier wünscht: höhere Löhne, stolzes Selbstbewusstsein, Fähigkeit zum internationalen Klassenkampf. Um diesen Zweck zu erreichen, muss er dem tschechischen Arbeiter auch im deutschen Siedlungsgebiete die nationale Autonomie gewähren, zu demselben Zwecke muss er sie dem jüdischen Arbeiter versagen. Dieselbe Rechtseinrichtung, die wir brauchen, um den tschechischen Arbeiter zum Klassenkampf fähig zu machen, ihn dem Klassenkampfe zu gewinnen, würde das Elend des jüdischen Proletariers vermehren, ihm die Psychologie des jüdischen Händlers vergangener oder doch vergehender Zeit erhalten, seine Ueberführung in die moderne Industrie und den modernen Klassenkampf erschweren. Nicht darauf kommt es an, für alle Nationen gleiche Rechtseinrichtungen zu schaffen, sondern darauf, die Arbeiter aller Nationen kulturell zu heben, sie alle der grossen internationalen Armee des kämpfenden Proletariats einzureihen. Dass der deutsche Arbeiter für den tschechischen die nationale Autonomie fordert, sie aber der jüdischen Nation versagt, entspricht der Tatsache, dass die kapitalistische Produktionsweise die Tschechen zum Range einer historischen Nation erhebt, während sie die Juden als Nation aufhebt, sie den Kulturgemeinschaften der europäischen Nationen zuführt.

Wer in nationaler Wertungsweise befangen, sich überall zu konservativ-nationaler Politik bekennt, wem Erhaltung nationaler Eigenart der Endzweck politischen Wollens ist, der mag diese Aussicht recht betrübend finden. Und hier ist ja dieses Bedauern vielleicht begreiflicher als sonst. Denn wenn die evolutionistisch-nationale Politik sonst nur Veränderung der nationalen Kultur verlangt, so verlangt sie von den Juden die Preisgabe ihrer kulturellen Sonderart. Aber die vielen Namen assimilierter Juden, die in der Geschichte aller grossen Nationen Europas fortleben, mögen auch diese Gefühlsregung berichtigen! Das Schicksal des jüdischen Volkes hat ja in doppelter Weise die Juden zur Nation zusammengeschlossen: einmal durch natürliche Vererbung, dann durch Ueberlieferung von Kulturgütern. Wenn die jüdische Kulturgemeinschaft vernichtet wird, so bleibt doch die jüdische Naturgemeinschaft, die Rasse, erhalten. Der assimilierte Jude ist kraft seiner Bildung ein Kind der Nation, deren Kultur er in sich aufgenommen hat. Aber in seiner natürlichen Veranlagung bleibt doch immer das Schicksal des jüdischen Volkes wirkende Kraft, jenes Schicksal, das seinen Ahnen durch natürliche Auslese einen scharf ausgeprägten körperlichen Typus, eine eigenartige geistige Veranlagung angezüchtet hat. Namen wie Spinoza, Ricardo, Disraeli, Marx, Lassalle, Heine und viele andere, die aus der Geschichte der Wirtschaft, der Politik, der Wissenschaft und Kunst der Völker Europas nicht fortgedacht werden können, mögen beweisen, dass das Judentum überall dort seine glänzendsten Leistungen vollbracht hat, wo jüdische Naturveranlagung und europäische Kulturüberlieferung einander befruchtet haben. Den nicht assimilierten Juden hassen die christlichen Nationen mit dem Hasse des Bauern gegen den Wucherer, von den assimilierten Juden dagegen lebt so mancher in ihrer Erinnerung als einer der Grossen, in deren Köpfen sich zuerst die treibenden Kräfte der Geschichte verdichtet zu individueller Tat und die hierdurch das Schicksal ganzer Nationen für Jahrhunderte mitbestimmt haben.

Freilich, werden die Juden, einmal in die Kulturgemeinschaft der europäischen Nationen aufgenommen, auch nur ihre Naturgemeinschaft erhalten können? Werden nicht allmählich Wechselheiraten das jüdische Blut mit dem Blute der anderen Nationen vermengen? Und welche Wirkung wird diese Blutmischung haben?

Wir stehen hier vor Fragen, die die Wissenschaft unserer Tage nicht beantworten kann. Nur dilettantische Afterwissenschaft, die aus ein paar ungewissen Einzelbeobachtungen ein System kühnster Schlüsse zieht, rühmt sich auch dieser Rätsel Lösung zu kennen. Man hat beobachtet, dass auch die assimilierten Juden der Instinkt der Rasse häufig wieder zueinander führt, und hat gemeint, dass darum die jüdische Rasse sich trotz aller kulturellen Assimilierung rein erhalten werde. Aber die Beobachtung weniger Einzelfälle genügt nicht, eine solche Behauptung zu erweisen; genügt am wenigsten darum, weil der Prozess der Assimilierung in manchen Ländern fortgeschritten, aber kaum irgendwo völlig abgeschlossen ist. Noch weniger wissen wir darüber, ob die Blutmischung der Juden und der Arier eine bessere oder eine minder begabte Rasse erzeugen wird. Die Geschichte kennt ebenso Beispiele günstiger wie ungünstiger Wirkungen der Rassenmischung. Das Gesetz, das sich hinter jenen Einzelfällen birgt, kennen wir nicht. So können wir denn auch über Wirkungen der Rassemischung nichts im voraus sagen, hier muss die Erfahrung entscheiden. Und auch hier genügen ein paar zufällige Einzelbeobachtungen nicht. So vermag die heutige Wissenschaft nicht zu entscheiden, ob das Aufgehen der Juden nicht nur in der Kulturgemeinschaft, sondern auch in der Naturgemeinschaft der anderen Nationen für die folgenden Geschlechter vorteilhaft sein wird oder nicht. Sie muss die Entscheidung der geheimnisvollen Macht überlassen, die bei Tier und Mensch Mann und Weib zusammenführt, die das Menschengeschlecht bis in unsere Tage geführt hat und es auch weiter führen wird: der geschlechtlichen Zuchtwahl. Junger Männer Liebeswerben, junger Frauen Liebeswahl wird über diese letzte aller Judenfragen entscheiden.

V. Die Entwicklungstendenzen der nationalen Kämpfe in Oesterreich.

§ 24.

Die innere Entwicklung Oesterreichs zur nationalen Autonomie.

Wir haben bisher untersucht welche Gestalt der nationalen Autonomie die Arbeiterklasse verlangen muss. Wir wenden uns jetzt der Frage zu, ob diese Forderung innerhalb unserer Gesellschaftsverfassung eine Utopie bleiben wird oder ob nachgewiesen werden kann, dass die Entwicklung der Nationen und der nationalen Kämpfe in Oesterreich zur Ersetzung der zentralistisch-atomistischen durch die organische Regelung der nationalen Verhältnisse treibt Hierbei untersuchen wir zunächst die inneren Entwicklungstendenzen in Oesterreich, in den „im Reichsrate vertretenen Königreichen und Ländern“ Wir setzen also zunächst voraus, dass die österreichischen Nationen in demselben staatlichen Verbande bleiben, in dem sie jetzt zusammenleben, und fragen, wie die Nationen innerhalb dieses Verbandes ihr Verhältnis zueinander und zum Staate einrichten werden Die Frage, ob dieser Staatsverband auch bestehen bleiben wird, ob nicht Kräfte sichtbar sind, die die österreichischen Nationen in andere staatliche Gebilde überführen werden, wird besonders untersucht werden

Wir haben die Geschichte der nationalen Kämpfe in Oesterreich bis zur vollständigen Stilllegung des Gesetzgebungskörpers unter den Ministerien B a d e n i und K o e r b e r bereits dargestellt. Wir wissen, dass der Kampf der Nationen um die Macht im Staate geendet hat mit der völligen Ohnmacht aller Nationen, die durch die Obstruktion der Bureaukratie die unbeschränkte Herrschaft in die Hände spielen, aber auch mit Ohnmacht des Staates, dessen bureaukratische Verwaltung bei jedem Schritt durch den Stillstand der Gesetzgebung gehemmt ist Die Selbstaufhebung der zentralistisch-atomistischen Nationalitätenverfassung durch die nationale Obstruktion war das Ende der Machtkämpfe der Nationen

Unter dem Ministerium G a u t s c h hat sich das Bild freilich plötzlich durch die W a h l r e f o r m geändert Die Wucht des grossen Reformgedankens hat das Gezänk um Gerichtssprache und Parallelklassen einen Augenblick zum Schweigen gebracht. Und es ist denkbar, dass im neuen Parlament des gleichen Stimmrechts die Nationen ein paar Monate lang friedlich zusammenarbeiten werden. Aber die Fortdauer dieses Friedens darf kein Besonnener hoffen. Werden die Deutschen für die tschechische innere Amtssprache, für die tschechische Universität in Brünn stimmen? Werden die Tschechen diese Forderung aufgeben? Kann nicht an jedem Turnerfest an der Sprachgrenze die nationale Wut sich neu entzünden und dem schwer errungenen nationalen Frieden plötzlich ein Ende bereiten? Werden die nationalen Schlagworte aus dem Wahlkampfe verschwinden? Insbesondere jetzt aus dem Wahlkampfe verschwinden, wo sie die wirksamste Waffe der bürgerlichen Parteien im Kampfe gegen die durch das gleiche Wahlrecht mächtiger gewordene Arbeiterklasse sind? Wird nicht auch weiter die Masse der Kleinbürger, der eigentlichen Träger des nationalen Hasses, die meisten Wahlkreise besetzen? Ist der Gedanke des nationalen Machtkampfes nicht längst selbst unter die Bauern, selbst unter einen Teil der Arbeiterschaft getragen worden? Wem der nationale Kampf die notwendige Begleiterscheinung einer gewaltigen geschichtlichen Umwälzung ist, der wird es nicht glauben, dass ein Wunder plötzlich die Nationen im Machtkampfe besonnen, nüchtern, zu Ausgleich und Bündnis fähig macht. Ein paar Monate des Friedens sind auch unter der herrschenden Verfassung und Verwaltung möglich, aber lässt sie dauern und der Staat steht binnen kurzem wieder, wo er unter Badeni und Koerber gestanden ist. Nicht wenn die nationalen Parteien vernünftig werden, sondern nur, wenn das Recht sich endlich den veränderten nationalen Verhältnissen anpasst, jeder Nation die Macht gibt, deren sie bedarf, kann der Machtkampf der Nationen aufhören, wird der nationale Hass nicht mehr Inhalt der österreichischen Politik sein, weil dem nationalen Kampfe jeder Angriffspunkt fehlen wird. Gibt es nun in Oesterreich wirklich Kräfte, die stark genug wären, den nationalen Frieden durch die nationale Autonomie zu begründen?

Der nationale Frieden ist zunächst eine Notwendigkeit für den S t a a t. Der Staat kann es nicht vertragen, dass die albernste Sprachenfrage, dass jeder Streit erregter Menschen an der Sprachgrenze, dass jede neue Schule die Gesetzgebung stilllegt. Aber der Staat ist ein Abstraktum. Er kann sein Bedürfnis nur verwirklichen, wenn das Bedürfnis des Staates zum Willen der Staatsbürger wird. Wo sind die Kräfte, die sich zu Trägern staatlicher Notwendigkeiten machen?

Das Bedürfnis des Staates wird zunächst zum Bedürfnis der N a t i o n e n. Der Machtkampf der Nationen hat zur Ohnmacht der Nationen geführt. Jede Nation ist stark genug, zu verhindern, dass den anderen Nationen ihr Recht werde, keine Nation aber ist stark genug, durchzusetzen, dass der Staat ihre Bedürfnisse erfülle. Diese Lage ist zunächst erträglicher für die alten historischen Nationen als für die Völker, die erst die wirtschaftliche Entwicklung des vergangenen Jahrhunderts zu neuem Kulturleben erweckt hat. Deutsche, Polen, Italiener mögen es allenfalls noch ertragen, dass der Staat nur das bestehende Recht der Nationen erhält, dass keine neuen Schulen gegründet werden können, am Sprachenrechte nichts geändert werden kann. Denn sie sind von altersher die Besitzenden, ihre nationale Hauptaufgabe ist es, ihren Besitzstand zu wahren, nicht neuen zu erwerben. Anders die ehemals geschichtslosen Nationen. Sie fordern, dass der Staat sich den neuen Verhältnissen anpasse, die ihr kulturelles Wachstum geschaffen. Ihre nationale Politik ist Angriff, nicht Verteidigung. Tschechen, Slovenen, Ruthenen können die Stilllegung der Gesetzgebungsmaschine, können den Grundsatz, es dürfe am nationalen Besitzstande nichts geändert werden, nicht ertragen. Freilich sind gerade diese Nationen erfüllt von jenem sinnlosen rabiaten Radikalismus, den jede nationale Unterdrückung züchtet; gerade sie neigen zu einer Politik der grossen Worte, der zwecklosen Demonstrationen, der pathetischen Gebärden. Aber die Notwendigkeit, die Bedürfnisse der Nation zu erfüllen, wird schliesslich stärker sein als diese unpolitische Stimmung der Nationen. Wie seit Jahren schon in der tschechischen Nation die kluge Besonnenheit der Eim, Kaizl, Kramář die Allgewalt der radikalen Phrase allmählich überwindet, so werden auch weiterhin diese Nationen mehr und mehr erkennen, dass gerade sie, die Fordernden, die Ungesättigten, den Stillstand der Gesetzgebungsmaschine nicht ertragen können. Sie werden anfangen, die Notwendigkeiten des Staates als nationale Notwendigkeiten zu begreifen. Dann erst werden sie reif für den Gedanken, die alten Trutzformeln aufzugeben; dann erst werden sie lernen, dass es unmöglich ist, dass sie über andere Nationen herrschen, dass irgend eine Ordnung der Parteien im Abgeordnetenhaus oder gar irgend eine Verfassungsreform im Sinne des Kronländerföderalismus den Tschechen Macht über Deutsche, den Ruthenen Herrschaft über Polen, den Südslaven Gewalt über die Italiener gibt. Dann erst werden sie, da sie über die alten historischen Nationen nicht herrschen können und von ihnen nicht beherrscht werden wollen, reif für den Gedanken der nationalen Autonomie.

Aber auch die alten historischen Nationen werden den Nationalitätenkampf schliesslich nicht mehr ertragen können. Sie haben freilich einen Besitzstand zu verteidigen, nicht nur Neues zu erkämpfen. So weit ihr Verhältnis zu den anderen Nationen in Betracht kommt, ist die Erhaltung des bestehenden Zustandes ihr natürliches Programm. Aber das Leben der Nationen erschöpft sich nicht in ihren Berührungen mit den anderen Völkern. Alle Nationen bedürfen einer inneren Entwicklung. Die Anstalten, die der kulturellen Entwicklung der Nationen dienen, müssen ausgestaltet, umgestaltet werden, und gerade die reichen, die wirtschaftlich und kulturell differenzierten Nationen können den Stillstand der Gesetzgebung, die Alleinherrschaft der Bureaukratie nicht dauernd dulden. Aber es ist längst unmöglich geworden, den Fortbestand des Staates dadurch zu sichern, dass die geschichtslosen Nationen geknechtet werden. Wollen Deutsche, Polen, Italiener, dass die Staatsmaschinerie arbeitet, und wollen sie doch nicht unter die Herrschaft der Tschechen, Ruthenen, Südslaven fallen, so müssen auch sie es lernen, dem Streben aller Nationen nach Gewalt über die anderen Völker dadurch ein Ende zu bereiten, dass das Recht die Nationen als öffentlich-rechtliche Körperschaften konstituiert und ihnen eine Rechtssphäre zuweist, die gegen Eingriffe aller anderen Nationen gesichert ist.

So werden also sowohl die geschichtslosen als auch die historischen Nationen die Notwendigkeit des Staates schliesslich als ihre eigene Notwendigkeit begreifen müssen. Die Obstruktion oder doch die fortwährende Drohung mit Obstruktion, die jede Veränderung der nationalen Verhältnisse hemmt, ist das letzte Ende des nationalen Machtkampfes. Das plumpe Mittel der Obstruktion genügt, um die Entwicklung der anderen Nationen zu hemmen, es ist aber untauglich, wenn es gilt, die Entwicklung der eigenen Nation zu fördern. Eine Verfassung, die an die Stelle des Machtkampfes der Nationen rechtlich gesicherte Machtsphären der Nationen setzt, ist darum ein Bedürfnis aller Völker. Die bittere Not wird sie lehren, das Bedürfnis zu politischem Programm, das Programm zu politischer Tat zu verdichten.

Gehen wir nun daran, die Nationen in ihre Elemente, die sozialen Klassen und die einzelnen Schichten innerhalb dieser Klassen zu sondern, und fragen wir, welche Teile der Nation zu Trägern dieses nationalen Bedürfnisses werden können!

Hier stossen wir nun zunächst auf die bedeutsame Tatsache, dass die Macht der beiden Klassen, die zuerst die Führung im nationalen Streite übernommen, ihm seinen Inhalt gegeben haben, allmählich sinkt.

Das politische Gewicht des G r o s s g r u n d b e s i t z e s ist leichter geworden, seit grosse Volksmassen vom Lande in die Städte und Industriegebiete gewandert sind, wo vor dem Reichtum der Bourgeoisie das Ansehen des Adels verblasst, seit der Bauer selbst sich als Staatsbürger fühlt und im Gutsherrn nicht mehr die angestammte „Obrigkeit“ sieht. Seit die Grossgrundbesitzer selbst industrielle Unternehmer geworden sind, haben sich auch ihre politischen Interessen verandert: die Frage der Zuckerpramien ist ihnen heute wichtiger als die des Kronlanderfoderalismus. Die Politik der Grossgrundbesitzer dient nun nicht so sehr dem Ziel, ihre ausschliessliche Klassenherrschaft wiederzugewinnen, als ganz unmittelbaren wirtschaftlichen Interessen Dadurch wird erst sichtbar, was die staatsrechtlichen Formeln fruher verhullt haben, dass die Politik der Grossgrundbesitzerklasse nicht dem gemeinsamen Streben der ganzen Nation, sondern dem beschrankten Sonderinteresse der Klasse dient. Die Massen der Bevolkerung durchschauen den Klassencharakter dieser Politik und schutteln die politische Fuhrung der Grossgrundbesitzer ab.

Noch hat das Wahlrechtsprivileg der Klasse die politische Bedeutung kunstlich gegeben, die ihr nach ihrem sozialen Einfluss nicht mehr zukam Sobald das Kurienwahlrecht fallt, wird die Verringerung des politischen Einflusses der Grossgrundbesitzer unmittelbar sichtbar Die Fuhrung der Nationen fallt aus den Handen der vornehmen Herren in die der breiten Massen Damit werden die politischen Programme, die einst dem Klassenkampfe der Gutsherrenklasse gegen Bourgeoisie und Bureaukratie gedient, der Streit um Zentralismus und Kronlanderfoderalismus, allmahlich an Bedeutung verlieren

Ganz ahnlich ist das politische Schicksal der I n t e l l i g e n z. Auch sie verliert an Macht, seit dank der wachsenden Volksbildung die Massen selbst fähig geworden sind, ihre politischen Kampfe zu fuhren Ihre alte Fuhrerrolle wird aber nicht nur unnotig, sie wird auch unmoglich, je lebendiger die Klassengegensatze innerhalb der einst politisch einheitlichen Nationen werden. Wie kann die Intelligenz entscheiden, wo Kapitalisten und Arbeiter um die Dauer der Arbeitszeit, Kleinburger und Arbeiter um den Befahigungsnachweis, Bauern und Arbeiter um die Getreidezolle streiten? Sie hat an diesen Kampfen kein eigenes Interesse, sie steht ihnen ratlos gegenuber Der einzelne Akademiker mag sich zu der oder jener Klasse schlagen, sein Wissen und Konnen in den Dienst der oder jener Klasse stellen Die Intelligenz als Klasse aber verliert die politische Fuhrung, sobald nicht mehr Nation gegen Nation, sondern innerhalb jedes Volkes Klasse gegen Klasse kampft. Und auch die politischen Interessen der Intelligenz sind andere geworden, seit die kapitalistische Entwicklung und ihre Folgeerscheinungen ihre wirtschaftliche Stellung verandert haben Manchem Arzt erscheint heute die „Freie Arztwahl" wichtiger als die deutsche Staatssprache. So beginnen auch die einzelnen Berufsstande der Intelligenz — Aerzte, Advokaten, Techniker, Beamte — den Kampf fur ihre Sonderinteressen Je mehr aber eine Klasse unmittelbar, jedem sichtbar, ihre Sonderinteressen verficht, desto schwerer kann sie das gesamte Volk als einheitliche Partei unter ihrer Fuhrung erhalten.

Auch hier hat das Privilegienwahlrecht der Intelligenz künstlich noch eine soziale Macht gewahrt, die ihrem Einfluss in der Gesellschaft nicht mehr entsprach. Das allgemeine Wahlrecht wird sie zu einem unbeträchtlichen Teile der Wählerschaft machen und es wird den Klassengegensätzen stärkeren politischen Ausdruck geben. Wie der Grossgrundbesitz, so verliert nunmehr auch die Intelligenz endgültig die Führung der Nation. So wird nun auch die Schul- und Sprachenfrage andere Gestalt annehmen: nun werden nicht mehr die Wünsche der Beamten, sondern die Bedürfnisse der Volksmassen entscheiden, wenn von der Sprache der Behörden und Gerichte die Rede ist; nun wird man nicht mehr im Streite um Universitäten und Gymnasien an den Ausbau der Volksschule vergessen. Jetzt erst, nachdem die Klassen, die bisher den Inhalt des nationalen Kampfes bestimmten, auf jenes Mass politischer Macht zurückgewiesen sind, das ihnen nach ihrem Einflusse in der Gesellschaft gebührt, können die grossen Klassen der bürgerlichen Gesellschaft — die Bourgeoisie, das Kleinbürgertum, die Bauern und die Arbeiter — darangehen, die nationalen Verhältnisse selbständig zu regeln.

Die politische Führung fällt zweifellos zunächst in die Hand der Bourgeoisie.

Die Bourgeoisie ist die Nutzniesserin des nationalen Streites. Eine junge Bourgeoisie, wie die tschechische, schon darum, weil ihr der nationale Streit Mittel der Konkurrenz ist. Aber jede Bourgeoisie, nicht am wenigsten die deutsche, braucht den nationalen Hader, um die Klassengegensätze zu verhüllen. In den industriellen Bezirken Deutschböhmens, Mährens, Schlesiens sind die Arbeiter oft die Mehrheit, immer ein beträchtlicher Teil der Wähler in den neuen Wahlkörpern des allgemeinen Stimmrechtes. Wie soll hier das Grossbürgertum seinen Kampf gegen die Arbeiterpartei führen? Sollen die Wahlwerber der Bourgeoisie glatt heraussagen, dass sie die Interessen des Grossbürgertums vertreten wollen? Hier ist die nationale Ideologie dem Grossbürgertum ein unentbehrlicher Bundesgenosse. Welcher Vorteil für die Bourgeoisie, wenn im Wahlkampfe von tschechischen Schulen und tschechischer Amtssprache die Rede ist, statt vom Achtstundentage und von den Schutzzöllen, hinter denen sie ihre Kartelle sichert! Die Bourgeoisie aller Nationen bedarf des nationalen Streites und wird ihn im Wahlkampfe schüren, weil sie die Klassengegensätze verhüllen will.

Aber wenn dem Grossbürgertum einerseits der nationale Kampf ganz willkommen ist, so ist er doch andererseits seiner eigenen Herrschaft gefährlich. Der Staat ist der Bourgeoisie längst ein unentbehrliches Werkzeug ihrer wirtschaftlichen Interessen geworden. Die Zollpolitik, das Eisenbahntarifwesen, die Steuergesetzgebung will sie unmittelbar bestimmen. Sie wird die Fragen des Ausgleiches mit Ungarn, sie wird die Fragen der wirtschaftlichen Gesetzgebung nicht einer Bureaukratie ausliefern, die sie nur mittelbar beeinflussen kann. Sie braucht Macht im Staate und der nationale Machtkampf gefahrdet diese Macht, gibt alle Entscheidung immer wieder der Bureaukratie in die Hand. Sie kann den Stillstand der Gesetzgebung nicht ertragen. Sie wunscht eine Reform der Aktiensteuer — das Parlament streitet um die tschechische Universitat in Brunn Sie verlangt einen Kanalbau — die Parteien haben sich noch nicht uber die tschechische innere Amtssprache geeinigt. Sie fordert Exportpramien — das Parlament unterhält sich mit der Besprechung irgend eines tschechischen Festes in Troppau und seiner weltgeschichtlichen Folgen. Sie will, dass das Konsularkorps den Exportinteressen dienstbar werde — in den Delegationen unterhalt man sich über den Rassenkampf der Germanen und Slaven. Herrschaft der Bourgeoisie im Staate und eine Gesetzgebung und Verwaltung, die die kapitalistische Entwicklung fordert das sind die Lebensinteressen der Bourgeoisie Und weil der nationale Kampf beides unmoglich macht, die Gesetzgebung stilllegt, die Macht der Bureaukratie ausliefert, wird sie dem nationalen Kampfe feind, sehnt sie sich nach dem nationalen Frieden.

So streiten, ach, *zwei* Seelen in ihrer Brust. Sie braucht den nationalen Kampf, um die Klassengegensatze zu verhullen. Und sie braucht den nationalen Frieden, um den Staat zum Werkzeug ihrer Herrschaft zu machen Die deutschen Fabrikanten in Bohmen und Mahren bekämpfen bei den Wahlen die internationale Sozialdemokratie als Feindin des deutschen Volkes und fordern mit erlaubten und unerlaubten Mitteln die Wahl der nationalen Kandidaten. Wenn aber die Gewahlten dann das Parlament durch ihre Obstruktion lahmlegen, wenn die Gesetzgebungsmaschine stillsteht, die Parlamente keine Zeit finden, die wichtigsten Gesetzesvorlagen zu erledigen, und die Bureaukratie nur schlecht und recht fur die dringendsten Notwendigkeiten des wirtschaftlichen Lebens sorgen kann, dann jammern die industriellen Verbande uber den „unfruchtbaren nationalen Streit".

Ganz ahnlich wie die Stellung der Bourgeoisie ist auch die des *Kleinburgertums*. Das Kleinburgertum ist der eigentliche Trager des nationalen Hasses Auch das Kleinburgertum bedarf der nationalen Ideologie, um seinen Klassenkampf gegen die Arbeiterschaft zu fuhren. Aber auch das Kleinburgertum hat Wunsche an die Gesetzgebung und ist sehr unzufrieden, wenn der nationale Streit den Parlamenten keine Zeit lasst, sich mit der Gewerbenovelle oder mit einem Gesetz gegen den unlauteren Wettbewerb zu beschaftigen. Innerhalb der einzelnen Teile des Kleinburgertums sind diese verschiedenen, einander widersprechenden Neigungen verschieden stark.

Am starksten ist das Interesse an den Machtkampfen der

Nationen in den Sudetenländern. Einmal darum, weil hier der nationale Gegner am nächsten ist, die Einwanderung der tschechischen Minderheiten den nationalen Hass immer wieder erregt. Dann auch, weil in diesen industriellen Bezirken die Zahl der Arbeiter gross, der Klassenkampf besonders heftig, das Bedürfnis nach einer Ideologie, die die Klassengegensätze verhüllt, den Klassenkampf der Arbeiter erschwert, daher besonders lebhaft ist. Die Kleinbürger der Sudetenländer sind daher von dem Gedanken des nationalen Machtkampfes besonders stark erfüllt.

Ganz anderen Charakter trägt das Kleinbürgertum der deutschen Städte in den Alpenländern. Wohl besteht auch dort der nationale Hass — am stärksten an der Sprachgrenze, in Südtirol, wo Deutsche und Italiener, in Südsteiermark, wo Deutsche und Slovenen aufeinanderstossen. In den Industriegebieten der Alpenländer, in Graz, im Gebiet der steirischen Eisenindustrie empfindet auch das Bürgertum das Bedürfnis, durch die nationale Ideologie die Klassengegensätze zu verhüllen, sehr stark. Aber im allgemeinen droht doch dem aufrechten Bürgertum der Alpenländer weder von fremden Minderheiten noch von den Arbeitern der eigenen Nation gleiche Gefahr wie den deutschen Kleinbürgern der Sudetenländer. Ein ganz anderer Gegensatz beherrscht sein politisches Denken. Hier, wo die Landwirtschaft noch weit weniger von der kapitalistischen Warenproduktion in ihrem Wesen verändert wurde, wo der Bauer noch in seinem überlieferten Geistesleben verharrt, trennt Kleinbürger und Bauern eine tiefe Kluft. Es ist weniger der Gegensatz der Klasseninteressen als der Gegensatz der Klassenideologien, der die Bevölkerung der Alpenländer in zwei schroff geschiedene Gruppen, klerikale Bauern und liberale Kleinbürger, scheidet. Hier fehlt es dem Kleinbürgertum nicht an einer Ideologie mit parteibildender Kraft; es kann auf die nationale Ideologie leichter verzichten, da ihm immer noch die antiklerikale Ideologie bleibt. Die Frage der Trennbarkeit der katholischen Ehe interessiert hier die Wählermassen nicht minder als irgend eine nationale Schul- oder Sprachenfrage. Wenn die kleinbürgerliche Politik in den Sudetenländern der nationalen Ideologie dringend bedarf, weil sie sonst in ihrer ganzen Nacktheit als Interessenpolitik einer Klasse erscheinen müsste, so bleibt dem antiklerikalen Bürgertum der Alpenländer immer noch seine parteibildende Ideologie, wenn auch der nationale Kampf verstummt. So kann das Bürgertum der Alpenländer sich zu friedlicher nationaler Politik leichter entschliessen als die vom nationalen Hass erfüllten, von der Arbeiterschaft bedrohten Kleinbürger Böhmens und Mährens. Aber wenn dieses Bürgertum an der nationalen Machtpolitik nicht mit gleicher Kraft hängt, so empfindet es die staatlichen Bedürfnisse desto stärker. Dank seiner langsameren wirtschaftlichen Entwicklung ist das Bürgertum der Alpenländer noch wenig differenziert. Da sind nicht Bourgeois und kapitalshörige Handwerker schroff voneinander geschieden, sondern das gesamte Bürgertum, durch keine grossen Einkommensunterschiede wirtschaftlich und gesellschaftlich gespalten, bildet eine einheitliche Schichte, deren Masse aus Kleinbürgern besteht, deren Führung die Gemeindecliquen fest in ihren Händen halten. Dieses wenig differenzierte Bürgertum hat ein starkes Verlangen nach politischer Macht. Der soziale Hass ist hier nicht so stark als der Wunsch, einen Landsmann an der Spitze der Parlamentsmehrheit oder im Rate der Krone zu wissen, der dann der Stadt eine Begünstigung, der Gegend eine Lokalbahn erwirken soll, der die Laufbahn seiner Landsleute in der Beamtenschaft fordert. Für alle diese kleinen Verlockungen ist das wenig differenzierte Bürgertum der Alpenländer weit empfänglicher als die sozial zerrissene Bürgerschaft der hoch entwickelten Industriegebiete. Wenn es den nationalen Hass weniger stark empfindet, die nationale Ideologie nicht ebenso notwendig braucht, so hascht es desto gieriger nach Anteil an der politischen Gewalt. Wer aber unter den gegebenen Bedingungen nach politischer Macht strebt, muss bereit sein, die Notwendigkeiten des Staates zu erfüllen. Wohl kann die Wut des nationalen Kampfes auch das Bürgertum der Alpenländer mitreissen; aber immer wieder wird der Wunsch sich durchringen, das Staatswesen so zu ordnen, dass der nationale Streit die Gesetzgebung nicht lahmlegt, die staatliche Gewalt der Bureaukratie nicht ausliefert, dass die bürgerlichen Parteien die Möglichkeit haben, im Parlament ihrem Wahlkreis wirtschaftliche Vorteile zu erstreiten und durch ihren Einfluss auf die Verwaltung ihre Landsleute zu fördern. Wenn das Kleinbürgertum Böhmens in der Hitze des nationalen und sozialen Kampfes immer nur Brüx und Dux und Prachatitz sieht, so sieht das Bürgertum der Alpenländer doch manchmal auch den Staat.

Wiederum anderen Charakter als das aufrechte Bürgertum der Alpenländer trägt das Kleinbürgertum Wiens. Seine Hauptmasse bilden kapitalshörige Handwerker und Kleinhändler. Den nationalen Hass empfindet dieses Bürgertum noch kaum. Einmal ist es, dank der starken Zuwanderung aus den tschechischen Gebieten und der schnellen friedlichen Germanisierung der Einwanderer, durch die Anziehungskraft der Grossstadt, selbst stark mit Elementen durchsetzt, die zwar der deutschen Kulturgemeinschaft allmählich eingegliedert werden, die aber ihren tschechischen Ursprung noch nicht vergessen haben. Dann aber hat es ganz andere Forderungen, ganz andere Ideologien. Dieses Kleinbürgertum stellt zunächst ein Programm der Mittelstandspolitik auf, der Staat soll das schwer kämpfende Kleingewerbe und den Kleinhandel retten. Empfindet doch der kleine Händler der Grossstadt den Wettbewerb der Warenhäuser und Konsumvereine, der kleine Handwerker den

Druck des Handelskapitals weit unmittelbarer als sein Berufskollege in der Provinzstadt. Die Wissenschaft mag hundertmal beweisen, dass die kleinen Massregeln der „gewerblichen Mittelstandspolitik“ die Betriebs- und Wirtschaftsformen der Vergangenheit nicht retten können; der „kleine Mann“ braucht eine Lebenslüge: der Kampf um die Ausgestaltung des Befähigungsnachweises kann diese Aufgabe ebenso gut erfüllen wie der nationale Streit. Und den Sündenbock, den er in seiner Not braucht, hat er hier bald gefunden. Der Gegensatz gegen das jüdische Handelskapital hat dieses Kleinbürgertum zum Antisemitismus getrieben: wie in den Sudetenländern der Tscheche, so ist hier der Jude an allen Uebeln dieser Welt schuld. Endlich hat der Kampf gegen den Liberalismus dieses Kleinbürgertum allmählich wieder dem Klerikalismus zugeführt. Die grossstädtische Bevölkerung, infolge des schnellen Wachstums der Grossstadt stark mit Elementen durchsetzt, die die bäuerliche Ideologie noch nicht verloren haben, war für den Klerikalismus sehr empfänglich. Alle diese Tatsachen haben die Gedanken des Wiener Kleinbürgertums von den nationalen Fragen abgelenkt: im Kampfe gegen die Juden, im Kampfe um die christliche Schule und christliche Ehe, im Kampfe um die Ausgestaltung des Befähigungsnachweises und der Zwangsgenossenschaften kümmert es sich wenig um das Gezänke der nationalen Parteien. Irgend eine Gewerbenovelle erscheint ihm weit wichtiger als die Brünner Universität, er jammert über den unfruchtbaren nationalen Streit und ist daher dem Gedanken des nationalen Friedens weit weniger abgeneigt als die anderen Schichten des Kleinbürgertums. Gestärkt wird diese Neigung noch durch seinen „Patriotismus“, eine beim schaulustigen Spiessbürger der Residenzstadt leicht erklärliche Erscheinung. Der Wiener „Spiesser“ ist ein „guter Oesterreicher“ und will nicht, dass ihm der nationale Streit sein Oesterreich zerreisse.

Wir haben gesehen, wie im Bewusstsein des Kleinbürgers der nationale Hass, der Wille zum nationalen Machtkampfe in seiner unversöhnlichsten Gestalt ebenso notwendig entsteht wie der Wille nach Macht im Staate, der voraussetzt, dass der Staat leben kann, dass die Tätigkeit der gesetzgebenden Körperschaften durch den nationalen Streit nicht unterbunden wird. Nähere Prüfung zeigt uns, wie diese zwei Willensrichtungen, die sich im Kleinbürgertum überall finden, in den verschiedenen Schichten der Klasse verschieden stark sind: im Kleinbürgertum der Sudetenländer überwiegt der nationale Hass, im kapitalshörigen Handwerk und Kleinhandel Wiens die Neigung, durch billigen Ausgleich der nationalen Gegensätze den nationalen Streit zu schlichten, das Bürgertum der Alpenländer steht etwa in der Mitte zwischen dem radikal-nationalen Kleinbürgertum Böhmens und Mährens und dem christlich-sozialen Kleinbürgertum Wiens.

Aehnliche Gegensätze finden wir auch bei den *Bauern*. Die Bauern der Sudetenländer sind bereits vom kleinbürgerlichen Nationalismus stark erfasst. Anders die Bauern der Alpenländer. An alle Ueberlieferung gebunden, sind sie gut österreichisch und schon darum dem nationalen Kampfe wenig geneigt. Ihre stärkste Ideologie ist aber die klerikale. Wir wissen bereits, dass der Klerikalismus ursprünglich kosmopolitisch ist, vom nationalen Kampfe überhaupt nichts wissen will. Allmählich hat er es freilich lernen müssen, mit der harten Tatsache der nationalen Kämpfe zu rechnen. Aber immer bleibt ihm der nationale Streit eine Unbequemlichkeit, der er nur widerwillig Rechnung trägt.

So sehen wir bei allen besitzenden Klassen — bei der Bourgeoisie, beim Kleinbürgertum und bei den Bauern — zwei einander widerstreitende Tendenzen. Die sozialen Verhältnisse erzeugen im Bewusstsein dieser Klassen ebenso notwendig den Willen zum nationalen Kampfe wie den Willen zum nationalen Frieden. Jede Klasse, ja wenn auch in verschiedener Stärke, jede Schichte dieser Klassen hat an beiden Tendenzen ihren Teil. *Diese Tatsache sichert den schliesslichen Sieg der nationalen Autonomie.* Wären alle Klassen nur von dem Willen zum nationalen Frieden beseelt, dann könnten sich die Nationen auch unter der zentralistisch-atomistischen Nationalitätenverfassung vertragen. Dies ist aber nicht der Fall. Alle besitzenden Klassen sind von starken sozialen Kräften beherrscht, die sie immer wieder zu unversöhnlichem nationalen Kampfe treiben. Aber sobald aus irgend einem nichtigen Anlass der Kampf von neuem entbrennt, das Abgeordnetenhaus und die Landtage völlig lahmlegt, alle Klassen, alle Nationen, den Staat selbst ohnmächtig macht, erstarken die Kräfte zum nationalen Frieden, die gleichfalls in allen Klassen wirksam sind, und immer stärker wird das Bedürfnis nach einem friedlichen Zusammenleben der Nationen, das allen Klassen erst die Möglichkeit schafft, um Macht im Staate zu kämpfen, den Staat ihren Klasseninteressen dienstbar zu machen, Gesetzgebung und Verwaltung mit dem Geiste ihrer Klasse zu erfüllen. Darum folgt in Oesterreich seit langem auf jede Periode heftigen nationalen Streites ein kurzer Zeitraum, in dem die Nationen sich schlecht und recht vertragen. Aber jedes Neuaufflackern des nationalen Kampfes steigert die Verbitterung der Nationen; die nationalen Parteien, in der Falle ihrer eigenen Schlagworte gefangen, können immer schwerer auch nur in der geringfügigsten Frage dem Gegner ein Zugeständnis machen. So wird der friedliche Ausgleich für alle Nationen immer schwerer. Die anmutige Abwechslung nationaler Obstruktionen und kurzer Friedensperioden wird dauernd unmöglich. Jede neue Steigerung des nationalen Kampfes gibt den Gegentendenzen, die, in allen Klassen wirksam, nationalen Frieden fordern, immer bestimmtere

Gestalt. Sie müssen sich schliesslich in der Forderung nach rechtlicher Entscheidung des Machtkampfes der Nationen, in der Forderung der nationalen Autonomie verdichten. Nicht aus der friedlichen Gesinnung der Völker und Klassen, sondern aus dem fortwährend steigenden nationalen Hasse, aus der steigenden Erbitterung und Heftigkeit der nationalen Kämpfe, aus der völligen Stilllegung aller gesetzgebenden Körperschaften werden die Gegentendenzen, die zum nationalen Frieden treiben, wachsende Kraft, bestimmteren Inhalt empfangen. Der nationale Kampf zeugt die nationale Autonomie. Das ist die Situation, die wir schon einmal als die Selbstaufhebung der zentralistisch-atomistischen Verfassung bezeichnet haben. In dieser Gestalt wird die Tatsache, dass die zentralistisch-atomistische Verfassung notwendig zum nationalen Machtkampfe treibt, dass der nationale Machtkampf schliesslich alle Nationen, alle Klassen, den Staat selbst ohnmächtig macht und dass doch keine Nation, keine Klasse darauf verzichten kann, den starken Arm des Staates ihren Zwecken dienstbar zu machen, zur wirkenden geschichtlichen Kraft.

Irgend eine Richterernennung, irgend eine Schulgründung reizt die nationalen Instinkte. Die radikalen Kleinbürger und Bauern der Sudetenländer, die Fabrikanten, die in dem nationalen Kampfe ein Gegenmittel gegen den Klassenkampf der Arbeiter sehen, reissen die Führung der deutschen besitzenden Klassen an sich. Willig folgen ihnen die deutschen Bürger der Alpenländer und schliesslich können sich auch die klerikalen Bauern, auch die christlich-sozialen Handwerker und Kleinhändler dem nationalen Machtkampfe nicht entziehen. Der nationale Hass brennt lichterloh, Ministerien fallen, Parlamente und Landtage lähmt die Obstruktion. Aber nun, da die ganze Staatsmaschinerie stillsteht, erstarken in den besitzenden Klassen die Tendenzen zum nationalen Frieden. Die industriellen Verbände, die den Stillstand der Gesetzgebung nicht ertragen, klerikale Bauern und christlich-soziale Kleinbürger erhalten das Uebergewicht, vereinen sich mit den Bürgern der Alpenländer, zwingen schliesslich auch die Bürger und Bauern der Sudetenländer zur Mässigung. Es folgt eine Periode des nationalen Friedens. Aber irgend ein unvorhergesehener Anlass macht der nationalen Idylle bald wieder ein Ende. Lasst die nationalen Parteien diesen lieblichen Kreislauf ein paar Mal zurücklegen und es dringt allmählich in die besitzenden Klassen die Vorstellung: so geht das nicht weiter! Der Staat kann nicht auf Kündigung leben! Wir brauchen ein Programm, das uns endlich den toten Punkt überwinden lässt, das die ewige Wiederkehr nationaler Kampfperioden verhindert, das nicht das Streben aller Nationen, aller Klassen nach staatlicher Macht fortwährend an irgend einem geringfügigen Gegenstand nationalen Streites scheitern lässt. Nicht theoretische Einsicht, sondern die bittere Not, die unerbittliche Notwendigkeit staatlichen Lebens werden die sozialen Schichten, die heute schon im nationalen Kampfe zum Vergleich, zur Versöhnung geneigt sind, schliesslich zu Trägern des Gedankens der nationalen Autonomie machen.

In den Dienst dieser Entwicklung stellt sich nun die Arbeiterklasse. Für sie ist die nationale Autonomie nicht die Notwendigkeit des Staates, der ja das Machtwerkzeug ihrer Gegner ist, sondern die Notwendigkeit des Klassenkampfes. Sie wirft den Gedanken der rechtlichen Selbstbestimmung der Nationen in die Massen. Wenn im Klassenkampfe der Gutsherrenklasse gegen Bourgeoisie und Bureaukratie der Gegensatz des Zentralismus und des Kronländerföderalismus formuliert wurde, wenn die Intelligenz die Schul- und Sprachenfrage zum Streitgegenstand der Nationen gemacht hat, wenn das Kleinbürgertum dem nationalen Kampfe seinen unversöhnlichen Charakter gab, so pflanzt die Arbeiterklasse nun mitten im Gewühl der nationalen Kämpfe eine neue Fahne auf, das Banner der nationalen Autonomie. Sie muss, wenn sie sich nicht selbst aus den politischen Kämpfen ausschalten will, eine Antwort auf die Frage wissen, die alle Gemüter so leidenschaftlich erregt. Und sie kann ihrem ganzen Wesen nach keine andere Antwort finden als die Selbstbestimmung der Nationen. Je lärmender der nationale Kampf tobt, desto lauter verkündet sie ihr Programm. Unablässig, unermüdlich verkündigt sie allen Völkern Oesterreichs den grossen Gedanken. So dringt die Idee der nationalen Autonomie allmählich in die Massen. Jede sozialdemokratische Zeitung, jede Arbeiterversammlung zwingt die nationalen Politiker, zur Forderung der nationalen Autonomie Stellung zu nehmen. Vor dem neuen Gedanken verblassen die alten Kampfformeln. Das Herrschaftsgelüste jeder bürgerlich-nationalen Partei ist enthüllt, sobald sie die nationale Autonomie ablehnt. So dringt der Gedanke der Selbstbestimmung der Nationen auch in das Bewusstsein der besitzenden Klassen. Alle jene Schichten, in denen der nationale Hass noch nicht den Blick für die Notwendigkeiten des Staates und der Gesellschaft getrübt, noch nicht den Willen zur Macht im Staate ertötet hat, nehmen allmählich das neue Verfassungsprogramm an.

Aber nicht nur die Verhältnisse im Reiche, auch die Kämpfe der Nationen in den Ländern und Gemeinden treiben zur nationalen Autonomie. Die Deutschen beherrschen noch die Vertretungskörper mancher Gemeinde, in denen sie nur eine Minderheit der Bevölkerung bilden. Diese Stellung, die sie dem plutokratischen Gemeindewahlrecht verdanken, ist heute überall bedroht. Einerseits rüttelt die Arbeiterklasse an den Wahlrechtsprivilegien der Bourgeoisie und der kleinbürgerlichen Oberschichte, andererseits dringen dank der Entwicklung einer tschechischen Bourgeoisie die Tschechen auch in die Wahlkörper der Privilegierten ein. So haben die Deutschen die Herrschaft im mährischen Landtag, in den Gemeindevertretungen von Prag und Pilsen verloren, so sehen sie sich heute in Budweis bedroht. Diese Entwicklung ist nicht zu hemmen. Wollen die Deutschen der neuen tschechischen Mehrheit nicht wehrlos ausgeliefert werden, so müssen sie sich durch die nationale Autonomie eine Machtsphäre sichern. Darum hat noch die letzte deutsche Mehrheit im mährischen Landtage die Einführung des Nationalkatasters beschlossen. Darum fordern heute die Budweiser Deutschen die nationale Autonomie in der Gemeinde. Ganz ebenso werden in nicht ferner Zeit die Polen im Osten, die Italiener im Süden die nationale Autonomie innerhalb der Lokalverwaltung fordern müssen, wenn sie nicht dort, wo sie als Minderheit jahrhundertelang geherrscht haben, dem nationalen Gegner wehrlos preisgegeben werden wollen. Die nationale Autonomie wird so zur Forderung der alten historischen Nationen, deren Herrschaft durch die Entwicklung der geschichtslosen Nationen zu historischem Dasein gebrochen wird.

Hinter all dem steht aber noch ein *allgemeineres* Problem. Alle Sachkundigen sind darüber einer Meinung, dass die österreichische *Verwaltungsorganisation* den Bedürfnissen eines modernen Staates nicht mehr entspricht. Die alte österreichische Doppelverwaltung — ein sonderbares Gemisch der ständischen Ueberlieferung, des bureaukratischen Zentralismus und der liberalen „Selbstverwaltung“ — ist heute bankerott.

Das gilt unzweifelhaft von der autonomen *Landesverwaltung*. Sie ist bankrott schon im finanziellen Sinne: die Frage der Landesfinanzen wird von Tag zu Tag schwieriger lösbar. Aber sie ist auch politisch bankerott. Das Land ist als einheitliches Verwaltungsgebiet unmöglich: es mag eine historisch-politische Individualität sein, aber es ist keine soziale und keine nationale Individualität. Die angebliche Selbstverwaltung ist zu einer rücksichtslosen Fremdherrschaft der Mehrheit — wohlgemerkt, der Mehrheit der Wähler des Privilegienwahlrechtes, nicht der Mehrheit der Bevölkerung — geworden. In den national gemischten Ländern führt dies zu fortwährenden Klagen der Minderheit. Aber selbst in den national einheitlichen Ländern hat sich die Bevölkerung längst gewöhnt, gegen die Parteiherrschaft der Landtagsmehrheit tagtäglich die Bureaukratie zu Hilfe zu rufen. Die sogenannte autonome Verwaltung der Länder hat den Gedanken der örtlichen Selbstverwaltung in Oesterreich heillos diskreditiert.

Aber auch die autonome *Gemeindeverwaltung* hat den grossen Erwartungen des Liberalismus nicht entsprochen. Die Gemeinden sind in den meisten Ländern zu klein und zu arm, als dass sie ihren Aufgaben genügen könnten. Das Wahlrechtsprivileg hat sie überall einer oder mehreren Gemeindecliquen wehrlos ausgeliefert. Schliesslich sind sie in allen wichtigen Fragen, wenn nicht der staatlichen Bureaukratie, so doch dem Landtag und Landesausschuss untergeordnet worden. Die „autonome“ Landesverwaltung missbraucht aber in allen Kronländern ihre Macht zu politischen Zwecken. Jede Bewilligung zu einem Anlehen, zu einer Erhöhung der Gemeindeumlagen wird nur als Belohnung für politische Dienste der Gemeindevertretung gewährt. Am kunstvollsten hat wohl die christlich-soziale Landesverwaltung in Niederösterreich diese politische Korruption ausgebildet. Sehr richtig sagt B r o c k h a u s e n, dass in Oesterreich, dank einer sonderbaren Verkettung der Umstände, die „Autonomie“ das Grab der Gemeindefreiheit wurde.

Nicht besser als der autonomen geht es der b u r e a u k r a t i s c h e n V e r w a l t u n g. Die Aufgaben der Staatsverwaltung wachsen schon infolge der Bevölkerungsvermehrung, dann aber infolge der wirtschaftlichen Umwälzungen, denen die Gesetzgebung Rechnung tragen muss, von Tag zu Tag. Jedes neue Gesetz gibt ihr eine Fülle neuer Aufgaben! Und diese neuen Aufgaben sollen dieselben Statthaltereien überall erfüllen — in der kleinen Bukowina oder in Salzburg ebenso wie im grossen hoch entwickelten Böhmen. In den grösseren und höchstentwickelten Kronländern sind so wahre Ungetüme von Behörden entstanden, die gar nicht mehr verwalten, sondern nur noch Akten mehr schlecht als recht erledigen können. Jeder Fabrikant, der einen neuen Betrieb gründen wollte, weiss von der Arbeitsweise dieser Behörden ein Lied zu singen. Dass der Statthalter, der an der Spitze dieser Behörde steht, sie wirklich leiten kann, ist gänzlich ausgeschlossen; er hat genug zu tun, wenn er unter die Akten seine Unterschrift setzt. Und dass die Zentralstellen diesen Riesenkörper kontrollieren können, ist gleichfalls unmöglich. „Die Prager Statthalterei zählt 18 Departements, also mehr Fachabteilungen als das Ministerium des Innern. Welches Ungetüm von einer Behörde ist diese Mittelstelle! Sie zählt an 400 Beamte und hat ein Budget von über 1 Million Kronen, also mehr als das Kultus-, Handels- oder Ackerbauministerium! Und für das Tun und Lassen dieser aktenschreibenden Armee ist der eine Statthalter verantwortlich. Dieser Riesentintenbetrieb erledigt im Jahre — eine Viertelmillion Geschäftsstücke, das macht für den Statthalter per Tag 750 Akten! Und dabei, sagt man, geht der Herr noch jagen! Wie soll ein Ministerium einen solchen Betrieb überwachen, kontrollieren? Die Statthalterei ist ein undurchdringliches Gemäuer, hinter dem jede Vetternwirtschaft, jede autokratische Willkür möglich ist. Von den Vorgängen im Innern erfährt die Zentralstelle nur, wenn ein Rekurs erhoben wird. Wie ist ein verantwortliches Ministerium und eine parlamentarische Kontrolle daneben denkbar? Welchen Sinn aber hat ein Ministerium als dritte überprüfende Instanz, wenn sie nicht weitaus fachmännischer zusammengesetzt ist als die zweite?“ [1])

Nicht besser als die Statthalterei entspricht, wie Springer im einzelnen nachgewiesen hat, die Bezirkshauptmannschaft ihrem Zweck. Für einen Teil ihrer Aufgaben sind die Sprengel der politischen Bezirke viel zu klein, hier brauchen wir grössere Verwaltungssprengel, deren Behörden eine grössere Zahl fachlich gebildeter Beamter für jede einzelne Verwaltungsaufgabe zur Verfügung stehen kann. „Während in Privatrechtssachen von mehr als 1000 Kronen der kollegial organisierte Gerichtshof erster Instanz entscheidet, beschliesst über die Genehmigung einer industriellen Betriebsanlage ein — sagen wir, einseitig juristisch gebildeter Einzelbeamter auf Grundlage des Gutachtens des Bezirksarztes, obwohl das Wohl eines ganzen Distriktes von dem Gedeihen der Industrie abhängen und grosse Kapitalien bei der Sache auf dem Spiel stehen können.“ [2]) Für andere Aufgaben wieder sind die Sprengel der politischen Bezirke zu gross, zumal der von der Bevölkerung sozial geschiedene Beamte mit den Bedürfnissen des Bezirkes nicht vertraut zu werden vermag. „Jeder Weg, jeder Mautschranken, jedes Gewerbe hat für den Bezirk eine individuelle Bedeutung. Und gerade die Bezirkshauptmannschaft ist nur eine kurze, rasch genommene Vorstufe für aufsteigende aristokratische Gestirne, die durch die Absonderung ihres Standes und die Kürze des Aufenthaltes verhindert sind, die tatsächlichen Verhältnisse nur zu erfassen, um so mehr Anstoss zu geben, den Gewerbefleiss zu entmuntern und die Kräfte des Volkes zu entfesseln.“ [3]) In der Tat haben alle neueren Verwaltungsanstalten sich von der Einteilung der Verwaltungssprengel losgelöst, so, wie Springer anführt, die Strassenkonkurrenzbezirke, die Verpflegsstationen, die Armenbezirke, die Militärtaxkommissionen, die Bezirkskrankenkassen, die Schubkonkurrenzen. „Es herrscht eine wahre Flucht der Gesetzgebung und Bevölkerung vor der Bezirkshauptmannschaft.“

Wir stehen ohne Zweifel vor Versuchen, die innere Verwaltung zu reformieren. Hier wird es nun die Aufgabe der Arbeiterklasse sein, dafür zu sorgen, dass diese Reform nicht bureaukratisch geschehe, wie das Ministerium Koerber dies geplant, sondern demokratisch. Die Arbeiterklasse muss notwendig verlangen, dass die innere Verwaltung durch örtliche, auf Grund des allgemeinen, gleichen und direkten Wahlrechtes nach dem Proportionalwahlsystem gewählte Körperschaften besorgt wird. Wenn das Bürgertum sich mit seinem sozialen Einfluss auf die Bureaukratie begnügen

[1]) Springer, Kampf der österreichischen Nationen. Seite 129.
[2]) Springer, a. a. O., Seite 120.
[3]) Springer, a. a. O., Seite 121.

kann, so bedeutet die Beamtenherrschaft für die Arbeiterklasse immer Fremdherrschaft. Wenn dem Bürgertum die Demokratie der Gesetzgebung genügt, so will die Arbeiterklasse die Demokratie, die immer noch nur hinkende Demokratie ist, fest auf beide Beine stellen. Die Arbeiterklasse — und nur noch die Arbeiterklasse — begreift den wahren Gehalt des Satzes Niebuhrs, dass die Freiheit und Gleichheit mehr auf der Verwaltung als auf der Verfassung beruhe.

Nun dürfen wir uns über die Aussichten einer so grundlegenden Reform gewiss nicht täuschen. Dass irgend ein Staat des europäischen Festlandes das englische System der inneren Verwaltung noch in der kapitalistischen Gesellschaftsordnung übernehmen wird, ist sehr unwahrscheinlich. Dazu wirken auch heute noch jene geschichtlichen Tatsachen viel zu stark, die die moderne Staatsverwaltung auf dem Festland in die Hand der Bureaukratie gelegt haben. Und dazu gesellt sich, je weiter die kapitalistische Entwicklung fortschreitet, die Angst der altgewordenen Bourgeoisie vor aller Demokratie. Indessen ist in Oesterreich die wirtschaftliche Entwicklung noch nicht fortgeschritten genug, als dass die Herrschaft des Bürgertums in den weitaus meisten Ländern und Bezirken durch eine demokratische Verwaltungsreform bedroht werden könnte. Und eine merkwürdige Verkettung von Umständen hat gerade im nationalen Streit einen starken Bundesgenossen für die Verwaltungsreform geschaffen. Es ist gewiss, dass Oesterreich die innere Verwaltung nicht gänzlich in die Hand örtlicher Selbstverwaltungskörper legen wird. Aber eine gemeinsame Verwaltung der Kreise durch einen k. k. Kreishauptmann und einen Kreisrat, wie sie Springer gezeichnet hat, ist in Oesterreich durchaus möglich.

Wenn es eine Utopie gibt, so ist es die dauernde Erhaltung unserer bestehenden Verwaltungsorganisation. Versucht man es aber, an sie zu rühren, so stösst man sofort auf die nationalen Gegensätze. Jede Verwaltungsreform gewinnt nationale Bedeutung, verschiebt die Machtverhältnisse der Nationen. Diese Tatsache macht *eine bureaukratische Verwaltungsreform in Oesterreich aussichtslos.* Man versuche es einmal, eine neue Bezirkseinteilung für Böhmen zu verlangen, und man stösst sofort auf den alten Streit um die nationale Abgrenzung. Der Streit der Nationen, beiderseits in letzter Instanz durch das Kampfmittel der Obstruktion gesichert, wird gewiss jede neue Abgrenzung der politischen Bezirke verhindern. Verquickt man aber die neue Abgrenzung mit der Einführung der Selbstverwaltung im Kreise, so stehen die Dinge ganz anders. Werden die Tschechen eine Verwaltungsreform verhindern, die den Massen der tschechischen Bürger und Bauern erst die Selbstverwaltung ihrer eigenen Angelegenheiten gibt? Was bedeutet der Streit um die Sprache der Beamten, wenn nun das Amt selbst in Frage gestellt wird? Was be-

beutet das alte Schlagwort der Landeszerreissung, wenn zum erstenmal der tschechischen Nation die Macht angeboten wird, sich selbst zu regieren, für ihre wirtschaftlichen und kulturellen Bedürfnisse selbst zu sorgen? Alle Reform unserer verrotteten Verwaltung ist aussichtslos, wenn nicht die Wucht des demokratischen Gedankens die nationalen Hindernisse niederreisst.

Man führe die örtliche Selbstverwaltung im Kreise in Böhmen durch und sie ist Mähren nicht zu verweigern. Hier erweist sich aber die rein örtliche Abgrenzung als unmöglich. Die nationale Minderheit im Kreise der Mehrheit auszuliefern, geht gleichfalls nicht an. So entsteht hier Springers Doppelkreis: die Selbstverwaltung der national indifferenten Angelegenheiten im territorialen Kreisrat, die Selbstverwaltung der nationalen Kulturaufgaben jeder Nation in der nationalen Kreisvertretung! Und haben wir erst einmal die nationalen Kreisräte und Kreisvertretungen, dann ist mir um ihre Zusammenfassung im ganzen Staat, um den souveränen Nationalrat nicht bange! Gebt der demokratischen Verwaltung ein Stück Bodens und sie treibt mit zwingender Gewalt den gesamten Staat zur Durchführung der nationalen Autonomie!

Utopien, Utopien, nicht wahr? Nun denn, der Nationalkataster war im Jahre 1899 eine Utopie — im Jahre 1905 wurde er in Mähren Gesetz.

Wir haben gesehen, wie die Stilllegung der gesetzgebenden Körperschaften durch den nationalen Streit zur nationalen Autonomie treibt. Aber nehmen wir einmal an, das Abgeordnetenhaus und die Landtage könnten unter der geltenden Verfassung ein paar Jahre lang friedlich arbeiten. Dann bleibt uns die grosse Umwälzung erst recht nicht erspart. Denn jedes neue Gesetz bedeutet neue Aufgaben für die Verwaltung. Jedes Jahr macht darum die Verwaltungsreform zu einer dringenderen Aufgabe. Eine gründliche Reform der bureaukratischen Verwaltung ist aber unmöglich, weil sie alle nationalen Fragen mit einem Schlage aufwirft: alle Fragen der nationalen Abgrenzung, der verfassungsmässigen Kompetenzen, der inneren und äusseren Amtssprache. Die Verwaltungsreform wird dringender; der nationale Streit hemmt die Verwaltungsreform. In diesem Augenblick springt die Arbeiterklasse ein und wirft die Frage der demokratischen Verwaltung auf. Sie zeigt allen Nationen, dass die autonome Lokalverwaltung die Macht des Amtes unmittelbar in die Hand der Völker legt; sie begegnet dem Streite um die Sprache der Protokolle mit der Frage, ob es denn überhaupt notwendig ist, dass volksfremde Beamte über unsere wichtigsten Angelegenheiten entscheiden. Wiederum zwingt sie einen Teil des Bürgertums, Stellung zu nehmen; wiederum kann ein Teil des Bürgertums der Macht des demokratischen Gedankens nicht widerstehen. Diese Lage der Dinge begreift nun auch der

Staat. die Bureaukratie wird sich nicht entschliessen, abzudanken zugunsten der aus dem gleichen Stimmrecht hervorgegangenen Kreisrate. Aber der Staat wird eher seine Beamten die Macht mit autonomen Selbstverwaltungskorpern teilen lassen, ehe er seine Verwaltung, sein eigenstes Dasein selbst vollig lahmlegt Die Notwendigkeit der Verwaltungsreform treibt so, dank dem nationalen Streit, zur Demokratie, und die Notwendigkeit der Demokratie führt wiederum zur nationalen Selbstbestimmung.

Zweifelt man daran, dass die Bureaukratie dieses Opfer bringen werde? Nun denn, in anderen Staaten haben die Volker parlamentarische Ministerien schwer erkampfen müssen. In Oesterreich aber bettelt die Bureaukratie, seit die Beamtenministerien das vom nationalen Streit zerrissene Abgeordnetenhaus nicht mehr zu leiten vermogen, die nationalen Parteien darum, dass sie aus ihren Vertretern das Ministerium bilden, und die Krone selbst muss es als ein „patriotisches Opfer" erklaren, wenn irgend ein Prade oder Pacák sich gnadig herbeilasst, Minister zu werden. Die Notwendigkeit des Staates, zu leben, ist starker als die Herrschsucht der Bureaukratie! Sobald die Bureaukratie das zerkluftete Oesterreich nicht mehr zu verwalten vermag, wird sie noch selbst nach der Teilnahme des Volkes an der Verwaltung rufen! Was wurde der Herr Statthalter von Bohmen darum geben, wenn ihm die Verantwortung fur manche schwere Entscheidung von der Mehrheit irgend eines Kreisrates abgenommen wurde?

Von welcher Seite immer wir das Dasein des Nationalitatenstaates betrachten uberall sehen wir die Krafte wirksam, die die nationale Autonomie verwirklichen werden. Der nationale Streit lahmt die Gesetzgebung, hemmt die Verwaltung; die Not des Staates wird zur Not aller Klassen, aller Nationen; nur die nationale Autonomie gibt dem Staate wieder seine Lebensfahigkeit zuruck, indem sie die Macht der Nationen rechtlich sichert Weil der Staat die nationale Autonomie nicht entbehren kann, wird sie allmahlich zum Programm aller Nationen und aller sozialen Schichten, die den Staat nicht entbehren konnen

Ist es wunderbar, dass die Entwicklung der nationalen Verhaltnisse zu einer so gewaltigen Umwalzung des alten Oesterreich fuhren soll? Uns schiene es wunderbarer, wenn die gewaltige Umwalzung der nationalen Verhaltnisse die alten Rechtsformen bestehen liesse. Unsere Verfassung beruht auf zwei Grundsatzen auf der atomistisch-zentralistischen Regelung der nationalen Verhaltnisse, die die Nationen notwendig zum Kampfe um die Macht treibt, und auf der Verschiebung der Machtverhaltnisse durch Wahlrechtsprivilegien zugunsten der alten historischen Nationen. Wie gewaltig hat aber das letzte Jahrhundert alle nationalen Verhaltnisse verandert! Seither sind alle osterreichischen Volker zu historischem

Dasein erwacht; seither sind innerhalb aller Volker nacheinander alle Klassen aufmarschiert und der nationale Kampf, einst der Streit der Bourgeoisie und Bureaukratie auf der einen, der Gutsherrenklasse auf der anderen Seite, ist zu einem Kampfe der grossen Massen der Kleinbürger, Bauern und Arbeiter geworden, seither hat der Kapitalismus alle uberlieferten sozialen Verhaltnisse umgewalzt, hat die Bevölkerung umgesiedelt und umgeschichtet und uberall einen furchtbaren sozialen Hass aufgespeichert, der sich in vielfältiger Weise in nationalen Hass verwandelt hat. Alle Machtverhaltnisse sind verandert; wie konnte da die Rechtsordnung unverandert bleiben? Schon hat die Wahlreform die Vorrechte der alten historischen Nationen, wenn nicht beseitigt so doch gemildert. Jeder weitere Schritt zur Demokratie gefährdet die uberlieferte Macht der Deutschen, Polen, Italiener im Staat; nur die Macht uber den Staat gibt aber in der heutigen Verfassung den Nationen die Gewahr, die Bedurfnisse der nationalen Kultur befriedigen zu konnen. So klammern sich die alten historischen Nationen an den bestehenden Zustand, furchten jede Aenderung. Aber die Erhaltung der bestehenden Zustande ist unertraglich fur die aufwartsstrebenden geschichtslosen Nationen, unertraglich fur alle Klassen der burgerlichen Gesellschaft, die keinen Stillstand ertragen konnen, unertraglich fur den Staat selbst, dessen Gesetzgebung nicht stillstehen, dessen Verwaltung nicht unverändert weiterbestehen kann. Weiterentwicklung und Stillstand sind unter unserer Verfassung gleich unmoglich. Wenn die Rechtsordnung den Nationen die Autonomie zugesteht, so geschieht nichts anderes, als dass sich die Rechtsordnung den neuen Machtverhaltnissen anpasst, die das Erwachen der geschichtslosen Nationen und die soziale Differenzierung aller Volker geschaffen haben.

Freilich ist es wenig wahrscheinlich, dass die nationale Autonomie das Ergebnis einer grossen Entschliessung, einer kuhnen Tat sein wird. In einem langsamen Entwicklungsprozess, in schweren Kämpfen, die immer wieder die Gesetzgebung stilllegen und die bestehende Verwaltung starr erhalten und doch nicht lebensfahig machen konnen, wird sich Oesterreich Schritt fur Schritt der nationalen Autonomie entgegen entwickeln. Nicht eine grosse gesetzgeberische Tat, sondern eine Unzahl von Einzelgesetzen fur einzelne Lander, einzelne Gemeinden werden die neue Verfassung schaffen Aber wie immer dies werden mag, wem der nationale Kampf nicht torichte Bosheit von Hetzern, sondern notwendige Wirkung veranderter sozialer Verhaltnisse ist, wem die Rechtsordnung nicht ein willkurlich beschriebenes Stuck Papier, sondern der Niederschlag der gesellschaftlichen Machtverhaltnisse ist, der darf den Satz getrost wiederholen: „*Wenn Oesterreich sein wird, wird die nationale Autonomie sein.*“

§ 25.

Oesterreich und Ungarn.

Wir haben bisher zu zeigen versucht, welche Kräfte in Oesterreich selbst die Entwicklung zur nationalen Autonomie bestimmen. Rudolf Springer hat darauf hingewiesen, dass diese Kräfte einen starken Bundesgenossen finden werden an Bewegungen, die die Auseinandersetzung zwischen Oesterreich und Ungarn auslösen wird. Wollen wir uns mit dieser Ansicht auseinandersetzen, so ist eine kurze Erörterung der ungarischen Frage nicht zu umgehen.

Ungarn fiel gleichzeitig mit Böhmen an Oesterreich. Aber die innere Entwicklung Ungarns ging ganz andere Wege als die Böhmens. Während Böhmen durch die Niederlage der Stände seinen Adel verloren hat, hat der magyarische Adel sich erhalten. Dadurch unterscheidet sich zunächst die national-kulturelle Entwicklung der Magyaren und der Tschechen: die Magyaren sind niemals zu einer geschichtslosen Nation geworden wie die Tschechen. Sie wurden nicht von einer fremden Herrenklasse beherrscht, sondern haben vielmehr selbst die geschichtslosen Nationen ihres Landes — die Rumänen, Slovaken, Serben, Ruthenen — geknechtet und ausgebeutet. Dieselbe Tatsache scheidet auch die politische Entwicklung der beiden Länder: in Böhmen haben die Habsburger die Stände vernichtet, Gesetzgebung und Verwaltung fielen in die Hand des Staates und seiner Bureaukratie, in Ungarn dagegen haben die Stände ihre Macht in Gesetzgebung und Verwaltung behauptet und nur allmählich verwandelten sich die Stände in ein modernes Parlament — ein Prozess, der im Grunde auch heute noch nicht abgeschlossen ist.

Die ungarische Verfassung legte alle Macht in die Hand des magyarischen Adels. [1]) Der Kampf zwischen der Staatsgewalt und den Ständen konnte auch Ungarn nicht erspart bleiben. So kommt es zu fortwährenden Kämpfen der „Nation“ [2]) gegen „Wien“,

[1]) Sehr anschaulich schildert Eisenmann den nationalen Charakter der ungarischen Kultur: „Magyar und Edelmann waren nahezu gleichbedeutende Begriffe; der Staat sprach lateinisch, die Gesellschaft sprach deutsch, lateinisch, slavisch, magyarisch; aber der Staat und die Gesellschaft hatten nichtsdestoweniger einen ausgesprochen national-magyarischen Charakter. Aus der Pflege der nationalen Ueberlieferung und des nationalen Rechtes, aus der Praxis des öffentlichen Lebens auf den Reichstagen und mehr noch aus der täglichen Verwaltung der Komitate, aus dem Studium der ungarischen Gesetze schöpfte diese Nation die Jugendfrische und Kraft, die sie fremden Einflüssen unzugänglich machten.“ Eisenmann, Le compromis austro-hongrois. Paris 1904. Seite 547.

[2]) Verböczy erklärt: „Nomine autem et appellacione populi hoc in loco intellige solummodo dominos praelatos, barones et alios magnates atque quoslibet nobiles, sed non ignobiles ..... Plebis autem nomine soli ignobiles intelliguntur.“ Das heisst: Die „Nation“ bilden die Herren Prälaten, Barone und die anderen Magnaten und sonst die Edelleute, die übrigen gehören nicht zur Nation, sondern bilden die Plebs, den Pöbel.

das heisst gegen die absolute Staatsgewalt, ein Kampf, in dem die „Nation“ sich mit dem Ausland verbündet und „Wien“ mit Bluturteilen und Hinrichtungen antwortet Die ganze Ideologie des magyarischen Adels ist auch heute noch erfullt von der Erinnerung an diesen rucksichtslosen, unablässigen Kampf des Staates mit den Ständen.

Es waren gewaltige wirtschaftliche Interessengegensatze, die diesem Kampfe zugrunde lagen In der theresianischen und josefinischen Zeit will der Staat auch in Ungarn die B a u e r n gegen die Ausbeutung durch die Gutsherrenklasse schützen Der magyarische Adel zahlte keine Steuern; der Bauer war also der Hauptsteuertrager. Die Sorge fur die „k. k. Kontribuenten“ treibt auch hier zur Bauernschutzpolitik Sie war hier um so dringender notig, als die Bauern seit der Niederwerfung des grossen Bauernaufstandes von 1514 den Gutsherren wehrlos ausgeliefert waren und ihre rechtliche und wirtschaftliche Lage kaum besser war als im benachbarten Polen Aber bei seinem ersten Versuche (1764 bis 1765) stiess der Staat auf den erbittertsten Widerstand des Reichstages. Die Kaiserin liess daher 1766 bis 1768 durch Hofkommissionen ein „Urbarium“ entwerfen; aber die Stände setzten seiner Durchfuhrung ihre ganze Macht entgegen und sahen in dem Versuche eigenmächtiger Regelung durch die Staatsgewalt eine Verfassungsverletzung. Durch die Aufhebung der Leibeigenschaft, die Josef II. 1783 in Siebenburgen, 1785 in Ungarn durchfuhrte, wurden die Stande neuerlich gereizt. Als aber gar die Steuer- und Urbarialregulierung Josefs II. die herrschaftlichen Anspruche in eine einheitliche Geldleistung verwandeln und nicht unwesentlich herabmindern wollte, steigerte sich der Widerstand des Adels zur offenen Rebellion Josef II. musste fur Ungarn das Gesetz noch selbst widerrufen! Der Adel hatte sein nationales Recht — das Recht auf Ausbeutung der Bauern, der magyarischen sowohl wie der fremden — mit Erfolg behauptet. Die Stände haben 1790 das ihnen weit gunstigere theresianische Urbarium anerkannt, aber auch dieses nur provisorisch. Tatsachlich blieb es vollstandig wirkungslos [1])

Neben dem Rechte auf unbegrenzte Ausbeutung der Bauern galt den Standen ihrer S t e u e r f r e i h e i t als das heiligste nationale Recht. Vergebens haben die Habsburger immer wieder versucht, den Adel zum Verzicht auf dieses Vorrecht zu bewegen Da sich der Adel hierzu nicht verstehen wollte, so rachte sich der Absolutismus in seiner Weise Ungarn wurde geradezu als Kolonie behandelt. Im ständischen Doppelstaate lag die G e w e r b e g e s e t z g e b u n g und Z o l l p o l i t i k durchaus in der Hand des Kaisers. Der Merkantilismus hat nun in Ungarn die Entwicklung der Manufaktur

[1]) Grunberg, Die Bauernbefreiung in Oesterreich-Ungarn „Handworterbuch der Staatswissenschaften.“

und Hausindustrie nicht gefördert, sondern sie bewusst gehemmt, um den osterreichischen Unternehmungen den ungarischen Markt zu sichern. So wurden die Einfuhrzolle für die Rohstoffe der Industrie in Ungarn hoher festgesetzt als in Oesterreich. Als beispielsweise der Zolltarif des Jahres 1775 beraten wurde, erklarte Graf Blumegen: „Wenn man Farbzeug, Indigo in den deutschen Erblanden mit 5 Prozent belege, so mussten diese Artikel in Ungarn mit 30 Prozent angesetzt werden, weil dies das einzige Mittel sei, Ungarn von der Errichtung von Fabriken abzuhalten." [1]) Um den osterreichischen Kapitalisten den ungarischen Markt zu sichern, wurde die Einfuhr auslandischer Waren nach Ungarn erschwert. Diesem Zwecke dienten osterreichische Durchfuhrzolle, ferner die Bestimmung, dass auslandische Waren nach Ungarn nur an gewissen Hauptstationen eingefuhrt werden dürfen, wahrend man osterreichische Waren nach Ungarn an jeder beliebigen Grenzstation einfuhren konnte. Dagegen wurde die ungarische Ausfuhr nach anderen Landern als nach Oesterreich unterbunden; wenn ungarische Waren uber Oesterreich in das Ausland gefuhrt wurden, mussten sie den Ausfuhrzoll doppelt bezahlen. Am rucksichtslosesten ging man vor, wo ungarische und osterreichische Waren in Wettbewerb traten; so musste zum Beispiel, wer eine Quantitat ungarischen Weines in das Ausland ausfuhren wollte, die gleiche Menge osterreichischen Weines ausfuhren, damit der osterreichische Weinbau unter dem ungarischen Wettbewerb nicht leide. [2]) Der Kaiser hatte ja nicht nur das Recht der Zollgesetzgebung in Oesterreich, sondern auch als Konig von Ungarn das Recht der wirtschaftlichen Gesetzgebung fur die Lander der Stephanskrone Diese Rechte wurden nun ausschliesslich zugunsten der Erblander gebraucht. Man muss diesen Zusammenhang verstehen, um die Erbitterung Ungarns gegen diese Politik zu begreifen, die die Rechte des Konigs von Ungarn ausschliesslich den Interessen Oesterreichs dienstbar machte! Freilich hatte der ungarische Adel kein Recht, sich über diese Politik zu beklagen Vielmehr hat er sie selbst dadurch verschuldet, dass er auf seine Steuerfreiheit nicht verzichten wollte. Da der ungarische Gutsherr keine Steuer zahlte, der ungarische von der Gutsherrenklasse rucksichtslos ausgebeutete Bauer nur verhaltnismassig wenig staatliche Steuern ertragen konnte, so konnte das Land kaum in anderer Weise als durch die Zolle zur Steuerleistung herangezogen werden. Dieser Zusammenhang lasst sich quellenmassig wohl erweisen. So schrieb Josef II. am 30. Dezember 1785 an den ungarischen Kanzler, den Grafen Palffy, er wolle Ungarn gleich behandeln wie Oester-

[1]) Beer, Die Zollpolitik und die Schaffung eines einheitlichen Zollgebietes unter Maria Theresia „Mitteilungen des Instituts fur osterreichische Geschichtsforschung", Band XIV, Seite 50

[2]) Ludwig Láng, 100 Jahre Zollpolitik. Wien 1906. Seite 172

reich, insbesondere die Gründung von Fabriken fordern, wenn der ungarische Adel auf die Steuerfreiheit verzichte [1]). Aber der magyarische Adel hat sich zu diesem Opfer nicht entschlossen. Wenn Ungarns wirtschaftliche Entwicklung auch heute noch nicht nur hinter der der westeuropäischen Länder, sondern selbst hinter der kapitalistischen Entwicklung Oesterreichs weit zurückgeblieben ist, so hat das auch viele andere Gründe — man erinnere sich nur, dass Ungarn erst vor zwei Jahrhunderten von der Türkenherrschaft befreit wurde — aber zum nicht geringen Teile dankt es seine Rückständigkeit dem ungarischen Adel, der die Entwicklung des Landes seinem Vorrecht der Steuerfreiheit geopfert hat.

Indessen, diesen Zusammenhang mag heute der Geschichtskundige durchschauen, die Bevölkerung Ungarns hat ihn nie verstanden. Sie sah nur, dass der König von Ungarn seine verfassungsmässigen Rechte zum Nachteil des Landes, zum Vorteil eines fremden Staates gebrauchte. Diese Tatsachen haben heute noch wirkende Kraft. Der jahrhundertelange Ständekampf hat im magyarischen Adel eine politische Ideologie gezüchtet, die im Kampfe gegen den Absolutismus, im Kampfe gegen „Wien", im Kampfe um die Freiheit und Souveränität der ungarischen Stände die einzige politische Aufgabe sah. Und die Behandlung Ungarns als Kolonie liess mehr und mehr den magyarischen Adel als Kämpfer für die Interessen des gesamten Königreichs gegen eine fremde Macht, die Ungarn knechten und ausbeuten will, erscheinen.

In der ersten Hälfte des 19. Jahrhunderts wird der Gegensatz immer schärfer empfunden. 1843 wurde Lists „Nationales System der politischen Oekonomie" in das Magyarische übersetzt. Die „Entwicklung der Produktivkräfte des Landes" wurde zu einem beliebten Schlagwort. 1844 verlangen die Stände das Recht der Zollgesetzgebung. In demselben Jahre wird ein nationaler Schutzverein gegründet, dessen Mitglieder sich ehrenwörtlich verpflichten, nur Erzeugnisse des ungarischen Gewerbes zu kaufen.

Den Unwillen des Landes darüber, dass der Absolutismus seine wirtschaftliche Entwicklung durch seine wirtschaftspolitische Gesetzgebung unterband, wusste der Adel klug seinen Interessen dienstbar zu machen. Aber er kannte noch andere Mittel, um den Kampf der Stände als nationalen Kampf erscheinen zu lassen.

Eines dieser Mittel war der Kampf um den Gebrauch der magyarischen Sprache. Der Sprachenkampf beginnt hier unter Josef II. Damals hatte in Deutschland die deutsche Sprache das mittelalterliche Latein längst aus der Gesetzgebung, der Verwaltung und Rechtsprechung, aus der Wissenschaft verdrängt. In Ungarn dagegen war die lateinische Sprache immer noch Staatssprache.

[1]) Láng, a. a. O., Seite 171.

Allmählich greift nun die Bewegung, die das Lateinische durch die lebenden Volkssprachen ersetzen will, auch nach Ungarn über. Josef II. wollte aber hier die lateinische Sprache nicht etwa durch die magyarische ersetzen, sondern durch die deutsche. Die lateinische Sprache war die Sprache der Stände und der ständischen Verwaltung; die deutsche Sprache war die Sprache der kaiserlichen Bureaukratie. Kein Wunder, dass der Kaiser, der alle ständischen Verfassungen und damit alle Sonderrechte seiner „Königreiche und Länder" vernichten und die ganze Monarchie zu einer „einheitlich regierten Masse" machen wollte, den Geltungsbereich der deutschen Sprache auch über Ungarn auszudehnen strebte. Die Stände wehrten sich gegen die Einführung der „lingua peregrina" mit aller Macht; der Kampf gegen die deutsche Sprache wurde ihnen ein wirksames Mittel ihres Klassenkampfes gegen die Staatsgewalt. Schon 1792 wird der Unterricht in der magyarischen Sprache in allen Schulen des Landes vorgeschrieben. Durch die Gesetze der Jahre 1836 und 1844 wird das Magyarische an Stelle des Lateinischen die Staatssprache Ungarns.

Und sehr schnell erkannte der Adel, dass es kein besseres Mittel geben konnte als den Sprachenkampf, wenn er seinen ständischen Kampf als Kampf der ganzen Nation erscheinen lassen wollte. Die fremde Sprache im Munde des Beamten, des Richters, des Offiziers macht die Fremdherrschaft anschaulich. Die Forderung, dass der Staat die magyarische Sprache sprechen sollte, musste nicht nur das magyarische Bürgertum, sondern auch den magyarischen Bauer gewinnen. Der Instinkt der Massen ahnt, dass die Organe des Klassenstaates ihn als fremde Mächte beherrschen; aber kindlich meinen sie, die Fremdherrschaft, die doch das Wesen jedes Klassenstaates ist, beseitigen zu können, wenn sie nur die fremde Sprache aus den Aemtern, Gerichten, der Armee ausscheiden. Als ob der Staat den magyarischen Bauern darum nicht mehr als fremde Macht gegenüberstünde, wenn seine Organe mit ihm magyarisch sprechen! So hat der Kampf um die Sprache das Wunder bewirkt, die magyarischen Bauern in die politische Gefolgschaft ihrer grausamsten Unterdrücker einzureihen!

Es ist nun überaus interessant, zu sehen, wie die durch den fortwährenden Kampf zwischen der Staatsgewalt und den Ständen immer wieder erzeugte und verstärkte Ideologie des Adels allmählich selbst stärker geworden ist als sein Klasseninteresse. Die Klassenideologie ist immer ein Erzeugnis der besonderen Bedingungen, unter denen eine Klasse lebt; sie ist stets geboren aus einem Klasseninteresse. Aber einmal entstanden, lebt eine Klassenideologie weiter, sie macht eine eigene Entwicklung durch, treibt durch ihre eigene Logik über sich selbst hinaus. So kann es unter günstigen Umständen geschehen, dass die Klassenideologie das

Klasseninteresse, dem sie ihr Dasein verdankt, überlebt, dass die Klasse an ihre Ideologie gebunden bleibt, mag sie auch nicht mehr ihren Interessen entsprechen. Ein solcher Zustand mag nur als Uebergangszustand denkbar sein, das veränderte Klasseninteresse wird schliesslich gewiss auch die Klassenideologie verändern. Aber zeitweilig besteht doch dieser Widerstreit zwischen Klasseninteresse und Klassenideologie und wird geschichtlich wirksam. Dies war auch die Situation des magyarischen Adels kurz vor dem Jahre 1848 und während der Revolution. Die Ideologie des Adels war die nationale Freiheit. Das Klasseninteresse des Adels an der Erhaltung ständischer Herrschaft, die ihm die Bauern wehrlos unterwarf und ihm seine Steuerfreiheit sicherte, hatte ihn zum Kampfe um die Freiheit der Nation getrieben. Aber dieser Gedanke hatte sich in jahrhundertelangen Kämpfen der Köpfe des magyarischen Adels mit solcher Macht bemächtigt, dass er sie schliesslich auch dann beherrschte, als er bereits ihren Interessen widerstritt. Die ungarnfeindliche Wirtschaftspolitik des Absolutismus ist nicht zu bekämpfen, wenn der Adel auf seine Steuerfreiheit nicht verzichtet — ein Teil des Adels entschliesst sich endlich, für dieses Opfer zu stimmen. Der Kampf gegen den Absolutismus kann nicht als Freiheitskampf erscheinen, solange der Adel ihn allein führt: so entschliesst sich denn ein Teil des Adels, die Herrschaft mit dem Bürgertum zu teilen. Der eigene Kampf bringt den magyarischen Adel den bürgerlichen Freiheitskämpfern ganz Europas näher: so übernimmt er denn die grossen Gedanken der bürgerlichen Revolution; an die Stelle der Forderung nach ständischer Herrschaft tritt allmählich das Verlangen nach der Herrschaft des Parlaments, an die Stelle des Prinzips der ständischen Vorrechte der Gedanke bürgerlicher Rechtsgleichheit. Wohl wehrt sich die Mehrheit des Adels gegen die Folgerungen aus ihrer eigenen Ideologie, sobald sie ihren Interessen widerstreiten. Aber der jüngere, tatkräftigere Teil des Adels, entflammt von den Idealen des Kampfes seiner Klasse, hält an diesen Gedanken fest und führt sie schliesslich zum Siege, sobald die Revolution alle Hindernisse niederreisst. Darum konnte der Freiheitskampf des magyarischen Adels den Revolutionären in ganz Europa als ihr eigener Kampf erscheinen, obwohl doch die Kämpfer in Ungarn die Erben jenes Adels waren, dem ständische Rechte nichts als ein Mittel waren, die eigene Steuerfreiheit und die Ausbeutung der Bauern gegen den Eingriff der Staatsgewalt zu sichern.

Der lange Kampf zwischen dem Staate und dem magyarischen Adel endet schliesslich mit einem Kompromiss, dem berühmten „Ausgleich“ von 1867. Die deutsche Bureaukratie und Bourgeoisie teilt mit dem magyarischen Adel die Herrschaft im Reiche. Die Krone begnügt sich damit, dass ihr durch die einheitliche Armee die Herrschaft im ganzen Reiche gesichert wird, dass das Reich nach aussen als ein einheitlicher Staat erscheint, im übrigen gewährt sie den Magyaren die Macht, einen nationalen Staat zu begründen. Die geschichtslosen Nationen werden dem magyarischen Adel wehrlos ausgeliefert.

Aber der Ausgleich kann der Abschluss der ganzen Entwicklung nicht sein. Im alten ständischen Doppelstaate waren die habsburgischen Länder eine Einheit gewesen, soweit die Macht des Kaisers reichte, dagegen jedes Kronland ein selbständiger Staat, soweit das Recht der Stände galt. Je mächtiger der Landesfürst wurde, desto stärker ward das Band, das die Länder miteinander verknüpfte, je mehr die Macht der Stände sank, desto mehr verloren die Kronländer den Charakter selbständiger Staaten. Darum erschien der Kampf der Stände gegen den Staat als ein Kampf des Föderalismus gegen den Zentralismus, in Ungarn also der Kampf gegen die Krone als ein Kampf gegen die enge Verbindung mit Oesterreich.

Dieser Kampf hat nun auch nach Abschluss des Ausgleichs nicht aufgehört. Die überlieferte politische Ideologie war für Ungarn allzu einladend, sie auszunutzen. Ungarn und Oesterreich hatten ja verschiedenartige Interessen. Zunächst bei der Frage, welchen Teil der gemeinsamen Lasten, der Kosten des Heeres und der Verzinsung der gemeinsamen Staatsschuld, jeder der beiden Staaten tragen sollte. Dann bei Regelung aller wirtschaftspolitischen Fragen: jeder Handelsvertrag musste die Frage aufwerfen, inwieweit Oesterreichs industrielle oder Ungarns agrarische Interessen berücksichtigt werden sollten. Endlich auch bei vielen politischen Fragen. Welchen Einfluss sollte Ungarn, welchen Einfluss Oesterreich auf die gemeinsame auswärtige Politik üben? In diesem Widerstreit der Staaten nun gab sich Ungarn den Anschein, als bringe es ein grosses Opfer, wenn es überhaupt in die Gemeinschaft mit Oesterreich willige. So musste denn in jedem Streite beider Staaten Oesterreich nachgeben, damit die Gemeinsamkeit Ungarn nicht unerträglich werde. So hatte Ungarn an dem Bestande von Parteien, die die alte Tradition des Kampfes gegen die Gemeinsamkeit pflegten, ein materielles Interesse: seiner staatsrechtlichen Opposition dankt Ungarn manchen Sieg über Oesterreich im Kampfe um die Quote, um Zoll- und Handelsverträge, um Einfluss auf die auswärtige Politik. Der Kampf gegen die Gemeinsamkeit war ursprünglich ein Mittel im Kampfe der Stände gegen die Staatsgewalt. Die überlieferten Ideen dieses Kampfes hat Ungarn nach dem Ausgleich sorgfältig gepflegt; sie sind ihm jetzt ein Mittel im Interessenkampfe gegen die andere Reichshälfte geworden.

Der Kampf gegen die Gemeinsamkeit erschien zunächst als Kampf gegen die äusseren Zeichen der Reichsgemeinschaft: gegen Wappen, Fahnen, gegen die deutsche Sprache. Am wichtigsten war und ist auch heute noch der Sprachenkampf. Die herrschende Klasse hat an diesem Kampfe ein unmittelbares Interesse: die magyarische Armeesprache wird ihr die Offiziersstellen in der ungarischen Armee vorbehalten, den Wettbewerb österreichischer Offiziere ausschliessen. Ueberdies aber muss der herrschende Kleinadel, die Gentry, schon darum die Alleinherrschaft der magyarischen Sprache anstreben, weil ihre Macht auf der Unterdrückung der geschichtslosen Nationen beruht. Sie will zunächst den Rumänen, Ruthenen, Serben, Slovaken, aber auch den Deutschen in Ungarn die magyarische Sprache aufdrängen. Aber dieser Kampf erscheint wenig volkstümlich; er widerstreitet den überlieferten Ideologien, die den Kampf der Nation als einen Kampf um die Freiheit erscheinen lassen; er widerstreitet selbst den Ideologien der breiten Massen der magyarischen Nation, die, selbst ausgebeutet und unterdrückt, aller Unterdrückung feind sind, und stellt daher die herrschende Klasse vor die Gefahr, die politische Gefolgschaft der eigenen Nation zu verlieren. So gilt es denn, den Kampf um die Sprache als einen Freiheitskampf erscheinen zu lassen. Darum gibt man ihm eine Spitze gegen Wien, gegen die Krone. Der Kampf um die Alleinherrschaft der magyarischen Sprache im staatlichen Leben, ein Werkzeug der Gentry zur Unterdrückung der Nationalitäten, erscheint als Kampf des Parlaments gegen die Krone — und die Freiheitsfreunde in ganz Europa und in Ungarn selbst klatschen ihm Beifall.

Die breiten Massen waren für diesen Kampf unschwer zu gewinnen. In einem Lande mit sehr langsamer wirtschaftlicher Entwicklung erhalten sich zähe die überlieferten Ideologien der Klassen. Wie sehr hat die kapitalistische Entwicklung die sozialen und politischen Ideale des deutschen Volkes seit der Revolution verändert! In Ungarn dagegen klingt dem magyarischen Bauern heute noch wie 1848 der Name Kossuth wie ein Programm. Vor kurzem noch kannten die Massen des magyarischen Volkes keinen anderen politischen Gedanken als den alten, aus der Zeit des Ständekampfes überlieferten: den Kampf gegen Wien. Auch heute noch ist es nicht schwer, dem Bauern die deutsche Sprache als Zeichen der Fremdherrschaft erscheinen zu lassen. Die ungarische Armee wäre freilich auch dann kein Volksheer, wenn der Bauernsohn mit magyarischen Kommandoworten zum Dienst für den Klassenstaat gedrillt würde. Aber das deutsche Kommando macht es so anschaulich, so unmittelbar sichtbar, dass der magyarische Bauernsohn im Dienste einer fremden Macht die Mühen der Dienstzeit auf sich nehmen muss. Ist es wunderbar, dass sein richtiger Instinkt gegen die Armee des Klassenstaates, die bei jeder Ernte gegen streikende Landarbeiter, bei jeder Wahl gegen oppositionelle Bauern entsandt wird, sich zunächst in dem naiven Hasse gegen die deutsche Armeesprache äussert?

So entspringt der Kampf gegen die Reichsgemeinschaft dem Klasseninteresse und der Klassenideologie der herrschenden Grundbesitzerklasse, die es verstanden hat, das sich langsam entwickelnde magyarische Bürgertum und die Masse der magyarischen Bauern in der überlieferten Gedankenwelt einer vergangenen Zeit zu erhalten und sie dadurch in den Dienst der Interessen des herrschenden Adels zu stellen. Dass Ungarn entschlossen ist, den magyarischen Nationalstaat rein auszubauen, eine eigene magyarische Armee zu schaffen, unterliegt keinem Zweifel. Auch das gemeinsame Wirtschaftsgebiet besteht rechtlich nicht mehr; von Rechts wegen könnte Ungarn morgen ohneweiters an der österreichischen Grenze Einfuhrzölle einheben. Wird es die rechtliche Möglichkeit zur vollen Wirklichkeit machen?

Selbst Rudolf Springer meint, dass in Ungarn nur „einige Gründer und die kleinbürgerliche Arroganz" das einheitliche Zollgebiet bekämpfen.[1]) Ich halte dies für einen Irrtum. Sehr starke Kräfte treiben Ungarn auch zur wirtschaftlichen Trennung von Oesterreich. Im Jahre 1900 entfielen von den Erwerbstätigen nur 17·5 Prozent auf Berg- und Hüttenwesen, Industrie, Handel und Verkehr, dagegen 71·13 Prozent auf die Landwirtschaft. Der Warenaustausch zwischen Oesterreich und Ungarn ist im wesentlichen ein Austausch österreichischer Industrieprodukte gegen die Erzeugnisse der ungarischen Landwirtschaft und Viehzucht. Im Jahre 1905 waren von den Waren, die Ungarn nach Oesterreich eingeführt hat, dem Werte nach 58·2 Prozent Rohstoffe, 7·2 Prozent Halbfabrikate, 34·6 Prozent Ganzfabrikate, während Oesterreich nach Ungarn dem Werte nach 10·3 Prozent Rohstoffe, 11·8 Prozent Halbfabrikate, 77·9 Prozent Ganzfabrikate ausführte. Welche Wirkungen hat ein solches Verhältnis für die ungarische Wirtschaft?

In einem Agrarstaate werden zunächst im Verhältnis zu seiner Volkszahl überhaupt *weniger Werte* produziert als in einem Industrielande. Die landwirtschaftliche Arbeit ist Saisonarbeit. Die landwirtschaftlichen Arbeitskräfte liegen daher während eines grossen Teiles des Jahres brach. Der Kapitalismus hat zunächst das alte Hauswerk — die Nebenbeschäftigung des Bauern für den eigenen Bedarf — zugrunde gerichtet. Dieser Prozess ging in Ungarn allerdings sehr langsam vor sich. Auch heute noch ist die Hausweberei, ja selbst die Hausspinnerei für den Eigenbedarf der Bauernfamilie noch nicht vollständig verdrängt. Aber mit der Entwicklung der Produktivkräfte durch den Kapitalismus dringen die Industrieprodukte auf das Land und vernichten das alte Hauswerk. In anderen Ländern wurde das Hauswerk durch die Hausindustrie

---

[1]) Springer, Grundlagen und Entwicklungsziele der österreichisch-ungarischen Monarchie. Seite 219.

ersetzt. Bauern und Häusler begannen als Hausindustrielle, im Solde des Kapitalisten Waren zu erzeugen. Aber gerade in jener Zeit, in der die alten Hausindustrien begründet wurden, litt Ungarn unter der Wirtschaftspolitik des österreichischen Merkantilismus. Nicht in Ungarn, sondern in Böhmen, Mähren, Schlesien entstanden die kapitalistischen Hausindustrien, deren Waren der ungarische Bauer kaufte. So wurde der ungarischen Landbevölkerung ihre alte Nebenbeschäftigung genommen, ohne dass sie durch eine neue ersetzt werden konnte. Das bedeutet für die ungarische Gesamtwirtschaft, dass weniger gesellschaftliche Arbeit geleistet, also weniger Werte produziert werden. Für die ländliche Bevölkerung selbst hat es die Wirkung, dass sie, wo die Landwirtschaft selbst sie nicht ernähren kann, sich im Lande überhaupt nicht zu erhalten vermag und daher zur *Auswanderung* gezwungen wird. In der Tat wächst die Auswanderung aus Ungarn von Jahr zu Jahr. Der Wert der ausgewanderten Arbeitskräfte und der Mehrwert, den sie im Lande hätten erzeugen können, geht der Gesamtwirtschaft verloren.

Die *Ausbeutung* der ungarischen Landarbeiter ist ungeheuer gross. Ist die Ernte weniger gut, so verbreitet sich selbst in den fruchtbarsten Teilen des Landes der Hungertyphus. Die ungarische Regierung sucht diese Notlage der ländlichen Bevölkerung, die in dem fruchtbaren Lande natürlich nicht die Ungunst der Natur, sondern die masslose Ausbeutung verschuldet, zu verewigen, indem sie die Organisation der Landarbeiter verhindert, jede Arbeitseinstellung mit Waffengewalt niederschlägt und der Staat selbst für die Vermittlung von Streikbrechern sorgt. Ist der Preis der Arbeitskraft so niedrig, so kommt für die Gesamtwirtschaft alles darauf an, was mit dem *Mehrwert* geschieht.

Ein beträchtlicher Teil dieses Mehrwerts fliesst nun in das *Ausland*. Dies schon darum, weil grosse Teile des Landes ausländischen Grundbesitzern gehören, die den Mehrwert im Auslande verzehren, so dem Kaiserhause, böhmischen und ausländischen Grundbesitzern, österreichischen Klöstern.

Aber auch ganz abgesehen davon, muss jedes Land, dessen Kapital niedrige organische Zusammensetzung hat, im Warenaustausch mit einem Land höherer organischer Zusammensetzung einen Teil seines Mehrwertes an das Ausland abtreten. Wir haben die Gründe für diese wichtige Erscheinung schon bei Besprechung des Gegensatzes zwischen dem deutschen und tschechischen Böhmen angeführt und können uns hier auf diese Darstellung berufen. Wenn Ungarn Getreide gegen Baumwollgewebe austauscht, so ist in dem Getreide mehr gesellschaftliche Arbeit vergegenständlicht als im Baumwollgewebe; Ungarn leistet daher für Oesterreich Mehrarbeit.

Wohl wird auch hier dieses Gesetz durch die Erscheinung der Grundrente durchbrochen. Wenn das Getreide, das Ungarn an Oesterreich im Austausch hingibt, auf schlechtem Boden geerntet ist, so ist zur Produktion dieses Getreides mehr Arbeit erforderlich gewesen als zur Herstellung einer Quantität Baumwollgewebe, die denselben Preis erzielt. Aber Ungarn hat auch bessere Böden und das auf dem fruchtbaren Boden geerntete Getreide erzielt denselben Preis wie das Erzeugnis des schlechtesten Bodens, dessen Ertrag das Wirtschaftsgebiet noch braucht. Werden die Erzeugnisse des besseren Bodens ausgetauscht, so enthalten sie nicht mehr, vielleicht sogar weniger Arbeit als das Baumwollgewebe, das Oesterreich für sie im Austausch hingibt. Indessen wird dadurch die Mehrarbeit, die Ungarn für Oesterreich (wie jedes Land mit niedriger organischer Zusammensetzung des Kapitals für das höher entwickelte Land) leisten muss, nur verringert, nicht aufgehoben. Dies schon darum nicht, weil auch ein beträchtlicher Teil der G r u n d r e n t e in das Ausland, insbesondere wiederum nach Oesterreich abfliesst. Ein beträchtlicher Teil der Grundrente wird ja stets als Zins an die Hypothekargläubiger der Grundbesitzer gezahlt.

Auf diese Weise fliesst ein nicht geringer Teil der ungarischen Grundrente in die Hände jener österreichischen Kapitalisten, die den ungarischen Landwirten unmittelbar oder mittelbar (als Pfandbriefbesitzer) Hypothekardarlehen gewähren. Dieses Einkommen ausländischer Kapitalisten wird zwar in Ungarn versteuert und soweit das Hypothekengeschäft in den Händen der gemeinsamen Notenbank ist, hat auch der Staat einen Anteil am Gewinn; aber soweit der Hypothekenzins Privatkapitalisten zufliesst, strömt er zum grössten Teil in das Ausland.

Wir sehen also: in Ungarn ist die Masse der erzeugten Werte im Verhältnis zu der Volkszahl des Landes klein; da die Ausbeutung der Arbeiter sehr gross ist, bildet der Mehrwert einen beträchtlichen Teil dieser Werte; von diesem Mehrwert fliesst aber ein grosser Teil in das Ausland. D i e s e T a t s a c h e n m ü s s e n d i e K a p i t a l s a n h ä u f u n g i m L a n d e h e m m e n. Dazu kommt aber noch die Art, wie die Besitzer der Produktionsmittel den im Lande verbleibenden Teil des Mehrwertes verbrauchen. Der Kapitalist teilt seinen Mehrwert in zwei Teile. Den einen Teil konsumiert, den anderen akkumuliert er, das heisst er verwandelt ihn wieder in Kapital, gebraucht ihn, um Arbeitskräfte und Produktionsmittel zu kaufen. Wir nennen das Verhältnis des akkumulierten zum gesamten Mehrwert die A k k u m u l a t i o n s r a t e. Je höher die Akkumulationsrate ist, desto schneller steigt der Kapitalsreichtum des Landes. Nun ist es eine alte Erfahrung, dass die industriellen Kapitalisten einen wesentlich grösseren Teil des an sie gefallenen Mehrwertes akkumulieren als der grundbesitzende Adel. In hoch entwickelten Landern mag die Konkurrenz des amerikanischen und russischen Getreides auch den Grundbesitzern wirtschaftlichen Sinn eingebleut, mag die herrschende Kapitalistenklasse auch den grundbesitzenden Adel mit ihrer Ideologie erfüllt, mit ihrer Gier nach Profit angesteckt haben. In Ungarn ist das gewiss noch nicht der Fall Die magyarischen Adeligen verjubeln gewiss noch in jedem Jahre den grossten Teil des erbeuteten Mehrwertes. Und da vom gesamten Mehrwert des Landes der grosste Teil in die Hande dieser Klasse fliesst, so ist die Akkumulationsrate in Ungarn immer noch sehr niedrig, es wachst daher auch sehr langsam sein Kapitalsreichtum

Diese Tatsache druckt sich in der kulturellen Durftigkeit des ganzen Landes aus. Wohl verweisen die Magyaren gern auf die glanzende Entwicklung der Hauptstadt. Aber das Wachstum Budapests und weniger anderer Stadte kann die kulturelle Ruckstandigkeit des ganzen Landes nicht widerlegen. Uebrigens ist es sehr fraglich, ob nicht gerade im ausserlich glanzenden Wachstum der Hauptstadt sich die wirtschaftliche Krankheit des Landes spiegelt die Grossstadt ist ja vor allem das Zentrum der Mehrwertskonsumtion! Der Glanz der Hauptstadt ist die aussere Erscheinungsform der niedrigen Akkumulationsrate! Nicht umsonst ist das genussfrohe Budapest die wichtigste Kundschaft aller osterreichischen Luxusindustrien!

Es unterliegt keinem Zweifel, dass die ungarische Volkswirtschaft seit 1867 gewaltige Fortschritte gemacht hat. Vergleicht man aber Ungarn mit irgend einem entwickelten Industrieland mit gleicher Bevolkerungszahl, so erscheint Ungarn arm, kulturell zuruckgeblieben, seine Steuerkraft gering. Immer noch ist der grosste Teil der ungarischen Staatsanlehen in den Handen auslandischer, insbesondere osterreichischer Kapitalisten Immer noch entsteht in Ungarn ein moderner Industriebetrieb kaum auf andere Weise als durch Ansiedlung osterreichischen Kapitals im Lande

Diese Tatsachen lassen Ungarn die industrielle Entwicklung als ein Interesse des ganzen Wirtschaftsgebietes erscheinen Darum wendet Ungarn heute schon alle Mittel der merkantilistischen Politik an, sucht es durch Subventionen, durch Steuerbegunstigungen, durch seine Eisenbahntarifpolitik fremdes Kapital in das Land zu ziehen, darum strebt Ungarn auch nach dem getrennten Zollgebiet, um durch Erziehungszolle seine industrielle Entwicklung zu beschleunigen. Wohl ist die industrielle Entwicklung des Landes nur moglich, wenn fremdes Kapital nach Ungarn einwandert, und der erzielte industrielle Profit wurde daher zunachst an die auslandischen Kapitalisten abfliessen. Aber es ist eine alte Erfahrung, die die Wirtschaftsgeschichte aller Lander bestatigt, dass das fremde industrielle Kapital allmahlich heimisch wird So sind auch in Oesterreich die englischen, belgischen, reichsdeutschen

Kapitalien, die hier industrielle Betriebe gegründet haben, entweder österreichisch geworden oder von österreichischen Kapitalien abgelöst worden. In grossem Massstab haben wir diese Erscheinung der Nationalisierung des fremden Kapitals in den letzten Jahrzehnten in Italien, noch grossartiger in den Vereinigten Staaten beobachten können. Auch in Ungarn wird das fremde Kapital, das dort industrielle Betriebe gründet, schliesslich Heimatsrecht erwerben. Die Kohns und Pollaks, die heute in Böhmen Baumwollwebereien betreiben und morgen in Ungarn Baumwollwebereien betreiben werden, werden sich in Budapest nicht weniger wohl fühlen als in Wien.

Die Errichtung einer Zollgrenze zwischen Oesterreich und Ungarn erscheint also zunächst als ein Bedürfnis des Staates. Als solches empfinden sie jene sozialen Schichten, deren ganze soziale Stellung auf der öffentlichen Verwaltung beruht: die Berufspolitiker, die Zeitungsschreiber, die Bureaukraten, die jüngeren Söhne des magyarischen Adels, die in den gesetzgebenden Körperschaften als die geborenen Führer der Nation erscheinen und die Sinekuren in der Komitatsverwaltung besetzen. Ebenso macht sich die gesamte Intelligenz zur Trägerin des Staatsinteresses; die Erkenntnis, dass die industrielle Entwicklung den Wohlstand des Landes heben wird, verbündet sich mit der überlieferten, historischen Ideologie der Klasse, die im Ausbau eines selbständigen ungarischen Staatswesens, in der völligen Trennung von Oesterreich einen Sieg über „Wien", den Sieg der Freiheit sieht.[1]) So wird auch die Intelligenz dem Gedanken des selbständigen Zollgebietes gewonnen. Dies ist um so bedeutsamer, als in Ungarn, wie in jedem wirtschaftlich rückständigen Lande, die politische Macht der Intelligenz sehr gross ist.

Mit diesen Schichten der Intelligenz verbündet sich im Kampfe um das selbständige ungarische Zollgebiet die ungarische Bourgeoisie. Sie erwartet von der Errichtung einer Zollgrenze reichliche Gelegenheit zu Extraprofiten und reichlicheren Absatz ihrer Waren, verlockende Anlagesphären für ihr Kapital, ein sicheres Absatzgebiet für ihre Produkte. Fabrikanten und Kaufleute sind die Kerntruppen des Heeres, das für den Schutzzoll gegen Oesterreich kämpft. Der Einfluss dieser sozialen Schichten ist sehr gross. Zunächst hat das bisherige Wahlrecht die Städte bevorzugt. Innerhalb der städtischen Bevölkerung hat aber die Bourgeoisie dank ihrer wirtschaftlichen

---

[1]) Unter dem Absolutismus haben freilich gerade die ungarischen Stände die Gemeinschaft des Zollgebietes angestrebt. Sie wurde ihnen mit Berufung darauf, dass der Adel auf seine Steuerfreiheit nicht verzichten wolle, verweigert. Erst das Ministerium Schwarzenberg hat nach der Revolution die Zollgrenze beseitigt. Indessen sind die einzelnen Forderungen des ständischen Kampfes vergessen; geblieben ist nur die allgemeine Stimmung, die in der vollständigen Trennung von Oesterreich das Ziel des nationalen Kampfes erblickt.

Macht und ihrem sozialen Ansehen überall die Führung, solange der Kapitalismus noch nicht die kleinbürgerliche Rebellion hervorgerufen hat. Ungarn hat diese Entwicklungsstufe, auf der das Kleinbürgertum sich politisch von der Bourgeoisie zeitweilig trennt (die Oesterreich bereits zu Beginn der Achtzigerjahre erreicht hatte), auch heute noch nicht erreicht. Das Kleinbürgertum leistet daher der Bourgeoisie in ihrem Kampfe um die Zolltrennung Gefolgschaft

So einflussreich Intelligenz und Bourgeoisie aber auch heute schon in Ungarn sind, sie konnten die wirtschaftliche Trennung von Oesterreich nicht durchsetzen, wenn sich ihnen die ganze Macht des grundbesitzenden Adels gegenüberstellte. Die Gentry ist ja auch heute noch Ungarns herrschende Klasse. Nun ist die Gentry freilich keine einheitliche Klasse mehr.[1]) Ein Teil von ihr bildet die Intelligenz, die Bureaukratie, die Politiker, Journalisten, Komitatspfründner, die wir schon als Anhänger der Zolltrennung kennen. Ein anderer Teil ist mit der Bourgeoisie versippt, sitzt in den Verwaltungs- und Aufsichtsräten der Banken und Industriegesellschaften. Aber die Masse des Kleinadels ist wie der Hochadel doch an der Getreide- und Fleischausfuhr interessiert. Wie gewaltig dieses Interesse ist, beweisen folgende Zahlen

Es betrug im Jahre 1904 nach der ungarischen Statistik

	Menge der Produktion	Ausfuhr überhaupt	Ausfuhr nach Oesterreich
		Meterzentner	
Weizen . . .	39,984 951	3,944 680	3.932 307
Roggen . . .	11,663 819	2,056.342	2,056 035
Gerste	11,365.234	2,583.398	1,821 749
Hafer . .	9,823 997	2,064.834	2,052 820
Mais	17,974 937	2,243 104	2,097.986

Ueberdies führte Ungarn in demselben Jahre 7,193 653 Meterzentner Mehl aus, davon 6,121.834 Meterzentner nach Oesterreich. Die Getreideausfuhr nach Oesterreich nimmt nur in demselben Masse ab, in dem die Mehlausfuhr zunimmt Auch die Viehausfuhr nach Oesterreich ist sehr gross Es betrug im Jahre 1904:

	Ausfuhr überhaupt	Ausfuhr nach Oesterreich
	Stück	Stück
Ochsen	301.668	251.782
Schweine	372 975	372 635

Dazu kommt noch eine sehr beträchtliche Ausfuhr von tierischen Produkten, Fettwaren u. s w. Diese Zahlen beweisen deutlich genug, welch ungeheure Interessen für die ungarische Landwirtschaft und Viehzucht bei der Zolltrennung auf dem Spiele stehen Ein sehr grosser Teil ihrer Erzeugnisse sucht seinen Absatz im Auslande

[1]) Vergleiche Springer, a. a. O, Seite 64.

und neben dem Riesenabsatz auf dem osterreichischen Markte verschwinden die Mengen, die das Zollausland den ungarischen Landwirten und Viehzuchtern abgenommen hat

Eine Zolltrennung bedroht den grundbesitzenden Adel in Ungarn mit der Gefahr, dass seine Grundrente sinkt Aber noch mehr! Die Trennung des Zollgebietes wird auch bewirken, dass die Bodenpreise sinken. Da der Bodenpreis nichts anderes ist als die kapitalisierte Grundrente, so hangt er von zwei Faktoren ab: einmal von der Grundrente, dann vom Zinsfuss. Wenn die Grundrente sinkt, der Wertertrag des Bodens geringer ist, so wird der Bodenpreis sinken Wenn der Zinsfuss steigt, so entspricht dieselbe Grundrente dem Zinsertrag eines geringeren Kapitals, es sinkt also wiederum der Bodenpreis Nun wird die Zolltrennung nicht nur die Grundrente in Ungarn senken, sondern zweifellos auch den Zinsfuss steigern. Die Bodenpreise werden also aus doppeltem Grunde sinken, was fur die Grundbesitzerklasse seiner Wirkung nach einem gewaltigen Kapitalsverlust gleichkommt! Ueberdies wird die schnellere Entwicklung der ungarischen Industrie mit ihrer grossen Nachfrage nach Geldkapital auch den Hypothekenzinsfuss steigern Trotz des fallenden Bodenpreises und der sinkenden Grundrente wird also die Schuldenlast der Landwirtschaft sich nicht verringern! Vergegenwartigt man sich die Bedeutung dieser Tatsache, so darf man billig zweifeln, ob es uberhaupt denkbar ist, dass die herrschende Klasse Ungarns die Zolltrennung herbeifuhrt.

Nun lasst sich allerdings nicht leugnen, dass die Zolltrennung, wenn sie die Grundbesitzer einerseits schadigt, andererseits doch wieder gerade den Grossen unter ihnen manchen Nutzen bringen kann. Insbesondere wird sie die Entwicklung landwirtschaftlicher Nebenindustrien erleichtern. Die Zuckerindustrie, die Bierbrauerei konnte sich hinter dem Schutze einer Zollgrenze wohl noch schneller entwickeln, als dies in den letzten Jahren der Fall war. An der Entwicklung dieser Industrien, die regelmassig als landwirtschaftliche Nebenindustrien auftreten, haben gerade die grossen Grundbesitzer ein Interesse. In der Tat hat die ungarische Regierung gerade diese Industrien zuerst gegen die osterreichische Einfuhr schutzen wollen und es wird wohl im Kampfe um die Massregeln, die diesem Zwecke dienen, ein Teil der ungarischen Grundbesitzer sich auf das Programm der Zolltrennung festlegen. Indessen fallt dies doch sehr wenig in die Wagschale Die osterreichische Zuckerausfuhr nach Ungarn betrug im Jahre 1905 nur noch 329.727 Meterzentner, die Ausfuhr von Bier und Met nur 288.917 Meterzentner und ihr steht auch schon eine nicht unbetrachtliche Einfuhr dieser Waren aus Ungarn gegenuber So kann denn auch die Hoffnung, durch Schutzzoll gegen Oesterreich die landwirtschaftlichen Nebenindustrien zu fordern, das Gewicht der

Tatsache kaum wesentlich vermindern, dass die wirtschaftlichen Interessen des grundbesitzenden Adels der Zolltrennung widerstreiten.

Wer glaubt, dass Ungarn sich leichtsinnig entschliessen wird, die wirtschaftliche Gemeinschaft mit Oesterreich aufzuheben, dass eines schönen Tages ein ungarisches Parlament ohne Widerstand die Errichtung einer Zollgrenze gegen Oesterreich beschliessen wird, den mögen diese Zahlen eines Besseren belehren. Nicht ohne harte Kämpfe wird die Frage der Zolltrennung in Ungarn selbst entschieden werden. Aber trotz alledem ist es wahrscheinlich, dass Ungarn sich in diesen Kämpfen für die Zolltrennung entscheiden wird!

Gewiss, der Zolltrennung widerstreiten die Interessen der grossen und mittleren Grundbesitzer in Ungarn. Aber für die Zolltrennung spricht die Klassenideologie dieser Klassen. Seit 380 Jahren führt der magyarische Adel seinen Klassenkampf gegen den österreichischen Absolutismus. Diese Jahrhunderte haben in der magyarischen Gentry eine Ideologie gezüchtet, der die völlige Selbständigkeit des ungarischen Staates, die völlige Trennung von Oesterreich letztes Ziel alles politischen Strebens ist. Man unterschätze diese Ideologie nicht! Sie hat schon einmal den ständischen Kampf des Adels um seine Sonderrechte in sein völliges Gegenteil umschlagen lassen, in den revolutionären Kampf um die bürgerliche Rechtsgleichheit. Ihre Macht ist auch heute noch nicht erloschen. In dieser Gedankenwelt wird die Jugend der magyarischen Herrenklasse erzogen, von ihr ist alles gesellige Leben, alle geistige Kultur getränkt, sie allein hat seit Jahrhunderten dem politischen Kampfe des magyarischen Adels Form und Inhalt gegeben. Diese Ideologie entsprang gewiss dem Interesse der Klasse; aber einmal entstanden und stetig erstarkt in den fortwährenden Kämpfen von vier Jahrhunderten, hat sie das Bewusstsein des magyarischen Adels erfüllt und kann nun nicht aus ihm heute oder morgen verjagt werden, weil sie dem veränderten Klasseninteresse nicht mehr entspricht. Gewiss, ein grosser Teil des magyarischen Adels wird sich der Zolltrennung mit aller Macht widersetzen. Nicht die Landwirte und Viehzüchter, sondern die Intelligenz, die Berufspolitiker und Journalisten, die Bourgeoisie und das Kleinbürgertum der ungarischen Städte werden die Rufer im Streite um das selbständige Zollgebiet sein. Aber den Widerstand des Adels bricht seine eigene Ideologie; er ist gefangen in der Schlinge seines eigenen Schlagwortes! Das Klasseninteresse der Bourgeoisie wird das Klasseninteresse des Adels besiegen, indem es sich mit der eigenen Klassenideologie des Adels verbündet.

Rechtlich besteht das selbständige Zollgebiet schon und man wird sich wohl zunächst mit der leeren Rechtsform, mit der Ersetzung des Handelsbündnisses durch einen Handelsvertrag, in dem beide Staaten einander Freihandel zusichern, begnügen. Dann wird man wohl für einzelne Waren — landwirtschaftliche Nebenindustrien! — Zölle einheben! Aber man mache mit der Zolltrennung nur den Anfang; eine innere Logik treibt dann die handelspolitischen Massnahmen über sich selbst hinaus! Irgend ein nichtiger Anlass bestimmt einen Staat, einen Zoll zu erheben, um einer wirtschaftlichen Forderung an die andere Reichshälfte Nachdruck zu verleihen; der andere Staat antwortet mit Gegenmassregeln; die erregte öffentliche Meinung fordert beiderseits Anwendung starker Mittel, um den Nachbarstaat zur Nachgiebigkeit zu zwingen, „los von Ungarn" heisst es hier, „los von Oesterreich" hallt es drüben. Die Klassen, die an der Flamme des Kampfes ihr Süppchen zu kochen hoffen — die Agrarier in Oesterreich, das Handels- und Industriekapital in Ungarn — schüren den Streit. So führt der Weg von „Reziprozität" und „Retorsion" zur völligen Trennung der Wirtschaftsgebiete. Ist es wirklich denkbar, dass Oesterreich und Ungarn friedlich von Jahr zu Jahr ihren Handelsvertrag miteinander erneuern, in dem sie sich immer wieder vollen Freihandel zusichern, und immer wieder übereinstimmende Handelsverträge mit dem Zollausland schliessen (denn auch dies ist eine Voraussetzung des freien Warenaustausches zwischen beiden Ländern) — obwohl alle Staaten des Festlandes ihre Grenzen durch Zölle absperren, obwohl in beiden Reichshälften einflussreiche Klassen die Zolltrennung fordern, obwohl die einzige Klasse Ungarns, deren Interesse sie auf die Einheit des Zollgebietes weist, seit Jahrhunderten von keinem anderen Gedanken beherrscht wird als dem des Kampfes gegen Oesterreich, der Trennung von Oesterreich?

So treibt die Entwicklung zur *völligen Trennung der Reichshälften*. Denken wir uns die Trennung des Zollgebietes verwirklicht, so ist auch die Gemeinschaft der „pragmatischen" Angelegenheiten, das gemeinsame Heer und die gemeinsame auswärtige Politik nicht haltbar. Dann erst wird die Unmöglichkeit des Dualismus auch dem blödesten Auge offenbar werden, dann erst wird sich zeigen, dass, wie Rudolf Springer so glänzend nachgewiesen hat, eine *Organgemeinschaft ohne Willenseinheit* nicht möglich ist.[1] Oesterreich und Ungarn sind verschiedene Staaten mit verschiedenen, einander oft entgegengesetzten Interessen, verschiedenem Willen. Aber diese verschiedenen Willen soll ein Minister des Auswärtigen, ein Botschafter, ein Konsul vertreten; diese verschiedenen Interessen soll ein Heer verfechten! Wie können sich zwei verschiedene, einander entgegengesetzte Willen in derselben Sache eines Organes bedienen, ohne um dieses Organ zu kämpfen, ohne dieses Organ schliesslich zu zerreissen? Man denke sich Oesterreich und Ungarn als selbständige,

[1]) Springer, a. a. O., Seite 153.

durch eine Zolllinie getrennte Wirtschaftsgebiete, und frage, wie dann eine gemeinsame auswartige Politik moglich sein soll, da doch die auswartige Politik nichts anderes sein kann als ein Mittel der Wirtschaftspolitik! An dem Tage, da die dualistischen Angelegenheiten (Zollgebiet, Verzehrungssteuergemeinschaft u. s. w.) fallen, ist auch die Einheit der pragmatischen Angelegenheiten (Heerwesen, auswartige Politik) zum Tode verurteilt. Dann bleibt nichts mehr gemeinsam als die Person des Herrschers. Aber auch er ist nichts als ein Staatsorgan und auch er wird es fuhlen, dass Organgemeinschaft unmoglich ist ohne Willensgemeinschaft. Oesterreich und Ungarn als selbstandige Wirtschaftsgebiete brauchen verschiedene auswartige Politik, verschiedene Bundnisse, haben andere Freunde und andere Feinde. Soll der Konig von Ungarn den Bundesgenossen des Kaisers von Oesterreich bekampfen? Wird der Kaiser von Oesterreich mit einem Staate ein Bundnis schliessen, der mit Ungarn in Feindschaft lebt? Welcher Staat wird seinen Willen beim gemeinsamen Herrscher durchsetzen? Wird in der einen Person der Wille des Kaisers von Oesterreich oder der des Konigs von Ungarn entscheiden? Die Fragen der auswartigen Politik, der Wirtschaftspolitik sind fur beide Reichshalften unvergleichlich schwieriger, verwickelter, als sie fur Schweden und Norwegen waren. Und doch hat es sich dort gezeigt, dass die Personalunion zweier selbstandiger Staaten mit verschiedenartigen Interessen kein dauerhaftes Gebilde sein kann. Steht das Haus Habsburg wirklich vor dem Schicksal des Hauses Bernadotte?

Wer uberzeugt ist, dass der Dualismus die beiden Reichshalften zu volliger Trennung treibt, der muss damit rechnen, dass auch die Krone diese Tatsachen erkennen und dass sie nicht ohne Widerstand den Pakt zerreissen lassen wird, der ihre Siegesbeute in dem grossen Turkenkriege war. Je starker die Krafte sind, die Oesterreich und Ungarn auseinanderreissen wollen, desto lebhafter wird der Wunsch werden, Ungarn „wiederzuerobern". Wird die Krone dies konnen?

Die erste Wirkung der Zolltrennung wird die Verscharfung der *Klassengegensatze* in Ungarn sein. Zunachst wird ja, wie wir wissen, die Errichtung der Zolllinie nicht ohne erbitterte Klassenkampfe durchzusetzen sein; bei jedem Schritt zum getrennten Zollgebiet, bei der Feststellung jedes Zolles, beim Abschluss jedes Handelsvertrages wird wenigstens ein Teil der grossen und mittleren *Grundbesitzer* in Ungarn seine schwer gefährdeten Klasseninteressen verfechten. Im Kampfe gegen sie werden die Bourgeoisie, die Intelligenz, Ideologen aus allen Klassen stehen. Die Einheit der herrschenden Klassen wird zerrissen. Viel bedeutsamer ist noch, dass der Widerstand der unteren Klassen gegen die herrschenden sehr schnell neue Kraft und neue Formen annehmen wird. Das

Zeitalter schnellerer Industrialisierung Ungarns wird durch eine „Gründerperiode“ eingeleitet werden, die, wie überall, auch in Ungarn den Neid und die moralische Entrüstung des *Kleinbürgertums* erregen wird, die schnellere Industrialisierung wird vielen kleinbürgerlichen Existenzen den Boden unter ihren Füssen wegziehen, zahlreiche Bankrotte verfehlter oder übereilter Neugründungen werden auch viele Kleinbürger zugrunde richten, die Verteuerung der Industrieerzeugnisse infolge des Schutzzolles, das Steigen der Mietzinse in den Städten und Industriezentren wird die Unzufriedenheit des Kleinbürgertums erregen. Spätestens ein paar Jahre nach der Verwirklichung der Zolltrennung — wahrscheinlich noch früher! — hat Ungarn seine Mittelstandspolitik, seine Revolte der Kleinbürger gegen die Bourgeoisie, seine Schneider und Lueger. Gleichzeitig erstarkt auch die *industrielle Arbeiterschaft*. Die wachsende Nachfrage auf dem Arbeitsmarkt steigert ihre Macht, es wachsen ihre Organisationen, sie verlangt Anteil an den Früchten des industriellen Aufschwungs. Die Herrschenden aber fürchten, die Verkürzung der Arbeitszeit und die Steigerung der Löhne könnte die junge ungarische Industrie schädigen, sie werden daher den Kampf der Arbeiter mit allen Mitteln der Staatsgewalt zu erschweren suchen. Noch schneller aber als in der Stadt werden die Klassengegensätze auf dem Lande wachsen. Die Zolltrennung bedeutet für die ungarischen Landwirte und Viehzüchter schweren wirtschaftlichen Schaden, sie werden es versuchen, die Kosten der Zolltrennung auf die lastgewohnten Schultern der *Landarbeiter* abzuwälzen, werden die schmählichen Ausnahmsgesetze gegen die Landarbeiter als kostbarstes nationales Besitztum wahren, werden nicht nur jede Lohnerhöhung verweigern, sondern die Löhne noch zu senken versuchen. Dies trifft die Landarbeiter um so schwerer, als gleichzeitig der Schutzzoll und die Hochkonjunktur der Gründerperiode alle Industrieprodukte, die sie kaufen, verteuern.

So wird der einziehende industrielle Kapitalismus, wie er es überall getan hat, auch in Ungarn erbitterte Klassenkämpfe auslösen, dies um so mehr, als endlich, sobald die Nation im Kampfe um staatliche Selbständigkeit einen entscheidenden Sieg erfochten, die Spannung gelöst ist, in der der Kampf gegen „Wien“ die Gemüter gehalten; nun ist die Bahn frei für den Klassenkampf, nun haben die politischen Kämpfe in Ungarn ihren überlieferten Inhalt verloren, nun wird die Tribüne widerhallen vom Lärm der einander bekämpfenden Klassen. Und es versteht sich, dass die höchst entwickelte Nation in Ungarn, die magyarische, am schnellsten die Wirkungen dieses sozialen Differenzierungsprozesses zu fühlen bekommen wird.

Gleichzeitig wird aber durch die schnellere Entwicklung des industriellen Kapitalismus noch ein anderer Prozess beschleunigt werden das Erwachen der geschichtslosen Nationen. Ungarn ist so wenig wie Oesterreich ein national einheitliches Land. Ueber die Starke der Nationen Ungarns macht die offizielle Volkszahlung des Jahres 1900 folgende Angaben.

Muttersprache	Absolut	In Prozenten der Gesamtbevolkerung
Magyarisch	8,742.301	45·4
Deutsch	2,135 181	11·1
Slovakisch	2,019 641	10·5
Rumanisch	2,799 479	14·5
Ruthenisch	429 447	2·2
Kroatisch	1,682.104	8·7
Serbisch	1.048 645	5·5
Sonstige	397 761	2·1
Summe	19,254 559	100·0

Es stehen also im Konigreich Ungarn nach diesen Angaben 8,742.301 Magyaren zusammen 10,512.258 Zugehorige anderer Nationen gegenuber. Die Magyaren sind eine Minderheit im Lande. Dabei zweifelt niemand daran, dass diese Statistik gefalscht ist, dass die Magyaren in ihr starker erscheinen, als sie sind! Ueberdies haben sich zur magyarischen Muttersprache zweifellos nicht wenige bekannt, die die magyarische Nation ebenso schnell wieder verlieren konnten, wie sie sie gewonnen haben. Dies gilt zunachst von den sehr zahlreichen Ueberlaufern, die Magyaren wurden um des lieben Brotes willen, um eine Anstellung im Staatsdienste Was solche Ueberlaufer wert sind, davon wissen die Deutschen Oesterreichs ein Lied zu singen. Dasselbe gilt auch von den Juden. 70·32 Prozent der Juden des Konigreiches haben die magyarische, 25·45 Prozent die deutsche Sprache als Muttersprache angegeben, nur der kleine Rest bekannte sich zu den anderen Nationen Erinnern wir uns, dass die Juden in dem langsam entwickelten Lande kaum eine besonders hohe Stufe der Assimilation erreicht haben durften, so werden wir wohl erwarten konnen, dass, wenn die geschichtslosen Nationen Ungarns zu selbstandigem Kulturleben erwachen, die Juden in Siebenburgen ebenso Rumanen, die Juden in Oberungarn ebenso Slovaken werden konnten, wie die Juden in Bohmen Tschechen zu werden beginnen Die Volkszahl, auf die die Magyaren in jedem Falle rechnen konnen, ist also noch betrachtlich kleiner, als die amtlichen Zahlen sie erscheinen lassen.

In Ungarn selbst — ohne Kroatien und Slavonien — stehen allerdings 8,588.834 Magyaren nur 8,132 740 Angehorige anderer Nationen gegenuber. hier bilden die Magyaren 51·4 Prozent der Bevolkerung, also eine, freilich sehr kleine Mehrheit. Ziehen wir von der Volkszahl aller Nationen die Juden ab (wozu wir wohl berechtigt sind, da gewiss nur ein kleiner Teil der ungarischen Juden als vollig assimiliert gelten kann), so stehen 7,994.383 Magyaren zusammen 7,896.029 Deutsche, Slovaken, Rumänen, Ruthenen und Serbokroaten gegenüber; die Mehrheit der Magyaren wird dadurch verschwindend gering. Erinnern wir uns der Vergewaltigung der Nationalitäten durch die magyarischen Verwaltungsbehörden bei der Volkszählung, erinnern wir uns der vielen Personen, die sich nur unter wirtschaftlichem Druck oder doch um wirtschaftlichen Vorteiles willen zur herrschenden Nation bekennen, so dürfen wir wohl sagen, dass auch im eigentlichen Ungarn — ohne Kroatien und Slavonien — die Magyaren eine Minderheit bilden.

Trotz alledem haben in Ungarn nur Magyaren und Kroaten nationale Rechte. Alle anderen Nationen sind unterdrückt. Ihre Sprachen haben in den Aemtern und Gerichten kein Recht; selbst ihren alten Städten hat der Staat ihre Namen genommen. Man verweigert ihnen nicht nur Hoch- und Mittelschulen, sondern sucht, selbst gegen das Gesetz, ihre Kinder zum Besuche magyarischer Volksschulen zu zwingen. Im Parlament sind sie kaum vertreten, am Beamtenkörper haben sie keinen Teil, in den Gemeinden und Komitaten werden sie überall von den Magyaren und ihrem aus nationalen Ueberläufern und Juden bestehenden Anhang beherrscht. Auf die Hilfe des Staates hat nur der Magyar ein Recht, nur ihm sind alle staatlichen Aemter zugänglich. Jede nationale und politische Bewegung der Nationalitäten wird als Hochverrat behandelt. Was das völkermordende Russland an seinen Nationalitäten verbrochen hat, was Preussen an seinen Polen verbricht, und Schlimmeres vielleicht, begeht hier eine Minderheit an der grossen Mehrheit des Landes. Die herrschenden Klassen der Magyaren können sich dies erlauben: die unterjochten Nationen gehören eben nur den beherrschten und ausgebeuteten Klassen an; es sind geschichtslose Nationen.

Aber der Prozess des Erwachens der geschichtslosen Nationen hat auch hier begonnen. Jeder Fortschritt der kapitalistischen Entwicklung wird ihn beschleunigen. Keine politische Verfolgung kann diesen Prozess aufhalten. Wenn es den Magyaren in Ungarn bisher gelungen ist, die Nationalitäten niederzuhalten, während die Deutschen in Oesterreich ihre Alleinherrschaft nicht zu behaupten vermochten, so danken die Magyaren dies bloss der Rückständigkeit des Landes. Der Kapitalismus und der moderne Staat haben die Nationen überall erweckt. Sobald die wirtschaftliche Entwicklung Ungarns durch seine Industriepolitik, dereinst durch die Selbständigkeit seines Zollgebietes beschleunigt wird, werden die Magyaren an ihren Rumänen und Slovaken erleben, was die Deutschen in Oesterreich an den Tschechen und Slovenen erlebt haben. Der Tag, an dem die Zolllinie zwischen Oesterreich und Ungarn errichtet wird, ist der Todestag der magyarischen Alleinherrschaft im Lande!

Das ist das Bild Ungarns nach der Zolltrennung: im Parlament ein leidenschaftlicher, von den stärksten Klasseninteressen aufgepeitschter Kampf zwischen den herrschenden Klassen im Lande, in den Werkstätten Streiks, auf den Strassen Demonstrationen der Industriearbeiter, deren Lohnkämpfe die Regierung zu erschweren sucht; im Kleinbürgertum eine lebhafte, gehässige Agitation gegen die herrschenden Parteien; auf dem Lande fortwährend blutig niedergeworfene Ausstände der Landarbeiter. Und rings im ganzen Lande der nationale Kampf, die erwachenden Nationen erbittert über das Unrecht, das die Herrschenden an ihnen begangen, die herrschenden Klassen der Magyaren durch die Angst zu einer Politik rücksichtsloser Gewalt, grausamster Unterdrückung der nationalen Bewegungen getrieben, die dann wieder die Leidenschaft, die Empörung und den Hass der unterdrückten Völker steigert — das ist das Bild jenes Ungarn, das den Kampf mit der Krone auszufechten haben wird! So wird das Ungarn aussehen, das die durch den Zerfall des Dualismus in ihrer Herrschaft bedrohte Krone wird unterwerfen wollen!

Das durch Klassengegensätze und nationale Gegensätze zerrissene Land mit blosser Waffengewalt unterwerfen zu wollen, wird im Zeitalter der russischen Revolution niemand wagen. Aber die inneren Gegensätze des Landes werden der Krone andere Machtmittel geben, die sie wird ausnutzen müssen, wenn sie nicht das Schicksal des Hauses Bernadotte erleben will. Sie kann nicht Organ zweier Willen sein und will doch über Oesterreich und über Ungarn herrschen; so muss sie dafür sorgen, dass Ungarn und Oesterreich **einen** Gesamtwillen haben, dass sie **ein** Reich bilden; dazu bietet ihr Ungarns innere Zerrissenheit die Möglichkeit. Sie wird ihre Armee nach Ungarn schicken, um es dem Reiche wieder zu erobern, aber sie wird auf ihre Fahnen schreiben: Unverfälschtes allgemeines und gleiches Wahlrecht! Koalitionsrecht für die Landarbeiter! Nationale Autonomie! Sie wird dem Gedanken des selbständigen ungarischen Nationalstaates entgegensetzen den Gedanken der vereinigten Staaten von Gross-Oesterreich, den Gedanken eines Bundesstaates, in dem jede Nation ihre nationalen Angelegenheiten selbständig besorgt und alle Nationen sich zur Wahrung ihrer gemeinsamen Interessen zu einem Staate vereinen. Notwendig, unvermeidlich wird die Idee des Nationalitätenbundesstaates zum Werkzeug der Krone, der der Zerfall des Dualismus ihr Reich zerstört.

Es ist bereits eine lange Reihe von Jahren verstrichen, seit Rudolf **Springer** zum erstenmal in einem Vortrage inmitten Wiener Studenten diese Erwartung äusserte. Damals herrschte in Ungarn noch die liberale Partei und man wurde in Oesterreich ausgelacht, wenn man die Möglichkeit erwähnte, dass die Unabhängigkeitspartei die Mehrheit des ungarischen Reichstages werden könnte. Von der Krise des Dualismus sahen die Tagespolitiker damals noch nichts. Springer aber sah damals schon die „säkularen Tatsachen" der Dualismus, die Organgemeinschaft ohne Willensgemeinschaft, treibt notwendig zur Zersetzung des

Reiches. Fällt die Deaksche Reichsverfassung, so muss die Krone sich nach Bundesgenossen umsehen, die ihre Herrschaft retten können; dies kann der magyarische Adel nicht sein, sondern nur die Nationalitäten. Der Dualismus kann nicht bestehen, die absolutistische Reichseinheit ist unmöglich; so wird die Krone um ihrer Interessen willen die freie Selbstbestimmung der Nationen verwirklichen müssen, wenn sie nicht selbst die Herrschaft im Reiche verlieren will. Die Wiener Studenten hörten mit neugierigem Interesse die klaren Gedankenfolgen. Aber das alles lag so weit, so weit, die alte Monarchie schien leidlich festzustehen. War, was man gehört, mehr als die Phantasterei eines unterrichteten Mannes?

Einige Zeit später weilte Friedrich Naumann in Wien. Auch er ahnte, dass es für die Habsburger in der eigentümlichen Lage der Monarchie keine andere Hilfe gäbe als die Demokratie. Der Cäsarismus, das Bündnis der alten, auf die Waffengewalt gestützten Kaisermacht, mit der Kraft der Ideen des gleichen Stimmrechtes und der nationalen Freiheit, erschien auch ihm als der einzige Ausweg. Aber er zweifelte, ob die Habsburger diesen Weg betreten würden. „Ich bin in Oesterreich im politischen Gespräch den Gedanken nicht los geworden: Hierher gehört ein Napoleon! Es braucht kein Napoleon I. zu sein, ein Napoleon III. genügt. Ein solcher österreichischer Napoleon müsste zuerst das jetzige Abgeordnetenhaus nach Hause gehen lassen, dann dem Volke mitteilen, er habe dem Unfug eines falsch zusammengesetzten Parlaments ein wohlverdientes Ende bereitet, wolle sich durch Plebiszit für diesen segensreichen Schritt die Zustimmung der Bevölkerung aussprechen lassen und wolle dann mit einer nicht ständisch zusammengesetzten, sondern aus gleichem Wahlrecht hervorgegangenen Volksvertretung regieren; da er die Armee für sich habe, so bitte er, von unnötigen Weiterungen abzusehen. Das wäre Revolution zugunsten des Staates. Sie würde auf diesem Boden heilsam sein, aber sie kommt nicht, denn — die Habsburger sind nicht revolutionär.“ [1])

Dann kam die Krise des Dualismus. Springer trat jetzt erst mit seinen Gedanken vor einen weiteren Kreis. Aber man antwortete ihm, wie Naumann geantwortet: Welcher Unsinn, von den Habsburgern, den alten Trägern des Prinzips der Legitimität, eine revolutionäre Politik zu erwarten! Cäsarismus, wo die Cäsaren fehlen! Und welche Torheit, im ungarischen Parlament, der einflussreichsten Körperschaft der ganzen Monarchie, keine wirkliche Macht zu sehen!

Da brach der Militärkonflikt herein. Die Koalition, die Mehrheit des ungarischen Parlaments, verlangt die magyarische Armeesprache. Die Krone weigert sich, ihr sie zuzugestehen. Die Parlamentsmehrheit versucht es, den Widerstand der Krone zu brechen, indem sie die Gesetzgebung lahmlegt und gegen das Ministerium des Königs mit den alten Mitteln des ständischen Kampfes kämpft. Da wirft der Minister Kristoffy das Schlagwort des allgemeinen Wahlrechtes unter die Massen. Und das Ministerium Fejervary lässt gleichzeitig das stolze ungarische Parlament durch den Honvedoberst Fabrizius mit einer Kompagnie ungarischer Soldaten auseinanderjagen! Und keine Hand rührt sich im ganzen Lande, nicht mit der kleinsten Strassendemonstration verteidigt die Bevölkerung das einst so machtvolle Parlament. Hier haben wir ihn zum erstenmal, den ungleichen Bund der Krone, der Waffengewalt und der Demokratie. Sind die Habsburger wirklich nicht revolutionär? Fehlen uns zum Cäsarismus die Cäsaren?

Freilich, die Krone schliesst endlich mit der Koalition, wenn nicht Frieden, so doch einen Waffenstillstand. Aber sie beharrt darauf, dass in Ungarn das allgemeine Stimmrecht eingeführt wird. Und um seine Durchführung zu sichern, gibt man in Oesterreich dem Drucke der Arbeiterschaft nach; man weiss, die herrschenden Klassen Ungarns können den Massen das Wahlrecht nicht verweigern, sobald es in Oesterreich besteht. So wirft denn die Krone selbst ihre Macht in die Wagschale, um den Widerstand der Privilegierten im österreichischen Abgeordnetenhause zu brechen.

---

[1]) Naumann, Deutschland und Oesterreich. Berlin 1900.

Wer Individualpsychologie treibt, der wird dies nie verstehen. Der 76jährige Mann, der in Oesterreich erklärte, es dürfe nicht nochmals nach dem alten Wahlgesetz gewählt werden und der in Ungarn die Kossuth und Apponyi auf das gleiche Stimmrecht verpflichtete, ist wirklich kein Revolutionär Aber die Verhältnisse sind stärker als Wünsche und Stimmungen der Menschen Die Ereignisse des letzten Jahres sind der erste Ansatz zu einer cäsaristischen Politik. Ich kenne wenig Beispiele dafür, dass eine politische Prognose so vollständig wahr geworden wie die Rudolf Springers. Die wirtschaftlichen Kräfte, die die Entwicklung der Nationen und die Geschicke der Staaten bestimmen, machen sich jeden Menschen, jede Familie wie immer sie sein mag, zu ihrem gefügigen Werkzeug

Springer hat seinen Gedankengang seither in der von uns schon mehrfach erwähnten Schrift über die „Grundlagen und Entwicklungsziele der österreichisch-ungarischen Monarchie" niedergelegt Wir haben gegen manche Einzelheit dieser Schrift viel einzuwenden Es scheint uns, dass Springer einerseits die Kräfte unterschätzt, die zur völligen Trennung der beiden Reichshälften treiben — insbesondere ist seine Meinung, dass keine starken wirklichen Interessen die Trennung des Zollgebietes fordern, zweifellos unrichtig — und dass er andererseits die Schnelligkeit der Entwicklung in Ungarn selbst überschätzt die Magyaren sind sozial weniger differenziert, als er annimmt, die Zersetzung der Gentry als Klasse weniger vorgeschritten; vor allem aber ist der Prozess des Erwachens der geschichtslosen Nationen noch nicht so weit gediehen, wie Springer glaubt. Es scheint uns daher wahrscheinlich, dass zunächst die zur Trennung treibenden Kräfte noch stärker sein werden als die „Reichsidee", dass wir wenigstens die ersten Versuche mit der Trennung der Wirtschaftsgebiete sehen werden, ehe noch die cäsaristische Politik wirksam werden kann Aber an dem Endergebnis ändert sich dadurch nichts: gerade die durch die Zolltrennung beschleunigte Entwicklung des industriellen Kapitalismus in Ungarn wird die Klassengegensätze und nationalen Gegensätze verschärfen und hierdurch die cäsaristische Politik erst möglich machen, und gerade die Zolltrennung wird die Organgemeinschaft völlig unmöglich machen, den Dualismus vollständig aufheben und die Krone daher unvermeidlich zur cäsaristischen Politik zwingen, wenn sie nicht ihre Herrschaft über Ungarn verlieren will Wenn der Verband der Monarchie überhaupt erhalten bleibt, wenn nicht eine äussere Macht den inneren Kämpfen in der Monarchie ein Ende bereitet, so kommt gewiss der Tag, an dem die Krone den Nationen Ungarns die Autonomie, die Verwandlung des ganzen Reiches in einen Nationalitätenbundesstaat anbieten muss Aber die Entwicklung zur nationalen Autonomie wird lange dauern und sie führt durch harte Kämpfe zwischen den beiden Reichshälften — erst die völlige Trennung zur völligen Wiedervereinigung Wir werden noch sehen, dass diese Erkenntnis nicht unwichtig ist

Die Zersetzung des Dualismus durch die Interessengegensätze zwischen Oesterreich und Ungarn wird die Krone zur cäsaristischen Politik zwingen, die Zersetzung der ungarischen Gesellschaft durch den industriellen Kapitalismus in eine Reihe einander leidenschaftlich bekämpfender sozialer und nationaler Parteien wird die Möglichkeit dieser Politik schaffen Gleichzeitig aber werden auch diesseits der Leitha starke Mächte die Krone zu dieser Politik drängen.

Der österreichischen Bourgeoisie wird es sich bei der Frage der Reichseinheit um die Einheit des Wirtschaftsgebietes handeln Für viele österreichische Industrien, insbesondere für die Textilindustrie, die Kleider- und Wäschekonfektion, die Erzeugung von Lederwaren, Instrumenten, Uhren, Kurzwaren, von Maschinen, Glas- und Tonwaren bedeutet die Zolltrennung eine schwere Katastrophe. Ungarn ist der weitaus wichtigste Abnehmer aller österreichischen Industrieerzeugnisse. Wenn die österreichischen Industriellen schon heute über die Wirkungen der merkantilistischen Politik in Ungarn jammern, wie laut wird erst ihre Klage werden, wenn mit der Zolltrennung der ungarischen Regierung die wirksamsten Werkzeuge der Industrieförderung in die Hand gelegt sind. Sobald der Gedanke, den Dualismus durch eine Reichsverfassung auf der Grundlage der nationalen Autonomie zu ersetzen, greifbare Gestalt annimmt, wird er zum Programm der österreichischen Kapitalistenklasse: für sie bedeutet die nationale Autonomie im Reiche die Einheit des Wirtschaftsgebietes!

Wohin die österreichische Bourgeoisie von ihrem Klasseninteresse gedrängt wird, dorthin treibt die Bauern der Alpenländer, die Kleinbürger Wiens ihre Klassenideologie. Die von allen überlieferten Werten beherrschten Bauern, die schaulustigen Spiessbürger der Residenzstadt, sind ja österreichische „Patrioten", die Träger der alten Kaiseridee. Für sie sind die Magyaren auch heute noch Rebellen und der Bund der „Schwarz-gelben" mit den ungarischen Nationalitäten erscheint ihnen als die Fortsetzung der alten Jellačić-Politik von 1848. Aber nicht nur als Oesterreicher, sondern auch als Klerikale hassen sie das selbständige Ungarn, das von einem kalvinischen Adel und einer jüdischen Bourgeoisie beherrscht wird. Die Hetze gegen Ungarn entspricht auch so recht den Bedürfnissen des Kleinbürgertums, das seiner Verbitterung niemals in einem zielbewussten Klassenkampfe Luft machen kann, das immer einen Sündenbock für seine Leiden braucht, deren Ursachen es nicht versteht.

Endlich wird die Reichsidee auch die nationalen Parteien gewinnen. Die Verschärfung der nationalen Gegensätze in Ungarn kann nicht ohne Einfluss auf die österreichischen Nationen bleiben. Die Verfolgung der Deutschen, der Slovaken, der Ruthenen und Rumänen, der Serben in Ungarn wird bei ihren Nationsgenossen in Oesterreich leidenschaftliche Erbitterung gegen Ungarn erwecken. Alle unterdrückten Nationen Ungarns haben Brüder diesseits der Leitha, während die Magyaren hier — ausser einer kleinen Minderheit in der Bukowina — keine Volksgenossen haben. Die nationale Autonomie im ganzen Reiche bedeutet für jede österreichische Nation (mit Ausnahme der Polen) die Befreiung von Hunderttausenden von Volksgenossen von magyarischer Fremdherrschaft. Können die Deutschen Oesterreichs, die wegen einer tschechischen Schule im elendesten Dorf den ganzen Staat zerreissen möchten, gleichgültig bleiben, wenn in Ungarn zwei Millionen Deutsche gegen magyarische Unterdrückung kämpfen? Kann den Tschechen, die die kleinste Minderheit im deutschen Sprachgebiete nicht preisgeben wollen, das Schicksal der zwei Millionen Slovaken in Ungarn gleichgültig sein? Werden die österreichischen Ruthenen ihre halbe Million Volksgenossen in Ungarn preisgeben? Und was könnte sonst das politische Ziel der Kroaten, Serben, Rumänen in Oesterreich sein als die Vereinigung mit ihren Volkgenossen jenseits der Leitha? Sobald erst einmal der Nationalitätenkampf in Ungarn heftiger entbrennt, werden alle nationalen Parteien in Oesterreich gezwungen, sich ihrer Volksgenossen jenseits der Staatsgrenze anzunehmen. Und wie könnten sie ihnen anders Hilfe bringen als durch den Gedanken der einheitlichen Reichsverfassung auf Grund der nationalen Autonomie?

Die Krone zur Politik der nationalen Autonomie durch den Zerfall des Dualismus gezwungen, in Oesterreich selbst durch die Bourgeoisie, den Klerikalismus, schliesslich alle nationalen Parteien gedrängt, in Ungarn die nationale Autonomie von den unterdrückten Nationalitäten gefordert, der Widerstand der Magyaren durch die Klassengegensätze innerhalb der Nation gebrochen — ist die Reichsidee, der Nationalitätenbundesstaat vom Bodensee bis nach Orsova, wirklich eine Utopie?

Aber alle diese Kräfte, die zur organischen Regelung der Nationalitätenfrage im ganzen Reiche treiben, gewinnen noch einen starken Bundesgenossen an den Bedürfnissen der *auswärtigen Politik*. Die Verfassung jedes Staates ist durch seine äussere Politik bedingt. Auch der Dualismus sollte, wie wir gesehen haben, der äusseren Politik der Monarchie, die damals grossdeutsche Politik war, dienen. Seit Sedan stützt ihn keine Notwendigkeit der äusseren Politik mehr. Vielmehr ist er längst zu einem schweren Hindernis jener auswärtigen Politik geworden, die die österreichische Bourgeoisie braucht. Der Kapitalismus strebt überall nach Ausdehnung seines Herrschaftsgebietes, nach neuen Anlagesphären und neuen Absatzmärkten. Die geographische Lage Oesterreichs und die historische Ueberlieferung uralter Handelsbeziehungen weisen dem österreichischen Kapitalismus die Balkanhalbinsel als das natürliche Ziel seiner Ausdehnungsbestrebungen zu. Diese Expansionsbestrebungen, die die äussere Politik aller kapitalistischen Staaten bestimmen, werden in Oesterreich durch die Zolltrennung nicht schwächer, sondern stärker werden. Für die Verluste auf dem ungarischen Markt wird die österreichische Industrie auf dem Balkan Entschädigung suchen. Diese Bestrebungen werden nun durch die Unterdrückung der Rumänen und Serben in Ungarn wesentlich erschwert. Je heftiger der nationale Streit in Ungarn entbrennen wird, desto mehr werden die Nachrichten über die Gewaltherrschaft der magyarischen Herrenklasse in Rumänien und Serbien leidenschaftlichen Hass gegen die Monarchie erwecken — eine Stimmung, die die Konkurrenten unserer Industrie, unseres Handels, unserer Banken auf dem Balkan sehr wohl ausnutzen werden. Der Kapitalismus, der Oesterreichs wirtschaftliche Vorherrschaft auf dem Balkan braucht, wird schon darum die Befreiung der Rumänen und Serben in Ungarn anstreben müssen. Ganz anders, sobald Rumänen und Serben in der Monarchie als Nationen konstituiert sind. Wenn im Reiche bessere rumänische und serbische Schulen bestehen als in Serbien und Rumänien, dann blickt nicht mehr unsere Jugend nach Bukarest und Belgrad, sondern die Jugend dieser armen, nur langsam fortschreitenden Länder kommt zu uns, lernt uns kennen und achten. Wenn den Rumänen und Serben in Oesterreich die Entwicklung ihrer nationalen Kultur ebenso gesichert ist wie in den Königreichen Rumänien und Serbien, dann unterscheidet sich die Monarchie von diesen Staaten nur dadurch, dass sie den Nationen die gewaltigen Vorteile eines grossen Wirtschaftsgebietes bietet. Dann wird das Reich eine starke Anziehungskraft auf diese Nationen üben. Das Bedürfnis nach einem grossen Wirtschaftsgebiet, das in West- und Mitteleuropa eine der treibenden Kräfte war, die zur Errichtung der modernen Nationalstaaten führten, konnte hier gerade zur Ausdehnung eines Nationalitätenstaates, zur engen Angliederung der Balkanstaaten an den österreichischen Nationalitätenbundesstaat führen. Der nationale Friede im Reiche ist ein Mittel kapitalistischer Eroberung auf dem Balkan [1].

Die inneren Kräfte im Reiche treiben zum *Cäsarismus*, der den Gedanken demokratischer Gleichheit und nationaler Freiheit zum Machtwerkzeug der Krone macht. Die Ausdehnungsbedürfnisse des Kapitalismus treiben überall zum *Imperialismus*, zum Bündnis der Krone, die „Mehrerin des Reiches" sein will, der nach Kriegsruhm lüsternen Armee mit dem Kapitalismus, der neue Anlagesphären und sichere Absatzmärkte braucht. *In Oesterreich wird der Cäsarismus zum Mittel des Imperialismus werden.* Die Krone wird die Nationalitäten Ungarns befreien, weil sie die Nationen der Balkanhalbinsel beherrschen will; die

[1]) Dieser Gedanke findet sich schon bei Fischhof, Oesterreich und die Bürgschaften seines Bestandes, Wien 1869, Seite 33. — Man lese auch folgende Sätze, deren Verfasser ein *Rumäne* ist: „Die nordamerikanische Union bestand zu Anfang bloss aus 13 Einzelstaaten. Heute besteht sie aus 45! Und alle diese später hinzugekommenen Staaten, alle diese 32 Einzelstaaten kamen aus freien Stücken, von selbst. Warum denn? Weil die natürliche Anziehungskraft, die die Freiheit, die Autonomie und die Entwicklungsmöglichkeit der Vereinigten Staaaten ringsum ausübte, eine geradezu unwiderstehliche ward... Wir müssen den in unserem Reiche lebenden Nationen alle Bedingungen ihrer gedeihlichen politisch-nationalen und wirtschaftlichen Entwicklung gewähren und sichern. Wir müssen alles tun, um ihnen die Möglichkeit zu bieten, sich im Rahmen der Grossmacht Oesterreich tatsächlich wohler zu fühlen als in irgend einem anderen Staatswesen ... Dann ist auch sicher zu gewärtigen, dass bei allen kleinen östlichen ausserösterreichischen Nationen das Vertrauen in unsere Politik und die Sympathien für unsere Monarchie zunehmen werden." Popovici, Die Vereinigten Staaten von Gross-Oesterreich, Leipzig 1906, Seite 407 ff.

Kapitalisten werden für die Selbstbestimmung der Nationen kämpfen, weil sie die Völker des Balkans in ihre Ausbeutungssphäre einbeziehen wollen.

Utopien, Utopien, nicht wahr? Die Habsburger, versichert uns Naumann, sind ja nicht revolutionär, und der Spiessbürger, der alles für ewig hält, was 30 Jahre lang besteht, kann es gar nicht mehr glauben, dass an der Landkarte Europas noch etwas geändert werden könnte. Nun denn, an dem Tage, an dem das Zollgebiet getrennt ist, der Zerfall des Dualismus die Herrschaft der Krone in Frage stellt, die österreichische Kapitalistenklasse ihren wichtigsten Absatzmarkt verliert, die ungarischen Nationalitäten zum Kampfe gegen die herrschende Minderheit rufen, die Auflösung der Türkei Europa vor die Notwendigkeit stellt, die nationalen Fragen auf dem Balkan zu lösen — an diesem Tage ist die Verfassung des ungarischen „Nationalstaates“ nichts als ein wertloses Stück Papier.

Gewiss wirken dieser Entwicklung machtvolle Gegentendenzen entgegen. Die Trägheit des Bestehenden ist ja eine gewaltige historische Macht. Aber wie immer der Kampf des Cäsarismus gegen den ungarischen Staat enden mag, schon das Entstehen cäsaristischer Tendenzen wird gewiss die Entwicklung der nationalen Verhältnisse in der westlichen Reichshälfte sehr wirksam beeinflussen. Die Mächte, die die nationale Autonomie im Reiche verwirklichen wollen, müssen sie erst diesseits der Leitha durchsetzen. Das gleiche Wahlrecht ist in Oesterreich Regierungsprogramm geworden, als die Krone es in Ungarn brauchte. Die Krone, alle Klassen, alle Nationen, die die herrschenden Klassen Ungarns niederwerfen wollen, werden die nationale Autonomie in Oesterreich fordern müssen. Die nationale Autonomie in Oesterreich wird daher das Programm der Krone werden, die um ihre Herrschaft über Ungarn fürchtet, das Programm der klerikalen Bauern und christlichsozialen Kleinbürger, die das Reich vor den ketzerischen Rebellen retten wollen, der Bourgeoisie, die um ihren Absatzmarkt in Ungarn zittert und die Balkanstaaten wirtschaftlich erobern will, der Nationen, die den geknechteten Volksgenossen in der anderen Reichshälfte beistehen wollen.

Die Entwicklung Oesterreichs zur nationalen Autonomie hängt nicht ausschliesslich von den ungarischen Verhältnissen ab. Wir wissen, im Innern des Staates sind Kräfte genug wirksam, die ihn nach dieser Richtung treiben. Aber die Wucht dieser Kräfte wird durch die ungarische Frage ungeheuer gestärkt werden. In Oesterreich musste erst in einem langen historischen Prozess der Wille zum nationalen Frieden den nationalen Hass überwinden und in der Forderung der nationalen Autonomie sich verkörpern, die Rücksicht auf die ungarische Frage wird diesen Prozess gewaltig beschleunigen. Was die Völker Oesterreichs noch trennt, wird lächerlich klein erscheinen, sobald das Dasein eines grossen Reiches, die Zukunft der österreichischen Industrie, das Schicksal von Hunderttausenden von Volksgenossen jenseits der Leitha auf dem Spiele steht.

Die Entwicklung wird die besitzenden Klassen zwingen, Oesterreich die Verfassung zu geben, die die Arbeiterklasse um ihrer Interessen, um ihres Klassenkampfes willen braucht. Dieses Zusammentreffen ist kein wunderbarer Zufall, sondern leicht zu erklären. Es sind ja dieselben Kräfte, die sowohl das Verfassungsprogramm der Arbeiterklasse als auch die Entwicklungstendenzen dieses alten Reiches bestimmen. Die kapitalistische Entwicklung hat Oesterreich vor die nationale wie vor die soziale Frage gestellt. Während einst die herrschenden Klassen der alten historischen Nationen die geschichtslosen Nationen unterworfen hatten, hat der Kapitalismus und der moderne Staat alle Nationen zu neuem Kulturleben erweckt und sie auf die Bühne der Geschichte geführt. Der Dualismus war die letzte Verfassungsform, die die Herrschaft der alten historischen Nationen über die geschichtslosen Nationen erhalten sollte: Deutsche und Magyaren teilten das Reich untereinander, die Deutschen gewährten den Polen, die Magyaren den Kroaten einen kleinen Anteil an der Herrschaft, die anderen Völker gingen leer aus. Sobald alle Nationen erwacht sind, sobald keine Nation mehr die nationale Unterdrückung erträgt, fällt dieser Pakt in Brüche. Sobald es keine geschichtslosen Nationen mehr gibt, gibt es auch keine nationale Herrschaft und keine nationale Unterdrückung mehr. Im Nationalitätenbundesstaat vereinigen sich die autonomen Nationen. Die Verwandlung der Monarchie in einen Nationalitätenbundesstaat ist eine Wirkung der kapitalistischen Entwicklung, die bei allen Nationen die nationale Kulturgemeinschaft verbreitert und dadurch auch die geschichtslosen Nationen zu neuem kulturellen Leben, zu selbständigem politischen Wollen erweckt.

Wir haben die ungarische Frage hier nur so weit behandelt, als sie uns für die Erkenntnis der Entwicklungstendenzen der nationalen Kämpfe in Oesterreich wichtig erschien. Die Stellungnahme der österreichischen Arbeiterklasse zur ungarischen Frage ist ein ganz selbständiges, von der Analyse der staatlichen Entwicklungstendenzen scharf zu unterscheidendes Problem.

Die österreichischen Arbeiter haben die ungarische Frage zunächst als ein Problem ihrer Verfassungspolitik begriffen. Der Dualismus, der dem Reichsrat die Macht über die auswärtige Politik und über die militärischen Machtmittel entzieht, ist für jede demokratische Partei unerträglich. Daher müssen die österreichischen Arbeiter die Aufhebung der Gemeinsamkeit der „pragmatischen" Angelegenheiten, die vollständige staatsrechtliche Trennung von Ungarn fordern.

Allmählich lernen wir es aber, die ungarische Frage auch als wirtschaftspolitisches Problem zu begreifen. Die Trennung des Zollgebiets bedroht die österreichische Arbeiterklasse mit grosser, in der Parteipresse bisher unterschätzter Gefahr. Sie bedeutet für uns verminderte Arbeitsgelegenheit, teueres Brot und Fleisch, Verlangsamung der industriellen Entwicklung Oesterreichs. Die österreichische Arbeiterklasse fordert daher die Erhaltung der Einheit des Zollgebiets.

Oesterreich und Ungarn staatsrechtlich vollkommen selbständige Staaten, aber dauernd zu einem einheitlichen Wirtschaftsgebiet verbunden — das ist das Programm, das sich aus den Interessen der österreichischen Arbeiterklasse ergibt.

Die Wiedervereinigung Oesterreichs und Ungarns zu einem einheitlichen, national-föderativen Staate ist *nicht* das Programm der Arbeiterklasse. Sobald sie aber zum Programm der Herrschenden in der Monarchie wird, wird es unsere Aufgabe sein, die günstige Situation zu nützen, um die Gegenwartsinteressen der österreichischen Arbeiter zu fördern; dann ist der Augenblick gekommen, die nationale Autonomie auf der Grundlage der demokratischen Lokalverwaltung zu erobern, die dauernde Sicherung des einheitlichen Wirtschaftsgebiets zu erkämpfen. Nicht minder wird es dann aber auch unsere Aufgabe sein, die Gefahren, die der Cäsarismus für die demokratische *Verfassung* des Staates und die demokratische *Gesinnung* der Massen herbeiführt, zu bekämpfen. Die Erörterung dieser schwierigen taktischen Aufgabe liegt ausserhalb des Rahmens dieser Schrift, denn hier handelt es sich nicht mehr um ein nationales Problem, sondern um das allgemeine Problem der Taktik des Proletariats gegenüber dem Cäsarismus. Das Wichtigste, was hierüber zu sagen ist, hat schon Ferdinand *Lassalle* gesagt, als er im Jahre 1859 schrieb: „Wenn Louis Napoleon eine grosse und durch und durch volksmässige Sache in die Hand nimmt, gerade um sich durch den Widerhall, den dieselbe im Herzen der Völker findet, einige Pfennige Popularität zu erschleichen, so *verweigere man ihm diese Pfennige* und mache so die Leistung, zu der er sich aus persönlichen Zwecken entschliesst, unnütz für diese persönlichen Zwecke. Aber wie kann man nach dem gewöhnlichsten gesunden Menschenverstande jetzt selbst das Schwert ziehen wollen gegen jene Sache? Wie kann man jetzt kämpfen wollen gegen das, was man bisher wollte, wünschte, erstrebte?“

VI. Wandlungen des Nationalitätsprinzips.

§ 26.

Nationale Autonomie und Nationalitätsprinzip.

Wir haben im zweiten Abschnitt gesehen, wie das Nationalitätsprinzip zur wirkenden Kraft geworden ist, die die überlieferten Staatengebilde Europas zertrümmert hat. Wir haben dann festgestellt, dass trotzdem sich noch einige Nationalitätenstaaten dem Ansturm des Nationalitätsprinzips gegenüber schlecht und recht behauptet haben und haben einen von diesen Nationalitätenstaaten, Oesterreich, nun lange genug betrachtet. Wir haben aber noch nicht die Frage behandelt, ob diese Nationalitätenstaaten sich auch wirklich weiter erhalten werden, haben vielmehr nur gefragt, wie die inneren Verhältnisse im Nationalitätenstaate sich gestalten, *solange er als solcher bestehen bleibt*. Hier stiessen wir nun auf die Entwicklung zur nationalen Autonomie. Gerade diese Untersuchung hat uns also das Nationalitätsprinzip in seiner ganzen Riesenkraft gezeigt. Denn die nationale Autonomie ist nichts anderes als das *innerstaatliche Nationalitätsprinzip*. Solange das Nationalitätsprinzip noch nicht stark genug ist, den Nationalitätenstaat zu zertrümmern und auf seinem Boden selbständige Nationalstaaten aufzubauen, treibt es doch schon im Nationalitätenstaate zu einer Verfassung, die jeder Nation relative Selbständigkeit gibt. Haben wir das Nationalitätsprinzip erst nur als *Maxime der Staatenbildung* kennen gelernt, so kennen wir es nun auch als *Regel der Staatsverfassung*.

Es ist sehr lehrreich, diese beiden Wirkungsformen des Nationalitätsprinzips miteinander zu vergleichen. Das Nationalitätsprinzip als Grundsatz der Staatenbildung gibt der Nation alle Machtmittel des Staates in die Hand. Das Nationalitätsprinzip als Regel der Staatsverfassung versagt der Nation diese Machtmittel. Wohl gibt auch die nationale Autonomie der Nation eine gesicherte Machtsphäre, die unmittelbar auf der Rechtsordnung, mittelbar also auf der alle Rechtsordnung sichernden staatlichen Macht beruht; wohl ist es möglich, diese Rechtsordnung durch ein System demokratischer

Verwaltung auch gegen den Staat selbst zu sichern, so dass der Staat die der Nation einmal gewährte Machtsphäre ihr nicht mehr rauben kann, ohne seine eigene Verwaltung, sein eigenes leibliches Sein zu zerstören. Aber die nationale Autonomie gibt der Nation kein eigenes Wirtschaftsgebiet, sondern lässt sie als Teil einer grösseren Volkswirtschaft bestehen; sie gibt also der Nation nicht einmal in dem Masse, in dem dies in der auf dem Sondereigentum an Arbeitsmitteln beruhenden Gesellschaftsordnung überhaupt möglich ist, die freie Verfügung über die Fortentwicklung ihrer Wirtschaft, die doch die Grundlage der weiteren Entwicklung nationaler Kultur ist. Sie gibt der Nation nicht die äusseren Machtmittel, die Heeresgewalt in die Hand, alo auch nicht die letzte Gewähr der Sicherheit ihres Daseins als Nation. So erscheint die nationale Autonomie innerhalb des Nationalitätenstaates nur als unvollkommener Ersatz des Nationalstaates.

In anderer Hinsicht dagegen ist die nationale Autonomie innerhalb des Nationalitätenstaates dem Nationalstaate überlegen. Der Staat ist nämlich notwendig Gebietskörperschaft. Er muss ein Gebiet einschliessen, das geeignet ist, ein mehr oder weniger selbständiges, sich selbst genügendes Wirtschaftsgebiet zu sein, und das strategisch geeignet ist, gegen jeden äusseren Feind verteidigt zu werden. Er kann daher das Nationalitätsprinzip niemals rein durchführen. Er muss stets Splitter fremder Völker seiner Macht unterwerfen und Teile des eigenen Volkes fremder Macht preisgeben. Alle diese Rücksichten bestehen für die autonome Nation innerhalb des Nationalitätenstaates nicht. Sie kann ihr Siedlungsgebiet abgrenzen, ohne auf wirtschaftliche oder strategische Einheiten Rücksicht zu nehmen; sie kann mittelst des Personalitätsprinzips auch die abgesprengten Volkssplitter, die als Minderheiten in fremden Siedlungsgebieten wohnen, sich eingliedern, kann für ihre nationalen Kulturbedürfnisse sorgen. Das Nationalitätsprinzip kann, als Regel der Staatsverfassung angewendet, also viel reiner durchgeführt werden als als Grundsatz der Staatenbildung.

Wohin treibt nun die geschichtliche Entwicklung? Wird sie die Nationalitätenstaaten bestehen lassen und nur innerhalb dieser Staaten das Nationalitätsprinzip in der Gestalt der organischen Regelung der Verhältnisse der Nationen zueinander und zum Staat durchführen, oder wird das Nationalitätsprinzip auch in Zukunft als Grundsatz der Staatsbildung fortwirken und die überlieferten Staatengebilde, die mehrere Nationen umfassen, zerstören? Für uns in Oesterreich lautet die Frage: Wird Oesterreich als selbständiger Staat bestehen bleiben, so dass die Kräfte, die wir aufgezeigt haben, ihre Wirksamkeit entfalten und das alte Oesterreich in einen Nationalitätenbundesstaat umwandeln können oder wird das Nationalitätsprinzip Oesterreich zerstören, wird das alte

Reich „zerfallen“? Wir müssen diese Frage zu beantworten suchen, indem wir den Kräften nachforschen, die den Nationalitätenstaat auflösen wollen, und jenen, die ihn zu erhalten streben. Wir müssen es versuchen, auch diese Untersuchung mit der unbefangenen Sachlichkeit der Wissenschaft zu führen. Was wir wünschen oder nicht wünschen, steht in der folgenden Untersuchung gar nicht in Frage. Hierbei werden wir diese Frage zunächst für die Dauer der kapitalistischen Gesellschaft zu beantworten suchen. Es ist ein selbständiges Problem, wie sich die Gemeinwesen einer sozialistischen Gesellschaft gegeneinander abgrenzen werden.

Im Auslande hört der Oesterreicher nicht selten die Meinung äussern, die alte Monarchie werde „zerfallen“, sobald erst der alte Kaiser die Augen schliesse. Das ist natürlich eine törichte Vorstellung unwissender Menschen, die von der wirklichen Macht, die diese Monarchie immer noch verkörpert, kein Bild haben. Die Gewähr des Bestandes Oesterreichs sind auch heute noch ganz andere Mächte, ganz andere Tatsachen als die Rücksicht der Staatsoberhäupter Europas auf den greisen Monarchen.

Zunächst sind ganze Nationen am Bestande Oesterreichs interessiert. Das gilt unmittelbar von allen jenen Nationen, die keine Volksgenossen in grösseren Massen ausserhalb der Monarchie haben, also in Oesterreich von den 5.9 Millionen Tschechen und den 1.2 Millionen Slovenen, in Ungarn von den 8.7 Millionen Magyaren, 2 Millionen Slovaken und 1.7 Millionen Kroaten. Diese Nationen haben vom Zerfall der Monarchie nichts zu hoffen. Die anderen Nationen — Deutsche, Polen, Ruthenen, Serben, Rumänen, Italiener — mögen hoffen, nach dem Zerfall des Reiches mit ihren Volksgenossen ausserhalb der Grenzen der Monarchie vereinigt zu werden, für jene 19.5 Millionen besteht diese Hoffnung nicht. Für sie gilt auch heute noch der politische Gedanke, den Palacký Oesterreichs Staatsidee genannt hat. Sie wären als selbständige Staaten zu schwach, um ihr nationales Dasein und ihre materiellen Interessen wirksam sichern zu können, sie wären in jedem anderen Staatswesen schwächer, als sie in dem völkerreichen Oesterreich sind, in dem keine Nation über die anderen herrschen kann; sie brauchen darum den Bestand der Monarchie.

Aber auch die anderen Nationen, die ja die Mehrheit des Reiches bilden, sind keine einheitliche Armee, die die alte Monarchie zerstören könnte. Zunächst widerstreiten gewisse Klasseninteressen dem Zerfall des Reiches. Vor allem hat die industrielle Bourgeoisie an dem Bestande des Reiches ein gewichtiges Interesse. Wir haben durch die Politik des Schutzzolles im Laufe von zwei Jahrhunderten eine Industrie entwickelt, der heute der Markt der Monarchie sicher ist. Wenn der Schutzzoll fällt, so würde ein Teil der Kapitalien und der Arbeitskräfte aus jenen Produktionszweigen, in denen die deutsche Industrie der unseren überlegen ist, zurückgezogen werden und sie müssten in jene Produktionszweige überführt werden, die auch dann der österreichischen Produktion günstige Bedingungen böten. Dies wäre nur möglich in schweren wirtschaftlichen Krisen, durch Vernichtung grosser Werte von Produktionsmitteln und qualifizierten Arbeitskräften. Die Bourgeoisie wird daher den Bestand des Reiches, das für sie ein sicheres Ausbeutungsgebiet ist, im Falle der Not zweifellos verteidigen. Heute mag mancher Fabrikant in Deutschböhmen „alldeutsch" sein; das ist ungefährlich, weil der Bestand des Reiches noch nicht ernsthaft gefährdet ist, und für ihn nützlich, weil er durch das national-staatliche Programm die Augen der Arbeiter vom Klassenkampfe abzulenken hofft. Im Augenblick, wo die Zollgrenze gegen das Deutsche Reich ernsthaft gefährdet wäre, würde die Bourgeoisie sich das Spiel mit dem national-staatlichen Gedanken wohl überlegen.

Wird die Bourgeoisie durch ihr Klasseninteresse, so werden die klerikalen Bauern und Kleinbürger durch ihre Klassenideologie zu Verteidigern der Monarchie. Sie hängen am Reich mit der unreflektierten Liebe des in alle Ueberlieferung eingesponnenen Menschen. Sie werden darin bestärkt durch den Einfluss der Kirche, für die Oesterreichs Zerfall die Vernichtung der letzten katholischen Grossmacht bedeutet.

So stossen zu jenen 19·5 Millionen der am Bestande der Monarchie interessierten Nationen noch die deutsche Bourgeoisie und die deutschen Klerikalen. Wer die Frage des Zerfalles Oesterreichs nüchtern beurteilen will, wird in seine Rechnung vor allem die Tatsache einsetzen müssen, dass mindestens die Hälfte der Bevölkerung der Monarchie den Bestand des Reiches gewiss will.

Auf dieser Tatsache beruht nun auch die militärische Kraft des Reiches. Mindestens die Hälfte der österreichisch-ungarischen Armee wird sich für den Bestand des Reiches mit Begeisterung schlagen. Und nun errinnere man sich an die Tatsache, dass der moderne Militarismus durch seine eigenartige Organisation und durch seine Erziehung es verstanden hat, aus lebenden Menschen willenlose Maschinen, aus einem Volksheer ein Werkzeug fremder, ausserhalb des Volkes stehender Mächte zu machen. Wenn die Hälfte der Bevölkerung des Reiches für die Monarchie kämpfen will, so sind die Cadres unserer Armee zuverlässig; auf sie gestützt, werden die Herrschenden durch die Macht des Beispieles und die Strenge der Disziplin auch die anderen zum Kampfe zwingen. Kein Besonnener wird daran zweifeln, dass, wenn das Reich heute um seine Existenz kämpfen müsste, auch die deutschen, polnischen, ruthenischen, serbischen und rumänischen Soldaten den Gehorsam nicht verweigern würden.

Nun unterliegt es freilich keinem Zweifel, dass die Auseinandersetzung zwischen den beiden Reichshälften und der Kampf der Nationen innerhalb beider Staaten in Zukunft eine Reihe schwerer Krisen hervorrufen wird, die die Gelegenheit für eine auswärtige Intervention bieten können. Gerade darum halten wir unsere Feststellung, dass die Entwicklung zur nationalen Autonomie nur als ein sehr schmerzvoller und langsamer Prozess gedacht werden kann, dass die organische Regelung der nationalen Verhältnisse im Reiche und die Ueberwindung des Dualismus nicht aus der wachsenden Einsicht, sondern aus harten Kämpfen, die die bisherige Verfassung unerträglich machen werden, hervorgehen wird, für wichtig: sie zeigt, dass in der Monarchie noch oft genug Zustände herrschen werden, die die Intervention mancher auswärtigen Macht erfolgversprechend erscheinen lassen werden. Aber soviel macht doch schon unsere flüchtige Prüfung der inneren Kräfte, auf die die Monarchie rechnen kann, klar, dass die Monarchie an diesen inneren Kämpfen nicht sterben wird, dass sie, wenn sie zerfallen sollte, nicht von den Nationen, die sie bewohnen, auseinandergerissen werden wird, sondern nur zerfallen kann durch die Intervention irgend einer auswärtigen Macht. Erst wenn irgend eine auswärtige Macht sich mit den Kräften, die im Innern Oesterreichs den Zerfall des Reiches anstreben können, verbündet, könnte das Reich vernichtet werden. Dadurch wird die österreichische Nationalitätenfrage zu einer Frage der europäischen Politik. Die Frage, vor die wir uns jetzt gestellt sehen, ist also die: Sind ausserhalb der Monarchie Kräfte zu entdecken, die willens sein können und die stark genug sind, die Monarchie zu vernichten?

Der erste Staat, dem sich hier unsere Aufmerksamkeit zuwendet, ist das russische Reich. Es ist ein alter Gedanke, dass die Monarchie notwendig sei als Gegengewicht gegen die russische Macht, dass sie aber auseinanderfallen werde, sobald die innere Entwicklung Russlands das alte Zarenreich vernichtet. So schreibt schon Palacký in seinem berühmten Sendschreiben an den Frankfurter „50er Ausschuss“ im April 1848: „Denken Sie sich Oesterreich in eine Menge Republiken und Republikchen aufgelöst — welch ein willkommener Grundbau zur russischen Universalmonarchie!“ [1]) Auch Friedrich Engels ist der Meinung, die Sprengung Oesterreichs wäre unheilvoll gewesen „vor dem bevorstehenden Sieg der Revolution in Russland, nach welchem sie überflüssig wird, weil das dann überflüssig gemachte Oesterreich von selbst zerfallen muss.“ [2])

---

1) Palacký, Oesterreichs Staatsidee. Prag 1866. Seite 85.

2) Engels, Gewalt und Oekonomie bei der Herstellung des neuen Deutschen Reiches. „Neue Zeit“, XIV. 1. Seite 687.

Heute, wo die russische Revolution nicht mehr die Hoffnung der Zukunft, sondern das gewaltigste Ereignis unserer Gegenwart ist, können wir ihre Wirkungen für den Bestand der Monarchie viel deutlicher sehen, als Engels dies konnte.

Die russische Revolution ist ebenso wie die österreichische Revolution von 1848 nicht nur eine soziale und politische, sondern auch eine nationale Revolution. Auch Russland ist ein Nationalitätenstaat, der eine ganze Anzahl von Nationen umfasst — historische Nationen wie die Grossrussen, Polen, Deutschen, Schweden, geschichtslose Nationen wie die Ruthenen, Weissrussen, Littauer, Letten, Esthen und viele andere. Auch die geschichtslosen Nationen dieses Riesenreiches hat der moderne Staat und der einziehende Kapitalismus zu neuem Leben erweckt. Auch hier treibt der Widerspruch zwischen den veränderten nationalen Kultur- und Machtverhältnissen und der erstarrten Rechtsform zur Revolution.

Das Bild, das die Geschichte der Tschechen in der ersten Hälfte des 19. Jahrhunderts uns bot, wiederholt sich heute bei allen geschichtslosen Nationen des grossen russischen Reiches, nur dass diese Nationen nicht in gleichem Grade dem kapitalistischen Umwälzungsprozess unterworfen wurden und daher auch nicht eine gleich hohe Stufe der nationalen Entwicklung erreicht haben. Aber daran kann doch kein Zweifel bestehen, dass schliesslich alle geschichtslosen Nationen Russlands so gut wie vor ihnen alle geschichtslosen Nationen Oesterreichs zu neuem selbständigen Kulturleben erwachen werden. Der moderne Kapitalismus bewirkt in Russland wie überall eine Verbreiterung der Kulturgemeinschaft; und Verbreiterung der Kulturgemeinschaft bedeutet kulturelles Wiedererwachen jener Nationen, die sich nur aus den ausgebeuteten und geknechteten Klassen der Gesellschaft zusammensetzen.

Wie schnell dieser Prozess vor sich gehen wird, wissen wir nicht. Er wird ungeheuer beschleunigt werden, wenn es der Revolution gelingt, die Macht des Zaren zu brechen. Aber wenn selbst der russische Absolutismus noch einmal der Demokratie Herr werden sollte, so wird er nach dem Jahre 1905 nicht mehr derselbe sein, der er vor den ruhmreichen Oktobertagen gewesen — so wenig wie der Bachsche Absolutismus identisch war mit dem Absolutismus Metternichs. So gewiss das russische Reich ohne den Kapitalismus nicht bestehen kann, so gewiss erwachen auch dort alle Nationen zu neuem kulturellen Dasein, und so gewiss die Psyche aller Völker sich durch den Kapitalismus verändert, so gewiss wird die Knechtung der Nationen durch den Zarismus dereinst unerträglich und unmöglich werden. Früher oder später, auch Russland wird einst reif werden für die nationale Autonomie.

Welchen staatlichen Formen diese soziale Entwicklung, die hier als nationale Entwicklung in Erscheinung tritt, entgegentreibt, lasst sich heute, mitten in den Ereignissen der Revolution, noch nicht feststellen. Wir mussen uns daher hier auf die Erorterung der Frage beschranken, welchen Einfluss diese grosse Umwalzung auf den Bestand der osterreichisch-ungarischen Monarchie uben wird

Hier ist nun zunachst die weitverbreitete Meinung abzuwehren, dass Russland, sobald erst seinen Nationen die freie Entwicklung ihrer nationalen Kultur gesichert ist, auf alle slavischen Nationen der Monarchie eine starke Anziehungskraft ausuben wird. Diese Meinung wurde fruher von der deutschen Bureaukratie und wird heute von der magyarischen Gentry verbreitet, die die Herrschenden mit dem Gespenst des Panslavismus schreckt, um die Knechtung der slavischen Nationen als Lebensinteresse der Monarchie zu erweisen Sie wird durch kindische Demonstrationen slavischer Politiker unterstutzt, die mit dem Gedanken des Abfalles von Oesterreich spielen, um von den Herrschenden Zugestandnisse fur ihre Nation zu erpressen. In Wirklichkeit ist die Gefahr, dass Tschechen, Slovenen, Slovaken jemals, solange die Monarchie besteht, grosse Sehnsucht nach der Zugehörigkeit zum russischen Reiche empfinden sollten, sehr gering Der Panslavismus war zunachst nur ein Mittel, das erwachende Nationalgefuhl der jungen slavischen Nationen in Oesterreich zu beleben. An der traurigen Lage des tschechischen Volkes in den Dreissiger- und Vierzigerjahren des 19. Jahrhunderts konnte sich das Nationalgefuhl nicht entzunden; so zauberte man denn dem Volke das Bild einer grossen slavischen Nation vor Augen. Diesen Charakter tragt der Gedanke des Panslavismus beispielsweise in den Dichtungen Kollárs Aber je mehr die einzelnen slavischen Nationen fortschreiten, desto mehr werden sie sich ihrer nationalen Sonderart, ihrer Unterschiedenheit von anderen slavischen Volkern bewusst, desto mehr verblasst das Trugbild der einheitlichen slavischen Nation vor der Wirklichkeit des eigenen nationalen Lebens. So setzt bei den Tschechen schon Havlíček der panslavistischen Schwarmerei das selbstbewusste Wort „Čech, né Slovan“, „Als Tscheche fuhle ich mich, nicht als Slave“, entgegen Wenn die Tschechen, sei es in Oesterreich, sei es in einem grossen deutschen Reiche, unter deutscher Fremdherrschaft leben mussten, so wurden sie wohl die Zugehorigkeit zum russischen Reiche deutscher Fremdherrschaft vorziehen Aber solange die Monarchie bestehen kann und je mehr die Monarchie sich zur nationalen Autonomie entwickelt, werden sie die Erhaltung der Monarchie gewiss stets verteidigen mussen, in keinem Staatengebilde, auch nicht in einem grossen allslavischen Reiche konnten die Tschechen starker sein als in Oesterreich.

Das Erwachen des Panslavismus braucht also die Monarchie vom Siege der russischen Revolution nicht zu furchten. Eine ganz andere Gefahr droht ihr, wenn die Volker Russlands sich ihre

Freiheit erkampfen. Die Monarchie hat mit Russland zwei Nationen gemein die Polen und die Ruthenen Im Augenblick, in dem diese Nationen in Russland ihre *Freiheit* erkampfen, stehen wir vor der Frage, ob sie nicht auch den Kampf fur ihre nationale *Einheit* aufzunehmen willens sind.

Sehr bezeichnend ist es, wie die ersten Erfolge der russischen Revolution das Verhaltnis der Ruthenen zu Oesterreich verandert haben. Solange die ukrainische Nation in Russland keine Hoffnung ihrer Befreiung sah, waren die Ruthenen eine starke Stutze osterreichischer Macht So gewiss waren die Machthaber ihrer Zuverlassigkeit, dass sie ohne jede Furcht vor einer ruthenischen Irredenta die nationalen Interessen der Ruthenen den Polen vollig preisgeben konnten. Heute liegen die Dinge ganz anders Das Erwachen der ukrainischen Nation in Russland wird zweifellos auch den Prozess der Neubelebung der osterreichischen Ruthenen beschleunigen Erkampfen die Kleinrussen im russischen Reiche sich nationale Rechte, so ist die Herrschaft der polnischen Schlachta in Ostgalizien nicht zu halten Dann muss Oesterreich seinen Ruthenen die nationale Autonomie gewahren, wenn es nicht an der stets gefährdeten Ostgrenze eine staatsfeindliche Nation haben will

Indessen scheint das ruthenische Volk bisher nur verhaltnismassig langsam den Weg zu neuer lebendiger nationaler Kultur zuruckzulegen Viel fruher als die ruthenische wird wohl die polnische Frage Oesterreich vor eine Reihe schwieriger Probleme stellen.

Den Grund zu einer wissenschaftlichen Erorterung der polnischen Frage hat die verdienstvolle Schrift Rosa *Luxemburgs* [1]) gelegt. Sie hat gezeigt, dass die polnische Frage heute ganz anders betrachtet werden muss als 1831 oder 1863. Wer immer heute die polnische Frage studiert, wird von der Tatsache der ausserordentlich schnellen industriellen Entwicklung des Konigreiches Polen ausgehen mussen.

Die Entwicklung der grossen Industrie in Polen fallt in die Jahre 1850 bis 1870 Durch die Beseitigung der Zollgrenze zwischen Russland und Polen im Jahre 1851, die Entwicklung des Eisenbahnwesens seit 1862, die Abschaffung der Horigkeit im Jahre 1864 wurde die kapitalistische Entwickung des Landes beschleunigt. Seit 1877 wurde die polnische Industrie durch die Schutzzollpolitik der russischen Regierung gefordert So entstand die grosse Industrie des Konigreiches die Textilindustrie in Lodz und Umgebung, die Kohlen- und Eisenproduktion im Gebiet von Sosnowitz, der Maschinenbau und die Zuckerindustrie im Rayon

[1]) Luxemburg, Die industrielle Entwicklung Polens. Leipzig 1898

von Warschau. Heute ist Polen nach dem Petersburger und Moskauer Industriegebiet das kapitalistisch höchst entwickelte Gebiet des russischen Reiches.

Rosa Luxemburg hat nun darauf hingewiesen, dass die Interessen der polnischen Kapitalistenklasse der Losreissung Polens von Russland widerstreiten. Denn ein sehr grosser Teil dieser Industrie arbeitet für russische Absatzmärkte. Nach einer offiziellen Erhebung sucht die Hälfte der Erzeugnisse der polnischen Industrie auf dem russischen Markte Absatz. Im Jahre 1886 sollen die 141 grössten Fabriken des Landes 53 Prozent ihrer Waren in Russland abgesetzt haben. Im Jahre 1898 soll die polnische Textilindustrie wenigstens 50 Prozent ihrer Erzeugnisse im Werte von etwa 135 Millionen Rubel nach Russland ausgeführt haben. Nach Zukowski haben die eisenverarbeitenden Industrien Dreifünftel ihrer Produktion nach den russischen Märkten exportiert. Dieser Ausfuhr von industriellen Erzeugnissen steht eine beträchtliche Einfuhr von Lebensmitteln und industriellen Rohstoffen aus Russland nach Polen gegenüber. Wenn Polen von Russland durch eine Zollgrenze getrennt würde, so würde dies den Untergang zahlreicher Unternehmungen, für einen grossen Teil der Kapitalistenklasse in Polen den wirtschaftlichen Untergang, auch für die Arbeiter verminderte Arbeitsgelegenheit und Verteuerung der Lebensmittel bedeuten. Daraus schliesst man, dass für die Dauer der kapitalistischen Gesellschaft an eine Losreissung Polens von Russland nicht zu denken sei; die Befreiung Polens von russischer Herrschaft würde die Interessen der Kapitalisten und Arbeiter schädigen, die kapitalistische Entwicklung des Landes hemmen, die Verbreiterung der nationalen Kulturgemeinschaft aufhalten. Die Polen müssen daher, so meint man, die Hoffnung, noch in der kapitalistischen Gesellschaft einen selbständigen Nationalstaat zu begründen, dauernd aufgeben.

Ich halte diesen Gedankengang für ausserordentlich wichtig und beachtenswert. Trotzdem ist damit noch bei weitem nicht alles gesagt, was die Wissenschaft zur polnischen Frage zu sagen hat. Es genügt nicht, festzustellen, dass durch die kapitalistische Entwicklung Polens Klassen geschaffen wurden, deren Interesse der Wiederherstellung eines polnischen Staates in der kapitalistischen Gesellschaft widerstreitet, es gilt vielmehr zu forschen, wie durch die veränderten Produktionsbedingungen das geistige Wesen der Menschen, ihre Stimmungen, Wünsche, Ideen verändert worden sind, und zu fragen, wie die veränderte geistige Beschaffenheit der Nation die Stellung der Massen zur Frage des polnischen Nationalstaates verändert. Die Politik jeder Klasse ist nicht nur durch ihre Klasseninteressen, sondern auch durch die ihr eigentümliche, von ihren sozialen Daseinsbedingungen erzeugte Klassenideologie bestimmt.

Die kapitalistische Entwicklung bewirkt auch hier schnelle Verschiebung der Volksmassen vom Lande in die Städte und Industrieorte. Das Königreich Polen hatte 1857 eine Bevölkerung von 4,734.000, 1897 eine Bevölkerung von 9,457 000 Einwohnern. Während dieser 40 Jahre wuchs die städtische Bevölkerung von 1,130 600 auf 2,978.000, also von 23·5 Prozent auf 31·5 Prozent der gesamten Bevölkerung. Innerhalb der Städte wachsen aber am schnellsten die eigentlichen Industrieorte. Das Königreich hatte

Jahr	Städte mit mehr als 10 000 Einwohnern	Einwohnerzahl dieser Städte
1857	7	246 000
1872	15	524 000
1897	35	1,756 000

Ein schnell wachsender Teil der gesamten Bevölkerung lebt also in den grösseren Städten, den eigentlichen Sitzen der polnischen Industrie.

Gleichzeitig verändert sich aber auch die Zusammensetzung der städtischen Bevölkerung. Es betrug die Zahl der

Jahr	Handwerker	Fabriksarbeiter
	Tausende	
1855	85·9	56·4
1866	94·9	69·2
1880	104 bis 110	121·8
1888	124	160 bis 168
1900	130 bis 140	300[1])

Seit 1880 ist die Zahl der Fabriksarbeiter also bereits grösser als die der Handwerker, heute ist sie schon mindestens doppelt so gross. Erinnern wir uns noch, dass auch innerhalb der hier als Handwerker gezählten sich sehr viele proletarische und kapitalshörige Existenzen befinden, so sehen wir, dass den Städten und Industriegebieten mehr und mehr die Proletarier ihr Wesen einprägen.

Wie wirken nun diese sozialen Veränderungen auf die Stellungnahme des polnischen Volkes zu der Forderung des polnischen Nationalstaates? Hier interessiert uns zunächst die Stellung der industriellen Arbeiterklasse zur polnischen Frage. Wir haben gesehen, wie der revolutionären Stimmung bei den Arbeitern der historischen Nationen der naive Kosmopolitismus, bei den Arbeitern der geschichtslosen Nationen der naive Nationalismus entspringt (§ 20). Die polnische Nation befindet sich nun in einer merkwürdigen Zwischenstellung: sie ist einerseits eine historische Nation, umfasst nicht nur unterdrückte und ausgebeutete, sondern auch herrschende und ausbeutende Klassen, den polnischen Adel

---

[1]) Koszutski, Rozwoj ekonomiczny krolestwa Polskiego. Warschau 1905. Seite 201.

und heute auch schon die polnische Bourgeoisie. Andererseits aber ist die polnische Nation eine geknechtete Nation, die unter der russischen Fremdherrschaft leidet. Daraus ergibt sich nun die zwiespältige Stellung der polnischen Arbeiter zur nationalen Frage.

Einerseits ist sich der polnische Arbeiter seines Klassengegensatzes gegen den polnischen Adel und das polnische Grossburgertum bewusst. Die Ausbeutung fällt hier nicht mit der Fremdherrschaft zusammen; während der tschechische Arbeiter einem deutschen Unternehmer front, erscheint dem polnischen Arbeiter sein unmittelbarer Klassengegner — immer der Grossgrundbesitzer, häufig auch schon der Fabrikant — als Pole. Das national-staatliche Ideal erscheint hier zunächst als Ideal des Adels und des Bürgertums. Mit ihnen hat der Arbeiter nichts gemein. Dagegen sieht er im russischen, deutschen, jüdischen Arbeiter seinen Leidens- und Kampfgenossen. So treibt den polnischen Arbeiter, wie jeden Arbeiter einer *historischen* Nation, sein revolutionärer Instinkt zum *naiven Kosmopolitismus*.

Andererseits aber lebt die polnische Nation unter russischer Fremdherrschaft. Der Klassenstaat, der die Ausbeutung sichert und den kämpfenden Arbeitern seine Polizisten und Soldaten entgegenschickt, erscheint als fremde, russische Macht. Die Freiheitssehnsucht des revolutionären Arbeiters erzeugt notwendig den Drang, das Joch des fremden Staates abzuwerfen. So treibt den polnischen Arbeiter, wie jeden Arbeiter einer *unterdrückten* Nation, sein revolutionärer Instinkt zum *naiven Nationalismus*.

So kämpfen zwei Grundbestimmungen in den Köpfen der polnischen Arbeiter. Indem jede dieser allgemeinen Stimmungen, die beide dem revolutionären Instinkt der Arbeiterklasse entspringen, sich zum politischen Programm verdichtet, entstehen die beiden sozialistischen Arbeiterparteien Polens, die „polnische sozialistische Partei“ (P. P. S.) und die „Sozialdemokratie des Königreiches Polen“ (S. D.). Der Widerspruch der Stimmungen des polnischen Proletariats malt sich im Widerstreit der beiden sozialistischen Arbeiterparteien. Der innere Widerspruch, dass die Polen nicht eine geschichtslose, sondern eine historische Nation und trotzdem eine unterdrückte Nation sind, tritt im äusseren Gegensatz der beiden sozialistischen Parteien in Erscheinung.

Es ist töricht, in der Spaltung des polnischen Sozialismus persönliche Schuld der kämpfenden Genossen zu sehen — sie als das Erzeugnis „marxistischer Unduldsamkeit“, wie die einen meinen, als das Ergebnis ökonomischer Unwissenheit, wie die anderen sagen, zu beklagen. Die beiden Arbeiterparteien in Polen sind gleich notwendig entstanden, indem jede zum Ausdruck einer der widerstreitenden Stimmungen der polnischen Arbeiterklasse wurde. Aber indem jede dieser beiden Seiten des Bewusstseins des polnischen

Proletariats sich in einer besonderen Partei verkörperte, erhielt der Gegensatz eine Schroffheit, die nicht mehr dem Bewusstseinszustande des Proletariats, sondern dem Doktrinarismus der Intelligenz entspricht. Die polnische Arbeiterklasse, der immer noch der Zarismus die Schulung in einer öffentlich arbeitenden Organisation unmöglich macht, bedarf wie jedes junge, eben erst erwachende Proletariat der Leitung der sozialistischen Intelligenz. Aber diese Intelligenz ist durch eine harte Schule gegangen. Jahrzehntelang ausgeschlossen von unmittelbarer praktischer Wirksamkeit, von den Schergen des Zaren in das Ausland vertrieben, ward ihr jener merkwürdige Doktrinarismus angezüchtet, den wir Deutsche so gut aus unserer eigenen Geschichte kennen. Die polnische Intelligenz hat alle Vorzüge des deutschen Rationalismus der Vierzigerjahre, das leidenschaftliche Streben nach Wissen, nach theoretischer Vertiefung aller Probleme, die heilsame Verachtung für den kleinlichen Geist bürgerlicher „Realpolitik“, der in jedem Augenblicke die grossen Gedanken der Arbeiterklasse um ein Linsengericht zu verkaufen bereit ist, die männliche Entschlossenheit zum opfervollen Kampfe für das einmal als richtig erkannte Ziel, aber auch die Laster dieser Tugenden, die Unfähigkeit zur Vereinigung aller Kräfte auf das nächste Ziel, die Neigung, im Streit um Lehrmeinungen, die erst für die Entschliessungen kommender Jahrzehnte von Bedeutung sein werden, heute schon die Kräfte der Arbeiterklasse zu zersplittern, die Neigung, der Kritik theoretischer Irrtümer die Notwendigkeiten des Klassenkampfes zu opfern. Die Intelligenz, der das Elend der Verbannung, der erzwungenen Untätigkeit diese Tugenden und Laster angezüchtet, bemächtigte sich nun des inneren Widerstreites der Grundstimmungen der Arbeiterklasse. Nur so können wir jene seltsamen Erscheinungen erklären, die den westeuropäischen Arbeitern kaum verständlich sind: in einer Zeit, da die Macht des Zarismus noch nicht gebrochen ist, in der noch täglich die Kämpfer der Arbeiterklasse eingekerkert, erschossen, gehenkt werden, streiten die Arbeiter von Warschau und Lodz darum, ob das Verhältnis zwischen Russland und Polen von der konstituierenden Versammlung in Petersburg oder vom konstituierenden Landtag in Warschau geregelt werden soll, ob sie den Achtstundentag von der russischen Duma oder vom polnischen Landtag verlangen sollen, ob Polen Russlands Absatzmärkte braucht oder nicht. In steter Gefahr für Freiheit und Leben werden Versammlungen abgehalten, werden in geheimen Druckereien Zeitungen und Flugschriften gedruckt, die nicht den Zarismus, nicht den Kapitalismus bekämpfen, sondern — die sozialistische Gegenpartei.

Die polnischen Arbeitermassen aber verstehen diesen Kampf nicht. Die Berichte beider Parteien stimmen darin überein, dass oft genug dieselben Arbeiter heute dem Redner der S. D., morgen den Wortführern der P. P. S. Beifall spenden. Das liegt nicht, wie die Parteien klagen, an der Unreife, an der noch geringen Schulung des polnischen Proletariats. Wie konnte der einzelne Arbeiter den Kampf der Parteien begreifen, von denen doch die eine so gut wie die andere eine Seite seines Wesens ausdrückt? Wohl aber liegt es an der durch kapitalistische Ausbeutung und staatliche Unterdrückung verschuldeten Unreife der polnischen Arbeiter, dass sie nicht imstande sind, dem Bruderkampf ein Ende zu machen, der die Macht ihrer Klasse verringert. Aber je mehr das Proletariat durch den Kampf selbst geschult wird, je schneller die proletarischen Organisationen wachsen, je mehr die Intelligenz gezwungen wird, die in der Verbannung vergangener Zeit scharf gemeisselten Formeln im täglichen Klassenkampfe zu erproben, desto mehr erstarkt auch das Bedürfnis nach einer einheitlichen Klassenpolitik des polnischen Proletariats. Das Entstehen des „neuen Kurses“ innerhalb der P. P. S. war, mag es auch zunächst zu weiterer Spaltung geführt haben, gewiss ein deutliches Zeichen für das Erstarken der Einheitsbewegung in der polnischen Arbeiterklasse.

Das nächste Ziel dieser einheitlichen proletarischen Politik in der nationalen Frage kann aber gar kein anderes sein als die Autonomie der Polen im Rahmen des russischen Reiches. Diese Autonomie ist notwendig geworden durch die kulturelle Entwicklung der polnischen Nation unter dem Einfluss des Kapitalismus. Die Entwicklung des Kapitalismus hat auch hier die Tendenz, die Kulturgemeinschaft zu verbreitern. Der polnische Arbeiter ist durch ganz andere Bande mit der Nation verknüpft als der polnische Bauer im Jahre 1863. Und auch der polnische Bauer wird allmählich der Nation eingegliedert werden: der seit einer Reihe von Jahren beobachtete Fortschritt des mittleren Grundbesitzes auf Kosten der kleinen Häusler und der Schlachta wird auch hier die Grundlage sein zur kapitalistischen Umgestaltung der Landwirtschaft, zur engeren Eingliederung des Bauern in die Warenproduktion, zum Uebergang zu intensiverer Kultur. So wenig der Bauer Russisch-Polens heute etwa als moderner Landwirt im westeuropäischen Sinne betrachtet werden kann, die kapitalistische Entwicklung wird auch hier zweifellos den modernen Landwirt schaffen. So verbreitert sich der Kreis der Nationsgenossen hier wie bei allen kapitalistischen Nationen, indem einerseits aus Bauernsöhnen Arbeiter werden, indem andererseits das Wesen der bäuerlichen Wirtschaft und dadurch auch die bäuerliche Psychologie sich verändert. Damit aber werden erst die Wirkungen der nationalen Unterdrückung den breiten Volksmassen fühlbar. Nun hat nicht mehr der Adel allein, sondern haben wirklich die breiten Massen des Volkes ein I n t e r e s s e an der Entwicklung der nationalen Kultur, am Ausbau eines nationalen Schulwesens. Gleichzeitig steigert sich aber auch das S e l b s tbewusstsein der breiten Volksmassen. Sie, die alle Unterdrückung hassen, werden am allerwenigsten die Unterdrückung in ihrer anschaulichsten Gestalt, die Fremdherrschaft, ertragen Der Kampf um die Rechte der polnischen Sprache wird nun auch ihr nationaler Kampf Die polnischen Sozialisten müssen selbst Wortführer dieser Forderungen werden, die, einst nur Forderungen des Adels, durch die Verbreiterung der Kulturgemeinschaft und durch die Steigerung des Selbstbewusstseins der Massen infolge der kapitalistischen Entwicklung nun auch zu Forderungen der Arbeiter geworden sind, bald auch zu Forderungen der Bauern werden. Täten sie dies nicht, so würden bürgerlich-nationale Parteien die Arbeiter ihrer Gefolgschaft einreihen. Eine sozialistische Partei, die sich nicht zur Wortführerin der aus der Klassenlage der Arbeiterschaft entspringenden nationalen Forderungen machen wollte, würde ihre erste Pflicht vernachlässigen. die Konstituierung der Arbeiterklasse als selbständige politische Partei.

Wollen aber die polnischen Sozialisten ihrer Nation die freie Entwicklung ihrer nationalen Kultur sichern, so können sie dies nicht durch eine atomistisch-zentralistische Verfassung nach österreichischem Muster, sondern nur durch die nationale Autonomie. So gut wie die Arbeiter aller Nationen in Oesterreich werden auch die polnischen Arbeiter in Russland zunächst für die nationale Autonomie kämpfen müssen

Auch die sehr verschiedenartige Kulturstufe der einzelnen Teile des russischen Reiches zwingt die polnischen Arbeiter zum Kampfe um die nationale Autonomie. Die soziale Zusammensetzung Polens ist wesentlich anders als die der anderen, kapitalistisch minder hoch entwickelten Teile des Reiches Würde das ganze grosse russische Reich ein einheitliches Verwaltungsgebiet bilden, so wäre Polen bei jedem Schritt durch das Schwergewicht der grossen Bauernmasse des Reiches gehemmt, es würde künstlich auf einer niedrigeren Kulturstufe, als seiner eigenen wirtschaftlichen Entwicklung entspricht, erhalten. Gerade der Umstand, dass Polen kapitalistisch vorgeschrittener ist als die meisten anderen Teile des russischen Reiches, wird also zur Triebkraft des Kampfes um Polens Autonomie

Es ist nicht unsere Aufgabe, zu erforschen, welche staatsrechtlichen Formen dieses Bedürfnis der polnischen Arbeiter nach nationaler Autonomie befriedigen könnten. Uns interessiert vielmehr die Frage, ob wir uns die nationale Autonomie wirklich als einen Abschluss der polnischen Entwicklung innerhalb der kapitalistischen Gesellschaft denken können oder ob die Entwicklung noch darüber hinaus treiben wird zur völligen Losreissung Polens von Russland.

Nehmen wir zunächst an, es gelinge den polnischen Arbeitern, sich die nationale Autonomie innerhalb des russischen Reiches zu erkämpfen. In diesem Falle würde die Entwicklung Russisch-Polens die polnische Frage innerhalb der kapitalistischen Gesellschaft wohl kaum mehr aufrollen. Den Bedürfnissen der Klassenideologie der Arbeiter und Bauern wäre genug getan; das Klasseninteresse würde Bourgeoisie und Arbeiterklasse zwingen, das Band, das Polen mit Russland noch verknüpft, nicht ganz zu zerschneiden. Der Traum der polnischen Einheit würde auch dann nicht vergessen werden, so wenig wie die Deutschen Oesterreichs an den grossdeutschen Gedanken vergessen haben. Aber er würde in Russisch-Polen zunächst seine unmittelbare politische Kraft verlieren. Nicht in Russisch-, sondern in Preussisch-Polen läge dann der Schwerpunkt der polnischen Frage. An dem Tage, an dem das russische Reich den Polen nationale Selbstverwaltung gewähren muss, ist die Unterdrückung der Polen in Preussen nicht mehr erträglich. Dies hat vielleicht niemand früher durchschaut als Bismarck, der schon im Jahre 1863 die polenfreundliche Partei in Petersburg bekämpfte, weil er im Frieden zwischen Russen und Polen schon damals die Gefahr für Preussen erkannte. Am Tage, nachdem die nationale Autonomie in Russland verwirklicht ist, ist die polnische Frage wesentlich nicht mehr eine Frage der inneren Entwicklung Russlands, sondern eine Frage der inneren Entwicklung Preussens. Wie diese Entwicklung sich gestalten wird, wissen wir nicht. Undenkbar ist es gewiss nicht, dass etwa im Augenblicke eines grossen Weltkrieges, in den das Deutsche Reich durch seine imperialistische Politik verwickelt würde, ein polnischer Aufstand entsteht, der auch breite Massen in den polnischen Teilen des russischen Reiches und Oesterreichs mit sich reisst. Ob dies geschehen wird, ob in einem solchen Augenblicke kriegerischer Umwälzung die Polen auch die Möglichkeit haben werden, den nationalen Einheitsstaat zu schaffen, kann heute niemand wissen. Darüber können geistreiche Essais über das Thema, dass jede Nation notwendig nach selbständigem staatlichen Dasein strebt, ebensowenig entscheiden, wie scharfsinnige ökonomische Untersuchungen der Klasseninteressen der Bourgeoisie in Russisch-Polen.

Ganz anders, wenn es den polnischen Arbeitern in Russland nicht gelingt, sich die nationale Autonomie zu erkämpfen. Dann hört der Kampf des polnischen Volkes um die nationale Autonomie nicht auf. Man mag die polnischen Arbeiter mit Kerker und Galgen ein paar Jahre lang niederhalten, ihr Kampf wird immer wieder aufleben. Der Widerspruch der unerträglichen Satzung und der kulturellen Entwicklung der Nation treibt immer wieder zur Revolution. Wohin aber dieser Kampf um die nationale Autonomie führen wird, kann niemand sagen. Der Kampf selbst macht den Gedanken der nationalen Freiheit zum sicheren Eigentum der Massen. Es mag sein, dass sie in einem günstigen Augenblicke sich die nationale Freiheit im Rahmen Russlands erkämpfen. Aber wer will leugnen, dass sie einmal daran verzweifeln könnten, in Russland ihre Freiheit zu erkämpfen und dass sie im geeigneten Augenblicke, vielleicht wiederum im Zeitpunkt eines Krieges, mit den Waffen in der Hand die endliche Antwort auf die Fragen der nationalen Freiheit und nationalen Einheit zugleich suchen? In einem solchen Augenblicke wird das Proletariat nicht berechnen, ob es die russischen Absatzmärkte braucht; die im jahrzehntelangen Kampfe entwickelte Klassenideologie ist dann stärker als alle nüchterne Erwägung des Klasseninteresses. Und wenn polnische Bauern und polnische Arbeiter einmal, an der russischen Demokratie verzweifelnd, den blutigen Kampf für Polens Freiheit nochmals wagen müssten, dann würde auch der Widerstand der Bourgeoisie nichts fruchten. Im Augenblicke einer vom Proletariat getragenen Revolution kann keine Bourgeoisie es wagen, der allmächtig gewordenen Ideologie der gesamten Nation entgegenzutreten.

Die russische Revolution ist für Oesterreich vor allem eine polnische Frage. Diese Erwägungen zeigen daher, dass die Meinung Engels', nach dem Siege der Demokratie in Russland werde Oesterreich von selbst zerfallen, nicht haltbar ist. Wenn die russische Demokratie siegt, die nationale Autonomie im russischen Reiche verwirklicht wird, so wird Oesterreich um seiner Polen und Ruthenen willen die eigene Entwicklung zur nationalen Autonomie beschleunigen müssen; zu den uns schon bekannten Tendenzen zur organischen Regelung der nationalen Verhältnisse in Oesterreich gesellt sich dann eine neue Kraft. Aber in diesem Falle kann sich nicht mehr in Russland, sondern nur noch in Preussen ein polnischer Aufstand entzünden. Wenn man sich vorstellt, dass der Zerfall Oesterreichs durch einen Aufstand seiner Polen eingeleitet wird, dann droht diese Gefahr ihm nicht von der russischen, sondern von einer preussischen Revolution. Anders wenn die Revolution in Russland unterliegt. Dann kann der Kampf des polnischen Volkes in Russland allerdings in eine nationale Revolution umschlagen, die unter Umständen auch nach Oesterreich übergreifen könnte. Nicht vom Siege, sondern von der Niederlage der russischen Revolution droht also dem Bestande der Monarchie eine Gefahr. Aber auch in diesem Falle besteht diese Gefahr doch nur dann, wenn eine eigenartige weltpolitische Konstellation einen polnischen Aufstand denkbar macht.

Man begegnet freilich sehr oft anderen Vorstellungen. In Oesterreich spielen einzelne Politiker noch mit dem Gedanken, die polnische Frage in den Dienst der österreichischen Politik zu stellen, wie dies manche Diplomaten während des Krimkrieges und während des polnischen Aufstandes von 1863 befürworteten. Manche polnischen Politiker setzen ihre Hoffnung darauf, dass Oesterreich im Zeitpunkt eines polnischen Aufstandes Russland den Krieg erklären,

Polen befreien und mit Galizien zu einem polnischen Königreich, von einem österreichischen Erzherzog beherrscht, vereinigen werde. In diesem Falle würde also die polnische Frage nicht nur nicht die Auflösung des Donaureiches einleiten, sondern ihm beträchtlichen Machtzuwachs bringen. Ich halte diesen Plan, an dem sich manchmal noch österreichische Patrioten und polnische Revolutionäre erfreuen, für völlig aussichtslos. Zunächst vergesse man nicht, dass, wie wir wissen, die Monarchie noch vor harten Kämpfen zwischen den beiden Reichshälften und zwischen den einzelnen Nationen steht, ehe sie die nationale Autonomie wird verwirklichen können, dass also ihre inneren Verhältnisse ihr eine so kühne auswärtige Politik kaum gestatten werden. Auch vergesse man nicht an die Stärke des dynastischen Solidaritätsgefühls, das es den Habsburgern kaum erlauben wird, sich mit der polnischen und russischen Revolution zu verbunden. Weiter machen wir uns klar, dass, wenn Oesterreich ein selbständiges Polen wieder herstellen wollte, es zweifellos nicht nur Russland, sondern gleichzeitig auch das Deutsche Reich als seinen Gegner sehen würde, dass gleichzeitig für Italien der Augenblick gekommen wäre, die Frage des Besitzes Albaniens und des Trentino aufzurollen, dass, wenn Russland und Oesterreich im Kampfe miteinander stehen, gewiss gleichzeitig der Krieg auf dem Balkan entbrennt. Und wie wird dies alles auf die Nationen Oesterreichs einwirken? Werden die Deutschen willig in den Krieg ziehen, der mittelbar oder unmittelbar auch ein Krieg gegen das Deutsche Reich wäre? Werden die Südslaven im Kampfe gegen die slavischen Balkanstaaten ihren Mann stellen? Es mag sehr beklagenswert sein, dass wir nicht hoffen dürfen, dass Oesterreich sein Schwert der Revolution im russischen Reiche zur Verfügung stellen wird. Aber es musste einmal gesagt werden, dass wir diese Hoffnung fahren lassen müssen, da unbegreiflicherweise immer noch sonst ganz besonnene Politiker an diesen Traum ihre Hoffnung knüpfen.

Nicht viel wahrscheinlicher ist auch die andere, gelegentlich noch erwähnte Eventualität, dass Russland seine Polen befreien, Galizien erobern und dann aus Russisch-Polen und Galizien ein polnisches Königreich bilden wird. Bekanntlich hat die russische Regierung in den Siebzigerjahren — vor dem russisch-türkischen Kriege — mit diesem Plan gespielt. Aber dieser Weg ist für Russland nicht gangbar, ehe es seinen Polen nicht Autonomie gewährt und das Freiheitsbegehren der eigenen Völker wenigstens einigermassen befriedigt hat. Heute könnte diesen Weg gewiss kein absolutistisches, gewiss nur ein, wenn schon nicht demokratisches, so doch wenigstens konstitutionelles Russland betreten. Aber ein konstitutionelles Russland wird wohl für geraume Zeit ganz andere Sorgen haben als den Krieg gegen Oesterreich. Von allen anderen Grunden abgesehen, ist schon die finanzielle Not Russlands ein Hindernis dieser Politik. Und auch für Russland ware diese Politik nicht ungefahrlich, zweifellos wurde es diesen Krieg nicht nur gegen Oesterreich, sondern auch gegen das Deutsche Reich fuhren mussen Immerhin ist die Vorstellung, dass das russische Reich seine Armeekorps einmal marschieren lassen wird, um Polens Freiheit und Einheit zu verwirklichen, so unwahrscheinlich dies auch heute klingt, weit eher denkbar als die Hoffnung mancher Polen auf eine osterreichische Intervention zu ihren Gunsten. Aber einer solchen russischen Politik ware die Befreiung der in Oesterreich lebenden Polen und Ruthenen gewiss nicht Zweck, sondern Mittel. sie wurde die Leidenschaften des Volkes mit dem Programm nationaler Freiheit erhitzen, um das Volk in einen Eroberungskrieg zu treiben: man wurde von Polen und Ruthenen sprechen und Konstantinopel und Salonik meinen. Wir sehen, dass bei einer solchen Politik gar nicht mehr das alte, von uns bisher erorterte, sondern ein ganz neues, anderen Kraften entsprungenes, anderen Zwecken dienendes Nationalitatsprinzip wirksam ware.

Die Niederlage der russischen Revolution kann den Kampf der Polen im russischen Reiche um ihre Autonomie in eine Revolution fur ihre vollige Freiheit und Einheit umschlagen lassen, wenn die weltpolitische Konstellation einem neuen polnischen Aufstand Sieg verspricht Der Sieg der russischen Revolution macht die polnische Frage vor allem zu einer preussischen Frage, auch dann noch bleibt ein polnischer Aufstand moglich, aber moglich doch nur — solange die kapitalistisch-militarische Herrschaft in Preussen aufrecht steht — im Augenblicke, in dem die Krafte des Deutschen Reiches durch weltpolitische Verwicklungen gebunden sind. Endlich ist es fur eine fernere Zukunft auch denkbar, dass ein demokratisches oder konstitutionelles Russland einen Krieg gegen Oesterreich unternimmt, um Polen und Ruthenen von der Monarchie loszureissen. Aber auch dies ware nur moglich, wenn Russland sich der polnischen und ukrainischen Frage bediente, um einen kapitalistischen Expansionskrieg als nationalen Freiheitskrieg erscheinen zu lassen. Die russische Revolution innerhalb der burgerlichen Gesellschaft treibt also noch nicht zur Losreissung der osterreichischen Polen und Ruthenen von Oesterreich, sie allein wird also auch nicht, wie Engels meinte, Oesterreichs Zerfall herbeiführen, wozu ja die Loslosung Galiziens vielleicht der erste Schritt ware Nicht an sich bedeutet die russische Revolution eine Gefahr fur den Bestand der Monarchie, sondern nur dann, *wenn die Spannung der Nationen im Osten durch eine grosse weltpolitische Umwalzung zur Losung kommt.* Nicht die polnische, nicht die ruthenische

Frage wird Oesterreich auseinanderreissen, vielmehr wird die polnische und ukrainische Frage gelöst werden, wenn Oesterreich auseinandergerissen wird, durch die Umwälzungen auseinandergerissen wird, die die kapitalistische Expansionspolitik möglich macht. So sehen wir uns denn vor eine neue Aufgabe gestellt Wir müssen das Wesen der modernen imperialistischen Politik und damit das Wesen der modernen auswärtigen Politik überhaupt untersuchen Zu dieser schwierigen Untersuchung können wir hier freilich nur in einer flüchtigen Skizze einiges beitragen. Es wird sich aber zeigen, dass die Untersuchung die Mühe wohl lohnt Indem wir den Wurzeln der modernen auswärtigen Politik nachforschen, indem wir die inneren sozialen Gegensätze aufdecken, die sie erzeugt, werden wir zugleich zeigen, wie die auswärtige Politik der hochkapitalistischen Staaten dem Nationalitätsprinzip einen neuen Sinn gibt Indem wir diese Frage aufrollen, werden wir sehen, wie weit die kapitalistische Gesellschaft das Nationalitätsprinzip überhaupt zu verwirklichen, das Bedürfnis der Nationen nach selbständigem staatlichen Dasein zu befriedigen vermag Erst auf dieser Grundlage kann die sozialistische Nationalitätenpolitik restlos bestimmt werden.

§ 27.

Die Wurzeln der kapitalistischen Expansionspolitik.

Die auswärtige Politik der modernen kapitalistischen Staaten dient stets wirtschaftspolitischen Interessen Freilich sucht sie konkrete wirtschaftliche Interessen zu fördern durch das Gewicht der staatlichen Macht und da die staatliche Macht unentbehrliches Mittel für ihren letzten Zweck ist, kann es sehr wohl geschehen, dass die Staaten jahrzehntelang kein anderes politisches Ziel kennen, als ihr Machtverhältnis zu den anderen Staaten zu erhalten oder zu verbessern, und dass so jahrzehntelang davon keine Rede ist, dass das erstrebte politische Machtverhältnis selbst doch nur Mittel für wirtschaftspolitische Zwecke ist Ein Beispiel für eine solche zeitweilige Verselbständigung politischer Machtbestrebungen von ihrer wirtschaftspolitischen Grundlage bietet uns jene nun halb verschwundene Zeit, in der das System des „europäischen Gleichgewichts" als einziges Ziel aller auswärtigen Politik erschien Seit aber vor den grossen Fragen der Weltpolitik die alten Probleme des kleinen Europa verblasst sind, zeigt sich deutlicher wieder als vordem, dass sich im Machtstreben der kapitalistischen Staaten stets wirtschaftspolitische Bestrebungen verbergen.

Die Wirtschaftspolitik der kapitalistischen Staaten dient nun stets dem Zweck, dem Kapital Anlagesphären und Absatzmärkte zu sichern.

In der kapitalistischen Volkswirtschaft scheidet jederzeit ein Teil des gesellschaftlichen Geldkapitals aus der Zirkulation des industriellen Kapitals aus. Wohl strömen die freigesetzten Geldkapitalien in die Banken und werden von diesen wieder in die Produktionssphäre geleitet. Aber es vergeht doch stets irgend ein Zeitraum, ehe das an einer Stelle des gesellschaftlichen Produktionsprozesses freigesetzte Geldkapital an einer anderen Stelle des gesellschaftlichen Produktionsprozesses zum Ankauf von Arbeitsmitteln und Arbeitskräften verwendet wird. Ein Teil des gesellschaftlichen Geldkapitals ist also in jedem Augenblicke totgelegt, liegt in jedem Augenblicke brach.

Ist viel Geldkapital totgelegt, geht der Rückfluss der freigesetzten Kapitalssplitter in die Produktionssphäre nur langsam vor sich, dann sinkt zunächst die Nachfrage nach Produktionsmitteln und nach Arbeitskräften. Dies bedeutet unmittelbar Sinken der Preise und Profite in der Produktionsmittelindustrie, Erschwerung des gewerkschaftlichen Kampfes, Sinken der Arbeitslöhne. Beide Erscheinungen wirken aber auch auf diejenigen Industrien ein, die die Verbrauchsgüter erzeugen. Die Nachfrage nach den Gütern, die unmittelbar menschlichem Genuss dienen, sinkt, weil einerseits die Kapitalisten, die ihr Einkommen aus den Arbeitsmittelindustrien ziehen, geringere Profite erzielen, und weil andererseits die grössere Arbeitslosigkeit und die sinkenden Geldlöhne die Kaufkraft der Arbeiterklasse mindern. Dadurch verringern sich auch in den Verbrauchsgütergewerben Preise, Profite, Arbeitslöhne; so bewirkt das Ausscheiden eines grösseren Teiles des Geldkapitals aus dem Kreislauf des Kapitals in der gesamten Industrie sinkende Preise, Profite, Löhne, vermehrte Arbeitslosigkeit.

Setzt diese Bewegung aber erst ein, so erzeugt sie zunächst selbst die Kräfte, die das Einkommen sowohl der Kapitalisten als auch der Arbeiter noch weiter verringern. Denn wenn sich die Absatzmöglichkeit für alle Waren verringert, so wird zunächst die Umschlagszeit des Kapitals verlängert; es dauert lange, ehe die fertige Ware ihren Käufer findet und sich für den Kapitalisten dadurch wiederum in Geld verwandelt. Ein grösserer Teil des gesellschaftlichen Gesamtkapitals nimmt dadurch die Gestalt des Warenkapitals an, ein geringerer Teil hat die Gestalt des produktiven Kapitals. Anders ausgedrückt: innerhalb der Umschlagszeit des Kapitals bildet die Produktionszeit einen kleineren, die Umlaufszeit einen grösseren Teil.[1]) Die Verlängerung der Umschlags-

[1]) Produktionskapital ist das im Produktionsprozess wirkende Kapital, also das in den Arbeitsmitteln, den Roh- und Hilfsstoffen der Produktion angelegte

zeit bewirkt nun, dass dasselbe Kapital weniger oft umschlägt, dass es weniger Arme bewegt, daher weniger Werte und bei gleichbleibender Mehrwertrate, unveränderter Ausbeutung der Arbeiter, eine geringere Masse des Mehrwertes erzeugt; also Sinken der Profitrate. Hierdurch wird auch die Nachfrage nach Arbeitskräften verringert — denn nur das produktive Kapital, nicht das Warenkapital kauft Arbeitskräfte; nur während der Produktionszeit, nicht während der Umlaufszeit bedarf das Kapital menschlicher Arbeitskraft.

Jede Veränderung des Verhältnisses zwischen totgelegtem und angelegtem Kapital, produktivem Kapital und Zirkulationskapital, zwischen Produktionszeit und Umlaufszeit verändert also vollständig das Bild der kapitalistischen Gesellschaft. Die Arbeit ist die Schöpferin aller Werte. Aber die kapitalistische Gesellschaft verringert zeitweilig die Menge der in der Gesellschaft geleisteten Arbeit, indem sie Kapital brach legt, statt es zum Ankauf von Arbeitskräften zu verwenden. Sie sammelt totliegendes Kapital auf der einen, eine Armee von Arbeitslosen auf der anderen Seite an. Sie kann den Arbeitslosen zeitweilig keine Beschäftigung geben, weil sie ihr Kapital brach liegen lässt; und sie kann ihr Kapital nicht verwerten, weil sie arbeitsfähige und arbeitswillige Menschen müssig gehen lässt, sie aus dem Produktionsprozess und dadurch auch aus dem Zirkulationsprozess ausschaltet und indem sie sie von den Gütern dieser Welt ausschliesst, sich selbst die Möglichkeit nimmt, ihren Reichtum zu verwerten.[1])

Diese Erkenntnis ist nun für unseren Zweck sehr wichtig, denn jetzt erst können wir die Zwecke der kapitalistischen Wirtschaftspolitik verstehen. Sie strebt nach Anlagesphären für das Kapital und nach Absatzmärkten für ihre Waren. Nun verstehen wir, dass dies nicht gesonderte Aufgaben sind, sondern im Grunde

---

und zum Kauf von Arbeitskräften verwendete Kapital. Warenkapital ist jenes Kapital, das sich in der Gestalt fertiger Warenvorräte verkörpert, die ihres Käufers harren. Die Umschlagszeit des Kapitals ist die gesamte Dauer des Kreislaufes des Kapitals vom Augenblicke, in dem der Kapitalist sein Geld „vorschiesst" bis zum Zeitpunkt, in dem das für die fertige Ware gelöste Geld ihm wieder zuströmt. Sie zerfällt in die Produktionszeit, während deren das Kapital in der Produktion tätig ist, und in die Umlaufszeit. Die Umlaufszeit setzt sich wieder zusammen aus der Verkaufszeit (vom Augenblicke, in dem die Ware fertiggestellt wird, bis zu jenem, in dem sie sich in Geld verwandelt) und der Einkaufszeit (vom Augenblick, in dem dem Kapitalisten das eingesetzte Kapital wieder in Geldesform zurückgeströmt ist, bis zum Zeitpunkt, in dem er es wieder zum Kauf von Arbeitsmitteln und Arbeitskräften verwendet). Vergleiche Marx, Kapital, II. Erster Abschnitt.

[1]) Folgende Begriffe sind äquipollent: Einschränkung der Produktion (technisch); Verminderung der Menge der geleisteten gesellschaftlichen Arbeit (ökonomisch vom Standpunkt der Produktionssphäre); Verlängerung der Einkaufszeit des industriellen Kapitals, Vermehrung des totliegenden Geldkapitals (ökonomisch vom Standpunkt der Zirkulationssphäre).

e i n u n d d i e s e l b e A u f g a b e. Wenn ich dem totliegenden Kapital eine Anlagesphäre eröffne, es durch Extraprofite in die Produktionssphäre locke, so schaffe ich dadurch Absatz für die Waren: denn nicht das totliegende Geldkapital, wohl aber das produktive Kapital kauft Waren; es kauft zunächst Arbeitsmittel und Arbeitskräfte; es gibt Arbeitern Beschäftigung und vermehrt dadurch die Nachfrage nach Verbrauchsgütern; es eignet seinem Eigentümer den Mehrwert zu, erhöht dadurch seine Kaufkraft und vermehrt neuerlich die Nachfrage nach Waren. W e n n i c h d e m K a p i t a l A n l a g e s p h ä r e n e r ö f f n e, s o g e b e i c h d a d u r c h d e n W a r e n e i n e n n e u e n A b s a t z m a r k t. Und umgekehrt! Wenn ich den Waren einen neuen Absatzmarkt erschliesse, so verkürzt sich die Umschlagszeit des Kapitals, so mehren sich die Profite, so entsteht gesteigerte Nachfrage nach verfügbaren Kapitalien, so fliessen die totgelegten Kapitalien der Produktionssphäre zu. W e n n i c h d e n W a r e n e i n e n n e u e n M a r k t e r s c h l i e s s e, s o s c h a f f e i c h d a d u r c h a u c h d e m K a p i t a l n e u e A n l a g e s p h ä r e n.

Ein wichtiges Mittel zu diesem Zwecke ist zunächst der S c h u t z z o l l. Soll der Zoll eine schon bestehende Industrie gegen den ausländischen Wettbewerb schützen, so ist sein unmittelbarer Zweck zunächst die Sicherung des Warenabsatzes. Aber mittelbar bedeutet er auch in diesem Falle Sicherung der Anlagesphären für das Kapital; würde nämlich die heimische Industrie von der ausländischen Konkurrenz auf dem Markte geschlagen werden und ihren Absatz verlieren, so müsste ein Teil des Kapitals aus der bedrohten Industrie abströmen, das totgelegte Kapital würde zunehmen. Soll also ein Zoll eine schon bestehende Industrie schützen, so strebt er unmittelbar Sicherung des Absatzmarktes, mittelbar Sicherung der Anlagesphären des Kapitals an. Umgekehrt ist es, wenn durch einen Schutzzoll eine neue Industrie im Lande geschaffen werden soll. Dann wird zunächst Kapital durch die hohen Extraprofite, die der Zoll ihm sichert, in die Produktionssphäre gelockt. Hat aber erst ein Teil des totgelegten Kapitals produktive Anlage gefunden, so wächst dadurch die Nachfrage auf dem Warenmarkte, unmittelbar die Nachfrage nach Arbeitsmitteln, schliesslich aber auch, da die Kaufkraft sowohl der Kapitalisten als auch der Arbeiterschaft gewachsen ist, die Nachfrage nach Verbrauchsgütern. So dient der Schutzzoll in jedem Falle, sowohl der Erschliessung von Anlagesphären als auch der Sicherung von Absatzmärkten; sein letzter Zweck ist es, das Verhältnis zwischen totgelegtem und produktivem Kapital, zwischen der Produktionszeit und der Umlaufszeit des Kapitals günstiger zu gestalten.

Nun hat aber der Schutzzoll auf der Stufe der kapitalistischen Entwicklung, die die Staaten des europäischen Kulturkreises in den letzten beiden Jahrzehnten erreicht haben, seine alte Funktion nicht unwesentlich verändert.[1]) Der moderne Schutzzoll ist zunächst Kartellschutzzoll: er soll es den Kapitalisten des Wirtschaftsgebietes ermöglichen, sich, gegen den Wettbewerb des Auslandes durch Zölle geschützt, zu einem Kartell zusammenzuschliessen. Sobald dies gelungen ist, erweitern sich neuerdings die Aufgaben des Schutzzolles. Er dient nun nicht mehr dem Schutze des heimischen Marktes gegen die fremde Konkurrenz, sondern der Förderung der Ausfuhr, dem Kampfe um den Weltmarkt. Versuchen wir es, diese merkwürdige Erscheinung zu verstehen!

Denken wir uns in einem Lande einen Trust, der hinter dem Schutz der Zollmauer den Markt vollständig beherrscht. Wie wird ein solcher Trust die Preise seiner Waren festsetzen? Er wird die Waren nicht zu dem höchsten, überhaupt noch erzielbaren Preis verkaufen, vielmehr zu jenem Preis, bei dem er den höchsten Profit erzielt. Der Profit, den er an einem Zentner seiner Ware erzielt, ist gleich der Differenz zwischen dem Preis des Zentners und den Produktionskosten des Zentners der Ware. Der gesamte Profit ist also gleich dem Produkt aus der Menge der abgesetzten Ware und der Differenz des Preises und der Kosten der Gewichtseinheit. Nennen wir die Zahl der abgesetzten Gewichtseinheiten q, den Preis der Gewichtseinheit p, die Kosten der Gewichtseinheit k, so ist der gesamte Profit $P = q\,(p-k)$. Je höher nun der Preis der Gewichtseinheit ist, desto geringer wird die absetzbare Menge der Waren; und je geringer die Warenmenge ist, die produziert werden kann, desto höher sind die auf die Gewichtseinheit entfallenden Kosten. Je grösser p ist, desto kleiner wird q, desto mehr steigt aber k. Der Trust wird also den Preis p so festzusetzen suchen, dass das Produkt $q\,(p-k)$ möglichst gross ist. Er darf p nicht zu hoch ansetzen, weil sonst die Verringerung von q und das Steigen von k seinen Profit schmälern würde, ebenso auch nicht zu niedrig, weil bei niedrigem Preise der Gewichtseinheit auch der Profit per Gewichtseinheit gering ist und daher auch trotz der steigenden Menge der abgesetzten Waren die Masse des Profites nicht hoch genug wäre.

Denken wir uns an die Stelle eines Trust ein aus selbständigen Unternehmungen zusammengesetztes Kartell, so ist die Preisbestimmung viel komplizierter. Da werden beispielsweise die grösseren und modern eingerichteten Werke den Preis niedriger festsetzen wollen, weil sie bei niedrigem Preis die abgesetzte Warenmenge schnell steigern, die Kosten schnell herabsetzen können, durch einen nicht allzu hohen Preis also für sie das

[1]) Hilferding, Der Funktionswechsel des Schutzzolles. „Neue Zeit." XXI. 2. Seite 274 ff.

Produkt q (p—k) sehr hoch wird. Dagegen werden kleinere oder technisch zurückgebliebene Werke auf einen hohen Kartellpreis dringen, weil sie ihre Produktion nicht wesentlich zu steigern, ihre Kosten nicht beträchtlich herabzusetzen vermögen, also nur durch hohen Preis der Gewichtseinheit ihren Profit steigern können. Es entstehen daher bei der Preisfestsetzung Interessenkämpfe innerhalb des Kartells; der festgesetzte Preis ist ein Ergebnis von Machtkämpfen. Der Kartellpreis ist hier eine Resultante der bei der Preisbestimmung von den einzelnen Unternehmungen eingesetzten Kräfte, wobei die Kraft jeder einzelnen Unternehmung darauf gerichtet ist, p so festzusetzen, dass das Produkt q (p—k) für sie möglichst hoch ist. So steht auch das Kartell vor dem Problem: Wie kann ich den Preis möglichst hoch halten, ohne doch den Absatz zu verringern und meine Kosten zu steigern?

Dieses Problem löst nun das Kartell, indem es seine Waren im Ausland zu einem billigeren Preis verkauft als im Inland. Nehmen wir an, das Kartell entschliesse sich, im Ausland seine Erzeugnisse zum Selbstkostenpreis abzusetzen. Es erzielt dann im Ausland selbst keinen Profit. Aber die Auslandsverkäufe erlauben ihm, in grösserem Umfang zu produzieren, wodurch seine Kosten per Gewichtseinheit sinken. Dadurch ist es auch möglich, den Preis im Inland höher zu halten. Denn der Erhöhung der Preise widerstreiten, wie wir wissen, stets einerseits die Rücksicht auf die Absatzmenge, andererseits die Rücksicht auf die Kosten. Sobald es möglich ist, durch billige Auslandsverkäufe die Produktionskosten niedrig zu halten, obwohl der Inlandspreis hoch und daher die im Inland absetzbare Warenmenge verhältnismässig gering ist, fällt der eine der beiden Faktoren, die die Preiserhöhung hemmen, nämlich die Rücksicht auf die Kosten, weg und es bleibt nur noch die Rücksicht auf die im Inland bei hohem Preis verkäufliche Warenmenge übrig. Die billigen Auslandsverkäufe erlauben es also, den Preis im Inland höher anzusetzen, als dies sonst der Fall wäre, während sie gleichzeitig die Kosten herabdrücken: der billige Auslandsverkauf ist also ein Mittel, die Profite auf dem inneren Markt zu steigern. Noch vorteilhafter ist diese Praxis natürlich, wenn es möglich ist, auch die im Ausland abgesetzten Waren mit einem Profit, sei es auch mit einem geringeren als im Inland, zu verkaufen. Wenn aber die Ausdehnung der Produktion die Kosten schnell herabsetzt, dann ist es für das Kartell vorteilhaft, im Ausland selbst unter dem Selbstkostenpreis zu verkaufen, da der Verlust auf dem ausländischen Markt, durch die höheren Gewinne, die diese Ausfuhrpraxis im Inland ermöglicht, weitaus aufgewogen wird. Diese Erwägungen führen die durch Zölle geschützten Kartelle überall dazu, auf dem ausländischen Markte billiger zu verkaufen als im Inland. Diese Praxis hat weniger Bedeutung während der Zeit günstigen Geschäftsganges, sie nimmt dagegen in den Zeiten der Depression stets breiten Umfang an. Bricht eine Krise herein, so müsste das Kartell, wäre es auf den Inlandsmarkt beschränkt, die Preise herabsetzen: denn bei dem hohen Preis der Hochkonjunktur wären allzuwenig Waren absetzbar, der geringe Umfang der Produktion würde auch die Kosten steigern und dadurch den Profit der kartellierten Unternehmungen herabsetzen. Die Möglichkeit billiger Auslandsverkäufe verhindert die Herabsetzung des Kartellpreises im Inland: das Kartell stösst einen Teil seines Produktes zu billigem Preis in das Ausland ab, vermag durch diese Auslandsverkäufe im grossen Umfang weiter zu produzieren, so dass seine Kosten nicht steigen. Dadurch kann es ohne wesentliche Kostensteigerung den Preis im Inland fast in der vollen Höhe der Hochkonjunktur aufrecht erhalten. So ist der Schleuderexport der Kartelle, das berüchtigte „dumping", ein unvermeidliches Mittel der Preispolitik der durch Zölle geschützten Kartelle.

Auch diese Preispolitik erscheint nun, wenn wir das Verhältnis des totgelegten zum produktiv angelegten Kapital im Auge haben, der Gesamtwirtschaft nützlich. Die billigen Auslandsverkäufe schaffen einen Markt für die Produktion, Absatz für ihre Waren; es kann in grossem Umfang produziert werden, das Kapital bleibt also an die Produktionssphäre gebunden: die billigen Auslandsverkäufe bedeuten also auch eine Anlagesphäre für inländisches Kapital. Die Verminderung des totgelegten Kapitals bedeutet aber hier wie überall vermehrte Nachfrage nach allen Waren einschliesslich der Arbeitskraft, also höhere Profite, Preise, Löhne. So kommen wir zu dem unerwarteten Ergebnis, dass es für die Gesamtwirtschaft des Inlandes vorteilhaft ist, wenn wir unsere Kohle, unser Eisen, unseren Zucker dem Ausland billiger verkaufen als dem inländischen Verbraucher.

Diese Tatsache gewinnt nun ungeheure weltwirtschaftliche Bedeutung. In den Staaten, die bereits Schutzzölle haben, ist von einer Herabsetzung der Zölle keine Rede mehr: die mächtigsten Kapitalistengruppen, die in den grossen Kartellen vereinigten Kapitalien, die grossen Banken, die diese Kartelle beherrschen, haben am Schutzzoll jetzt ein wesentlich stärkeres Interesse als früher. Das Opfer dieser Preispolitik sind aber die Freihandelsländer. Der Preis des Stahls in England und daher auch die Konkurrenzbedingungen der englischen Stahlindustrie hängen gar nicht mehr von den inneren Produktionsbedingungen ab, sondern davon, ob der amerikanische Stahltrust oder der deutsche Stahlwerksverband es für nötig findet, auf dem Weltmarkt seine Waren billig abzugeben, um dadurch seine Profite auf dem durch Zölle geschützten inländischen Markt zu steigern. Das bedeutet in England schnelle und plötzliche Veränderungen der Eisen- und Stahlpreise, schnelle Veränderungen in den Konkurrenzbedingungen der englischen Industrie, Vernichtung von beträchtlichen Wertsummen. So entsteht auch in den Freihandelsländern die Tendenz zum Schutzzoll, der zunächst den heimischen Markt gegen die Wirkungen des ausländischen Schleuderexportes schützen, dann aber den heimischen Kapitalisten gleichfalls die Möglichkeit geben soll, sich zu Kartellen zusammenzuschliessen und nun selbst das Mittel des Schleuderexportes auf dem Weltmarkt zur Mehrung ihrer Profite zu benützen.

So wird die Konkurrenz auf dem Weltmarkt immer erbitterter, die Verschiebungen in den Konkurrenzbedingungen gehen plötzlich, ruckhaft vor sich. Jedes Wirtschaftsgebiet sucht sich daher auf dem Weltmarkt Absatzgebiete zu sichern, die diesem Konkurrenzkampfe entzogen sind. Die dem Kapitalismus angeborene Tendenz zur fortwährenden Expansion, fortwährendem Streben nach Erschliessung neuer Absatzgebiete und Anlagesphären gewinnt dadurch neue Kraft. Die staatlichen Machtmittel werden in verschiedener Weise in den Dienst dieser Tendenz gestellt, von der förmlichen Einbeziehung von Kolonien in das heimische Zollgebiet bis zur „pénétration pacifique".

In den Dienst dieses Strebens werden zunächst die militärischen Machtmittel gestellt. Heer und Flotte sichern einerseits das heimische Kapital gegen die Völker, deren Gebiet der Ausbeutung des Kapitals der hochentwickelten kapitalistischen Nationen unterworfen wird; Heer und Flotte sichern andererseits das herrschende kapitalistische Land gegen den Wettbewerb der anderen kapitalistischen Länder.

Durch die staatlichen Machtmittel geschützt, strömt nun zunächst das Kapital des herrschenden Landes in diese Kolonialgebiete ab. Es baut dort Eisenbahnen, Strassen, Kanäle, es gründet dort Banken und Handelsgesellschaften, es erschliesst Bergwerke, es gewährt der landwirtschaftlichen Produktion dieser Länder Kredit. So werden dem Kapital zunächst neue Anlagesphären erschlossen. Dies bedeutet zugleich die Eröffnung neuer Absatzwege, denn es versteht sich, dass beispielsweise das englische Kapital, das in Aegypten Anlage gefunden hat, in erster Linie englische Waren kauft: englische Schienen, Eisenbahnwaggons und Lokomotiven, Maschinen u. s. w. Diese Erschliessung neuer Absatzwege bedeutet aber nun wiederum neue Anlagesphären für das Kapital: wenn die englische Eisen-, Maschinen-, Waggon-Industrie durch die Ausfuhr nach den Kolonialgebieten gefördert wird, so finden neue Mengen Geldkapitals in diesen Industrien in England selbst Anlage. Die Erweiterung des Produktionsapparates dieser Industrien, die Steigerung ihrer Arbeiterzahl, die Mehrung ihrer Profite gibt nun auch den Waren der anderen englischen Industrien im eigenen Lande vermehrten Absatz, schafft also auch in den anderen Industrien vermehrte Arbeitsgelegenheit, auch dort neue Anlagesphären für Kapital. So hat also die Unterwerfung wirtschaftlich rückständiger Länder unter die Ausbeutung der Kapitalistenklasse eines europäischen Landes zwei Reihen von Wirkungen: unmittelbar Anlagesphären für das Kapital im Kolonialland und dadurch auch vermehrte Absatzgelegenheit für die Industrie des herrschenden Landes; mittelbar auch im herrschenden Lande selbst neue Anlagesphären für das Kapital und vermehrte Absatzgelegenheit für alle Industrien. Dadurch wird die Menge des in jedem Augenblick totgelegten Kapitals im Lande verringert; es steigen im Lande die Preise, Profite, Löhne; so erscheint also auch die kapitalistische Expansionspolitik als ein gesamtwirtschaftliches Interesse.

Diese Politik hat aber noch eine weitere Bedeutung. Die Profitrate ist in den wenig entwickelten Ländern, die das Objekt kapitalistischer Expansionspolitik sind, zunächst höher als in Europa. Nun strebt die kapitalistische Konkurrenz stets nach Ausgleichung der Profitraten; das Kapital strömt stets dorthin ab, wo die Profitrate am höchsten ist. In Europa ist diese Ausgleichung der Profite erst möglich geworden, seit durch eine geordnete Verwaltung und Rechtspflege grosse Wirtschaftsgebiete geschaffen wurden, innerhalb deren das Kapital Freizügigkeit geniesst. Durch die modernen Heere und Kriegsflotten werden nun auch in den dem Kapitalismus noch nicht unterworfenen Ländern solche Rechtszustände geschaffen, dass das Kapital auch dort sich seine Anlagesphären suchen kann. Dadurch erst wird die ganze Erde der Tendenz zur Ausgleichung der Profitraten unterworfen. Was die Herstellung einer geordneten Rechtspflege und Verwaltung innerhalb der europäischen Länder bewirkt hat, das schafft nun der moderne Militarismus und Marinismus allerwärts. Die Kriegsflotten der europäischen Staaten sind gleichsam die Weltpolizei, die überall solche Rechtszustände herstellt, dass das europäische Kapital dort Anlage suchen kann. Wiederum erscheint hier die kapitalistische Expansionspolitik als Interesse der gesamten Bevölkerung des herrschenden kapitalistischen Landes. Denn da die Profitrate in den unterworfenen Ländern fremder Erdteile höher ist als in den kapitalistisch hochentwickelten Gebieten Europas, strömen von dort dem europäischen Kapital alljährlich grössere Summen Mehrwert zu, als es jemals sich hätte aneignen können, wenn es im eigenen Lande in Europa angelegt worden wäre. Der Reichtum der europäischen Nationen an Werten wird also durch diese Expansionspolitik wesentlich vermehrt.

Nun verstehen wir auch die von den Freunden dieser Expansionspolitik immer wieder wiederholte Behauptung, dass die kapitalistischen Länder des europäischen Kulturkreises die Expansionspolitik darum brauchen, weil sie sonst ihre wachsende Bevölkerung auf ihrem engen Boden nicht zu ernähren vermöchten. Wo das Kolonialland den Mehrwert, den es dem herrschenden Lande entrichten muss, in der Form von Lebens- und Genussmitteln zahlt, wo es beispielsweise Getreide, Fleisch, Kaffee, Baumwolle, Gewürze in das herrschende Land ausführt, ist dies unmittelbar verständlich: die Expansionspolitik vermehrt hier ganz unmittelbar den Reichtum des herrschenden kapitalistischen Landes an jenen Gütern, die zur Ernährung und Kleidung der Massen seiner Bevölkerung dienen. Aber auch dort, wo das unterworfene Land keine solchen Güter produziert, scheint doch die Expansionspolitik mittelbar demselben Zwecke zu dienen. Denn sie vermehrt den Reichtum des herrschenden Landes an Werten, stärkt dadurch seine Kaufkraft und erlaubt ihm, von anderen Ländern jene Güter zu kaufen, deren es zur Ernährung seiner Bevölkerung bedarf.

So verstehen wir denn jetzt erst den vollen Sinn kapitalistischer Expansionspolitik. Das Streben nach neuen Anlagesphären und neuen Absatzmärkten ist so alt wie der Kapitalismus selbst; es lebte in den kapitalistischen Stadtrepubliken Italiens während der Renaissance so gut wie heute in England und Deutschland. Aber die Kraft dieser Tendenz ist in den letzten Jahrzehnten ungeheuer gestiegen. Einmal dadurch, dass die fortgeschrittene Konzentration des industriellen Kapitals, die Bildung der modernen Kartelle und Trusts, den Schutzzoll aus einem Mittel der Verteidigung zu einem Mittel des Angriffes gemacht und dadurch die Konkurrenz auf dem Weltmarkt ungeheuer verschärft und verbittert hat. Dann auch deshalb, weil die Konzentration des Kapitals in den modernen Grossbanken gewaltig fortgeschritten ist. Die Banken aber empfinden das Verhältnis des totgelegten zum angelegten Kapital, den Aufbau der Umschlagszeit des Kapitals ganz unmittelbar in der Bewegung des Zinsfusses; sie machen ganz bewusst die günstigere Gestaltung jenes Verhältnisses zum Zwecke aller Wirtschaftspolitik. Sie können als grösste Steuerträger, grösste Staatsgläubiger, als Beherrscher der einflussreichsten Industriezweige ihren Willen leicht durchsetzen. Sie machen aber auch die Expansionspolitik erst möglich, indem sie, dank der Grösse der ihnen in jedem Augenblick zur Verfügung stehenden Kapitalien, die Auswanderung des Kapitals in die unterworfenen Gebiete planmässig zu leiten vermögen. Die Kraft der modernen kapitalistischen Expansionspolitik wurzelt in jener Veränderung der Produktivkräfte, die in der Zentralisation des Kapitals — in der Zentralisation des industriellen Kapitals in den Kartellen und Trusts, in der Zentralisation des Geldkapitals in den modernen Grossbanken — ihren ökonomischen Ausdruck findet.

Die Anhänger der kapitalistischen Expansionspolitik werfen der Arbeiterklasse, die diese Politik überall bekämpft, vor, dass sie unfähig sei, ihr wahres Interesse zu erkennen. Die Erschliessung neuer Absatzwege und Anlagesphären für das Kapital vermehre auch die Nachfrage nach Arbeitskräften, fördere also die Interessen der Arbeiterklasse. Wenn die Arbeiterschaft den modernen Imperialismus bekämpft, so tue sie das nicht, weil diese Politik ihrem Klasseninteresse widerstreite, sondern weil sie sich von der Ideologie einer vergangenen Zeit beherrschen lasse. Diese Ideologie sei aber nicht einmal proletarisch, sondern sie sei bürgerlich: es sei die Gedankenwelt des alten bürgerlichen und arbeiterfeindlichen Manchesterliberalismus. Indessen kann nur derjenige den Kampf der Arbeiterklasse gegen den Imperialismus mit dem Kampfe der Liberalen gegen den Merkantilismus verwechseln, der bloss die Technik, die Mittel, nicht aber die Zwecke eines wirtschaftspolitischen Systems zu sehen gewohnt ist. Fassen wir *die Zwecke* ins Auge, so erscheint uns vielmehr die *moderne kapitalistische Expansionspolitik als die Erbin des alten Liberalismus.* Als der Freihandel in England siegte, war England der weitaus höchst entwickelte Industriestaat der Erde. Der Fall der Zollgrenzen sollte den englischen Export fördern, den englischen Kapitalien neue Absatzwege erschliessen. Er sollte aber auch dem englischen Kapital Anlage im Ausland erlauben und hat dies in der Tat in nicht geringem Umfange getan. Neue Absatzwege und neue Anlagesphären, schneller Abfluss des totliegenden Geldkapitals in die Produktionssphäre, Ausdehnung der Produktionszeit innerhalb der gesellschaftlichen Umschlagszeit des Kapitals, internationale Ausgleichung der Profitraten, Vermehrung der dem englischen Kapital zuströmenden Werte durch Anlage im Ausland — alle diese Zwecke suchte England durch den Freihandel zu erreichen. *Die Zwecke sind dieselben geblieben, nur die Mittel haben sich geändert.* Seitdem haben die anderen Staaten hinter dem Schutze einer Zollmauer ihre Industrie entwickelt. Der ursprüngliche Erziehungszoll ist schliesslich zum Kartellschutzzoll geworden. Dieser Zoll soll nicht mehr die englischen Waren vom inländischen Markt fern halten, sondern er ist zum Mittel geworden, die englischen Waren auf dem britischen Markt selbst und auf dem Weltmarkt zu bekämpfen. Wo immer das englische Kapital Absatzwege, wo immer es Anlagesphären sucht, stösst es auf den Wettbewerb der anderen kapitalistischen Staaten. So muss denn England, wie jeder andere Staat, heute andere Wege gehen, um das alte Ziel zu erreichen.

Der alte englische Freihandel war *kosmopolitisch:* er reisst die Zollgrenzen nieder, will die ganze Welt zu einem Wirtschaftsgebiet zusammenschliessen. Die internationale Arbeitsteilung soll alle Völker vereinen; nicht mehr im blutigen Streit der Waffen, sondern im friedlichen Wettbewerb sollen die Völker ihre Kräfte messen.[1])

Ganz anders der moderne Imperialismus. Er will nicht aus allen Ländern ein einheitliches Wirtschaftsgebiet bilden, sondern hegt das eigene Wirtschaftsgebiet mit einer Zollgrenze ein; er erschliesst minder entwickelte Länder und sichert dort den Kapitalisten seines Landes Anlagesphären und Absatzgebiete, von denen er die Kapitalisten der anderen Länder ausschliesst. Er träumt nicht Frieden, sondern bereitet den Krieg vor. Er glaubt nicht die ganze Menschheit zu freiem friedlichen Austausch und Wettbewerb vereinen zu können, sondern sucht dem eigenen Lande auf Kosten der anderen zu nützen, indem er mit Zöllen, mit Kriegsflotten und Soldaten sich gegen das Ausland waffnet. Und die Interessen, die er verficht, erscheinen ihm, wie wir gesehen haben, notwendig als gesamtwirtschaftliche, gesamtstaatliche Interessen, in den Nationalstaaten des Westens also als nationale Interessen. Die wirtschaftspolitischen Zwecke haben sich nicht geändert seit den Tagen der Cobden und Bright; aber indem die Mittel der kapitalistischen Wirtschaftspolitik sich veränderten, wurden aus kosmopolitischen Liberalen nationale Imperialisten.

Aber gerade der kosmopolitische Liberalismus hatte das Nationalitätsprinzip auf seine Fahne geschrieben. Gerade er wünschte den Griechen, den Völkern Südamerikas, den Italienern und Magyaren staatliche Selbständigkeit. Kein Wunder, wurde doch jedes Land, das die Fesseln absolutistischer und feudaler Knechtschaft abgeworfen hat, zum Markt für seine Waren, zur Anlagesphäre für seine Kapitalien. So schwärmten die englischen

---

[1]) Es ist hier vielleicht die Stelle, die verschiedenen Bedeutungen des Wortes Kosmopolitismus anzuführen, die wir kennen gelernt haben. An erster Stelle ist hier der kulturelle Kosmopolitismus zu nennen: jede Nation soll die überlieferte Beschränktheit ihrer nationalen Eigenart überwinden und von allen Völkern lernen, was wahr, gut und schön ist. Der kulturelle Kosmopolitismus setzt also der nationalen die rationalistische Wertungsweise entgegen. Wir wissen bereits, dass diese Grundstimmung im Wesen des Menschen begründet ist. Sie erstarkt überall dort, wo die alten Werte einer Nation durch eine revolutionäre Entwicklung untergraben werden: so in Hellas im Zeitalter der Sophisten, in Rom in der Zeit der Stoa und des Christentums, in Italien im Zeitalter der Renaissance, schliesslich überall, sobald der moderne Kapitalismus die alte Gesellschaft umwälzt. Heute ist die Arbeiterklasse die Trägerin dieses kulturellen Kosmopolitismus. Von ihm sehr verschieden ist der ökonomische Kosmopolitismus der freihändlerischen Kapitalistenklasse, der dem Expansionsstreben des Kapitals dient. Mit ihm hat die Arbeiterklasse nichts zu tun. Ganz anderer Natur wieder ist der naive Kosmopolitismus des jugendlichen Proletariats der historischen Nationen, den wir im § 20 kennen gelernt haben. Diese drei verschiedenen Begriffe des Kosmopolitismus sind nicht nur untereinander scharf zu scheiden, sie dürfen auch nicht mit dem Internationalismus verwechselt werden, dessen Bedeutung wir noch kennen lernen werden.

Liberalen, wie Grillparzer boshaft spottet, mit verzückten Blicken „für die Freiheit der Länder, die — ohne Fabriken“. Auch hier ein völlig verändertes Bild! Heute sichert dem Kapitalismus der entwickelten Industriestaaten nicht mehr die Freiheit, sondern nur die Unterwerfung der minder entwickelten Gebiete Absatzwege und Anlagesphären. *Das Ideal des modernen Kapitalismus ist darum gar nicht mehr der Nationalstaat, sondern der Nationalitätenstaat*, aber ein Nationalitätenstaat, in dem nur das Staatsvolk des herrschenden Landes gebietet und ausbeutet, die anderen Völker ihm wehrlos ausgeliefert sind. Sein Vorbild ist nicht mehr der englische Nationalstaat, sondern das britische Weltreich.

Diese Veränderung wird um so bedeutsamer, als mit den neuen Methoden kapitalistischer Expansion auch die ganze Ideologie der Kapitalistenklasse sich verändert. Das liberale Bürgertum, das gegen absolutistische Unterdrückung, gegen feudale Ausbeutung, gegen merkantilistischen Zwang kämpfte, liebte die Freiheit. Es machte die Maxime seines durch seine Klassenbedürfnisse bestimmten Handelns zum allgemeinen Gesetz, wenn es den Nationen die Freiheit verhiess, die es den Staatsbürgern erkämpfte. Anders die moderne Bourgeoisie. Sie fürchtet die Arbeiterklasse des eigenen Landes und ist entschlossen, ihr Eigentum und ihre Herrschaft zu verteidigen — wenn nötig, auch mit Gewalt. Die Machtmittel, die sie als unterdrückte Klasse gehasst, sind ihr lieb und wert geworden, seit sie ihre eigene Herrschaft stützen. Nun wird ihr die Freiheit ein kindlicher Traum, der Wille zur Macht sittliche Pflicht. Und diese Stimmung, die schon aus dem Bewusstsein des Klassengegensatzes innerhalb der Nationen fliesst, wird ungeheuer verstärkt durch die tägliche Praxis kapitalistischer Expansionspolitik. Berauscht von den Reichtümern, die ihm aus den Kolonien zufliessen, spottet das Bürgertum der sittlichen Ideale seiner Vergangenheit. Millionen politisch zu knechten, ihres Landes zu berauben, zu massloser Ueberarbeit zu zwingen — das dünkt ihm erst Recht, bald gar Pflicht der „höheren Kultur“, der „höheren Rasse“. Das ist die Stimmung, die sich in *Kiplings* farbenprächtigen Dichtungen malt, die aus den Reden eines *Cecil Rhodes*, eines *Josef Chamberlain* spricht, die sich an den kraftvollen ungebundenen Persönlichkeiten der *Renaissance* begeistert, die die Weltgeschichte zum Drama des *Rassenkampfes* umdichtet. In diesem Boden verdorrt das Ideal der Einheit und Freiheit der Nationen. Die Herrschaft einer kapitalistischen Herrennation über Millionen Unterworfene ist das Staatsideal des reifen Kapitalismus.

So sehen wir hier schon, wenn auch erst in grobem Umriss, wie das alte bürgerliche Nationalitätsprinzip von einem neuen imperialistisch-nationalistischen Prinzip der Staatsbildung verdrängt wird. Nicht mehr Freiheit, Einheit und staatliche Selbständigkeit jeder Nation ist das Ideal des späten Kapitalismus, sondern die Unterwerfung der Millionen fremder Völker unter die Herrschaft der eigenen Nation; nicht mehr sollen die Nationen friedlich im freien Warenaustausch wetteifern, sondern jede Nation soll sich bis an die Zähne bewaffnen, um in jedem Augenblicke die unterworfenen Völker niederhalten, die fremden Nebenbuhler von der eigenen Ausbeutungssphäre fernhalten zu können. Diese völlige Wandlung des Prinzips der Staatsbildung in der kapitalistischen Gesellschaft entspringt im letzten Grunde der Tatsache, dass mit der Konzentration des Kapitals die Methoden der kapitalistischen Wirtschaftspolitik sich verändert haben.

Wollen wir aber diese neue Stellung der Kapitalistenklasse zum Nationalitätsprinzip völlig verstehen, so müssen wir das Trugbild zerreissen, dass die kapitalistische Expansionspolitik einem einheitlichen, gesamtwirtschaftlichen und gesamtstaatlichen Interesse dient. Wir müssen zeigen, wie gerade die kapitalistische Expansionspolitik innere Gegensätze innerhalb der Nation schafft, wie der Kampf um den Imperialismus zum Klassenkampfe wird. Dann erst werden wir verstehen, wie der innere Klassengegensatz innerhalb der Nation zum äusseren Gegensatz der Nationen gegen einander, zur Herrschaft einer Nation über die anderen Völker treibt.

§ 28.

Die Arbeiterklasse und die kapitalistische Expansionspolitik.

Wir haben gesehen, wie die moderne kapitalistische Expansionspolitik durch alle ihre Mittel im letzten Grunde nichts anderes erreichen will als die Veränderung des Verhältnisses zwischen produktivem und totgelegtem Kapital, zwischen Produktionszeit und Umlaufszeit. Der Kampf um Absatzmärkte dient diesem Zwecke ebenso wie der Kampf um Anlagesphären. Verminderung des totgelegten Kapitals, Beschleunigung des Abflusses in die Produktionssphäre, Ausdehnung der Produktionszeit innerhalb der Umschlagszeit, erscheinen aber als gemeinsame Interessen aller Klassen. Auch die Arbeiterklasse erscheint daran interessiert: wird die Menge des in jedem Augenblick aus dem Kreislauf des Kapitals herausgetretenen Geldkapitals verringert, so wächst die Nachfrage nach Arbeitskräften, es wächst also auch die Machtstellung der Arbeiter auf dem Arbeitsmarkt, es steigen die Löhne. Darum meint man, dass das „Produzenteninteresse“ der Arbeiter für Schutzzölle und Expansionspolitik spricht. Es unterliegt keinem Zweifel, dass diese Wirkungen der modernen kapitalistischen Politik der Arbeiterklasse nützlich sind, fraglich ist es nur, ob die Expansionspolitik nicht auch andere Wirkungen zeitigt, die der Arbeiterklasse schädlich sind, die die wirtschaftlichen Interessen der Arbeiterschaft in höherem Masse schädigen, als sie durch die Verminderung des brachliegenden Kapitals gefördert werden können.

Die bürgerliche Oekonomie hat beobachtet, dass die moderne Zollpolitik und Kolonialpolitik die Zirkulation des Kapitals verändert und dass diese Veränderungen die Tendenz zur Steigerung der Preise, Profite und Löhne hervorbringen. Daher scheint ihr die kapitalistische Expansionspolitik den Interessen der Arbeiterklasse ebenso förderlich wie den Interessen der Kapitalistenklasse. Diese Beobachtung ist richtig, aber unvollständig. Sie muss ergänzt werden durch die Beobachtung der Veränderungen, die die Wirtschaftspolitik des Imperialismus in der Produktionssphäre erzeugt. Denn die kapitalistische Expansionspolitik beschleunigt nicht nur den Abfluss totliegenden Geldkapitals in die Produktionssphäre, sie verkürzt nicht nur die Umschlagszeit und insbesondere die Umlaufszeit des Kapitals, sie verändert vielmehr auch die Verteilung des produktiven Kapitals auf die einzelnen Produktionszweige und beeinflusst dadurch sehr wirksam die Verteilung des Wertproduktes auf die Klassen unserer Gesellschaft.

Der Schutzzoll bewirkt zunächst eine veränderte Verteilung der gesellschaftlichen Arbeit. Bei Freihandel würde sich das Kapital nur auf jene Produktionszweige verteilen, in welchen die natürlichen und sozialen Bedingungen der Produktion im Lande günstiger sind; die Erzeugnisse der anderen Produktionszweige würde die Gesellschaft vom Ausland eintauschen. Der Schutzzoll dagegen zwingt die Gesellschaft, auch diejenigen Güter zu erzeugen, in der die Bedingungen der Produktion im Inland minder günstig sind. Dadurch verringert der Zoll die Ergiebigkeit der gesellschaftlichen Arbeit. Dies tritt im hohen Preise der Waren in Erscheinung. Dadurch wird die Kaufkraft des Geldlohnes verringert, die Arbeiterklasse also geschädigt. Sobald der Zoll zum Kartellschutzzoll wird, werden die Waren aber auch noch über diese Grenze hinaus verteuert, da hinter dem Schutze des Zolles sich Trusts und Kartelle bilden, die den Markt monopolistisch beherrschen. Diese Verteuerung beruht nicht mehr auf der Verringerung der Produktivität der Arbeit, sondern auf der veränderten Verteilung des Wertproduktes, von dem sich die Kartell-Magnaten dank dem Zoll einen grösseren Teil aneignen können. Sobald endlich der Kartellschutzzoll zum Angriff dient, der Schleuderexport der Kartelle einsetzt, werden die Waren der kartellierten Produktionszweige neuerlich verteuert: nun hemmt die Rücksicht auf die Steigerung der Kosten bei Verringerung des Absatzes im Inland nicht mehr das Steigen der Preise, die Preise können also höher festgesetzt werden, als dies ohne die billige Ausfuhr in das Ausland möglich wäre. Dadurch wird die Verteilung des gesellschaftlichen Wertproduktes neuerlich zum Vorteile der kartellierten Unternehmer, zum Nachteile der Arbeiterklasse verändert. Höhere Warenpreise, geringere Kaufkraft gleicher Geldlöhne sind die erste Wirkung der kapitalistischen Zollpolitik für die Arbeiterklasse.

Bleiben aber die Geldlöhne unverändert? Die Schutzzöllner sehen, dass der Zoll den Abfluss des Kapitals in die Produktionssphäre beschleunigt, daher auch die Nachfrage nach Arbeitskräften vermehrt. Er hat also die Tendenz, die Arbeitslöhne zu steigern. Wir aber sehen, dass der Schutzzoll nicht nur den Aufbau der gesellschaftlichen Umschlagszeit verändert, sondern auch die Verteilung des produktiven Kapitals auf die verschiedenen Produktionszweige modifiziert. Nun ist es gewiss, dass der Schutzzoll die Wirkung hat, einen grösseren Teil des Kapitals den Produktionszweigen mit hoher organischer Zusammensetzung, also mit geringerem Arbeitsfassungsvermögen zuzutreiben, als ohne ihn in diesen Gewerbszweigen Raum gefunden hätte. Die Produktionszweige, die viel konstantes, wenig variables Kapital brauchen, sind nämlich zur Kartellierung am ehesten fortgeschritten.

Durch die auf die Schutzzölle gestützte Ausfuhrpraxis dieser Kartelle werden nun die inländischen Produktionszweige mit niedriger organischer Zusammensetzung geschädigt. Wenn beispielsweise die Kartelle im deutschen Eisengewerbe ihre Waren in England wesentlich billiger verkaufen als auf dem deutschen Markt, so haben die eisenverarbeitenden Industrien in England billigeren Rohstoff zur Verfügung als ihre deutschen Konkurrenten. Die englische Ausfuhr in Eisen, Stahl, Blech, Draht, Röhren, Halbzeug hat abgenommen oder doch nicht zugenommen; hier stosst eben England auf den überlegenen Wettbewerb der deutschen und amerikanischen monopolistischen Organisation. Dagegen wächst sehr schnell die Ausfuhr aller eisenverarbeitenden Industrien Englands, so der Export von Lokomotiven, Schienen, Maschinen, Messern, Kurzwaren. Ebenso gewaltig hat sich der englische Schiffbau entwickelt. Das Wachstum dieser englischen Ausfuhr ist zu nicht geringem Teil dadurch möglich geworden, dass Deutschland und Amerika dieser Industrie einen überaus billigen Rohstoff liefern. Aber noch mehr! Wenn die deutschen Kartelle den Engländern billigeres Eisen und wohlfeileren Stahl liefern als ihren deutschen Abnehmern, so bedeutet dies, dass die englischen Industrien billigere Maschinen zur Verfügung haben als ihre deutschen Konkurrenten.

Die Konkurrenzfähigkeit der Textilindustrie von Lancashire beruht zu nicht geringerem Teil auf ihren billigen Maschinen. Wenn die deutschen Eisenkartelle, um im Inland den Eisenpreis hochhalten zu können, ihre Waren im Ausland billiger abgeben, so verringern sie dadurch die Konkurrenzfähigkeit der deutschen eisenverarbeitenden Industrien, mittelbar die Konkurrenzfähigkeit aller deutschen Industrien auf dem Weltmarkt. Nun sind diese durch den Kartellschutzzoll geschädigten Industrien durchaus Gewerbszweige mit weit niedrigerer organischer Zusammensetzung des Kapitals, also mit grösserem Arbeitsfassungsvermögen als die Eisenindustrien. Vergleichen wir die Verteilung des produktiven Kapitals unter dem Einfluss des Schutzzolles mit der Verteilung, die das produktive Kapital bei Freihandel angenommen hätte, so sehen wir einen grösseren Teil des gesellschaftlichen Kapitals in Produktionszweigen, die bei gleichem Kapitalaufwand weniger Arbeitskräfte beschäftigen als die anderen Industrien. Der Schutzzoll verringert also die Nachfrage nach Arbeitskräften, verschlechtert die Lage der Arbeiter auf dem Arbeitsmarkt. Noch mehr! Die durch den Kartellschutzzoll geförderten Industrien sind solche, in denen das Kapital die höchste Stufe der Konzentration erreicht hat, die Freizügigkeit für die Arbeiter fast aufgehoben, der gewerkschaftliche Kampf ausserordentlich erschwert ist: der Maschinenbauer in einer verhältnismässig kleinen Maschinenfabrik hat seinem Unternehmer gegenüber eine ganz andere Stellung als der Arbeiter im Hochofen oder Stahlwerk irgend eines rheinisch-westfälischen Eisenkönigs. Der Schutzzoll verschiebt, indem er die „schweren" Industrien fördert, die eisenverarbeitenden Industrien schädigt, das Kapital in Produktionszweige, die dem gewerkschaftlichen Kampfe minder günstige Bedingungen bieten!

Es ist gewiss richtig, dass der Schutzzoll die Zirkulation des Kapitals günstig beeinflusst, aber er verändert auch die Verteilung des produktiven Kapitals; dies bedeutet einerseits die Verringerung der Ergiebigkeit der Arbeit, Steigen der Warenpreise, Verringerung der Kaufkraft des Geldlohnes, andererseits Verschiebung des Kapitals in Produktionszweige mit geringerem Arbeitsfassungsvermögen, verringerte Nachfrage nach Arbeitskräften, Erschwerung des gewerkschaftlichen Kampfes. Solange wir bloss die Zirkulation des Kapitals ins Auge fassen, scheint der Schutzzoll ein gemeinsames wirtschaftliches Interesse der gesamten Bevölkerung zu fördern; betrachten wir dagegen die Verteilung des produktiven Kapitals, so sehen wir sofort, dass für die Arbeiterklasse, wenn sie einen Schutzzoll zu beurteilen hat, ganz andere Gesichtspunkte in Frage kommen als für die Kapitalistenklasse.

Auf der Grundlage des modernen Schutzzollsystems erhebt sich nun die kapitalistische Expansionspolitik. Diese Politik erfordert zunächst ungeheure militärische Machtmittel. Gewaltige

Wertsummen werden dem Militarismus und Marinismus geopfert. Nun wird der nüchterne Beurteiler die imperialistische Politik nur dann rechtfertigen können, wenn ihr wirtschaftliches Erträgnis grösser ist als diese wirtschaftlichen Opfer. Auch diese Frage steht nun für die Arbeiterklasse ganz anders als für die Bourgeoisie. Denn überall wird vom Arbeitslohn ein viel grösserer Teil dem Militarismus geopfert als vom Mehrwert. Der Verbrauch grosser Summen für die Zwecke des Marinismus und Militarismus erscheint nämlich als eine gewaltige Vermehrung der gesellschaftlichen Konsumtion; er verringert die Zahl der produktiven Arbeiter und vermehrt den gesellschaftlichen Verbrauch. Er könnte daher sehr leicht die gesellschaftliche Akkumulationsrate verringern. Die kapitalistischen Staaten aber fürchten die Verringerung der Akkumulationsrate; sie sind daher bestrebt, die Kosten der militärischen Rüstungen der Arbeiterklasse aufzuerlegen. Dadurch wird das Sinken der Akkumulationsrate verhindert, da vom Arbeitslohn ein viel geringerer Teil akkumuliert wird als vom Mehrwert. Wenn der Arbeiter einen beträchtlichen Teil seines Arbeitslohnes als Steuer an den Staat abtreten muss (Verbrauchsabgaben!. Finanzzölle!), so tritt an die Stelle des individuellen Konsums des Arbeiters der staatliche Konsum in Gestalt der Ausgaben für den Militarismus; wenn dagegen der Mehrwert die Kosten des Militarismus zu tragen hätte, so würden Kapitalien verzehrt, konsumiert, die sonst teilweise akkumuliert worden wären. Schon die Rücksicht auf die Höhe der Akkumulationsrate veranlasst alle kapitalistischen Staaten — von den Machtverhältnissen im kapitalistischen Staate ganz abgesehen, die ja die Steuerpolitik nach derselben Richtung treiben — das Erfordernis für Kriegsheer und Flotte durch indirekte Steuern und Finanzzölle aufzubringen, die die Arbeiterklasse verhältnismässig viel schwerer belasten als die besitzenden Klassen. Angenommen selbst, dass der Imperialismus die Masse des Arbeitslohnes in gleichem Masse vermehren würde wie die Masse des Mehrwertes, wäre die Arbeiterklasse an der kapitalistischen Expansionspolitik immer noch nicht in gleichem Masse interessiert wie die besitzenden Klassen, da sie einen beträchtlich grösseren Teil der Kosten des Imperialismus zu tragen hat.

Unter dem Schutze der militärischen Machtmittel sucht das europäische Kapital in fernen Erdteilen Anlage. Ein beträchtlicher Teil des in jedem Jahre in Europa akkumulierten Mehrwertes wandert aus: es betreibt in Amerika Eisenbahnen, in Südafrika Goldminen, baut in Aegypten Kanäle, erschliesst in China Kohlengruben. Grossbritannien vermehrt in jedem Jahre seine Kapitalanlagen im Ausland um etwa 50 Millionen Pfund Sterling, also um eine Milliarde Mark. (Armitage Smith.) Seine Kapitalanlagen im Ausland scheinen schneller zu wachsen als die im Inland; wenigstens hat sich das britische Gesamteinkommen in den Jahren 1865 bis 1898 nur etwa verdoppelt, während das Einkommen aus dem Ausland sich in demselben Zeitraum verneunfacht hat. (Giffen.) Auch Deutschlands Kapitalanlagen in den überseeischen Staaten wachsen sehr schnell; sie sollen im Jahre 1898 7035 bis 7735, 1904 schon 8030 bis 9225 Millionen Mark betragen haben.[1]) Von den in Deutschland gehandelten Effekten dürften 2 bis $2^1/_2$ Milliarden Mark auf überseeische Gebiete entfallen. Die deutschen Grossbanken haben den deutschen Kapitalexport planmässig organisiert.

Dieser Kapitalexport nun bewirkt, dass die Nachfrage auf dem europäischen Arbeitsmarkte sinkt. Es mag sein, dass das Kapital, das in das Ausland abfliesst, im Inland zeitweilig totgelegt geblieben wäre, wenn man ihm dieses Ventil nicht geöffnet hätte. Aber dauernd bleibt kein Kapital totgelegt, es hätte sich schliesslich doch auch im Inland den Weg in die Produktionssphäre gebahnt. Wenn man dies nicht abwartet, sondern dem Kapital die Abwanderung in das Ausland möglich macht, so geht dieses Kapital dem inländischen Arbeitsmarkt dauernd verloren. Wenn ich ein Kapital besitze, so heisst dies, dass ich eine bestimmte Menge gesellschaftlicher Arbeit geleistet oder doch mir eine bestimmte Menge gesellschaftlicher, von Lohnarbeitern geleisteter Arbeit kraft meines Eigentums an den Arbeitsmitteln angeeignet habe; ich habe nun das Recht, eine Menge anderer, von anderen geleisteter gesellschaftlicher Arbeit zu fordern, gesellschaftliche Arbeit zu kaufen. Wenn ich nun dieses Kapital in südafrikanischen Goldminen anlege, so mache ich diesen Anspruch auf fremde Arbeit geltend: aber ich kaufe nicht die Arbeitskraft englischer oder deutscher Arbeiter, sondern chinesischer Kulis. Verringerung der Arbeitslast einer Nation bedeutet aber in der kapitalistischen Gesellschaft Verminderung der Nachfrage nach ihren Arbeitskräften, Verschlechterung der Lage der Arbeiter auf dem Arbeitsmarkt. Soweit der Imperialismus die Auswanderung des europäischen Kapitals in fremde Erdteile fördert, bedroht er also ganz unmittelbar das „Produzenteninteresse" der Arbeiter. Indem der Imperialismus den Spielraum der Tendenz zur Ausgleichung der Profitraten auf die ganze Erde erweitert, strebt er die Ersetzung der europäischen Arbeiter durch die billigeren Arbeitskräfte der minder entwickelten Nationen an, bedeutet er also der Tendenz nach — wie Kurt Eisner einmal sagte — eine „Generalaussperrung der europäischen Arbeiterschaft".

Allerdings ist das auswandernde Kapital nur zum Teil variables Kapital; soweit es konstantes Kapital wird, sich in Arbeitsmitteln verkörpert, schafft es neuen Absatz für die Industrien des

[1]) Die Entwicklung der deutschen Seeinteressen im letzten Jahrzehnt. Zusammengestellt im Reichs-Marine-Amt. Berlin 1905. Seite 173.

Mutterlandes, von denen diese Arbeitsmittel bezogen werden, dadurch auch neue Anlagesphären für das Kapital im Mutterlande selbst. Hier wird also die Nachfrage nach Arbeitskräften wieder vermehrt, da der Abfluss des totgelegten Kapitals in die Produktionssphäre auch im Mutterlande selbst beschleunigt wird. Uns interessiert aber auch hier wieder die Verteilung des Kapitals auf die verschiedenen Produktionszweige. Denn wenn ein Teil des Kapitals eines europäischen Landes in das Ausland abfliesst und die Nachfrage dieses Kapitals nach Arbeitsmitteln dann in Europa selbst zur Erweiterung des Produktionsapparates der Gesellschaft führt, so verteilt sich das Kapital auch im Mutterlande anders auf die verschiedenen Zweige der Produktion, als dies ohne den vorausgegangenen, durch die imperialistische Politik ermöglichten oder doch geförderten Kapitalexport geschehen wäre. Es sind ganz bestimmte Produktionszweige, die durch diese neuen Absatzmärkte gefördert werden; das Kapital wendet sich in der Heimat der Produktion von Waffen und Geschützen, den Schiffswerften und Reedereien zu, es wird in Kanälen, Hafenanlagen, Docks u. s. w. angelegt. Es sind dies Produktionszweige mit hoher organischer Zusammensetzung des Kapitals, Produktionszweige, die nur eine geringe Nachfrage auf dem Arbeitsmarkt entfalten können. Wenn die Arbeiter einen Teil ihres Arbeitslohnes als Steuer an den Staat abtreten müssen, so steigt die Nachfrage nach Waffen, Schiffen, Eisenbahnmaterial, aber es sinkt in demselben Masse die Nachfrage nach den Produkten jener Industrien, die des Arbeiters Kleidung, Wohnung, Nahrung erzeugen. Die geförderten Produktionszweige haben ein geringeres Arbeitsfassungsvermögen als die geschädigten

Das sind also die nächsten Wirkungen der kapitalistischen Expansionspolitik: einerseits freilich schnelle Ueberführung brachliegenden Geldkapitals in die Produktion, andererseits aber Abfluss eines Teiles des Kapitals in das Ausland und Neuverteilung des Restes des Kapitals im Inland, so dass die Produktionszweige mit geringerem Arbeitsfassungsvermögen stärker besetzt werden. Einerseits eine Vermehrung des produktiven Kapitals im Lande durch Verringerung der totliegenden Kapitalien und Verkürzung der Umschlagszeit; andererseits aber Verminderung des produktiven Kapitals überhaupt infolge der Kapitalexporte und noch schnellere Verminderung des gesellschaftlichen Lohnkapitals, da das im Mutterlande zurückgebliebene Kapital zu höherer organischer Zusammensetzung fortschreitet.

Da die Profitrate in den durch den Imperialismus erschlossenen Kolonialländern höher ist als im Mutterlande, so bewirkt der Imperialismus eine wesentliche Bereicherung des Mutterlandes. Aber dies drückt sich in der kapitalistischen Gesellschaft nur darin aus, dass die der Kapitalistenklasse zufliessenden Mehrwertsummen steigen Die Arbeiterklasse hat am wachsenden Reichtum der Gesellschaft unmittelbar keinen Teil. Nur mittelbar kann die Vermehrung der der Kapitalistenklasse zuströmenden Mehrwertmassen doch auch der Arbeiterklasse zugute kommen. Ein Teil dieses Mehrwertes wird nämlich akkumuliert; da die Masse des gesamten Mehrwertes durch die Kapitalsanlage im Ausland gewachsen ist, so wird bei unveränderter Akkumulationsrate auch die Masse des in jedem Jahre akkumulierten Mehrwertes gestiegen sein Ich nenne die Differenz zwischen jener Mehrwertsumme, die in einem Jahre von der Kapitalistenklasse des Mutterlandes akkumuliert wird, und jener, die von ihr akkumuliert worden wäre, wenn die ihr zuströmenden Mehrwertmassen nicht durch die Kapitalsanlage im Ausland, insbesondere in den Kolonialgebieten, vermehrt worden wären, die Akkumulationsdifferenz Von dieser Wertsumme kommt nun wiederum ein beträchtlicher Teil für die europäischen Arbeiter gar nicht in Betracht, ein grosser Teil der Akkumulationsdifferenz wird vielmehr sofort wieder zu Kapitalsanlagen im Ausland verwendet Wissen wir doch, dass von den den englischen Kapitalisten aus ausländischen Kapitalsanlagen zufliessenden Zinsen und Dividenden ein grosser Teil überhaupt nicht nach England kommt, sondern sofort im Ausland stehen bleibt, die ausländischen Kapitalsanlagen Englands vermehrt. Aber ein Teil der Akkumulationsdifferenz wird doch im Mutterlande selbst produktiv akkumuliert; ein Teil dieses Teiles wird dort zu variablem Kapital, vermehrt also die Nachfrage nach den Arbeitskräften des Mutterlandes

Wer also untersuchen will, inwiefern die kapitalistische Expansionspolitik die Lage der europäischen Arbeiter auf dem Arbeitsmarkte verbessert, darf nicht die ganzen riesigen Wertsummen in Betracht ziehen, die den kapitalistischen Nationen aus den von ihnen unterjochten Ländern fremder Erdteile zufliessen, sondern nur einen verhältnismässig kleinen Teil dieser Wertsummen, nämlich den Teil der Akkumulationsdifferenz, der, in Europa selbst produktiv angelegt, hier die Gestalt variablen Kapitals annimmt. Die Ausbeutung der fremden Erdteile durch den europäischen Kapitalismus steigert zweifellos den Reichtum der kapitalistischen Nationen; aber das bedeutet in der kapitalistischen Gesellschaft keineswegs, dass daduch auch der Reichtum der Arbeiterklasse dieser Nationen überhaupt, geschweige denn, dass er in gleichem Grade wächst

Endlich kommt es nicht nur auf die absolute Grösse der aus den Kolonialgebieten nach Europa strömenden Mehrwertsummen an, sondern auch darauf, in welchen Gebrauchswerten sie sich verkörpern. Für die Arbeiterklasse ist es am vorteilhaftesten, wenn die unterworfenen Länder ihren Tribut an die kapitalistischen Nationen in Gestalt von Getreide, Fleisch, Baumwolle zahlen müssen. In diesem Falle sinken die Preise der wichtigsten Lebensmittel der Arbeiter, es steigt also die Kaufkraft ihres Geldlohnes. Hier fördert die Expansionspolitik gerade das „Konsumenteninteresse“ der Arbeiter. Aber gerade diese günstigen Wirkungen sind dem Imperialismus nicht genehm. In Grossbritannien wollen gerade die Imperialisten Getreide und Fleisch mit Einfuhrzöllen belegen. Im Deutschen Reich stehen gerade die Industrien, die am Imperialismus am meisten interessiert sind, im engsten Bunde mit den Agrariern und erkaufen ihre Stimmen für die Kartellschutzzölle, indem sie den Junkern die Agrarschutzzölle bewilligen.

Aber das Gut, nach dem nicht nur der einzelne Kapitalist, sondern die gesamte Kapitalistenklasse mit grösster Leidenschaft begehrt, ist das Gold. Entdeckung neuer Goldschätze war immer ein wichtiges Ziel imperialistischer Politik. Sie hat die günstigen Wirkungen der Expansion immer am schnellsten hervorgerufen: neue Goldfunde bedeuten immer neue riesige Anlagesphären, neue reiche Absatzmärkte, schnelle Vermehrung der kapitalistischen Produktion. Aber indem der Imperialismus neue Goldbergwerke erschliesst, indem er sie durch Strassen, Eisenbahnen, Telegraphen, Dampfschifflinien Europa näher bringt, indem er die moderne Bergtechnik in den Goldminen einführt, indem er schliesslich für billige Arbeitskräfte sorgt, senkt er die Produktionskosten des Goldes. Sinkt aber der Produktionspreis des Goldes, so steigt der Produktionspreis aller Waren. Wenn in den letzten Jahren das schnelle und dauernde Steigen der Warenpreise die Kaufkraft des Geldlohnes stetig senkt, wenn das Steigen der Lebensmittelpreise den Arbeitern wieder raubt, was die Gewerkschaften ihnen erobert haben, so danken dies die europäischen Arbeiter zweifellos zu nicht geringem Teile der Tatsache, dass die Politik des britischen Imperialismus die Produktionskosten des Goldes gesenkt hat. Ist es nicht ein überraschendes Beispiel der internationalen Solidarität der Arbeiterinteressen, dass die Ausbeutung des elendesten und meist verachteten Arbeiters der Welt, des chinesischen Kuli, hier ganz unmittelbar die Arbeiter aller Länder geschädigt hat?

So erhalten wir, wenn wir die Wirkungen der kapitalistischen Expansionspolitik auf die Lage der Arbeiterklasse untersuchen, ein recht buntes Bild. Einerseits fördert der Imperialismus den Wohlstand der Arbeiterklasse: indem er den Abfluss des Kapitals in die Produktionssphäre beschleunigt, die Umlaufszeit des Kapitals verkürzt, indem er durch einen Teil der Akkumulationsdifferenz die Masse des in der Gesellschaft tätigen Kapitals vermehrt, steigert er die Nachfrage nach Arbeitskräften; indem er die unterjochten Völker Getreide und Fleisch, Baumwolle und Wolle an die kapitalistischen Herrennationen abtreten lässt, steigert er in Europa die

Kaufkraft des Arbeitslohnes. Aber andererseits wird die Arbeiterklasse durch den Imperialismus wieder empfindlich geschädigt: durch den Schutzzoll, hinter dessen Schutz sich mächtige Kartelle und Trusts aufbauen, durch Finanzzölle und indirekte Steuern, die die Kosten der Eroberungspolitik tragen müssen, endlich durch die Verringerung der Produktionskosten des Goldes steigert diese Politik die Preise der Lebensmittel der Arbeiter, senkt sie also die Kaufkraft ihres Geldlohnes; durch den Abfluss gewaltiger Kapitalien in das Ausland, den sie ermöglicht, durch die Förderung der Produktionszweige mit geringem Arbeitsfassungsvermögen, sowohl mittels der Schutzzölle als auch mittels der Erschliessung neuer fremder Märkte, verringert sie die Nachfrage auf dem Arbeitsmarkt; durch die Verschiebung des Kapitals in jene Produktionszweige, in denen die Konzentration am weitesten gediehen ist, durch die Förderung dieser Konzentration mittels der Zölle erschwert sie den gewerkschaftlichen Kampf.

Daraus geht zunächst hervor, dass die Arbeiterklasse an den aus den Kolonialgebieten strömenden Reichtümern weit geringeren Anteil hat als die besitzenden Klassen. Die Kapitalistenklasse eignet sich den allergrössten Teil des Reichtumszuwachses an: alle günstigen Wirkungen der imperialistischen Politik fördern sie, von allen oder fast allen ungünstigen Gegenwirkungen bleibt sie verschont. Dagegen steht jeder günstigen Wirkung der Expansionspolitik für das Proletariat eine Reihe ungünstiger Gegenwirkungen gegenüber. Man sieht, wie wenig die imperialistische Politik wirklich dem Zwecke dient, dem sie zu dienen vorgibt: der wachsenden Volksmasse der grossen kapitalistischen Wirtschaftsgebiete Nahrung zu schaffen. Gerade die Klasse, deren Zahl am schnellsten steigt, hat an den wachsenden Reichtümern den geringsten Teil. Aber nicht nur die aus den Kolonien in das Mutterland fliessenden Mehrwertsummen werden zwischen Kapitalisten und Arbeitern ungleich geteilt, auch im Mutterlande selbst verändert sich die Verteilung des Wertproduktes; wenn der Schutzzoll die Bildung von Unternehmerverbänden möglich macht, die den vereinigten Kapitalisten gewaltige Mehrwertsummen in die Hand spielen, während sie gleichzeitig die Lebensmittel des Arbeiters verteuern und seinen gewerkschaftlichen Kampf erschweren; wenn das Sinken der Produktionskosten des Goldes den Reallohn senkt, während die Warenpreise und daher auch die kapitalistischen Profite steigen, so bedeutet dies, dass auch im Inland vom jährlichen Zuwachs des Ertrages der inländischen Produktion der Löwenanteil auf die besitzenden Klassen fällt. Wie immer andere Ursachen die Verteilung des Wertproduktes bestimmen mögen, betrachten wir die Wirkungen der imperialistischen Wirtschaftspolitik isoliert, so sehen wir, dass sie sowohl an den aus den Kolonialgebieten zuströmenden Reichtümern den Kapitalisten weit grösseren Anteil gewährt als den Arbeitern, als auch die Verteilung des Wertproduktes der inländischen Produktion zum Nachteil der Arbeiter verändert. Der Imperialismus verkleinert also den Anteil der Arbeiterklasse am gesellschaftlichen Reichtum, er verschiebt das Verhältnis der Wertsummen, die den besitzenden Klassen zufallen, zu den Wertsummen, die die Arbeiterklasse sich aneignet, zum Nachteile des Proletariats, er steigert also die Ausbeutung der Arbeiter.

Fragen wir nach den Wirkungen des Imperialismus auf den Anteil der Klassen am gesellschaftlichen Reichtum, so erhalten wir eine bestimmte, nicht zu bezweifelnde Antwort. Anders, wenn wir seinen Wirkungen auf die absolute Grösse des Wohlstandes der Arbeiterklasse nachgehen. Hier kann es geschehen, dass die ungünstigen Wirkungen der kapitalistischen Expansionspolitik den günstigen eben die Wage halten : dass also der Wohlstand der Arbeiterklasse unverändert bleibt, der ganze Reichtumszuwachs den besitzenden Klassen zufällt. Es kann geschehen, dass die günstigen Wirkungsreihen kräftiger sind als die ungünstigen, dass also auch die Arbeiterklasse einen Vorteil aus der kapitalistischen Expansionspolitik zieht, wenn auch weit geringeren Vorteil als die Kapitalistenklasse. Endlich ist auch das Gegenteil möglich, dass der Wohlstand der Arbeiterklasse unter dem Einfluss des Imperialismus nicht nur relativ, sondern auch absolut sinkt, dass die ungünstigen Wirkungen stärker sind als die günstigen.

Durch all das bestimmt sich nun die Stellungnahme der Arbeiterklasse zum Imperialismus. Sie steht dem Imperialismus überall nüchtern gegenüber. Sie will in jedem einzelnen Falle berechnen, ob die günstigen Wirkungen des Imperialismus ihr auch wirklich die Opfer lohnen. Ihre Besonnenheit wird zu Misstrauen, da sie sieht, dass es im einzelnen Falle schwer ist, im voraus zu berechnen, welche Kraft die einzelnen, durch Erschliessung neuer Absatzmärkte und Anlagesphären ausgelösten Wirkungsreihen haben werden. So bleibt die Arbeiterklasse nüchtern, während sich die Kapitalistenklasse an der Vorstellung der Ströme von Gold berauscht, die ihr aus den fernen Ländern zufliessen sollen; so bleibt das Proletariat besonnen, während die herrschenden Klassen jubelnd taumeln bei der Vorstellung ihrer Herrschaft über die Millionen und aber Millionen der wehrlosen Völker, die der Imperialismus der kapitalistischen Ausbeutung unterwirft.

Dieses Misstrauen der Arbeiterklasse gegen den Imperialismus steigert sich zu bewusster Feindschaft, sobald sie die politischen und allgemein kulturellen Wirkungen des Imperialismus erwägt.

Der Imperialismus verringert zunächst die Macht der Gesetzgebung gegenüber der Verwaltung. Wenn heute selbst in England wieder die Macht des Königs steigt, so liegt das daran, dass das Vereinigte

Königreich immer mehr zu einem blossen Teil des grossen Weltreiches wird, das kein Parlament mehr beherrschen kann. Gleichzeitig aber gib der Imperialismus den Herrschenden furchtbare Machtmittel in die Hand. Er zwingt alle Nationen zu gewaltigen Rüstungen. Die Heere, die er aufstellt, müssen den Herrschenden gefügig sein: sie müssen bereit sein, sich heute in Afrika und morgen in Indien willig verwenden zu lassen, heute einen Negerstamm mit Stumpf und Stiel auszurotten und morgen mit weissen Soldaten anderer Nationen zu kämpfen, sie müssen heute die Besitzer grosser Goldminen gegen die Rebellion ihrer fremden Arbeiter schützen und morgen die ägyptischen Bauern blutig dafür bestrafen, dass sie die übermütigen Eroberer gezüchtigt. Solche Heere können keine Volksheere sein, die sich aus Menschen mit eigenem Denken und freiem Willen zusammensetzen. Darum ist das Ideal des imperialistischen Heeres eine Armee von beutelustigen, abenteuerfrohen Söldnern. Wo aber der Wettbewerb der Staaten den Imperialismus zwingt, seine Heere zu vermehren, so dass Söldnertruppen ihm nicht mehr genügen können, dort muss er freilich die Jugend des ganzen Volkes bewaffnen; aber durch die mechanische Kraft des Drills und die Suggestivkraft seiner Ideologie sorgt er dafür, dass aus den bewaffneten Volksmassen kein Volksheer werde, dass das bewaffnete Volk den Herrschenden ein gefügiges Werkzeug bleibe. Einerseits zwingt der Imperialismus zu immer grösseren Rüstungen, andererseits aber verträgt er kein Volksheer, hindert er jede Demokratisierung der Wehrverfassung. So stellt er immer grössere Massen bewaffneter Männer als willenloses Instrument den Herrschenden zur Verfügung. Dadurch wird er zur Gefahr für die Demokratie.

Es ist eine sonderbare Zumutung, dass die Arbeiterklasse, wie man ihr so oft geraten hat, auf den Kampf um die Demokratisierung des Heeres verzichten soll, um dafür demokratische Reformen einzutauschen; ist doch die demokratische Wehrverfassung ein wesentlicher und notwendiger Bestandteil aller Demokratie, nicht minder wichtig als das allgemeine Wahlrecht und die autonome Lokalverwaltung. Denn hinter dem Gesetz steht die Macht der Waffen. Volle Demokratie besteht erst dort, wo nicht nur des Volkes Wille Gesetz wird, sondern das gesetzgebende Volk allein auch die Macht hat, dem Gesetze Geltung zu sichern. Darum gibt es in den entwickelten grossen Klassenstaaten kein wahres Volksheer. Wenn einst die modernen Volksheere die Hülle der Klassenherrschaft sprengen, die ihr Wesen verkleidet, dann streift auch die gesellschaftliche Produktion die kapitalistische Form ab, die sie heute verbirgt. Indem der Imperialismus die Demokratisierung der Wehrverfassung hemmt, mindert er die Macht der Arbeiterklasse, bedroht er die Zukunftshoffnungen des Proletariats.

Aber nicht nur das politische Klasseninteresse des Proletariats, auch die ihm eigentümliche, durch seine Stellung in der Gesellschaft bestimmte Ideologie widerstreitet dem Imperialismus. Wir kennen bereits die Ideologie des Imperialismus: den Machttaumel, den Herrenstolz, den Gedanken des Rechtes der höheren Kultur. Wir wissen aber auch schon, dass die Arbeiterklasse notwendig im Gegensatz zu dieser Ideenwelt steht. In den Gedanken, die die Knechtung der fremden Völker begründen sollen, findet die Arbeiterklasse dieselben Beweisgründe wieder, die im Klassenkampfe innerhalb der Nation die Waffen ihrer Gegner sind, die ihre eigene Ausbeutung und Unterdrückung rechtfertigen sollen. Die Ideologie des Imperialismus ist zugleich die Ideologie des Scharfmachertums.

So wird die Arbeiterklasse durch ihr wirtschaftliches und politisches Klasseninteresse wie durch ihre Klassenideologien in Gegensatz gegen die imperialistische Wirtschaftspolitik gesetzt. Dadurch wird sie aber auch befähigt, die allgemein menschlichen Interessen gegen die spezifisch kapitalistischen Interessen zu vertreten. Die Jugend der Arbeiterschaft bildet den Kern der modernen Volksheere; wie könnten die Arbeiter an die Frage vergessen, ob denn die Mehrung der Profite wirklich ein so kostbares Gut ist, dass sie erkauft werden dürfte mit dem Tode von Tausenden und Abertausenden hoffnungsvoller junger Menschen? Die Arbeiterklasse hasst kapitalistisches Profitstreben als die furchtbare Macht, die ihrem eigenen Kampfe um Anteil an den Gütern unserer Kultur fortwährend seine Grenzen setzt, die ihre Kinder ausbeutet und ihre Greise hungern lässt, die sie heute zu massloser Ueberarbeit zwingt und morgen arbeitslos auf die Strasse wirft, die ihre Löhne senkt und ihre Lebensmittel verteuert; wie sollte die Arbeiterklasse nicht die Frage aufwerfen, ob es wirklich billig ist, dieser grausamen, ewig hungrigen Macht ganze Länder, ganze Nationen zu opfern?

So ward die Arbeiterklasse überall des Imperialismus Feind. Dies gilt nicht nur von der Sozialdemokratie, sondern auch von der Arbeiterschaft jener Länder, die dank einer sonderbaren Verkettung von Umständen dem Eindringen des Sozialismus bisher noch unüberwindlichen Widerstand geleistet haben. So waren es in England die Arbeiter, die mitten im Waffenlärm des südafrikanischen Krieges ihre Stimmen für die Buren erhoben, die Arbeiter, die die Sklaverei der Chinesen am Rand verdammten, die Arbeiter, die die Zollpläne Chamberlains niedergestimmt haben, die Arbeiter, die in den Tagen nach der furchtbaren Niederlage Russlands, des gefährlichsten Gegners Grossbritanniens, nicht imperialistische Nutzung der günstigen Situation, sondern Einschränkung der britischen Rüstungen zu Lande und zur See forderten.

So ist auch im Deutschen Reich der von tuchtigen Männern unternommene Versuch, die deutschen Arbeiter dem Gedanken des Imperialismus zu gewinnen, schmahlich gescheitert. Naumann war ausgezogen, die Sozialdemokratie abzulosen, die Arbeiterklasse dem Gedanken der kapitalistischen Machtpolitik zu erobern; er landete in der „Freisinnigen Vereinigung“, der Partei der deutschen Banken, Borsen und Grosshandler [1])

Was man in den grossen kapitalistischen Nationalstaaten die antinationale Politik der Arbeiterklasse nennt, das ist nichts anderes als ihre antiimperialistische Politik Aber gerade durch diese „antinationale“ Politik gewinnt die Arbeiterklasse ein enges Verhaltnis zum Nationalitatsprinzip. Die Arbeiterklasse wird zur Beschutzerin aller Volker, deren Freiheit der Imperialismus kapitalistischem Profitstreben opfern will. Im Kampfe gegen den gewalttatigen volkermordenden Imperialismus, der ihre Ausbeutung vermehrt, ihre politische Macht mindert, ihre Klassenmoral verletzt, verkündet die Arbeiterklasse die Forderung der Freiheit und Selbstbestimmung aller Nationen

So stehen wir wieder vor einer neuen Wendung in den Geschicken des Nationalitatsprinzips Die Entwicklung der modernen Produktivkrafte hat die Methoden der kapitalistischen Wirtschaftspolitik verandert. Gierig, die neuen Mittel zu nutzen, ihre Profite zu vermehren, hat die Bourgeoisie ihr altes Ideal des Nationalstaates verraten. Nicht mehr der Nationalstaat, sondern der imperialistische Nationalitatenstaat ist das Ziel ihres Strebens Aber darum geht der Gedanke der nationalen Freiheit und Einheit nicht verloren. Er entsteht wieder auf dem entgegengesetzten Pole der Gesellschaft Im Kampfe gegen den Imperialismus schreibt nun die Arbeiterklasse die grossen Forderungen der Freiheit, Einheit und Selbstbestimmung der Nationen auf ihre Fahnen Von der Bourgeoisie verraten, wird

---

[1]) Der Imperialismus Naumanns war ubrigens freihandlerisch, wie es der Imperialismus der Borse, des Handels, der Reedereien stets war. Der moderne Imperialismus aber ist regelmassig schutzzollnerisch; er wird getragen vom modernen Finanzkapital, das, dank der Tatsache, dass die Beziehungen zwischen den Banken und der Industrie immer intimer werden, an Industrieschutzzollen interessiert ist; er entspricht einer Zeit, in der der Schutzzoll zur Angriffswaffe im Kampfe um den Weltmarkt geworden ist Die Konsequenz, die Naumann nicht zog, hat Schippel gezogen. Wenn er Schutzzolle befurwortet, wenn er die „Milizglaubigen“ verhohnt, uber die „dogmatische“ Ablehnung der Kolonialpolitik spottelt, rat er den Deutschen Arbeitern zu einer imperialistischen Politik. Im Vergleich zu Naumann hat seine Politik den Vorzug der Konsequenz, nur ware sie freilich nicht proletarische, sondern kapitalistische, nicht sozialdemokratische, sondern nationalliberale Politik. Er begrundet sie mit dem „Produzenteninteresse“ der Arbeiter; aber er sieht nur darum in den Veranderungen der Umschlagszeit des Kapitals das einzige Produzenteninteresse, weil er gewohnt ist, die ganze Wirtschaft ausschliesslich vom Standpunkt der Zirkulation des Kapitals aufzufassen, die primaren Wirkungen in der Produktionssphare selbst aber gar nicht sieht

das Nationalitätsprinzip im Zeitalter des reifen Kapitalismus, im Zeitalter der Kartelle, der Trusts, der Grossbanken, zum sicheren Besitztum der Arbeiterklasse.

§ 29.

Der Imperialismus und das Nationalitätsprinzip.

Wir haben bisher gesehen, wie die moderne Expansionspolitik die Klassengegensätze verschärft und wie dies auch in der verschiedenen Stellung der Klassen zum Nationalitätsprinzip zum Ausdruck kommt: die Arbeiterklasse übernimmt das alte bürgerliche Ideal der politischen Selbständigkeit der Nationen, während die Kapitalistenklasse den von einer Nation beherrschten Nationalitätenstaat zu verwirklichen strebt. Aber es verändert nicht nur der Klassenkampf um die äussere Wirtschaftspolitik die Stellungnahme der Klassen zum Nationalitätsprinzip, das Nationalitätsprinzip wird vielmehr selbst zum Mittel des Klassenkampfes.

Das einfachste Beispiel hierfür bietet uns der moderne britische Imperialismus. Der Ausgangspunkt der von Chamberlain geführten imperialistischen Bewegung in Grossbritannien ist eine Frage der Zollpolitik. Viele englische Industrien, ganz insbesondere die mächtige Eisen- und Stahlindustrie, sehen sich durch die Entwicklung der Konkurrenzindustrien des Auslandes hinter dem schützenden Damme der Zölle, durch die Exportpolitik der Kartelle und Trusts bedroht. In Zeiten der Depression werden die deutschen Eisen- und Stahlverbände, wird der amerikanische Stahltrust der Industrie von Staffordshire, von Cleveland und Schottland nicht nur auf dem Weltmarkt, sondern auch auf dem britischen Markte selbst gefährlich. So fordern die grossen Industrien den Schutzzoll: Er soll sie im Inland gegen den Schleuderexport ihrer ausländischen Konkurrenten schützen, soll ihnen den Zusammenschluss zu Kartellen oder Trusts ermöglichen, soll ihnen die Mittel geben, sich nun selbst der modernen Methoden der Exportforderung zu bedienen. Aber wenn die grossen britischen Industrien den Schutzzoll verlangen, so stossen sie auf starke Gegeninteressen: Auf die Macht der Kapitalisten jener Industrien, deren Roh- und Hilfsstoffe durch die Einfuhr aus dem Ausland verbilligt werden, die daher vom Schutzzoll die Erhöhung ihrer Produktionskosten fürchten; auf die Arbeiterklasse, die fürchtet, der Schutzzoll werde ihre Kleidung und Nahrung verteuern, die Entwicklung von Industrien mit hohem Arbeitsfassungsvermögen zugunsten der Industrien mit höherer organischer Zusammensetzung des Kapitals beeinträchtigen, die Bildung starker Unternehmerorganisationen erleichtern und dadurch den gewerkschaftlichen Kampf erschweren. Zu diesen Interessen gesellt sich die in einem demokratischen Lande schwer zu entwurzelnde Macht der Ideologien; ist doch den Massen des englischen Volkes der Freihandel seit den Tagen der Cobden und Bright zum nationalen Glauben geworden. So stehen auf der einen Seite paar tausend Kapitalisten, auf der anderen die Massen des englischen Volkes. Die Sache des Schutzzolls scheint hoffnungslos.

Da verbündet sich der Gedanke des Schutzzolls mit einer anderen Macht. Die grossen, von weisser Bevölkerung bewohnten britischen Kolonien Kanada, Australien, Neuseeland, Südafrika sind selbständige Staaten. Sie sperren sich durch Schutzzölle gegen das Mutterland ab, um ihre eigene junge Industrie zu fördern. Politisch und wirtschaftlich trennen sie sich immer weiter vom Mutterlande. Ist der Tag noch fern, da sie sich völlig von ihm losreissen und das grosse britische Weltreich zerfällt? Das Gefühl nationaler Zusammengehörigkeit ist zu schwach, sie an das Vereinigte Königreich zu binden; durch Bande des Interesses müssen Mutterland und Kolonien eng verknüpft werden, wenn das britische Reich nicht zerfallen soll. Dazu bietet sich günstige Gelegenheit, wenn England nur den veralteten Freihandel preisgibt. Das Mutterland soll sich mit einer Zollgrenze umgürten und die Erzeugnisse der Landwirtschaft und Viehzucht der Kolonien mit geringerem Zoll belegen, als die konkurrierenden Waren der anderen Staaten; dafür sollen die Kolonien dem Mutterlande Vorzugszölle gewähren. Dieser Plan sichert nicht nur den Landwirten und Viehzüchtern der Kolonien den britischen, der britischen Industrie den kolonialen Markt, er sichert auch dem britischen Weltreich Bestand, er verbürgt den Briten in ihrer Heimat und über See die Dauer nationaler Einheit. Vergebens warnt der nüchterne Balfour vor dem Plane, der nur verwirklicht werden kann, wenn die Arbeiter sich entschliessen, für Zölle auf Getreide und Vieh zu stimmen. Chamberlain versteht besser die Möglichkeiten des modernen Schutzzolles: In einem hochentwickelten kapitalistischen Land ist der Uebergang vom Freihandel zum Schutzzoll nicht mehr durchzusetzen, solange die Massen nüchtern ihr Interesse berechnen. Es gilt, die Frage nach dem Preise von Brot und Fleisch, von Kleidung und Wohnung verstummen zu lassen. Hier erweist sich nun die Macht des nationalen Gedankens. „Learn to think imperially!" Vergesset eure kleinlichen Sorgen und denkt an das grosse Weltreich! ruft Chamberlain den englischen Arbeitern zu. Willigt in ein kleines Opfer, um euer grosses Reich, um die politische Einheit eures Volkes vor dem Zerfall zu retten! Den grossen Kapitalisten, in deren Dienst Hochöfen und Stahlwerke arbeiten, die vor dem amerikanischen Stahltrust, vor dem deutschen Stahlwerksverband zittern und ihre glücklichen Nebenbuhler in den Schutzzollgebieten um ihre hohen Monopolgewinne beneiden, schwellt neuer Wind ihre Segel: der Gedanke nationaler Einheit ist zur treibenden Kraft in ihren Diensten geworden.

Aber der britische Imperialismus will wie jeder andere nicht nur dem Kapital neue Anlagesphären schaffen, indem er seine Absatzwege sichert, er will ihm auch Absatzwege erschliessen, indem er ihm Anlagesphären schafft. So strebt er unablässig nach kapitalistischer Expansion. Sein letzter grosser Erfolg war die Eroberung Südafrikas. Ueber weite Landgebiete pflanzte er dort die britische Fahne auf. Erst raubte er wilden Negerstämmen ihren Boden, dann unterwarf er die Buren. Die weiten Ländereien durchzieht er mit seinen Eisenbahn- und Telegraphenlinien. Und nun strömt ihm gewaltiger Reichtum aus den Diamantengruben und Goldminen des Landes, in denen die schmutzigen, gelben Kulis die gleissenden Schätze dem Quarz abringen. Alles das bedeutet gewaltige neue Anlagesphären für britisches Kapital, neue Absatzwege für seine Industrie und — was nicht am leichtesten wiegt — reichliche Gelegenheit für die Spekulation. Aber auch hier stösst das Kapital auf den Widerstand der Arbeitermassen. Sie tragen die Kosten des grossen Krieges mit den Buren; sie fühlen es auf dem Arbeitsmarkte, dass gewaltige Kapitalien nach Südafrika abströmen, um dort nicht europäische Arbeiter, sondern bedürfnislose Kulis zu beschäftigen; sie fühlen auf dem Warenmarkte in der fortwährenden Steigerung der Preise ihrer Lebensmittel die Wirkung, die die künstliche Herabsetzung der Produktionskosten des Goldes übt; ihrer Ideenwelt endlich widerspricht die Knechtung der Buren und die Sklaverei der Chinesen. Aber auch dieses Hemmnis weiss der Imperialismus zu brechen. Die Knechtschaft der fremden Nationen ist ein Bedürfnis der britischen Brüder über See. Wer sie mit dem Mutterlande eng verbinden, wer sie nicht zum Abfalle treiben will, muss ihre Forderungen erfüllen. Die Unterwerfung der Buren, die Sklaverei der Kulis muss wollen, wer die nationale Einheit der Briten im grossen Weltreich will. Learn to think imperially! Denkt nicht an eure eigenen Sorgen hier! Alle Briten im

Mutterlande und in den Kolonien durch enges Band fest verknüpft und unter ihnen die 400 Millionen der Unterworfenen — ägyptische Fellachen, chinesische Kulis, vor allem aber die Millionen der Hindus, und aus den heissen, reichen Ländern dieser aller strömt fortwährend ein Strom von Gold zur britischen Herrennation — ist das nicht ein Bild, vor dem die kleinlichen Gegensätze innerhalb der englischen Gesellschaft selbst verblassen? So wird auch hier wieder der Gedanke der Einheit der eigenen Nation und der Herrschaft über die fremden Nationen ein Werkzeug kapitalistischer Wirtschaftspolitik. Den arbeitenden Massen, deren sittlichen Vorstellungen die gewalttätige Eroberungspolitik in das Gesicht schlägt, die nüchtern prüfen wollen, ob die gewaltigen Opfer auch wirklich die Lebenshaltung ihrer Klasse erhöhen, treten die Wortführer der kapitalistischen Wirtschaftspolitik mit den Worten entgegen. Was soll diese nüchterne Rechnerei? Nationale Einheit, nationale Macht, nationale Herrschaft sind Selbstzweck. Fragt Middlesex, ob Surrey sich rentiert?[1]) Der Gedanke der Einheit der eigenen Nation und ihrer Herrschaft über fremde Völker im Dienste der Industriellen, die nach Kartellgewinnen lüstern sind, im Dienste des Finanzkapitales, das nach den Extraprofiten fremder jugendlicher Länder begehrt, im Dienste der spekulationslüsternen Börsenjobber — das ist das Nationalitätsprinzip des Imperialismus.

Nun erst können wir zur Frage zurückkehren, ob die kapitalistische Expansionspolitik die Auflösung der bestehenden Nationalitätenstaaten herbeiführen wird. Für uns in Oesterreich lautet die Frage: Wird der Imperialismus den Zerfall des Donaureiches herbeiführen?

Seit fast einem ganzen Jahrhundert steht Europa vor der allmählichen Auflösung des türkischen Reiches. Wenn Oesterreich-Ungarn in die Wirren imperialistischer Weltumwälzung hineingerissen werden sollte, so wird der Zerfall der Türkei dazu zweifellos der unmittelbare Anlass sein.

Aus Gründen, die hier unerörtert bleiben können, haben die Türken es nicht verstanden, einen modernen, auf der kapitalistischen Warenproduktion beruhenden Staat zu schaffen. Freilich konnte auch die Türkei nicht alle Elemente eines modernen Staates entbehren. Eisenbahnlinien durchziehen ihr Gebiet, sie schuf sich eine moderne Armee; sie musste auch das Staatsschuldenwesen ausbilden. Aber die Eisenbahnen wurden von fremdem Kapital gebaut, die Staatsgläubiger der Türkei sind fremde Kapitalisten. Ein Teil der der Bevölkerung abgepressten Werte fliesst in die Kassen fremder, insbesondere französischer und englischer Kapitalisten. Die kleineren Kapitalisten in der Türkei selbst sind gleichfalls nicht Türken, sondern Griechen, Armenier, Spaniolen. Jeder einzelne von diesen weiss sich durch das Trinkgeld die Gunst der Behörden zu sichern; aber sie bilden keine Klasse, die den Staat zu kapitalistischer Wirtschaftspolitik zwingen könnte. Die herrschende Klasse sind die türkischen Grundherren, Beamten, Offiziere. Die Masse der Bevölkerung bilden vom Grundherrn geknechtete,

---

[1]) Schulze-Gaevernitz, Britischer Imperialismus und englischer Freihandel. Leipzig 1906. Seite 79.

vom Wucherer ausgesogene, vom Steuerpachter betrogene Bauern verschiedener Nationalität.

Allmählich unterliegt nun auch diese Bevölkerung den Wirkungen wirtschaftlicher Umwälzung. Die Eisenbahnen, die die Waren der kapitalistischen Länder in die Türkei bringen, verändern die alte primitive Gewerbeverfassung des Landes. Die vernachlässigte Landwirtschaft gibt Hunderttausenden im Lande keine Nahrung Sie ziehen in die benachbarten, von der Türkei bereits losgelösten Gebiete, nach Serbien, Rumänien, Griechenland, insbesondere aber nach Bulgarien und lernen dort soziale Verhältnisse kennen, die, wie rückständig sie dem Europäer auch erscheinen mögen, sich von den verlotterten Verhältnissen in der Türkei doch vorteilhaft genug unterscheiden. Kehren sie in ihre Heimat zurück, so bringen sie Unzufriedenheit in das Land Diese Veränderung der wirtschaftlichen Verhältnisse durch die Eisenbahnen und durch den Verkehr mit den christlichen Balkanstaaten ruft allmählich auch eine nationale Bewegung in der Türkei hervor. Der unmittelbare Anlass dazu ist ja vorhanden. über den bulgarischen und serbischen Bauern sitzt ja der türkische Grundherr, der türkische Beamte; wirtschaftliche Ausbeutung und politische Knechtung erscheint als nationale Fremdherrschaft Hier setzt nun allmählich der Prozess des E r w a c h e n s d e r g e s c h i c h t s l o s e n N a t i o n e n ein Von den Nationen der Türkei trugen nun die Türken wegen ihres Adels, die Griechen wegen ihres Bürger- und Beamtentums und allenfalls noch die Rumänen wegen ihres Adels den Charakter historischer Nationen. Die Serben dagegen hatten ihren Adel seit der türkischen Eroberung verloren, da der Adel zum herrschenden Volke übergegangen war, sie wurden eine reine Bauernnation. Ebenso trugen die Bulgaren den kulturellen Charakter einer Nation, die nur aus unterdrückten Klassen besteht Dies ändert sich nun, seitdem diese Nationen selbständige Nationalstaaten gebildet haben, die allmählich eine nationale Beamtenschaft und Intelligenz und ein nationales Bürgertum entwickeln. Dies wirkt allmählich auch auf ihre Nationsgenossen in der Türkei ein [1])

Sobald aber diese Nationen in der Türkei Klassen bilden, die eine lebendige nationale Kultur schaffen können, wird die türkische Unterdrückung unerträglich.

Indessen ist die wirtschaftliche und daher auch die kulturell-nationale Entwicklung der Türkei viel zu langsam, als dass die Entwicklung der nationalen Kultur der christlichen Nationen auf

[1]) In den türkischen Vilajets in Europa gibt es nur zwölf bulgarische Aerzte und sechs bulgarische Advokaten, also noch fast keine bulgarische Intelligenz. Aber dieser Zustand schwindet allmählich Im Fürstentum Bulgarien wohnen bereits etwa 400 akademisch gebildete Bulgaren, die aus Makedonien stammen. Brancoff, La Macédoine et sa population chrétienne. Paris 1905.

türkischem Boden den türkischen Staat sprengen konnte. Die Türkei ist zum Untergang verurteilt, weil sie es nicht verstanden hat, sich zum modernen, auf der kapitalistischen Warenproduktion beruhenden Staat zu entwickeln; aber die Auflösung der Türkei geht nur langsam vor sich, weil die langsame wirtschaftliche Entwicklung hier nur sehr langsam jene Kräfte erzeugt, die den alten Staat sprengen können. Aus der Tatsache, dass es keinen türkischen Kapitalismus gibt, erklärt sich die merkwürdige Erscheinung, dass die Türkei nicht leben kann und doch so langsam stirbt.

Die langsame innere Entwicklung wird aber nun durch die Politik der christlichen Balkanstaaten beschleunigt. Sie wissen, dass der Zerfall der Türkei schliesslich kommen muss. Sie hoffen, dass die europäischen Vilajets dann ihr Erbe werden. Sie suchen den Boden für diese Eroberung vorzubereiten, indem sie ihre Volksgenossen in der Türkei zu nationalem Selbstbewusstsein zu erwecken und ihre Macht auszudehnen suchen. So entstehen die heftigen nationalen Kämpfe der Bulgaren, Griechen, Walachen und Serben in der Türkei. Der Kampf der christlichen Nationen untereinander lähmt freilich den gemeinsamen Angriff gegen die Türken, aber er hat doch die Wirkung, die Unzufriedenheit mit den bestehenden Zuständen zu steigern und das Schulwesen im Lande zu verbreiten, wodurch der Prozess des Erwachens der geschichtslosen Nationen beschleunigt wird So kann man denn heute bereits sagen, dass, wie sehr auch der Widerstand der Grossmächte diesen Prozess verlangsamen mag, die Auflösung der europäischen Türkei schliesslich nicht zu verhindern sein wird; Makedonien und Albanien werden sich schliesslich von dem kranken Körper der Türkei loslösen, wie sich vor ihnen Griechenland, Rumänien, Serbien, Bulgarien, Bosnien und Aegypten von der Türkei losgelöst haben.

Gleichzeitig bereiten sich aber auch im türkischen Vorderasien gewaltige Veränderungen vor. Im Jahre 1902 erhielt deutsches Kapital die Konzession zum Bau einer Eisenbahnlinie von Konia über Bagdad zum persischen Meerbusen. Die Erschliessung Vorderasiens durch Eisenbahnen wird zunächst die türkische Macht stärken, da die besseren Verkehrsmittel eine einheitliche Verwaltung erst möglich machen. Aber die neu erschlossenen Länder werden zweifellos bald die begehrlichen Blicke des Imperialismus in den hochkapitalistischen Staaten auf sich ziehen. Im Gebiete der Bagdadbahn liegen fruchtbare Länder; Babylonien war von den ältesten Zeiten an, von denen uns die Geschichte berichtet, bis zum Sturze der Abbassiden ein Sitz hoher Kultur. Das seit dem Einfall kriegerischer Nomadenstämme verfallene Kanalisationssystem könnte mit den Mitteln des modernen Kapitalismus und der modernen Technik in wenigen Jahren wieder hergestellt werden. Dann könnten diese Länder gewaltige Mehrwertsummen in der Gestalt von Getreide,

Baumwolle, Wolle, Naphtha an das europäische Kapital abtreten. Wollen die kapitalistischen Staaten sich diese Reichtümer nutzbar machen, so drohen gerade hier gewaltige Konflikte Deutsches Kapital baut die Bagdadbahn, Russland strebt auch in Vorderasien nach dem „warmen Wasser"; für Grossbritannien kann die Machtverteilung im „mittleren Orient" nicht gleichgültig sein, da es im Westen dieser Gebiete Aegypten, im Osten Indien beherrscht.

So sehen wir in Europa wie in Asien viele Kräfte wirksam, die die Auflösung des türkischen Reiches schliesslich herbeiführen werden. Hier ist ein gewaltiges Objekt für imperialistische Eroberungspolitik gegeben. Wie werden diese Umwälzungen auf Oesterreich-Ungarn einwirken?

Zunächst wird wohl auch Oesterreich-Ungarn daran denken, hier, wenn auch in bescheidenem Umfang, Eroberungspolitik zu treiben. Auch die österreichische Expansionspolitik wird sich wohl mit dem nationalen Gedanken zu verbunden suchen Wir haben bereits gezeigt, wie der Gedanke und die Verwirklichung der nationalen Autonomie zum Mittel der Eroberung auf dem Balkan werden kann. (§ 25.)

Wenn aber Oesterreich-Ungarn seine Ansprüche auf einen Teil der türkischen Erbschaft anmeldet, stösst es auf den Widerstand anderer Staaten, zunächst wohl Italiens Italien denkt zweifellos an die Eroberung Albaniens. Eine friedliche Einigung mit Oesterreich-Ungarn wird wohl nicht leicht sein, ist Albanien italienisch, so beherrscht Italien beiderseits die Strasse von Otranto, die die Adria mit dem Mittelmeer verbindet; gleichzeitig wird unser Weg nach Salonik (dessen Bedeutung durch die Erschliessung des türkischen Vorasien erheblich gesteigert werden wird) im Westen vom italienischen Albanien, im Osten von Serbien und dem vergrösserten Bulgarien eingeengt. Der eroberungslusterne italienische Imperialismus wird aber die Massen der Nation leicht mitreissen können: auch er verbündet sich mit dem nationalen Gedanken. Man wird von Trient und Triest sprechen und Albanien meinen; man wird die historischen Ueberlieferungen der Nation anrufen, die im Kampfe gegen Oesterreich ihre Freiheit erstritten hat. So wird es wohl gelingen, den Massen der italienischen Nation einen imperialistischen Eroberungskrieg als nationalen Freiheitskrieg erscheinen zu lassen.[1])

[1]) Wer die Torheiten der österreichischen Politik während der letzten Jahrzehnte studieren will, der sei auf Oesterreichs Verhältnis zu seinen Italienern nachdrücklich aufmerksam gemacht. Die Italiener sind nicht eine geschichtslose Nation, sondern eine historische Nation, sind daher auch politisch heute noch gegenüber den Südslaven bevorrechtet Aber ihre Zahl war seit 1866 zu gering, als dass sie an dem grossen Teilungspakt der historischen Nationen auf Kosten der geschichtslosen hatten Anteil haben können. Und da die zentralistisch-atomisti-

Wie für den britischen Imperialismus der Gedanke des engen Bundes aller von Briten bewohnten Kolonien mit dem Mutterland ein Mittel kapitalistischer Expansion und Herrschaft ist, so ist auch hier die Idee der Italia irredenta ein Mittel, die breiten Volksmassen in Bewegung zu setzen, um dem jugendlichen Kapitalismus Italiens neue Absatzmärkte und Anlagesphären zu erschliessen.

Die Auflösung des türkischen Reiches kann aber Oesterreich-Ungarn nicht nur in einen Krieg mit Italien verwickeln, sie wird vielmehr auch gefährliche Interessenkonflikte mit dem russischen Reiche auslösen. Russland wird auf den Besitz seines „Hausschlüssels“, auf die militärische Beherrschung des Bosporus und der Dardanellen kaum verzichten. Wenn der österreichisch-ungarische Imperialismus nach Salonik, der russische nach Konstantinopel strebt und gleichzeitig die christlichen Balkanstaaten um das türkische Erbe streiten, wird es nicht leicht sein, die Grenzen der österreichisch-ungarischen und der russischen Machtsphären friedlich festzusetzen. Und auch der russische Imperialismus wird sich gegen Oesterreich-Ungarn vielleicht des nationalen Gedankens bedienen. Wir haben schon davon gesprochen, dass vielleicht Russland die Freiheit Polens und der Ukraina auf seine Fahnen schreiben wird, wenn es Konstantinopel zu erobern versucht. Auch hier ist der Gedanke nationaler Einheit ein Mittel kapitalistischer Expansion.

So droht Oesterreich-Ungarn, wenn einmal die Auflösung des türkischen Reiches nicht mehr aufzuhalten ist, zunächst von Italien und von Russland Gefahr. Was es für das Donaureich, das noch vor schweren inneren Kämpfen steht, bedeuten könnte, wenn seine Armee noch einmal geschlagen würde, braucht wohl nicht erst dargestellt zu werden.

In diesem Falle könnte schliesslich auch das Deutsche Reich sich zur Intervention in Oesterreich gezwungen sehen. Die Gründe, die einer grossdeutschen Politik der Hohenzollern widerstreiten, die Bismarck wiederholt so klar auseinandergesetzt hat, verlieren von Jahr zu Jahr an Kraft. So wenig Deutschland heute auch an die Eroberung Deutsch-Oesterreichs denkt, im Zeitpunkt jener grossen

---

sche Verfassung nur dem Mächtigen die Befriedigung der nationalen Kulturbedürfnisse gewährt, die Italiener aber dank ihrer geringen Zahl von der Macht ausgeschlossen sind, so versagt ihnen Oesterreich die Befriedigung wichtiger nationaler Bedürfnisse. Dies trägt ein Volk, das eine Bourgeoisie und eine Intelligenz hat, weit schwerer als irgend eine Bauernnation. So hat Oesterreich das Kunststück getroffen, eine Nation mit Vorrechten gegenüber den anderen Völkern auszustatten und sie trotzdem zu leidenschaftlicher Staatsfeindschaft zu erziehen! Und diese Staatsfeindschaft wird nun zum wichtigsten Kampfmittel des Imperialismus im Königreiche Italien, der die Massen mit übertriebenen Nachrichten von den nationalen Kämpfen der österreichischen Italiener erregt, um ihren Hass zu einem Eroberungskrieg zu nutzen.

Krise, die die Zersetzung der Türkei vielleicht einleiten wird, wird die Frage für die Herrschenden im Deutschen Reiche wohl anders stehen als heute. Zunächst müssen wir in unsere Rechnung die Tatsache einstellen, dass die Gefahr, die Deutschland von seiner Westgrenze droht, von Jahr zu Jahr geringer wird: dank seiner geringen Bevölkerungsvermehrung wird Frankreich von Jahr zu Jahr ein minder gefährlicher Gegner.[1]) Bisher hat Frankreich dies teilweise dadurch ausgeglichen, dass es seinem Militarismus Opfer gebracht hat, die zu seiner Volkszahl in keinem Verhältnis stehen. Wenn aber, was heute wohl als nicht unwahrscheinlich gelten kann, die französische Volkswirtschaft durch einen russischen Staatsbankrott einen beträchtlichen Teil ihres Kapitals und ihres Einkommens verlieren wird, so wird Frankreich finanziell nicht mehr imstande sein, seiner Rüstung so gewaltige Wertsummen zu widmen. Das Deutsche Reich hat dann auf dem Festlande weit freiere Hand als bisher.

Aber auch im Innern Deutschlands haben sich seit den Tagen, da Bismarck Oesterreichs Bestand für das Reich für notwendig erklärte, gewaltige Veränderungen vollzogen. Der Klassengegensatz ist heute den Massen des deutschen Volkes weit schärfer bewusst als irgend einer anderen Nation. Damit ist die Stellung der Herrschenden in Deutschland zum Katholizismus eine andere geworden. Im Jahrzehnt des Kulturkampfes mochte Deutschland keine Lust haben, die Zahl seiner katholischen Staatsbürger zu vermehren. Heute hat sich der katholische Klerikalismus als das sicherste Bollwerk gegen den Ansturm der Sozialdemokratie bewährt. Und je mehr die deutsche Sozialdemokratie wächst, desto näher rückt auch dort die Gefahr, dass die Herrschenden im Reiche die alte Taktik des Cäsarismus anwenden, dass sie der drohenden inneren Revolution durch äussere Verwicklungen vorzubeugen streben; und wie könnten die herrschenden Klassen im Deutschen Reiche die Augen der Massen mit mehr Aussicht auf Erfolg von den sozialen Fragen ablenken, als wenn sie sie rufen, die deutschen Brüder in Oesterreich zu befreien, den jedem Deutschen teuren Gedanken der deutschen Einheit zu verwirklichen?

Aber zu all dem kommt noch ein weiterer Grund. Die Auflösung der Türkei setzt auch dem deutschen Imperialismus ein Ziel. In den europäischen Vilajets wird freilich für Deutschland kaum etwas zu holen sein; aber auf Anatolien und Mesopotamien haben die deutschen Imperialisten heute schon gierige Blicke geworfen. Je entschiedener aber der deutsche Kapitalismus in Vorderasien seine Absatzwege und Anlagesphären sucht, desto mehr fühlt sich das Deutsche

[1]) Es betrug die Bevölkerung des Deutschen Reiches im Jahre 1875 42·7 Millionen, im Jahre 1900 56·4 Millionen Einwohner, die Bevölkerung Frankreichs im Jahre 1876 36·9 Millionen, im Jahre 1901 39 Millionen Einwohner.

Reich als Mittelmeermacht. In wie hohem Grade dies bereits der Fall ist, hat im Vorjahre der Streit um Marokko gezeigt. So ist es nicht undenkbar, dass der deutsche Imperialismus nach dem Besitz eines Mittelmeerhafens streben wird. Der Weg zum Mittelmeer führt aber über Wien und Graz nach Triest. Leicht möglich, dass Deutschland auf diese Tatsache gestossen werden wird: man stelle sich vor, dass Italien Triest angreift; werden auch heute noch die Herrschenden im Reiche denken, wie das Frankfurter Parlament im Jahre 1848 gedacht hat: ein Angriff auf Triest ist Kriegsfall für Deutschland?

Aber das Interesse am Mittelmeer allein würde kaum hinreichen, die deutschen Imperialisten zu einer so grosszügigen und gefährlichen Politik zu bestimmen. Eine andere Kraft wird hinzutreten, die sie veranlassen wird, den Gedanken kapitalistischer Expansion mit der grossdeutschen Idee zu verschwistern. Wenn die deutschen Imperialisten es versuchen werden, das Deutsche Reich zu einer gefährlichen und kriegerischen Politik in Vorderasien zu bestimmen, so werden sie gewiss auf den machtvollen Widerstand der deutschen Arbeiterklasse stossen. Andere Interessengruppen werden den Kampf der deutschen Arbeiter unterstützen. Es ist nicht sehr wahrscheinlich, dass die deutschen Agrarier sich der Erschliessung eines Landes freuen würden, dessen Weizen- und Gersteproduktion ihrer Grundrente gefährlich werden könnte. Eine nüchterne Expansionspolitik, die ihren Zweck nicht verhüllt, ist in Deutschland nicht durchzusetzen. Auch in Deutschland muss das Expansionsbedürfnis des Kapitals den nationalen Gedanken in seinen Dienst stellen, wenn es die Massen seinen Zwecken dienstbar machen will. Wie der britische Imperialismus den Wählermassen das farbenprächtige Bild des von der einigen britischen Nation beherrschten 400 Millionen-Reiches entfaltet und hierbei an die Kartellgewinne der Eisenmagnaten und an die Spekulationsgewinne der Londoner Börse denkt; wie der italienische Imperialismus, um der oberitalienischen Industrie den Absatz auf dem Balkan zu erstreiten, sich der grossen Ueberlieferung Garibaldis bedient; wie vielleicht einmal der russische Imperialismus die Freiheit und Einheit Polens und der Ukraina verkünden wird, um den Fabrikanten von Petersburg, Moskau und Lodz neue Märkte zu erschliessen, so muss auch der deutsche Imperialismus als Erbe des grossdeutschen Gedankens von 1848 erscheinen, muss das eine grosse deutsche Vaterland zu verwirklichen streben, wenn er das Leben deutscher Arbeiter und deutscher Bauernsöhne opfern will, um dem Kapital am Euphrat und Tigris neue Reichtumsquellen zu erschliessen.[1])

[1]) Rohrbach wirft den Alldeutschen im Reiche vor, sie hätten die verkehrte Vorstellung, das politisch-deutsche Interessengebiet decke sich mit dem Verbreitungsbezirk der „national-deutschen Diaspora in Europa und über See". Rohrbach,

Wir sehen, wie für den Nationalitätenstaat an der Donau ganz neue Gefahren entstehen. Die Kraft, die diese Gefahren auslöst, ist jene Veränderung der Produktivkräfte, die in der Konzentration des Kapitals in Erscheinung tritt. Die Konzentration des Kapitals hat die Methoden der kapitalistischen Wirtschaftspolitik verändert. Die Kapitalistenklasse muss aber ihre Politik notwendig als Politik der gesamten Nation erscheinen lassen. Darum verknüpft sie sie mit dem durch die kapitalistische Entwicklung selbst erzeugten und verstärkten Gedanken der Einheit und Freiheit der Nation. Das imperialistische Nationalitätsprinzip — Einheit und Freiheit der eigenen Nation und Herrschaft über die anderen Völker — wird notwendig zum Machtmittel der kapitalistischen Wirtschaftspolitik. Dadurch wird diese Politik den Nationalitätenstaaten gefährlich, in denen abgesprengte Teile der grossen kapitalistischen Nationen zusammenleben. So sehen wir also Kräfte wirksam, die dem Nationalitätsprinzip neue Kraft verleihen werden, die daher auch den Bestand der alten Nationalitätenstaaten gefährden; aber das Nationalitätsprinzip ist indessen, sowohl seinem Inhalt als auch seiner sozialen Wurzel nach, ein anderes geworden. Die Gefahren, die heute Oesterreich bedrohen, sind ganz anderer Natur als jene, die es im Zeitalter des liberalen Nationalitätsprinzips, die es etwa im Jahre 1848 bedroht haben.

Und auch in der Tatsache, dass die Auflösung des türkischen Reiches in Europa und Vorderasien diese neuen Gefahren auslösen wird, sehen wir das Ende einer langen geschichtlichen Entwicklung. Das Donaureich entstand, als auf der Grundlage der Warenproduktion die modernen Staaten erwuchsen: das Kolonialreich des Südostens sollte das Deutsche Reich zum Staat umformen. Aber im Entstehen ward ihm eine neue Aufgabe: seine Länder schlossen sich eng aneinander zum Kampfe gegen die Türken. Als die Türken gegen Europa vordrangen, ist es entstanden; wenn nun Europa in die Türkei eindringt, so kommen die nationalen Fragen des Südostens zur Lösung, so droht ihm die Gefahr des Zerfalles. Und sein Erbe wird das deutsche Kolonialreich des Nordostens, das in jenen Jahrhunderten, in denen der Kampf gegen die Türken das südöstliche Kolonialreich seiner ursprünglichen Aufgabe entfremdete, die Grundlagen seiner Macht gelegt.

Indessen können alle diese Erwägungen doch nur zeigen, dass nicht die Laune müssiger Phantasie, sondern starke historische

---

Deutschland unter den Weltvölkern. Berlin 1903. Seite 80. Rohrbach will eben rein kapitalistische Expansionspolitik, während die Alldeutschen, wenn nicht begreifen, so doch dunkel fühlen, dass die kapitalistische Expansionspolitik nur im Gewande nationaler Einheitspolitik die arbeitenden Massen des deutschen Volkes mitzureissen vermag. Es ist im Grunde derselbe Gegensatz wie zwischen Balfour und Chamberlain.

Kräfte Tendenzen hervorbringen, die den Bestand der Monarchie bedrohen. Ob aber diese Tendenzen stark genug sein werden, sich gegen die machtvollen Gegentendenzen durchzusetzen, ist eine andere Frage. Von imperialistischen Strömungen, die Oesterreich gefährlich werden könnten, ist heute erst die italienische lebendig. Der russische Imperialismus wird erst in einem konstitutionellen Russland möglich werden, sobald die Lösung der wichtigsten inneren Fragen angebahnt, die finanzielle Not überwunden ist. Nicht minder starke Hemmnisse stehen dem deutschen Imperialismus entgegen. Zunächst ist es gar nicht gewiss, wie lange Zeit in dem Lande der schnellen kapitalistischen Entwicklung und der schroffsten Klassengegensätze einer kapitalistischen Politik überhaupt noch gegönnt ist. Auch wissen wir noch nicht, welche Wege der deutsche Imperialismus wohl einschlagen wird; haben doch deutsche Imperialisten auch auf Südbrasilien und ganz insbesondere auf Schantung ihre Blicke geworfen, wobei man freilich wohl sagen kann, dass die Entwicklung des Imperialismus in Nordamerika und die machtvolle Entwicklung Japans die südamerikanischen und chinesischen Pläne der deutschen Imperialisten weniger aussichtsreich erscheinen lassen, als man früher annahm. Wenn aber selbst der deutsche Imperialismus seine Kräfte auf Vorderasien konzentriert, so bleiben immer noch grosse Schwierigkeiten zu überwinden: innere Schwierigkeiten, die soziale Zerrissenheit und die schwerfällige Bundesverfassung, die einer Eroberungspolitik wenig günstig ist, die Gefahr eines polnischen Aufstandes im eigenen Lande; vor allem aber äussere Schwierigkeiten. Wenn das Deutsche Reich österreichischen Boden in Besitz nehmen will, so muss es wissen, dass es den erbitterten Widerstand der slavischen Nationen und selbst eines Teiles der Deutschen wird niederhalten müssen; Frankreich wird eine so gewaltige Machtverschiebung auf dem Festland gewiss nicht ohne Kampf gestatten. In Vorderasien wird Deutschland auf Russland und Grossbritannien, in Oesterreich auf Russland und Italien stossen. Die Versuche Grossbritanniens, Deutschland „einzukreisen", zeigen, was das Reich zu erwarten hat, wenn es zur Mittelmeermacht werden will. Man sieht, eine so kühne Politik wäre gewiss nur unter besonders günstigen Umständen, im Bunde mit einer oder mehreren der grossen kapitalistischen Mächte und nach Besiegung der anderen Grossstaaten möglich.

Es ist daher einfach albern, wenn französische und panslavistische Phantasten das Deutsche Reich beschuldigen, es giere heute schon nach dem habsburgischen Erbe. Die Herrschenden im Deutschen Reiche wissen sehr wohl, dass sie keine Niederlage mehr vertragen können, dass ein Misserfolg, mit dem eine so kühne Politik doch immer rechnen müsste, nicht etwa nur die Frage der Staatsverfassung, sondern gewiss auch die Frage der

Gesellschaftsverfassung in Deutschland aufrollen müsste. Sie werden den Angriff auf Oesterreich nur wagen, wenn sie nicht anders können: wenn Italien oder Russland auf dem Schlachtfelde die österreichische Frage aufrollt; wenn die deutsche Kapitalistenklasse fürchtet, die letzte Ausbeutungssphäre, die sie noch erobern kann, zu verlieren und der Widerstand der Arbeiterklasse nicht anders zu brechen ist, als wenn der wirtschaftliche Eroberungskrieg die Gestalt eines nationalen Befreiungskrieges annimmt; wenn das Deutsche Reich bereits die Gefahr der sozialen Revolution vor sich sieht und die Herrschenden sich entschliessen, alles zu wagen, um alles zu retten. Ob eine solche weltpolitische Lage eintreten wird, kann heute niemand wissen. Wir sehen nur Kräfte wirksam, die den deutschen Imperialismus dazu treiben, die österreichische Frage aufzurollen; und wir sehen nicht minder starke Kräfte arbeiten, die ihn daran zu hindern streben. Das Ergebnis des Spieles dieser Kräfte und Gegenkräfte kann niemand ahnen. Wir können nur sagen: dass das Deutsche Reich dereinst mit Waffen in der Hand die österreichische Frage zu lösen sucht, ist denkbar, ist möglich; es ist aber nichts weniger als gewiss.

Diese Erwägungen waren unentbehrlich, wenn wir die Stellungnahme der Arbeiterklasse zur Nationalitätenfrage in Oesterreich vollständig bestimmen wollten. Denn wer nicht vor handgreiflichen Tatsachen die Augen verschliesst, wird zugeben müssen, dass bei vielen einzelnen, bei allen Parteien die Hoffnung auf Oesterreichs Zerfall oder die Furcht vor diesem Ereignis die Stellungnahme zu den nationalen Fragen mitbestimmt.

Die österreichischen Patrioten kennen nun das Mittel, durch dessen Anwendung allein sie für den Bestand des Donaureiches wirken können: sie müssen durch die nationale Autonomie jeder Nation eine rechtliche Machtsphäre sichern, dem Machtkampf der Nationen ein Ende bereiten; wenn nicht mehr der Hilferuf der österreichischen Nationen in das Ausland dringt, verliert der ausländische Imperialismus das wirksamste Mittel, die Massen der eigenen Nation für seine Eroberungspolitik zu gewinnen. Durch die nationale Autonomie vermindern wir die Gefahr, dass der europäische Kapitalismus im Kampfe um Anlagesphären und Absatzmärkte österreichischen Boden als Köder für die arbeitenden Volksmassen seines Landes gebraucht. Die nationale Autonomie muss daher notwendig das Programm aller Nationen, Klassen, Parteien sein, die an Oesterreichs Bestand ein Interesse haben.

Diejenigen aber, die Oesterreichs Zerfall als die Erfüllung ihrer nationalen Hoffnungen ersehnen, wissen nun, wie ungewiss diese Hoffnung ist. Jeder Besonnene muss darnach streben, die Form des Zusammenlebens der Nationen im gegebenen staatlichen Rahmen zu finden; es ist niemandem gestattet, sich dem Kampfe um die Lösung der österreichischen Nationalitätenfrage zu entziehen, indem er sich damit tröstet, eine grosse weltpolitische Umwälzung werde die nationalen Fragen auf dem Boden dieses Reiches zur Lösung bringen. Es ist kein Zufall, dass die Partei, die den Deutschen Oesterreichs zu einer solchen Politik rät, von Männern mit auffallendem Mangel an Verantwortlichkeitsgefühl geleitet wird, von den echten Erben der deutschen Burschenschaft, die Bismarck einmal die „Verbindung von Utopie und Mangel an Erziehung" genannt hat.

Auch der Arbeiterschaft mutet man eine unverantwortliche Katastrophenpolitik zu, wenn man sie bestimmen will, auf den Zerfall dieses Reiches ihre Hoffnungen zu setzen. Sie muss auf dem historisch gegebenen Boden ihren Klassenkampf führen. Ihre Nationalitätenpolitik muss der Aufgabe dienen, im Nationalitätenstaate die Bedingungen des unverhüllten Klassenkampfes zu schaffen, der ja für die Arbeiter jeder Nation ihre besondere nationale Politik ist.

Wenn Oesterreich noch in der kapitalistischen Gesellschaft zerfällt, so wird es nicht durch das alte, liberale Nationalitätsprinzip auseinandergerissen werden. Vielmehr wird es nur zerfallen, wenn die kapitalistische Expansionspolitik den nationalen Willen in ihren Dienst zu stellen weiss. Oesterreichs Zerfall setzt einen Sieg des Imperialismus im Deutschen Reiche, in Russland, in Italien voraus. Der Sieg des Imperialismus ist aber eine Niederlage der Arbeiterklasse in diesen Ländern. Sollen die Arbeiter Oesterreichs darauf ihre Hoffnungen setzen, dass es der Kapitalistenklasse der Nachbarländer gelingt, das Klassenbewusstsein der Arbeiter zu ertöten, den betörten Arbeitern ihr Klasseninteresse zu verschleiern, ihre Klassenideologie zu rauben, die Macht ihrer Klasse zu mindern? Soll den Arbeitern eine Politik als nationale Politik gelten, die den Prozess der Befreiung der Arbeiterklasse hemmt? Aber nicht nur das Interesse am Klassenkampfe des Proletariats im Ausland, auch das Bedürfnis des Klassenkampfes auf dem eigenen Boden widerstreitet der Nationalitätenpolitik des Imperialismus. Wenn der siegende Imperialismus die Gebiete Oesterreichs besetzt, wenn er die kleinen Nationen den grossen Nationalstaaten eingliedert, dann entbrennt hier ein furchtbarer nationaler Kampf — zwischen Deutschen und Tschechen, Deutschen und Slovenen, Italienern und Südslaven, Polen und Ruthenen — der für geraume Zeit allen Klassenkampf unmöglich macht. Die nationale Politik der Arbeiterklasse kennt aber nur e i n Mittel, den Klassenkampf, und nur e i n Ziel, der Umbildung des gesamten Volkes zu einer autonomen nationalen Kulturgemeinschaft. Die österreichischen Arbeiter können nicht auf den deutschen, italienischen, russischen Imperialismus ihre Hoffnung setzen, der der Feind ihrer Brüder im Ausland ist und dessen Sieg ihre eigene

Macht auf ihrem Boden verringern wurde Die imperialistisch-nationalistische Politik kann nicht die Politik der Arbeiterklasse sein.

So kann denn das nachste Ziel der Arbeiter aller Nationen in Oesterreich nicht die Verwirklichung des Nationalstaates sein, sondern nur die nationale Autonomie im gegebenen staatlichen Rahmen. Wenn Oesterreich bestehen bleibt, so schafft die nationale Selbstverwaltung der osterreichischen Arbeiterklasse die gunstigsten Bedingungen des Klassenkampfes Sollte aber die Stunde kommen, in der die Heere der grossen Nachbarstaaten Oesterreichs Grenzen uberschreiten, dann wird die Arbeiterklasse dem siegenden Imperialismus erst recht die Forderung der nationalen Selbstverwaltung entgegenhalten, um zu verhindern, dass der nationale Kampf den Aufmarsch der Klassen verhindert. Die nationale Autonomie auf Grund der autonomen Lokalverwaltung ist fur die Arbeiterklasse das Gesetz des Zusammenlebens der Nationen auf diesem Boden — gleichgültig, in welchen staatlichen Rahmen diese Nationen gepresst werden.

Der Zerfall Oesterreichs kann innerhalb der kapitalistischen Gesellschaft nur mehr das Werk des Imperialismus sein. Die Arbeiterschaft kann auf diesen Sieg nicht bauen, weil er ungewiss ist; sie kann ihn nicht fordern, weil uber sein Geschick nicht in Oesterreich entschieden werden wird, sondern im Klassenkampfe innerhalb der grossen kapitalistischen Nationen; sie kann auf den Sieg des Imperialismus nicht hoffen, weil der Sieg des Imperialismus die Niederlage der Arbeiterklasse im Ausland voraussetzt und den Aufmarsch des Proletariats in Oesterreich selbst zerreisst. So kann denn das politisch-nationale Programm der osterreichischen Arbeiter nichts anderes sein als die nationale Autonomie. Aber indem die osterreichische Arbeiterschaft den staatlichen Rahmen als gegeben hinnimmt, innerhalb des historisch gegebenen Rahmens die nationalen Fragen zu losen sucht, wird dieser Staat darum noch nicht *ihr* Staat, werden die Losungen innerhalb dieses Staates noch nicht *ihre* Losungen. Aber die Arbeiterklasse erwartet die endliche Losung dieser Fragen nicht vom kapitalistischen Imperialismus, sondern vom proletarischen Sozialismus

§ 30

Der Sozialismus und das Nationalitätsprinzip.

Auf den deutsch-franzosischen Krieg antwortete das franzosische Proletariat mit der Kommune. Auf den russisch-japanischen Krieg antwortete das Proletariat Russlands mit der Revolution. Auch der imperialistische Weltkrieg der Zukunft wird zweifellos eine revolutionäre Bewegung auslösen. Wenn das Kapital im Kampfe um Absatzmärkte und Anlagesphären die modernen Riesenarmeen von Millionen Streitern in Bewegung setzt, hat es den höchsten Gipfel seiner Macht erstiegen; ein Schritt weiter und es stürzt in den Abgrund. Gerade die imperialistische Welterschütterung wird die sozialistische Weltumwälzung einleiten. So wird der Imperialismus sein nationalistisches Prinzip niemals rein verwirklichen können: von dem Tage an, an dem das Proletariat zuerst in einem der grossen kapitalistischen Staaten des europäischen Kulturkreises die politische Macht erobert, werden neue Kräfte wirksam, die die Gesetze des Zusammenlebens der Nationen völlig umgestalten werden. Diese neuen Gesetze werden zunächst mit den alten Gesetzen der stürzenden kapitalistischen Welt in Kampf geraten. Aber wie die kapitalistische Warenproduktion schliesslich über die feudale Grundherrschaft gesiegt hat, wie ihre Grundsätze der Staatsbildung und Staatsabgrenzung schliesslich — wenn auch erst nach jahrhundertelangem Kampfe — sich rein durchgesetzt und die feudalen Staatengebilde zertrümmert haben, so wird auch die sozialistische Gesellschaft schliesslich ihre Prinzipien der Bildung und Abgrenzung der Gemeinwesen auf den Trümmern der alten kapitalistischen Staaten verwirklichen.

Formal-juristisch betrachtet, ist der moderne Staat die souveräne Gebietskörperschaft. Daran ändert sich nichts, wenn die Arbeiterklasse die Macht im Staate erobert und die Arbeitsmittel in das Eigentum des Staates und der vom Staate beherrschten und geleiteten engeren örtlichen Verbände innerhalb des Staates überführt. Auch das Gemeinwesen der Zukunft wird das Attribut der Souveränität nicht missen können; es wird dann bedeuten, dass das Gemeinwesen oberster Leiter aller Produktion und aller Verteilung ist. Das Proletariat ändert zunächst nicht die Rechtsnormen, sondern die Rechtssubjekte und die Wirksamkeit der Rechtsnormen; aber dadurch wird doch aus dem Staate ein ganz neues soziales Gebilde. Der moderne Staat ist erst erstanden mit der Geldwirtschaft, die selbst eine Erscheinungsform der Warenproduktion ist. Das sozialistische Gemeinwesen dagegen beruht nicht mehr auf der Steuer, sondern auf der Tatsache, dass es selbst die Produktion leitet und den Arbeitsertrag verteilt; nun sichert sich nicht mehr der Staat durch die Steuer einen Anteil am Wertprodukt der Warenproduzenten, vielmehr entscheidet er als Eigentümer selbst darüber, welchen Teil des gesellschaftlichen Arbeitsertrages er seinen Zwecken widmen, welchen er den einzelnen Gliedern des Gemeinwesens zuteilen will. Der moderne Staat ist überall ein Werkzeug der Klassenherrschaft der Bourgeoisie; denn nur als kapitalistische Warenproduktion konnte die Warenproduktion allgemeine Form gesellschaftlicher Produktion werden, die Geldwirtschaft, die Grundlage des modernen Staates, sich also verbreitern. Das sozialistische Gemeinwesen der Zukunft dagegen hebt die Klassengegensätze und dadurch auch die Klassenherrschaft der Kapitalisten auf; nun erst ist wahrhaft die Gesamtheit der Staatsbürger zur Bildung des Gesamtwillens berufen. Indem die Arbeiterklasse sich des modernen Staates bemächtigt, hebt sie den modernen Staat auf, verwandelt sie ihn in ein ganz neues soziales Gebilde.

Aber indem der von der Arbeiterklasse beherrschte Staat sein eigenes Wesen verwandelt, setzt er sich nicht nur zum modernen Staate, sondern zum Staate überhaupt in Gegensatz. Der Staat ist entstanden als Gebietskörperschaft, indem die territoriale Gliederung die alte Sippschaftsverfassung zersetzte und schliesslich beseitigte.[1]) Formal-juristisch wird sich auch daran nichts ändern. Denn auch das Gemeinwesen der Zukunft wird eine Gebietskörperschaft sein, der Boden, das wichtigste Produktionsmittel und die Grundlage aller Produktion, ist die natürliche Basis seiner Wirksamkeit. Aber das Wesen der Gebietskörperschaft wird sich nun völlig verändern. Denn in der Macht des Staates über den Boden birgt sich heute die Herrschaft der Besitzenden über die Besitzlosen. Indem aber das sozialistische Gemeinwesen das Sondereigentum an Arbeitsmitteln beseitigt, hebt es auch alle Klassenherrschaft auf. Die Gebietshoheit des Staates verbirgt nun nicht mehr die Herrschaft von Menschen über Menschen, sondern ist ein reines Verhältnis zwischen den Menschen und dem Ding. So setzt sich das sozialistische Gemeinwesen nicht nur zum modernen Staate, sondern zu allen historischen Staatsformen in Gegensatz. Ob man dieses Gemeinwesen noch als Staat bezeichnen will, ist eine müssige Frage der Terminologie.

Jede neue Wirtschaftsverfassung schafft neue Formen der Staatsverfassung und neue Regeln der Abgrenzung der politischen Gebilde. Wie werden sich in der sozialistischen Gesellschaft die Gemeinwesen voneinander scheiden? Wird auch dort die Nationalität der Bürger die Grenzen des Gemeinwesens bestimmen?

Wenn wir diese Frage, die Frage nach dem Verhältnis des Sozialismus zum politischen Nationalitätsprinzip beantworten wollen, so müssen wir von der Tatsache ausgehen, dass erst der Sozialismus der Gesamtheit der Volksgenossen Anteil an der nationalen Kultur geben wird. Mit der Entwurzelung der Bevölkerung durch die gesellschaftliche Produktion, mit der Entwicklung der Nation zu einheitlicher Erziehungs-, Arbeits- und Kulturgemeinschaft verlieren die engeren örtlichen Verbände ihre Kraft, während das Band, das alle Nationsgenossen umschlingt, mehr und mehr erstarkt. Der Tiroler Bauer ist heute durch die bäuerliche Sonderkultur des Landes mit

[1]) Engels, Der Ursprung der Familie, des Privateigentums und des Staates. Stuttgart 1900. Seite 105 ff., 149 ff., 177 ff.

seinen Landsleuten eng verknüpft, von den Deutschen ausserhalb des Landes scharf unterschieden. Diese Tatsache des nationalen Seins spiegelt sich im nationalen Bewusstsein wieder. Der Tiroler Bauer fühlt sich zuerst als Tiroler, erinnert sich dagegen nur selten seines Deutschtums. Ganz anders schon der Tiroler Arbeiter; er hat an der Sonderart der Tiroler Bauern weniger Teil, er ist durch viel stärkere Bande der deutschen Nation verbunden. Die sozialistische Gesellschaft wird, indem sie jeden Deutschen zum Erzeugnis deutscher Kultur macht und ihm die Möglichkeit gibt, den Fortschritt deutscher Kultur mitzugeniessen, den Partikularismus innerhalb der Nation erst beseitigen. Kein Zweifel, dass diese Entwicklung die Kraft des politischen Nationalitätsprinzips stärken wird.

Nach derselben Richtung treibt eine andere Reihe von Erscheinungen. Die bäuerlichen Massen sind an alle Ueberlieferung gefesselt, der Hausrat ihrer Ahnen ist ihnen teuer, alles Neue ist ihnen verhasst. Ihre Liebe zu den Werten vergangener Zeiten ist auch politisch wirksam: sie ist die Wurzel ihrer klerikalen Gesinnung, ihres Lokalpatriotismus, ihrer Anhänglichkeit an die Dynastie. Wie bedeutsam dies ist, haben wir gesehen, als wir den Kräften nachforschten, die den Bestand Oesterreichs sichern: die Bauern, die sich aus den Fesseln jahrhundertealter Ueberlieferung nicht loszulösen vermögen, sind eine der Stützen dieses Staates. Wenn die sozialistische Produktionsweise einerseits die Massen erst der nationalen Kulturgemeinschaft eingliedert und dadurch auch ihr Nationalbewusstsein stärkt, so vernichtet sie andererseits die Liebe zu den Ideologien vergangener Jahrhunderte, die die reine Durchführung des Nationalitätsprinzips hemmt. So stärkt sie nicht nur die treibende Kraft des Nationalitätsprinzips, sondern räumt auch die Hindernisse aus seiner Bahn.

Indessen wird durch all dies der Sieg des Nationalitätsprinzips nur vorbereitet. Verwirklicht wird er erst werden durch jene Flutwelle des Rationalismus, die über alle überlieferten Ideologien hinüberfluten wird, sobald der Damm des Kapitalismus gebrochen ist. In der grossen Uebergangsepoche von der kapitalistischen zur sozialistischen Gesellschaft, in der alles Alte vernichtet, alle alten Autoritäten gestürzt, schliesslich selbst die alten Eigentumsverhältnisse beseitigt werden, verliert das Alte, Ueberlieferte seinen Heiligenschein. Nun erst werden die Massen es lernen, das Alte zu stürzen, um auf seinen Trümmern neue Bauten für *ihre* Zwecke zu schaffen. Diese Revolution des Bewusstseins der Massen wird gesichert werden durch die tägliche Praxis in der sozialistischen Gesellschaft, die den Massen erst die Macht gibt, ihr Schicksal selbst zu bestimmen, durch freie Beratung und freien Beschluss über ihre eigene Zukunft zu entscheiden, die die Entwicklung menschlicher Kultur zur beratenen, beschlossenen, bewussten Tat der Menschen macht. Sie wird moglich werden durch die sozialistische Erziehung, die jedem einzelnen die Kulturguter der ganzen Nation, ja ein gutes Stuck der Kulturguter der ganzen Menschheit zufuhrt, ihn dadurch erst von der Ueberlieferung enger ortlicher Kreise vollig befreit, seinen Blick weitet, ihn erst fahig macht, sich selbst Zwecke zu setzen und klug die Mittel fur seine Zwecke zu wahlen. So wird den Menschen der sozialistischen Gesellschaft keine Staatsgrenze heilig sein, die langst vergangene Zeiten fur ihre Zwecke gezogen. Nun erst werden die Massen aller Volker reif fur die Frage, die im 19. Jahrhundert doch nur die Frage der Gebildeten war, fur die Frage nach dem Verhaltnis *innerer Gemeinschaft* und *ausserer Macht*, die im Widerstreit der Nation zum Staat in Erscheinung tritt. Indem die engeren ortlichen Verbande innerhalb der Nation an Kraft verlieren, die nationale Kulturgemeinschaft aber alle Volksgenossen eng umschliesst, wird die nationale Gemeinschaft ihnen zur sicheren, unveranderlichen Tatsache; die aussere Macht aber begreifen sie nun als Mittel, das menschlichen Zwecken dienen, menschlichen Zwecken sich anpassen muss So wird in ihnen der Grundsatz der Anpassung ausserer Macht an innere Gemeinschaft, der Grundgedanke des Nationalitatsprinzips, lebendig

Seinem *Inhalte* nach bedeutet das Nationalitatsprinzip die Regel, dass die aussere Macht die innere Gemeinschaft zusammenschliessen und ihr dienen soll *Ursachlich*, als Motiv wird aber dieser Grundsatz nur wirksam, wenn die Umwalzung der Arbeitsverfahren und Arbeitsverhaltnisse die uberlieferten Staatengebilde, die diesem Grundsatze nicht entsprechen, unertraglich macht. So war es schon einmal, als die uberlieferten Kleinstaaten dem Bedurfnis der Bourgeoisie nicht mehr entsprachen und das Burgertum darum das Nationalitatsprinzip auf seine Fahne schrieb. So wird es wiederum sein, sobald die Wandlung der gesellschaftlichen Produktion aus ihrer kapitalistischen in die sozialistische Form den Geist der Menschen wandelt, ihre alten Kulturwerte vernichtet, sie zur Frage nach den „naturlichen“ Grenzen des Staates befahigt.

Wenn aber die Massen erst im freien nationalen Gemeinwesen ihr Ziel sehen, so erschliesst ihnen der Sozialismus auch den Weg zu diesem Ziele; denn der Sozialimus ruht notwendig auf der Demokratie Auch ein solches demokratisches Gemeinwesen wird die Minderheiten zwingen, sich dem Gesamtwillen zu beugen gleichgultig, ob es dies durch unmittelbaren Zwang tun wird oder mittelbar dadurch, dass es sie vom Anteil am Arbeitsprozess und Arbeitsertrag ausschliesst. Aber nie und nimmer wird ein solches Gemeinwesen ganze Nationen einschliessen konnen, die nicht zu ihm gehoren wollen Die Massen der Nationen im vollen Besitz der nationalen Kultur, ausgestattet mit den Rechten der Teilnahme an der Gesetzgebung und der Selbstverwaltung und diese Massen bewaffnet — wie könnten solche Nationen gezwungen werden, sich dem Joch eines Gemeinwesens zu beugen, zu dem sie nicht gehören wollen? Alle staatliche Macht ruht auf der Macht der Waffen. Aber das heutige Volksheer ist, dank einem kunstvollen Mechanismus, immer noch ein Machtwerkzeug einer Person, einer Familie, einer Klasse, so gut wie die Ritterheere und Söldnerheere vergangener Zeiten. Das Heer der demokratischen Gemeinwesen einer sozialistischen Gesellschaft, das aus hoch kultivierten Menschen besteht, die in der Werkstätte nicht mehr dem Kommando einer fremden Macht gehorchen und im Staate zur vollen Teilnahme an Gesetzgebung und Verwaltung berufen sind, ist aber keine selbständige Macht mehr, sondern nichts anderes als das bewaffnete Volk selbst. Damit schwindet alle Möglichkeit nationaler Fremdherrschaft.

Indessen beruhen die Nationalitätenstaaten in unserer Gesellschaft nicht nur darauf, dass ganze Nationen nicht die Macht haben, den erstrebten Nationalstaat zu verwirklichen, auch nicht nur darauf, dass grosse Teile vieler Nationen unter dem Eindruck der Ideologien vergangener Zeiten, von der Kulturgemeinschaft der Nation nicht erfasst, die Idee der nationalen Einheit und Freiheit bekämpfen; vielmehr wird die reine Durchführung des Nationalitätsprinzips auch durch die Tatsache gehemmt, dass der moderne Staat auch W i r t s c h a f t s g e b i e t ist; muss er also nicht ein solches Gebiet zu umfassen streben, das fähig ist, ein wenigstens einigermassen selbständiges Wirtschaftsgebiet zu sein? Würde nicht die Ergiebigkeit der Arbeit sinken, wenn ein sozialistisches Gemeinwesen, um das Prinzip nationaler Abgrenzung rein durchzuführen, nur ein kleines, ohne jede Rücksicht auf die Produktion abgegrenztes Wirtschaftsgebiet einhegen wollte?

Hier müssen wir uns zunächst der Tatsache erinnern, dass erst der Sozialismus die internationale Arbeitsteilung wird folgerichtig durchführen können. Die einfache Warenproduktion hat die Ergiebigkeit der menschlichen Arbeit gewaltig gesteigert, indem sie, zunächst innerhalb eines engen Kreises — in einer Stadt und dem zugehörigen Verkehrsgebiete — die Arbeitsteilung durchgeführt hat. Der Kapitalismus hat die Arbeitsteilung dann innerhalb grosser Wirtschaftsgebiete durchgesetzt und dadurch die Produktivität der Arbeit wiederum gewaltig vermehrt. Er hat aber auch schon den Grund zu einer internationalen Arbeitsteilung gelegt. Die klassische Nationalökonomie hat dann den Satz theoretisch begründet, dass die Ergiebigkeit der Arbeit in jedem Wirtschaftsgebiete und der Reichtum jedes Wirtschaftsgebietes wächst, wenn die Bewohner jedes Gebietes nur jene Güter produzieren, für deren Erzeugung in ihrem Gebiete günstige Bedingungen gegeben sind, die anderen

Güter aber, deren sie bedürfen, gegen ihre Produkte eintauschen. Theoretisch ist dieser Gedanke nicht zu bestreiten. Trotzdem hat die kapitalistische Gesellschaft den freien Warenaustausch, die internationale Arbeitsteilung nicht verwirklicht und wird sie nicht mehr verwirklichen. Denn der Zweck kapitalistischer Wirtschaftspolitik ist nicht die möglichste Steigerung der Ergiebigkeit der Arbeit, sondern die möglichste Vermehrung der Profite, sie sucht diesen Zweck nicht durch jene Verteilung des produktiven Kapitals auf die einzelnen Produktionszweige, die die Arbeit möglichst ergiebig macht, sondern durch die Beschleunigung des Abflusses des totgelegten Kapitals in die Produktionssphäre, durch die fortwährende Ausdehnung der Absatzgebiete und Anlagesphären zu erreichen. Nur dort, wo zufällig die Forderungen der internationalen Arbeitsteilung mit den Forderungen der kapitalistischen Wirtschaftspolitik zusammenfallen — wie dies in England bis vor kurzem der Fall war — wird die Handelsfreiheit in der kapitalistischen Gesellschaft verwirklicht. In der sozialistischen Gesellschaft dagegen, in der die Produktionsmittel nicht mehr Kapital sind, verliert die kapitalistische Wirtschaftspolitik allen Sinn. Die sozialistische Gesellschaft wird daher jene internationale Arbeitsteilung und die ihr entsprechende Verteilung der Arbeit innerhalb der einzelnen Wirtschaftsgebiete erst verwirklichen können. Freilich wird dies nicht mit einem Schlage geschehen. Wenn ein Staat hinter dem Schutze seiner Zolllinie eine Eisenindustrie gezüchtet hat, statt durch freien Güteraustausch die reicheren Eisenerze anderer Länder zu nutzen, so wird auch die sozialistische Gesellschaft die schon bestehenden Hochöfen und Stahlwerke nicht plötzlich stilllegen können. Aber in jedem Jahre wächst die Zahl der arbeitenden Menschen und wächst der Produktionsapparat der Gesellschaft: die neuen Arbeiter, die neuen Produktionsmittel wird die Gesellschaft stets jenen Produktionszweigen zuwenden, in denen in ihrem Lande günstige Produktionsbedingungen bestehen, und für ihre Erzeugnisse wird sie die Produkte anderer Länder eintauschen. So werden die sozialistischen Gemeinwesen in wenigen Jahrzehnten die von der klassischen Oekonomie geforderte zwischenstaatliche Arbeitsteilung durchführen können.

Dadurch wird erst das grösste Hindernis der Durchführung des Nationalitätsprinzips aus dem Wege geräumt. Denn nun wird auch die kleinste Nation eine selbständig organisierte Volkswirtschaft bilden können, während die grossen Nationen verschiedenartige Güter produzieren, wird die kleine Nation ihre ganze Arbeitskraft an die Erzeugung einer oder weniger Güterarten wenden und alle anderen Güter im Austausch von den anderen Nationen erwerben, so nützt sie trotz ihrer Kleinheit alle Vorteile des Grossbetriebes. Nun werden auch diejenigen Völker, deren Gebiet die

Natur am kärgsten mit Bodenschätzen bedacht hat, eine selbständige wirtschaftliche Einheit bilden können, hat doch Ricardo unwiderleglich bewiesen, dass auch das von der Natur mindest begünstigte Wirtschaftsgebiet durch die internationale Arbeitsteilung seine Aufgabe empfängt: es wird jene Güter produzieren, in deren Herstellung die Ueberlegenheit aller anderen Länder verhältnismässig am geringsten ist und diese Güter gegen die Erzeugnisse aller anderen Wirtschaftsgebiete eintauschen müssen. So wird durch die internationale Arbeitsteilung die ganze Kulturmenschheit ein grosser Organismus, gerade dadurch wird die politische Freiheit und Einheit aller Nationen möglich. In einer Gesellschaft, in der jedes Gemeinwesen autark sein, seine Bedürfnisse selbst decken soll, ist die reine Durchführung des Nationalitätsprinzips unmöglich; den kleinen Nationen, den Nationen, deren Siedlungsgebiet der Produktion minder günstige Bedingungen bietet, bleibt die nationale Freiheit notwendig versagt. Sobald die internationale Arbeitsteilung alle Völker umfasst, fällt dagegen die wichtigste Schranke, die die Anpassung der politischen Einteilung der Menschheit an ihre Gliederung in die historischen Kulturgemeinschaften hemmt.

Auch die Verschiebungen innerhalb der gesellschaftlichen Arbeit erlangen in der sozialistischen Gesellschaft ganz neuen Charakter. Denn jene Wanderungen der einzelnen, die, von den blind waltenden Gesetzen der kapitalistischen Konkurrenz beherrscht, der Wirksamkeit bewusster Satzung fast völlig entzogen sind, hören dann auf. An ihre Stelle tritt die bewusste Regelung der Wanderungen durch die sozialistischen Gemeinwesen. Sie werden Einwanderer heranziehen, wo die grössere Zahl der Arbeitenden die Ergiebigkeit der Arbeit vermehrt, sie werden einen Teil der Bevölkerung zur Auswanderung veranlassen, wo der Boden wachsender Menschenzahl sinkende Erträge spendet. Indem so die Aus- und Einwanderung von der Gesellschaft bewusst geregelt wird, fällt erst in die Hände jeder Nation die Macht über ihre Sprachgrenzen. So werden dann nicht mehr soziale Wanderungen gegen den Willen der Nation das Nationalitätsprinzip immer wieder durchbrechen können.

Es ist kein Zufall, dass an den Sieg des Sozialismus die Verwirklichung des Nationalitätsprinzips geknüpft ist. Im Zeitalter des Sippschaftskommunismus waren die Gemeinwesen — wenigstens ursprünglich — national einheitlich. Selbst dort, wo eine Völkerschaft von einem fremden Volk unterworfen wurde, verlor sie zunächst nicht ihre politische Organisation, sondern wurde nur als Gemeinwesen von dem Gemeinwesen der Sieger abhängig, ihm tributpflichtig. Erst mit der Zersetzung der alten kommunistischen Nation in die engen örtlichen Verbände setzt auch die politische Zerklüftung der Nation ein. Und erst mit der Klassenscheidung, mit der Spaltung in Nationsgenossen und Hintersassen der Nation wird auch die nationale Fremdherrschaft möglich: der Gegensatz der herrschenden und beherrschten, ausbeutenden und ausgebeuteten Klassen nimmt die Gestalt der Herrschaft der historischen über die geschichtslosen Nationen an. Seit der Entwicklung der gesellschaftlichen Produktion in der Gestalt der kapitalistischen Warenproduktion wird der politische Partikularismus zurückgedrängt: das Bedürfnis nach Arbeitsteilung innerhalb grosser Wirtschaftsgebiete errichtet auf den Trümmern unzähliger kleiner Staaten den grossen Nationalstaat. Durch dieselbe Entwicklung wird aber auch die nationale Fremdherrschaft unerträglich: die geschichtslosen Nationen erwachen zu historischem Leben und streben gleichfalls nach Verwirklichung des Nationalstaates. Endlich streift die gesellschaftliche Produktion ihre kapitalistische Hülle ab: nun erst wird die nationale Kulturgemeinschaft verwirklicht, nun erst schwindet aller Partikularismus innerhalb der Nation und wird alle Herrschaft einer Nation über andere Völker unmöglich; nun erst umfasst die Arbeitsteilung die ganze Menschheit, es steht daher der politischen Gliederung der Menschheit in freie Nationen kein Hindernis mehr entgegen. Die politische Gliederung der Menschheit spiegelt ihr national-kulturelles Sein wieder, das seinerseits durch die Entwicklung der Arbeitsverfahren und Arbeitsverhältnisse bestimmt ist: politischer Partikularismus und Fremdherrschaft sind die politischen Erscheinungsformen eines Zeitalters, das national durch die Spaltung der Nation in Nationsgenossen und Hintersassen der Nation und durch den Zerfall der Nation in enge örtliche Verbände, wirtschaftlich durch den sesshaften Ackerbau, das Sondereigentum an Arbeitsmitteln, die Grundherrschaft gekennzeichnet ist; das Nationalitätsprinzip ist das Staatsbildungsprinzip der einheitlichen und autonomen Nation in einem Zeitalter gesellschaftlicher Produktion. Der Aufbau der grossen Nationalstaaten im 19. Jahrhundert ist nur der Vorbote eines Zeitalters reiner Verwirklichung des Nationalitätsprinzips, wie die Verbreiterung der Kulturgemeinschaft durch den modernen Kapitalismus der Vorbote der Verwirklichung der nationalen Kulturgemeinschaft durch den Sozialismus, wie die gesellschaftliche Produktion in kapitalistischer Gestalt der Vorbote der genossenschaftlichen Produktion durch die Gesellschaft und für die Gesellschaft.

So verheisst der Sozialismus allen Nationen die Verwirklichung ihres Verlangens nach politischer Einheit und Freiheit. Das gilt auch von der deutschen Nation. Darum haben die deutschen Arbeiter keinen Teil an dem kindischen Spiel der Alldeutschen, keinen Teil an dem arbeiterfeindlichen Treiben des deutschen Imperialismus. Sie wissen, dass in ihrem Klassenkampfe mit der

Kapitalistenklasse auch um die politische Einheit ihres Volkes gekämpft wird. Darum rufen die deutschen Arbeiter, weit entfernt von dem frivolen Treiben alldeutscher Abenteurer, mit der Ruhe voller Siegesgewissheit dem deutschen Volke das Wort des Dichters zu:

> Geduld! Es kommt der Tag, da wird gespannt
> Ein einig Zelt ob allem deutschen Land!

Aber indem das Nationalitätsprinzip gerade aus dem Fortschritt der gesellschaftlichen Produktion und der internationalen Arbeitsteilung hervorgeht, findet es bald in sich selbst seine Schranke.

Schon in der kapitalistischen Gesellschaft verknüpfen immer engere Verkehrsbeziehungen die verschiedenen Staaten; immer notwendiger wird eine allgemein geltende Regelung dieser Verkehrsbeziehungen, ein Rechtssystem, das über die Grenzen des einzelnen Staates hinaus gilt. Seit die Entwicklung der kapitalistischen Wirtschaft, die Entstehung der grossen modernen Staaten, die Ausdehnung der Macht der europäischen Nationen über die überseeischen Kolonialgebiete die zwischenstaatlichen Verkehrsbeziehungen verdichtet hat, entstand das Völkerrecht. Die Staaten regeln ihre Beziehungen zunächst durch Verträge. Zu den alten Bündnis- und Friedensverträgen kommen Verträge über die Gesetze des Land- und Seekrieges. Allmählich werden auch die wirtschaftlichen Beziehungen durch zwischenstaatliche Verträge geregelt. So entsteht jenes vielfältige System von Verträgen, das die Grundlage des modernen Völkerrechtes ist: Verträge über Binnen- und Seeschifffahrt, über Handelsverkehr und Zölle, über Eisenbahnverkehr, Post- und Telegraphenwesen, über Masse, Münzen und Gewichte. Aber bald greift das Völkerrecht auch über den Kreis unmittelbarer wirtschaftlicher Interessen hinaus. So regeln heute zwischenstaatliche Verträge die Sanitätspolizei, insbesondere den Kampf gegen die Seuchen, den Kampf gegen Mädchenhandel und Sklavenhandel, so sucht man durch Verträge die gleichartige Regelung des Privatrechtes und Prozessrechtes anzubahnen. Aus allen diesen Verträgen hebt sich aber nun eine Reihe heraus, die ein ganz neues Gebilde schafft, das internationale Amt. Wo nämlich durch Verträge die Grundlage gemeinsamer Verwaltungstätigkeit gelegt werden soll, schaffen die Staaten auch ein gemeinsames Organ, ein Amt, das, kraft internationalen Auftrages, die ihm durch die Staatsverträge zugewiesenen Aufgaben dauernd erfüllen soll. Solchen Charakter tragen die internationalen Sanitätskommissionen, die internationalen Kommissionen zur Ueberwachung der Finanzverwaltung einzelner Staaten, die internationalen Flusskommissionen, denen Rechte eingeräumt wurden, die sonst nur souveränen Staaten zustehen und die daher auch die Staatstheorie als besondere staatliche Gebilde, als „Fluss-Staaten“ zu konstruieren suchte. Weitaus am wichtigsten sind aber unter den internationalen Aemtern die der sogenannten Verwaltungsgemeinschaften. Sie sind seit den Sechzigerjahren entstanden und beruhen auf Verträgen, zu denen der Beitritt grundsätzlich jedem Staate offen steht. Hierher gehören zum Beispiel die Bureaux des Weltpostvereines, des internationalen Telegraphenvereines, der Staatengemeinschaft zum Schutze des gewerblichen Eigentums, des Staatenverbandes zum Schutze der Werke der Literatur und Kunst, der Staatenvereinigung zur Bekämpfung des Sklavenraubes, das Zentralamt der internationalen Transporte, das Bureau der ständigen Zuckerkommission u. s. w. Manchen von diesen Aemtern ist bereits auch richterliche Gewalt eingeräumt, so den Sanitäts- und Flusskommissionen, den Aemtern des Weltpostvereines und der Eisenbahngemeinschaft; daneben besteht seit 1899 der ständige Schiedsgerichtshof im Haag.

So unvollkommen diese einzelnen Gebilde auch sind, es liegt in ihnen doch ein kräftiger Keim neuer sozialer Organismen. Die Verkehrsbeziehungen zwischen den verschiedenen Staaten sind bereits so eng geworden, dass das staatliche Recht und die staatlichen Organe nicht mehr genügen. Die Entwicklung treibt zu einem Rechtssystem, das über den staatlichen Rechten steht und die Staaten selbst bindet, sie schafft Organe, deren Tätigkeit durch keine Staatsgrenze mehr gehemmt wird. Staatsverträge und internationale Aemter befriedigen heute dieses Bedürfnis. Aber sie tragen in sich einen inneren Widerspruch. Die Völkerrechtsgemeinschaft hat Satzungen und Organe, aber sie selbst ist noch nicht als juristische Person konstituiert. Wir haben Satzungen und kennen den Gesamtwillen nicht, der sie setzt und dessen Macht sie sichert; wir haben internationale Organe und kennen die Körperschaft nicht, deren Organ sie sein sollen.

In der sozialistischen Gesellschaft werden die Verträge zwischen den Gemeinwesen und die internationalen Organe zweifellos schnell an Zahl zunehmen. Dazu werden zunächst die wachsenden Verkehrsbeziehungen zwischen den verschiedenen Gemeinwesen infolge der Durchführung der internationalen Arbeitsteilung zwingen. Die internationale Regelung wird aber auch erst in viel weiterem Umfang möglich und notwendig, sobald die sozialen Vorgänge, die sich heute aus unzähligen Entschliessungen und Handlungen einzelner zusammensetzen, von den verschiedenen Gemeinwesen bewusst geregelt werden, so werden zum Beispiel grössere Wanderbewegungen nicht anders möglich sein als auf Grund internationaler Verträge. Endlich wird in der sozialistischen Gesellschaft die planmässige Regelung der internationalen Verkehrsbeziehungen auch darum notwendig werden, weil jede getäuschte Erwartung, jede verfehlte Berechnung, die heute den einzelnen Kaufmann, den einzelnen Auswanderer trifft, dann ganz unmittelbar die ganze Gesellschaft treffen würde. Man male sich zum Beispiel die Folgen aus, wenn ein sozialistisches Gemeinwesen sich auf die Produktion eines Gutes einrichtet, das gegen die Erzeugnisse der anderen Nationen eingetauscht werden soll, und sich dann in dieser Erwartung enttäuscht sieht! Die internationale Arbeitsteilung ist unmöglich, wenn Güteraustausch und Verkehr nicht international geleitet und geregelt werden.

So werden schliesslich Staatsverträge und Verwaltungsgemeinschaften der Gesellschaft der Zukunft nicht mehr genügen. Es werden ihr die Satzungen nicht genügen, die kein organisierter Gesamtwille sichert, die Organe nicht, die als keiner Person Organ gelten können. Sie wird die Völkerrechtsgemeinschaft schliesslich als juristische Person konstituieren, sie mit ständigen Vertretern ausstatten müssen. Dies wird wohl an dem Tage geschehen, an dem die nationalen Gemeinwesen ein internationales Amt einsetzen, dem sie die oberste Leitung des Güteraustausches zwischen den Gemeinwesen und dadurch mittelbar auch die oberste Leitung der Produktion jedes Gemeinwesens anvertrauen. Wie die Entwicklung der kapitalistischen Warenproduktion die im Mittelalter vereinzelten Grundherrschaften und Städte verknüpft hat zum modernen Staate, so wird die internationale Arbeitsteilung in der sozialistischen Gesellschaft über den nationalen Gemeinwesen ein neuartiges soziales Gebilde schaffen, einen „Staatenstaat", dem sich die einzelnen nationalen Gemeinwesen eingliedern. So sind die „Vereinigten Staaten von Europa" kein Traumgebilde mehr, sondern das unvermeidliche Endziel einer Bewegung, die die Nationen längst angetreten haben und die durch Kräfte, die bereits sichtbar werden, gewaltig beschleunigt werden wird.

Wir haben gesehen, dass der Sozialismus notwendig zur Verwirklichung des Nationalitätsprinzips führt. Aber indem die sozialistische Gesellschaft über den nationalen Gemeinwesen allmählich einen Bundesstaat aufbaut, dem die Gemeinwesen der einzelnen Nationen wieder eingegliedert werden, schlägt das Nationalitätsprinzip in die nationale Autonomie, das Nationalitätsprinzip als Regel der Staatenbildung in das Nationalitätsprinzip als Regel der Staatsverfassung um. Das sozialistische Nationalitätsprinzip ist die höhere Einheit des Nationalitätsprinzips und der nationalen Autonomie.

So vermag das sozialistische Nationalitätsprinzip alle Vorteile sowohl des bürgerlichen Nationalitätsprinzips als auch der nationalen Autonomie zu vereinigen. Indem es die Nation als Gemeinwesen organisiert, gibt es ihr Selbstgesetzgebung und Selbstverwaltung, die Verfügung über ihre Arbeitsmittel und über ihren Arbeitsertrag, die Macht der Waffen. Indem es aber die Nation einer als Körperschaft konstituierten Völkerrechtsgemeinschaft eingliedert, sichert er es der Nation Macht auch uber ihre Gebietsgrenzen hinaus. Nehmen wir beispielsweise an, die sozialistische Gesellschaft konne die Ergiebigkeit der Arbeit in Deutschland steigern, wenn sie die Zahl der Arbeitenden auf dem deutschen Boden vermindert, dagegen die Ergiebigkeit der Arbeit in Südrussland durch Vermehrung der Zahl der Arbeitenden erhohen. Sie wird dann einen Teil der deutschen Bevolkerung nach Sudrussland zu uberfuhren suchen. Aber Deutschland wird seine Sohne und Töchter nicht nach dem Osten schicken, ohne ihnen ihre kulturelle Selbstandigkeit zu sichern. So werden die deutschen Kolonisten nicht vereinzelt, sondern als offentlich-rechtliche Korperschaft in das Gemeinwesen der Ukraina eintreten Vereinigen sich erst die nationalen Gebietskorperschaften zu einem internationalen Gemeinwesen, so entstehen durch die planmassige Kolonisation nun fremdsprachige Personenverbande innerhalb der nationalen Gemeinwesen, Verbande, die in mancher Hinsicht mit der Gebietskorperschaft ihrer Nation, in anderer mit dem Gemeinwesen der fremden Nation, auf deren Boden sie wohnen, rechtlich verbunden sind So wird die sozialistische Gesellschaft zweifellos ein buntes Bild von nationalen Personenverbanden und Gebietskorperschaften bieten, sie wird von der zentralistisch-atomistischen Verfassung unserer Staaten gleich verschieden sein wie die gleichfalls so mannigfaltig gegliederte Gesellschaft des Mittelalters

Wir wollen hier kein Phantasiebild der kommenden Gesellschaft entwerfen Was wir von ihr hier aussagen, folgert nüchterne Beurteilung aus ihrem Wesen. Die Veranderung der Menschen durch die sozialistische Produktionsweise fuhrt notwendig zur Gliederung der Menschheit in nationale Gemeinwesen. Die internationale Arbeitsteilung fuhrt notwendig zur Vereinigung der nationalen Gemeinwesen in einem sozialen Gebilde hoherer Ordnung Alle Nationen zu gemeinsamer Beherrschung der Natur vereinigt, die Gesamtheit aber in nationale Gemeinwesen gegliedert, die zu selbstandiger Entwicklung und freiem Genuss ihrer nationalen Kultur berufen sind — das ist das Nationalitatsprinzip des Sozialismus.

VII. Programm und Taktik der österreichischen Sozialdemokratie.

§ 31.

Das Nationalitätenprogramm der sozialdemokratischen Arbeiterpartei.

Der moderne Sozialismus ist zuerst in den grossen Nationalstaaten Westeuropas entstanden Durch den sozialen Aufbau und die politische Stellung dieser Nationen ward daher auch zuerst seine Stellung zur Nationalitätenfrage bestimmt.

Die Arbeiterklasse dieser Nationen setzt zunächst der nationalen Wertungsweise der konservativen Klassen die rationalistische Wertungsweise, dem Ideal der Erhaltung der nationalen Eigenart das der Entwicklung des gesamten Volkes zur Nation entgegen. Die Politik der Arbeiterklasse ist also, positiv ausgedrückt, evolutionistisch-nationale Politik, negativ ausgedrückt, Ablehnung der konservativ-nationalen Politik, also kultureller Kosmopolitismus (§ 12). Aber da die Entwicklung des gesamten Volkes zur Nation nicht im Kampfe mit anderen Völkern, sondern im Klassenkampfe innerhalb der Nation erkämpft werden muss, so wird sich die Arbeiterklasse des nationalen Gehaltes ihrer Politik nicht bewusst. Desto schärfer wird sich die Arbeiterklasse der negativen Seite ihrer Politik, der Ablehnung der nationalen Wertungsweise, nationalen Geschichtsschreibung, der konservativ-nationalen Politik bewusst. Der kulturelle Kosmopolitismus ist also die Grundstimmung der kämpfenden Arbeiterklasse bei den Franzosen, Engländern, den Deutschen im Reiche.

Diese Nationen sind historische Nationen Die Arbeiter dieser Nationen stehen im Kampfe gegen die besitzenden Klassen, die der eigenen Nation angehören. Im Kampfe mit diesen Klassen sehen die Arbeiter nicht, dass sie mit ihren Klassengegnern das Band der nationalen Kulturgemeinschaft verknüpft; desto deutlicher sehen sie, dass die Arbeiter der anderen Nationen ihre Arbeits-, Leidens- und Kampfgenossen sind. Die nationalen Verschiedenheiten verblassen daher vor ihren Augen. Sie erneuern daher den alten Gedanken der Humanität. So entsteht bei ihnen die Grundstimmung des *naiven Kosmopolitismus* (§ 20). Allmahlich lautert sich diese Stimmung zum Gedanken des bewussten *Internationalismus*, das heisst zur Erkenntnis, dass der Fortschritt der Arbeiterklasse jeder Nation von dem Fortschritt des Proletariats aller Nationen bedingt ist. An die Stelle der Idee der Humanitat tritt die Erkenntnis der Solidaritat der Interessen der Arbeiter aller Nationen.

Diese Erkenntnis fuhrt nun freilich auch zur Tat: die Arbeiter jeder Nation suchen, soweit dies moglich ist, den Kampf der Arbeiter der anderen Nationen — und das heisst hier. der anderen Staaten — zu unterstutzen Dagegen kann der Gedanke der Internationalitat hier nicht zum Programm der *Staatsbildung* werden: hier besteht ja unbestritten der Nationalstaat. Die Arbeiter sehen hier nicht die positive Seite des Nationalstaates — sie erkennen ihn nicht als den „natürlichen" Staat, als die aussere Machtorganisation einer inneren Gemeinschaft — sondern nur seine negative Seite — sie erkennen ihn als Klassenstaat, als Machtorganisation der besitzenden Klassen. Ebensowenig verdichtet sich hier der Gedanke der Internationalitat zu einem Programm der *Staatsverfassung*. Hier besteht bereits der nationale Unterricht, er ist also nicht zu fordern Die Arbeiter werden sich also nicht des positiven Elementes in ihm bewusst, sie erkennen den Unterricht nicht als Mittel der Herstellung einer nationalen Kulturgemeinschaft, vielmehr sehen sie nur seine negative Seite. sie erkennen den hoheren Unterricht als das Sonderrecht, den Volksunterricht als ein Machtwerkzeug der besitzenden Klassen. Ebenso wenig kann hier die Frage auftauchen, ob die Arbeiterklasse den Gebrauch der nationalen Sprache im Amt und vor den Gerichten fordern muss, da die nationale Sprache in der Staatsverwaltung unbestritten herrscht. Auch hier wieder sehen die Arbeiter nur die negative Seite der Erscheinung: nicht die Amtssprache steht in Frage, sondern das Amt, das die besitzenden Klassen zum Werkzeug der Knechtung und Ausbeutung der Arbeiter gemacht haben.

Erst im Gegensatz gegen den *Imperialismus* erhalt der Internationalismus der Arbeiter der grossen Nationalstaaten einige Bestimmtheit Freilich handelt es sich hier unmittelbar nicht um das Verhaltnis der eigenen Nation zu den fremden Volkern, sondern um das Verhaltnis des eigenen Staates zu den anderen Staaten. Aber wenn der Imperialismus die nationalistische Herrschaftsidee verwirklichen will, so stellen ihm die Arbeiter die nationale Freiheitsidee gegenuber. Das politische Nationalitatsprinzip wird zur Ideologie der Arbeiterklasse, weil das nationalistische Prinzip zum Kampfmittel der kapitalistischen Expansionspolitik geworden ist. So haben die europaischen Arbeiter wahrend des sudafrikanischen

Krieges sich für die Freiheit und politische Selbständigkeit der Buren begeistert, haben die Unterdrückung der Inder verurteilt, sind selbst dem Aufstande der Boxer gerecht geworden. Wenn die Kapitalistenklasse den grossen, von einer Nation beherrschten Nationalitätenstaat erstrebt, so nimmt die Arbeiterklasse den alten bürgerlichen Gedanken des freien Nationalstaates auf.

Das sind also die Elemente des proletarischen Internationalismus in den grossen Nationalstaaten: seine Grundstimmung ist der kulturelle Kosmopolitismus, sein Inhalt ist die Erkenntnis der Solidarität der Arbeiter aller Nationen: er erhält wachsende Bestimmtheit durch den Kampf gegen den Imperialismus, wodurch die Freiheit und Selbstbestimmung jeder Nation zur Forderung der Arbeiter aller Nationen wird. Alle diese Elemente finden sich schon in der Nationalitätenpolitik der alten „Internationale". Die Probleme der Staatsverfassung, der nationalen Schule, des Gebrauchs der nationalen Sprache im öffentlichen Leben konnten hier gar nicht auftauchen. Vor diese Fragen sieht sich die Arbeiterklasse erst gestellt, sobald der Sozialismus von den Nationalstaaten aus in die Nationalitätenstaaten, von den historischen zu den geschichtslosen Nationen dringt. Die Arbeiterklasse muss auf diese Fragen eine Antwort wissen. Die sozialistische Theorie muss die Kräfte erforschen, die, auf Millionen einzelner Arbeiter, auf Tausende einzelner Vertrauensmänner wirkend, diese Antwort schliesslich bestimmen werden. Wenn uns heute die alten Formulierungen des Internationalismus nicht mehr genügen, wenn wir das Verhältnis der Arbeiterklasse zu den nationalen Problemen umfassender und gründlicher zu erforschen, aus dem allgemeinen Gedanken des Internationalismus ein bestimmtes Nationalitätenprogramm abzuleiten streben, so ist dies in letztem Grunde eine Wirkung der Tatsache, dass die kapitalistische Produktionsweise und dadurch auch die sozialistische Gesinnung der Arbeiterschaft von einem Lande auf das andere übertragen wird. Zuerst suchte die österreichische Sozialdemokratie nach der spezifisch proletarischen Stellungnahme zu den konkreten nationalen Fragen. Heute ringt auch schon im russischen Reiche der Internationalismus nach konkreter inhaltlicher Bestimmung.

Wir haben bereits davon gesprochen, wie in Oesterreich der naive Kosmopolitismus der einen, der naive Nationalismus der anderen sich allmählich in den bewussten Internationalismus verwandelt. Es ist nicht uninteressant, zu sehen, wie dieser Prozess zunächst in unklaren Redewendungen in der Parteipresse und in Arbeiterversammlungen seinen Ausdruck findet.

So haben wir beispielsweise in den letzten Jahren unzähligemale von deutschen Sozialdemokraten in Oesterreich die Aeusserung vernommen, auch die Arbeiter seien „gute Deutsche". Indessen, wenn ich von jemandem sage, er sei ein guter Deutscher, so heisst dies zunächst nichts anderes, als dass er zur deutschen Kulturgemeinschaft gehört, von der deutschen Kultur bestimmt und dadurch mit den deutschen Volksgenossen zu einer Charaktergemeinschaft verknüpft ist. In diesem Sinne sind die Arbeiter keine guten Deutschen. Denn darin besteht ja das nationale Elend in der Klassengesellschaft, dass die breiten Massen des arbeitenden Volkes von der nationalen Kulturgemeinschaft fast vollständig ausgeschlossen sind; dass die besitzenden Klassen nicht nur die Sachgüter, die die Arbeiterklasse erzeugt, sondern auch die nationale Kultur, die auf der Arbeit des Proletariats beruht, sich aneignen und der Arbeiterklasse vorenthalten. Man verschleiert den Klassengegensatz, man verhüllt die Ausbeutung der Arbeiter, man beschönigt das Elend der Arbeiterklasse, wenn man den Arbeitern einreden will, sie seien heute schon gute Deutsche. Umgekehrt! Weil die Arbeiter heute gar nicht gute Deutsche sein können, deshalb streben wir nach einer Gesellschaftsverfassung, in der alle Arbeitenden an der nationalen Kultur Anteil haben und dadurch zu einer nationalen Kulturgemeinschaft zusammengeschlossen werden. Die Arbeiter sind nicht gute Deutsche, aber wir kämpfen darum, sie zu guten Deutschen zu machen!

Nun wird man uns erwidern, so sei jene Aeusserung gar nicht gemeint gewesen. Man wolle nicht behaupten, dass die Arbeiterklasse heute schon an der nationalen Kulturgemeinschaft vollen Teil habe. Man wolle damit nur die politische Stellungnahme der Arbeiterklasse zur nationalen Frage kennzeichnen, wolle damit ausdrücken, dass die Arbeiter auch „national" sind. Nun denn: die Politik der besitzenden Klassen ist konservativ-nationale Politik; die Politik der Arbeiterklasse ist evolutionistisch-nationale Politik. In Oesterreich ist die Politik der besitzenden Klassen nationale Machtpolitik; die Politik der Arbeiterklasse dagegen ist die Politik der nationalen Autonomie. Die endliche Lösung der nationalen Frage erwarten die besitzenden Klassen vom kapitalistischen Imperialismus, der ihnen einen Nationalitätenstaat errichten soll, in dem ihre eigene Nation die fremden Völker beherrscht; die Arbeiterklasse dagegen erwartet das Ende der nationalen Kämpfe vom proletarischen Sozialismus, der jede Nation in einem autonomen Gemeinwesen vereinigt, aber auch der als obersten sozialen Körperschaft organisierten Völkerrechtsgemeinschaft eingliedert. Wir sehen, wie in jedem Punkte die Nationalitätenpolitik der Arbeiterklasse der nationalen Politik der herrschenden und besitzenden Klassen entgegengesetzt ist. Hat es dann einen Sinn, zu sagen, die Arbeiter seien „auch national"? Ist es zweckmässig, zwei einander in jedem Punkte widerstreitende Willensrichtungen mit demselben Worte zu bezeichnen? Ist das, was man jetzt die nationale Politik der Arbeiterklasse nennen möchte, etwas anderes als die konkrete Ausgestaltung ihrer alten internationalen Politik?

Der innere Wert dieser in den letzten Jahren so beliebt gewordenen Redewendungen ist also sehr gering. Trotzdem bezeichnet ihr Auftauchen, wenn wir es nur recht zu deuten verstehen, einen grossen Fortschritt in der Entwicklung der Arbeiterklasse, nämlich die Entwicklung vom naiven Kosmopolitismus zum bewussten Internationalismus. Man hat einst den Arbeitern gesagt, es komme nicht darauf an, ob wir Deutsche oder Tschechen sind, wir seien ja alle Menschen; man hat sie später gelehrt, es sei gleichgültig, welche Sprache wir sprechen, wir seien ja alle ausgebeutete und kämpfende Arbeiter. Allmählich wird man inne, dass man die Forderungen einer Interessengruppe nicht dadurch zum Schweigen bringen kann, wenn man sie in einer grösseren Gesamtheit verschwinden, wenn man ihren Begriff in einem weiteren Begriff untergehen lässt. Heute wissen wir, dass wir die internationale Politik der deutschen Arbeiter nicht anders ableiten können, als wenn wir zeigen, dass der deutsche Arbeiter für seine Interessen nicht kämpfen kann, ohne die Interessen der Arbeiter aller anderen Nationen zu fördern. Wir sehen von der nationalen Verschiedenheit der Arbeiter nicht ab, vielmehr zeigen wir, wie die Arbeiter jeder Nation daran ein eigenes Interesse haben, dass die nationalen Kulturbedürfnisse der Arbeiter der anderen Nationen befriedigt werden. Diese Entwicklung vom Kosmopolitismus zum Internationalismus ist aber nicht vollendet, wenn es gelungen ist, den Internationalismus theoretisch zu formulieren und zu begründen, vielmehr muss der neue Gedanke sich allmählich das Bewusstsein vieler Tausende einzelner Menschen erobern, die alten Vorstellungen in ihrem Bewusstsein niederringen. Im Kampfe des Neuen mit dem Alten in Hunderttausenden Köpfen entstehen mannigfache, verworrene Situationen, entstehen häufige Unklarheiten Einzelner und der Partei, deren Gesamtwille durch den Willen solcher Einzelner bestimmt wird. Eine solche Uebergangszeit drückt ihre innere Unklarheit gern in mancher inhaltsleeren Redensart, mancher widerspruchsvollen Redewendung aus. Wenn man sagt, auch die Sozialdemokraten seien „gute Deutsche", sie seien „auch national", so will man damit sagen, die Sozialdemokratie wolle von der Erfahrungstatsache der nationalen Verschiedenheit und der nationalen Kämpfe nicht absehen, auch sie habe vielmehr auf die nationale Frage eine bestimmte Antwort. So kann uns die Vorliebe mancher Parteigenossen für solche Redewendungen einen grossen historischen Prozess verstehen lehren.

Während aber der bewusste Internationalismus erst allmählich im Bewusstsein der einzelnen Parteigenossen den naiven Kosmopolitismus überwindet, hat er theoretisch seinen Sieg schon längst erfochten. Es geschah dies auf dem Brünner Gesamtparteitage im Jahre 1899, der folgendes Nationalitätenprogramm angenommen hat:

„Da die nationalen Wirren in Oesterreich jeden politischen Fortschritt und jede kulturelle Entwicklung der Völker lähmen, da diese Wirren in erster Linie auf die politische Rückständigkeit unserer öffentlichen Einrichtungen zurückzuführen sind und da insbesondere die Fortführung des nationalen Streites eines jener Mittel ist, durch die die herrschenden Klassen sich ihre Herrschaft sichern und die wirklichen Volksinteressen an jeder kräftigen Aeusserung hindern,

erklärt der Parteitag

Die endliche Regelung der Nationalitäten- und Sprachenfrage in Oesterreich im Sinne des gleichen Rechtes und der Gleichberechtigung und Vernunft ist vor allem eine kulturelle Forderung, daher im Lebensinteresse des Proletariats gelegen;

sie ist nur möglich in einem wahrhaft demokratischen Gemeinwesen, das auf das allgemeine, gleiche und direkte Wahlrecht gegründet ist, in dem alle feudalen Privilegien im Staate und in den Ländern beseitigt sind, denn erst in einem solchen Gemeinwesen können die arbeitenden Klassen, die in Wahrheit die den Staat und die Gesellschaft erhaltenden Elemente sind, zu Worte kommen,

die Pflege und Entwicklung der nationalen Eigenart aller Völker in Oesterreich ist nur möglich auf Grundlage des gleichen Rechtes und unter Vermeidung jeder Unterdrückung, daher muss vor allem anderen jeder bureaukratisch-staatliche Zentralismus ebenso wie die feudalen Privilegien der Länder bekämpft werden

Unter diesen Voraussetzungen, aber auch nur unter diesen, wird es möglich sein, in Oesterreich an Stelle des nationalen Haders nationale Ordnung zu setzen, und zwar unter Anerkennung folgender leitender Grundsätze

1 Oesterreich ist umzubilden in einen demokratischen Nationalitätenbundesstaat

2. An Stelle der historischen Kronländer werden national abgegrenzte Selbstverwaltungskörper gebildet, deren Gesetzgebung und Verwaltung durch Nationalkammern, gewählt auf Grund des allgemeinen, gleichen und direkten Wahlrechtes, besorgt wird.

3 Sämtliche Selbstverwaltungsgebiete einer und derselben Nation bilden zusammen einen national einheitlichen Verband, der seine nationalen Angelegenheiten völlig autonom besorgt

4 Das Recht der nationalen Minderheiten wird durch ein eigenes, vom Reichsparlament zu beschliessendes Gesetz gewahrt

5 Wir erkennen kein nationales Vorrecht an, verwerfen daher die Forderung einer Staatssprache; wie weit eine Vermittlungssprache nötig ist, wird das Reichsparlament bestimmen

Der Parteitag als das Organ der internationalen Sozialdemokratie in Oesterreich spricht die Ueberzeugung aus, dass auf Grundlage dieser leitenden Sätze eine Verständigung der Völker möglich ist,

er erklärt feierlich, dass er das Recht jeder Nationalität auf nationale Existenz und nationale Entwicklung anerkennt;

dass aber die Völker jeden Fortschritt ihrer Kultur nur in enger Solidarität miteinander, nicht im kleinlichen Streit gegeneinander erringen können, dass insbesondere die Arbeiterklasse aller Zungen im Interesse jeder einzelnen Nation wie im Interesse der Gesamtheit an der internationalen Kampfgenossenschaft und Verbrüderung festhalt und ihren politischen und gewerkschaftlichen Kampf in einheitlicher Geschlossenheit führen muss."

Der empfindlichste Mangel dieses Programms ist der, dass es darauf verzichtet, die Nationalitätenfrage in Oesterreich in einem umfassenden Zusammenhang zu begreifen. Ein sozialdemokratisches Nationalitätenprogramm muss seine konkreten Forderungen aus der Stellung der Arbeiterklasse in der Gesellschaft ableiten, muss die bestimmten nationalen Probleme in Oesterreich der grossen sozialen Frage eingliedern. Versucht man dies, so gelangt man unvermeidlich dazu, die sozialistische Politik der Arbeiterklasse als ihre eigentliche nationale Politik zu formulieren, der ihre Verfassungs- und Verwaltungspolitik in Oesterreich als blosses Mittel dient. Dadurch empfängt auch das politische Nationalitätenprogramm breiteren Inhalt; denn die Arbeiterklasse kann sich nicht damit begnügen, auf dem historisch gegebenen Boden ihres Kampfes jene Verfassung zu fordern, die ihrem Klassenkampfe freie Bahn schafft, sie muss den Völkern auch sagen, welche politische Gliederung ihr Sieg in diesem Klassenkampfe den Nationen verheisst. Dass das sozialdemokratische Nationalitätenprogramm die Stellung der Arbeiterklasse zum Nationalitätsprinzip kennzeichnen muss, der Frage des Nationalitätsprinzips nicht ausweichen kann, zeigte sich auch auf dem Brünner Parteitage, wo die Delegierten der polnischen und ruthenischen Arbeiter die programmatische Erklärung abgaben, dass die politische Einheit und Selbständigkeit ihrer Nation ein Ziel ihres Kampfes ist und bleibt.

Die Resolution stellt also wesentlich nur ein nationales Gegenwartsprogramm dar. In ihren ersten drei Grundsätzen wird der Gedanke der nationalen Autonomie glücklich umschrieben. Bedenklicher ist der vierte Grundsatz, der vom Rechte der nationalen Minderheiten handelt. Der erste Entwurf sprach nur vom Schutze, nicht vom Rechte der nationalen Minderheiten. Die Delegierten empfanden auf dem Parteitage deutlich, dass ein solcher Schutz doch nur der zentralistisch-atomistischen Regelung der nationalen Verhältnisse, und zwar ihrer liberalen Spielart, entspricht, die den Staatsbürger gegen die Eingriffe der Gesetzgebung und Verwaltung durch staatsgrundgesetzlich gewährleistete Rechte „schützt". Man ersetze daher den „Schutz" durch das „Recht" der nationalen Minderheiten. Das Schlusswort des Referenten Seliger beweist recht deutlich, dass man hierbei wohl an die Konstituierung der Minderheit als einer Körperschaft denken musste,[1]) wenn man

[1]) „Es ist gestern schon gesagt worden, dass das Wort ‚Schutz' nicht so ganz das zusammenfasst, was den nationalen Minderheiten eingeräumt werden muss. Es handelt sich nicht bloss darum, der nationalen Minderheit gegenüber der Majorität in ihrer nationalen Betätigung und kulturellen Entwicklung Schutz zu gewähren, sondern auch dafür zu sorgen, dass dieser nationalen Minderheit gewisse Rechte eingeräumt werden müssen. Denn wir zerschlagen ja nicht die bisher bestehenden Gemeinden. Diese Minderheit hat wohl auch ein besonderes Interesse an der kommunalen Verwaltung und hier muss festgelegt werden, welche Rechte sie in diesem engsten Kreise in Bezug auf die Regelung ihrer nächstliegenden öffentlichen Interessen geniesst." Verhandlungen des Gesamtparteitages der Sozialdemokratie in Oesterreich, abgehalten zu Brünn. Wien 1899. Seite 105.

dies auch nicht ausdrücklich ausgesprochen hat. So klafft eine Lücke in unserem Nationalitätenprogramm. Wir haben die Frage der nationalen Minderheiten nicht beantwortet, sondern nur erklärt, wer zuständig sein soll, über sie zu entscheiden. Die Aengstlichkeit, mit der man dieser Frage auswich, ist wohl begreiflich; trotzdem kann die Partei ein Minoritätenprogramm nicht entbehren, sind doch gerade die nationalen Minderheiten fortwährend der Gegenstand der heftigsten nationalen Kämpfe. Wir glauben, gezeigt zu haben, dass die Arbeiterklasse diese Frage nicht anders beantworten kann als mit der Forderung der Konstituierung der Minderheiten als öffentlich-rechtlicher Körperschaften auf Grund des Personalitätsprinzips. Wenn man sich in Brünn zu dieser Forderung nicht entschliessen konnte, so lag das nicht nur an der besonderen Gefährlichkeit der Frage der nationalen Minderheiten, sondern wohl auch daran, dass man nur das reine, von der staatlichen Verwaltung völlig losgelöste Personalitätsprinzip kannte. Die Anhänger des Personalitätsprinzips dachten sich die Nationen ganz abseits der öffentlichen Verwaltung konstituiert, wie etwa die Religionsgemeinschaften. Ganz ausdrücklich erklärte die slovenische Sozialdemokratie in ihrem Programmentwurf: „Territorialgebiete haben nur einen rein administrativen Charakter und sind ohne jeden Einfluss auf die nationalen Verhältnisse.“ Erst nach dem Brünner Parteitag ist Rudolf Springers „Kampf der österreichischen Nationen um den Staat“ erschienen, worin zum erstenmal gezeigt wurde, wie die öffentliche Lokalverwaltung unmittelbar in die Hände der Nationen gelegt werden kann, ohne dass man darum auf die Autonomie der nationalen Minderheiten verzichten müsste.

Minder wichtig erscheint uns der fünfte Grundsatz des Programmes. Die Vermittlungssprache ist ein staatliches Bedürfnis, dessen Befriedigung die Arbeiterklasse dem Staate wohl wird gewähren müssen, aber kein proletarisches Bedürfnis, dessen Erfüllung das Programm der Sozialdemokratie verlangen müsste.

Wenn die Partei in nicht allzu ferner Zeit sich gezwungen sehen sollte, ihr Nationalitätenprogramm nachzuprüfen, so wird sie also einmal ihr österreichisches Verfassungsprogramm dem allgemeinen sozialen Programm der Arbeiterklasse einordnen und den nationalen Gehalt ihres Klassenkampfes und seines Zieles aussprechen müssen, sie wird weiter das Verfassungsprogramm selbst durch die Forderung der Autonomie der nationalen Minderheiten ergänzen müssen. Sollten wir die Ergebnisse unserer Untersuchung kurz, in Gestalt eines Programmes zusammenfassen, so würden wir sie etwa folgendermassen formulieren:

„I. In der kapitalistischen Gesellschaft ist die Arbeiterklasse von der nationalen Kulturgemeinschaft ausgeschlossen. Die herrschenden und besitzenden Klassen allein eignen sich die nationalen Kulturgüter an. Die sozialdemokratische Arbeiterpartei strebt darnach, die nationale Kultur, das Erzeugnis der Arbeit des ganzen Volkes, auch zum Besitztum des ganzen Volkes zu machen und dadurch alle Volksgenossen zu einer nationalen Kulturgemeinschaft zusammenzuschliessen, die Nation als Kulturgemeinschaft erst zu verwirklichen.

Wenn die Arbeiterklasse für höhere Arbeitslöhne und kürzere Arbeitszeit kämpft, wenn sie das Schulwesen so ausbauen will, dass die Schule auch den Kindern des Proletariats den Zugang zu den Schätzen ihrer nationalen Kultur erschliesst, wenn sie volle Pressfreiheit, Vereins- und Versammlungsfreiheit verlangt, so kämpft sie für die Bedingungen der Verbreiterung der nationalen Kulturgemeinschaft.

Aber die Arbeiterklasse weiss, dass die Arbeitenden innerhalb der kapitalistischen Gesellschaft niemals den Vollgenuss der nationalen Kultur erringen können. Darum wird sie die politische Macht erobern und die Arbeitsmittel aus dem Sondereigentum in das gesellschaftliche Eigentum überführen. Erst in der auf dem gesellschaftlichen Eigentum und der genossenschaftlichen Produktion beruhenden Gesellschaft wird das gesamte Volk zum Mitgenuss der nationalen Kulturgüter, zur werktätigen Mitarbeit an der nationalen Kultur berufen. Erst muss die Nation Arbeitsgemeinschaft werden, ehe sie volle und wahre, sich selbst bestimmende Kulturgemeinschaft werden kann.

Daher ist die Vergesellschaftlichung der Arbeitsmittel das Ziel, der Klassenkampf das Mittel der nationalen Politik der Arbeiterklasse.

II. In diesem Kampfe stehen den Arbeitern jeder Nation die besitzenden Klassen ihres eigenen Volkes als unversöhnliche Gegner gegenüber. Dagegen ist der wirtschaftliche, politische und kulturelle Fortschritt der Arbeiter jeder Nation bedingt durch den wirtschaftlichen, politischen und kulturellen Fortschritt des Proletariats aller anderen Nationen. Die Arbeiterklasse jeder Nation kann daher ihre wirtschaftliche und politische Befreiung und ihre Eingliederung in ihre nationale Kulturgemeinschaft nur im Kampfe gegen die besitzenden Klassen aller Nationen und im engen Bunde mit der Arbeiterklasse aller Völker erringen.

III. In Oesterreich wird dieser Klassenkampf durch die zentralistisch-atomistische Verfassung gehemmt. Diese Verfassung zwingt alle Nationen zum Kampfe um die Macht im Staate. Die besitzenden Klassen missbrauchen diese Machtkämpfe, indem sie ihre Klassenkämpfe und Konkurrenzkämpfe in die Gestalt nationaler Kämpfe kleiden; dadurch verhüllen sie die Klassengegensätze und stellen die breiten Massen der ausgebeuteten und geknechteten Völker in den Dienst ihrer Herrschaftsinteressen. Die zentralistisch-atomistische Verfassung, mag sie nun in der Gestalt des Staatszentralismus oder des Kronländerföderalismus erscheinen, ist daher für die Arbeiter aller Nationen unerträglich. Die Arbeiterklasse aller Nationen fordert eine Verfassung, die den Machtkämpfen der Nationen ein Ende bereitet, indem sie jeder Nation eine rechtlich gesicherte Machtsphäre zuweist, eine Verfassung, die jeder Nation die Möglichkeit freier Weiterentwicklung ihrer Kultur gewährt und den Arbeitern aller Nationen es möglich macht, sich Anteil an ihrer nationalen Kultur zu erkämpfen. Daher fordert die sozialdemokratische Arbeiterpartei die völlige Umgestaltung Oesterreichs nach folgenden Grundsätzen:

1. Oesterreich ist umzubilden in einen demokratischen Nationalitätenbundesstaat.

2. An Stelle der historischen Kronländer werden national abgegrenzte Selbstverwaltungskörper gebildet, deren Gesetzgebung und Verwaltung durch Nationalkammern, gewählt auf Grund des allgemeinen, gleichen und direkten Wahlrechtes, besorgt wird.

3. Sämtliche Selbstverwaltungsgebiete einer und derselben Nation bilden zusammen einen national einheitlichen Verband, der seine nationalen Angelegenheiten völlig autonom besorgt.

4. Die nationalen Minderheiten innerhalb jedes Selbstverwaltungsgebietes sind als öffentlich-rechtliche Körperschaften zu konstituieren, die völlig autonom für das Schulwesen der nationalen Minderheit sorgen und ihren Volksgenossen vor den Aemtern und Gerichten Rechtshilfe gewähren.

IV. Die Arbeiterklasse kann ihren Klassenkampf nur innerhalb des historisch gegebenen staatlichen Rahmens führen. Sie lehnt es ab, die Lösung der nationalen Fragen vom ungewissen Siege einer imperialistischen Weltumwälzung zu erhoffen, da der Sieg des Imperialismus die Niederlage der Arbeiterklasse in den grossen kapitalistischen Nachbarstaaten voraussetzt und da er in Oesterreich selbst heftige nationale Kämpfe entfesseln würde, die den Klassenkampf und dadurch auch die kulturelle Entwicklung aller Nationen verlangsamen müssten.

Nicht vom kapitalistischen Imperialismus, sondern vom proletarischen Sozialismus erwartet die Arbeiterklasse die Verwirklichung der politischen Einheit und Freiheit aller Nationen. Wie jede neue Gesellschaftsverfassung vor ihr, wird auch die sozialistische Gesellschaftsordnung die Grundsätze der Bildung und Abgrenzung der Gemeinwesen völlig verändern. Sie wird die Kräfte, die heute noch die aus dem Zeitalter des Feudalismus und Frühkapitalismus überlieferten Nationalitätenstaaten zusammenhalten, vernichten. Sie wird die Menschheit in national abgegrenzte Gemeinwesen gliedern, die, im Besitze ihrer Arbeitsmittel, die Fortentwicklung ihrer nationalen Kultur frei und bewusst regeln.

Die sozialistische Gesellschaft wird aber gleichzeitig auch die internationale Arbeitsteilung durchführen, sie wird daher auch die selbständigen nationalen Gemeinwesen zu zahlreichen internationalen Verwaltungsgemeinschaften verknüpfen, die schliesslich zu Organen der als Körperschaft konstituierten Völkerrechtsgemeinschaft werden. So wird sie die nationalen Gemeinwesen allmählich als autonome Glieder einem grossen, neuartigen, internationalen Gemeinwesen einordnen. Die Vereinigung der gesamten Kulturmenschheit zu gemeinsamer Beherrschung der Natur und die Gliederung der Menschheit in autonome nationale Gemeinwesen, die ihre nationalen Kulturgüter geniessen und die Fortentwicklung ihrer nationalen Kultur bewusst regeln, ist das nationale Endziel der internationalen Sozialdemokratie."

§ 32.

Die politische Organisation.

Das sozialdemokratische Nationalitätenprogramm ist Gemeingut der klassenbewussten Arbeiter aller Nationen. Darum ist es möglich, dass die Arbeiter aller Nationen in Oesterreich in einer einheitlichen Partei organisiert sind. Trotzdem gliedert sich die internationale Arbeiterpartei in Oesterreich nicht etwa in örtliche, sondern in nationale Gruppen; die österreichische Sozialdemokratie setzt sich aus der deutschen, tschechischen, polnischen, ruthenischen, südslavischen und italienischen sozialdemokratischen Arbeiterpartei zusammen. Diese Gliederung wurde nicht etwa von einem Theoretiker ersonnen und vom Wimberger-Parteitag dekretiert; vielmehr musste der Parteitag im Jahre 1897 diese Gliederung durchführen, wollte er verhindern, dass die jungen sozialdemokratischen Parteien der nichtdeutschen Nationen von der bis dahin einheitlichen Partei sich immer schärfer absondern, um von ihr schliesslich ganz abzufallen. Das Werk des Wimberger-Parteitages war nicht die Trennung, sondern die organische Föderation der sozialdemokratischen Arbeiterparteien der verschiedenen Nationen.

Wie ist es zu erklären, dass sich die internationale Partei notwendig in nationale Gruppen gliedert? Hier ist zunächst die Vorstellung abzuweisen, dass wir den Arbeitern jeder Nation innerhalb der Partei darum Autonomie gewähren müssen, weil wir die nationale Autonomie im Staate anstreben. Diesem vermeintlichen Beweisgrunde begegnen wir in der Parteidiskussion nicht selten. So begründen zum Beispiel die tschechischen Genossen ihre Forderung, die nationale Autonomie auch in der gewerkschaftlichen Organisation zu verwirklichen, mit dem Hinweis auf das Brünner Programm. Indessen ist dieser Beweisgrund keineswegs zwingend.

Denn so verschiedenartige soziale Gebilde wie der Staat, die Partei, die Gewerkschaft erfordern auch verschiedene Grundgesetze der Organisation. Wenn also die internationale Sozialdemokratie in Oesterreich sich notwendig in nationale Gruppen gliedern musste, so ist dies nicht damit zu erklären, dass die Partei die nationale Autonomie im Staate anstrebt.

Diese Gliederung der Partei ist zunächst darauf zurückzuführen, dass sich die Partei bei der Agitation national verschiedener Mittel bedienen muss. Sie muss zu den Arbeitern jeder Nation in der Versammlung, in der Presse, in der Organisation in ihrer Sprache sprechen. So braucht sie für die Arbeiter jedes Volkes besondere Redner, besondere Organisatoren, besondere Schriftsteller. Dadurch gliedert sich der Körper der Partei naturgemäss in sprachliche, also national differenzierte Gruppen. Das Organisationsstatut drückt also nur als Regel aus, was im täglichen Leben der Partei unvermeidliche Tatsache ist, wenn es die Partei in nationale Gruppen scheidet.

Weiter! Jede Nation ist in verschiedene politische Parteien geschieden, die die verschiedene soziale Gliederung und kulturelle Entwicklung der Nation ausdrücken. Wenn auch die gesamte Arbeiterklasse mit gleichen Mitteln zu gleichem Ziele strebt, so stehen doch die Arbeiter der verschiedenen Nationen verschiedenen Parteien gegenüber. Dadurch sind den Arbeitern der verschiedenen Nationen auch verschiedene Kampfaufgaben gestellt. Die tschechischen Arbeiter stehen ganz anderen Parteien gegenüber, müssen also auch einen ganz anderen Kampf führen als die deutschen Arbeiter. Wiederum also scheidet sich die Armee des Proletariats tatsächlich im politischen Kampfe in verschiedene Gruppen, je nach der Nationalität der Kämpfenden; wiederum muss das Organisationsstatut die formale Gliederung der tatsächlichen Scheidung anpassen.

Hinter all dem aber birgt sich noch ein tieferer Grund. Der Sozialismus tritt bei jeder Nation, von der er aufgenommen wird, zu den überlieferten Ideologien der Nation in Gegensatz und wird gerade durch den Kampf mit ihnen zur ganzen Geschichte der Nation in Beziehung gesetzt. Daher ist die sozialistische Gedankenwelt der deutschen bei aller Uebereinstimmung doch im einzelnen verschieden von der Gedankenwelt der polnischen oder der italienischen Genossen. So entsteht innerhalb jeder Nation eine engere sozialistische Kulturgemeinschaft und dadurch auch eine nationale sozialistische Charaktergemeinschaft, die sich gleich scharf abhebt von der gesamten nationalen Charaktergemeinschaft wie von der gesamten sozialistischen Charaktergesamtheit. Ihren Gedanken, ihren Stimmungen, ihrem Temperament nach sind die Genossen verschiedener Nationalität einander nicht durchaus gleichartig und sie werden daher auch im einzelnen Falle nicht völlig gleichartig entscheiden. Auch daraus ergibt sich wiederum eine tatsächliche Gliederung des proletarischen Heeres. Das Organisationsstatut passt sich nur der tatsächlichen Scheidung an, wenn es die verschiedenen inneren Gemeinschaften innerhalb der Partei als besondere Glieder der Organisation konstituiert.

Wir sehen also, dass die Scheidung der Partei in nationale Gruppen das ihr angemessenes Organisationsprinzip ist, auch wenn Kampfziel und Kampfmittel der Arbeiter aller Nationen identisch sind, wenn Machtkämpfe der Arbeiter der einzelnen Nationen innerhalb der Partei nicht zu befürchten sind.

Indessen ist mit all dem doch erst das formale Prinzip der Gliederung gegeben. Es kommt aber darauf an, welche Funktionen man den einzelnen nationalen Gruppen, welche man der Gesamtpartei zuweist. Als die nationale Gliederung der Partei auf dem Wimberger-Parteitag beschlossen wurde, stellte man sich diese Verteilung der Funktionen zweifellos so vor, dass die österreichische Sozialdemokratie eine einheitliche Partei bleiben sollte, die sich nur in nationale Gruppen gliedert. Die Stellung der einzelnen nationalen Gruppen zur Gesamtpartei wäre darnach grundsätzlich kaum eine wesentlich andere als in den grossen Nationalstaaten die Stellung der territorialen Gruppen zur Partei. In den letzten Jahren dringt dagegen allmählich eine andere Auffassung durch. Mehr und mehr erscheinen die sozialdemokratischen Gruppen der einzelnen Nationen als selbständige Parteien, die Gesamtpartei nur als ein Bündnis selbständiger Parteien. Diese Parteien wirken zwar in der Regel zusammen. Wenn aber eine Frage auftaucht, zu der sie verschiedene Stellung nehmen, muss sich nicht etwa die Minderheit der Mehrheit unterordnen, sondern es geht dann jede Partei selbständig vor, sei es auch gegen die Genossen der anderen Nation. Es ist dies die Auffassung, die beispielsweise bei den Brünner Gemeinderatswahlen im Jahre 1905 dazu geführt hat, dass deutsche und tschechische Genossen gegeneinander um die Gemeinderatsmandate kämpften, dass die deutschen Arbeiter mit dem deutschen Bürgertum gegen die tschechischen Arbeiter und das tschechische Bürgertum stimmten. Wer die Entwicklung der österreichischen Partei in den letzten Jahren verfolgt hat, kann nicht daran zweifeln, dass wir vor der Frage stehen: eine einheitliche, national gegliederte Partei oder ein loser Bund selbständiger nationaler Parteien?

Man könnte leicht meinen, schon der Parteitag von 1897 habe sich für die zweite Eventualität entschieden. In der Tat hat der Parteitag, wenn er wirklich nichts anderes schaffen wollte als „eine geeinigte Partei der österreichischen Sozialdemokratie, welche aus den verschiedenen Nationalitäten zusammengesetzt ist“, wie dies damals Genosse N ě m e c ausdrückte, seine Aufgabe nicht vollkommen gelöst. Denn der Parteitag sorgte nur für die Föderation der Gesamtpartei; ihr gab er einheitliche Organe: den Gesamtparteitag, die Gesamtvertretung, die ständige Gesamtexekutive. Dagegen unterliess man es, für die Föderation der national geschiedenen Genossen der einzelnen Orte, Wahlkreise, Länder zu sorgen. Indessen hat der nächste Gesamtparteitag im Jahre 1899 beschlossen, auch zu einer organischen Föderation der Genossen der einzelnen Orte und Wahlkreise den ersten Schritt zu tun. Er beschloss:

„In allen Wahlkreisen, wo es die territorialen Verhältnisse nicht ganz unmöglich machen, ist die Organisation der Genossen für öffentliche Wahlen irgendwelcher Art nicht nach nationalen Gruppen getrennt, sondern gemeinschaftlich und einheitlich durchzuführen."

„Durch die vom Wiener Parteitag 1897 beschlossene Gliederung der sozialdemokratischen Partei nach nationalen Gruppen wurden vollständig neue Formen in der Organisation geschaffen, die deren weiteren Ausbau dringend notwendig machen, um in Fragen von allgemeinem Interesse, besonders dort, wo es sich um politische Angelegenheiten handelt, ein einheitliches, gemeinsames Vorgehen zu sichern. Der Parteitag beschliesst daher, dass in allen Landes-, Wahlkreis- und Bezirksorganisationen die nationalen Gruppen gegenseitig vertreten sein müssen, um die politische Organisation gemeinschaftlich und einheitlich durchzuführen."

Es ist klar, dass einer wirklich einheitlichen Partei auch diese Bestimmungen noch nicht genügen können. Denn auch in diesem Falle verhandeln die Organisationen noch von Macht zu Macht miteinander; eine einheitliche Partei kann nicht (das hat die Geschichte der letzten beiden Jahre wohl deutlich bewiesen) ein dauerndes Organ auch in den einzelnen Wahlkreisen und Orten entbehren, dessen Entscheidung innerhalb der Grenzen seiner Zuständigkeit alle Genossen ohne Rücksicht auf ihre Nationalität bindet. In der Tat wurde bereits auf dem Wiener Parteitag des Jahres 1903 von einer Wiener Wahlkreisorganisation ein Antrag gestellt, der die nationalen Gruppen innerhalb des Wahlkreises enger miteinander verknüpfen wollte. Der Parteitag hat jedoch diesen Antrag nicht angenommen, sondern sich damit begnügt, an die in Brünn beschlossenen Bestimmungen zu erinnern. So ist die Organisation der österreichischen Sozialdemokratie ein widerspruchsvolles Gebilde: gleichsam in den obersten Spitzen der Partei — im Gesamtparteitag und der Gesamtvertretung — haben wir einheitliche Organe, die mit Stimmenmehrheit Beschlüsse fassen, die die Genossen aller Nationen binden sollen. Im Ort, im Wahlkreis, im Lande dagegen haben wir selbständige nationale Organisationen, die voneinander unabhängig arbeiten, von Macht zu Macht miteinander verhandeln, kein dauerndes gemeinsames Organ haben. Entwickeln wir uns zu einer einheitlichen Partei, dann brauchen wir auch in den Verwaltungssprengeln der Partei gemeinsame Organe, die in gewissen Fragen, die die Gesamtpartei des Ortes oder Wahlkreises angehen, mit Stimmenmehrheit Beschlüsse fassen können, die für alle Genossen des Ortes oder Wahlkreises gelten; entwickeln wir uns dagegen zu einem losen Bund selbständiger nationaler Parteien, dann wird das Mehrheitsprinzip sich auch in der Gesamtvertretung und am Gesamtparteitag wohl schwerlich behaupten. In der Tat ist in der Presse der Vorschlag, die Gesamtparteitage abzuschaffen, bereits aufgetaucht. Wenn man die nationalen Gruppen in getrenntem Erdreich wurzeln, selbständig und ungehemmt emporwachsen lässt, wird man sie wohl auch in den Wipfeln schwerlich dauernd zusammenbinden können.

Indessen wäre es sehr verfehlt, daraus nun zu schliessen, die Entwicklung der Partei hänge also davon ab, ob irgend ein künftiger Parteitag die alten Organisationsbestimmungen verbessert oder ergänzt. Umgekehrt: wenn sich die Partei zu geschlossener Einheit der nationalen Gruppen entwickelt, dann wird sie die zweckmässige Form der Organisation schon zu finden wissen. Wenn aber aus den nationalen Gruppen selbständige Parteien mit selbständiger Politik werden, dann kann auch das beste Organisationsstatut den Zerfall der Partei nicht verhindern.

Die Entwicklung der österreichischen Sozialdemokratie hängt nicht von ihren Organisationsbestimmungen ab; sie ist auch nicht eine Frage des Programmes, denn im Programm sind — wenn man etwa von gewissen Meinungsverschiedenheiten über die Frage der nationalen Minderheiten absieht, über die aber auch innerhalb jeder nationalen Gruppe nicht alle Genossen einer Meinung sind — die Arbeiter aller Nationen einig. Ob die österreichische Arbeiterpartei eine einheitliche, national gegliederte Partei bleiben oder zu einem losen Bunde selbständiger nationaler Parteien werden wird, hängt vielmehr davon ab, welche Stellung sie und welche Stellung die einzelnen nationalen Gruppen in ihrem Rahmen auf Grund des gemeinsamen Programmes zu den *konkreten nationalen Tagesfragen* einnehmen werden, ist also eine Frage der nationalen *Taktik*. Wenn die österreichische Sozialdemokratie darangeht, ihre Taktik gegenüber den nationalen Machtkämpfen in Oesterreich zu bestimmen, steht nicht weniger in Frage als die Einheit der Partei.

§ 33.

Die nationale Frage in den Gewerkschaften.

Die Geschichte der gewerkschaftlichen Bewegung spiegelt die Geschichte der kapitalistischen Entwicklung wieder. Solange jede Stadt ein selbständiges soziales Gebilde mit eigenem Waren- und Arbeitsmarkt ist, solange der Blick des kleingewerblichen Arbeiters über die Grenzen seines Stadtgebietes nicht hinausreicht, organisieren sich die Arbeiter in *lokalen Gewerkvereinen*.

Solchen Charakter tragen die englischen trade clubs des 18. Jahrhunderts. Je enger aber jede einzelne Stadt in das Wirtschaftsgetriebe eines ganzen grossen kapitalistischen Wirtschaftsgebietes verflochten wird, je mehr durch die Wanderungen des Kapitals und der Arbeitskräfte das ganze Wirtschaftsgebiet auch zu einem einheitlichen Arbeitsmarkt wird, je mehr endlich der grossindustrielle Arbeiter, durch das Spiel der Konjunktur bald dahin, bald dorthin geworfen, durch die Entwicklung der Verkehrsmittel und des Zeitungswesens seinen Berufsgenossen im ganzen Lande näher gerückt, verstehen lernt, dass sein Fortschritt durch den Fortschritt seiner Berufsgenossen im ganzen Wirtschaftsgebiet bedingt ist, desto weniger können ihm die lokalen Organisationen genügen. Zunächst entstanden lose Föderationen lokaler Gewerkvereine, Verbände örtlicher Vereine, die zunächst noch keine Vertretung und keine Beamtenschaft der Gesamtheit kannten, sondern in jedem Jahre ihre gemeinsamen Angelegenheiten von einem anderen lokalen Verein, der governing branch, verwalten liessen. Allmählich erst bildeten sich diese Föderationen in grosse Reichsvereine mit einheitlicher Verfassung, einheitlicher Politik, gemeinsamem Kassenwesen um, denen die einst selbständigen lokalen Vereine als blosse Ortsgruppen mit verhältnismässig geringfügigen Machtbefugnissen eingegliedert wurden [1]. Auch in Oesterreich hat die gewerkschaftliche Organisation sich vom lokalen Verein und Landesverein zum Reichsverband (Verband von lokalen und Landesvereinen) und von diesem zum einheitlichen Reichsverein entwickelt.

Die fortschreitende Zentralisation der Gewerkschaftsbewegung, die die Arbeiter aller Nationen in einheitlichen Reichsvereinen sammelte, musste schliesslich auch die Gewerkschaften vor die nationale Frage stellen, hat doch dieselbe kapitalistische Entwicklung, die den Gewerkschaften die zentralistische Organisationsform aufzwang, auch bei den Arbeitern Nationalbewusstsein und Nationalgefühl erweckt. Dieser Zusammenhang zeigte sich schon recht deutlich auf dem zweiten Gewerkschaftskongress im Jahre 1896, der sich gleichzeitig vor die Frage der einheitlichen Durchführung zentralistischer Reichsorganisationen und vor die Frage der nationalen Spaltung der obersten Leitung der Gewerkschaftsbewegung gestellt sah. Im Jahre 1897 wurde die „Tschechoslavische Gewerkschaftskommission" in Prag gegründet, die aber den Sieg der einheitlichen Reichsorganisationen über die lokalen und Landesvereine und ihre losen Verbände nicht zu hindern vermochte. So zeugte die kapitalistische Entwicklung einerseits die internationale Vereinigung der Gewerkschaften des einzelnen Gewerbes oder der einzelnen Berufs-

[1]) S. u. B. Webb, Theorie und Praxis der englischen Gewerkvereine. Stuttgart 1898. Seite 1 ff., Seite 64 ff.

gruppe; andererseits aber nationale Absplitterung in der obersten Leitung der gewerkschaftlichen Bewegung. Die Verfassung der gewerkschaftlichen Gesamtbewegung trat so in Widerstreit zu der Verfassung der einzelnen Fachvereine: dort nationale Spaltung, hier internationale Vereinigung. Zunächst schien es, als würde die Gesamtbewegung ihre Verfassung dem Organisationsprinzip der grossen zentralen Fachvereine anpassen. Im Jahre 1904 schien die Angliederung der Prager Gewerkschaftskommission an die internationale, in der „Gewerkschaftskommission Oesterreichs" vertretene Gesamtbewegung unmittelbar bevorzustehen. Mit der tschechischen Parteikonferenz, die Weihnachten 1904 in Brünn stattfand, beginnt die rückläufige Bewegung. Ein Teil der tschechischen Gewerkschafter fordert seither grundsätzlich die „nationale Autonomie" auch innerhalb der Gewerkschaftsbewegung. Für die Arbeiter jeder Nation solle eine besondere autonome Gewerkschaftskommission bestehen. Die Reichsgewerkschaftskommission solle sich aus den Delegierten der nationalen Gewerkschaftskommissionen zusammensetzen. Dieser Verfassung der Gesamtbewegung solle auch die Verfassung der einzelnen Gewerkvereine angepasst werden. Daher sollen nationale Gewerkschaftsvereine und Verbände gegründet werden. Wo die internationalen Reichsvereine bestehen bleiben, soll doch den Arbeitern jeder Nationalität ohne Rücksicht auf ihren Wohnsitz innerhalb der internationalen Organisation volle Autonomie gewährt werden. Sie sollen das in ihrer Sprache geschriebene Fachblatt selbständig verwalten, ihre Redakteure, Sekretäre und besoldeten Vertrauensmänner wählen und über Ausstände, an denen nur Berufsgenossen ihrer Nationalität beteiligt sind, entscheiden.[1]) Dieses Programm wurde auf dem ausserordentlichen Gewerkschaftskongress in Wien im Dezember 1905 mit 197 202 gegen 2364 Stimmen abgelehnt, während sich die Vertreter von 30 686 Gewerkschaftsmitgliedern der Abstimmung enthielten. Ein Teil der tschechischen Gewerkschaftler hat sich dieser Entscheidung nicht gefügt. Der Streit um die Organisationsform wurde in jede einzelne Fachorganisation hineingetragen. Ein Teil der tschechischen Arbeiter ist aus einzelnen internationalen Reichsvereinen ausgetreten und hat tschechische Gegenorganisationen gegründet.

Zur Begründung ihrer Agitation gegen die internationale Gewerkschaftsbewegung führen die tschechischen Gewerkschaftler an, dass einzelne Reichsvereine die sprachlichen Bedürfnisse der tschechischen Arbeiter nicht berücksichtigen, dass sie zum Beispiel auch

[1]) Vergleiche die Erklärung der Prager Gewerkschaftskommission bei der gemeinsamen Konferenz in Brünn am 15. Oktober 1905. — Die Materialien zur Streitfrage sind gesammelt im Protokoll des ausserordentlichen österreichischen Gewerkschaftskongresses Wien 1905.

für Ortsgruppen im tschechischen Sprachgebiet bei den Vereinsbehörden deutsche Statuten einreichen oder ihnen deutsche Beitrittsformularien zusenden. Noch lebhafter wurden die Gemüter durch die an sich belanglose Frage der Repräsentation der tschechischen Arbeiter bei den internationalen Konferenzen der gewerkschaftlichen Landessekretäre erregt. Wenn die tschechischen Genossen auf diese Frage der Repräsentation so grosses Gewicht legen, so scheint es fast, als wären sie von der Stimmungs- und Gedankenwelt des nationalen Kleinbürgertums erfüllt, das, da es ein ernsthaftes Ziel im nationalen Kampfe nicht kennt, seinem Grössenwahn in eitler Repräsentation, seiner Verärgerung und Verbitterung in leeren Demonstrationen Ausdruck gibt.

Indessen wäre es unbillig, das Streben der tschechischen Genossen nach nationaler Autonomie innerhalb der Gewerkschaftsbewegung aus kleinbürgerlich-nationaler Denkweise erklären zu wollen. Wir müssen den Fehler zu vermeiden suchen, die unmittelbaren Anlässe und die Formen der tschechischen Agitation mit den in ihr wirkenden Ursachen zu verwechseln.

Gehen wir diesen Ursachen nach, so stossen wir zuerst auf die Tatsache, dass in dem vielsprachigen Lande jeder sachliche und örtliche Gegensatz die Gestalt eines nationalen Gegensatzes annehmen kann. Wenn beispielsweise die Metallarbeiter im tschechischen Teile Böhmens niedrigere Gewerkschaftsbeiträge einführen wollen, während ihre Fachkollegen aus den anderen Industriegebieten höhere Beiträge für zweckmässig halten, oder wenn die Bergarbeiter des Ostrauer Reviers fordern, dass die Union in ihrem Gebiete ihren Sitz habe, während die Genossen der anderen Reviere die Leitung ihrer Gewerkschaft in Deutschböhmen belassen wollen, so sind dies lokale Gegensätze, die mit den Machtkämpfen der Nationen nichts zu tun haben, die auch innerhalb einer national einheitlichen Gewerkschaft unvermeidlich sind.

Aber in Oesterreich, wo das öffentliche Leben seit Jahrzehnten vom Lärm der nationalen Kämpfe erfüllt ist, wird jeder Streit, in dem sich Parteien verschiedener Nationalität gegenüberstehen, als nationaler Streit betrachtet und von der ganzen Ideologie der nationalen Machtkämpfe genährt. So birgt sich mancher Interessenkampf, mancher Meinungsgegensatz auch innerhalb einer Gewerkschaft hinter einer nationalen Maske. Solche Gegensätze können nun die nationale Spaltung der Gewerkschaften niemals rechtfertigen: wenn den Genossen eines tschechischen Industriegebietes ein besonderes Sekretariat verweigert wird, so dürfen sie darum ebensowenig die Reichsorganisation sprengen, wie etwa die Genossen der Provinz Sachsen oder des Königreiches Bayern aus ihrer Fachorganisation austreten dürfen, weil ihnen die Bestellung eines besoldeten Sekretärs von der Mehrheit nicht zugestanden wurde. Wenn die tschechischen Genossen bei der Abstimmung über die Höhe der Mitgliedsbeiträge überstimmt wurden, so dürfen sie darum ebensowenig aus dem Reichsverein austreten, wie etwa die Genossen von Ostpreussen oder von Rheinland-Westfalen bei gleichem Anlass die deutsche Gewerkschaftsorganisation sprengen dürften. Kein gewerkschaftlicher Kampf, keine demokratische Organisation ist möglich, ohne die Disziplin der Minderheit. Dieser Pflicht ist die Minderheit auch dann nicht enthoben, wenn sie sich aus Genossen anderer Nationalität zusammensetzt als die Mehrheit. So können örtliche und sachliche Gegensätze die nationale Spaltung der Gewerkschaften nicht rechtfertigen; wohl aber können sie sie e r k l ä r e n. Denn Gewerkschaftler, die einmal innerhalb ihres Gewerkvereines einen Interessenstreit oder einen Meinungskampf durchgekämpft haben, in dem Gegner verschiedener Nationalität ihre Kräfte massen und der darum als nationaler Streit empfunden und gewertet wurde, werden dadurch auch in der Gewerkschaft für nationale Argumentierungen empfänglich.

Nationale Argumente mussten aber auch in der Gewerkschaftsbewegung laut werden, sobald die Reichsvereine Arbeiter verschiedener Nationalität in grösserer Zahl umfassten. Wir wissen, dass die höchstentwickelten Industriegebiete Oesterreichs grösstenteils im Siedlungsgebiete der deutschen Nation liegen; es ist daher leicht erklärlich, dass sich die deutschen Arbeiter den Gewerkschaften am ehesten anschlossen, dass sie zuerst die Leitung der meisten gewerkschaftlichen Organisationen in die Hand nahmen. Wenn nun tschechische Arbeiter in grosser Zahl in die Organisationen eintreten, finden sie hier Vertrauensmänner deutscher Nationalität. Muss dem tschechischen Arbeiter, der in der Werkstätte von einem deutschen Kapitalisten ausgebeutet, von deutschen Angestellten angetrieben wird, über den der Klassenstaat seine Herrschaft durch deutsche Beamte, Richter, Offiziere ausübt, die deutsche Leitung der Gewerkschaft nicht als ein Stück der d e u t s c h e n F r e m d h e r r s c h a f t erscheinen, die er hasst?

Man darf dagegen einwenden, dass die Gewerkschaften autonome demokratische Organisationen sind, in denen jedes Mitglied an der Bildung des Gesamtwillens des Verbandes gleichen Teil hat, in denen es keine Herrschaft, also auch keine Fremdherrschaft gibt. Aber vergessen wir nicht, dass die Demokratie nicht nur in der Verfassung liegt, sondern auch in der Gesinnung! Der geschulte Gewerkschaftler, der die Mittel kennt, seinem Willen in seiner Organisation Geltung zu verschaffen, kennt in ihr keine Herrschaft. Die noch ungeschulten Massen aber, die in jedem Jahre für die Gewerkschaftsbewegung erst gewonnen werden, sehen in dem grossen Reichsverein eine Herrschaftsorganisation, der sie sich anschliessen, weil sie ihnen wirtschaftliche Vorteile verheisst, deren

Mechanismus sie aber nicht verstehen und deren Gesamtwillen ihnen als fremde Macht erscheint. Sehen sie in den Vertrauensmännern der Organisation ihre Beherrscher, so muss ihnen die fremde Nationalität der „Führer“ als Verkörperung nationaler Fremdherrschaft erscheinen. Es ist kein Zufall, dass der nationale Streit in die österreichischen Gewerkschaften gerade in den Jahren ihres schnellsten Wachstums eingedrungen ist, in den Jahren, in denen sich Tausende gewerkschaftlich noch ganz ungeschulter Arbeiter den Gewerkvereinen angeschlossen haben. Wollen wir nicht unbillig sein, so müssen wir zugestehen, dass die nationalen Differenzierungsbestrebungen nicht der Böswilligkeit oder dem Unverstand jener Genossen entspringen, die sich zu ihren Wortführern gemacht haben, sondern die Stimmungen und Gedanken eines Teiles des tschechischen Proletariats ausdrücken, nämlich jener Tausende gewerkschaftlich noch ungeschulter Arbeiter, die in den letzten Jahren den Gewerkschaften erst gewonnen wurden und jener, die für sie noch zu gewinnen sind.[1])

Das Streben nach nationaler Autonomie innerhalb der Gewerkschaften wird aber noch durch eine andere Reihe von Ursachen verstärkt. Die Gliederung der Gewerkschaften beeinflusst nämlich auch ihr Verhältnis zur politischen Partei. Wo die Massen der Arbeiter sowohl Sozialdemokraten als auch Gewerkschaftler sind, besteht zwischen Partei und Gewerkschaft ein enges Verhältnis. Wohl bildet sowohl die Partei als auch die Gewerkschaft einen besonderen Körper von Vertrauensmännern und Beamten aus. Aber nur bei unvollkommener Demokratie, nur dort, wo die Vertrauensmänner ihre Organisation beherrschen, ist ein Gegensatz zwischen Partei und Gewerkschaft möglich, wo dagegen der Wille der Vertrauensmänner nichts anderes ist als der Ausdruck des Willens ihrer Auftraggeber, der proletarischen Massen, dort kann zwischen Partei und Gewerkschaft kein Gegensatz bestehen; sind es doch dieselben Arbeitsmassen, die sich einmal als Partei organisieren, um den Klassenstaat zu bekämpfen, dann wieder in Gewerkvereine gliedern, um dem Unternehmertum gegenüberzutreten. In Oesterreich war bisher die Einheit der Partei und der Gewerkschaften vollkommener als in irgend einem anderen Lande verwirklicht. In den letzten Jahren sehen wir aber in der Partei und in der Gewerkschaft einander entgegengesetzte Entwicklungstendenzen. Die Partei gliedert sich in autonome nationale Gruppen, die sich

[1]) Man hat ähnliche Erfahrungen in anderen Ländern schon früher gemacht. So haben die schottischen und irischen Arbeiter vieler Gewerbe sich lange geweigert, sich den englischen Trade Unions anzuschliessen, weil sie sich nicht „von England regieren lassen“ wollten. Erst seit 1889 ist es allen grossen Gewerkvereinen Englands gelungen, ihren Wirkungskreis auch über Schottland und Irland auszudehnen. Vergleiche Webb, a. a. O., Seite 73 ff.

immer schärfer voneinander sondern, mehr und mehr zu selbständigen Parteien werden. In der Gewerkschaftsbewegung aber gehen die lokalen und Landesvereine in derselben Zeit in den grossen internationalen Reichsvereinen auf. In der Partei nationale Differenzierung, in der Gewerkschaft internationale Vereinigung. Nun waren in Oesterreich, wo die politischen Organisationen nur eine kleine Kerntruppe des Proletariats umfassen, während die grosse Masse der Genossen nur in den Gewerkschaften organisiert ist, bisher die Gewerkschaften der grosse machtvolle Körper der Partei — die Gewerkschaften die Materie, die Partei die Form, aber nicht die Form als wesenlose Form im Sinne Hegels, sondern als Gesetz des Inhalts im Sinne Kants Dieser Zustand wird infolge der entgegengesetzten Entwicklung der politischen und der gewerkschaftlichen Organisation unmöglich Die tschechische Sozialdemokratie wird mehr und mehr zu einer selbständigen Partei; aber da die tschechischen Genossen nicht besondere gewerkschaftliche Organisationen haben, sondern den grossen internationalen Reichsvereinen eingegliedert sind, so hat die tschechische Sozialdemokratie als selbständige Partei keine Massenorganisation, sie ist Geist ohne Körper, Form ohne Materie So entsteht infolge der fortschreitenden Auflösung der österreichischen Sozialdemokratie in selbständige nationale Parteien notwendig die Tendenz, auch innerhalb der Gewerkschaften die nationale Autonomie durchzuführen Träger dieser Bewegung sind nun nicht mehr bloss die noch ungeschulten Arbeitermassen, denen die von deutschen Vertrauensmännern geleiteten Reichsvereine als Werkzeuge nationaler Fremdherrschaft erscheinen, sondern gerade die Kerntruppen der tschechischen Arbeiterklasse, die Genossen, deren ganzes Sein von den Gedanken und Bestrebungen der politischen Arbeiterbewegung erfüllt ist

Es ist freilich richtig, dass die Gliederung der Gewerkschaftsbewegung notwendig anderen Regeln folgt als die Organisation der Partei Wenn das Organisationsstatut die Partei in nationale Gruppen scheidet, so konstituiert es die engeren Gemeinschaften innerhalb der Partei als die Elemente ihrer Organisation. Die Gewerkschaften dagegen haben ihr eigenes Gesetz der Gliederung; sie gliedern sich nach Berufen, Gewerben, Industriegruppen. In der Partei sondern sich, wie wir gesehen haben, Deutsche, Tschechen, Polen natürlich voneinander ab und das Organisationsstatut muss sich dieser Tatsache anpassen; in den Gewerkschaften dagegen müssen die Schneider von den Schuhmachern, die Metallarbeiter von den Holzarbeitern geschieden werden Dass wir die nationale Autonomie innerhalb der Partei durchgeführt haben, beweist noch nicht, dass wir sie in der Gewerkschaftsbewegung durchführen können oder sollen. Aber trotzdem lässt sich nicht leugnen, dass, wo zwischen Partei und Gewerkschaft ein so enges Verhältnis besteht wie in Oesterreich, die Verfassung der Partei auch auf die Verfassung der Gewerkschaften ihren Einfluss üben muss Die österreichische Arbeiterbewegung scheint heute einem widerspruchsvollen Zustande zuzutreiben. die Massen der gewerkschaftlich organisierten Arbeiter sollen der Körper der Partei sein; die Gewerkschaftler sind ohne Unterschied der Nationalität in Reichsorganisationen zusammengefasst, die Partei dagegen löst sich allmählich in eine Anzahl selbständiger nationaler Parteien auf. Wie kann eine einheitliche internationale Gewerkschaftsorganisation gleichzeitig die Basis von sechs selbständigen nationalen Arbeiterparteien sein, die oft miteinander, oft nebeneinander, manchmal auch gegeneinander kämpfen? Können in einem Leibe sechs Seelen leben, können sechs Formen eines Inhalts Gesetz sein? Bleibt die Partei, was sie war, was sie immer noch ist· eine einheitliche. wenn auch in nationale Gruppen gegliederte Partei, dann besteht kein Widerspruch zwischen Parteiverfassung und Gewerkschaftsverfassung, zerfällt aber die österreichische Sozialdemokratie in sechs selbständige Parteien, dann sehe ich nur zwei Wege, die der österreichischen Arbeiterbewegung noch offen stehen: entweder passt sich die Gewerkschaftsorganisation den Bedürfnissen der politischen Arbeiterbewegung an, die einheitlichen Gewerkvereine zerfallen in selbständige nationale Organisationen und es bildet innerhalb jeder Nation die nationale Gewerkschaftsbewegung den Leib der nationalen Arbeiterpartei oder aber die Gewerkschaften bewahren sich ihre internationale Organisation, lösen dadurch aber auch ihr enges Verhältnis zur politischen Arbeiterbewegung und es steht dann abseits von den sechs sozialdemokratischen Parteien die einheitliche internationale Gewerkschaftsorganisation.

Welchen dieser Wege werden die Arbeiter Oesterreichs einschlagen? Diese Frage soll hier zunächst vom Standpunkte des B e d ü r f n i s s e s d e r G e w e r k s c h a f t e n untersucht werden.

Die Tatsache, von der unsere Untersuchung auszugehen hat, ist die Solidarität der wirtschaftlichen Interessen der Arbeiter aller Nationen. Die deutschen Arbeiter können sich nicht höhere Löhne erkämpfen, wenn tschechische Streikbrecher ihnen in den Rücken fallen; sie können die erkämpfte Lohnhöhe nicht behaupten, wenn die niedrigen Löhne der tschechischen Arbeiter das Kapital zum Abfluss in das tschechische Sprachgebiet zwingen. Soweit die Kapitalisten eines Produktionszweiges miteinander in Konkurrenz treten — also innerhalb eines einheitlichen Wirtschaftsgebietes — ist der Fortschritt der Arbeiter jeder Nation an den Fortschritt der Arbeiter aller Nationen gebunden. Dies haben die Arbeiter schon erkannt, als sie noch in lokalen Gewerkvereinen organisiert waren; darum leisteten in Streikfällen diese lokalen Vereine einander durch freiwillige Beiträge Unterstützung. Diese regellosen Unterstützungen erwiesen sich aber als ungenügend. Eine gemeinsame Kriegskasse erwies sich als unentbehrlich. So entstanden die grossen Reichsvereine, die, soweit die staatliche Gesetzgebung dies ermöglicht, das ganze Wirtschaftsgebiet umfassen, einheitliche Kassen haben und aus dem gemeinsamen Eigentum der Arbeiter des Gewerbes im ganzen Wirtschaftsgebiete die im Lohnkampfe stehenden Genossen unterstützen.

Aber die Gewerkschaften lassen nicht nur durch Streiks die Funktion des Arbeitslosen in ihr Gegenteil umschlagen, sie verändern die ökonomische Funktion der Arbeitslosigkeit auch durch die Arbeitslosenunterstützung (§ 20). Auch die Arbeitslosenunterstützung kann nur von grossen zentralen Vereinen mit einheitlichen Finanzen ausgebaut werden. Je kleiner der Kreis ist, auf den eine Gewerkschaft ihre Wirksamkeit erstreckt, desto empfindlicher ist sie gegen lokale Krisen, gegen plötzliche Verschiebungen der Produktion, gegen die Stilllegung einzelner Betriebe; eine Gewerkschaft, die nur in einem kleinen Gebiete oder verhältnismässig kleinem Personenkreise wirken kann, wird schon durch geringfügige Ereignisse von nur lokaler Bedeutung ausserstande gesetzt, ihre Arbeitslosen zu unterstützen. Dasselbe gilt auch von den anderen Unterstützungen; Gewerkschaften, die Reise-, Kranken-, Todesfall-, Notfallunterstützungen u. s. w. bezahlen, müssen aus demselben Grunde wie die Versicherungsgesellschaften darnach streben, möglichst weite Kreise zu umfassen.

Das erste Gesetz der gewerkschaftlichen Organisation ist also die *Zentralisation der Finanzen*. Aus dem ganzen Wirtschaftsgebiete müssen die Beiträge der Fachkollegen in *eine* Kasse fliessen, die für Streikunterstützung, Arbeitslosenunterstützung und die anderen Unterstützungszweige zu sorgen hat. Man hat es nun wiederholt versucht, die Finanzen zu zentralisieren, trotzdem aber nicht eine zentrale Exekutive mit der Leitung der Gewerkschaftspolitik zu betrauen, sondern den einzelnen lokalen Gruppen innerhalb der Gewerkschaft Autonomie, das heisst das Recht selbständiger Gewerkschaftspolitik zu belassen. Diese Versuche sind stets fehlgeschlagen. Sehr lehrreich ist das auf vielfältige Erfahrung gestützte Urteil der *Webbs*: „Aus der Einzahlung der Gelder der Zweigvereine in die gemeinsame Kasse des ganzen Vereines und aus der Füllung derselben durch Beiträge aller Mitglieder in gleicher Weise folgt notwendig, dass es keinem lokalen Zweigverein gestattet werden kann, die ganze Organisation in einen Krieg zu verwickeln. Die Zentralisation der Finanzen verlangt in einer kriegführenden Organisation die Zentralisation der Verwaltung. Die Gewerkvereine, die diese Tatsache am vollständigsten erkannt haben, haben sich als besonders leistungsfähig und daher auch stabil erwiesen. Wo die Fonds zentralisiert worden waren, trotzdem aber . . den lokalen Behörden ihre Rechte geblieben sind, sind Schwäche, widersprechende Ratschläge und finanzieller Zusammenbruch das Resultat gewesen."[1])

Die unentbehrliche Zentralisation der Finanzen heischt unvermeidlich einheitliche Verwaltung, einheitliche Gewerkschaftspolitik.

Auch den englischen Arbeitern ist diese Erkenntnis nicht leicht geworden. Die englischen Arbeiter fordern ja den Ausbau der autonomen Lokalverwaltung im Staate; der Fehler lag zu nahe, als dass er gänzlich hätte vermieden werden können, in der Gewerkschaft zu verwirklichen, was man im Staate erstrebte. Aber die englischen Arbeiter haben es durch bittere Not, durch das Fehlschlagen mancher Hoffnung endlich verstehen gelernt, dass die Verfassung der Gewerkschaft anderen Gesetzen folgt als die Verfassung des Staates. Nicht anders ergeht es heute den österreichischen Arbeitern. Sie fordern die nationale Autonomie im Staate, aber sie werden den Fehler vermeiden müssen, den Kampforganisationen des Proletariats eine Verfassung aufzuzwingen, die der staatlichen Zwangsorganisation geziemt.

So haben wir denn zunächst ein Gebiet gewerkschaftlicher Tätigkeit abgegrenzt, von dem die nationale Autonomie ausgeschlossen bleiben muss. Das sind die internationalen ökonomischen Aufgaben der Gewerkschaften. Wir brauchen internationale Reichsvereine mit einheitlichen Finanzen, einheitlicher Verwaltung, einheitlicher Gewerkschaftspolitik.

Indessen ist damit die Tätigkeit der Gewerkschaften nicht erschöpft. Sie müssen vielmehr auch darnach streben, ihre Mitglieder zu erziehen. Diese Aufgabe erfüllen sie, indem sie den Mitgliedern durch Vorträge, Vortragszyklen, Unterrichtskurse ein Stück ihrer nationalen Kultur zuzuführen streben. Hier haben wir national differenzierte Aufgaben der Gewerkschaften. Hier ist also auch Platz für die nationale Autonomie innerhalb der Gewerkschaften. Wenn deutsche und tschechische Arbeiter an einem Orte zusammen arbeiten, so können gewiss die Gewerkschaftler jeder Nationalität selbständig für ihr Vortrags- und Unterrichtswesen sorgen. Aber für diesen Zweck genügen nicht nur besondere nationale Ortsgruppen, sondern selbst nationale Unterrichtssektionen innerhalb der einheitlichen Ortsgruppe.

So weit besteht also keine Schwierigkeit: für die internationalen ökonomischen Aufgaben einheitliche internationale Gewerkschaften, für die nationalen Erziehungsaufgaben nationale Autonomie innerhalb der Gewerkschaft. Die Schwierigkeit beginnt vielmehr

---

[1]) Webb, a. a. O., Seite 83.

erst dort, wo **für die internationalen wirtschaftlichen Gewerkschaftsaufgaben national differenzierte Mittel** angewendet werden müssen. Die Gewerkschaft muss in Wort und Schrift zu den Arbeitern jeder Nationalität in ihrer Sprache sprechen. Sie braucht für die Arbeiter jeder Nation ein besonderes Fachblatt, besondere Redner und Organisatoren. Hier taucht nun die Frage auf: soll das tschechische Fachblatt Organ der Gesamtorganisation sein oder nur den Willen der tschechischen Genossen ausdrücken? Soll die Gesamtorganisation oder sollen nur die tschechischen Gewerkschaftler den im tschechischen Sprachgebiete wirkenden Vertrauensmännern ihre Aufträge erteilen? Die Notwendigkeit einheitlicher Verwaltung, einheitlicher Gewerkschaftspolitik, spricht hier unbedingt gegen die nationale Autonomie innerhalb der Gewerkschaft. Es wäre gar zu traurig, wenn die österreichischen Arbeiter die Erfahrungen mancher englischen Gewerkvereine[1]) nochmals am eigenen Leibe erleben müssten. Die Notwendigkeit einheitlicher Finanzen und einheitlicher Gewerkschaftspolitik schliesst die Autonomie innerhalb der gewerkschaftlichen Verwaltung unbedingt aus. Die Redakteure, Beamten, besoldeten Vertrauensmänner der internationalen Gewerkschaft müssen ihre Organe sein und bleiben, müssen von ihr bestellt werden, ihr verantwortlich sein. Aber andererseits lässt sich nicht leugnen, dass ein von einer internationalen Gewerkschaft ernannter und besoldeter Beamter, der im tschechischen Sprachgebiete Böhmens zu wirken hat, auf das engste Zusammenwirken mit den tschechischen Gewerkschaftlern angewiesen ist und nur von ihnen wirksam kontrolliert werden kann. So fordert das Interesse der Gewerkschaften selbst, dass die Gewerkschaftsbeamten nur von der Gesamtgewerkschaft bestellt, besoldet, ihres Amtes enthoben werden können, dass aber die nationale Gruppe, in deren Mitte sie wirken, sie beaufsichtigt und kontrolliert. Diesen Grundsatz werden nicht alle Reichsvereine in gleicher Weise verwirklichen können; hängen doch die Mittel seiner Verwirklichung von der Mitgliederzahl und finanziellen Stärke der Gewerkschaft und von ihrer Verbreitung über die verschiedenen Sprachgebiete ab. Eine grosse Gewerkschaft wird ihn am leichtesten durchführen, indem sie die Agitationsbezirke, Gaue und Distrikte, in die sie ihr Arbeitsgebiet einteilt, möglichst national abgrenzt; ist die Gewerkschaft in der glücklichen Lage, für alle oder doch einzelne Agitationsbezirke Beamte oder besoldete Vertrauensmänner einsetzen zu können, so werden diese Beamten vom Reichsverein ernannt und empfangen von ihm ihre Aufträge; die Agitationskommission des

[1]) Ueber die Erfahrungen der englischen Maschinenbauer, Steinmaurer, Backsteinmaurer mit dem Prinzip der Autonomie innerhalb der Gewerkschaft vergleiche Webb, a. a. O., Seite 83 ff.

Bezirkes, die von den Ortsgruppen gewählt wird, hat nicht das Recht, den Beamten abzusetzen, wohl aber darf sie ihm Aufträge erteilen und ihn kontrollieren. Kann der Beamte die Aufträge dieser Kontrollkommission nicht durchführen, weil sie den Aufträgen widersprechen, die er vom Reichsverein empfangen hat, oder geniesst der Beamte zwar das Vertrauen der Verwaltung des Reichsvereines, aber nicht das der Agitationskommission seines Bezirkes, so ist nur der Verbandstag, das Parlament des Reichsvereines, zuständig, diesen Streit zu schlichten.

Ebenso wird der Redakteur jedes Gewerkschaftsblattes von der Gesamtorganisation ernannt und empfängt von ihr seine Instruktionen; gleichzeitig wird aber für jedes Gewerkschaftsblatt eine Presskommission bestellt, die nur von den Genossen jener Nationalität, für die das Blatt bestimmt ist, gewählt wird. Ist die Presskommission mit dem Blatte unzufrieden, ohne dass der an die Instruktionen der Zentralverwaltung gebundene Redakteur ihre Wünsche zu befriedigen vermag, so legt die Kommission ihre Beschwerde dem Parlament der Gesamtorganisation vor. Auf diese Weise ist die Einheit der Gewerkschaftsverwaltung und Gewerkschaftspolitik gesichert; zugleich ist aber auch jeder nationalen Gruppe Einfluss auf die Tätigkeit der Gewerkschaft auf ihrem Boden gewährleistet. Dauernd wird sich gewiss kein Gewerkschaftsbeamter behaupten können, mit dem die ihn kontrollierende nationale Gruppe nicht zufrieden ist. Auch eine solche Organisation wird nicht ohne Reibungen arbeiten können; aber diese Reibungen werden gar nicht durch die besondere Natur der nationalen Gegensätze, sondern durch die allgemeine Gegensätzlichkeit des Gesamtinteresses und der Gruppeninteressen verursacht.[1])

Nichts liegt uns ferner, als jeder Gewerkschaft derartige Verfassungsgrundsätze vorschlagen zu wollen. Ein Schema für Gewerkschaftsstatuten liegt nicht im Plane unserer Arbeit. Wohl aber

[1]) Diese Gegensätzlichkeit besteht trotz der Solidarität aller proletarischen Interessen. Alle Bergarbeiter, ja alle Arbeiter Oesterreichs überhaupt, haben zum Beispiel ein eigenes Interesse daran, dass die Bergarbeiter des Ostrauer Reviers hohe Löhne beziehen. Alle österreichischen Arbeiter wünschen daher, dass in Ostrau möglichst viele und tüchtige Gewerkschaftsagitatoren und Organisatoren tätig sind. Trotzdem kann es sehr wohl geschehen, dass die Gesamtorganisation der Bergarbeiter es in einem bestimmten Augenblick für zweckmässiger hält, die wertvollsten Kräfte der Union der Bergarbeiter einem anderen Revier zuzuwenden, während die Ostrauer Bergarbeiter ihr unmittelbares lokales Interesse lebhafter empfinden als das Gesamtinteresse, das mittelbar freilich auch ihr Interesse ist, und darum auch alle Kräfte der Gesamtheit in ihrem Revier konzentrieren möchten. Logisch sind die Interessen aller Arbeiter identisch; psychologisch bestehen zwischen ihnen vielfache Interessengegensätze, da das augenblickliche lokale Interesse stets lebhafter empfunden wird als das Gesamtinteresse, das sich erst nach Ablauf längerer Zeit als das wirkliche lokale Interesse jeder lokalen (oder nationalen) Gruppe erweist.

wollten wir aus den Bedingungen des gewerkschaftlichen Kampfes selbst die Methode ableiten, deren sich jede einzelne Gewerkschaft bedienen muss, um der Tatsache nationaler Verschiedenheit und der Notwendigkeit des einheitlichen gewerkschaftlichen Kampfes in gleicher Weise Rechnung zu tragen So kamen wir zu folgenden Forderungen Einheitliche Verwaltung der internationalen ökonomischen Gewerkschaftsaufgaben! Nationale Autonomie auf dem Gebiete der kulturellen Erziehungsaufgaben der Gewerkschaften! Endlich einheitliche internationale Verwaltung, besondere nationale Kontrolle auf jenen Gebieten gewerkschaftlicher Tätigkeit, wo sich die Gewerkschaft zur Erreichung ihrer internationalen ökonomischen Aufgaben national differenzierter Mittel bedienen muss! Wenn wir ein Bild einer Gewerkschaftsverfassung skizziert haben, die diesen Forderungen genügt, so geschah es nur beispielsweise, um den allgemeinen Grundsätzen anschauliche Gestalt zu geben. Es versteht sich von selbst, dass jede einzelne Gewerkschaft diese allgemeinen Grundsätze auch anders, ihren besonderen Arbeitsbedingungen entsprechend ausgestalten muss

Diese Grundsätze sind nun nicht nur in der Organisation der einzelnen Gewerkvereine, sondern auch in der Gliederung der gewerkschaftlichen Gesamtorganisation durchzuführen

Die Organe der gewerkschaftlichen Gesamtbewegung sind die Gewerkschaftskommission und der Gewerkschaftskongress Sie sorgen für die einheitliche Entwicklung der gewerkschaftlichen Organisation, schlichten die Grenzstreitigkeiten der einzelnen Fachvereine, sorgen dafür, dass die einzelnen Gewerkschaften einander bei wichtigen Kämpfen Hilfe leisten, stehen jungen, noch hilflosen Organisationen mit Rat und Tat bei, vertreten endlich die Interessen der gesamten Gewerkschaftsbewegung gegen den Staat und die Unternehmerverbände. Es handelt sich hier durchaus um internationale ökonomische Aufgaben; die Durchführung der nationalen Autonomie ist hier unnötig Mehr als das! Sie ist unmöglich Haben wir erkannt, dass wir in jedem Gewerbe, in jeder Industriegruppe eine internationale Gewerkschaft mit zentralisierten Finanzen, einheitlicher Verwaltung und einheitlicher Politik brauchen, so können wir einen solchen Gewerkverein nicht unter die Leitung von zwei autonomen Gewerkschaftskommissionen stellen, nicht den Beschlüssen von zwei autonomen Gewerkschaftskongressen unterwerfen Nationale Autonomie in der obersten Leitung der gewerkschaftlichen Gesamtbewegung und internationale Vereinigung in den Organisationen der einzelnen Berufe bilden einen unerträglichen Widerspruch.

Die österreichische Gewerkschaftsbewegung kann nur von *einem* Gewerkschaftskongress ihre Gesetze empfangen, nur von *einer* Gewerkschaftskommission geleitet werden.

Wo sich aber die einheitliche Verwaltung national differenzierter Mittel bedient, dort ist gewiss auch eine national differenzierte Kontrolle zweckmässig. Nur die tschechischen Gewerkschaftler können die tschechischen Publikationen der Reichsgewerkschaftskommission lesen, also auch nur sie diese Publikationen kontrollieren. Der Redakteur des tschechischen Organs der Gewerkschaftskommission muss von ihr oder vom allgemeinen Gewerkschaftskongress bestellt werden, weil dieses Organ sonst eben nicht mehr das Organ der Gesamtbewegung, sondern nur das Organ einer nationalen Gruppe innerhalb der Gesamtbewegung wäre. Aber gewiss wäre es zweckmässig, wenn die tschechischen Delegierten des Gewerkschaftskongresses eine besondere tschechische Presskommission zu wählen das Recht hätten, deren Kontrolle das tschechische Organ der Gesamtbewegung unterworfen wäre. Kann der tschechische Redakteur, der ja an die Instruktionen des allgemeinen Gewerkschaftskongresses und der Reichsgewerkschaftskommission gebunden ist, die Wünsche der tschechischen Presskommission nicht erfüllen, so legen die streitenden Teile ihre Wünsche und Beschwerden dem Gewerkschaftskongress zur Entscheidung vor.

Die Reichsgewerkschaftskommission teilt ihr Arbeitsfeld in eine Anzahl von Agitationsgebieten, die tunlichst national abgegrenzt werden. Die Organe dieser Agitationsgebiete sind der von der Reichsgewerkschaftskommission bestellte und besoldete *Landesgewerkschaftssekretär* und die von den Gewerkschaftsortsgruppen des Landes gewählte *Landesgewerkschaftskommission*. Die internationalen ökonomischen Funktionen werden also von einem Organ der Reichskommission, ihren Instruktionen gemäss versehen; hier ist die Landesgewerkschaftskommission bloss auf die Kontrolle des Gewerkschaftssekretärs beschränkt. In rein lokalen Angelegenheiten dagegen — wozu die Leitung von Lohnkämpfen *nicht* gehört — ist die Landesgewerkschaftskommission autonom. So könnte also zum Beispiel die Landesgewerkschaftskommission von Tschechischböhmen über Lohnkämpfe nicht autonom beschliessen, sondern hätte hier nur die Aufgabe, die Tätigkeit des Gewerkschaftssekretärs zu überwachen und über ihre Beobachtungen dem allgemeinen Gewerkschaftskongress und der Reichskommission zu berichten; dagegen würde sie die Agitationstätigkeit, die Verwendung der Referenten, das gewerkschaftliche Unterrichtswesen autonom regeln. In mehrsprachigen Agitationsgebieten könnten solche Aufgaben auch den nationalen Sektionen der Landesgewerkschaftskommission zugewiesen werden.

In den einzelnen Orten endlich bilden alle Gewerkschaften eine Einheit. Sie sind in der „Plenarversammlung“ vertreten, werden sich vielleicht einmal in grösseren Orten als Gewerkschaftskartell konstituieren. Die Beschlüsse der Plenarversammlung über die internationalen ökonomischen Angelegenheiten binden alle Gewerkschafter des Ortes ohne Unterschied ihrer Nationalität. Ueber die national differenzierten Angelegenheiten dagegen (zum Beispiel Vortragswesen, Arbeiterschule und dergleichen) entscheiden nationale Sektionen, in denen die nationalen Ortsgruppen und die nationalen Unterrichtssektionen gemischtsprachiger Ortsgruppen vertreten sind.

Auch diese Skizze einer Verfassung der gewerkschaftlichen Gesamtorganisation will nicht den Gewerkschaftern einzelne Vorschläge unterbreiten — dazu fühlen wir uns nicht berufen — sie will nur anschaulich machen, wie eine einheitliche Gewerkschaftsorganisation die Grundsätze international einheitlicher Verwaltung, nationaler Kontrolle und nationaler Autonomie zu vereinigen vermag.

Diese Grundsätze sind, wie wir gezeigt zu haben glauben, in den Bedingungen der gewerkschaftlichen Bewegung selbst begründet. Die volle nationale Autonomie können die Gewerkschaften nicht verwirklichen. Wir wollen den Nationen ja auch im Staate nicht auf allen Gebieten staatlicher Tätigkeit volle Selbstverwaltung erkämpfen. Kein Sozialdemokrat fordert, dass etwa das Siedlungsgebiet jeder Nation innerhalb Oesterreichs ein selbständiges Zollgebiet bilde, dass jede Nation über Zivil- und Prozessrecht selbständig beschliesse. Wohl aber fordern wir, dass jede Nation ihr Erziehungs- und Unterrichtswesen innerhalb des Staates frei verwalte, für die Entwicklung ihrer nationalen Kultur selbständig sorge. Auf diesem Gebiete wollen wir den Nationen aber auch innerhalb der Gewerkschaften volle Autonomie gewähren. Die Gewerkschaftler jeder Nationalität können innerhalb der Gewerkschaft ihr Vortrags-, Bibliotheks- und Unterrichtswesen selbständig verwalten; in diesen Angelegenheiten können nationale Ortsgruppen und nationale Unterrichtssektionen gemischter Ortsgruppen, nationale Distriktsorganisationen innerhalb der Reichsvereine, nationale Sektionen der Plenarversammlungen (Gewerkschaftskartelle) und Landesgewerkschaftskommissionen völlig autonom sein. Es ist freilich nur ein kleiner Kreis gewerkschaftlicher Tätigkeit, auf dem die nationale Autonomie durchgeführt werden kann. Das liegt aber daran, dass die Gewerkschaften wirtschaftlichen Aufgaben dienen und nur einen geringen Teil ihrer Kraft unmittelbar der erzieherischen und Unterrichtstätigkeit zuwenden können. Desto wichtiger sind die mittelbaren sozialpädagogischen Wirkungen des gewerkschaftlichen Kampfes. Indem die Gewerkschaften den Arbeitern höhere Löhne und kürzere Arbeitszeit erkämpfen, indem sie die Willkürherrschaft in der Werkstätte brechen und das Selbstbewusstsein der Arbeiter stärken, machen sie die Arbeiter erst fähig, sich einen Anteil an der nationalen Kultur zu erkämpfen. Wo immer wir die nationale Autonomie fordern, ist sie uns ein Mittel des proletarischen Klassenkampfes; wer sie zum Selbstzweck macht, wer um der leeren Form der nationalen Autonomie willen den Gewerkschaften eine Organisationsform aufzwingen will, die ihren Kampfesbedingungen nicht entspricht, der hemmt den sozialen Fortschritt der Arbeiterklasse, der hemmt den Prozess, in dem das gesamte Volk erst zu einer nationalen Kulturgemeinschaft wird, der treibt antinationale Politik. Indem wir eine Verfassung der Gewerkschaften ausbauen wollen, die möglichst vollkommen den Bedürfnissen des gewerkschaftlichen Kampfes angepasst ist, setzen wir der nationalen Formen- und Formelpolitik die evolutionistisch-nationale Politik entgegen.

Wird über die nationale Gewerkschaftsfrage vom Standpunkte des Interesses des gewerkschaftlichen Kampfes entschieden werden, das mit dem wahren nationalen Interesse der Arbeiter aller Völker zusammenfällt, dann treibt die Entwicklung nicht zu nationaler Zersplitterung der Gewerkvereine, sondern zu immer strafferer Zentralisation. Die Gewerkschaften können den Arbeitern jeder Nation die Selbstverwaltung ihrer Unterrichtskurse und Bibliotheken gewähren, sie können den Arbeitern jeder Nation ein besonderes Recht der Kontrolle über die in ihrer Sprache erschienenen gewerkschaftlichen Publikationen und die in ihrer Sprache betriebene mündliche Agitation einräumen, aber sie müssen darauf bestehen, dass die ökonomischen Kämpfe der Arbeiter von einer Stelle aus einheitlich geleitet werden und dass nur die Organe der Gesamtheit über den gemeinsamen Kriegsschatz verfügen dürfen.

Aber über die Probleme unserer Gewerkschaftsorganisation werden Menschen entscheiden. Auch der Gewerkschafter ist keine blosse Verkörperung des Gewerkschaftsinteresses, auch er ist ein „Mensch mit seinem Widerspruch“, erfüllt von den kulturellen, nationalen, politischen Stimmungen und Wünschen seiner Umgebung. Wir haben gesehen, dass der Kampf der tschechischen Genossen um die nationale Autonomie in den Gewerkschaften, realen Triebkräften entspringt, die im sozialen und politischen Leben der tschechischen Arbeiterklasse wurzeln und deren Macht nicht unterschätzt werden darf. Werden diese Kräfte stark genug sein, den Ausbau einer einheitlichen österreichischen Gewerkschaftsorganisation zu hemmen?

Wir sahen eine jener Kräfte darin, dass dem noch ungeschulten tschechischen Arbeiter die deutsche Leitung seiner Berufsorganisation als **nationale Fremdherrschaft** erscheint. Aber der Kapitalismus dehnt heute sehr schnell über grosse Teile des tschechischen Sprachgebietes seinen Herrschaftsbereich aus. Dadurch entsteht einerseits eine tschechische Bourgeoisie und Bureaukratie, die kapitalistische Ausbeutung und die politische Unterdrückung erscheint dem tschechischen Arbeiter nicht mehr in der Gestalt nationaler Fremdherrschaft, er wird daher auch gegen die fremde Leitung in seiner Gewerkschaft minder empfindlich, andererseits aber schliessen sich dadurch Massen tschechischer Arbeiter den Gewerkschaften an, sie lernen es allmählich, den Mechanismus der gewerkschaftlichen Verwaltung zu verstehen, in ihn einzugreifen, sie sehen in der Gewerkschaft keine Herrschaftsorganisation mehr, sondern eine Genossenschaft, an deren Verwaltung sie gleichen Teil haben. So wird die kapitalistische Entwicklung und in ihrem Gefolge die wachsende gewerkschaftliche Schulung der Massen das Trugbild der nationalen Fremdherrschaft in den Gewerkschaften zerstören.

Von dieser Seite droht also der österreichischen Gewerkschaftsorganisation keine dauernde Gefahr. Die Gefahr des Augenblicks aber werden wir desto leichter überwinden, je besser wir es verstehen, die sprachlichen Bedürfnisse der tchechischen Arbeiter zu befriedigen.

Viel schlimmer ist die Gefahr, die die Entwicklung der politischen Organisation für unsere Gewerkschaften erzeugt. Diese Gefahr kann auch die zweckmässigste Anpassung der gewerkschaftlichen Organisationsformen an die Bedürfnisse eines vielsprachigen Landes nicht bannen. Internationale, zentralistisch geleitete Organisationen können nicht den Unterbau von sechs selbständigen politischen Parteien bilden! Bilden deutsche und tschechische Sozialdemokraten eine Partei, so können sie auch in der Gewerkschaft den geeignetsten Mann an die wichtigste Stelle setzen, können tschechische Gewerkschafter einen Deutschen, deutsche einen Tschechen mit der Leitung ihrer Organisation betrauen. Zerfällt aber die österreichische Sozialdemokratie in eine Reihe selbständiger nationaler Arbeiterparteien, die zu den nationalen Tagesfragen in verschiedener Weise Stellung nehmen, dann wird der nationale Kampf innerhalb der Arbeiterschaft unvermeidlich auch in die Gewerkschaft, in jede Ortsgruppe und jede Werkstätte getragen, dann entbrennt bei jeder Wahl, bei jeder Statutenberatung, bei jeder Ortsgruppengründung der nationale Streit. Wird die Zusammenfassung aller Kräfte der österreichischen Arbeiterschaft in einer einheitlich geleiteten, straff zentralisierten gewerkschaftlichen Organisation unter solchen Umständen möglich sein?

Freilich, noch bleibt ein Ausweg offen: die völlige Trennung der Gewerkschaften von der politischen Arbeiterbewegung. Aber gegen die Neutralisierung der Gewerkschaften sprechen in Oesterreich nicht nur die sehr gewichtigen Gründe, die in anderen Staaten gegen sie vorgebracht werden, sondern noch andere Erwägungen. In Oesterreich besteht ja stets die Gefahr, dass jeder sachliche und örtliche Gegensatz die Gestalt eines nationalen Kampfes annimmt und dadurch unüberbrückbar wird. Diese Gefahr können die Gewerkschaftler nur überwinden, wenn sie von sozialdemokratischem Geiste erfüllt sind, von Sozialdemokraten geleitet werden, die hinter der nationalen Hülle die sachlichen sozialen Gegensätze entdecken, die die nationalen Fragen innerhalb der Arbeiterschaft lösen, die Konstituierung des Proletariats als Klasse verwirklichen *wollen*. Diesen wichtigen Dienst kann aber den Gewerkschaften nur eine einheitliche sozialdemokratische Partei leisten, die die Massen von der Teilnahme an den Machtkämpfen des nationalen Bürgertums fernzuhalten, aus der Ideologie der nationalen Machtkämpfe loszulösen weiss National verhetzte, von der kleinbürgerlich-nationalen Ideologie erfüllte Arbeiter sind zu friedlicher, zweckmässiger Zusammenarbeit in der gewerkschaftlichen Organisation unfähig.

So führt unsere Untersuchung unvermeidlich zu einer klaren Schlussreihe: den Bedürfnissen des gewerkschaftlichen Kampfes ist nur die Zusammenfassung aller Kräfte der österreichischen Arbeiterklasse ohne Unterschied der Nationalität in einheitlich geleiteten Reichsorganisationen angemessen Wer die Bildung und den Ausbau solcher Organisationen hemmt, erschwert den gewerkschaftlichen Kampf. Die internationalen Gewerkschaftsorganisationen werden sich aber nur dann ungestört entwickeln, nur dann die nationalen Schwierigkeiten überwinden können, wenn die Arbeiter aller Nationen in Oesterreich auch in einer einzigen Partei ihre politische Vertretung finden. Ob aber die österreichische Sozialdemokratie eine einheitliche Partei bleiben wird, hängt wiederum von ihrer Stellungnahme zu den nationalen Tagesfragen, von ihrer nationalen Taktik ab. Die Taktik der politischen Partei entscheidet auch über die Zukunft der gewerkschaftlichen Organisation. Entschliessen wir uns zu einer Taktik, die die Einheit der Partei zerstört, auch die Arbeiter dem Einfluss der Stimmungen und Vorstellungen der nationalen Machtkämpfe unterwirft, dann werden wir nicht imstande sein, die nationale Spaltung der Gewerkschaften zu verhindern. Die Arbeiter Oesterreichs würden eine solche Entschliessung mit einer Lohneinbusse von Millionen Kronen, mit vielen Tausenden Stunden Mehrarbeit bezahlen. Die Politik der nationalen Formen und Formeln würde den Kampf der Arbeiterklasse um höheren Anteil an der Kultur ihrer Nation hemmen, die Eingliederung der Arbeiterklasse in die nationale Kulturgemeinschaft, die Entwicklung des gesamten Volkes zur Nation verlangsamen

§ 34
Die Taktik der Sozialdemokratie.

Die Sozialdemokratie hat eine doppelte Aufgabe. Sie muss einmal die im Proletariat schlummernden Kräfte erwecken, die potentielle Energie des Proletariats in kinetische umsetzen. Diese Aufgabe vollbringt sie, indem sie das Proletariat zum Klassenbewusstsein erweckt, den dumpfen Groll der Arbeitermassen, den revolutionären Instinkt des ausgebeuteten Volkes zu klarer Erkenntnis der Klassengegensätze gestaltet, die Massen zum zielbewussten Klassenkampfe erzieht. Auf diese Weise wird aus der wirren Masse des Proletariats ein Gesamtkörper mit einheitlichem Gesamtwillen, eine Macht. Die *sozialpädagogische* Tätigkeit der Sozialdemokratie legt die Grundlagen der Macht des Proletariats.

Die zweite Aufgabe der Sozialdemokratie besteht darin, die durch ihre sozialpädagogische Tätigkeit aus dem Rohstoff des Klasseninstinktes erzeugte Macht im Kampfe der sozialen Kräfte einzusetzen, um Staat und Gesellschaft im Interesse des Proletariats umzugestalten, um schliesslich der Arbeiterklasse die politische Macht zu erobern und dadurch die Umwälzung der Gesellschaftsverfassung einzuleiten. Das ist die *politische* Aufgabe der Sozialdemokratie.

Auf der *ersten* Stufe der kapitalistischen Entwicklung fallen die sozialpädagogische und die politische Tätigkeit der Sozialdemokratie zusammen. Die Arbeiterklasse bildet erst einen kleinen Teil der Bevölkerung, die Sozialdemokratie einen kleinen Teil der Arbeiterklasse. Hier kennt die Arbeiterpartei keine andere Aufgabe als die Kritik des Klassenstaates und der Klassengesellschaft. Dadurch erzieht die Sozialdemokratie die proletarischen Massen zu revolutionärer Gesinnung, zu zielbewusstem revolutionären Wollen. Durch diese sozialpädagogische Tätigkeit erfüllt sie aber auch ihre politische Aufgabe: die Furcht vor der revolutionären Bewegung des Proletariats zwingt die Herrschenden zu den ersten Zugeständnissen an die Arbeiterklasse.

Auf der *zweiten* Stufe der kapitalistischen Entwicklung bildet die Arbeiterklasse noch nicht die Mehrheit, wohl aber schon die zahlreichste Klasse der Bevölkerung. Die Sozialdemokratie ist den bürgerlichen Parteien bereits gefährlich geworden. Die bürgerlichen Parteien müssen sich um die Stimmen der Arbeiter bewerben und sie müssen daher, um die Arbeiterwähler nicht an die Sozialdemokratie zu verlieren, einzelne Forderungen der Arbeiterklasse vertreten. Die bürgerlichen Parteien sind keine geschlossene Masse, sondern geschieden durch die Klasseninteressen, die sie vertreten, die Klassenideologien, die sie ausdrücken. Die Sozialdemokratie ist noch nicht stark genug, allein dem Proletariat Zugeständnisse zu erkämpfen; wohl aber ist ihre Macht bereits so gross, dass sie die bürgerlichen Parteien, die im Augenblicke dem Proletariat am feindseligsten gegenüberstehen, von der Herrschaft fernhalten und jenen bürgerlichen Parteien zum Siege verhelfen kann, die die konkreten Tagesforderungen des Proletariats — eine politische Reform, ein Arbeiterschutzgesetz und dergleichen — zu erfüllen willens sind. Die Sozialdemokratie unterstützt daher diese bürgerlichen Parteien bei der parlamentarischen Abstimmung; sie schliesst sich mit ihnen zu einer Koalition, einem Block zusammen; sie entschliesst sich endlich, mit diesen Parteien gemeinsam eine Regierungsmehrheit zu bilden und ihre Vertreter in die Regierung zu entsenden. So entsteht auf der zweiten Stufe der kapitalistischen Entwicklung die Taktik des politischen Revisionismus aus dem Bestreben, die bereits gewonnene Macht des Proletariats möglichst zweckmässig, möglichst erfolgreich zu gebrauchen.

Aber die Arbeiterklasse kann diese Politik nicht ertragen. Die Arbeiterklasse steht nicht im Gegensatze zu der oder jener politischen Partei, sondern zum Klassenstaate, zur kapitalistischen Gesellschaft überhaupt. Die Tatsache der Ausbeutung treibt sie zur Empörung, mag auch der Staat das Los einer einzelnen Arbeiterschichte durch ein Gesetz ein wenig verbessert haben. Der Arbeiter lernt in der Kaserne, in jedem Amte, in jedem Gerichte den bürgerlichen Staat als einen Klassenstaat verstehen, mag auch eine demokratische Regierung die Verwaltungspraxis gegenüber den Arbeitern ein wenig gemildert haben. Ein Streik, bei dem junge erregte Menschen sich am heiligen Eigentum vergreifen, lässt den Widerstreit in hellem Lichte sehen; der kapitalistische Klassenstaat kann auf den Schutz des kapitalistischen Eigentums nicht verzichten, die Arbeiterklasse kann es nicht verstehen, dass zerbrochene Fensterscheiben mit Menschenleben gesühnt werden müssen. Wenn die Sozialdemokratie nicht mehr im Gegensatze zu allen Parteien der besitzenden Klassen steht, sondern eine Partei ist wie die anderen auch, sich bald mit der, bald mit jener politischen Gruppe verbündet, wenn sie gar einen Teil der Regierungsmehrheit bildet, an der Regierung selbst Anteil gewinnt, so behandeln sie auch die Arbeitermassen als den bürgerlichen Parteien wesensgleich, so erscheint sie selbst als eine Institution des kapitalistischen Staates, so wird sie für alles Unrecht, das ein Beamter oder Offizier des Klassenstaates an einem Arbeiter verbricht, für alle Unbill, die die Gesetze des Klassenstaates der Arbeiterklasse zufügen, für alles Elend und alle Ausbeutung, unter der das arbeitende Volk in der kapitalistischen Gesellschaft leidet, mit verantwortlich. Die Entwicklung des revolutionären Instinkts des Proletariats zum klaren Klassenbewusstsein stockt: den bürgerlichen Parteien ist der Wettbewerb um die Arbeiterstimmen erleichtert, da sie ja im Bunde mit der Sozialdemokratie der Arbeiterklasse die oder jene Reform zugestanden haben; breite Massen wenden sich angewidert ab vom politischen Treiben, das ihnen nicht mehr als der grosse Kampf um das Erbe der Klasse, sondern als kleinlicher Schacher um kleine Teilerfolge für einzelne Interessengruppen erscheint, und sie verfallen völlig in politische Indifferenz; die Besten und Tatkräftigsten aber fallen, da die Sozialdemokratie ihre revolutionäre Gesinnung nicht ausspricht, ihren revolutionären Willen nicht verkörpert, dem Anarchismus und antiparlamentarischen Syndikalismus in die Arme. So verstopft der politische Revisionismus, in dem Bestreben, die Macht der Sozialdemokratie möglichst erfolgbringend zu nützen, die Quellen, aus denen jene Macht fliesst, indem er die Konstituierung des Proletariats als Klasse hemmt. Wie aus den Bedingungen der politischen Aufgabe der Sozialdemokratie, der Aufgabe der *Machtnutzung*, der politische Revisionismus entsteht, so entsteht aus den Bedingungen der sozialpädagogischen Aufgabe, der Aufgabe der *Machtbildung* die Tendenz zu intransigenter Taktik. Beide Tendenzen können auf dieser Stufe der kapitalistischen Entwicklung nicht sterben. Der Revisionismus entsteht immer wieder in neuer Form und er wird immer wieder von der Intransigenz besiegt. Im Kampfe der beiden Tendenzen, in der schwankenden Taktik der Partei drückt sich der Widerstreit der Bedingungen der Machtnutzung und der Bedingungen der Machtbildung einer proletarischen Partei im kapitalistischen Staate aus — ein Widerstreit, der im letzten Grunde in der Tatsache wurzelt, dass die Arbeiterklasse im kapitalistischen Klassenstaate leben muss und ihn doch nicht ertragen kann.

Diese Schwierigkeiten werden erst auf der *dritten Stufe* der kapitalistischen Entwicklung überwunden. Hier bildet das Proletariat bereits die überwiegende Mehrheit der Bevölkerung. Die Eroberung der politischen Macht durch das Proletariat erscheint den besitzenden Klassen bereits als drohende Gefahr. Die bürgerlichen Parteien schliessen sich gegen die Sozialdemokratie eng zusammen, was sie einst trennte, scheint nun gering im Vergleiche zu der Gefahr, die ihren Profiten, ihren Renten und Monopolgewinnen droht. So steht auf der höchsten Stufe der kapitalistischen Entwicklung wiederum wie in ihren Anfängen die Sozialdemokratie im Kampfe gegen die gesamten besitzenden Klassen, gegen die gesamte staatliche Machtorganisation. Hier fallen die politische und die sozialpädagogische Tätigkeit wieder zusammen. Dieses Stadium des Klassenkampfes endet mit der Eroberung der politischen Gewalt durch die Arbeiterklasse. [1]

---

[1]) Die Unterscheidung der *drei Stufen*, die die Bedingtheit der Taktik des Proletariats durch die Entwicklungsstufe der kapitalistischen Produktionsweise

Wollen wir die taktischen Probleme der österreichischen Sozialdemokratie verstehen, so müssen wir von der Tatsache ausgehen, dass auch Oesterreich schon die zweite Stufe der kapitalistischen Entwicklung erreicht hat Alle bürgerlichen Parteien müssen sich bereits um die Stimmen proletarischer Wähler bewerben, sie müssen sich also auch entschliessen, einzelne Forderungen der Arbeiterklasse zu vertreten. Die Sozialdemokratie ist im Parlament heute schon eine ansehnliche Macht; sobald sie stark genug ist, durch ihre Abstimmung einer von mehreren miteinander kämpfenden Gruppen der bürgerlichen Parteien die Mehrheit zu verschaffen, steht auch sie vor den schwierigen Problemen, die seit Jahren die französische und italienische Sozialdemokratie so lebhaft bewegen.

Aber ehe noch die neuen Bedingungen des proletarischen Kampfes das Verhältnis der Arbeitermassen zum Staate verändern

---

sehr glücklich schematisiert, entnehmen wir dem ausgezeichneten Artikel Rudolf Hilferdings, „Parlamentarismus und Massenstreik". Neue Zeit, XXIII, 2, Seite 804 ff.

Natürlich wird die Stellung der Sozialdemokratie zum Staate und zu den bürgerlichen Parteien nicht nur durch die Entwicklungsstufe der kapitalistischen Gesellschaft, sondern auch durch andere Faktoren bestimmt, insbesondere durch die Staatsverfassung, der das Proletariat unterworfen ist, und durch die Eigenart der überlieferten politischen Ideologie der Nation Es wäre gewiss unrichtig, die Eigenart der proletarischen Bewegung eines Landes nur aus einer Komponente restlos erklären zu wollen, aber man kann auf die Auflösung der resultierenden Bewegung in ihre Komponenten nicht verzichten, wenn man nicht auf die wissenschaftliche Untersuchung sozialer Phänomene überhaupt verzichten will

Im Deutschen Reiche zum Beispiel war die revisionistische Taktik auf der zweiten Stufe nicht möglich, weil sie durch die politische Rechtlosigkeit der Arbeiterklasse verhindert wurde Heute aber hat Norddeutschland bereits die dritte Stufe erreicht die Zahl der Arbeiter ist so gross und wächst so schnell, das Klassenbewusstsein der Arbeiter ist so rege, dass jedes politische Zugeständnis an die Arbeiterklasse die Herrschaft der besitzenden Klassen, die Renten der Junker und die Monopolgewinne der Kartellmagnaten ganz unmittelbar bedroht. Die preussischen Arbeiter können keine revisionistische Politik treiben, solange sie nicht an der preussischen Gesetzgebung vollen und gleichen Teil haben; die besitzenden Klassen können ihnen dies nicht gewähren, weil ein auf Grund des allgemeinen, gleichen und direkten Wahlrechtes gewählter preussischer Landtag in nicht allzu ferner Zeit eine sozialdemokratische Mehrheit hätte.

Als der politische Revisionismus in Deutschland möglich war, stand die deutsche Arbeiterklasse unter dem Sozialistengesetze; heute ist er nicht mehr möglich, da nicht mehr Einzelforderungen des Proletariats, sondern die Herrschaft über den Staat selbst in Frage steht. Umgekehrt in England Grossbritannien steht wirtschaftlich bereits auf der dritten, politisch aber noch auf der zweiten Stufe, da die Massen der englischen Arbeiter noch bürgerlichen Parteien Gefolgschaft leisten, ist die Klassenherrschaft der besitzenden Klassen nicht gefährdet; es wird nur um einzelne wirtschafts- und sozialpolitische Forderungen des Proletariats gekämpft Dagegen tragen Frankreich und Italien wirtschaftlich und politisch den Charakter der zweiten Stufe.

konnten, haben sie schon das Verhältnis der Sozialdemokratie zu den Machtkämpfen der *Nationen* umgestaltet. Die erste Gestalt, in die der politische Revisionismus in Oesterreich sich kleidet, ist die des *nationalen Revisionismus*. Der nationale Revisionismus ist zwar noch nicht in einer Gruppe innerhalb der Partei verkörpert, aber er ist doch schon wirksam als eine der Willensrichtungen, die im Bewusstsein der einzelnen Vertrauensmänner des österreichischen Proletariats miteinander ringen.

Auf ihrer ersten Entwicklungsstufe hatte die österreichische Sozialdemokratie an den Machtkämpfen der Nationen keinen Teil. Aber je mehr die Macht der Arbeiterpartei wächst, je mehr sie zur Vertreterin aller, also auch der nationalen Interessen der Arbeiterschaft wird, je stärker ihre Vertretung in den parlamentarischen Körperschaften wird, je mehr Verantwortung sie daher auch für die Parteigruppierung und Machtverteilung in diesen Körperschaften trägt, desto mehr wird sie in die nationalen Machtkämpfe hineingezerrt. Sobald dies der Fall ist, sehen die Sozialdemokraten jeder Nation im Kampfe um die nationalen Interessen der von ihnen vertretenen Arbeiterklasse in den bürgerlichen Parteien der eigenen Nation ihre Bundesgenossen, in allen Parteien der anderen Nationen ihre Gegner. Die Sozialdemokraten einer Nation stimmen zunächst bei einer Wahl gegen die Genossen anderer Nationalität, die ihre nationalen Forderungen nicht erfüllen zu können glauben; sie stimmen später mit den bügerlichen Parteien der eigenen Nation gegen Bürgertum und Arbeiterschaft der nationalen Gegner, sie verbünden sich schliesslich mit dem Bürgertum der eigenen Nation, um in einer Gemeinde oder einem Lande gemeinsam zu herrschen, die nationale Minderheit gemeinsam zu beherrschen. Die Bevölkerung scheidet sich im politischen Kampfe nicht mehr in Klassen, die in nationale Gruppen gegliedert sind, sondern in Nationen, die sich aus Klassenparteien zusammensetzen. Der Klassengegensatz scheidet die Parteien innerhalb der Nation, aber die Gemeinschaft des Klasseninteresses und der Klassenideologie verbindet nicht mehr die Klassengenossen aller Nationen.

Eine solche Politik ist nichts als ein Einzelfall der revisionistischen Politik überhaupt. Denn wenn das Wesen der revisionistischen Politik darin besteht, dass die Sozialdemokratie nicht mehr im Gegensatze zum bürgerlichen Staate und zu allen bürgerlichen Parteien verharrt, sondern sich mit einem Teile der bürgerlichen Parteien zu gemeinsamer Beherrschung des bürgerlichen Staates verbündet, so treibt die Politik des nationalen Revisionismus dazu, dass sich die Sozialdemokratie jeder Nation mit den bürgerlichen Parteien ihrer Nationalität zu gemeinsamem Machtkampfe gegen die anderen Nationen, womöglich zu gemeinsamer Herrschaft über die anderen Nationen verbündet.

Der nationale Revisionismus taucht zunächst innerhalb der Sozialdemokratie der ehemals *geschichtslosen Nationen* auf. Hier knüpft er an den naiven Nationalismus an, der die Stimmungen des jugendlichen Proletariats dieser Nationen beherrscht hat. Er erstarkt dank der Tatsache, dass die Nationen, die sich immer noch ausschliesslich oder überwiegend aus unterdrückten und ausgebeuteten Klassen zusammensetzen, wichtiger nationaler Rechte entbehren. Wenn die Tausende tschechischer Arbeiter, die im deutschen Industriegebiete Arbeit suchen müssen, dort keine Volksschulen für ihre Kinder finden; wenn Städte, in denen die Mehrheit der Bevölkerung der tschechischen Nation angehört, dank dem plutokratischen Gemeindewahlrecht von der deutschen Bourgeoisie beherrscht werden, die den tschechischen Arbeiterkindern Bürgerschulen verweigert; wenn der tschechische Arbeiter in den Aemtern und vor den Gerichten nicht in seiner Sprache sein Recht suchen kann: so ist es selbstverständlich, dass die tchechische Arbeiterpartei für die Befriedigung der nationalen Bedürfnisse des tschechischen Proletariats kämpfen muss. Dadurch gewinnt sie Anteil an den nationalen Machtkämpfen, die Ideologie des nationalen Machtkampfes dringt in die Arbeiterschaft ein. Bald interessiert sich die Sozialdemokratie nicht nur für die nationalen Forderungen des Proletariats, nicht nur für die Volks- und Bürgerschulen, sondern auch für Gymnasien und Universitäten, nicht nur für die Sprache des amtlichen Parteienverkehrs, sondern auch für die innere Amtssprache. Im nationalen Machtkampfe erscheinen die tschechischen bürgerlichen Parteien als die natürlichen Bundesgenossen, alle Parteien anderer Nationalität als die natürlichen Gegner der tschechischen Sozialdemokratie. Und da die nationalen Fragen in Oesterreich immer auf der Tagesordnung stehen, alle politischen Probleme national gewertet werden, erscheint bald die ganze tschechische Nation als ein einheitlicher politischer Körper, der sich nur gelegentlich in Klassenfraktionen spaltet.

Allmählich dringt der nationale Revisionismus auch in das Proletariat der alten *historischen Nationen* ein. Er knüpft hier an den unreflektierten Hass des deutschen Arbeiters gegen den fremden Lohndrücker und Streikbrecher an. Er wird vom Nationalismus der bürgerlichen Elemente, insbesondere der einflussreichen Intellektuellen genährt, die sich von der bürgerlichen Demokratie zur proletarischen entwickelt haben. Seine stärkste Triebkraft aber ist die Reaktion gegen die revisionistische Politik der Sozialdemokratie der geschichtslosen Nationen.

Das Erwachen der geschichtslosen Nationen äussert sich im politischen Leben in fortwährendem Wachstum der Macht dieser Völker. Vom proletarischen Standpunkte gesehen, ist diese Erscheinung keineswegs beklagenswert. Denn die Nationen, denen die herrschenden Klassen nicht angehören, sind nur so lange kulturlos und machtlos, solange das arbeitende Volk von der Kultur seines Zeitalters ausgeschlossen und im Staate rechtlos ist. Im Machtzuwachs der geschichtslosen Nationen spiegelt sich also der soziale und politische Aufstieg der unteren Klassen wieder. Aber naiven und von der Ideologie der nationalen Machtkämpfe beeinflussten Menschen, die alle Erscheinungen anschaulich, nicht begrifflich erfassen, national, nicht sozial werten, ist dieser Zusammenhang nicht verständlich. Machtzuwachs der anderen Nationen erscheint ihnen als Machteinbusse des eigenen Volkes. Und nun sehen die deutschen Arbeiter, dass ihre tschechischen Genossen nicht abseits stehen von den Machtkämpfen der tschechischen Nation, sondern die Machtentfaltung des tschechischen Volkes bewusst fordern. Müssen die deutschen Arbeiter dadurch nicht angeregt werden, ein Gleiches zu tun? Müssen sie sich nicht entschliessen, in den nationalen Machtkämpfen auf deutscher Seite mitzukämpfen, sich mit den deutschen bürgerlichen Parteien zur Verteidigung des nationalen Besitzstandes des deutschen Volkes zu verbünden?

Bei allen Nationen werden endlich die revisionistischen Bestrebungen durch den Einfluss der bürgerlichen Ideologie gestärkt. Die herrschenden Ideen jeder Zeit sind ja die Ideen der herrschenden Klassen. Auch das Proletariat kann sich der Macht der nationalen Ideologie des Bürgertums nicht entziehen. Diese Tatsache wissen die bürgerlichen Parteien wohl auszunutzen. Sie versuchen es, die durch den bürgerlichen Nationalismus bestimmten Teile des Proletariats vom Klassenkampfe fernzuhalten, indem sie die Sozialdemokratie der Gleichgültigkeit gegenüber den Schicksalen der Nation, des nationalen Verrates zeihen. Diese Anklage ist das gefährlichste Kampfmittel der besitzenden Klassen im politischen Klassenkampfe gegen das Proletariat. Können wir den besitzenden Klassen nicht ihre wuchtigste Waffe entwinden, wenn wir uns zur Teilnahme an den nationalen Machtkämpfen entschliessen? Dient die Taktik des nationalen Revisionismus auf diese Weise nicht der wichtigsten Aufgabe der Sozialdemokratie, der Loslösung der Arbeiterschaft von allen bürgerlichen Parteien, der Konstituierung des Proletariats als Klasse?

Aber ebenso notwendig, wie der nationale Revisionismus aus den politischen Machtverhältnissen in Oesterreich hervorgeht, ebenso notwendig entstehen auch die Gegentendenzen, die ihn bekämpfen. Denn die revisionistische Taktik gefährdet die Macht des Proletariats.

Zunächst zerstört der nationale Revisionismus die E i n h e i t d e r P a r t e i. Wenn die deutschen Genossen so gut wie die tschechischen sich an den Machtkämpfen ihrer Nation beteiligen, mit den bürgerlichen Gegnern der eigenen Nationalität gegen die nationalen Gegner kooperieren, auf dem nationalen Kampffelde unabhängig voneinander, nicht selten gegeneinander vorgehen, dann haben deutsche und tschechische Sozialdemokraten nicht mehr im Rahmen einer Partei Raum. Die Spaltung der Partei in selbständige nationale Arbeiterparteien bedeutet aber eine beträchtliche Machteinbusse der Arbeiterklasse. Das grosse Ansehen der österreichischen Sozialdemokratie beruht zu nicht geringem Teile auf der Tatsache, dass sie die nationalen Schwierigkeiten zu überwinden wusste, an denen alle bürgerlichen Parteien gescheitert sind. Ihre Macht beruht nicht am wenigsten auf dem einheitlichen Aufmarsche der Proletarier aller Nationen, auf der Tatsache, dass sie den bürgerlichen Parteien aller Nationen jederzeit die Arbeiter derselben Nationalität gegenüberstellen kann. Vergessen wir nicht, dass wir die deutschen Wahlrechtsfeinde in Wien und Graz, in Brünn und Reichenberg, die tschechischen Wahlrechtsfeinde in Prag, die italienischen in Triest besiegt haben! Man glaube ja nicht, dass auch selbständige nationale Parteien sich zu einer geschlossenen einheitlichen Aktion verbinden können! In Oesterreich gewinnt ja jede politische, jede wirtschafts- und sozialpolitische Frage auch nationale Bedeutung. Hätte eine tschechische Sozialdemokratie, die völlig von den Stimmungen und Gedanken der nationalen Machtkämpfe des Bürgertums beherrscht wäre, im Kampfe um die Wahlreform, die von der tschechischen Nation so manches nationale Opfer forderte, ihre Pflicht erfüllen können?

Aber der nationale Revisionismus zerstört nicht nur die Einheit der Partei, sondern auch, wie wir bereits wissen, die Einheit der *Gewerkschaftsbewegung*, wahrscheinlich auch die der *Genossenschaftsbewegung*. Wenn die nationalen Revisionisten innerhalb der deutschen Sozialdemokratie in Oesterreich die gewerkschaftszerstörende Politik der tschechischen Genossen beklagen, so bekämpfen sie die notwendigen Konsequenzen ihrer eigenen Politik! Indem der nationale Revisionismus den wirtschaftlichen Kampf des Proletariats in Formen zwängt, die seinen Kampfbedingungen nicht angemessen sind, mindert er die wirtschaftliche Macht der Arbeiterklasse, legt er ihr schwere wirtschaftliche Opfer auf.

Aber der nationale Revisionismus erschwert nicht nur die zweckmässige Nutzung der schon erkämpften Macht des Proletariats, er hemmt auch den Prozess weiterer Machtbildung.

Die Erscheinungen der nationalen Entwicklung führen kein selbständiges Leben abseits von der sozialen und politischen Entwicklung, sondern sie drücken die Entwicklung des Staates und der Gesellschaft in besonderer Gestalt aus. Wenn die Sozialdemokratie die nationalen Erscheinungen vom Standpunkte der nationalen Machtkämpfe beurteilen will, wird sie nicht selten mit ihren eigenen sozialen und politischen Forderungen in Widerspruch geraten.

Demokratie ist Mehrheitsherrschaft. Wie sollen wir entscheiden, wo auf dem Vorrechte der Minderheit die Macht unserer Nation beruht?

Das Proletariat bekämpft alle Plutokratie. Wie sollen wir entscheiden, wo sich die Macht unserer Nation auf das Vorrecht des Grossgrundbesitzes und der Bourgeoisie stützt?

Die Arbeiterklasse verurteilt eine Rechtsordnung, die in der Macht des Menschen über den Boden die Herrschaft des Grundeigentümers über den Landlosen verhüllt. Wie sollen wir die Herrschaft der unserer Nation angehörenden bodenständigen Bevölkerung über den fremden Einwanderer beurteilen?

Der Fortschritt der Arbeiterklasse jeder Nation ist durch die Entwicklung des Proletariats der anderen Nationen bedingt. Sollen wir die kulturelle Entwicklung der Arbeiter anderer Nationen fördern oder als Machteinbusse unserer Nation bekämpfen?

Das Proletariat verurteilt „die Vorrechte der Nationen ebenso wie die der Geburt und des Geschlechtes, des Besitzes und der Abstammung". Aber das letzte Ziel aller nationalen Machtkämpfe ist Erhaltung oder Eroberung der Herrschaft unserer Nation über die anderen Völker.

So gerät die Sozialdemokratie durch die revisionistische Taktik in eine eigentümliche Lage. Sie nimmt an den nationalen Machtkämpfen teil, aber sie kann im nationalen Machtkampfe niemals so weit gehen wie die bürgerlichen Parteien, die ja auf dem Boden wirtschaftlicher Ausbeutung und politischer Unterdrückung stehen und darum auch die nationale Vergewaltigung vertreten können. Verbündet sich die Sozialdemokratie mit bürgerlichen Parteien zur Erkämpfung einer politischen oder sozialen Reform, so erscheint sie immer als die radikalste und tatkräftigste der verbündeten Gruppen, als diejenige, die die anderen vorwärtstreibt; verbinden sich dagegen die Sozialdemokraten einer Nation mit ihren bürgerlichen Volksgenossen zum nationalen Machtkampfe, so erscheint die Sozialdemokratie als die gemässigteste der koalierten Parteien. Die bürgerlichen Parteien erscheinen radikaler als sie, können jede ihre Forderungen übertrumpfen. Die Sozialdemokratie will unter ihrem Banner die revolutionäre Klasse unserer Gesellschaft, die Klasse mit den „radikalen Ketten" sammeln, entspricht es ihrer historischen Stellung, in den wichtigen Fragen, die das politische Leben fast stets beherrschen, fast vollständig erfüllen, als eine Partei zu erscheinen wie die anderen auch, von den anderen Parteien nur durch ihre M a s s i g u n g und B e s o n n e n h e i t unterschieden?

Unterscheidet sich aber unsere Nationalitätenpolitik von der des Bürgertums nur noch durch den Grad der Mässigung, dann besteht zwischen uns und den nationalen Parteien kein qualitativer Unterschied mehr, sondern nur noch ein quantitativer; dann wird es im konkreten Einzelfalle immer fraglich erscheinen, wie weit wir im nationalen Machtkampfe dem Bürgertum Gefolgschaft leisten dürfen, wo sich unsere Wege von denen der bürgerlichen Nationalisten trennen. So fuhrt der nationale Revisionismus zu schwankender, unsicherer, angstlicher Taktik, zu einer Kampfesweise, die am allerwenigsten der Massenpartei geziemt, die ausgezogen ist, den Ausgebeuteten und Enterbten die Schatze der Welt zu erobern.

So erscheint der nationale Revisionismus der Partei verderblich Es tritt ihm notwendig das Streben nach einer *prinzipiellen internationalen Taktik* gegenuber, nach einer Kampfesweise, die die proletarischen Massen von den nationalen Machtkämpfen fernhalt, ohne darum der Entscheidung nationaler Fragen auszuweichen, die vielmehr den nationalen Machtkämpfen des Burgertums die Grundsatze des sozialdemokratischen Nationalitatenprogramms entgegengesetzt und dadurch allmählich die Forderungen unseres Programms zum gesicherten Besitztum der Massen macht.

Steht zum Beispiel die Forderung des tschechischen Burgertums nach der tschechischen inneren Amtsspiache in Frage, so werden deutsche und tschechische Sozialdemokraten zeigen, dass von der Beantwortung dieser Frage weder die aussere Grosse noch die kulturelle Entwicklung der beiden Nationen abhangt, dass der Kampf um die innere Amtssprache die Interessen der Arbeiterklasse nicht beruhrt, sondern nur die Konkurrenzkampfe innerhalb der Intelligenz verhullt, dass die bureaukratische Verwaltung, welcher Sprache immer sie sich bedienen mag, fur die Arbeiterklasse eine Fremdherrschaft darstellt und nur die Ersetzung der bureaukratischen Verwaltung durch die demokratische Selbstverwaltung die nationalen Probleme zu losen vermag.

Steht die Forderung des deutschen Burgertums nach der nationalen Abgrenzung der Verwaltungsgebiete und Gerichtssprengel in Bohmen auf der Tagesordnung, so werden die tschechischen Sozialdemokraten dem tschechischen Burgertum gegenubertreten; sie werden dem albernen Vorwurf der Landeszerreissung mit der weit schwereren Anklage der Nationszerreissung begegnen, sie werden zeigen, dass die rechtliche Abgrenzung der Sprachgebiete eine notwendige Voraussetzung der nationalen Selbstverwaltung ist. Die deutschen Sozialdemokraten aber werden dem deutschen Burgertum vorhalten, dass es in Steiermark und Tirol der Minderheit verweigert, was es in Bohmen selbst fordert, sie werden zeigen, dass die nationale Abgrenzung wertlos ist, wenn nicht in den rechtlich geschiedenen Siedlungsgebieten der Nationen die demokratische Lokalverwaltung durchgefuhrt wird; sie werden fordern, dass die nationale Abgrenzung zur Grundlage nationaler Selbstverwaltung, nicht zum Mittel der Knechtung der nationalen Minderheiten werde.

Wird uber die Rechte der nationalen Minderheiten gestritten, so werden deutsche und tschechische Sozialdemokraten dem Burgertum ihrer Nation vorhalten, dass es kein Recht hat, uber die Rechtlosigkeit der eigenen Minderheiten zu klagen, solange es selbst die fremden Minderheiten auf seinem Boden entrechtet. Sie werden das Burgertum anklagen, das uber die Minderung der nationalen Volkszahl infolge des Verlustes der nationalen Minoritaten jammert, aber gleichmutig zusieht, wie das Wachstum der Nation durch die morderischen Wirkungen der kapitalistischen Ausbeutung gehemmt wird. Sie werden zeigen, dass die Unterdruckung der fremden Zuwanderer der Herrschaft der Grundeigentumer uber die Landlosen entspringt, wahrend das Proletariat jeder Nation durch den Fortschritt der Arbeiterklasse der anderen Nationen gefordert wird. Sie werden endlich beweisen, dass nur die Konstituierung der Nationen als autonomer Korperschaften die schwierige Frage der nationalen Minderheiten friedlich zum Nutzen aller Volker zu losen vermag

So werden wir die *soziale Wurzel der nationalen Kampfe* aufdecken, indem wir zeigen, dass die besitzenden Klassen ihre Klassenkampfe und Konkurrenzkampfe in die Gestalt nationaler Machtkampfe hullen. So werden wir den *nationalen Gehalt des Klassenkampfes* aufzeigen, indem wir beweisen dass nur der Klassenkampf des Proletariats allen Nationen die freie Selbstverwaltung erstreiten, nur der Sozialismus die nationale Kulturgemeinschaft zu verwirklichen, das Nationalitatsprinzip durchzufuhren vermag In der Regel werden wir die Einheit des Proletariats auch durch einmutige Abstimmung bekraftigen konnen. Sollten aber einmal selbst die tschechischen Genossen mit dem tschechischen, die deutschen Sozialdemokraten mit dem deutschen Burgertum stimmen, so ist dies der Einheit der proletarischen Bewegung nicht mehr gefahrlich, wenn die vorausgehende Erorterung klar gezeigt hat, dass die Unmoglichkeit vollig einheitlicher proletarischer Politik nur der Unertraglichkeit der zentralistisch-atomistischen Staatsverfassung entspringt, dass, was die Proletarier verschiedener Nationalitat scheidet, lacherlich gering ist neben der gewaltigen Kluft, die die gesamte Arbeiterklasse von den besitzenden Klassen aller Nationen trennt.

Eine solche Politik vermehrt die Macht des Proletariats sie sichert die Einheit der Partei, den ungestorten einheitlichen Ausbau der Gewerkschaften und Genossenschaften, sie zwingt die burgerlichen Parteien zur Stellungnahme zu unserem Nationalitatenprogramm und bereitet dadurch die Durchfuhrung der nationalen Autonomie vor; sie wird den Gedanken, dass das Wachstum und die kulturelle Entwicklung der Nationen viel weniger vom nationalen Gezank als von politischen, wirtschafts- und sozialpolitischen Massnahmen abhangt, zum Besitztum der Massen machen und dadurch manche demokratische und sozialpolitische Reform fordern, der arbeiterfeindlichen Wirtschaftspolitik der Kartellmagnaten, der Agrarier und Zunftler ein schweres Hindernis bereiten.

Die prinzipielle Politik fordert aber auch die Entwicklung des proletarischen Klassenbewusstseins, legt also die Grundlagen zum künftigen Wachstum der Macht der Arbeiterklasse. Denn nun sind wir nicht mehr eine nationale Partei wie die anderen auch, sondern unsere Nationalitätenpolitik erscheint von der bürgerlichen Nationalitätenpolitik qualitativ, nicht nur quantitativ verschieden. Die prinzipielle Politik ist des Beifalls der Arbeitermassen gewiss, entspricht sie doch der revolutionären Gesinnung des Proletariats. Denn nun sind wir auch auf dem nationalen Kampffelde nicht mehr die gemässigteste, sondern die radikalste aller Parteien. Denn nur wir können, nur wir wollen jeder Nation die Verbreiterung ihrer Kulturgemeinschaft erkämpfen, nur wir wollen das gesamte Volk der nationalen Kulturgemeinschaft eingliedern, nur wir jeder Nation politische Einheit und Freiheit sichern.

Wie aber der politische Revisionismus auf der zweiten Stufe der kapitalistischen Entwicklung unausrottbar ist und immer wieder von neuem von der revolutionären intransigenten Taktik besiegt werden muss, so kann auch in Oesterreich auf dieser Entwicklungsstufe der nationale Revisionismus nicht sterben, solange die nationale Autonomie nicht verwirklicht ist. Der Widerstreit des nationalen Revisionismus und der prinzipiellen internationalen Taktik entspringt der Tatsache, dass die Arbeiterklasse der zentralistisch-atomistischen Staatsverfassung unterworfen ist und sie doch nicht ertragen kann. Es kommt nur darauf an, dass die Vertreter der prinzipiellen Taktik in jedem Augenblick zahlreich und tatkräftig genug sind, um zu verhindern, dass die national-revisionistischen Bestrebungen die Einheit der proletarischen Bewegung zerstören.

Wir können die Einheit der österreichischen Sozialdemokratie nicht sichern, indem wir der Stellungnahme zu den nationalen Fragen ausweichen und die Meinungsverschiedenheiten in unseren Reihen verhüllen. Es gilt vielmehr, durch eine gründliche Diskussion die Meinungen zu klären, die Masse der organisierten Parteigenossen mit den schwebenden Streitfragen vertraut zu machen und sie zur Entscheidung zu berufen. Nur auf diese Weise können wir allmählich zu einer Verständigung der Sozialdemokraten aller Nationen gelangen.

Wir müssen die Lücke unseres *Nationalitätenprogramms* ausfüllen, indem wir die Konstituierung der nationalen Minderheiten als öffentlich-rechtlicher Körperschaften fordern. Wir müssen zweitens unsere parlamentarischen Vertreter und unsere Parteipresse auf die *prinzipielle internationale Taktik* verpflichten. Ist die Einheit der Aktion auf diese Weise gesichert, so müssen wir ihr auch unsere *politische Organisation anpassen*. Wir müssen für die organische Föderation der sozialdemokratischen Organisationen verschiedener Nationalität in den einzelnen Orten, Wahlkreisen und Ländern sorgen: in jedem Orte, Wahlkreis und Land, in dem Organisationen verschiedener Nationalität tätig sind, muss eine Gesamtorganisation bestehen, in der die nationalen Organisationen je nach der Zahl der organisierten Genossen vertreten sind. Die Beschlüsse dieser Gesamtorganisation über die Aktion der Partei bei öffentlichen Wahlen, über Demonstrationen u. s. w. binden alle Parteigenossen ohne Unterschied der Nationalität. Im übrigen bleibt die Autonomie der nationalen Organisationen unangetastet. Endlich muss die einheitliche zentralistische Entwicklung der Gewerkschaftsbewegung und die internationale Organisation der Konsumvereine gesichert werden. Gelingt es, eine Verständigung auf dieser Grundlage zu erkämpfen, dann ist das Werk vollbracht, das die Parteitage von 1897 und 1899 angebahnt haben, dann ist das österreichische Proletariat zu einem machtvollen Gesamtkörper verschmolzen, der von einem Gesamtwillen beherrscht ist und doch das Wachstum seiner einzelnen nationalen Glieder nicht hemmt, sondern kräftig fördert.

Sollte aber eine solche Verständigung nicht gelingen, sollte wirklich der nationale Revisionismus die Partei in eine Anzahl völlig selbständiger nationaler Arbeiterparteien zerreissen, dann wird diese Spaltung doch nur vorübergehend sein. Sobald die verderblichen Wirkungen der national-revisionistischen Politik sichtbar werden, wird die Gegenbewegung gegen den Revisionismus innerhalb der einzelnen sozialdemokratischen Parteien sehr bald erstarken.

Die Gewerkschaftler werden dieser Gegenbewegung die Kerntruppe stellen. Sie werden sehr bald sehen, dass die Spaltung der Partei auch die Zerreissung der Gewerkschaften herbeiführt. Mit ihnen verbünden sich jene, die, von der revolutionären Gesinnung des Proletariats erfüllt, es nicht ertragen können, dass aus der revolutionären Sozialdemokratie eine nationale Partei wird wie die anderen auch, von den bürgerlichen Parteien durch nichts als durch das Mass staatsmännischer Mässigung unterschieden. Zu ihnen gesellen sich die Nüchternen, die wohl zu berechnen wissen, dass der nationale Revisionismus nur kleinen Arbeiterschichten nationale Vorteile zu erstreiten vermag, während er die Macht des gesamten Proletariats vermindert und dadurch die kulturelle Entwicklung der ganzen Nation hemmt. Zu ihnen stossen endlich die Unterrichteten, die die kleinlichen nationalen Kämpfe in Oesterreich als eine unbeträchtliche Begleiterscheinung des grossen sozialen Umwälzungsprozesses begreifen, den alle Kulturnationen unserer Zeit erleben. Die Kraft dieser Richtung wird gestärkt werden durch die allmähliche Entwicklung Oesterreichs zur nationalen Autonomie, durch die Verschärfung der Klassengegensätze bei der Annäherung an die dritte Stufe der kapitalistischen Entwicklung, endlich auch durch den Einfluss der Gedankenwelt des Proletariats des Auslandes auf die österreichischen Arbeiter; denn würde die österreichische Sozialdemokratie von der Ideologie des nationalen Machtkampfes erfüllt, während in London und Berlin, in Paris und Rom der Gedanke der Internationalität im Kampfe gegen den Imperialismus wachsende Bestimmtheit erhält, dann schlössen wir uns selbst, wenn nicht formell aus der Gesellschaft, so doch geistig aus der Gemeinschaft der proletarischen Internationale aus.

Es ist aber für die österreichische Arbeiterklasse nicht gleichgültig, ob die Einheit der proletarischen Bewegung erhalten werden wird oder ob die Partei und die Gewerkschaften zerfallen und die Wiedervereinigung der nationalen Splitter erst in harten Kämpfen errungen werden muss.

Wir zweifeln nicht daran, dass die überwiegende Mehrheit der organisierten Parteigenossen deutscher Nationalität die Einheit der Partei und der Gewerkschaften will. Mögen diese Genossen bedenken, dass der nationale Revisionismus unvermeidlich zur Spaltung der proletarischen Bewegung führt! Der nationale Revisionismus ist aber in den letzten Jahren auch innerhalb der deutschen Sozialdemokratie in Oesterreich erstarkt. In einer unsicheren, schwankenden Beurteilung nationaler Fragen in der Parteipresse, in mancher unklaren Redewendung hat er zuerst Ausdruck gefunden. Er hat dann sehr viele Genossen zu der Ansicht bekehrt, dass die Kämpfe der tschechischen Arbeiterschaft um nationale Rechte die deutsche Sozialdemokratie nicht bekümmern; so hat unsere Parteipresse die Kämpfe zunächst ignoriert, einzelne deutsche Genossen sind ihnen auch schon entgegengetreten. Wenn deutsche und tschechische Sozialdemokraten völlig getrennt voneinander marschieren, muss es ganz folgerichtig erscheinen, wenn bei einer öffentlichen Wahl sich die deutsche Minderheit einer Stadt an die Beschlüsse der tschechischen Mehrheit nicht mehr gebunden fühlt, sich von der (gleichgültig, ob taktisch richtigen oder unrichtigen) Aktion, die die Mehrheit der organisierten Genossen beschlossen hat, ausschliesst. Wohin wir auf diesem Wege kommen, hat sich gezeigt, als bei einzelnen Gemeindewahlen die deutschen Arbeiter mit dem deutschen Bürgertum gegen die tschechischen Arbeiter und das tschechische Bürgertum stimmten. Wir müssen solche Erscheinungen begreifen, aber wir können sie nicht billigen. Man sieht: es gibt auch innerhalb der deutschen Sozialdemokratie Genossen, die jene Taktik befolgen, die innerhalb der tschechischen Sozialdemokratie bereits die Ueberhand erlangt hat. Es handelt sich in der Partei gar nicht um einen Gegensatz zwischen Deutschen und Tschechen, sondern um einen Kampf *zwischen national-revisionistischer und prinzipieller internationaler Taktik, der innerhalb jeder nationalen Gruppe der Sozialdemokratie ausgekämpft werden muss.* Wir können die Politik einzelner tschechischer Genossen, die die Partei zerreisst und die Gewerkschaften spaltet, nicht wirksam bekämpfen, wenn wir nicht *den nationalen Revisionismus in unseren eigenen Reihen niederringen!* Wenn die deutsche Sozialdemokratie die Einheit der Partei und der Gewerkschaften verteidigen will, muss sie der national-revisionistischen Taktik einzelner tschechischer Genossen die prinzipielle internationale Taktik entgegensetzen.

Es mag sein, dass durch diese Politik zunächst manches Mandat gefährdet werden könnte. Aber Mandate sind unnütz, wenn sie nur durch die Minderung der wirtschaftlichen und politischen Macht der Arbeiterklasse erkauft werden können. Des Beifalls der proletarischen Massen darf aber eine Politik gewiss sein, die ihrer revolutionären Gesinnung entspringt, ihre Klasseninteressen fördert, ihre Klassenmoral ausdrückt.

Vor der verleumderischen Kritik jener, die uns der nationalen Gleichgültigkeit, ja des Verrates an den nationalen Interessen beschuldigen, werden wir uns nicht fürchten, wenn wir die historische Aufgabe des proletarischen Klassenkampfes im Entwicklungsprozess der Nation begreifen.

Seit der Auflösung des Sippschaftskommunismus war die Nation geschieden in Nationsgenossen und Hintersassen der Nation, zersetzt in nur locker verbundene enge örtliche Kreise. Erst die Entwicklung der gesellschaftlichen Produktion eint wiederum die ganze Nation zu einer einheitlichen Kulturgemeinschaft. In den Dienst dieser Entwicklung stellen wir uns, indem wir durch den Klassenkampf innerhalb der kapitalistischen Gesellschaft die nationale Kulturgemeinschaft verbreitern, indem wir schliesslich die kapitalistische Hülle der gesellschaftlichen Produktion sprengen und dadurch die einheitliche autonome nationale Erziehungs-, Arbeits- und Kulturgemeinschaft verwirklichen.

Die Herrschaft der Nationsgenossen über die Hintersassen der Nation unterwirft die geschichtslosen Nationen der *Fremdherrschaft* der historischen Nationen. Auf der Zersetzung der Nation in enge örtliche Kreise beruht die staatliche Spaltung der Nationen, der politische *Partikularismus*. Erst die Entwicklung der gesellschaftlichen Produktion zeugt das Nationalitätsprinzip, die Forderung, dass die innere Gemeinschaft zum Substrat äusserer Macht werde. In den Dienst dieser Entwicklung stellen wir uns, indem wir schon innerhalb der kapitalistischen Gesellschaft das Nationalitätsprinzip zur Regel der Staatsverfassung machen, wo es sich noch nicht als Maxime der Staatsbildung durchsetzen kann; wir werden schliesslich den endlichen Sieg des Nationalitätsprinzips erkämpfen, indem wir die gesellschaftliche Produktion von ihrer kapitalistischen Form befreien und dadurch jeder Nation das Dasein in einem einheitlichen und freien Gemeinwesen sichern.

So erfüllen wir unsere nationale Aufgabe, indem wir das Proletariat in den Kampf gegen den Klassenstaat und die Klassengesellschaft führen. Die prinzipielle internationale Politik, die eine Forderung des proletarischen Klassenkampfes ist, ist darum auch ein Mittel unserer nationalen Politik. Wir müssen die Proletarier aller Nationen zu einem machtvollen, von einheitlichem Willen beseelten Körper vereinen, um die Schätze unserer nationalen Kultur zum Besitztum der ganzen Nation zu machen, um unserer Nation Einheit und Freiheit zu erkämpfen.

Druck- und Verlagsanstalt »Vorwärts«, Wien VI. — 1552·07.

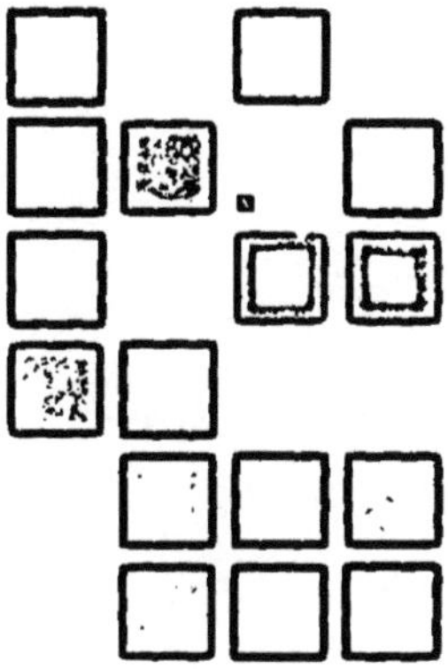

www.ingramcontent.com/pod-product-compliance
Ingram Content Group UK Ltd.
Pitfield, Milton Keynes, MK11 3LW, UK
UKHW021403311025
8708UKWH00036B/423

9 781015 667167